D1724263

Schriftenreihe

Geist und Wort

Schriftenreihe der Professur
für Christliche Spiritualität und Homiletik
Kath. Univ. Eichstätt

Band 5

herausgegeben von
Prof. Dr. Erwin Möde

ISSN 1615-3669

Verlag Dr. Kovač

Renate Zeitz

Anthroposophische Pädagogik als Willensbildung des Kindes im Grundschulalter

Verlag Dr. Kovač

VERLAG DR. KOVAČ

Arnoldstraße 49   ·   22763 Hamburg   ·   Tel. 040 - 39 88 80-0   ·   Fax 040 - 39 88 80-55

E-mail vdk@debitel.net   ·   Internet www.verlagdrkovac.de

Die Deutsche Bibliothek - CIP-Einheitsaufnahme

Zeitz, Renate:
Anthroposophische Pädagogik als Willensbildung des Kindes im
Grundschulalter / Renate Zeitz. – Hamburg : Kovač, 2002
    (Schriftenreihe Geist und Wort ; Bd. 5)
    Zugl.: München, Univ., Diss., 2001

ISSN   1615-3669
ISBN   3-8300-0535-0

© VERLAG DR. KOVAČ in Hamburg 2002

Gedruckt auf holz-, chlor- und säurefreiem Papier Alster Digital. Alster Digital ist
alterungsbeständig und erfüllt die Normen für Archivbeständigkeit ANSI 3948 und ISO 9706.

Vorwort

Die anthroposophische Pädagogik und Didaktik fungieren seit etwa einem Jahrhundert als alternatives Schulmodell mit staatlicher Anerkennung. Die Diskussion um die metaphysisch-esoterische, von Rudolf Steiner selbst ins Leben gerufene Waldorfpädagogik ist seither lebendig geblieben. Die vorliegende Studie greift dieses Thema unter wissenschaftskritischem und didaktischem Aspekt auf. Jahrelang in der anthroposophischen Pädagogik tätig, wurde es der Autorin möglich, hierin grundlegende Erfahrungen zu sammeln. Das gewählte Thema reflektiert die kritische Anfrage der Autorin an die Legitimation der Waldorfpädagogik. Insbesondere wurde der Frage nachgegangen, inwieweit anthroposophische Pädagogik den Erfordernissen moderner, kindgerechter Pädagogik entspricht.

Die Dissertation wurde in dankenswerter Weise von Herrn Prof. Dr. Dr. Herbert Tschamler (Lehrstuhlinhaber des Instituts für Pädagogik I, Universität München) betreut und im Sommersemester 2001 von der Ludwig-Maximilians-Universität München zur Promotion angenommen.

Besonderer Dank gilt Herrn Prof. Dr. Dr. Erwin Möde, dem Herausgeber der wissenschaftlichen Reihe "Geist und Wort", in welche die vorliegende Dissertation als Band 5 aufgenommen wurde. Die umsichtige Begleitung durch Frau Elke Wittmann-Stern war eine bedankenswerte, praktische Hilfe für die Formatierung und Drucklegung dieser Arbeit.

München, April 2002   Renate Zeitz

Einleitung (Methodik und Inhalt)

Wenn wir uns Rudolf Steiners fulminantem Werk annähern, dann hauptsächlich unter dem Gesichtspunkt der Willensbildung des Kindes im Grundschulalter aus anthroposophisch-pädagogischer Sicht. In einer ersten methodischen Annäherung soll in Kapitel I zunächst das Zeitkolorit der Wilhelminischen Ära (1890 bis 1918) aufgezeichnet werden, das zweifellos Steiner (1861 – 1925) und sein Werk mitgeprägt hat: Auf den ersten Blick zeigt die Wilhelminische Ära einen emphatischen Willen zu Kunst und Kultur. Bei näherer Einsicht jedoch bewirkte sie in weiten Bereichen des wirtschaftlich-politischen und soziokulturellen Lebens eine **Gefährdung** des Menschen, nicht zuletzt durch Herrschaftspädagogik und Nationalismus, durch ideelle Verstiegenheit und jenes Über-sich-Hinaussein, das das Bewußtsein trübt und falsche Eliten aufbaut. Kapitel I gibt den Blick frei auf ein familiales und schulisches Leben jener "Kaiserzeit", das durch starre pädagogische Prinzipien wie Gehorsam, Zucht und Herrschaftssicherung imperial bestimmt war. Ein künstlerischer Gestaltungswille wird zwar allenthalben erkennbar, der aber rief durch Hinwendung zu völkischen Mythen zum Nationalstolz, zu Untertanentum und fataler Heldenverehrung auf. Die Reformbewegung, in deren Umkreis **R. Steiner** zu seiner **pädagogischen Innovation** fand, wirkte damals als bescheidene Gegenströmung.

Repräsentativ für die **Reformpädagogik** sollen im weiteren Verlauf des I. Kapitels einzelne Strömungen näher untersucht werden wie die Landerziehungsbewegung (H. Lietz), die Kunsterziehungs- und Jugendbewegung (A. Lichtwark, K. Fischer), die Arbeitsschulbewegung (G. Kerschensteiner) und die "Pädagogik vom Kinde aus" (M. Montessori, E. Key). Da diese Studie in großen Zügen vergleichend angelegt ist, soll in ihrem Verlauf wahlweise auf die Reformpädagogik Bezug genommen werden. Besonders die **Pädagogik Maria Montessoris** (1870 – 1952), die einen hohen Anspruch an Emanzipation, Selbsttätigkeit und Willensfreiheit des Kindes erhob, soll in den folgenden Kapiteln immer wieder eingeflochten werden. **Steiners Weg** zu einer "neuen" Pädagogik der Ganzheitlichkeit war **schmal**, denn er hob sich zwar einerseits vielschichtig von der verhärteten Wilhelminischen Gehorsamkeitspädagogik ab, andererseits aber waren seine anthroposophische Anthropologie und Pädagogik mit ihren eigenen, unabänderlichen esoterischen Gesetzen nur bedingt der humanistischen Aufklärung und Reformpädagogik verpflichtet.

Kapitel I der vorliegenden Studie gewährt gezielt Einblick in den wirtschaftlichen, soziokulturellen und pädagogischen Rahmen der Wilhelminischen Ära, in den Steiners pädagogische Alternative eingespannt ist. In Kapitel II soll eine genaue philosophische und pädagogische Anfrage an die Anthroposophie geleistet werden. Hierbei soll die **pädagogische Valenz Steinerscher Anthropokosmologie** nach Maßgabe des Leitgedankens der **Willensbildung** des Kindes kritisch herausgearbeitet werden: Vermittels eines Einstiegs in Steiners Kosmologie soll in Kapitel II unsere Annäherung an sein Werk ihren Anfang nehmen. Der Fokus dieses Zugangs liegt auf der von Steiner (in mittleren Schaffensjahren) entworfenen, evolutiven Entwicklungstheorie der Menschheit, seiner Lehre von Wiedergeburt und Karma und auf seiner Christologie: Die Untersuchung dieser kosmologischen Ansätze zentriert sich zunächst jeweils auf die Kerninhalte und deren (quellenmäßige) Herleitung, dann auf Steiners erkenntnistheoretische Methode und schließlich auf die pädagogische Applikation seiner kosmologisch-anthropologischen Thesen. Entwicklungstheorie, Reinkarnationslehre und Christologie, diese anspruchsvolle Trias anthroposophischer Lehre, kreist um R. Steiners spezifische Erkenntnis makro- und mikrokosmischer Gesetzmäßigkeiten: So sei z.B. das Leben des einzelnen Menschen eine Art von Spiegelung makrokosmischer Zusammenhänge. Steiners Sichtweise ist allerdings, wie im weiteren Verlauf der Studie immer wieder aufgewiesen wird, gnostisch, visionär und durch keinerlei (!) Quellen belegt. In makrokosmischem Zusammenhang möchte die Steinersche Willenspädagogik das Kind zum Geist führen. Steiners Vorbildpädagogik, die im Rahmen des Kapitels zur anthroposophischen Christologie (Kapitel II.1.3 dieser Studie) elaboriert wird, gründet auf Nachahmung. Seine Temperamentenlehre, die auf die frühantike Temperamentenlehre des Hippokrates zurückgreift, stellt antiken Schematismus über die Individualität des Kindes.

Auch R. Steiners gnostischer, aus kosmischen Ideen abgeleiteter Entwurf der Freiheit des individuellen Menschen (wie er besonders in seinem Frühwerk "Die Philosophie der Freiheit" zum Ausdruck kommt) soll zu einem differenzierten Verständnis anthroposophisch-pädagogischer Willensbildung des Kindes beitragen. Zentriert auf Steiners Ethik des intuitiven Wollens und Handelns des Menschen soll das Werk zunächst dem Leser dargestellt und in einem zweiten Schritt auf seinen pädagogischen Realwert hin untersucht werden. Steiners weitläufige Kosmologie und sein Verständnis menschlicher Freiheit werden zwischen den zwei Polen "gnostische Erkenntnis" und "pädagogische Erfahrung" kritisch aufgespannt. Freilich können (so zeigt Kapitel II.2.2.3 als Anfrage an das anthroposophische Sprachverständnis) durch Steiners kosmozentrische Ideale Unterrichtselemente (z.B. Gedichtrezitation) leicht zu "Pauk"-Instrumentarien und "Beschwörungsritualen" werden.

Übrigens begann Steiner seit 1906 seine pädagogische Arbeit. Im Frühjahr 1919 wurde er vom Betriebsrat der Waldorf-Astoria-Zigarettenfabrik gebeten, die Leitung einer Schule zu übernehmen, die von der Waldorf-Astoria-Fabrik gegründet werden sollte. Steiners seit 1906 begonnene pädagogische Arbeit konnte schulisch realisiert werden. Steiner hielt drei Ausbildungskurse für das von ihm ausgewählte Lehrerkollegium. Von diesen ist der Vortragszyklus "Allgemeine Menschenkunde als Grundlage der Pädagogik. Erziehungskunst I" das wohl bedeutsamste und heute nach wie vor in Ausbildungsgängen und an Waldorfschulen vorrangig eingesetzte pädagogische Basiswerk. Die Dreiteilung des Werkes in einen seelischen, geistigen und leiblichen Aspekt des Menschen wird auch in unserer Studie methodisch aufgegriffen. Unter dem Leitaspekt der Willensbildung des Kindes aus anthroposophisch-pädagogischer Sicht wird der Vortragszyklus zunächst in seinen drei Teilen rezipiert und dann jeweils zu Vertretern (des weiteren Umfeldes) der Reformpädagogik und zu solchen der modernen (Sozial-)Pädagogik bzw. Entwicklungspsychologie in vergleichenden Bezug gesetzt.

Entscheidendes Gewicht legt Rudolf Steiner in seiner Pädagogik auf künstlerische Erziehungsprozesse, die den Willen des Kindes fördern und seinen Geist freisetzen sollen. Denken ist nach Steiners Auffassung leiblich. Als Gegenkonzepte werden in dieser Promotionsarbeit vor allem die Ansätze Martin Bubers, Friedrich Bollnows, Martin Heitgers, Jürgen Habermas' und Jean Piagets vorgestellt. Diese Modelle legen im Vergleich zu Steiners gnostisch geprägtem Primat des Geistes Wert auf eine pädagogische Ich-Du-Beziehung, auf psychosoziale Wechselwirkungen im Sozialisationsprozeß und auf die kognitive Entwicklung des Schülers. Auch moderne kinderpsychologische Erkenntnisse werden dazu in unsere Untersuchungen einbezogen. Schließlich wird in einem dritten Methodenschritt jeweils der menschenkundlich verankerte Waldorflehrplan zur Diskussion gestellt. Leitendes Interesse der kritischen Untersuchungen Steinerscher Menschenkunde und des dazugehörigen Waldorflehrplans ist die Frage nach der subjektiven Willensfreiheit des Kindes und ihrer Verifizierung.

Noch schärfer nachgefragt: Wie gestaltet sich die **konkrete Unterrichtspraxis** in der Grundstufe der Steiner-Schulen? Bietet sich deren Aktualisierung soweit an, daß ein Brückenschlag zur modernen Pädagogik möglich wird? **Fördern derzeitig praktizierte Didaktik** und **Methodik** der Waldorfschule (Grundstufe) den **freien Willen** des Kindes, seine **Individuation** und **soziale Lebensgestaltung**? Diesen Fragen geht Kapitel III schwerpunktmäßig nach. Der Rekurs auf drei ausgewählte Unterrichtsgebiete, den "freien Religionsunterricht", den sprachlichen Anfangsunterricht und die erste Tierkundeepoche der 4. Klasse können über diese Fragen Aufschluß geben. Die durchgängig aufgeworfene Anfrage nach der Realisierung des freien Willens des Kindes wird somit unterrichtspraktisch als Leitfaden der Studie weitergeknüpft. Dazu bietet sich methodisch eine Dreiteilung entsprechend der drei ausgewählten Fachgebiete an: Die jeweils relevante Fachdidaktik und Fachmethodik werden präsentiert, auf ihre anthroposophische Basis hin untersucht und mit aktuellen didaktischen Standardkonzepten verglichen. Vermittels dieses Vergleichs soll die kritische Anfrage nach der Sozial- und Denkerziehung in der Waldorfpädagogik konsequent weiterverfolgt werden.

Die Praxis des freichristlichen Religionsunterrichts, des Erstsprach-erwerbs und der ersten Tierkundeepoche ist übrigens heute noch so maßgeblich von Steiners Vorgaben bestimmt, daß nicht einmal ein Curriculum für die drei Unterrichtsfächer vorliegt, das heutigen Standards auch nur annähernd entspräche. Nicht die persönliche Erfahrungswelt des Kindes und die konfessionell-christliche Komponente als vielmehr gnostisch-anthroposophische Inhalte und künstlerisch-rezeptiver Stil prägen z.b. den "freien Religionsunterricht". Das Schreiben- und Lesenlernen im Verlauf der 1. Klasse gestaltet sich als künstlerisches Mitschwingen von Einzelbuchstaben, als Einspinnen in eine mythische Erzählwelt und nicht, wie im gängigen Deutschunterricht, phasenadäquat, mit dem Ziel einer schnellen, korrekten Handhabung der Buchstaben und Wortverbindungen zu ganzen Sätzen. Die erste Tierkundeepoche stellt sich beispielsweise auch heute noch schulpraktisch im Sinne Steiners dar: Die hoch spekulative Anschauung eines harmonischen, kosmisch-synthetischen Weltzusammenhangs von Mensch und Tier wird den Schülern entfaltet. Auf selbständiges Beobachten und Schlüsseziehen der Schüler wird kein Wert gelegt. Zugunsten von Lehrervortrag und künstlerischem Unterrichtsstil wird auch heute noch auf fachgemäße (d.h. analytisch-naturwissenschaftliche) Arbeitsweisen verzichtet.

Mit dieser gerafften Darstellung von Thema und Inhalt meiner Arbeit beschließt sich diese Einleitung. Auf den folgenden ersten Seiten des einführenden Kapitels soll nun das Zeitkolorit der Wilhelminischen Ära nachgezeichnet werden, in dessen Umkreis R. Steiner seine Zuhörer mit visionären Einsichten in menschliche Freiheit begeisterte.

I. Zwischen Wilhelminischer Zucht und Reformpädagogik: Der schmale Weg zur pädagogischen Innovation Rudolf Steiners

1. Entwicklungserfahrungen Rudolf Steiners (von 1861 bis 1879)

Zu Beginn der Untersuchung soll ein kurzer Rundblick gewagt werden in das soziokulturelle *Umfeld* R. Steiners, aus dem sich Anthroposophie[1] und anthroposophische Pädagogik herauskristallisiert haben. Da R. Steiner bis 1890 in Habsburg[2] lebte, und zweifellos sowohl seine Person als auch sein Werdegang und sein Werk von den damaligen Zeitumständen mitgeprägt wurden, soll hier kurz auf das Habsburger Milieu Bezug genommen werden. Folgende allgemeine Fragen stellen sich in diesem Zusammenhang: Welcher Zeitcharakter war für das späte Habsburg maßgeblich? Welche Basis bot er zur Verwirklichung des freien Willens des Kindes, oder stand er vielmehr in Widerspruch zu ihr? Diese Vorfragen lassen exemplarisch die kulturelle Verfaßtheit auch der anderen europäischen Länder um die Wende vom 19. zum 20. Jahrhundert aufscheinen, so auch die Deutschlands, das nach 1890 zum beständigen Ort Steinerschen Lebens und Wirkens wurde. Beide Reiche, das späte Habsburg wie das Wilhelminische Kaiserreich, standen zu jener Zeit im Sog *imperialen Denkens* und Handelns.

Geschichte und Schicksal Habsburgs verliefen zum Ausgang des 19. Jahrhunderts ähnlich wie jene der Hohenzollern in Deutschland: Sowohl die Habsburger Monarchie als auch das Wilhelminische Kaiserreich gingen in einer Zeit wachsender Industrialisierung und gesteigerter sozialer Span-

---

[1] Als Anthroposophie werden die von Rudolf Steiner spezifisch begründete und entwickelte gnostische Erkenntnis und Anthropologie bezeichnet. Im weiteren Verlauf der vorliegenden Studie sollen die Steinersche Anthroposophie und die dazugehörige Pädagogik ausführlich dargestellt und kritisch-konstruktiv untersucht werden.

[2] Mit der Bezeichnung "Habsburg" ist im weiteren Verlauf der Studie "Österreichische Monarchie" gemeint.

nungen ihrem Ende entgegen. Auch das Habsburger Reich erlebte eine Spätzeit des Glanzes und des Elends: Wien, die alte Hauptstadt, war gerade jetzt attraktiv mit ihrer neuen Brücke über die Donau, ihren neuen architektonischen Kunstwerken, der neuen Oper und dem Burgtheater.[3] Die Stadt glänzte vor allem mit der Musik von Komponisten wie Richard Strauss oder Anton Bruckner.[4] Die Universität von Wien besaß im Bereich der Medizin weltweiten Ruf.[5] Im Schloß Belvedere residierte der alternde Kaiser Franz Joseph über einen Hof, der "immer noch zu den glänzendsten Europas gehörte."[6] Kennzeichnend für das Land war nach wie vor ein emphatischer Wille zur Kultur. Auf politischer und sozialer Ebene wies die Spätära der Doppelmonarchie jedoch auch starke Auflösungstendenzen auf: Nach der Phase des Liberalismus, die noch im ersten Jahrzehnt nach Gründung der Doppelmonarchie Habsburg-Ungarn[7] bestanden hatte, wurde durch den Kaiser (gemeinsam mit dem Ministerpräsidenten Graf Eduard Taaffe) ein neuer Beschwichtigungskurs gegenüber den Tschechen eingeschlagen[8], der jedoch bei der "alldeutschen Bewegung" Georg von Schönerers[9] auf Widerstand stieß und als Gegenhaltung *nationales Gedankengut* aufkommen ließ.[10] Weitere Gründe für die Ausbreitung des Habsburger Nationalismus waren der infolge der Industrialisierung eingetretene Bankrott zahlreicher selbständiger Handwerksbetriebe und die darauf einsetzende Schuldabwälzung auf die jüdische Minderheit.[11] Auch im pädagogischen Bereich geschah *Ausgrenzung*: Robert Musil (1880 – 1942)[12] schilderte in seinem Werk "Die Verwirrungen des Zöglings

---

[3]   Vgl. CRAIG, Gordon A., Geschichte Europas 1815 – 1980. Vom Wiener Kongreß bis zur Gegenwart, 3. völlig überarbeitete und revidierte Auflage, München 1989, S. 295.

[4]   Vgl. ebd.

[5]   Vgl. ebd., S. 296.

[6]   Ebd.

[7]   Vgl. ebd., S. 290 f.

[8]   Vgl. ebd., S. 291 – 293.

[9]   Vgl. ebd., S. 292.

[10] Vgl. ebd.

[11] Vgl. ebd., S. 293.

[12] Robert Musil: deutscher Dichter, der in der schweizer Emigration starb.

Törless" eindrucksvoll die drückende[13], unter der reizvollen kulturellen Oberfläche schwelende Stimmung in der Habsburger Doppelmonarchie mit einer Pädagogik, die wie damals überall in Europa von Gleichgültigkeit gegenüber den Bedürfnissen der Jugendlichen bestimmt war. Die von R. Musil geschilderten Charaktere spiegeln bis in feinste psychologische Details imperialistische Machttendenzen wider, die schließlich alle in der Mißachtung des Subjekts ihre gemeinsame Komponente finden. Sie legen Zeugnis von allgemeinen Verhältnissen ab, die den Einzelnen im politischen und pädagogischen System womöglich seiner Identität, Authentizität und seines freien Willens beraubten. Eine Zeitaussage Rudolfs von Habsburg sei an dieser Stelle erwähnt:

> "Und allenthalben wird gerüstet, in den Arsenalen Kanonen gegossen, Flinten fabrizirt, Säbel geschliffen, in den Häfen Schiffe gebaut und ausgerüstet; die fieberhafteste Thätigkeit überall! Militäranleihen und Wehrgesetze in den Parlamenten Europa's an der Tagesordnung; man athmet nicht mehr, man lebt kaum!"[14]

Unser kurzer, soziokultureller Rundblick verdeutlicht, daß die Habsburger Spätära ein zwiespältiges Gesicht zeigte: hier Wille zu (kulturellem) Reichtum, dort Ausgrenzung und Unterdrückung des Subjekts. R. Steiners erkenntnistheoretischer und pädagogischer Ruf nach dem freien Willen des Menschen (Kindes) hört sich vor solchem Hintergrund an wie ein Ruf nach neuer Toleranz und Selbstbestimmung. Es gilt nun, den Betrachtungsradius enger zu ziehen im Hinblick auf die Frage nach dem biographischen Umfeld R. Steiners, einem Spannungsfeld, in dem ein Mensch heranwuchs, der denkerisch vorstieß zu Fragen menschlicher Freiheit und Ganzheitlichkeit. Es ist zu erwarten, daß das familiäre Milieu Steiners entwicklungsfördernd war und kontinuierlichem Wachstum den Boden bereitete, so daß es Steiners Frage nach dem Verhältnis von Subjekt, Erkenntnis und Willen heranreifen ließ. Der hier zunächst angefragte

---

[13] Vgl. MUSIL, Robert, Die Verwirrungen des Zöglings Törless, Hamburg 1992, S. 16 f.

[14] HAMANN, Brigitte, Rudolf. Kronprinz und Rebell, München [4]1993, S. 349.

Zeitraum umfaßt die Spanne zwischen den Jahren 1861 und 1879, also jene 18 Jahre zwischen Steiners Geburt und dem Zeitpunkt seines Studienbeginns mit der inneren Hinwendung zur Philosophie.

In dieser Zeit des späten Habsburgs, geprägt von altem Glanz und neuem Elend, wurde am 27.02.1861 in Kraljevec, einem Ort des Habsburgischen Vielvölkerstaates an der ungarisch-kroatischen Grenze, Rudolf Steiner als erster und ältester Sohn geboren. Das familiäre Milieu kann folgendermaßen beschrieben werden: Der Vater war als Telegraphist einfacher Beamter der österreichischen Eisenbahn. Sein beruflicher Alltag verlief wohl recht eintönig. So schrieb R. Steiner in seiner Autobiographie "Mein Lebensgang":

"Der Eisenbahndienst war ihm Pflicht; mit Liebe hing er nicht an ihm. Als ich noch Knabe war, mußte er zu Zeiten drei Tage und drei Nächte hindurch Dienst leisten. Dann wurde er für vierundzwanzig Stunden abgelöst. So bot ihm das Leben nichts Farbiges, nur Grauheit."[15]

Erfahrbar für den Sohn wurde ein beruflicher Wille zur Pflicht, eine Bewußtseinshaltung, der lebendiges Interesse und Freiheit fehlten, die eher geprägt war durch Abhängigkeit von der Monotonie bahntechnischer Gegebenheiten. Arbeit diente zunächst einmal ausschließlich der Erwirtschaftung des notwendigen Lebensunterhaltes. Steiner brach diese Perspektive später auf.

Aufgrund vier dienstlicher Versetzungen des Vaters im Verlauf von Steiners Kindheit und Jugend sah sich die Familie mit mehreren Umzügen innerhalb Österreichs konfrontiert.[16] Es waren durchgängig Ortschaften entfernt von den Zentren der Welt, Durchgangsstationen. Die Gleise, auf denen die Züge kamen und gingen, können einerseits als Symbol für das

---

[15]   STEINER, Rudolf, Mein Lebensgang, GA 28, Dornach/Schweiz [8]1990 (Tb), S. 8.
[16]   Vgl. ebd., S. 7 – 14. Neudörfl, in das R. Steiner im Alter von acht Jahren mit seiner Familie umsiedelte, befand sich im damaligen Ungarn nahe der österreichischen Grenze. (Vgl. ebd., S. 14).

häufige Neuankommen und Fortziehen der Familie, andererseits als Sinnbild für die Genügsamkeit und Monotonie der väterlichen Lebenswelt verstanden werden. R. Steiner hatte noch eine Schwester und einen Bruder.[17] Einfache Gesellschaft umgab die Familie. Sparsamkeit herrschte. "Glücksgüter"[18] waren nicht vorhanden.

Der abgelegene Geburtsort mag ein Hinweis auf die finanzielle und geistige Begrenztheit sein, die Steiner in seiner Kindheit erlebt haben muß. Die Geburt eines erstgeborenen Sohnes kann hinsichtlich der ausgebliebenen väterlichen Karriere als "Hoffnungsträgerschaft" gedeutet werden: Das Bestreben des Vaters zielte vermutlich dahin, den Sohn "etwas werden zu lassen". Ganz auf der Linie väterlichen Wollens war Steiner stets ein überdurchschnittlich guter Schüler. Er interessierte sich bald für den Beruf des Vaters und beschäftigte sich mit Geschriebenem in spielerischer Weise:

> "Für das, was mein Vater schrieb, interessierte ich mich. Ich wollte nachmachen, was er tat. Dabei lernte ich so manches. Zu dem, was von ihm zugerichtet wurde, daß ich es zu meiner Ausbildung tun sollte, konnte ich kein Verhältnis finden. Dagegen wuchs ich auf kindliche Art in alles hinein, was praktische Lebensbetätigung war. Wie der Eisenbahndienst verläuft, was alles mit ihm verbunden ist, erregte meine Aufmerksamkeit. [...] Wenn ich schrieb, so tat ich das, weil ich eben mußte; ich tat es sogar möglichst schnell, damit ich eine Seite bald vollgeschrieben hatte. Denn nun konnte ich das Geschriebene mit Streusand, dessen sich mein Vater bediente, bestreuen. Und da fesselte mich dann, wie schnell der Streusand mit der Tinte auftrocknete und welches stoffliche Gemenge er mit ihr gab. Ich probierte immer wieder mit den Fingern die Buchstaben ab; welche schon aufgetrocknet seien, welche nicht. Meine Neugierde dabei war sehr groß, und dadurch kam ich zumeist zu früh an die Buchstaben heran."[19]

---

[17]   Vgl. STEINER, Rudolf, Mein Lebensgang, S. 10.
[18]   Vgl. ebd., S. 8.
[19]   Ebd., S. 12.

An diesem Beispiel wird deutlich, worin die ersten Erfahrungen des Kindes bestanden: Zunächst einmal diente der Vater als Vorbild. Durch Nachahmung und Beobachtung wurden grundlegende Zugangswege zur Umwelt erschlossen. Dabei empfand Steiner eine deutliche Diskrepanz zwischen dem "Lernen müssen" und dem "Lernen wollen", das sich vor allem in der spielerischen Erfahrung zeigte. Letzteres brachte aber das eigentliche Interesse und eine innere Motivation hervor. Hinzu kam die große Vorliebe für handfeste und begreifbare Dinge.

Zwei positive Eigenschaften haben sich hinsichtlich der väterlichen Führung und des einfachen familiären Milieus in R. Steiner verwurzelt: große willentliche Antriebskraft verbunden mit starkem Interesse am Lernen, zunächst vor allem am Technisch-Mechanischen. Gegenüber Kritik von Außen wurde er geschützt: Nach einer einmal erfolgten falschen Schuldzuweisung bezog der Vater eindeutig Stellung, nahm seinen Sohn von der Schule und unterrichtete ihn selbst.[20] Steiner im Gedächtnis blieb: "ich wußte [...]: er hört gerne, was die anderen sagen; aber er handelt nach seinem eigenen, fest empfundenen Willen."[21] Wille und Handeln seines Vaters kamen bei Steiner im wahrsten Sinne des Wortes "zum Tragen". Die Mutter erscheint in Steiners Autobiographie so gut wie nie. Ihr kann eine "liebevolle Pflege"[22] der Kinder in Schweigsamkeit zugeordnet werden.

R. Steiners Denken kreiste schon zu Beginn des schulpflichtigen Alters um die Frage nach der Natur des Erkennens und seiner Grenzen. Die Erkenntnisgrenzen stellten sich im Zusammensein mit den Erwachsenen ein:

> "Etwa drei Minuten von meinem Elternhause entfernt befand sich eine Mühle. Die Müllersleute waren die Paten meiner Geschwister. Wir wurden in der Mühle gern gesehen. Ich verschwand gar oft dahin. Denn ich «studierte» mit Begeisterung den Mühlenbetrieb. Da drang ich in das «Innere der Natur».

---

[20] Vgl. STEINER, Rudolf, Mein Lebensgang, S. 11.
[21] Ebd., S. 24.
[22] Vgl. ebd., S. 8.

Noch näher aber lag eine Spinnfabrik [...]. Einen Blick ins «Innere» zu tun, war streng verboten. Es kam nie dazu. Da waren die «Grenzen der Erkenntnis». Und ich hätte diese Grenzen so gerne überschritten. Denn fast jeden Tag kam der Direktor der Fabrik in Geschäftssachen zu meinem Vater. Und dieser Direktor war für mich Knaben ein Problem [...]. Ich fragte aber auch niemanden nach dem Geheimnis. Denn es war meine Knabenmeinung, daß es nichts hilft, wenn man über eine Sache frägt, die man nicht sehen kann."[23]

Deutlich wird der Mangel, den Steiner empfand, eigenes Erleben nicht mitteilen zu dürfen. Nach Ansicht der Autorin rührte das Bewußtsein einer Erkenntnisgrenze von den schweigenden Abgrenzungen der Eltern und Erwachsenen her. Gerne hätte er – um beim oben zitierten Beispiel zu bleiben – etwas über das Innere der Fabrik gewußt. Das Kind wagte jedoch nicht, diese Grenze durch Fragen zu überwinden. Ein weiteres Erlebnis verdeutlicht Abgrenzungen von Seiten der Erwachsenen: Als das siebenjährige Kind den Tod eines entfernteren Familienmitgliedes vorausahnte und seine Vermutung verbalisierte, wurde es scharf zurückgewiesen.[24] In seiner Autobiographie schließlich brachte Steiner jene zuweilen empfundene Einsamkeit zum Ausdruck[25], die seinen "Lebensgang" begleitete.

Zahlreiche Vater-Lehrer-Gestalten begegneten dem jungen Steiner. Von ihnen lernte er Geometrie, künstlerisches und mathematisches Zeichnen, Physik und Mathematik.[26] Religiöse Themen begannen ihn seit seines Ministrantendienstes bei einem von ihm sehr geschätzten Pfarrer zu beschäftigen.[27] Steiner hat sich darüber allerdings nur undeutlich geäußert. Die väterlich-technische Linie fortführend war sein Berufsziel "Eisenbahn-Ingenieur". Das Ende der Schulzeit, einer Zeit der Verinnerlichung vorwiegend mechanischer Kenntnisse, und das Verlassen des Elternhauses

---

23   STEINER, Rudolf, Mein Lebensgang, S. 13.
24   Vgl. LINDENBERG, Christoph, Rudolf Steiner, Hamburg ²1993, S. 13.
25   Vgl. STEINER, Rudolf, Mein Lebensgang, S. 15.
26   Vgl. ebd., S. 16 – 18 und S. 28 f.
27   Vgl. ebd., S. 21 f.

zwecks Ausbildungsbeginn an der Technischen Hochschule in Wien (im Jahre 1879) in den Fächern Mathematik, Physik und Naturgeschichte fielen zusammen mit einer ganz anderen, neuen Blickrichtung, nämlich derjenigen zur *Philosophie*. Eine neue Dimension, die R. Steiner im Gegensatz zur Ingenieurswissenschaft innerlich ausfüllen konnte, eröffnete sich ihm. Nicht nur räumlich – Wien war das Zentrum des alten Habsburgerreiches – geschah eine Zentrierung: Der eigene Individuationsprozeß inaugurierte die Frage nach dem "Ich". Steiners Suche nach eigener, selbstbestimmender Position rief im gleichen Jahr seine dezidierte Hinwendung zur Philosophie hervor, zunächst zu der J. G. Fichtes, dessen idealistische Ethik sich um das Ich unter dem Primat des Willens zentriert:

> "Meine Bemühungen um naturwissenschaftliche Begriffe hatten mich schließlich dazu gebracht, in der Tätigkeit des menschlichen «Ich» den einzig möglichen Ausgangspunkt für eine wahre Erkenntnis zu sehen."[28]

Zusammenfassend kann gesagt werden, daß zwei Tendenzen sich in R. Steiners Kindheit und Jugend geltend machten: Einerseits bot elterlicher Schutz die Bildung einer eigenen Erfahrungswelt. Väterlicher Wille wurde Vorbild zu geistiger Aktivität, zunächst im technischen Bereich, später für ethische Haltung überhaupt. Andererseits konnte wohl keine tiefere, seelisch beruhigende Beziehung mit den Eltern gelebt werden. Impulse, in personale Kommunikation mit ihnen zu treten, schlugen zumindest zuweilen fatal fehl. Alles in allem wurde Steiners menschlichem Wachstum jedoch im Hinblick auf das attraktive Berufsziel und die Möglichkeit eines Studiums in Wien väterlicherseits eine große Chance gegeben angesichts der geringen (Finanz-)Mittel der Familie. Andererseits wurden ihm auch Begrenzungen auferlegt, die freilich im Verlauf der weiteren Untersuchung noch hinterfragt werden, und deren Bedeutung sich noch mehr herausstellen wird, auch im Hinblick auf die Philosophie Steiners.

---

[28] STEINER, Rudolf, Mein Lebensgang, S. 39.

2. Das Zeitkolorit der Wilhelminischen Ära von 1890 bis 1918

2.1 Die Gefährdung des Menschen durch imperiale Machtausübung an/in der Familie

Da Rudolf Steiner bereits 29jährig nach Deutschland zog und dort zahlreiche Impulse für sein späteres Arbeiten erhielt, wird im folgenden wesentlich auf deutsche Zeitverhältnisse eingegangen werden. In der Spanne zwischen den Jahren 1890 und 1918 wurde Steiner in der Entwicklung seiner Theorien zweifellos durch die Zeitumstände der Wilhelminischen Ära mitgeformt. In seiner Philosophie und Pädagogik hat er die *Gefährdung des Menschen* immer wieder aufgegriffen, so daß sie einem roten Faden durch sein Werk gleichkommt.[29] Die Gefährdung war zwar von einer stillen, weil verschwiegenen Gegenwart, aber umso lastender, als sie alle Sektoren des damaligen Kulturlebens: soziale, künstlerische und pädagogische durchzog. Bevor sich der Blick der Betrachtung der Institution "Familie" in imperialer Zeit zuwenden wird, sollen zunächst einige sozialwirtschaftliche Rahmenbedingungen auf "großer" Ebene streiflichtartig genannt werden, denn auch diese waren Spiegel der allgegenwärtigen Gefährdung des Menschen.

Die Zeit des Wilhelminischen Deutschlands war durch weit fortgeschrittene Industrialisierung geprägt. War das Land bis 1871 noch agrarisch ausgerichtet, etablierten sich danach Eisen- und Stahl-, Schwer- und Maschinenindustrie sowie Elektro- und Chemieindustrie.[30] Deutschland wurde versorgt mit einem Telegraphennetz und der ersten elektrischen

---

[29] Vgl. STEINER, Rudolf, Die Kernpunkte der sozialen Frage in den Lebensnotwendigkeiten der Gegenwart und Zukunft, GA 23, Dornach/Schweiz ⁶1991 (Tb), S. 9, S. 12 f. und S. 29 ff. sowie STEINER, Rudolf, Allgemeine Menschenkunde als Grundlage der Pädagogik. Erziehungskunst I, GA 293, Dornach/ Schweiz 1979 (Tb), S. 11 f. und S. 19 f. als auch STEINER, Rudolf, Die Philosophie der Freiheit, GA 4, Dornach/Schweiz ¹³1977, (Tb), S. 22 – 28 und STEINER, Rudolf, Mein Lebensgang, S. 112, S. 138 und S. 179.

[30] Vgl. CRAIG, Gordon A., Geschichte Europas, S. 284.

Eisenbahn.[31] Elektroerzeugnisse waren für damalige Verhältnisse Massenware. Die Ära der drahtlosen Kommunikation wurde eingeleitet. Dem Menschen eröffneten sich Möglichkeiten eines wesentlich flexibleren Informationsaustauschs als zuvor. Elektrische Güter mochten manche Arbeit verkürzen, Zeitersparnis schaffen und Handarbeit teilweise abschaffen. In Anbetracht dieser neu entstandenen Potentiale erhebt sich allerdings die Frage nach deren anderer Seite: der *Kehrseite*. Sie zeigt ein Immer-mehr an Technik, ihren Machtzuwachs über den Menschen, wachsende Abhängigkeiten, nicht aber eine tiefergehende Wertekultur menschlicher Kommunikation. Wie auch die heutige postmoderne Reflexion auf "Entwicklung" bezeugt, beinhalten technische Errungenschaften nicht unbedingt einen sozial-integrativen Fortschritt. Dazu ein Beispiel: Aufgrund notwendig gewordener neuer Rohstoffquellen fand der europäische Imperialismus der damaligen Zeit neue *expansive Wege* – jene in außereuropäische Länder. Der deutsche Forscher Carl Peters[32] kaufte als 30jähriger in Ostafrika ein Gebiet von 60.000 Quadratmeilen.[33] Diese Kolonialisierung zeigt exemplarisch das Machtstreben in jener Zeit und den Hunger nach einem Zuwachs von Gütern und Reichtum. Mochte für den wirtschaftlichen Markt und die Menschen Europas der außereuropäische Imperialismus ein Zugewinn an Kapital und Überlegenheitsgefühl bedeutet haben, für die Menschen der Kolonialländer brachte diese Fremdbereicherung einen Verlust an Identität und Selbstbestimmung mit sich. Der "kolonialisierte Mensch" war fremden Bemächtigungsversuchen ausgeliefert. An dieser Stelle erhebt sich die Frage nach dem damals üblichen pädagogischen Umgang der Erwachsenen mit den Kindern. Sollten imperiales Machtbewußtsein und Denken im Kolonialstil ihre Schattenmuster nicht gerade in der Pädagogik spielen lassen, jenem so sensiblen Bereich von Beziehung? Neben dem "kolonialisierten Menschen" benötigt dieses System eben auch den "kolonialisierenden Menschen", denjenigen, der im Sinne der imperialen Schwerpunktsetzung das Zeitdenken aufnimmt und weitergibt.

---

31   Vgl. CRAIG, Gordon A., Geschichte Europas, S. 284.
32   Vgl. ebd., S. 320.
33   Vgl. ebd.

Der imperiale Anspruch auf Kapital und Macht trug seine spezifischen Konflikte bis in das soziale Gefüge der Familie hinein: Besonders die Arbeiterfamilie unterlag einer primär von außen kommenden Gefährdung durch Destabilisierung. Im Falle von Arbeitslosigkeit gab es keine finanzielle Absicherung[34], fehlender Besitz[35] bedingte existentielle Unsicherheit und Elend.[36] Bäuerliche Familien, deren Leben sich auf dem Lande noch weithin in Autarkie und Autonomie gestaltet hatte, wurden infolge der Landflucht[37] entwurzelt. Sie gerieten, nunmehr einer neuen sozialen Schicht zugehörig, in Abhängigkeit[38] von Fabrikbesitzern, von Fließband- und anderer Schwerarbeit. Familienväter wurden infolge der Trennung von Wohn- und Arbeitsstätte[39] zu abwesenden Vätern, nicht selten zu demoralisierten Trinkern. Durch die Zusammenballung der Menschen in den Großstädten[40] und Arbeitsstätten entstand vielfach ein neues, trauriges Bewußtsein der Verlorenheit in Anonymität und Machtlosigkeit. Ein zufriedenes Gemeinschaftsleben war für die Arbeiterfamilie kaum möglich. Jedwede Willenskraft mußte für den Erwerb des Lebensunterhaltes eingesetzt werden.

Sah sich die proletarische Familie durch Auflösung von Außen bedroht, war die bürgerliche Familie durch Erstarrung in rigiden Rollensystemen und Überstabilisierung[41] gefährdet. Der Vater war als Geldverdiener das Haupt der Familie und besaß in hohem Maße Macht. Seine Beziehung zu den Kindern gründete sich regelmäßig auf Befehl und Gehorsam. Die Unterordnung der Frau und der Kinder beruhte wesentlich darauf, daß "[...] der Mann das Geld, diese Macht in substanzieller Form, besitzt und über

---

[34] Vgl. ROSENBAUM, Heidi, Formen der Familie. Untersuchungen zum Zusammenhang von Familienverhältnissen, Sozialstruktur und sozialem Wandel in der deutschen Gesellschaft des 19. Jahrhunderts, Frankfurt a. M. [5]1990, S. 384.
[35] Vgl. ebd., S. 383 und S. 384.
[36] Vgl. ebd., S. 391 f.
[37] Vgl. ebd., S. 315.
[38] Vgl. ebd., S. 386 ff.
[39] Vgl. ebd., S. 381.
[40] Vgl. ebd., S. 315.
[41] Vgl. ebd., S. 325.

seine Verwendung bestimmt [...]."[42] So standen die Kinder, besonders der männliche Erbe, wohl unter starkem Druck, väterlichen Vorstellungen und Erwartungen genügen zu müssen. Da das Bürgertum über ausreichende Geldmittel verfügte, konnte sich hier im Gegensatz zum Proletariat ein individueller Lebensstil in vorwiegend gesicherten Verhältnissen ausprägen. Doch bedeutete das Festhalten-Wollen an einer streng hierarchischen, auf Macht und Gehorsam basierenden Struktur einen geringen Spielraum für das Kind zur Ausbildung seines freien Willens. Diese Struktur stellte zudem einen Anachronismus zum fortschreitenden Wertewandel der Kultur dar: Man denke z.B. an den damals aus Südamerika importierten Tango, der für eine bürgerliche Moralvorstellung noch skandalös erscheinen mußte angesichts der Erotisierung des Tanzes.

2.1.1 Praktizierte Zwangserziehung zur Spaltung am Beispiel Wilhelms II.

Wilhelm II. hat als kaiserlicher Monarch den Zeitwillen der Wilhelminischen Epoche wesentlich mitgeprägt und war seinerseits auch Kind seiner Zeit. Die Spaltungsmechanismen der imperialen Erziehung erfahren eine besondere "figürliche" Transparenz durch die Symbolfigur Wilhelm II. Als eine durch unsensible Erziehung belastete Persönlichkeit wurde er durch das Erlebte weiter bestimmt. In seiner exponierten Stellung zeigte sich Wilhelm in seiner Gesamtbefindlichkeit auch als gesellschaftliches Vorbild. Er wurde übrigens fast zur gleichen Zeit (1859) wie Rudolf Steiner (ebenfalls als erster und ältester Sohn) geboren. Die Eltern Wilhelms waren das Kaiserpaar Friedrich Wilhelm von Preußen und Viktoria.[43] In

---

[42] HORKHEIMER, Max, Allgemeiner Teil, in: Studien über Autorität und Familie, Hg.: HORKHEIMER, Max (= Schriften des Instituts für Sozialforschung, Bd. 5, Nachdruck Band 1), Paris 1936, S. 56.

[43] Viktoria: ältestes Kind der Queen Viktoria von Großbritannien und Irland.

Folge einer traumatischen Geburt[44] blieb Wilhelms linker Arm zeitlebens verkürzt und gelähmt, so daß später immer wieder Gleichgewichtsstörungen auftraten. Hinsichtlich seiner repräsentativen Rolle als Kaiser wurde der Arm versteckt und "behandelt": Nach Absprachen zwischen Eltern und Ärzten kamen bereits in früher Kindheit die unverständlichsten Einrichtungen und Eingriffe zur Anwendung: eine Kopfstreckmaschine, das operative Durchtrennen eines Halsmuskels, eine Armstreckmaschine, Elektrisierung des linken Arms, Abbinden des rechten Arms.[45] Auf die Verweigerungen des Kindes folgte nach und nach die innere Abkehr der Mutter. Sie schrieb in Briefen nach Windsor:

"Wir binden den rechten [Arm] täglich für längere Zeit – und ich muß Dir sagen, es ist für uns alle eine große Prüfung; er wird so gereizt und ärgerlich und gewalttätig und leidenschaftlich, daß es mich manchmal ganz nervös macht [...]."[46]

In der Zeit, als die Kopfstreckmaschine täglich angewandt wurde, schrieb sie: "Wilhelm [...] kriegt gewalttätige und leidenschaftliche Wutanfälle, wenn er etwas nicht unternehmen will [...]."[47] Möglicherweise wurden die Versuche, sich gegen die Behandlungen zu wehren, mütterlicherseits als grundlose Aggression gedeutet und als Kränkung erlebt. Aus den zitierten Zeilen spricht auch eine gewisse Hilflosigkeit. Alles in allem war die Beziehung zwischen Mutter und Sohn von extremem leiblichem Zwang geprägt und auf diese Weise fortwährend erschüttert und in Frage gestellt.

---

[44] Die Geburt war ein Ort dramatischer Konflikte: Z.B. gab der Vater dem Arzt zu verstehen, daß das Leben der Mutter im Falle einer notwendigen Entscheidung höher zu bewerten sei als das des Sohnes. Eine solche Vorentscheidung bedeutete für den Sohn ein väterliches Urteil über Leben und Tod. Es geschahen überzogene, gewaltsame ärztliche Maßnahmen. Vgl. hierzu RÖHL, John C. G., Wilhelm II. Die Jugend des Kaisers 1859 – 1888, München 1993, S. 24 ff.

[45] Vgl. RÖHL, John C. G., Wilhelm II., S. 24 – 71.

[46] Brief der Kronprinzessin Viktoria (englische Prinzessin und Ehefrau von Kaiser Friedrich Wilhelm) an Queen Viktoria am 23. Januar 1861; Royal Archives Windsor Z 10/47. Zitiert nach RÖHL, John C. G., Wilhelm II., S. 95 (aus dem Englischen von Autor).

[47] Brief der Kronprinzessin Viktoria an Queen Viktoria am 28. April 1863, Royal Archives Windsor Z 15/15. Zitiert nach RÖHL, John C. G., Wilhelm II., S. 95 (aus dem Englischen vom Autor).

Weniger die Armlähmung selbst als vielmehr die aus den Behandlungen resultierende personale Verunsicherung und Verunmöglichung eines kontinuierlichen, friedlichen Bezugs zu Erwachsenen ließen kaum einen positiven Erfahrungshorizont des Kindes aufkommen. Aber gerade dieser wäre für die Entwicklung des kindlichen Willens so unabdingbar wichtig gewesen.

Als Wilhelm sechs Jahre als war, wurde ein patriotischer Hauslehrer für ihn bestimmt. Die eingreifenden Methoden auf leiblicher Ebene fanden ihre Fortsetzung im mentalen Bereich. In einem Brief des Hauslehrers hieß es: "Bei meinem Versuch, wirklichen Einfluß über den Geist meines Zöglings zu gewinnen, darf ich keinen Widerspruch erfahren."[48] Die Aufgabe ist, "nicht den König, sondern den Mann zu erziehen, und um das zu erreichen muß ich ihn in meiner Gewalt haben."[49] Die Zitate beinhalten Grundsätze, auf denen eine auf vollständige Unterjochung seelisch-geistiger Eigenimpulse abzielende Erziehungsstruktur aufbaut. Hier war alles auf Totalbeherrschung zugeschnitten ohne das geringste Anzeichen personaler Zuwendung. Letztes (Gewalt-)Ziel war die Unterdrückung des mentalen Eigenlebens. Die Aussage, den Mann und nicht den König erziehen zu wollen, mutet wie eine Deckbehauptung an, unter der jedoch ein usurpatorischer Wille zur Macht sichtbar wird, ein Machtwille, der selbst nicht vor der Schutzlosigkeit eines Kindes haltmachte. Auch die natürliche Intelligenz des Kindes wurde angezweifelt, wie folgendes Zitat aus einem Brief der Mutter kundtut: "Er ist im Sprechen *so* zurückgeblieben, und das macht mich rasend, denn die Leute hier sagen, er könne nicht sprechen, weil er so viel Englisch hört."[50] Das mütterliche, ehrgeizige Begehren richtete sich augenscheinlich vorwiegend auf Wahrung des Scheins, so daß die spärlichen Sprechergebnisse eine Enttäuschung darstellen mußten. Es stellt

---

[48]   Brief von Hinzpeter an Morier am 15. Januar 1866, Mappe «Erzieher unserer Kinder», Archiv der Hessischen Hausstiftung, Schloß Fasanerie. Zitiert nach RÖHL, C. G., Wilhelm II., S. 151 (aus dem Englischen vom Autor).

[49]   Ebd.

[50]   Brief der Kronprinzessin Viktoria an Queen Viktoria am 17. November 1860, Royal Archives Windsor Z 10/14. Zitiert nach RÖHL, John C. G., Wilhelm II., S. 97 (aus dem Englischen vom Autor).

sich die Frage nach der späteren Persönlichkeitsstruktur eines Menschen, der soviel schmerzvolle Ohnmacht erleiden mußte.

Als weiteres Beispiel einer Pädagogik leiblicher und mentaler Übergriffe sei kurz Rudolf von Habsburg erwähnt, Sohn des Kaisers Franz Joseph, der bereits dreijährig einem übertriebenen militärischen Ehrgeiz seitens des Vaters ausgesetzt war. Der sensible Knabe mußte auch bei Kälte stundenlang bei Paraden, Exerzier- und Schießübungen[51] als "werdender Soldat" anwesend sein. In den Nächten wurde er mit Pistolenschüssen aus dem Schlaf gerissen.[52]

Nachdem pädagogische Übergriffe in imperialer Zeit am Beispiel der Symbolfigur Wilhelm II. dargestellt wurden, sei unser Augenmerk nun auf die unabdingbaren Folgeerscheinungen jener *spaltenden Pädagogik* gerichtet, die sich in ihrer einseitigen Ausrichtung auf Kontroll- und Zwangsmechanismen, in ihrer Verwerfung kindlichen Eigenlebens nicht an Individualität und Integrität orientierte, sondern an der Totalbeherrschung von Leib, Seele und Geist. Das Gesamtverhalten der das Kind Wilhelm II. begleitenden Personen kam dem des Arztes und Pädagogen Daniel Gottlieb Moritz Schreber (geb. 1808) gleich, dessen Erziehungsgrundsätze und ähnlich angewandte medizinische Technik "nachhaltige Wirkung auf die Zeitgenossen geübt haben."[53] Nicht zuletzt infolge dieser väterlichen Pädagogik entwickelte der Sohn, Daniel Paul Schreber, nach Ansicht Sigmund Freuds Jahrzehnte später paranoide Wahnvorstellungen.[54]

Eine Pädagogik dieser Art kann als psychologische Grundlage für das Unglück von Generationen angesehen werden, denn zweierlei mußte vom Kind erfahren werden, was unüberwindbare *Spaltung* hervorrief: Zwang zu Verehrung und gleichzeitig extremer Zwang zu Unterwerfung. Diese

---

[51]   Vgl. HAMANN, Brigitte, Rudolf, S. 27.

[52]   Vgl. ebd., S. 29.

[53]   Vgl. FREUD, Sigmund, Zwei Falldarstellungen. <Der Rattenmann>, <Der Fall Schreber>, Frankfurt a. M. 1982, S. 118.

[54]   Dr. Daniel Paul Schreber: ehem. sächsischer Senatspräsident. Sein Fall (Paranoia) wurde beschrieben und bearbeitet von/in: FREUD, Sigmund, Zwei Falldarstellungen, S. 79 ff.

Ambivalenz könnte 1914 das Endergebnis der "Liebe zum Vater" mitbestimmt haben, nämlich Selbstopferung im rivalisierenden Kampf. Stand einerseits hinter Wilhelm II. ein ganzes Herrscherhaus, ihm Macht, Glanz und Reichtum verleihend, wurde gleichzeitig seine Persönlichkeit grundlegend an Wachstum und freier Entfaltung gehindert. Der Weg einer Persönlichkeit, die jener oppressiven Pädagogik ausgesetzt war, konnte nur zu Isolation führen. Der Graben zwischen Fremdanspruch und Selbst-Sein-Wollen blieb unüberbrückbar und unaushaltbar. Die Lebensgeschichte Wilhelms II. ist Symbol für eine neurotisierende Pädagogik, die den freien Willen des Subjekts leugnete und brach und vielmehr seine Dressur propagierte. Die beschädigte Erziehung Rudolfs von Habsburg und dessen fehlschlagende Versuche, Kontakt zu seinem übermächtigen Vater aufzunehmen, der ihm nur mit Gefühlskälte und Gleichgültigkeit[55] antwortete, führten zu Krankheit und Selbsttötung.[56] Rudolf wurde zum Sklaven[57] eines zwar prunkvollen aber gleichzeitig verständnislosen Hofes.

Der verkürzte, unbewegliche linke Arm Wilhelms II. und der Freitod Rudolfs von Habsburg stehen zeichenhaft für eine machtvoll und kontrollierend ausgeübte Über-Ich-Pädagogik, die auf Standhalten, auf Wahrung von Form und Schein, auf Beherrschung jedweder authentischer Emotionalität hinzielte und für die daraus resultierende Ausweglosigkeit "gelähmter" Persönlichkeiten. Der Blick auf diese Pädagogik gibt den Horizont frei auf die Mißstände der Gesamterziehung des damaligen Europas; er zeigt paradigmatisch das Erziehungsmilieu des Jugendstils der angeblich so "guten alten Zeit". Eine Pädagogik, die den Glauben an den Segen einer rationellen Beherrschung des Kindes unter Ermangelung wahrer Liebe verabsolutiert, widerspricht einer Pädagogik zu freier Willensbildung in höchstem Maße.

---

[55]   Vgl. HAMANN, Brigitte, Rudolf, S. 27 ff.
[56]   Vgl. ebd., S. 410 und S. 429 ff.
[57]   Vgl. hierzu ebd., S. 49 ff., die aufgezwungenen Jagderlebnisse und ihre negativen Folgen.

2.1.2 Das Ergebnis oppressiver Pädagogik: Der Griff zu künstlicher Größe

Die imperiale Politik wurde damals bekanntlich stark vom Militär mitbestimmt, das sich zusehends in politische Entscheidungen einmischte.[58] Der imperialen, expansiven Politik stand im deutschen Reich ein schwacher Reichstag gegenüber, dessen Mehrheit sich dem kaiserlichen Machtanspruch unterwarf.[59] Wilhelm II. bewegte sich schon früh in militärischen Kreisen, die seine Auffassungen prägten. Das politische Machtgebaren Wilhelms II. steht paradigmatisch für eine vom Nationalismus stark getönte Zeit. Anderen Ländern gegenüber wurde in aggressiven Reden und unklugen Interaktionen kalter, rational berechnender Machtwille demonstriert, mit dem seine Vorstellung vom sacerdotalen Königtum von Gottesgnaden koinzidierte: "Wir Hohenzollern [nehmen] Unsere Krone nur vom Himmel"[60], "die darauf ruhenden Pflichten"[61] haben wir allein "dem Himmel gegenüber zu vertreten"[62], sagte Wilhelm in einer Ansprache.

Eine Pädagogik der Unterdrückung des Subjekts und seines eigenen Willens läßt regelmäßig eine Suche nach Ersatzgrößen aufkommen. Wird einem Kind von den ersten Lebensjahren an das Fehlen eigener Stärke vorgehalten, ist die spätere megalomane Bezugnahme auf Alternativgrößen verständlich.[63] Ein Mensch, der soviel Kleinsein erleben mußte, wendet sich nun dem anscheinend Großen zu. Ein anderes Beispiel für den Griff zur künstlichen Größe ist (der Fall) Schreber, der in seinem Vater Gott sah.

---

[58] Vgl. CRAIG, Gordon A., Geschichte Europas, S. 287 ff.

[59] Vgl. ebd., S. 288.

[60] Vgl. die Rede beim Festmahl des Provinziallandtages in Königsberg am 15. Mai 1890, zitiert nach PENZLER, Johannes (Hg.), Die Reden Kaiser Wilhelms II. in den Jahren 1888 – 1895, Leipzig o. J., S. 113 – 116. Zitiert nach RÖHL, John C. G., Wilhelm II., S. 290.

[61] Ebd.

[62] Ebd.

[63] Vgl. die "*ultra*-preußische" Haltung des Prinzen, in: Brief der Kronprinzessin Viktoria an Queen Viktoria am 5. August 1880, Royal Archives Windsor Z 34/40. Zitiert nach RÖHL, John C. G., Wilhelm II., S. 419 (aus dem Englischen vom Autor).

In diesem Fall wurde die künstliche Größe nicht auf die eigene Person, sondern auf die Vaterfigur bezogen. Aus einer extrem unterwerfenden und somit spaltenden Pädagogik erwächst eine besondere Rationalität, die auf Realitätsflucht und Imagination fußt. Rudolf von Habsburg scheiterte trotz seines intelligenten und kritischen Geistes, weil er sich nicht damit abfinden konnte, daß weder Personalität und freier Wille noch politische Konsensversuche, Liberalismus[64] und Unterstützung von Minderheiten[65] in seiner Zeit Platz hatten. Sein Freitod kam einer Kapitulation gleich und war wohl Ausdruck gefühlter Ohnmacht gegenüber pädagogischer und politischer Oppression. Gleichzeitig drückte er den Willen aus, sich zum Herrscher über Leben und Tod zu machen.

Der Imperialismus der Wilhelminischen und Habsburger Ära wurde durch eine stark forcierte Seestreitmacht demonstriert.[66] Bald schon entstanden minutiöse Pläne zur Mobilmachung. Der Griff zur künstlich-transzendenten Größe, für die es sich lohnte zu sterben, fand auch auf kollektiver Ebene statt. Wird diese Größe verabsolutiert, subsumiert sie Sehnsüchte wie Treue zum Vaterland, Heimat und Rasse unter Abspaltung eigener und fremder Bedürfnisse und Realitäten. Haßgefühle auf Personen fremder Länder werden evident in einem 11-seitigen Brief Wilhelms II. von 1888 an den Fürsten von Bismarck, von dem hier ein kleiner Abschnitt wiedergegeben wird:

"Unsere Feinde werden es an Versuchen aller Art sicher nicht fehlen lassen uns zu isoliren, die Bundesgenossen uns abwendig zu machen; jeder von uns begangene Fehler, jede Blöße, die sich die deutsche Politik giebt, wird solchen Bestrebungen Vorschub leisten. [...] Russland würde mit Leichtigkeit Verhältnisse dann zu schaffen vermögen, die den Krieg zur Folge haben müßten; die öffentliche Meinung wird aber sicherlich Deutschland als Urheber desselben bezeichnen. [...] Jederzeit [...] ist es Pflicht des großen Generalstabes die eigene militairische Lage und die

---

[64]   Vgl. HAMANN, Brigitte, Rudolf, S. 334.
[65]   Vgl. ebd., S. 135 ff.
[66]   Vgl. CRAIG, Gordon A., Geschichte Europas, S. 287.

der Nachbarn scharf ins Auge zu fassen sowie die Vortheile und Nachtheile, die sich in militairischer Beziehung bieten können, sorgsam abzuwägen.[67]

Eine schlüssige, kalt kalkulierende Rationalität wird deutlich, die bei näherem Hinschauen von bloßen Unterstellungen zeugt. Das Paradoxe ist, daß gerade die Mutter Wilhelms II. als dessen Haupterzieherin gegen den common sense des Nationalismus Stellung nahm:

> "Die neumodische Intoleranz u. Arroganz der Deutschen wird ihnen nicht ganz genug [sic] vorgehalten, u. die Phase der Verachtung und Verurtheilung Alles Fremden wird kaum genug getadelt!"[68]

Deutlich wird, daß eine schwächende und spaltende Pädagogik im Falle Wilhelms II. und Rudolfs von Habsburg eine spätere Realitätsfremdheit nach sich ziehen kann. R. Steiner, der als Kind Toleranz und Sicherheit erfuhr, zeigte mit seinen zahlreich erschienenen Schriften zu Fragen des Menschseins vergleichsweise den starken Willen zur Auseinandersetzung mit Themen seiner Zeit, auf philosophischer und pädagogischer Ebene. Im Gegensatz zum gespaltenen Denken und Handeln Wilhelms II. hat Steiners Werk integrativen Charakter und wurzelt in der Realität. Sein Leben konnte sich relativ unbehindert und kontinuierlich entwickeln. In einer Zeit tiefgreifender Klassenspaltungen und wachsender industrieller Potentiale hätte die politische Führung menschlicher Reife bedurft und nicht eines simplifizierten Freund-Feind-Denkens. Eine kontinuierliche, zusehends liberalere Weiterentwicklung aus dem absolutistischen Zeitalter heraus in die Moderne des 20. Jahrhunderts wurde so blockiert. Eine veraltete,

---

[67] Brief des Kronprinzen Wilhelm an Otto Fürst von Bismarck am 10. Mai 1888, Bundesarchiv Koblenz, Nachlaß Bismarck FC 2986 N. Vgl. VON PETERS-DORFF, Hermann u.a. (Hg.), Bismarck: Die gesammelten Werke, 15 Bände, Berlin 1923 – 1933, Bd. 15, S. 554 – 557. Zitiert nach RÖHL, John C. G., Wilhelm II., S. 808 f.

[68] Brief der Kronprinzessin Viktoria an Kronprinz Wilhelm am 9. Januar 1880, Archiv der Hessischen Hausstiftung, Schloß Fasanerie. Zitiert nach RÖHL, John C. G., Wilhelm II., S. 412.

oppressive Pädagogik blieb zusammen mit einer "Herrscher"-Moral, die je unglaubwürdiger, desto aggressiver wurde.

2.2 Mythomanie in der Kunst (und Pädagogik)

2.2.1 In der bildenden Kunst

Bisher wurde der Mechanismus der nach künstlicher Größe ausgerichteten Kompensationssuche beim Erwachsenen vornehmlich am Beispiel des Machtwillens Wilhelms II. und an jenem des Freitodes Rudolfs von Habsburg als Folgeerscheinung einer verständnislosen und spaltenden Pädagogik beschrieben. Die weitere Untersuchung soll sich nun auch unter gesellschaftspolitischem Aspekt diesem Spaltungsphänomen zuwenden und zwar im Bezugsraster der Kunst. Die solcherweise über ausgewählte Kunstwerke gewonnenen Erkenntnisse sprechen ihrerseits auch wieder eine Sprache der Pädagogik und erhellen diese mit noch genauerer Tiefenschärfe.

Die Annahme liegt nahe, daß die bürgerliche Ober- und Mittelschicht sich von der neu entstandenen Arbeiterklasse bedroht fühlte, die auf alte Bildungsprivilegien aus war. In der Folge wurde nach neuen Idealen und Identifikationsmöglichkeiten gesucht in Verleugnung einer Welt, deren Themen und Eigenwelt gegenüber man vielfach Abscheu und Angst empfand und diese dann freilich auch aus der Pädagogik ausklammerte. Unfähig, die Klassenauseinandersetzungen adäquat zu analysieren, im Verlust eines nach der französischen Revolution erkämpften, nun aber bedrohten aufklärerischen Einmaligkeitsbewußtseins, wurde nach pseudometaphysischen Größen gegriffen: Die "Nation" und die "Mythologie" wurden ausgewählte Themen, an denen man sich "festhalten" konnte. Der "große Mensch" in einer "großen Nation" wurde auch in der bildenden Kunst zum Prinzip erhoben. Die neu-mythischen Sehnsüchte standen ebenso wie die rigide Pädagogik in krassem Anachronismus zu den wirtschaftlichen und sozialen Wandlungen. Es war ein Rückzug aus der span-

nungsvollen Gegenwart zu Größen und Idealen wie: Gott, Held, Heimat-
boden und Rasse, der den Versuch darstellte, verlorene *Verbindlichkeiten*
auf individueller und kollektiver Ebene wiederherzustellen. In der Frühzeit
suchten die Völker in ihrer Gemeinschaft im Mythos das Heilige am Kult-
ort im kultischen Drama. Der Mythos war Zeugnis religiöser Erfahrung.
Das mythomanische Kunstwerk war eine selektive und verzweckte Neuauflage des Ursprungsmythos: Die mythischen Motive sollten Identi-
fikationsvorlagen für den Menschen der imperialen Zeit liefern.

Ein kurzer Exkurs in das Geistesleben der Zeit um die Jahrhundertwende
soll die auf dem Gebiet der Kunst aufkommende Suche nach dem "Großen" noch etwas verständlicher werden lassen: Gegen Ende des 19. Jahrhunderts trat in der Philosophie der Naturwissenschaftler E. Haeckel
hervor mit seiner Darwin'schen Deszendenztheorie, der Mensch stamme
vom Affen ab. Diese Theorie war einem einseitig naturwissenschaftlichen
Konzept verbunden, das mit seiner Aussage, der Mensch sei nur ein Tier
unter anderen, die Frage nach dem Menschsein und jene nach menschlicher
Ethik kaum berücksichtigte.[69]
Ein anderer bedeutender Vertreter damaligen Geisteslebens, Friedrich
Nietzsche, schuf mit der Formel, Leben sei Wille zur Macht[70] die Genea-
logie eines Herrentums. Diese beiden in imperialer Zeit vorherrschenden,
hier grob skizzierten Anthropologien bedeuteten eine Reduktion des Men-
schen auf dessen biologische *Funktion* und auf ein *Ausleseprinzip*.
Dadurch aber bewiesen sie Transzendenzlosigkeit: Ein Denken ohne
Einbettung in Sinn und Ethik, eine Pädagogik des "imperare" (imperare =
befehlen) können als Erscheinungen von Krise und Nihilismus gewertet
werden: In ihrer Negation des Humanen vergrößerten sie das geistige
Vakuum damaliger Zeit. Sie können für das Aufkommen von Mustern

---

[69] R. Steiner wies in seiner Autobiographie auf einen Grundmangel der Naturwissenschaften hin und forderte kritisch, daß doch "alles Suchen in den Ergebnissen
der Naturwissenschaft das Wesentliche nicht *in* ihnen, sondern *durch sie im
Geiste finden* müsse." (STEINER, Rudolf, Mein Lebensgang, S. 192).

[70] Vgl. NIETZSCHE, Friedrich, Werke in 6 Bänden, Hg.: SCHLECHTA, Karl, Bd.
III, München u.a. ^{5}1980, S. 372 als auch NIETZSCHE, Friedrich, Werke in 6
Bänden, Hg.: SCHLECHTA, Karl, Bd. IV, München u.a. ^{5}1980, S. 729.

mitbestimmend gewesen sein – gerade auch in der Kunst –, die sich in der Folge als rettungsstiftende Ideale anboten und Derivate damaliger Philosophie waren. In der Kunst brach sich imperiales Denken in Form der Remythisierung Bahn: Die Suche nach dem "großen" Menschen und die dazugehörige Kehrseite sollen zunächst im Bereich der bildenden Kunst (am Beispiel einiger ausgewählter Werke) aufgezeigt werden. Parallel dazu soll die entsprechende pädagogische Aussage getroffen werden.

In der bildenden Kunst der Jahrhundertwende wurden im Umkreis der traditionellen Malerei Historienbilder der Hof- und Akademiekunst gemalt. Ein Repräsentant hierfür war A. von Werners, Kunstberater von Wilhelm II.[71] Er verbildlichte Themen wie "Wilhelm II. vor dem Sarkophag seiner Eltern" oder "Deutsche Soldaten im Quartier von Frankreich."[72] Das Festhaltenwollen eines geschichtlichen Augenblicks durch eine photorealistische, bis ins Detail glänzender Stiefel gehende Malweise verabsolutiert einen – realiter gesehen – vielschichtig angelegten geschichtlichen Moment. Der Historiker aber weiß, daß der geschichtliche Prozeß nicht eindimensional betrachtet werden kann, sondern multidimensional. Das Historienbild fokussierte einen rudimentierten Symbolgehalt und spiegelte in dieser Verkürzung einen *Beherrschungswillen* wider, der ebenfalls in der damaligen Pädagogik seine Extreme trieb. Diese Eindimensionalität zeugt von Besitznehmenwollen und Disziplinierung der Geschichte zur Historie. Die Disziplinierung geschah in doppelter Hinsicht: einerseits als Beherrschung der geschichtlichen Zeit, andererseits als Beherrschung des Subjekts in der Weltgeschichte. Das Heilige des Mythos wurde durch die bildhafte Vergötterung des soldatisch-heldischen Typus ersetzt, für dessen Nation sich der Einsatz des bürgerlichen Lebens lohnte. Durch ansprechende Darstellung wurde der Held idealisiert. Wie die Darstellung des Mythos ursprünglich repräsentativ für eine Staatsgemeinschaft geschah, begleiteten die Historienbilder den Bürger in Rathäusern und anderen öffentlichen Einrichtungen. Die Bildthemen sprachen auch eine päda-

---

[71] Vgl. NIPPERDEY, Thomas, Deutsche Geschichte 1866 – 1918, Bd. 1: Arbeitswelt und Bürgergeist, München [2]1991, S. 698.

[72] Vgl. ebd.

gogische Sprache: "Eltern" und "Soldaten" wurden zur Lebensthematik ganzer Generationen. In ihrem Zangengriff vollzog sich großes Unheil. Dem Kind wurde nicht im Bewußtsein seiner mannigfaltigen Anlagen und Möglichkeiten begegnet, sondern unter dem Vorzeichen eindimensionaler Festlegung auf überdimensionale Ideale. Wichtiger als eine freiheitliche Entwicklung des Kindes war in vielen Bereichen eine stagnative Disziplinierung zu letztlich manipulierbaren, glücklosen Figuren.

R. Steiner, dem selbst als Kind und Jugendlicher viele Türen zur Welt geöffnet wurden, suchte später auch viele Wege, dieser eindimensionalen pädagogischen Haltung zugunsten einer ganzheitlichen Anschauung des Kindes entgegenzuwirken. Nach R. Steiner soll die Haltung des Pädagogen von genauer Beobachtung und sorgfältiger Lenkung des Kindes bestimmt sein, was einen Schritt hin zu Harmonisierung und Ich-Stärkung bedeutet.

Eine andere Art von Malerei als die Historienmalerei war in damaliger Zeit jene der sog. Deutsch-Römer.[73] Ihnen ging es nicht um den bildnerischen Ausdruck eines Mythos vor dem Hintergrund realer geschichtlicher Ereignisse, sondern um eine Remythisierung ohne Realitätsbezug, die sich gänzlich in der antiken Mythenwelt verlieren konnte. Als weiteres gemeinsames Merkmal dieser Gemälde läßt sich die Wirkung von figürlicher Harmonie und von gelassener Erhabenheit konstatieren.[74] In der Gruppe der Deutsch-Römer war die Malerei A. Feuerbachs diejenige, die dabei wohl am stärksten klassisch-harmonische Schönheit demonstrierte. Diese betont schöne Malerei Feuerbachs vermochte es, den Betrachter in ihren Bann zu ziehen. Es erhebt sich, wie auch im Zusammenhang der Historienmalerei, die Frage nach dem vom Maler verbildlichten Ideal und der dazugehörigen Pädagogik. Obgleich Feuerbach sich ausdrücklich gegen einen "wahnwitzigen und wahnseligen Dekorationsschwindel"[75] wandte,

---

[73]   Vgl. NIPPERDEY, Thomas, Deutsche Geschichte 1866 – 1918, Bd. 1, S. 701.

[74]   Vgl. die Gemälde von MARÉES, Hans von, Drei Jünglinge unter Orangenbäumen sowie von BÖCKLIN, Arnold, Spiel der Wellen als auch von FEUERBACH, Anselm, Ricordo di Tivoli und Medea.

[75]   Vgl. MEIER-GRAEFE, Julius, Entwicklungsgeschichte der modernen Kunst, 2 Bände, Bd. 2, nach der 3. Auflage neu herausgegeben von REIFENBERG, Benno und MEIER-GRAEFE-BROCH, Annemarie, München 1966, S. 378.

ist in dieser Malerei eine ähnliche Neigung zum Ideal feststellbar wie in der Historienmalerei; wenn nicht in Form einer Verherrlichung des männlichen Helden, so mittels nostalgischer Suche nach vermeintlich mythischer Harmonie, freundlichen Göttern und glückseligen Menschen. Die Figuren wirken typenhaft erhaben und makellos schön, schreiten ernst, fast bewegungslos in antik-faltenreichen Gewändern einher oder sitzen regungslos wie Statuen an Säulen, von klassisch-antikem Repertoire umgeben. Thematisch wie bildnerisch bedeutet Feuerbachs Malerei ebenfalls einen mythisierenden Rückgriff auf Vergangenes – Römisches wie Griechisches. In der Pädagogik der damaligen Zeit gab es auch schöne Kulissen: Reiches Interieur, Parks mit Säulen und Paraden waren die Bühne, auf der manches Kind auf und ab schritt, äußerlich gut gekleidet, innerlich wohl weniger glücklich als einsam.

Die Auswahl von Feuerbachs Gemälde "Medea" zur näheren Betrachtung begründet sich durch dessen Darstellung einer Mutter-Kind-Figuration, die gerade im Zusammenhang mit unserer pädagogischen Fragestellung besondere Relevanz besitzt. "Medea" sitzt in majestätischer Haltung, einer Marienfigur ähnlich, da: eines ihrer Kinder hält sie auf dem Schoß (im linken Arm) und betrachtet es. Photorealistisch, sinnlich-stofflich fast spürbar erscheinen Faltenwurf, Sand, Meerwasser und Gischt. Aufgrund der hoheitsvollen Haltung und aufgrund des einfallenden Lichtes erscheint die "Medea" aus zentralperspektivischer Sicht anbetungswürdig. Das Gewand fällt in schön geordneten Schüssel- und Kaskadenfalten, einem Stil, wie er vornehmlich bei der künstlerischen Gestaltung alter Marienfiguren angewandt wurde: Ein christliches Motiv wurde übernommen, mythologisiert und gleichzeitig für die damalige Zeit idealisierend dargestellt. Es ging auch hier wie in der Historienmalerei um einen rudimentierten Symbolgehalt, um ein Mittel zum Zweck: für den Bürger ein Ideal zu formen. In der damaligen Historienmalerei war es das Ideal des männlichen Helden, hier das Ideal der "guten und starken Mutter" im Gewand des nur Schönen und Harmonischen. In dieser Weise konnte sich damalige Kunst aber weder der Geschichte noch dem Mythos annähern. Auf dem Bild geschieht in zweifacher Weise Verschleierung: Es geht nicht, wie figural dargestellt, um Maria und das Kind, sondern um deren Verzweckung zur Darstellung eines Mythos. Darüber hinaus erfährt der an sich tragische Inhalt des Mythos (Tötung der Nebenbuhlerin und der eigenen beiden Söhne durch Medea[76]) aufgrund der schönen Darstellung Idealisierung, so daß die Tragik des Gesamtgeschehens verwischt wird. Nicht einmal das Blutrot des Gewandes der Medea, das vom Symbolgehalt her Gefahr signalisiert, schmälert die schöne Wirkung der Figur.

Als dichterisches Beispiel für die Spaltung zwischen Ideal und Wirklichkeit in imperialer Zeit sei der Roman "Die Verwirrungen des Zöglings Törless" von Robert Musil an dieser Stelle herangezogen. Der Roman läßt den aus dieser Spaltung resultierenden Verlust des Menschlichen gerade auch in pädagogischer Hinsicht evident werden. Zu Beginn des Romans wird zunächst das Erleben der Mutter im Augenblick der Trennung von dem Sohn geschildert:

> "Frau Hofrat Törless, dies war die Dame von vielleicht vierzig Jahren, verbarg hinter ihrem dichten Schleier traurige, vom Weinen ein wenig gerötete Augen. Es galt Abschied zu nehmen. Und es fiel ihr schwer, ihr einziges Kind nun wieder auf so lange Zeit unter fremden Leuten lassen zu müssen, ohne Möglichkeit, selbst schützend über ihren Liebling zu wachen."[77]

> "Der Grund, dessentwegen Frau Törless es dulden mußte, ihren Jungen in so ferner, unwirtlicher Fremde zu wissen, war, daß sich in dieser Stadt ein berühmtes Konvikt befand, welches man [...] da draußen beließ, wohl um die aufwachsende Jugend vor den verderblichen Einflüssen einer Großstadt zu bewahren.
> Denn hier erhielten die Söhne der besten Familien des Landes ihre Ausbildung [...]."[78]

---

[76]   Vgl. SCHWAB, Gustav, Griechische Sagen. Bearbeitet und ergänzt von Richard Carstensen, München [18]1994, S. 132 – 138.
[77]   MUSIL, Robert, Die Verwirrungen des Zöglings Törless, S. 8.
[78]   Ebd., S. 8.

Zwei Ebenen im Fühlen, Denken und Handeln der Mutter standen einander konträr gegenüber: Hier das Bewußtsein von Standes- und Finanzprivilegien einer "bürgerlich-freidenkenden"[79] Familie und die damit verbundene Beugung unter das ungeschriebene Gesetz einer dem Sohn zugedachten "Elite"-Ausbildung in einer Militärerziehungsanstalt, schöne und teure Kleidung, Wohlhabenheit. Dort der Verzicht auf den Ausdruck eigener Gefühlsregungen, was einer Fremdbestimmung gleichkam. Die Diskrepanz zwischen dem eigenen Willen der Mutter und ihrer Unterwerfung unter das standesmäßige Gesetz einer Pädagogik des "Starkseins" kennzeichnete ihr Handeln und Fühlen. Eine ähnliche Diskrepanz zwischen Ideal und Realität wurde in A. Feuerbachs Gemälde "Medea" an der Spaltung zwischen idealer Schönheit einerseits und tatsächlich tragischem Mythos andererseits erkennbar. Eine solche Kluft wurde von Erich Fromm als eine zwischen "Haben" und "Sein"[80] bezeichnet. Mit der Unterwerfung unter das Vorhaben der Trennung wurde wohl auch seitens des Sohnes Törless gegen den eigenen Willen zugunsten von Materialität, Norm und Ideal gehandelt. Auf diese Weise wird mit Fromms Worten ein

"im Wachstum begriffener Mensch [...] gezwungen, die meisten seiner autonomen, echten Wünsche und Interessen und seinen eigenen Willen aufzugeben und einen Willen, Wünsche und Gefühle anzunehmen, die nicht aus ihm selbst kommen, sondern ihm durch die gesellschaftlichen Denk- und Gefühlsmuster aufgenötigt werden."[81]

Den negativen Folgen dieses Zwangshandelns für das psychische Erleben des Sohnes wurde von R. Musil folgendermaßen Ausdruck verliehen: "[...] nachdem er schon einige Tage allein gewesen war und sich verhältnismäßig wohl befunden hatte, brach es plötzlich und elementar in ihm empor."[82] Das zuvor bestehende, nun überwundene Heimweh

---

79 MUSIL, Robert, Die Verwirrungen des Zöglings Törless, S. 11.
80 Vgl. FROMM, Erich, Haben oder Sein, München 1979.
81 Vgl. ebd., S. 81.
82 MUSIL, Robert, Die Verwirrungen des Zöglings Törless, S. 9.

"ließ in der Seele des jungen Törleß eine Leere zurück. Und an diesem Nichts, an diesem Unausgefüllten in sich erkannte er, daß es nicht eine bloße Sehnsucht gewesen war, die ihm abhanden kam, sondern etwas Positives, eine seelische Kraft, etwas, das sich in ihm unter dem Vorwand des Schmerzes ausgeblüht hatte."[83]

Die Eltern erkannten in dem Wesen ihres Sohnes kein Anzeichen für eine bestimmte psychische Entwicklung. "Daß es der erste, mißglückte Versuch des jungen, auf sich selbst gestellten Menschen gewesen war, die Kräfte des Inneren zu entfalten, entging ihnen."[84]

Die elterliche Ausrichtung an Konvention und Standesdenken hatte den Knaben an der Ausbildung vertrauensbildender Kräfte gehindert. Das christliche Motiv der Liebe konnte in diesem Beispiel nicht verwirklicht werden. Statt Kommunikation und Verständnis geschahen Zwang und Selbstverleugnung. Der Schleier der Hofrätin und ihre dahinter zurückgehaltenen, dennoch in Erscheinung tretenden Tränen verweisen auf den Bruch zwischen Mutter und Sohn, auf das Mißverhältnis zwischen dem Ideal der Stärke und eigenem Empfinden. Das "Sein" in der Interaktion, dessen "Voraussetzungen [...] Unabhängigkeit, Freiheit und das Vorhandensein kritischer Vernunft"[85] sind, war ausgelöscht worden. Das doppelte Maß der idealistischen Verschleierung eines tragischen Geschehens in dem Gemälde "Medea" entspricht durchaus auch dem hohen Grad der Verdrängung des eigenen Willens in der damaligen Pädagogik.

Am Beispiel verschiedener Bildthemen aus dem Bereich der Historienmalerei sowie aus jenem der idealistisch orientierten Malerei A. Feuerbachs wurde die große künstlerische und gesellschaftliche Bereitschaft zum mythomanen (Rück-)Griff demonstriert. Was für das Bürgertum (Bürger sind auch Eltern) Fluchtpunkt zu mythomanem "Heil" war, bedeutete für das Kind jedoch keineswegs ein Transzendenzangebot. Die

---

[83] MUSIL, Robert, Die Verwirrungen des Zöglings Törless, S. 9 f.
[84] Ebd., S. 10.
[85] Vgl. FROMM, Erich, Haben oder Sein, S. 89.

an hohen Idealen ausgerichtete Pädagogik fand kaum mehr ihre Abstimmung mit der realen Befindlichkeit und Bedürftigkeit des Kindes. Folglich wurde sie eher dehumanisierend, spaltend und unterwerfend als integrierend und fördernd.

2.2.2 Im musikalischen Drama Richard Wagners

Im Zuge einer Kunst, in der ein starker, "großer" und erhabener Menschentypus heraufbeschworen wurde, erfuhren besonders Richard Wagners Kult(ur)verständnis und Kultdrama Favorisierung. In der Tetralogie "Der Ring der Nibelungen" griff Wagner auf die altnordische "Völsunga Saga" zurück und gestaltete diese um. Hier wie auch in anderen musikalischen Dramen Wagners standen im Brennpunkt der Geschehnisse Götter und heroische Menschen in tragischen Verstrickungen. Die mythische Welt lieferte die Motive: Es ging um große, tödlich endende Menschheitsthemen, wie Verrat, Liebe und Verzweiflung.

Wagners Kultdrama trägt stark romantische Züge, wie im folgenden aufgezeigt wird: Das Vorspiel des Rings, "Das Rheingold", ist zu Beginn eine wogende instrumentale Imagination über 136 Takte, die relativ vage auf einen mythischen Urzustand hinzuweisen scheint, der

> "im Verlauf des *Rings* mit dem Urbeginn assoziiert wird, mit Vater Rhein, mit seinen unbedarften Töchtern, mit der Natur im allgemeinen und mit ihrer Muttergöttin im besonderen, mit deren Töchtern, den Nornen"[86],

den Schicksalsweberinnen am Lebensbaum, der Weltesche. Noch ist alles im Schweben, im Fluß. Das gesamte Vorspiel durchzieht eine "'unendliche Melodie im Orchester"[87], die Deklamationen der Auftretenden geschehen

---

[86] GUTMAN, Robert, Richard Wagner. Der Mensch, sein Werk, seine Zeit, München 1968, S. 411.

[87] Vgl. HANSLICK, Eduard, Die moderne Oper, Berlin 1885, S. 310.

"in Einem Zug, ohne irgend einen Actschluß."[88] Das Rheingold wirkt wie eine "eigenartige Zauberoper"[89], ein Eindruck, der beim Hörer die Stimmung des Märchenhaften erweckt. Mit dieser Allegorie der Natur, mit dieser Wirkung des Zauberhaften und Märchenhaften, wird eine Parallelität zu den Dichtern und Denkern der Romantik erkennbar mit ihrer Neigung zur "heilen" Natur und zum "Wunderbaren".

Auf den Goldraub, das Umschmieden des Goldes in einen Ring und auf das Aussprechen des Fluches über das Gold durch Alberich im Rheingold[90] hin nimmt in der Walküre der Mythos weiter seinen Lauf in Geschehnissen wie Geschwisterinzest oder der Erschlagung Siegmunds durch Hunding.[91] In der Walküre kommen im Vergleich zu dem märchenhaft wirkenden Rheingold starke Gemütszustande der Götter und germanischen Helden zum Ausdruck. Systematisch findet romantisch-pathetische Übersteigerung der Empfindungen statt: Den Mittelpunkt der Handlung bildet Wotans langer Gefühlsmonolog, in dem er sich, sein Leid, seine Schicksalsverstrickungen und den Wunsch, Siegmund zu töten, seiner Tochter Brünnhilde offenbart.[92] Während in diesem Monolog von Schmerz und Opferung Siegmunds die Rede ist, durchdringt andererseits großes Pathos jede Zeile: Wotans Monolog erhebt sich "wie ein Gipfel"[93] "und wirft mit seiner Überlänge den Mittelpunkt des Dramas aus dem Gleichgewicht [...]."[94] Auf musik-stilistischer Ebene ist es die durch übermäßige Akkorde angereicherte Harmonik, die den prickelnden Eindruck romantischer Gefühlssteigerung und Sehnsucht hervorruft. Es stellt sich die Frage nach der

---

[88] HANSLICK, Eduard, Die moderne Oper, S. 309.
[89] Vgl. GUTMAN, Robert, Richard Wagner. Der Mensch, sein Werk, seine Zeit, S. 198.
[90] Vgl. WAGNER, Richard, Der Ring des Nibelungen. Ein Bühnenfestspiel für drei Tage und einen Vorabend. Vorabend: Das Rheingold. Textbuch mit Varianten der Partitur, Hg.: VOSS, Egon, Stuttgart 1999, S. 24 f.
[91] Vgl. WAGNER, Richard, Der Ring des Nibelungen. Ein Bühnenfestspiel für drei Tage und einen Vorabend. Erster Tag: Die Walküre. Textbuch mit Varianten der Partitur, Hg.: VOSS, Egon, Stuttgart 1997, S. 72.
[92] Vgl. ebd., S. 45 ff.
[93] GUTMAN, Robert, Richard Wagner, S. 200.
[94] Ebd.

Ethik einer Musik, in der Schmerz, Verrat und Opfer in diesem gesteiger-
ten Maße pathetisch überhöht werden.

Im Schlußakt der Walküre verstößt Wotan seine Tochter Brünnhilde aus
dem Götterreich, versenkt sie in einen tiefen Schlaf, überläßt sie dem
Mann, der sie finden wird und läßt den Felsen ihres Aufenthaltes mit Feuer
umgeben.[95] Auf musik-stilistischer Ebene zeigt der Schlußakt der Walküre
"den Hang, schwelgerisch-schweifende Einzelblöcke hinzustellen, die in
Tiefe und Länge so imponierend groß sind, daß sie fast nicht durchzuste-
hen sind."[96] Nun ist für die Gattung "Oper" an sich sowohl die Wiederauf-
nahme alten Mythenstoffes charakteristisch als auch dessen Romantisierung: Jedoch ist bei Wagner alles noch lauter, noch pathetischer, noch
länger. Die Wagner'schen Längen werden von Theodor Adorno charakterisiert als "Geschwätzigkeit, die mit dem bittenden, überredenden
Verhalten der Person zusammenstimmt"[97], man "trifft sie wieder in den
Mikrokosmen der Form. Durch Wiederholung und gestische Repräsen-
tation wird der Ausdruck in sich selbst verfälscht"[98] und wird "schließlich
zur Lüge."[99]

Es erhebt sich die Frage nach dem Sinnangebot des romantischen Kult-
dramas Wagners. Gipfelt es nicht in der pathetischen Suggestion, daß es
für den (jungen) Menschen ein erstrebenswertes Lebensziel sei, heroisch
zu sterben? Diese Ethik des romantisierten Mythos, endet sie nicht im Tod
und impliziert sie nicht massive (Selbst-)Aggression? Die mythomane
Verabsolutierung des nordischen Helden durch Romantisierung, bewirkt
sie nicht die Verdrängung des eigentlich Tragischen im Mythos, nämlich
daß der Mensch im Gruppendrama[100] gefangen ist? Zwischen romantischer
Musik und tragischem Geschehen entsteht leicht Spaltung: Die Musik

---

[95]   Vgl. WAGNER, Richard, Der Ring der Nibelungen, Die Walküre, S. 93 ff.
[96]   GUTMAN, Robert, Richard Wagner, S. 202.
[97]   ADORNO, W. Theodor, Versuch über Wagner, München u.a. 1964, S. 35.
[98]   Vgl. ebd., S. 35 f.
[99]   Ebd., S. 36.
[100]   Vgl. DANIS Juana, Schicksal und Mythos, München 1982, S. 30.

(ver-)führt zum maximalen Genuß des Tragischen. Dieser Genuß von etwas an sich Tragischem war in der damaligen Pädagogik nichts Außergewöhnliches: Eine Tiergartenszene mit Rudolf von Habsburg läßt den Sadismus spürbar werden, der die Integrität des Kindes in Abrede stellte: Kurz nach dem sechsten Geburtstag erhielt Rudolf einen Erzieher, Generalmajor Leopold Gondrecourt. Dieser ließ den Knaben einmal allein im Tiergarten zurück. Das Tor wurde verschlossen, und er brüllte dem Kind über die Mauer zu, daß ein Wildschwein käme.[101] Der ethische Imperativ, heldenhaft zu sterben, führte letztlich in eine krudele Sackgasse. Dabei war es Wagners theoretisches und "heiliges" Anliegen, die Kunst zur Religion zu erheben:

"Man könnte sagen, daß da, wo die Religion künstlich wird, der Kunst es vorbehalten sei, den Kern der Religion zu retten, indem sie die mythischen Symbole [...] ihrem sinnbildlichen Werte nach erfaßt, um durch ideale Darstellung derselben die in ihnen verborgene tiefe Wahrheit erkennen zu lassen."[102]

Religion als Kunstgenuß ist aber bereits verkürzte, funktionalisierte Religion. Wagners Musik war ein Antwortversuch auf die Suche des damaligen Bürgers nach Lebenssinn. Allerdings verschleierte sie über den ästhetischen Genuß das Eigentliche des Lebens und der Tragödie: das menschliche Geworfensein ins Gruppendrama und das schmerzliche und demütigende Erleiden von Gewalt, Übermacht und Tod.

Wie in der Malerei wurde also auch in der Kultmusik Wagners "Mythos" gefeiert. War es im Historienbild der kämpfende, ist es hier sogar der sterbende Held. Die romantische Klangdecke als großes Genußangebot an den Rezipienten (Bürger) brachte jedoch nach genauerer Betrachtung eine fragwürdige Ethik zutage. Subtil wurde hier über die Verklärung des Tragischen dessen Verdrängung vollzogen. Schleichend und unauffällig geschah

---

[101] Vgl. HAMANN, Brigitte, Rudolf, S. 28 f.
[102] WAGNER, Richard, Sämtliche Schriften und Dichtungen in 16 Bänden, Volksausgabe, Bd. 10, Leipzig 6. Auflage, o. J., S. 211.

dies in der Pädagogik: Die Pädagogik in imperialer Zeit tendierte extremistisch und war vom Verlust ihres Gleichgewichts bedroht. Ihr Erziehungsobjekt, das Kind, konnte kaum zu harmonischer Ordnung finden, wurde ihm doch – erzieherische Monologe im Wotan-Stil dürften kein Einzelfall gewesen sein – oft ein Tun abverlangt, das es gar nicht wollen und daher auch nur unter Verleugnung seines eigenen Willens erfüllen konnte. Die imperiale Pädagogik schuf immer wieder Ideale und entbehrte andererseits Verständnis und Toleranz. Das zum Ideal erhobene Bild des starken und kämpfenden Heroen wurde letztlich jedoch zum real geopferten Kind.

2.2.3 In der Dichtung Stefan Georges[103]

Auch der Streifzug durch die damalige Dichtkunst liefert ein Beispiel für mythomane Orientierung. In Georges Lyrik wurde Künstlichkeit in Abwehr des Natürlichen und Warm-Menschlichen zur Weigerung, durch (dichterische) Sprache menschliche Begegnung auszudrücken. Stattdessen geschah die mythische Beschwörung eines kommenden neuen Halbgottes. Im folgenden seien die ersten Verse aus S. Georges Gedicht "Die Winke" aufgeführt. "Winke" soll soviel bedeuten wie: Vorausdeutung eines künftigen Ereignisses:

*

M

"JETZT NAHT NACH TAUSENDEN VON JAHREN
EIN EINZIGER AUGENBLICK:
DA BRECHEN ENDLICH ALLE KETTEN
UND AUS DER WEITGEBORSTNEN ERDE
STEIGT JUNG UND SCHÖN EIN NEUER HALBGOTT AUF

---

[103] Stefan George: deutscher Dichter, 1868 – 1933.

Einer kam vom feld her nach dem tor.
Purpurn blau entflammte das gebirg
Fahler himmel . tote luft bewarf
Die gemäuer wie vorm erdgetös ..
Drinnen lagen all im tiefsten schlaf.
Er erschrak und bebt am ganzen leib:
Herr! erkenn ich deine zeichen recht?
Stimme scholl herab: Es ist so weit.

Dreie standen in dem raum voll angst
Hielten sich im kreis geeint die hand
Tauschten glühend der verzückten blick:
Deine stunde . Herr. traf uns hier an ..
Wählst du uns für deine botschaft aus:
Dann mach tragbar uns die überwucht
Unsres glücks da wir aus weltennacht
Leibhaft schreiten sahn das ewige kind.

Sieben spähten von dem berg ins land ..
Trümmer rauchten meltau schlug die flur:
Deinen odem sandten wir durchs reich
Deine saaten steckten wir im grund
Herr! du schüttelst nochmals unser los.
So du lange brache noch verhängst
Harren wir als wächter deiner höh
Sterben gern seit wir dein licht gesehn."[104]

Das künftige Ereignis, nämlich der neue Halbgott, erscheint schließlich in
Gestalt des "heiligen Kindes", angekündigt durch apokalyptische Zeichen.
Die mythopoetische Wiederaufbereitung eines biblischen Gehaltes in Form
einer bruchstückhaften Sprache endet aber in leerer Vision. Die Sprache
als wichtigstes Mittel menschlicher Kommunikation und Sinnvermittlung
wird auf bloßen Sakralästhetizismus reduziert, der von der Schwierigkeit
zeugt, zu kommunikativer Authentizität zu finden. Auch dieses künst-

---

[104] GEORGE, Stefan, Gesamtausgabe (Nachdruck) in 18 Bänden, Bd. 9: Das Neue
Reich, Düsseldorf u.a. 1964, S. 46 f.

lerische Angebot, für das der Name S. George exemplarisch einsteht, weist den Weg in eine heroisch-idealistische Pädagogik Wilhelminischer Zeit.

So mag anhand dieser Kulturbelege plausibel werden, daß es in damaliger Pädagogik *nicht* um das Kind ging, wie es leibt und lebt, mit seinem eigenen Willen und seiner eigenen Würde, sondern um ein künstlich vorgestelltes Wesen. Das ideale pädagogische Vorbild in der damaligen Zeit, das als Bild vor der Realität des Kindes stand und den Weg zu seinem Personsein verstellte, war das Bild des starken, fehlerlosen, göttergleichen Heroen.

Durch unseren Seitenblick auf die Mythomanie in der Kunst erweist sich, daß die Beschäftigung des Bürgers mit Kunst eine Fluchtmöglichkeit vor den brennenden sozialen Fragen der damaligen Zeit anbot (manisch = fluchtartig). Die Identifikation mit heroischen Idealtypen bot sich dazu als via regia an. Zugleich war diese Kunst wohl auch pathetischer Ausdruck damaligen philosophischen Denkens.[105] Ähnliches trug sich auch im Feld der Pädagogik zu. Dort praktizierte man zumeist keine freie Willensbildung, sondern vielmehr ein Ausweichen vor Personalität hin zu Größenvorstellungen und Beherrschungswillen. Identifikation und Projektion unter Ausblendung der trivialmenschlichen und zeitgeschichtlichen Wirklichkeit waren Versuche, die freilich nicht glücken konnten. Es war eine generelle Einstellung zum Leben, die sich in die Pädagogik übersetzte und dort wieder erkennbar wurde als tendenziöse und kinderfeindliche Pädagogik.

2.2.4 Vom mythomanen Ideal zum künstlerischen Willen nach personalem Ausdruck in der Kunst (und Pädagogik)

Wie im vorausgehenden Text beispielreich dargestellt werden konnte, durchzog weite Bereiche damaliger bürgerlicher Kunst das Anliegen, *ideale Identifikationsmuster* zu schaffen. Ideale des Schönen und

---

[105]   Vgl. S. 34 dieser Arbeit.

Harmonischen, des Heldischen und Göttlichen wurden in der Kunst und auch in der Pädagogik aufgebaut; der Auseinandersetzung mit der Arbeiterschicht wie einer wahrnehmenden, personalen Begegnung mit dem Kind wurde vielfach ausgewichen. An die Stelle trat das Prinzip des *Beherrschungswillens*. Gegenüber der beschriebenen mythomanen Kunstszenerie reifte eine Gegenströmung heran, die als *Gegenwille* zu verstehen ist und ebenso konfrontativ wie realistisch auf vorhandenes Leid und Elend hinwies.

Es war kein Zufall, daß der Expressionismus gleichzeitig mit Sigmund Freuds Entdeckung des Unbewußten entstand. Das sich abzeichnende Neue des Gegenwillens fragte nach authentischen Gefühlen des Menschen wie Angst, innere Zerrissenheit und Unruhe, deren Existenz weithin in der bürgerlichen Pädagogik geleugnet wurde. Thematisiert wurde nun das Nach-außen-Werfen innerer Affekte, die eine Folgeerscheinung idealisierter und verdrängter Konflikte darstellten. Das expressionistisch Neue deutete ohne Pathos und Romantik auf das menschliche Subjekt, sein Geworfensein in die Welt, seine Lebensbewältigung und den unter der schönen Oberfläche existenten Konflikten. Der Expressionismus durchzog alle Bereiche der Kunst, wurde eine Zeitlang sehr bestimmend, blieb aber immer eine Bewegung unter anderen.[106] Im Expressionismus kamen die Zerrissenheit und die Neurose des Individuums in seinem Selbst- und Welterleben künstlerisch zum Ausdruck.

In der bildenden Kunst zeigte sich die Formauflösung des Alten durch Hinwendung zur Abstraktion und Deformation. Edvard Munchs[107] Gemälde "Abend auf der Karl-Johann-Straße" (1892) zeigt eine in Reih' und Glied zielgerichtet schreitende, wohlhabend-bürgerliche Gesellschaft (die Zylinder und großen Damenhüte deuten dies an) mit maskenhaften und fahlen Gesichtern. Figuren, Straße und Häuserfronten sind nicht photorealistisch, einen kurzen geschichtlichen oder mythischen Geschehens-

---

[106]   Vgl. NIPPERDEY, Thomas, Deutsche Geschichte 1866 – 1918, Bd. 1, S. 698 – 715, vor allem S. 709 f.

[107]   Edvard Munch: norwegischer Maler und Grafiker, 1863 – 1944.

moment verabsolutierend gemalt. Vielmehr werden bei Munch Linie und Flächen in ihrer vom Dinglichen und Wirklichen gelösten Ausgestaltung Träger einer mehrdimensionalen, subjektbezogenen Auffassung. Es geht Munch *nicht mehr* um die Projektion allgemeiner Ideale, sondern um das Aufzeigen des Intrapsychisch-Personalen. Die abstrakte Form ist konzentrierte Aussage: Die gereihten Masken-Figuren zeigen exemplarisch den unindividuierten, im eindimensionalen Denken gefangenen Menschen: Die gefängnishaft anmutenden Häuserfronten sind Behausungen, hinter deren Toren die Gesetze von Normierung und Zwang gelten. Eine einzelne silhouettenhafte, schmale Schattenfigur auf der Straßenmitte geht "gegen den Strom": Mensch und Kind, die sich nicht einreihen in den "Zug der Zeit" mit den geltenden Idealen und dem allgemeinen Willen zur Uniformität, stehen im Schatten. Dem Bild kann durchaus auch eine überzeitliche Aussage zugesprochen werden, obwohl es auch autobiographische Züge trägt. Im Gegensatz zu der oben beschriebenen photorealistischen Malerei, die vornehmlich an die Sinnesempfindung anknüpft und sich somit vornehmlich auf etwas Äußerliches bezieht, geht es hier (auf dem Wege der Abstraktion) in den Bereich des intrapsychischen, personalen Empfindens, in den Bereich des Unbewußten.

E. Munchs Bild ist die Umkehr des mythomanen Gemäldes in Wilhelminischer Zeit: Die Maskenfiguren stehen exemplarisch für die damalige Maskerade der Normierungen, des Sinnfälligen, des gewollt "Schönen" und Heldenhaften. Was sich hinter dieser Maskerade befindet, wird von Kierkegaard als "Krankheit zum Tode"[108] charakterisiert. Wie in dieser eher abstrakt-expressiven Malerei der entscheidende Schritt hinaus über den bloßen Realismus des sinnlich Wahrnehmbaren getan wird, so wird auch von Rudolf Steiner in seinem Werk "Die Philosophie der Freiheit" erkenntnistheoretisch die Ebene des Sinnfälligen überschritten. Er schreibt: "Wir haben unter den Stufen der charakterologischen Anlage diejenige als die höchste bezeichnet, die als *reines Denken*, als *praktische Vernunft* wirkt."[109] Die bewußte Bezugnahme zum eigenen Sein sagt sich im Falle

---

[108]   KIERKEGAARD, Sören, Die Krankheit zum Tode, Hg.: RICHTER, Liselotte, Frankfurt a. M. 1984.

[109]   STEINER, Rudolf, Die Philosophie der Freiheit, G 4, Dornach/Schweiz [13]1977 (Tb), S. 125.

Munchs unter der Prämisse eines Nach-außen-Werfens persönlicher Erlebnisse und Werte an, im Falle Steiners unter dem Ideal der praktischen Vernunft.

Als weiteres Beispiel für die bildende Kunst des Expressionismus sei James Ensors[110] Gemälde "Die Intrigen" (1890) erwähnt. Es zeigt zu maskenhaften Karikaturen deformierte Gesichter einer Menschengruppe. Die Deformation zum Lächerlichen ist auch Indiz für den drohenden Verlust einer ethischen Grundordnung (in der Pädagogik), für den Verlust von Humanität und von freiem menschlichem Willen. So wurde den menschlichen Konflikten im Expressionismus vehement Ausdruck verliehen – ohne Beschönigung – als Entlarvung einer kranken Zeit-Seele.

Im Oktober 1886 wurde Edvard Munchs Bild "Das kranke Kind" erstmals anläßlich der Herbstausstellung in Oslo gezeigt: Das kranke Kind sitzt aufrecht im Bett, gehalten durch ein dickes Federkissen im Rücken. Das Haupt (im Profil dargestellt) ist zum Fenster gewandt und blickt in die Ferne. Eine Frau, vermutlich die Mutter, sitzt am Bett, hat den Kopf gesenkt und hält die linke Hand der Tochter. Der Pinselstrich Munchs ist skizzenhaft, dünnflüssig und wirkt erregt. Kratzrillen durchziehen die Farbschicht. Das Mädchengesicht ist transparent und wird von Licht beschienen. "Das kranke Kind" kann hier als bildnerischer Ausdruck der Suche nach realer und personaler Begegnung angesehen werden. Zugleich ist es Symbolfigur für das traurige pädagogische Resultat der imperialen Zeit: Tiefe Spaltung wird evident durch die fehlende Zuwendung von Mutter und Tochter. Lediglich die Hände beider versuchen, eine Verbindung herzustellen. Aber das Bild signalisiert: Es ist zu spät. Es bleibt keine Zeit mehr zu tragfähiger Versöhnung und Knüpfung von Bindung. Die Blässe des Mädchengesichtes verweist bereits auf den Tod. Das Ende eines Circulus vitiosus ist erreicht. Er wird von Munch als illusionslose Bilanz einer aggressiven, sprach- und verständnislosen Pädagogik aufgezeigt. Zugleich drückt das Bild ein tiefes Bedürfnis nach menschlicher Verbundenheit aus.

---

[110] James Ensor: belgischer Maler, 1860 – 1949.

Auch in der Musik damaliger Zeit läßt sich ein künstlerischer Wille nach neuem, personalem Ausdruck aufzeigen. Aus dem spätromantischen Kompositionsstil, der noch ganz in der Dur-Moll-Tonalität verblieb, vollzog sich langsam (über das Stadium der freitonalen Komposition) als letzte Konsequenz die Entwicklung zur atonalen 12-Ton-Musik Arnold Schönbergs[111] ohne Grundton. Neu war die Situierung von Tönen und Melodie in einer neuen Ordnung von zwölf Halbtönen. Mit der Musik des Expressionismus wurde eine lang bestehende Tradition verbindlicher Kompositionsbasis verlassen:

> "Ein wesentlicher Grundzug des Expressionismus ist [...] die Irritation, d.h. eine Aktivierung der kinetischen Kräfte der Musik: z.B. schneller Wechsel der melodischen Richtung, schroffe Dissonanzen, extreme Höhen und Tiefenlagen, Neigung zum freien Rhythmus etc. Das musikalische Geschehen wird in die Endwerte getrieben, die ausgleichende Mitte wird verlassen, die Dissoziation wird erreicht."[112]

Nach Ansicht der Autorin wurde die musikalische Dissonanz zum Zeichen für das Bewußtsein um zwischenmenschliche Dissonanz. Atonalität wurde Ausdruck der Empfindung von Disharmonie und Entfremdung, wie sie damals beispielsweise zwischen Eltern und Kind, Pädagogen und "Zögling" auftrat.

Indem die expressionistische Musik die traditionelle Kompositionsordnung verließ, stellte sie einen neuen Künstlerwillen dar. Sie drückte auf anthropologischer Ebene Leiden und Einsamkeit der Person aus. Die Aufhebung des Grundtons symbolisiert nach Friedemann Berger das Grunderleben fehlender Einbindung in einen übergeordneten Sinn[113] (in Religiosität, humane Kommunikationsgemeinschaft, Glauben). Favorisiert wurde in

---

[111]   Vgl. BERGER, Friedemann, "Die Emanzipation der Dissonanz", in: Musiksymbolik. Die Sprache der Musik, Hg.: BERGER, Friedemann u.a., München 1993, S. 105.
[112]   Ebd., S. 97 f.
[113]   Ebd., S. 95 ff.

Wien wie auch im Wilhelminischen Deutschland zur Zeit der vergangenen Jahrhundertwende die traditionelle Musik im klassisch-romantischen Sinn.[114] Expressionistische Musik war hingegen weniger "salonfähig". Ganz auf dieser Linie fiel die öffentliche Bewertung von Munchs Bild "Das kranke Kind" aus, als es auf der Herbstausstellung in Oslo (Oktober 1886) erstmals ausgestellt wurde: Es erregte Ärger und Empörung.[115] Der Expressionismus in der bildenden Kunst und in der Musik konstituierte sich nicht anachronistisch zu den damaligen Spaltungsmechanismen, sondern wurde zum Stilmittel für deren Demaskierung. Jedoch bedeuten weder bildnerischer noch musikalischer Gegenwille an sich schon eine alternative, metaphysische Einbindung.

Im sozialen Drama "Die Weber"[116] (1892) wurde von Gerhart Hauptmann ein Diskurs angemeldet, der die sozialen Klassenspaltungen der imperialen Zeit konfrontativ vor Augen hielt und meisterlich deren pädagogische Sprach- und Denkstrukturen aufdeckte: Der "Weber" war vergleichbar dem "kranken Kind". Er war das schwächste Glied in einer gesellschaftlichen Machtstruktur, die sich nicht zuletzt durch einen repressiven Sprachdiskurs am Leben erhielt. Die soziale Uhr – so Gerhart Hauptmann – "zeigt zwölf."[117] Der Zenit eines unerträglichen Zeitzustandes ist erreicht. Gemäß Gerhart Hauptmanns Regieanweisung findet das Vorweisen der objektiven Leistung (Ware) in einem graugetünchten Zimmer statt. Den Raum beherrscht ein Holzgestell, auf dem die angefertigte Ware zur Begut-achtung ausgelegt wird. Die Weber müssen vortreten, während Prüfung und Untersuchung von Besitzerseite mit Lupe und Zirkel vorsichgehen.[118] Obgleich es erst Ende Mai ist, liegt analog zu der menschenunwürdigen Situation Schwüle über dem Raum, Symbol für die umfassende Bedrängnis und Ausweglosigkeit des Subjekts. Mit der Musterung, die an militärische

---

[114] Vgl. NIPPERDEY, Thomas, Deutsche Geschichte 1866 – 1918, Bd. 1, S. 741 f.
[115] Vgl. BISCHOFF, Ulrich, Edvard Munch 1863 – 1944. Bilder vom Leben und vom Tod, Köln 1988, S. 11.
[116] HAUPTMANN, Gerhart, Die Weber, Hg.: SCHWAB-FELISCH, Hans, Berlin [33]1993.
[117] Ebd., S. 7.
[118] Vgl. ebd.

Appelle erinnert, nehmen Demütigungen und Entscheidungen über Leben und Tod ihren Lauf. Szenen aus diesem naturalistischen Drama sind gut übertragbar auf Schulräume. Sie spielten sich ähnlich demütigend zwischen Pädagogen und Schülern ab.[119] Mit dem Privatzimmer des Fabrikanten verhält es sich – in G. Hauptmanns Szenenanweisung – anders: Es ist ein vergleichsweise luxuriös ausgestatteter Raum (weiße Türen, kleingeblümte Tapete, rote Polstermöbel, vergoldete Rokokorahmen). Proportional zum Luxus des räumlichen Interieurs steht die Infantilität der menschlichen "Interieurs" mit ihrem ignoranten Diskurs der Macht. Kalkuliertes Machtspiel findet unter Parteinahme für den statt, der gerade von Nutzen ist, in Aussonderung dessen, der gerade im Weg steht. Was zählt, ist *Leistung*, die nachprüfbar vorgezeigt werden muß; sie wird zum gehüteten Augapfel des (Fabrikanten-)Über-Ichs. Diese hochgradig verhärtete und gespaltene Beziehungsstruktur bewirkt als Endergebnis Kampf und Tötung und entläßt alle Beteiligten in einem Circulus vitiosus. Das kranke Kind hat hier keine Überlebenschance. Es bleibt wie die Symbolfiguren Rudolf von Habsburg und Wilhelm II. schwach, hungrig nach Kommunikation, abgezehrt, bleich, durchsichtig und krank.

Stellt man G. Hauptmanns Drama "Die Weber" S. Georges Lyrik gegenüber, wird enorme Diskrepanz deutlich: Hier menschliche Realität, die auf expressiv übersteigerte Weise in dichterische Sprache gefaßt wurde, dort mythoman übersteigerte, sakral-ästhetisierte, gebrochene Sprachgebilde. Der Expressionismus in der Dichtung Hauptmanns war kein "goldener Spiegel" wie bei Feuerbach, sondern seismographische Wiedergabe einer *neurotisierenden Pädagogik der Macht*, welche das Kind zu einer existenzunfähigen (bzw. existenzeingeschränkten) Unperson machte. Der Expressionismus in der Dichtung war ein Ruf, der den Menschen auf seinen Anspruch, Person zu sein, aufmerksam machen wollte.

---

[119] Vgl. KEHR, Karl, Die Praxis der Volksschule. Ein Wegweiser zur Führung einer geregelten Schuldisziplin und zur Erteilung eines methodischen Schulunterrichtes für Volksschullehrer und für solche, die es werden wollen, Gotha 1898.

Die Einblendung des künstlerischen Angebots damaliger Zeit, dessen symbolische Aussage und Tragweite für die damalige Pädagogik sprichwörtlich waren, hat zu ihrem Ende gefunden. Im weiteren Vollzug des I. Kapitels sollen sich die folgenden Untersuchungen der schulisch praktizierten Pädagogik zuwenden.

2.3 Schulische Disziplinierung als Herrschaftssicherung statt Erziehung zum humanen Leben

2.3.1 Elementarschule der Untertanen

Die Einschätzung des kulturellen und pädagogischen Lebens Wilhelminischer Zeit soll nun weiter vorangebracht, d.h. der Blick soll an den staatlich-institutionellen Ort hingelenkt werden, an dem Pädagogik direkt stattfand: an die Schule. Ein erster Seitenblick auf Kirche und kirchlichen Unterricht sei Auftakt der schulischen Betrachtungen.

Zum Kulturmilieu wie zum Erziehungsstil der Wilhelminischen Ära und Habsburgischen Spätzeit trugen die Kirchen unverkennbar ihren Anteil bei. Trotz "Kulturkampf", innerkirchlicher Antagonismen und Polemiken, bewiesen beide Großkirchen (Lutheraner und Römische Katholiken) kaum Abweichungen in pädagogischen Grundfragen. Der auf Glaubens-"Gehorsam" und treues Untertanentum abgerichtete Erziehungsstil war Katholiken wie Protestanten gemeinsam.[120] Morallehre und Pädagogik, kirchliche (Macht-)Organisation und Wahrung des Glaubensgutes vor angeblich liberalistischer Auflösung griffen verknotet ineinander über. Der kirchliche Fideismus des 19. und frühen 20. Jahrhunderts konnte keine Alternative bieten zur verkrusteten Pädagogik damaliger Zeit. Vielmehr betonten beide Großkirchen in Verschmelzung von Morallehre und Anthropologie den

---

[120] Vgl. WAGNER, Harald, Einführung in die Fundamentaltheologie, Darmstadt 1981, S. 12 – 17.

praktizierten Willen zum Gehorsam als sittliches Erziehungsziel.[121] Aus heutiger Sicht läßt sich feststellen, daß die katholische Apologetik den "Willen zum Gehorsam" als pädagogische Prämisse für ihre Gültigkeit voraussetzte.[122] Erst nach dem II. Vatikanum, also ab Mitte der 60er Jahre ließ die katholische Kirche hierin einen grundsätzlichen Wandel zu.

Mit diesem Seitenblick auf damalige kirchliche Pädagogik kann nun der Elementarschulbereich als solcher in Hauptzügen Darstellung finden.

Im Zeichen der "Allgemeinen Bestimmungen" (1872) des Kultusministers Adalbert Falk[123] zur Volksschulpolitik wurde das Elementarschulwesen reformiert:

1. Die städtischen Volksschulen wurden ausgebaut. Es erfolgte die Entwicklung von der einklassigen zur mehrklassigen Volksschule. Eine vollbeschäftigte Lehrkraft sollte nicht mehr als 80 Schüler unterrichten.[124]
2. Das Mindestraummaß sollte 48 m^2 betragen.[125]
3. Die Vermehrung der Lehrerstellen wurde gewährleistet.[126]
4. Die finanzielle Lage der Volksschullehrer verbesserte sich.[127]

---

[121] Vgl. HEINZ, Gerhard, Divinam christianae religionis originem probare. Untersuchung zur Entstehung des Fundamental-Theologischen Offenbarungstraktats der katholischen Schultheologie (= Tübinger Theologische Studien, Bd. 25), Mainz 1984.

[122] Vgl. NIPPERDEY, Thomas, Deutsche Geschichte 1866 – 1918, Bd. 1, S. 453 f. und S. 541.

[123] Vgl. HERRLITZ, Hans-Georg u.a. Deutsche Schulgeschichte von 1800 bis zur Gegenwart. Eine Einführung, Weinheim u.a. 1993, S. 108.

[124] Vgl. ebd.

[125] Vgl. ebd.

[126] Vgl. MEYER, Folkert, Schule der Untertanen. Lehrer und Politik in Preußen 1848-1900 (= Historische Perspektiven, Bd. 4), Hamburg 1976, S. 193.

[127] Vgl. Tabelle 8, in: HERRLITZ, Hans-Georg u.a., Deutsche Schulgeschichte von 1800 bis zur Gegenwart, S. 110.

Nach 1890 wurde im Zeichen des "Neuen Kurses" die Reformierung der Elementarschulen in den Dienst einer Eindämmung der Sozialdemokratie gestellt. In der "Allerhöchsten Order" Wilhelms II. (vom 1. Mai 1889), dem wohl wichtigsten Dokument des "Neuen Kurses", heißt es im Grundsatzteil:

> "Schon längere Zeit hat Mich der Gedanke beschäftigt, die Schule in ihren einzelnen Abstufungen nutzbar zu machen, um der Ausbreitung sozialistischer und kommunistischer Ideen entgegenzuwirken. In erster Linie wird die Schule durch Pflege der Gottesfurcht und der Liebe zum Vaterlande die Grundlage für eine gesunde Auffassung auch der staatlichen und gesellschaftlichen Verhältnisse zu legen haben."[128]

Die preußische Elementarschule wurde fraglos in den Dienst politischen Kalküls gestellt. Der Ausbau der Volksschulen geschah unter der Hauptzweckbestimmung einer möglichst anpassenden, "vaterländisch"-indoktrinierenden Schulorganisation. Der "Neue Kurs" war inhaltlich kaum anderes als eine Neuauflage der restriktiven, bildungseinschränkenden Bestimmungen der "Stiehlschen Regulative"[129] von 1854. Zur Erhaltung der Gesellschaft vor drohender gesellschaftlicher Zersplitterung sollte das "Vaterland" ein neues, ausgleichendes *Leitbild* darstellen. Der neue Schulkurs erwuchs nicht aus einem ethisch-pädagogischen Imperativ, sondern intendierte staatliche Machterhaltung. Schüler und Lehrerschaft sollten als indoktriniertes Bollwerk gegen den Sozialismus nutzbar gemacht werden. Zum Angelpunkt des Unterrichts wurde der Begriff der "Schulzucht", der von dem Didaktiker Dr. Karl Kehr[130] geprägt wurde. In dessen Buch "Die Praxis der Volksschule" lesen wir:

---

[128]   Zitiert nach MICHAEL, Berthold (Hg.) u.a., Politik und Schule von der Französischen Revolution bis zur Gegenwart. Eine Quellensammlung zum Verhältnis von Gesellschaft, Schule und Staat im 19. und 20. Jahrhundert, 2 Bände, Bd. 1, Frankfurt a. M. 1973, S. 409.

[129]   Vgl. HERRLITZ, Hans-Georg u.a., Deutsche Schulgeschichte von 1800 bis zur Gegenwart, S. 61.

[130]   Karl Kehr: Schulrat und Seminardirektor in Erfurt.

"Wenn gelesen oder geschrieben werden soll, also Bücher, Schiefertafeln u.s.w. gebraucht werden, dann hat der Lehrer dafür Sorge zu tragen, daß das Heraufnehmen und Hinwegthun nicht allein in möglichst k u r z e r Zeit, sondern auch in aller S t i l l e geschieht. Um dies zu ermöglichen, haben die Kinder die betreffenden Lernmittel i n d r e i Z e i t e n heraufzunehmen und hinwegzuthun. Giebt der Lehrer z.b. zum Heraufnehmen des Lesebuches durch eine nicht zu starke Aussprache das Zeichen 'eins', dann erfassen die Kinder das unter der Schultafel liegende Buch; beim Zeichen 'zwei' erheben sie das Buch über die Schultafel; beim Zeichen 'drei' legen sie es geräuschlos auf die Schultafel nieder, schließen die Hände und blicken den Lehrer an. Eine Störung der Ruhe und Ordnung darf während des Bücherwechsels etc. nicht vorkommen. Im Falle aber die Ruhe gestört ist, muß das Wort des Lehrers 'Klasse – Achtung!' genügen, um die Ruhe s o f o r t wiederherzustellen. Bei all diesen Kommandos hüte sich der Lehrer aber vor militärischem S c h r e i e n ."[131]

Das stumme Handhaben eingeübter Tätigkeiten auf der Basis einer stark routinisierten Herbart'schen Pädagogik[132] unter Ausschluß persönlicher Kommunikation erinnert an das stumme Präsentieren der Waren in Hauptmanns Drama "Die Weber". In beiden Fällen kommt es nicht zu personaler Bezüglichkeit, Verständnis und emotionaler Nähe. Kommandos und äußere Signale ersetzen Kommunikation. Angestrebt wurde der angepaßte, gehorsame, nicht der interessierte Schüler. Die pädagogische Absicht, nicht nur das angepaßte, sondern darüber hinaus das leiblich beherrschte Kind zu erzwingen, verrät sich durch folgende Fußnote:

"Es ist ein weitverbreiteter Irrtum, daß man k l e i n e (1-2jährige) Kinder n i c h t strafen dürfe. Das ist grundfalsch! Für kleine Kinder ist die (natürlich vernünftig bemessene) körperliche Züchtigung eine Art Anschauungsunterricht, denn

---

[131] KEHR, Karl, Die Praxis der Volksschule, S. 71.
[132] Zur Zeit der Wilhelminischen Ära wurde in den Schulen das Formalstufenmodell der Herbartianer praktiziert.

sie müssen dabei erfahren: Thue nichts Böses, so widerfährt dir nichts Böses. Ein Bäumchen kann man biegen, einen Baum nicht mehr! [...] Die s p ä t e r e n körperlichen Züchtigungen sind meist nur deshalb u n n ü t z, weil sie - zu s p ä t kommen."[133]

K. Kehr ging hier so vor, daß er eine entscheidende Aussage, die das vorschulpflichtige Kind betrifft, durch eine Fußnote einführte. Seine pädagogischen Zwangsmaßnahmen orientierten sich nicht am kindlichen Subjekt, sondern am Letztziel der Beherrschung. Diese Pädagogik folgte nicht nur einem reduktionistischen, sondern auch einem menschenfeindlichen Prinzip. Es diente der Verbreitung einer Geisteshaltung von "Herr und Knecht", die schon Hegel philosophisch propagierte.[134]

Das Elementarschulwissen belief sich bezeichnenderweise, abgesehen vom Erlernen des Schreibens, Lesens, Rechnens und der Disziplin, auch auf Nationalgut. Urmütter und Urväter aus einem gelobten "teutschen" Land wurden beschworen, wie an dem Beispiel eines Lesebuchausschnittes aus Franken ersichtlich wird:

"Warum liebst du dein Vaterland? [...] Du liebst es, weil Deine Mutter eine Deutsche ist; weil das Blut, das durch Deine Adern fließt, deutsch ist; - weil die Erde deutsch ist, in der die Toten begraben sind, die deine Mutter beweint und dein Vater verehrt; weil der Ort, an dem du geboren bist, die Sprache, die du sprichst, weil dein Bruder, deine Schwester, das große Volk, in dessen Mitte du lebst, die schöne Natur, die dich umgiebt, und alles, was du siehst, was du liebst, was du lernst, deutsch ist."[135]

---

[133] KEHR, Karl, Die Praxis der Volksschule., S. 81.

[134] Vgl. z.B. die Einleitung zu Hegels "Phänomenologie des Geistes", in: HEGEL, Georg Wilhelm Friedrich, Werke in 20 Bänden, Hg.: MICHEL, Karl Markus u.a., Bd. 3: Phänomenologie des Geistes, Frankfurt a. M. 1970.

[135] Zitiert nach NIPPERDEY, Thomas, Deutsche Geschichte 1866 – 1918, Bd. 1, S. 540.

Der zweckfreie Wert der Liebe, die ja nur personal in Freiheit erlebt werden kann, wurde hier zum Angebot einer Fremdgröße umfunktioniert. Der Text zeigt deutlich die damalige Ausrichtung auf das, was vorhin mythomanes Gedankengut genannt wurde. Die aufgeführte "Urfamilie" wurde aus einem einzigen Grund als ein Ort des Glücks ausgewiesen: weil sie deutsch war. In subtil-aggressiver Weise erging an das Kind die Forderung, ein Abstraktum zu lieben. Dieses schmale Sinnangebot war eindimensional und unwirklich, ging an den realen kindlichen Bedürfnissen und Verhältnissen vorbei und stand in *spaltender Funktion*. Einen persönlichen, individuellen Bezugsrahmen, in dem beispielsweise konkrete Erfahrungen des Kindes einbezogen wurden, ließ es nicht zu.

Anpassende Gleichförmigkeit und Untertanentum sowie Wille zu gehorsamer Unterwerfung waren das Motto damaliger Pädagogik in der Elementarschule. Der äußerlich verbesserte, schulische Rahmen kann nicht über den innerhalb der Klassenräume herrschenden Geist von Entmündigung und Gehorsamkeitsdenken hinwegtäuschen. Die Schale schulischer Pädagogik mochte glänzen, ihr Kern jedoch war verdorben. Die Elementarschule des "Neuen Kurses" bot keine ethischen Richtlinien zur Bildung eines freien Willens.

2.3.2 Das Gymnasium im Zeichen fehlender soziokultureller und pädagogischer Öffnung

Das Gymnasium stand zur Jahrhundertwende im Brennpunkt handfester gesellschaftlicher Interessen und Auseinandersetzungen.[136] Die schulpolitischen Kämpfe um das Gymnasium zeigten eben jene Spaltungen, die sich aus den unterschiedlichen Interessen des Bürgertums, der Arbeiterschaft und jenen des Staates ergaben. Die preußische Schulpolitik sah sich der prekären Aufgabe gegenüber, das höhere Schulwesen zu modernisieren und gleichzeitig bürgerliche Macht- und Bildungsansprüche zu verteidigen. In zunehmendem Maße verlangten Industrie, Bankwesen und

---

[136]   Vgl. NIPPERDEY, Thomas, Deutsche Geschichte 1866 – 1918, Bd. 1, S. 548 f.

Handel nach beruflich modern ausgebildeten Menschen; Wirtschaft und Militär bedurften im Zuge imperialer Machtpolitik Funktionsträger.[137] Andererseits behielt das altsprachliche Gymnasium seine Herrschaftsposition.[138] Die 1859 erlassene Unterrichts- und Prüfungsordnung für die Real- und höheren Bildungsschulen erkannte die neun Jahre verlaufende Realschulausbildung erster Ordnung als dem traditionell-humanistischen Gymnasium ebenbürtig an, allerdings sah sie keine Abschlußberechtigung zum Universitätsstudium vor.[139] Im weiteren Verlauf der Schulgeschichte wurde seit den frühen 80er Jahren das Bildungsangebot kontrolliert und selektiert. Angesichts der nach Bildung drängenden Arbeiterschicht wurde alles getan, daß das Bildungsprivileg doch bei den Gymnasien verblieb: Die Schaffung neuer Bildungseinrichtungen wurde gesetzlich verhindert. Die Aufstiegschancen des Schülers vom Realgymnasium zur Universität waren in praxi aussichtslos. Zugänge zu den Universitäten erschwerte man durch Erhöhung der Studien- und Pflichtgebühren.[140] Mit diesen Maßnahmen wurden proletarische Wege zu Karrieren verhindert: Von Friedrich Paulsen (Philosoph und Pädagoge, 1846 – 1908), der sich vom Bauernsohn zum Universitätsprofessor emporarbeitete[141], wurde als Grund geäußert:

> "Das Bürgertum, das vor hundert Jahren gegen die Privilegierten die Fahne der Freiheit und Gleichheit erhob, hat inzwischen einen Frontwechsel vollzogen. Mit dem alten Adel zu einer im wesentlichen einheitlichen Klasse verschmolzen, der Klasse der 'Gebildeten und Besitzenden', ist es nun bestrebt, sich der von unten nachdringenden Massen zu erwehren. In allen Punkten ist dieses Streben sichtbar, in der Politik, in der Gesellschaft, und so in der Schule."[142]

---

[137] Vgl. NIPPERDEY, Thomas, Deutsche Geschichte 1866 – 1918, Bd. 1, S. 551.
[138] Vgl. HERRLITZ, Hans-Georg u.a., Deutsche Schulgeschichte, S. 66.
[139] Vgl. ebd.
[140] Vgl. ebd., S. 76.
[141] Vgl. ebd., S. 83.
[142] Zitiert nach ebd., S. 83.

Ausbau und Aufwertung des Realgymnasiums wurden zwar vorangetrieben, andererseits wurde aber aus bürgerlicher Furcht vor Wegnahme der Bildungs- und Machtprivilegien Kindern aus "unteren" Schichten die Teilhabe an potentiellen Karrieren versagt. Es wurde soziokulturell ausselektiert. Weder im Gymnasium noch auf anderen Gebieten des Bildungssektors fand gewollte Begegnung zwischen den unteren und oberen sozialen Schichten statt.

Auch in inhaltlicher Hinsicht geschah im Rahmen gymnasialer Schulpolitik Aussonderung: Der Geist des neuhumanistischen Gymnasiums wies etwas Angelerntes, Übermäßiges und Lebensfernes auf. Ein Zitat aus der Eröffnungsansprache Wilhelms II. anläßlich der Schulkonferenz von 1890 besagt:

> "[...] wir waren verpflichtet, alle Morgen unserem Direktor Zettel abzugeben mit der Anzahl der häuslichen Stunden, die wir nötig gehabt hatten, um das für den nächsten Tag aufgegebene Pensum zu bewältigen. [...] es kamen [...] für jeden einzelnen 5 ½, 6 ½ bis 7 Stunden auf die häuslichen Arbeiten heraus. Das waren die Abiturienten. Rechnen Sie noch dazu die 6 Stunden Schule, 2 Stunden Essen, dann können Sie ausrechnen, was von dem Tag übrig geblieben ist."[143]

Wie deutlich wird, blieb dem Abiturienten so gut wie kein Raum für eigene, schulunabhängige Interessen. Darüber hinaus sollte er auch noch ständiger Kontrolle ausgesetzt bleiben. Wie der Elementarschulunterricht unterlag der gymnasiale Unterricht einem zwanghaft verengten Konservatismus: Es ging hier primär um Disziplinierung des Schülers durch einen kontrollierenden, autoritären Lehrstil und um eine Unmenge von Stoffwissen. Persönliche Freiheit und Beziehungen waren hingegen ausgeklammert. Nach wie vor galt das Wohlwollen den Altsprachen Latein und Griechisch. Intendiert wurde jedoch in praxi weniger die Übernahme humanistischen Gedankengutes, also das Verstehen von Sinngehalten und

---

[143] Zitiert nach MICHAEL, Berthold (Hg.) u.a., Politik und Schule von der Französischen Revolution bis zur Gegenwart, Bd. 1, S. 417.

Bildungswerten, als das grammatikalisch-stilistische Beherrschen der Texte. In einem Brief von 1885 an den Amtsrichter Emil Hartwich, der das humanistische Gymnasium angegriffen hatte, heißt es seitens Wilhelm II.:

> "Ich habe ja glücklicherweise zweieinhalb Jahre lang Mich selbst überzeugen können, was da an unserer Jugend gefrevelt wird. [...]: von einundzwanzig Primanern, die unsere Klasse zählte, trugen neunzehn Brillen, drei davon mußten jedoch noch einen Kneifer vor die Brille setzen, wenn sie bis zur Tafel sehen wollten! [...] Unter dem Seziermesser des grammatikalischen, fanatisierten Philologen wurde jedes Sätzchen geteilt, geviertelt, bis das Skelett mit Behagen gefunden [...] ward [...]. Es war zum Weinen!
> Die lateinischen und griechischen Aufsätze [...], was haben die für Mühe und Arbeit gekostet!"[144]

Das einseitige philologische Zergliedern der "klassischen" Sprachen weist auf eine generelle Spaltungstendenz hin, die in der damaligen gymnasialen Pädagogik wirkte: Humanitas und Urbanitas, Toleranz und Aufklärung wurden als "Idealbestände" aus Humboldt'scher Sicht ausgemustert.

Die Berührungsängste des Bürgertums und Staates mit den aufkommenden Schichten der Arbeiter und Angestellten und die daraus resultierende Weigerung einer soziokulturellen Öffnung korrelieren mit der Verweigerung einer prinzipiellen und tatsächlichen Reform des gymnasialen Fächerkanons und seiner Pädagogik. Abgesehen von der stark routinisierten Formalstufenpädagogik der Herbartianer gab es zur Zeit des Wilhelminischen Imperialismus *keine wissenschaftlich fundierte Pädagogik*. Erst Wilhelm Dilthey (1833 – 1911)[145] und die Reformpädagogen intendierten eine Wende.

---

[144] Prinz Wilhelm an Emil Hartwich am 2. April 1885. Gedruckt in PREYER, Wilhelm, Unser Kaiser und die Schulreform, Dresden 1900, S. 41 f.; KLAUß-MANN, Anton Oskar (Hg.), Kaiserreden. Reden und Erlasse, Briefe und Telegramme Kaiser Wilhelms des Zweiten. Ein Charakterbild des Deutschen Kaisers, Leipzig 1902, S. 275 – 277. Zitiert nach RÖHL, C. G., Wilhelm II, S. 228 f.

[145] Wilhelm Dilthey: deutscher Philosoph.

Musils Roman "Die Verwirrungen des Zöglings Törless" gab Aufschluß über eine Schulatmosphäre der Gleichgültigkeit. Die dazugehörige Pädagogik sah zwar "vorbildhaft" und richtungsweisend das Kruzifix und die Gemälde des Herrscherpaares im Klassenzimmer vor. Die offensichtliche Unpersönlichkeit und Realitätsferne dieser Pädagogik ließen jedoch den Schüler letztlich alleine und entließen ihn später in Musils Analyse mit "müder, zukunftsloser Beschämung".[146] Die pädagogische Interaktion entbehrte Geduld und opferte den Willen zum Verstehen zugunsten einer depersonalisierenden, "wissenschaftlichen" Sachlichkeit[147], die beim Schüler lediglich das Gefühl von Kälte und Einsamkeit hinterließ.[148] Sowohl die kirchliche als auch die schulische Pädagogik des Elementarbereichs und Gymnasiums bewirkten *oppressiv* *Spaltung*: Sowohl die Leiblichkeit als auch der Lebenshorizont des Kindes, insbesondere dessen psychische Innenwelt, wurden nicht berücksichtigt. Die Schule betonte einseitig die Über-Ich-Bildung und ging an den wirklichen Bedürfnissen des Kindes (bzw. Jugendlichen) vorbei. Sie war kein Ort der Begegnung, sondern der Disziplinierung.

3.   Ideale der reformpädagogischen Bewegung

3.1   Der Totalanspruch auf leibliche Gesundheit als Widerspiegelung totalitärer Gesinnung

Zu Beginn unserer Untersuchung fand im Hinblick auf die Sozialisationsbereiche "Familie" und "Schule" die Wilhelminisch-oppressive Pädagogik (des ausgehenden 19. Jahrhunderts) an konkreten Beispielen ihre strukturierte Darstellung: Die auf allen Gebieten des damaligen sozialen Lebens grassierende Suche nach künstlicher Größe bot dem Einzelsubjekt kaum

---

[146]   Vgl. MUSIL, Robert, Die Verwirrungen des Zöglings Törless, S. 113.

[147]   Vgl. hierzu das Gespräch zwischen dem Mathematikprofessor und dem Jugendlichen, in: ebd., S. 76 ff.

[148]   Vgl. die von Musil beschriebene Empfindung des Jugendlichen der "hohen, kahlen Rückfront des Institutsgebäudes" und der "mächtigen, langgestreckten Mauer, welche den Park umschloß." (Vgl. ebd., S. 15).

einen Weg zu Humanität. Vielmehr "bildete" sie ein weiteres Segment im Kreislauf von imperialer Pädagogik, Spaltung, Selbstentfremdung und Inauthentizität.

Die Wende zum 20. Jahrhundert brachte aber auch eine soziokulturelle Neuorientierung: Auf dem Kunstsektor geschah die expressionistische Hinwendung zum personalen Ausdruck des Subjekts. Am pädagogischen Horizont zeichneten sich mit der "Reformbewegung"[149] (in deren Umkreis auch die anthroposophische Bewegung zu ihrer spezifischen Ausprägung fand) neue Impulse ab: Angesichts eklatanter pädagogischer Defizite suchten viele Reformpädagogen nach neuen Wegen zur Freiheit des Kindes und Jugendlichen. Sie negierten jene Pädagogik der einseitigen Disziplinierung und entwickelten eigene Konzepte, in denen zu neuem Leibbewußtsein, zu Kreativität, Gemeinschaft und Selbsttätigkeit aufgerufen wurde. Die Bezeichnung "Reformbewegung"[150] beinhaltet sinngemäß die Absicht, einer Deformation ihre (menschliche) Form möglichst zurückzugeben. Gleichzeitig bezeichnet der Begriff eine Abgrenzung zu alten Strukturen und deren Veränderung durch das Bewegungsmoment.

Inwieweit die Beiträge reformpädagogischer Strömungen diesem Ideal real entsprechen konnten, soll im folgenden Kapitel näher untersucht werden. Dazu erfahren einige ausgewählte Strömungen aus Deutschland und deren Hauptvertreter sowie ein schwedischer und italienischer Ansatz der "Pädagogik vom Kinde aus" exemplarisch eine kurze Vorstellung. Hierbei liegt der Fokus auf der Frage nach der Einschätzung der ausgewählten reformpädagogischen Richtungen hinsichtlich deren Bezüglichkeit zum freien Willen des Kindes. Die Rezeption des jeweiligen reformpädagogischen Ansatzes soll ebenfalls konturiert werden. Da im weiteren Verlauf dieser Studie einzelne reformpädagogische Strömungen immer wieder zur Darstellung kommen, werden ihre Inhalte in diesem I. Kapitel grundlegend besprochen. Zunächst soll die "Landerziehungsbewegung" näher ausgeführt werden.

---

[149] Pädagogische Reformbewegung: früher auch "neudeutsche Bewegung".

[150] Die Bezeichnungen "Reformbewegung" und "Reformpädagogik" sollen im weiteren Verlauf der Studie aus Gründen besserer Lesbarkeit ohne Anführungszeichen verwendet werden.

Hermann Lietz (1868 – 1919) begründete mit dem Landerziehungsheim Ilsenburg, das fortan nach seinen pädagogischen Grundsätzen geleitet wurde, die "Landerziehungsbewegung"[151]. Weitere Heimgründungen folgten unter dem Leitgedanken von H. Lietz in verschiedenen Gebieten des Wilhelminischen Deutschlands, in Habsburg und in Frankreich. Die Einrichtungen waren für Kinder und Jugendliche ohne Elternhaus gedacht. Für die Landerziehungsbewegung lautete der Grundsatz: "Mens sana in corpore sano"[152]. Am Vormittag galt der Unterricht wissenschaftlichen Fächern und modernen Fremdsprachen wie Englisch und Französisch mit Betonung auf freiem und selbständigem Sprechen.[153] Dieser theoretisch orientierte Unterricht wurde auf maximal fünf Stunden begrenzt und erfuhr zwischenzeitlich mehrmals Auflockerung durch körperliche Bewegung.[154] Nach einer zweistündigen Mittagspause lag der Schwerpunkt am Nachmittag auf gemeinschaftlicher Arbeit im Garten, in Werkstätten und Laboratorien sowie auf Zeichnen und Musik. Später folgten Spiele, Turn- und Geländeübungen. Der Abend wurde mit gemeinsamem Gesang, Vorlesen und Erzählungen beendet.[155] Die Betreuung der Schüler übernahm in kleineren Gruppen jeweils ein Erzieher, der "Familienvater"[156]. Gesunde Landluft, naturgemäße Lebensweise, körperliche Bewegung im Freien galten als Grundlage kindlicher Gesundheit. Der Speisezettel enthielt kein Fleisch, keinen schwarzen Tee oder Kaffee, sondern Gemüse und Obst, Milch, Eier und Schrotbrot. Genußmittel wie Nikotin und Alkohol waren untersagt.[157] Alles in allem galt der Wahlspruch, ein gesunder, junger Mensch sei wertvoller "als ein weltfremder, mit Bücherweisheit vollgepfropfter Schwächling".[158]

---

[151] Die Bezeichnung "Landerziehungsbewegung" soll im weiteren Verlauf der Studie aus Gründen besserer Lesbarkeit ohne Anführungszeichen verwendet werden.

[152] Vgl. LIETZ, Hermann, D.L.E.H, Grundsätze und Einrichtungen der Deutschen Land-Erziehungs-Heime von Dr. Hermann Lietz, Leipzig 1917, S. 9.

[153] Vgl. ebd., S. 23.

[154] Vgl. ebd., S. 17.

[155] Vgl. ebd., S. 17 f.

[156] Vgl. ebd., S. 24.

[157] Vgl. ebd., S. 7.

[158] Vgl. ebd., S. 12.

Gewiß bedeutete die Betreuung familienloser Kinder und Jugendlicher eine positive soziale Kraft: Angesichts erlittener Trennungen bot man den jungen Menschen eine integrative Neuorientierung und soziale Einbindung. Obgleich auf den Ebenen des Fächerkanons und der leiblichen Lebensführung der schulische Tagesablauf auf den ersten Blick Variabilität und Flexibilität zeigte, erhebt sich gleichzeitig die Frage nach der differenzierten Gestaltung personaler Bezüglichkeit: Dort, wo bei H. Lietz Kommunikation von "Menschen untereinander"[159] näher ausgeführt wurde, setzte er zwar auf die Fähigkeit, "dem Mitmenschen zu vertrauen"[160], auf "offenen Sinn, lebendige Anteilnahme, Liebe"[161]. Der Grundsatz "Ich will, denn ich soll"[162] hinterläßt jedoch in seiner starren Gesetzmäßigkeit den Eindruck einer maßregelnden Einschränkung und damit jenen einer Zurücknahme dieser Ideale. Die "Innenwelt"[163] des Kindes erfuhr bei H. Lietz nähere Bestimmung durch Ideale wie "unantastbares Schatzkästlein"[164], "Ehre"[165] und "Stolz"[166], die es mit Kraft und Ringen als "Mitstreiter Gottes"[167] zu erreichen und zu verteidigen galt. Diese sittlichen Imperative vermeintlicher seelischer Stärke wurden im Verbund mit dem hohen Anspruch auf leibliche Gesundheit zu einem Entwurf kämpferischen Leibesaktivismus. In seinem rigiden *Totalanspruch* auf *idealtypisch gesundes und starkes Menschsein* hinterließ dieser Aktivismus kaum ein praktikables Angebot differenzierter Lebens- und Identitätsgestaltung. In Lietz' Konzept der Landerziehung kam das "Glück" der Einzelnen weniger durch Freiheit als durch minutiöse Ordnung ins Lot. Dieser zwänglichen Ordnung waren bei genauer Untersuchung *totalitäre Denkmuster* nicht

---

[159] ANDREESEN, Alfred, Gott, Volk, Vaterland. Worte von Hermann Lietz, Weimar o. J., S. 21.
[160] Ebd., S. 23.
[161] Ebd., S. 25.
[162] Ebd.
[163] Ebd., S. 37.
[164] Ebd., S. 40.
[165] Ebd.
[166] Ebd.
[167] Ebd., S. 45.

fremd.[168] Sie ließ kaum eine individuelle Perspektive für die Entwicklung der dort lebenden Kinder und Jugendlichen aufleuchten.

Die "Nation" wurde auch in dieser (Reform-)Pädagogik zur Parole der Fremdbestimmung über den Jugendlichen. Die Gesundheit wurde wie das Kindeswohl überhaupt an den Anspruch eines gesunden Volkes geknüpft. H. Lietz' Rede "Wenn du Glied einer Nation bist, [...] bist du es den Ahnen und der Heimat schuldig, zu arbeiten, zu leben und zu sterben für sie"[169] oder Formulierungen wie "Kriegsspiel"[170], "liebender Führer"[171] führten den Grundsatz kindlicher Gesundheit ad absurdum. Zudem lassen diese Forderungen eine hinter der Idealtypologie wirkende andere Gefährdung des jungen Menschen erkennen: Birgt ein pädagogisches Konzept kämpferischen Leibesaktivismus im Verbund mit nationaler Pflichttreue nicht die Gefahr einer fanatischen Indienstnahme? Denn die

"Dynamik des Fanatismus ist die totale Angleichung an das Gesetz als 'rettendes Rezept' und an die 'heilige Familie' der Geretteten. [...] Mensch und Gesetz, Einzelner und Gruppe, Real- und Idealich, Wunsch und Wirklichkeit werden differenzlos zu einer Einheit gepreßt, die zwanghaft und fiktiv ist. [...] Das Subjekt wird 'eins' mit dem göttlichen Gesetz, dem rettenden

---

[168] Die starre Ordnung der Heimerziehung kommt zum Ausdruck am Beispiel des sog. "freien Abends" (vgl. LIETZ, Hermann, Grundsätze und Einrichtungen der Deutschen Land-Erziehungs-Heime, S. 26), der entgegen der vielversprechenden Bezeichnung "frei" minutiös mit Berichten, Kontrollen, Beschwerden etc. verplant war. (Vgl. ebd. S. 26 ff.). Totalitär an dem Ordnungssystem waren z.B. Besprechungen über "Felddienstübungen" (ebd. S. 27) und überhaupt ein auf Totalkontrolle zugeschnittener Erziehungsstil. Auch die Worte "Ordne Deine eigene Person den Lebensinteressen der ganzen Gemeinschaft, der kleineren in der Schule, der großen im Staate unter" (ANDREESEN, Alfred, Gott, Volk, Vaterland. Worte von Hermann Lietz, S. 25) weisen auf Depersonalisierung.

[169] ANDREESEN, Alfred, Gott, Volk, Vaterland. Worte von Hermann Lietz, S. 9.

[170] LIETZ, Hermann, Grundsätze und Einrichtungen der Deutschen Land-Erziehungs-Heime, S. 25.

[171] Vgl. ebd., S. 26.

Befehl. Jener Unterschied, aus dessen Untiefe heraus der Mensch als Individuum existiert, erlischt."[172]

Mit uniformen Grundsätzen wie "leibliche Gesundheit" und "seelische Stärke" mittels Aufstellung rigider Ordnungen wurden Freiheitsbestrebungen des Kindes und Jugendlichen wohl kaum erfüllt. Die Landerziehungsbewegung stellte trotz Lietz' ausdrücklicher Kritik an der leibfeindlichen Imperialpädagogik[173] ein geringes Innovationsmoment für eine Pädagogik des freien Willens dar.

Eine Pädagogik zu menschlicher Ganzheitlichkeit schließt die Achtung vor dem Kindeswohl, vor der kindlichen Gesamtverfaßtheit und Individualität selbstverständlich mit ein. Das einseitige, "rettende" Prinzip des gesunden Leibes im Dienste der Nation (verwirklicht durch starre, detaillierte Planziele und Ordnungen) ohne konzeptionelle Berücksichtigung des intrapsychischen Eigenlebens des Kindes verrät schließlich totalitäre Züge. Daß die Bewegung durch die verheerenden Folgeerscheinungen des Nationalsozialismus (Zweiter Weltkrieg, Totalzusammenbruch) weitgehend ihr Ende fand, daß ihr nach 1945 nur noch marginaler Stellenwert zukommt[174], beweist ihre geringe Einsicht in gesamtkonstitutionelle Zusammenhänge des Kindes bzw. Jugendlichen. Ein pädagogisches Konzept, das sich vorwiegend auf Leibeskonformismus und auf einen selektiv leiblichen Gesundheitsbegriff beruft, um dadurch zur Pflichterfüllung in schaffender Volksgemeinschaft aufzurufen, verdrängt das allgemein menschliche Anliegen nach Personalität, Selbstsein und Sprache. Es intendiert zwar eine Heilung sozialer Bruchstellen, stellt jedoch ein wenig tragfähiges Theorieprojekt des "freien Willens" dar. Ernst Bloch hebt das substantielle Defizit eines einseitig leiblich orientierten (pädagogischen) Theoriepro-

---

[172] Vgl. MÖDE, Erwin, Fundamentaltheologie in postmoderner Zeit. Ein anthropotheologischer Entwurf, München 1994, S. 96.

[173] Vgl. LIETZ, Hermann, Grundsätze und Einrichtungen der Deutschen Land-Erziehungs-Heime, S. 12.

[174] Zwar gibt es heute in der BRD noch verschiedene Internatsprojekte, die sich aus der Landerziehungsbewegung entwickelten, das ursprüngliche Lietz'sche Programm jedoch erlebte bis heute keine Aktualisierung.

jekts hervor:

"Wie neu geboren: das meinen die Grundrisse einer besseren
Welt, was den Leib angeht. Die Menschen haben aber keinen
aufrechten Gang, wenn das gesellschaftliche Leben selber noch
schief liegt."[175]

3.2 Gefühl und Erlebnis als Ideale harmonischer Einheit: Kunsterziehungsbewegung und Jugendbewegung

H. Lietz' Projekt der Landerziehungsbewegung war primär der Versuch
einer pädagogischen Neuorientierung am Leib. Dieser Versuch scheiterte
erwiesenermaßen. Die Affinität zu nationalsozialistischen Erziehungs-
idealen, leibbetonte Einseitigkeit und patriotische Eindimensionalität
bescherten dem Lietz'schen Versuch ein Ende, das signifikanterweise mit
dem Ende des "totalen Krieges" zusammenfiel. Die "totale" Gesundheit des
Leibes und dessen nationale In-Dienstnahme werden uns zum Zeichen
einer imaginär-idealistischen pädagogischen Einheitsform, einer Ordnung
und Gesetzlichkeit, welche die intrapsychische Verfaßtheit des Kindes
gewollt nicht berücksichtigten.

Von Vertretern der "Kunsterziehungs-" und "Jugendbewegung"[176] wurden
zeitgleich zur Landerziehungsbewegung Konzepte vorgestellt, die gerade
nicht die leibliche Konstitution des Kindes (bzw. Jugendlichen) in den
Mittelpunkt rückten, sondern das *Gefühl* und *Erlebnis* zum Gradmesser
pädagogischer Wertung machten, sei es in Form künstlerischer Empfindung, sei es in Form naturverbundenen Gemeinschaftslebens. Im Rahmen
der Kunsterziehungsbewegung mit ihren Hauptvertretern Alfred Lichtwark
(1852 – 1914) und Julius Langbehn (1851 – 1907) prägte sich der neue

---

[175] BLOCH, Ernst, Das Prinzip Hoffnung, 3 Bände, Bd. 2, Frankfurt a. M. [3]1976, S. 546.

[176] Die Bezeichnungen "Kunsterziehungsbewegung" und "Jugendbewegung" sollen im weiteren Verlauf der Studie aus Gründen besserer Lesbarkeit ohne An-führungszeichen verwendet werden.

Leitgedanke einer Freisetzung individueller Kreativität aus: Sowohl mittels Interpretation von Kunstwerken im Unterricht als Repräsentanten der Kultur[177] als auch durch praktisch-künstlerische Arbeit sollte das Erziehungsziel "Kreativität" erreicht werden. Durch die Betrachtung und Interpretation ausgewählter Werke sollte der Schüler zum künstlerischen Gefühl des "Großen"[178] geführt werden. Zu diesem Zweck intendierte und praktizierte Alfred Lichtwark, der "Urvater der Museumspädagogik", (mit den Schülern) Bildbetrachtung vor dem Kunstwerk selbst. Arrangiert wurden unter seiner Leitung Veranstaltungen zum Üben von Kunstbetrachtung; zahlreiche Publikationen und Vorschläge zur Gestaltung von Kunstmappen entstanden.

A. Lichtwark setzte sich deutlich vom schulpädagogischen Ziel einseitigen Stoffwissens ab: Er kritisierte den Mangel an ästhetischer Erziehung und forderte eine Pädagogik, die "sich auf die Bildung des Auges und damit des Geschmacks richtet".[179] Nach Lichtwark besteht "[...] das Glück in der Fähigkeit zu genießen [...]."[180] Das Genießen dargebotener schöner und "großer" Kunstwerke seitens der Schüler stellt jedoch eine *materialisierte Form von Beziehung* dar, nicht aber eine personale: Das apersonale Kunstwerk ist es, das der Pädagoge dem Schüler reicht. Nach Lichtwark ist das Kunstwerk Repräsentant für eine *harmonisch-einheitsvolle Ordnung*, die es vom Schüler empfindend nachzuvollziehen gilt. Gemäß Lichtwark "steht [das Kunstwerk, RZ] ein für allemal als feste, in sich geschlossene Erscheinung da"[181], das im Nachvollzug "mit gleicher Kraft in jede Seele"[182] aufgenommen werden soll.

---

[177] Hingewiesen sei hier auf Langbehns Darstellung von Rembrandt als dem großen Erzieher zu Schöpfertum, in: LANGBEHN, Julius, Rembrandt als Erzieher, Weimar 1922.

[178] Vgl. Alfred Lichtwarks Bemerkung über die "Lebensenergie der großen Meister" (LICHTWARK, Alfred, Das Bild des Deutschen (= Kleine Pädagogische Texte, Hg.: BLOCHMANN, Elisabeth u.a., Heft 15), Berlin u.a., o. J., S. 29.

[179] Ebd., S. 7.

[180] Ebd., S. 31.

[181] Ebd., S. 29.

[182] Ebd.

Gewiß bedeutet unter stofflichem Aspekt Kunstbetrachtung einen Schritt hin zu kreativer Eigenständigkeit des Schülers, doch wird fraglich, ob damit nicht ebenfalls einer Einseitigkeit Vorschub geleistet wird, wie sie – unter anderem Vorzeichen – im Fall der leiborientierten Landerziehungsbewegung erkennbar wird. Anzufragen ist, ob eine von Begegnung und Lebenswirklichkeit weitgehend gesonderte, ideale Bildwelt einen umfassenden und realitätsgerechten pädagogischen Bezug ersetzen kann. Der Genuß von Kunstwerken mag kurzfristig Begeisterung erzeugen. Deren Bestimmung ist es aber, sich in Kürze wieder zu verlieren, also vorläufig zu sein. Das, was jedoch das Leben des individuellen Schülers ausmacht und seine Suche nach Authentizität und eigenem Stellenwert in der Welt, kommt in dieser Konzeption nicht zum Tragen. Auch der realitätsstiftenden, interpersonellen Sprache kommt hier angesichts der identifikatorisch dargebotenen Bildwelt kaum Bedeutung zu.

Auch A. Lichtwarks pädagogische Ideale standen wie die der Landerziehungsbewegung in Rückbindung an eine übergeordnete, patriotische Wertewelt. Seine Vorstellung, sein "Bild" von der "festen nationalen Grundlage"[183] der Bildung, bedeutete keine Absage an imperial-nationale Denkmuster, sondern blieb im nationalen Raster seiner Zeit stecken.

Zwar brachte die Kunsterziehungsbewegung kreative Elemente in die starre pädagogische Wissenskultur von damals. Dennoch ist anzufragen, ob ihr bei aller *ästhetischer Einheitssuche* auch ein existentiell-ganzheitlicher Wert zugeschrieben werden kann. Letztlich können weder künstlerische Materie (bzw. deren Genuß) noch die Anbindung an nationales Gedankengut eine umfassend lebensbezogene und interpersonell-harmonische Kommunikation ersetzen. Nicht zuletzt deshalb zeigt die Kunsterziehungspädagogik, wie bedingt sie sich von ihrer Zeit freimachen konnte: Deren Rahmenbedingungen wurden beibehalten; der Kern der Pädagogik bestand aber nicht aus einem mehrdimensionalen, sondern aus einem *selektiv ästhetischen* Konzept, das ohne personale Sprachbezüglichkeit einen nur geringen Beitrag zu einer Pädagogik des freien Willens bot. Die

---

[183]   Vgl. LICHTWARK, Alfred, Das Bild des Deutschen, S. 55.

Kunsterziehungsbewegung veranschlagte mit ihren Einheitsbestrebungen nach Harmonie schwerpunktmäßig für den Schüler ein ästhetisches Betätigungsfeld. In imperialer wie auch in "unserer postmodernen Moderne"[184], einer Zeit der Jahrhundertwende und des Umbruchs, bedeutet diese ästhetisch-identifikatorische Ausrichtung kaum einen pädagogischen Beitrag zu einer vermittelnden und integrierenden Kommunikation.

Heute werden Motive der Kunsterziehungsbewegung nur noch im Bereich der *Museumspädagogik* partiell realisiert: Der abgezirkelte Ausstellungsraum (Museum) mag exemplarisch für den schwachen Resonanzboden dieser Pädagogik in heutiger Zeit stehen. R. Steiners Kunstverständnis begründet sich vergleichsweise in der Auffassung, daß künstlerisches Tun den Menschen (das Kind) als Mitschöpfer in den Gesamtkosmos einbindet.[185] Daß im Vergleich zur identifikatorischen Pädagogik der Kunsterziehungsbewegung bei R. Steiner Subjekt und Natur Priorität vor dem Kunst-Objekt zukommt, mag vielleicht ein Indiz für die Fortdauer anthroposophisch praktizierter Pädagogik sein.

Sah A. Lichtwark vor allem in der idealisierenden Betrachtung und Interpretation großer Kunstwerke die Möglichkeit einer – allerdings nur identifikatorischen – Einheitsfindung, so betonte die Jugendbewegung ein starkes Anliegen nach *sozialer Einheit* in Verbindung mit romantischer *Natursehnsucht*. Sie konstituierte sich vor dem Ersten Weltkrieg vorwiegend als die (christliche) Bewegung des "Wandervogels". Die jugendlichen Gruppen verstanden sich als ausgezirkelter Ort von *Harmonie* und *Konfliktfreiheit* (ohne nationalistische Über-Ich-Strukturen). Gemeinsames Wandern wurde zum freiheitlichen Erlebnis abseits von imperialen Über-Ich-Forderungen und schulischen Disziplinierungen. Das folgende Zitat aus einem rückwirkenden Vortrag Karl Fischers (1881 – 1941), dem Begründer des "Wandervogels", soll die Vorgabe einer ersten kritischen Kontaktnahme zur Jugendbewegung darstellen:

---

[184] Vgl. WELSCH, Wolfgang, Unsere postmoderne Moderne, Berlin ⁴1993.
[185] Vgl. STEINER, Rudolf, Erziehungskunst. Methodisch-Didaktisches. Erziehungskunst II, GA 294, Dornach/Schweiz 1975 (Tb), S. 51.

"In den Herbstferien 1897 [...] kam es bei einigen von uns, ganz besonders aber bei mir [...] wie ein Rausch über uns. Wir sangen unsere Lieder, und in der Schar [...] kam es mir zum Bewußtsein: du hast jetzt eigentlich das nur gemacht, was dich in deinem Kopf und in deinem Herzen seit Jahren bewegt hat. [...] was fängt man mit den Jungen im Entwicklungsalter an, was muß man ihnen geben, damit ihre Durchbrenner-Sehnsucht in geordnete Bahnen geleitet wird? [...] ich empfand: das ist der Weg, das Loch, das in den pädagogischen Einrichtungen vorhanden ist, zu stopfen. Ich gelobte mir, daß, sowie ich aus der Schule wäre, ich einen Verein gründen wollte [...].
So ungefähr hat sich das Gebilde entwickelt, das später 'Wandervogel' genannt wurde."[186]

Der "Wandervogel" suchte spontane Befreiung des Jugendlichen aus der drückenden Schulzimmeratmosphäre. Er versprach Führung und Halt für den jungen Menschen. Abgesehen von der Einbindung der Jugendlichen in Gruppen wurde zu diesem Zweck auch das Prinzip "Lebensfreude durch Begegnung mit der heilen Natur" das heilsame Angebot. Naturerlebnis und harmonisches Gemeinschaftsgefühl sollten *vitalen Genuß* und Angstfreiheit an einem imaginär-paradiesischen Ursprungsort verschaffen. Es ging der Bewegung weniger um Auflehnung und Politik als um das Auffinden eines harmonischen Friedensraumes ohne allzu disziplinierende Zwänge. Freilich hatte die Jugendbewegung andere Absichten als die, zu den ethischen Wurzeln menschlicher Freiheit vorzudringen: Aber dort, wo Naturerlebnis in sich selbst isoliert bleibt und gegenüber einem "Du" nicht zur Sprache kommt, vermag sich der eigene freie Wille des Kindes und Jugendlichen nicht kreativ in Beziehung zur Umwelt zu setzen. Die Bewegung kann daher als *flankierende Strömung* mit Feiertagsstimmung angesehen werden, die Konflikte beim Wandern links am Wege liegen ließ und in ihrer dynamischen Grundhaltung der Landerziehungsbewegung

---

[186] Zitat aus einem rückwirkenden Vortrag Karl Fischers von 1927 vor dem Evangelischen Jugendring Berlin, in: KORTH, Georg, Wandervogel 1896 – 1906. Quellenmäßige Darstellung nach Karl Fischers Tagebuchaufzeichnungen von 1900 und vielen anderen dokumentarischen Belegen (= Quellen und Beiträge zur Geschichte der Jugendbewegung, Bd. 3), Frankfurt a. M. ²1978, S. 194 f.

glich. Sie "lebte" aus dem nostalgischen Rückzug aus der (negativ erlebten) Wirklichkeit. Wie die Kunsterziehungsbewegung bot sie dem Jugendlichen keine konkrete Möglichkeit, sich in der realen Beziehungswelt besser zurechtzufinden, so daß sich auch angesichts der Jugendbewegung der Verdacht einer Utopie erhebt: Das nach dem Muster rauschhaften Erlebens erstrebte Heil suchte man in der Jugendbewegung zwar schwärmerisch, aber nicht wirklichkeitsnah. Das "Loch" fehlender Beziehung (in imperialer Pädagogik) wurde mit dem phantasmatischen Glauben an eine gruppen- und naturbestimmte Einheit gefüllt, der jedoch kaum einen Weg aus der Beziehungsproblematik und pädagogischen Gespaltenheit damaliger Zeit wies, da einer sprachlich-kommunikativen Begegnung mit den Erwachsenen ausgewichen wurde. Daß sich die Jugendbewegung nach dem Ersten Weltkrieg in verschiedene Gruppierungen zersplitterte[187], heute die Bewegung trotz schwacher Neuansätze geistig abgeschlossen bleibt, zeigt über ihre *Instabilität* ihr Defizit an Realismus im interpersonalen Bezug und in bezug zur Kulturwelt.

Ihrer Intention nach erhoben die Kunsterziehungsbewegung und die Jugendbewegung den Anspruch auf neue pädagogische Einheitsformen, sei es durch künstlerisches Gefühl, sei es durch vitales, naturgebundenes Gruppenerleben: Dem Ausschwärmen der Jugendlichen in die Natur entsprach die schwärmerisch-utopische Vorstellung vom "heilen Urzustand" des noch ungespaltenen, harmonischen Menschen. Dort, wo Kunstbetrachtung stattfand, stand die Pädagogik im Zeichen einseitiger Ästhetisierung und Identifizierung. Beide Strömungen, die den Bezug zur wirklichen Lebenswelt des Kindes und Jugendlichen nicht realisieren konnten, entbehrten der interpersonellen Sprache. Diesen entscheidenden Mangel versuchten sie vergeblich durch einseitige Identifikationsmuster zu beheben.

Bestand das gemeinsame Ziel der in diesem Kapitel grob umrissenen Kunsterziehungs- und Jugendbewegung in der identifikatorischen Hinführung des Kindes und Jugendlichen zu einer vorgestellten harmonischen

---

[187] Vgl. REBLE, Albert, Geschichte der Pädagogik, 17. durchgesehene und überarbeitete Auflage, Stuttgart 1993, S. 287 ff.

Einheit, so beschrieb Georg Kerschensteiners anthropologisches Konzept Wege zu dessen realem beruflichem Umfeld. Die nähere Ausführung und Besprechung Kerschensteiners Konzepts soll Aufgabe des folgenden Abschnitts sein.

3.3 Georg Kerschensteiners Begriff von produktiver Arbeit: Einführung in die "Sachverhalte" einer "Tatsachen-Welt"

Bereits einige wenige biographische Eckdaten aus Georg Kerschensteiners erfolgreichem beruflichem Werdegang lassen erkennen, daß es sich hier um eine Person handelt, die sich dem Prinzip "Arbeit" verpflichtet wußte: Georg Kerschensteiner (1854 – 1932) war zunächst Volksschullehrer, dann Gymnasiallehrer[188] und wurde 1895 Stadtschulrat, d.h. Leiter des Münchner Schulwesens.[189] Dieses leitende Amt erlaubte ihm, Einfluß auf die damaligen Berufsschulen zu nehmen: Er gilt als der Begründer des modernen Berufsschulwesens.[190] Der spätere reale Beruf des Schülers sollte nach Georg Kerschensteiners pädagogischer Auffassung in den Mittelpunkt des Unterrichtsverständnisses gerückt werden. Ein anderer anthropologischer Grundgedanke war jener der Verknüpfung von praktischem Beruf und Schule zum Zweck der Verwirklichung einer sittlichen Sozial- und Staatsgemeinschaft.[191] Mit seiner berufsbezogenen Auffassung von Pädagogik grenzte sich Kerschensteiner ausdrücklich vom Ästhetizismus der Kunsterziehungsbewegung ab und betonte demgegenüber den pädagogischen Wert von *Arbeit* als "ein in entsagungsvollem Ringen

---

[188]   Vgl. LOICHINGER, Albert, Georg Kerschensteiner – Werdegang und kommunales Wirken, in: Georg Kerschensteiner. Beiträge zur Bedeutung seines Wirkens und seiner Ideen für unser heutiges Schulwesen, Hg.: BAYER. STAATS-MINISTERIUM FÜR UNTERRICHT UND KULTUS in Zusammenarbeit mit der Landeshauptstadt München, Stuttgart 1984, S. 23 ff.

[189]   Vgl. ebd., S. 29.

[190]   Vgl. BLANKERTZ, Herwig, Bildung im Zeitalter der großen Industrie. Pädagogik, Schule und Berufsbildung im 19. Jahrhundert, Hannover u.a. 1969, S. 135.

[191]   Vgl. WEHLE, Gerhard, Georg Kerschensteiner, Texte zum pädagogischen Begriff der Arbeit und zur Arbeitsschule, ausgewählte pädagogische Schriften, Bd. II (= Schöninghs Sammlung Pädagogischer Schriften, Hg.: RUTT, Theodor), Paderborn ²1982, S. 42.

erworbenes mechanisches Können [...], das heute nicht mehr ausschließlich auf dem Wege der persönlichen Erfahrung erworben werden kann."[192]

Vor einer näheren Bestimmung Kerschensteinerschen Denkens seien streiflichtartig einige Stationen seines schulpraktischen Wirkens genannt. Sie alle spiegeln deutlich sein Anliegen nach berufsbezogener Arbeit des Jugendlichen wider: Entsprechend seiner Auffassung von *"produktiver Arbeit"*[193] mit "berufspraktischem Profil"[194] begann G. Kerschensteiner in den Jahren 1900 bis 1901 mit der Einrichtung spezieller Berufsschulen (z.b. für das Bäcker-, Metzger-, Kaminkehrer- und Schuhmacherhandwerk).[195] Bis zum Jahre 1906 entstanden in München 52 Berufsschulen.[196] Dies ist eine Zahl, die zwar nur kommunal für München gültig war, aber für diesen Bereich von Erfolg und Bedarf zeugt. G. Kerschensteiner gründete nicht nur neue Berufsschulen. Er erstellte auch in einem neuen Lehrplan schulorganisatorische und schulpraktische Richtlinien für die Oberstufe der Münchner Hauptschulen: Jedes neu errichtete Schulhaus um die Jahrhundertwende sollte beispielsweise mit Vorrichtungen für chemischen und physikalischen Unterricht ausgestattet werden.[197] G. Kerschensteiners schulpraktisches Anliegen setzte sich fort in der Einrichtung von Weiterbildungsschulen für Hilfsschüler und in aktiver Kindergartenkoordinationsarbeit.[198] Darüber hinaus initiierte er Schulgärten, naturwissenschaftliche Laboratorien, Versuchsstätten wie Aquarien, Terrarien und Werkstätten.

---

[192] Zitiert nach WEHLE, Gerhard, Georg Kerschensteiner, Texte zum pädagogischen Begriff der Arbeit und zur Arbeitsschule, ausgewählte pädagogische Schriften, Bd. II, S. 6.

[193] Die Bezeichnung "produktive Arbeit" soll im weiteren Verlauf der Studie aus Gründen besserer Lesbarkeit ohne Anführungszeichen verwendet werden.

[194] Vgl. MAIER, Hans, Kerschensteiner – neu entdeckt, in: Georg Kerschensteiner: Beiträge zur Bedeutung seines Wirkens, Hg.: BAYER. STAATSMINISTERIUM FÜR UNTERRICHT UND KULTUS, S. 13.

[195] Vgl. LOICHINGER, Albert, Georg Kerschensteiner – Werdegang und kommunales Wirken, in ebd., S. 34.

[196] Vgl. ebd.

[197] Vgl. ebd., S. 37.

[198] Vgl. ebd., S. 43.

Kerschensteiners kulturanthropologischer Grundgedanke von produktiver Arbeit bezogen auf die Sozialgemeinschaft und seine Option der (Volks-) Schule als *"Arbeitsschule"*[199] (Arbeitsschulbewegung) wurden zum zündenden Stoff für seinen Einsatz gegen eine unlebendige, auf Disziplinierung beruhende, mechanische Wissensbeherrschung. Er verstand produktive Arbeit als lebendigen Lernprozeß im Dienst individueller Lebensaufgaben. Gemäß G. Kerschensteiners realgebundener Auffassung von Selbsttätigkeit war das naturwissenschaftliche Lernfeld der produktive Arbeitsbereich, in dem der Schüler manuell wie geistig Eigenständigkeit am geeignetsten erproben und ausbilden konnte. Arbeit nach naturwissenschaftlichem Vorbild bildet – nach G. Kerschensteiner – Fähigkeiten aus wie Beobachtung von Sachverhalten, Aufwerfen von Fragen, Ursachenprüfung, selbständiges Denken und Handeln. Der Gedanke der produktiven Arbeit, wie sie nach Kerschensteiner auch im Spiel des Kindes zum Ausdruck kommt, wird zu der experimentellen Arbeit des Forschers in Bezug gesetzt:

"Auch er geht wie das spielende Kind von Tatsachen der Wirklichkeit aus, die sein ganzes Vorstellungsleben anregen. Der Forscher am Experimentiertisch beobachtet die Apparate, die Stoffe, die Erscheinungen. Jede neue Erscheinung bereichert seine Vorstellungswelt. Nach allen Seiten verbindet sich die neue Vorstellung mit hundert anderen auf den durch reiche Übungen geläufig gewordenen Assoziationsbahnen, und während die vor ihm stehende Welt der Dinge durch die geöffneten Sinnentore die entsprechenden Empfindungen auslöst, weitet sich in seinem Geiste die Welt der Vorstellungen aus, und wenn seine Arbeit fruchtbar ist, so wandert er darin, nur leicht geführt von der äußeren Wirklichkeit. Soweit erkennen wir eine Ähnlichkeit des spielenden, phantasiebegabten Kindes mit dem experimentellen Forscher [...]."[200]

---

[199] Vgl. WEHLE, Gerhard, Georg Kerschensteiner, Texte zum pädagogischen Begriff der Arbeit und zur Arbeitsschule, ausgewählte pädagogische Schriften, Bd. II, S. 26 ff.

[200] Zitiert nach ebd., S. 11 f.

G. Kerschensteiners Konzeption der (Volks-)Schule als Arbeitsschule verbunden mit dem Zentralbegriff der produktiven Arbeit läßt eine Pädagogik erkennen, die nicht Disziplinierung anstrebte, sondern dem Schüler Raum für *selbständiges Fragen,* Probehandeln und eigene Entscheidungen einräumte. In lebendiger Weise sollten *Kopf* und *Hand* gleichermaßen stimuliert werden. In anderer Weise, wie G. Kerschensteiner phantasievolles, experimentelles Tun verstand, benannte R. Steiner den Wert eines phantasievollen, selbsttätig kreativen Spiels für das Kind.[201] Der grundlegende Unterschied beider Positionen zu Arbeit und Spiel wird unter den jeweils zugrundeliegenden Aspekten wissenschaftlichen Denkens deutlich: G. Kerschensteiners Verständnis von Arbeit als Lernprozeß war prinzipiell pragmatisch und primär naturwissenschaftlich geprägt. Es folgte der Logik von Verifikation und Falsifikation ohne weitere Spekulationen. R. Steiners Wertschätzung des selbsttätigen Spiels als Erziehungsmethode fußte hingegen auf seinem gesamtanthropologischen Verständnis von menschlichem Wachstum in probehandelnder Eigenverantwortung. G. Kerschensteiner vertrat eine pädagogische Auffassung, nach der der Schüler unausgesprochen einer festen Bestimmung unterlag: Er sollte – wie Ludwig Wittgenstein es formulieren würde – gemäß der *"Realien"* des Lebens in die *"Sachverhalte"*[202] einer *"Welt der Tatsachen"*[203] eingeführt werden. Zwar stand G. Kerschensteiners realitätsgebundene Pädagogik in größerem Zusammenhang mit seiner Vorstellung einer ethischen Sozial- und Staatsgemeinschaft, doch blieb sie grundlegend einem naturwissenschaftlichen Weltbild verpflichtet und wies keine weitergehende metaphysische Verankerung auf. Der Wille des Schülers erfuhr nur in dem begrenzten Rahmen von Arbeit und Experiment Verwirklichung. Dem

---

[201] Vgl. hierzu Rudolf Steiners Ausführungen über die "schöne Puppe" in: STEINER, Rudolf, <Die Erziehung des Kindes vom Gesichtspunkte der Geisteswissenschaft>, <Die Methodik des Lernens und die Lebensbedingungen des Erziehens>, Dornach/Schweiz 1990 (Tb), S. 31 versus die phantasieanregende, die Vorstellung des Lebendigen anregende, ungestaltete Puppe. (Vgl. ebd., S. 30 ff.).

[202] Vgl. WITTGENSTEIN, Ludwig, Werksausgabe in 8 Bänden, Bd. 1: Tractatus logico-philosophicus, Tagebücher 1914 – 1916, Philosophische Untersuchungen, Frankfurt a. M. [9]1993, S. 11.

[203] Vgl. ebd.

Sein des Schülers als auch der pädagogischen Beziehung wurde vornehmlich unter dem Aspekt der "Realien" des Lebens Rechnung getragen. Weder L. Wittgensteins analytische Philosophie, nach der "die Welt in Tatsachen zerfällt"[204], noch G. Kerschensteiners pragmatisches Verständnis von Arbeit als Lernprozeß berührten metaphysische Fragen des menschlichen Seins. Bei R. Steiner wurde die metaphysische Verankerung – freilich religiös veranschlagt – zum zentralen Bezugshintergrund einer emanzipativ verstandenen Pädagogik.

Ein bis heute bleibender Wert Kerschensteinerschen Wirkens ist die Struktur des Berufsschulwesens. Der pädagogische Ansatz Kerschensteiners wurde u.a. in einem neueren wissenschaftlichen Forschungsprojekt an der Universität München eruiert.[205] Im übrigen hat die Pädagogik produktiver Arbeit keinen bleibenden, wirksamen Einfluß auf das pädagogische Leben der Postmoderne genommen.

Mit dem folgenden Kapitel ist ein Perspektivenwechsel angesagt: Von reformpädagogischen Strömungen extrapsychischen Charakters soll der Blick nun zu einem pädagogischen Verständnis hingelenkt werden, das die seelische und prozessuale Entwicklung des Kindes berücksichtigte. Der entscheidende Gesichtspunkt der "Pädagogik vom Kinde aus" war, daß identitätsfördernd auf das Kind eingewirkt werden sollte. Seelische Unterdrückung wollte man hier vermeiden. Neurotisierende, entwicklungshemmende Erziehungsfaktoren wurden (mehr oder weniger) differenzierten Analysen unterzogen.

Die verschiedenen Konzepte waren Beiträge zu einer Rückbesinnung auf das Ethos der Pädagogik: Dieses Ethos meinte ein Verständnis vom Kindeswohl, das nach Entwicklungsfreiräumen und selbständigem Sein

---

[204] Vgl. WITTGENSTEIN, Ludwig, Werksausgabe in 8 Bänden, Bd. 1: Tractatus logico-philosophicus, Tagebücher 1914 – 1916, Philosophische Untersuchungen, S. 11.
[205] Vgl. die Veröffentlichung: GRUBER, Hans u.a., Learning to Apply: From "School Garden Instruction" to Technology-Based Learning Environments, in: International Perspectives on the Design of Technology-Supported Learning Environments, Hg.: VOSNIADOU, Stella u.a., New Jersey 1996, S. 307 – 321.

fragte. Im Umkreis der Reformbewegung setzten sich vor allem zwei Pädagoginnen für ein zwangbefreites Lernen ein: Ellen Key und Maria Montessori. In der "Pädagogik vom Kinde aus" wurde moderne Pädagogik zum ersten Mal methodisch-systematisch veranschlagt.

3.4 Entwicklungsfreiraum für das Kind: "Pädagogik vom Kinde aus"

3.4.1 Ellen Keys und Maria Montessoris Weg zu einer Pädagogik der Selbständigkeit des Kindes

Im Umkreis der "Pädagogik vom Kinde aus" artikulierte sich neben Maria Montessori (Italien), auf deren Erziehungskunde in diesem Kapitel schwerpunktmäßig eingegangen werden soll, auch die schwedische Frauenrechtlerin und Reformpädagogin Ellen Key (1849 – 1926). Wie Maria Montessori sprach auch diese sich für eine Pädagogik aus, die die *freiheitliche Entwicklung* und *Selbständigkeit* des Kindes zu förderungswürdigen Qualitäten erhob. Ellen Keys Gedanken erfuhren aber keine nähere konzeptionelle Ausarbeitung. In diesem Kapitel soll zunächst ihre emphatische Schrift "Das Jahrhundert des Kindes"[206] eingeblendet werden: Eingreifen in das Leben des Kindes, Zurechtweisungen, Lächerlichmachen und rücksichtsloses Antasten der kindlichen Psyche verstand Ellen Key als "das größte Verbrechen"[207] der Pädagogik ihrer Zeit.. Im Gegensatz zu der damals auf allen Sektoren des sozialen Lebens grassierenden imperialen Tendenz intendierte E. Key eine Erziehungskunde, die sich an der "Natur"[208] des Kindes ausrichtete und Freiräume bot. Eine wichtige Aufgabe der Pädagogik sei die "Entwicklung der Fähigkeiten"[209] des Kindes gemäß dessen "natürlich" vorgegebener Anlagen. E. Keys Paradigma der

---

[206] KEY, Ellen, Das Jahrhundert des Kindes. Studien, Basel u.a. 1992. Das Buch erschien im Dezember 1900 in Schweden und 1902 im Wilhelminischen Deutschland.

[207] Ebd., S. 78.

[208] Ebd., S. 77.

[209] Vgl. ebd., S. 175.

Selbstentfaltung war der Erkenntnistheorie der Aufklärung verpflichtet[210]: Der Imperativ, unter dem sich Jean-Jacques Rousseaus als auch E. Keys Wollen zusammenfassen lassen, heißt: "Zurück zur Natur des Kindes!" Um der Natur willen wird jegliche Unnatur der Kultur, des Gesetzes also und der sozialen Macht, abgelehnt. Das aufklärerische Paradigma der Selbstentfaltung des Kindes setzt ein *Vertrauen* in dessen natürliche Disposition zum *freiwilligen Lernvollzug* voraus und schließt eine einseitig am Über-Ich orientierte Erziehungspraxis aus. Das Ideal einer Pädagogik gemäß der vernünftigen Natur des Kindes kann jedoch als "[...] die Idee eines freien Zusammenlebens der Menschen"[211] gewertet werden. Es "stellt die Idee der wahren Allgemeinheit dar, die Utopie."[212]

Die auf Identifikation gegründete, imperial-oppressive Erziehung wurde von E. Key als solche entlarvt. Sie hat, so E. Key, eine neurotische Abhängigkeit des Subjekts zur Folge. Das Resultat einer erzwungenen Übernahme fremder Über-Ich-Gesetze mit ihren einseitigen Identifikationsmustern wurde von ihr in seiner gefährlichen Wirkung demonstriert:

"Anderer Meinungen zur Richtschnur zu nehmen, hat zur Folge, daß man sich auch ihrem Willen unterordnet und so dazu gelangt, ein Teil der großen Herde zu werden, die der «Übermensch» kraft seines Willens leitet, eines Willens, der eine Anzahl von jede in ihrer Art ausgeprägten Persönlichkeiten nicht hätte beherrschen können!"[213]

Menschen, die infolge einer "dressierenden"[214], anpassenden Erziehung differenzlos dem "rettenden Führer" gehorchen, geraten, so E. Key, in den Sog, für fremde Zwecke mißbraucht zu werden. Mit ihrer warnenden

---

[210] Vgl. ROUSSEAU, Jean-Jacques, Emile oder über die Erziehung, Paderborn ⁴1978, S. 10.

[211] HORKHEIMER, Max / ADORNO, Theodor W., Dialektik der Aufklärung. Philosophische Fragmente, Frankfurt a. M. 1994, S. 90.

[212] Vgl. ebd.

[213] KEY, Ellen, Das Jahrhundert des Kindes, S. 84 f.

[214] Vgl. ebd., S. 84.

Position sah E. Key bereits zu Beginn des 20. Jahrhunderts spätere diktatorische Zeiten voraus, in denen das Subjekt dann in extremer Weise einem fremden Ermächtigungswillen ausgesetzt war. Der damals praktizierten neurotisierenden Pädagogik der Macht und Identifikation stellte sie die identitätsbildende Kraft des selbstbestimmten Gewissens gegenüber:

"Mich freiwillig dem äußeren Gesetz beugen, das mein eigenes Gewissen geprüft und gut befunden hat; bedingungslos dem ungeschriebenen Gesetz gehorchen, [...] auch wenn es mich einsam einer ganzen Welt gegenüberstellen sollte - das heißt ein individuelles Gewissen haben."[215]

Ein zweiter pädagogischer Imperativ wollte eine Antwort auf die in der untergehenden "Belle Epoque" statthabende Unterwerfung des Kindes unter die traditionelle Zwangspädagogik geben. Er meinte den selbständig prüfenden und denkenden Menschen. Kraft dessen "Selbstbeobachtung und Selbstarbeit"[216] sollte er die Einlösung des Ideals vom individuellen Gewissen erbringen. Die von E. Key veranschlagten pädagogischen Größen "Selbständigkeit" und "eigenes Gewissen"[217] lassen im Gegensatz zu den Werten "Ästhetik" (vgl. Kunsterziehungsbewegung) und "Pragmatik" (vgl. G. Kerschensteiner) eine Sichtweise erkennbar werden, die dem Kind (dem Menschen) zu seiner Identität und Freiheit verhelfen wollte. Humanistische Qualitäten wurden signifikant.

E. Keys Ideal des auf Selbständigkeit gegründeten, eigenen Gewissens liegt jedoch kein ausgearbeitetes Konzept der autonomen Persönlichkeit zugrunde. Es spiegelt weder erkennbar empirische noch phänomenologische Untersuchungen wider. Das mit menschlicher Reife eng verknüpfte ethische Prinzip "Verantwortung" wurde von ihr zu keiner erzieherischen Grundgröße erhoben. Anzufragen ist, ob nicht auch E. Keys Ideal vom selbst entscheidenden, gewissenhaften Menschen, dem weder nähere Untersuchungen noch ein konkreter Wertekontext zugrunde liegen, eine

---

[215] KEY, Ellen, Das Jahrhundert des Kindes, S. 85.
[216] Ebd., S. 178.
[217] Vgl. ebd., S. 179.

Utopie des vernünftigen Menschen ist: E. Keys Ideal vom freien Wachstum des Kindes knüpfte an den Optimismus der Aufklärung an. Auch ihr Ideal der autonomen Persönlichkeit und jenes des eigenen Gewissens griffen auf den aufklärerischen Optimismus zurück. Das Paradigma der Aufklärung von den "sittlichen Kräften als Tatsache"[218] (Vernunft) läuft aber auch durchaus Gefahr, daß "moralisches Handeln auch dort vernünftig sei, wo das niederträchtige gute Aussicht habe [...]."[219] Im Gegensatz zu E. Keys Optionen "Selbständigkeit" und "Autonomie" sah R. Steiner Erziehung zu Freiheit nur möglich vermittels der Transparenzsetzung des *Subjekts* auf *metaphysische Strukturen* und *gesellschaftliche Verbindlichkeiten*.

Daß E. Keys Buch "Das Jahrhundert des Kindes" in Deutschland großes Aufsehen erregte und innerhalb von sechs Jahren 14 Auflagen[220] erreichte, mag für den damaligen Willen vieler Eltern zu einer pädagogischen Neuorientierung gesprochen haben. E. Keys analysierende, identitätsbejahende Betrachtungen, in denen sie sich gegen Unterwerfung und für eine Humanisierung des pädagogischen Lebens aussprach, erlebten auf Dauer jedoch keine schulische Wirkungsgeschichte in Deutschland, zumal auch die Thesen in keinem Zusammenhang eines konkreten Konzepts standen. Die nach Entwicklungsfreiraum und autonomer Persönlichkeit rufende Pädagogik Ellen Keys wurde in imperialer Zeit zwar häufig gelesen, aber nicht nachhaltig rezipiert. Ihre emphatische Zeitkritik, ihr Entwurf des idealen Subjekts können als Wunsch einer besseren pädagogischen Wertewelt verstanden werden. An ihre Optionen "Selbstentfaltung" und "Autonomie" können kaum pädagogische Maßstäbe aus heutiger Sicht gelegt werden.

Nachdem Ellen Keys Reformbeitrag zu einer "Pädagogik vom Kinde aus" gestreift wurde, sollen im folgenden Maria Montessoris kindzentrierte anthropologische Theoriebildung näher ausgeführt und Fragen zur aktuellen Rezeption der Montessori-Pädagogik aufgeworfen werden. M. Mon-

---

218 HORKHEIMER, Max / ADORNO, Theodor W., Dialektik der Aufklärung, S. 92.
219 Vgl. ebd., S. 92 f.
220 Vgl. REBLE, Albert, Geschichte der Pädagogik, S. 296.

tessoris pädagogische Anthropologie soll an späteren Stellen dieser Arbeit auch in praxi immer wieder ins Gespräch kommen.

Der Untersuchung soll ein kurzer, reflektierender Überblick über den beruflichen Werdegang M. Montessoris vorangestellt sein. Denn anhand ihrer beruflichen Biographie wird ein Mensch erkennbar, der (ähnlich wie Steiner) den Wandel von naturwissenschaftlichen zu anthropologischen Optionen vollzog.

Ursprünglich hatte Maria Montessori (1870 – 1952) den Ausbildungsweg der Medizin eingeschlagen. Sie wurde Assistentin an einem allgemeinmedizinischen Krankenhaus in Rom. Zugleich arbeitete sie in eigener Privatpraxis.[221] Zur Jahrhundertwende vollzog M. Montessori ihre Hinwendung von der Medizin zur pädagogischen Wissenschaft.[222] In dieser Übergangsphase, die sich Schritt für Schritt vollzog, arbeitete M. Montessori zunächst als Leiterin der "Nationalen Liga"[223] (medizinisch wie pädagogisch orientiert) mit geistig behinderten Kindern. Dieser Neuorientierung waren eine zwei Jahre vor dem Medizinalexamen durchgeführte Spezialisierung im Fach Kinderheilkunde sowie Studienerfahrungen im psychiatrischen Bereich[224] vorausgegangen. Die Verarbeitung ihrer Erkenntnisse aus beiden Wissenschaftsgebieten erfolgte anhand ihrer Promotionsarbeit, die das Thema "Ein klinischer Beitrag zum Studium des Verfolgungswahns" (1896) trug. Dieses Thema weist auf M. Montessoris (schon damals) großes *therapeutisches Interesse* hin. Nach ihrer Tätigkeit für die "Nationale Liga" und einem sich anschließenden Pädagogikstudium begann sie 1907 mit der Übernahme der Leitung des "Römischen Kinderhauses" (Vorschul- und Grundschulklassen für sozial benachteiligte Kinder)[225] dezidiert mit ihrer Berufslaufbahn als Pädagogin. Nicht auf Symptombehandlung kranker "Fälle" kam es ihr an. Vielmehr richtete sich ihr Hauptinteresse auf einen vorbeugenden, normalisierenden Umgang mit

---

[221] Vgl. HEILAND, Helmut, Maria Montessori, mit Selbstzeugnissen und Bilddokumenten, Hg.: MÜLLER, Wolfgang, Reinbek bei Hamburg ³1993, S. 24 f.
[222] Vgl. ebd., S. 27.
[223] Vgl. ebd., S. 34 f.
[224] Vgl. ebd., S. 24.
[225] Vgl. ebd., S. 46.

dem Kind. Der Glaube an die positive Veränderbarkeit kindlicher Sozialisation, das Vertrauen auf die Möglichkeit der Gestaltung eigenen Seins trotz widriger sozialer Umstände beseelten sie.

In M. Montessoris 1926 stark überarbeitetem pädagogischem Erstlingswerk "Il metodo" (mit dem späteren Titel "Die Entdeckung des Kindes") wurde das pädagogische Verhältnis auf spezifisch *personale* Weise veranschlagt:

> "[...] wir stiegen mit den Kindern auf die Terrasse. [...] Ich saß neben einem Kaminrohr und sagte zu einem Fünfjährigen neben mir, dem ich ein Stück Kreide anbot: 'Zeichne diesen Kamin.' Folgsam kauerte er nieder und zeichnete den Kamin auf den Boden, der gut zu erkennen war. Deshalb ließ ich mich in Lobpreisungen darüber aus; so halte ich es immer bei den Kleinen. Der Kleine sah mich an, lächelte, blieb einen Augenblick stehen, als sei er nahe daran, vor Freude zu explodieren, dann rief er: 'Ich schreibe, ich schreibe!' und, auf den Boden gebeugt, schrieb er mano (Hand) und weiter [...]: camino (Kamin), dann tetto (Dach)."[226]

Das Zitat macht deutlich, was *Offenheit* und *Vertrauen* in der Wechselbeziehung von Lehrperson und Kind bewirken können. Der geschilderte Schreiblernvorgang steht exemplarisch für einen *adaptiv*, nicht aber für einen direktiv geprägten Unterricht. Er gewährt *Entwicklungsfreiraum*. Das Kind wurde durch sachliche, einfach verständliche Worte zum Schreiben hingeführt. Seine Ausführungen erfuhren Bejahung und Erfolgsbestätigung. Der Erziehungsauftrag bemaß sich nicht an Unterwerfung unter megalomane Identifikationsmuster (wie in der Wilhelminischen Pädagogik), sondern an *emanzipatorischen Erziehungswerten* wie sprachlicher Artikulation, entdeckendem Lernen und Einsicht. Die distanzvolle, sachliche Haltung der Pädagogin ermöglichte dem Kind einen unbelasteten, spontanen (nicht erzwungenen) Zugang zur schulischen Arbeit. Es agierte nicht stumm, einer pädagogischen "Unperson" ausgeliefert, in auf-

---

[226] MONTESSORI, Maria, Die Entdeckung des Kindes, Hg.: OSWALD, Paul u.a., Freiburg im Breisgau 1969, S. 246 f.

gezwungenen Tätigkeiten. Vielmehr konnte es sich als *angenommenes Subjekt fühlen,* das nach einer Phase konzentriert-meditativer Arbeit ("Polarisation der Aufmerksamkeit"[227]) Antwort und Wandlung erfährt. Das *Vertrauen* der Pädagogin *in den Willen* des Kindes in Verbindung mit einer einfachen, persönlichen Sprache zog in dieser Lernsituation einen *freiwilligen und selbständigen Lernprozeß* nach sich.

War bei G. Kerschensteiner der pragmatische Arbeitsbegriff an das Berufsfeld geknüpft, bemaß sich M. Montessoris Pädagogik der freiwillig-selbsttätigen Arbeit *am Kind selbst.* Der von Montessori stark betonte Eigenwert eines sorgfältig *ausgewählten Materials*[228], an dem das Kind eigenständig lernt, kann exemplarisch für die Rehabilitation seines Eigenwertes angesehen werden: Es bot ihm einen flexiblen *Erfahrungsfreiraum,* in dem es sich seinem Willen und Arbeitsrhythmus entsprechend ohne (ängstliche) Fixierung auf Autoritätsfiguren und rigide Identifikationsmuster entdeckerisch weiterentwickeln konnte. Spaltungen wurde dadurch vorgebeugt. In diesem Sinne ist die "Freiarbeit [...] das Kernstück des Montessori-Unterrichts"[229] heute: Die Kinder bestimmen Material, Arbeitsdauer und Arbeitsrhythmus selbst.[230]

> "Das Material ist integraler Bestandteil einer pädagogisch 'vorbereiteten Umgebung'. Es regt das Kind an, durch Selbsttätigkeit seine Persönlichkeit zu entfalten, und es vermittelt einen Teil der Lerninhalte des Bildungsplans für die Grundschule."[231]

Wie das zuvor zitierte Beispiel des spontanen Schreibereignisses zeigt

---

227 Vgl. MONTESSORI, Maria, Schule des Kindes, Montessori-Erziehung in der Grundschule, Hg.: OSWALD, Paul u.a., Freiburg im Breisgau 1976, S. 70 und S. 75.

228 Gedanken zum Einsatz von Material wurden ausführlich von Maria Montessori dargestellt z.B. in: MONTESSORI, Maria, Die Entdeckung des Kindes, Hg.: OSWALD, Paul u.a., S. 246 ff.

229 STARK, Heidrun, KLEIN, Meike, Montessori-Pädagogik am Beispiel der Freiarbeit, in: Maria Montessori. Die Grundlagen ihrer Pädagogik und Möglichkeiten der Übertragung in Schulen, Hg.: KATEIN, Werner, Langenau-Ulm 1992, S. 84.

230 Vgl. ebd.

231 Ebd., S. 88.

auch Montessoris konzeptionell verankerter Materialgedanke, daß ihr pädagogisches Anliegen auf das emanzipatorische Lernen des *autonomen Subjekts* hinzielte. Wie E. Key knüpfte auch M. Montessori mit den Werten "Entwicklungsfreiraum" und "Autonomie" an Ideale der Aufklärung an. Ein apriorischer Glaube an den Willen des Kindes und dessen vernünftiges Ich machte sich auch in der Pädagogik Montessoris geltend. In postmoderner Zeit, in der Wissen und Kenntnisse angesichts der immer spezialisierteren Technologien auch vom Schüler fortwährend auf den neuesten Stand gebracht werden sollen, in der das pädagogische Verhältnis und die Kommunikation mehr denn je fundamentalen (Früh-)Störungen (z.B. durch Familientrennungen) unterliegen, sind freilich sowohl konzentrierte Arbeit ("Polarisation der Aufmerksamkeit") als auch harmonische Interaktion in der Schule oft schwer verwirklichbar. Denn die

> "Performanz der sprachlichen Kommunikation folgt nicht nur den Regeln der idealen Sprechsituation [...], sondern auch den Regeln der materiell begrenzten Lebenswelten."[232]

Gerade in der Lebenswelt von heute definiert sich das pädagogische Handeln zunehmend als Einwirkung auf ein "abweichendes Verhalten"[233] oder auf "verzerrte Kommunikation"[234]. Verhaltens- und Kommunikationsstörungen erschweren oftmals die Identitätsfindung des Kindes und dessen Bezug zum Lernmaterial von vornherein (z.B. Lernverweigerung). Montessoris Erfolge, die sich vor hundert Jahren bei ihrer Arbeit mit Kindern einstellten, lassen sich auf die heutige Schulpraxis folglich nur bedingt übertragen: Jede Zeit verlangt "erneut die Anstrengungen der jeweiligen Generation [...], die kommende zu einem menschengerechten Dasein

---

[232] Vgl. MOLLENHAUER, Klaus, Theorien zum Erziehungsprozeß. Zur Einführung in erziehungswissenschaftliche Fragestellungen (= Grundfragen der Erziehungswissenschaft, Hg.: MOLLENHAUER, Klaus, Bd. 1), München 1972, S. 71.
[233] Vgl. HABERMAS, Jürgen, Thesen zur Theorie der Sozialisation. Stichworte und Literatur zur Vorlesung im Sommer-Semester 1968, Frankfurt a. M. 1968, S. 32.
[234] Vgl. ebd., S. 33.

hinzuführen."[235]

Primär betonte "Il metodo" die pädagogische Bedeutung von Material und Lehrmethode. In späteren Schriften zielte M. Montessori in stärkerem Maß auch auf intrapsychische Zusammenhänge ab, was an folgendem Zitat aus dem Buch "Frieden und Erziehung" sensibel zum Ausdruck kommt:

> "Beim Kontakt mit dem Kind bin ich keine Wissenschaftlerin, keine Theoretikerin; beim Kontakt mit dem Kind bin ich nichts, und bei der Annäherung an das Kind war mein größtes Privileg, nicht zu existieren, denn das hat mir erlaubt, zu sehen, was man nicht sieht, wenn man jemand ist: kleine Dinge, einfache Wahrheiten, aber von größter Kostbarkeit. [...].
> Das Kind ist ein geistiger Embryo, der sich spontan entwickelt, und wenn man ihn von Anfang an verfolgt, kann er uns viele Dinge offenbaren."[236]

Das Zitat zeigt die Bereitschaft der Pädagogin zu einer unvoreingenommenen, wertneutralen und *differenzierten Wahrnehmung*. Mit Hilfe seiner Sinne (z.B. genaues Hören und Sehen) kann der Pädagoge feinste Beobachtungen über die werdende Persönlichkeit des Kindes machen, will M. Montessori sagen. "Am Leitfaden der Beobachtung gewinnt der Pädagoge seine Orientierung, was für das Kind in dem Stadium, in dem es sich befindet, besonders wichtig und notwendig ist."[237] Auch in der Montessori-Pädagogik von heute kommt dem Lehrer eine beobachtende Funktion zu.

---

[235] Vgl. TSCHAMLER, Herbert, Die Entwicklung des Kindes – Ein Vergleich zwischen Maria Montessori und Jean Piaget, in: HELL, Peter-Wilhelm (Projektleitung und Redaktion), Materialgeleitetes Lernen. Elemente der Montessori-Pädagogik in der Regelschule – Grundschulstufe. Ein Fortbildungsmodell der Akademie für Lehrerfortbildung Dillingen, München, unveränderter Nachdruck der 1. Auflage 1993, S. 60.

[236] MONTESSORI, Maria, Frieden und Erziehung, Hg.: OSWALD, Paul u.a., Freiburg im Breisgau 1973, S. 32 f.

[237] TSCHAMLER, Herbert, Die Entwicklung des Kindes – Ein Vergleich zwischen Maria Montessori und Jean Piaget, in: HELL, Peter-Wilhelm, Materialgeleitetes Lernen, S. 56.

An seine Wahrnehmung über das Kind anknüpfend kann er die spezielle Materialvorbereitung treffen:

"Der Lehrer schafft die 'vorbereitete Umgebung', beobachtet und lenkt die Kinder, schützt ihre Arbeit, gibt – wenn erforderlich – eine Einführung in ein neues Material und zieht sich zurück, wenn das Kind in der Lage ist, selbständig zu arbeiten."[238]

M. Montessoris Pädagogik war auch im Hinblick auf die differenzierte Wahrnehmung des Pädagogen personal und nicht direktiv ausgerichtet: *Selbständigkeit* sollte differenziert gefördert werden. *Freiraum* entstand *für das Kind* durch Distanznahme des Pädagogen. Der eigene Wille wurde unterstützt und gelenkt, angstfreies Lernen konnte zugelassen werden. Angesichts dieser humanen Pädagogik zum Selbstsein des Kindes, die keine megalomanen Identifikationsmuster zum Leitbild hatte, trat dann das Kind ohne "Fehler" in Erscheinung, d.h. weitgehend ungespalten. In ihrem optimistischen, protektiven pädagogischen Verständnis wurde M. Montessori "zur Exponentin eines Humanismus".[239] Der plurale Kontext der sozialen Wirklichkeit in (post)moderner Zeit mutiert jedoch "Freiraum" und "Autonomie" zu einem höchst komplexen Vorgang: Heutige Realität ist, daß die (kindlichen) Identitäten oft als "labile"[240] "in den Grenzbereich von Psychopathologie [...] gehören [...]."[241] M. Montessoris Pädagogik ist nicht tiefenpsychologisch verankert. Sie konnte zudem auch noch nicht auf lernpsychologisch orientierte Denkformen zurückgreifen. Abgesehen von den idealen Lehrvorgaben (Personalität, differenzierte Wahrnehmung) und Lerninstrumentarien (Material) bot und bietet Montessori-Pädagogik der Lehrkraft kaum eine methodische Zugriffsmöglichkeit auf neurotische

---

[238]   STARK, Heidrun, KLEIN, Meike, Montessori-Pädagogik am Beispiel der Frei-arbeit, in: Maria Montessori, Die Grundlagen ihrer Pädagogik und Möglichkeiten der Übertragung in Schulen, Hg.: KATEIN, Werner, S. 88.

[239]   TSCHAMLER, Herbert, Die Entwicklung des Kindes – Ein Vergleich zwischen Maria Montessori und Jean Piaget, in: HELL, Peter-Wilhelm, Materialgeleitetes Lernen, S. 60.

[240]   DÖBERT, Rainer u.a., Zur Einführung, in: Entwicklung des Ichs, Hg.: DÖBERT, Rainer u.a., Köln 1977, S. 14.

[241]   Ebd.

Bereiche der Schülerpersönlichkeit. Voraussetzung für die Realisierung der Freiraum und Selbständigkeit intendierenden Pädagogik Montessoris ist, daß das Kind gesund ist. Auch die positiven "Ergebnisse empirischer Untersuchungen wie auch positive Erfahrungen mit der Montessori-Erziehung an sonderpädagogischen oder integrativen Einrichtungen"[242] können den Zweifel der Autorin an der Erfüllung grundlegender therapeutischer Ansprüche durch die Montessori-Pädagogik nicht ausräumen.

Maria Montessoris pädagogischer Anspruch auf differenzierte Wahrnehmung und ihr Vertrauen in die Selbstentfaltung des Kindes kommen auch in einem Zitat aus ihren religionspädagogischen Schriften zum Ausdruck: Das Kind

"offenbart [...] in manchen Momenten, wie es zu Gott hinstrebt. [...] Und nach dieser Entdeckung müssen wir, gedrängt von der Ehrfurcht vor diesem offenbarten Verlangen, alles nur mögliche tun, um diese Bedingungen zu schaffen [...]."[243]

formulierte sie in einer ihrer späteren Schriften "Kinder, die in der Kirche leben" (I bambini viventi nella Chiesa, 1922). Auch dieses Zitat verdeutlicht, in welch hohem Maße sie den *Willen* des Kindes in ihr Konzept mit *einbezog*. Die Erkenntnis der Kraft von Spiritualität und Religiosität wußte Maria Montessori in der Pädagogik umzusetzen. Auch R. Steiner betonte den Wert eines religiösen Unterrichts: Er empfahl den Lehrern, darauf zu achten, "daß die Kinder Empfindungen bekommen [...] von religiös-moralischer Art".[244] Auch was den zeitgenössischen Religionsunterricht an Waldorfschulen betrifft, wird das existentielle Bedürfnis des Kindes nach religiösen Themen hervorgehoben: "Das Religiöse im Menschen ist eine so bedeutende Angelegenheit seiner Existenz, daß es mit der ernstesten

---

[242] HOLTSTIEGE, Hildegard, Montessori-Pädagogik und soziale Humanität. Perspektiven für das 21. Jahrhundert, Freiburg im Breisgau 1994, S. 169.

[243] MONTESSORI, Maria, Kinder, die in der Kirche leben, Hg.: HELMING, Helene, Freiburg im Breisgau 1964, S. 237.

[244] STEINER, Rudolf, Menschenerkenntnis und Unterrichtsgestaltung, GA 302, Dornach/Schweiz [4]1978 (Tb), S. 77.

Verantwortung und Gesinnung gepflegt werden sollte."[245] Die verschiedenen religionspädagogischen Auffassungen Montessoris und Steiners begründen sich allerdings in unterschiedlichen Positionen zu Transzendenz und Offenbarung: Während Montessoris Konzept von der religiösen Metaphysik ausgeht, die der katholisch-christlichen Offenbarung entspringt, basiert R. Steiners Metaphysik auf privater Neuoffenbarung. Näheres dazu aber später.

Auch M. Montessoris Ausführungen zu den "sensiblen Phasen" des Kindes, zu entwicklungsbedingten Perioden spezieller Lernbefähigung, tragen zu einer Freiraum gewährenden, Selbständigkeit fördernden Pädagogik bei:

> "Die innere Empfänglichkeit bestimmt, was aus der Vielfalt der Umwelt jeweils aufgenommen werden soll, und welche Situationen für das augenblickliche Entwicklungsstadium die vorteilhaftesten sind. Sie ist es, die bewirkt, daß das Kind auf gewisse Dinge achtet und auf andere nicht."[246]

Eine *prozessuale* Pädagogik, die Lerninhalte dem jeweiligen Entwicklungsstand des Kindes anpaßt (nicht großen Idealen), veranschlagt dessen eigenes Interesse am Lerngegenstand. Freier Lernwille und Eigenmotivation fordern zu selbständiger Arbeit heraus. Prozessuale Perspektiven ignorieren den kindlichen Organismus nicht (vgl. die imperiale Pädagogik), sondern rücken ihn ins pädagogische Bewußtsein. M. Montessoris Konzept der "sensiblen Phasen" wollte letztlich die Gesamtverfassung des Kindes stärken. Es hat somit auch einen unüberbietbar grundlegenden Beitrag zur Sozialisierung des jungen Menschen geliefert.

Fraglich wird, wie M. Montessoris pädagogisches Entwicklungskonzept der "sensiblen Phasen" angesichts heutiger Wissensexplosion und Lernanforderungen zu rezipieren ist. Denn das Kind wird zum Erwachsenen

---

[245] GROSSE, Rudolf, Erlebte Pädagogik. Schicksal und Geistesweg, Dornach/ Schweiz ²1975, S. 87.

[246] MONTESSORI, Maria, Kinder sind anders, München ²1988, S. 51 f.

und muß sich später hohen Anforderungen stellen, die durchaus nicht immer seinem momentanen Entwicklungs- und Bedürfnisstand, seinen "sensiblen Phasen", entsprechen.

M. Montessoris Optionen "Entwicklungsfreiraum", "Personalität" und "Selbständigkeit" bedeuteten in imperialer Zeit einen wertvollen Beitrag zu einer Pädagogik des kindlichen Heils: Das Heile an dem pädagogischen Verhältnis erwächst – laut Montessori – aus der grundlegenden *Akzeptanz des kindlichen Willens*, die wiederum *Freiwilligkeit* des Lernens zur Folge habe. An die Stelle megalomaner Identifikationsmuster sollte pädagogische Sensibilität treten. Nicht Mißachtung, sondern Achtung vor kindlichem Sein sollte die pädagogische Praxis bestimmen.

Sowohl E. Key als auch M. Montessori sprachen sich für neue ethische Grundwerte in der Pädagogik aus. Jede der Pädagoginnen ging hierbei ihren eigenen Weg der praktischen Umsetzung. E. Key ging aus von einer kritischen Analyse imperial-identifikatorischer Erziehung. Dieser Erkenntnisweg führte sie zum "gespaltenen Subjekt" und mündete in der Bejahung von "Selbstentfaltung" und "Selbständigkeit" im Sinne von Idealen der Aufklärung. Ihrem Werk lagen, wie vorhin bereits angemerkt, keine systematisierten Untersuchungen empirischer oder phänomenologischer Art zugrunde. Charakteristisch für E. Keys Ausführungen war die konfrontative Stellungnahme zur direktiven Pädagogik ihrer Zeit: die emphatische Verbalisierung ihrer Tiefenschau vom gefährdeten Subjekt in imperialer Zeit. Ihre Forderung "Zurück zur Natur" gemahnte wie ihr apriorisches Vertrauen in den vernünftigen Menschen an eine Utopie. M. Montessoris Pädagogik war hingegen eine ausgearbeitete Anthropologie, in der die Zeitkritik weniger emphatisch, dafür aber in sachlich-deskriptiver Form statthatte.[247] Auch M. Montessori knüpfte mit ihrem *Ideal des Subjekts* an den Optimismus der Aufklärung an. Ihre Pädagogik ist zugleich zutiefst *humanistisch*. M. Montessoris Erziehungslehre ist systematisiert, jedoch nicht umfassend empirisch untermauert. Beide Pädagoginnen erkannten das Defizitäre damaliger Pädagogik und den realen, neurotisierenden Lebensalltag des Kindes in seiner ganzen Tragweite. Im

---

[247]   Vgl. MONTESSORI, Maria, Kinder sind anders, S. 20 ff. und S. 105 ff.

Gegenzug betonten sie die Dimension des freien Willens. Freilich beinhalten beide Konzepte weder eine Theorie interpersoneller Kommunikation noch lernpsychologische Erkenntnisse. Die philosophisch-metaphysische Fundierung M. Montessoris Pädagogik ist nicht systematisiert.

Neben der anthroposophischen Bewegung ist die Montessori-Bewegung die einzige pädagogische Reformbewegung des frühen 20. Jahrhunderts, die sich bis heute konsequent erhalten hat. Dies mag ein allgemeines Bedürfnis nach alternativen, kindzentrierten Schulmodellen aufzeigen. Auch heute steht der Mensch (das Kind) an einer Jahrhundert- bzw. Jahrtausendschwelle. Maria Montessoris pädagogisches Werk weist sich durch ein hohes Humanitätspotential aus. Ihr Werk kann als Gegenposition zu imperialer Inhumanität und darüber hinaus als eine klassische Leistung humaner Pädagogik gewürdigt werden. Das allein ist schon ein hinreichender Grund für eine weitere Rezeption ihres Werkes. Zeitgenössische Pädagogik hat aber ihre eigenen, neuen Problemfelder sozialen Lebens zudiktiert, die dem Pädagogen adäquate Bewältigungsstrategien abverlangen. Besonders vor dem Hintergrund tiefen- und entwicklungspsychologischer sowie lerntheoretischer Konzepte kann nach Ansicht der Autorin aus heutiger Sicht der Komplexität der Identität des Schülers (und seiner Lernentwicklung) Rechnung getragen werden. M. Montessoris evolutive Anthropologie, ihr Ideal vom Subjekt, können den hohen Anforderungen an die Pädagogik in postmoderner Zeit ohne systematisierte Verankerung in psychologischem und lerntheoretischem Denken[248] wohl nur bedingt gerecht werden. Die

> "[...] Entfaltung [von Bildung kann, RZ] nur dann gewährleistet [...] [sein, RZ], wenn sie hinter der gesellschaftlichen Entwicklungsdynamik nicht zurückbleibt, sondern diese selbst quasi-seismographisch rekonstruktiv reaktiv, flexibel begleitend und

---

[248] Hingewiesen sei darauf, daß Montessori-Pädagogik charakterpsychologische Aspekte beinhaltet, die aber nicht systematisiert sind.

antizipatorisch-aktiv zu bearbeiten ermöglicht [...]."[249]

Bevor in der folgenden Zusammenfassung des I. Kapitels das Wort an Rudolf Steiner übergeben wird, sollen ein Rückblick auf die Gefahren imperialer Wilhelminischer Pädagogik und eine Rückschau auf die dargestellten reformpädagogischen Alternativmodelle geleistet werden. E. Key und M. Montessori erkannten diese Gefahren und wußten sie kindgerecht zu erwidern.

4. Zusammenfassung: Zwischen spaltender Pädagogik in imperialer Zeit und Reformbewegung: R. Steiners Ruf nach einer Pädagogik zum Wohle der kindlichen Ganzheitlichkeit

Drei Fragen liegen der folgenden Zusammenfassung des I. Kapitels zugrunde. Die vierte Frage lenkt über zur anthroposophischen Pädagogik R. Steiners:

- Welches Resümee kann hinsichtlich der Pädagogik in Wilhelminisch-imperialer Zeit gezogen werden?
- Was bewirkte die pädagogische Reformbewegung in Wilhelminisch-imperialer Zeit, war sie innovativ?
- Wie situierte sich die anthroposophische Pädagogik R. Steiners in seiner Zeit?
- Welche weiterführenden Aussagen ergeben sich hinsichtlich Kapitel II zu anthroposophischer Philosophie und Pädagogik?

Die in imperialer Zeit in weiten Bereichen des wirtschaftlichen und soziokulturellen Lebens grassierende Gefährdung des Menschen zog auch

---

[249] CLAUßEN, Bernhard, Politik und Internationalismus als Bezugskategorien für eine kritisch-emanzipatorische Reformulierung des Bildungsbegriffs unter Bedingungen gegenwärtiger Gesellschaft, in: Diskurs Bildungstheorie I: Systematische Markierungen, Rekonstruktion der Bildungstheorie unter Bedingungen der gegenwärtigen Gesellschaft, Hg.: HANSMANN, Otto u.a., Weinheim 1988, S. 189.

in der damaligen Pädagogik ihre ausweglosen Kreise: Als Hauptmerkmal der friedlosen, eingreifenden Pädagogik in Wilhelminischer Zeit wurde das der *Spaltung* des kindlichen Subjekts erkannt: Die *Hauptursache* der Spaltungsvorgänge war, daß dem Kind und Jugendlichen von den Erziehern Identifikationsmuster aufgezwungen wurden, die letzthin alle ideell verstiegen und sittlich von einem realen Menschen so nicht lebbar waren. Mit ihnen gingen Beherrschung, Disziplinierung und Kontrollierung des Kindes einher. Jener Spaltung durch Fremdbestimmung unterworfen zu sein, bewirkte für das Kind den Verlust bzw. die Nichtausbildung seiner identitätsvollen Mitte. Im Extremfall bewirkte sie sogar eine Verstümmelung seines Leibes und seiner Psyche.[250] Der tiefe Riß, der das Kind immer wieder in Selbst und Nicht-Selbst teilte, in Identität-sein-Wollen und Nicht-Identität-sein-Dürfen brachte an der Schwelle zum 20. Jahrhundert ein krankes Kind hervor, dessen Wachstum und eigener Wille starken Einschränkungen unterlagen. Sowohl im familiären als auch im schulischen Bereich bestand zwischen den erziehenden Personen und dem Kind in vielen Fällen ein großes Defizit an aktivem Sprachaustausch: An die Stelle einer lebendigen, offenen Kommunikation traten dann zwischen Erzieher und Kind vaterländische Leitbilder. Dort, wo dieser Mangel personaler Beziehung auftrat, wo Eigenbedürfnisse nicht artikuliert werden konnten, und wo nicht Begegnung sondern die Herrschermoral Vorrang in der Pädagogik hatte, wurde seelisch-geistige Stabilität verhindert. Die Folge waren dann oftmals psychotische Kompensationsversuche[251] oder auch tiefe Einsamkeitsgefühle.[252]

Der kontrollierende, autoritäre Unterrichtsstil mit seinem Überangebot an Stoffwissen, seiner einseitigen Überbewertung der grammatikalisch-stilistischen Methode und seiner beispiellosen Gleichförmigkeit unterstand "großen" Idealen. Diese hießen zumeist: Anpassung, Einordnung, Gehorsam und Vaterlandstreue.[253] Eine Pädagogik nach dem Prinzip "Herr und Knecht"[254] beinhaltet die *Mißachtung kindlichen Willens, Ausgrenzung* der

---

[250] Vgl. exemplarisch die leidvolle Kindheit Wilhelms II., S. 25 ff. dieser Arbeit.
[251] Vgl. beispielsweise die Wahnvorstellungen Schrebers, ebd., S. 28.
[252] Vgl. den Freitod Rudolfs von Habsburg, ebd., S. 29.
[253] Vgl. ebd., S. 54 ff.
[254] Vgl. ebd., S. 58.

psychischen Innenwelt des Kindes und *Ausblendung* seines realen Lebenshorizontes. Häufig waren weder Familie noch Schule Orte personeller Begegnung, sondern Räume zwangvoller Bedrängnis. Der pädagogische Diskurs der *Total-Beherrschung* schuf durch Nicht-Akzeptanz eigener Willensqualitäten in vielen Fällen ein großes Spannungspotential in der Identitätsbalance des Kindes. Eine *ganzheitliche Gesamtkonstitution* wurde so oftmals verhindert. Das heile Kind ist aber das nicht gespaltene Kind, dessen eigener Wille sich wie ein glaubensvoller Brückenschlag aus eigener Identität und Individualität heraus reife Lebenswege sucht. Ein Kind, das in seinem Selbst nicht anerkannt wurde, wird auch später vermutlich seinem Mitmenschen Selbstsein absprechen: Eine Pädagogik der freien Artikulation und des interpersonellen Bezuges kann durchaus als Grundstock späterer nicht-neurotischer Konfliktverarbeitung und Toleranzfähigkeit angesehen werden. Eine Pädagogik bloßer Disziplinierung fördert dagegen intrapsychische Spaltung und Destruktivität und zwar nicht nur auf individueller, sondern auch auf kollektiver Ebene.[255]

Die pädagogische Reformbewegung war *Gegenströmung* zu imperialer Pädagogik in Wilhelminischer Zeit. Sie war ein Versuch der Befreiung des Kindes aus bestehenden Verhaltenszwängen. Folgende Grundimpulse der reformpädagogischen Strömungen sollen hier nochmals stenogrammhaft dargestellt werden. Damit wird ein Gesprächseinstieg erleichtert:

- Pädagogik gesunder Leiblichkeit (Landerziehungsbewegung – H. Lietz)
- Förderung harmonischer Einheit durch Kunstgenuß und harmonisches Natur- bzw. Gruppengefühl (Kunsterziehungs- und Jugendbewegung – A. Lichtwark, K. Fischer)
- Pädagogik zur Existenzbefähigung des Kindes/Jugendlichen in einer modernen "Welt der Tatsachen"[256] (Arbeitsschulbewegung – G. Kerschensteiner)

---

[255] Vgl. S. 30 ff. dieser Arbeit.
[256] Vgl. ebd., S. 78.

- Pädagogik als freier Einwicklungsraum für das Kind und dessen Selbständigkeit ("Pädagogik vom Kinde aus" – E. Key, M. Montessori).

Abgesehen von der "Pädagogik vom Kinde aus", die den realen Lebenshorizont des Kindes einbezog, plazierten sich die Reformbewegungen mit einem – nach Einschätzung der Autorin – viel zu idealisierten Verständnis von Pädagogik:

H. Lietz' Gesundheitsbegriff war eine einseitige Aufwertung des gesunden Leibes im Dienst nationaler Ideale.[257] Seine sittlichen Imperative vermeintlicher seelischer Stärke im Verbund mit dem hohen Anspruch an leibliche Gesundheit im Dienst der Nation wurden als der Entwurf eines kämpferischen Leibesaktivismus erkannt. Da im Lietz'schen Konzept das "Glück" des Einzelnen weniger durch Freiheit als durch minutiöse Ordnung ins Lot kam, bedeutete es weder ein praktikables Angebot zu einer differenzierten Lebens- und Identitätsgestaltung des Jugendlichen noch eine pädagogische Alternative zur Wilhelminisch-imperialen Pädagogik. Das reformpädagogische Anliegen einer Förderung der Selbstentfaltung des Kindes und Jugendlichen wurde mit dem *totalitär-uniformen Anspruch* der Landerziehungsbewegung auf Gesundheit und seelische Stärke vermittels Aufstellung rigider Ordnungen – nach Einschätzung der Autorin – kaum erfüllt.

Von Vertretern der Kunsterziehungs- und Jugendbewegung wurden zeitgleich zur Landerziehungsbewegung pädagogische Konzepte erstellt, die nicht die leibliche Konstitution des Kindes, sondern *Gefühl* und *Erlebnis*[258] zum Gradmesser pädagogischer Wertung erhoben. Die Kunsterziehungsbewegung intendierte den Einsatz von Kunstwerken in der Pädagogik. Diese sollten Repräsentanten für eine *harmonisch-einheitsvolle Ordnung* darstellen. Aufgabe des Schülers sei es, die Kunstwerke empfindend nach-

---

[257] Vgl. S. 63 ff. dieser Arbeit.
[258] Vgl. ebd., S. 69 ff.

zuvollziehen, so A. Lichtwark.[259] Der *Genuß* von Kunstwerken (wie ihn A. Lichtwark forderte) und die Identifikation mit deren idealer Bildwelt können jedoch aus heutiger Sicht nicht darüber hinwegtäuschen, daß der Realbezug des Schülers zur Mitwelt und zu den Mitmenschen ausgeklammert blieb. Auch der nationale Bezugsraster der Kunsterziehungsbewegung knüpfte nicht an die Bedürfnisse des Kindes (bzw. Jugendlichen) nach Förderung des eigenen Daseins an. Da weder *ästhetische Einheitssuche* noch *nationales Gedankengut* den realen Bezug des Schülers zu seiner Lebenswelt ersetzen, kann der Bewegung bei aller Harmoniesuche kaum ein ganzheitlich-existentieller Erlebniswert zugeschrieben werden. Ohne den Standpunkt personaler Sprachbezüglichkeit vermochte die Kunsterziehungsbewegung kaum zu den ethischen Wurzeln freier Willensbildung vorzudringen.

Der Beitrag der Jugendbewegung zu einer "neuen", einheitsversprechenden Pädagogik war die romantische *Rückbesinnung* auf die *Natur*.[260] Der ästhetische Genuß, wie er in der Kunsterziehungsbewegung zum Ausdruck kam, verlagerte sich nun nuancenhaft zum *vitalen Genuß* an Naturerlebnis und Gruppengefühl. Nach Ansicht der Autorin vermochten Naturmystik und Kameradschaft Konflikte des Jugendlichen jedoch nur bedingt zu lösen. Die naive Suche nach den vermeintlich konfliktfreien Zonen "Natur" und "Gruppe" war eher eine Fluchtbewegung des Jugendlichen aus seiner realen Lebenswelt, in der es zu bestehen galt. Dort, wo Naturerlebnis und Gruppengefühl einen höheren Stellenwert einnehmen als Lebensrealität und reflektierende Sprachbeziehung, gedeiht wohl auch kein freier Wille.

Sowohl die Landerziehungsbewegung als auch die Kunsterziehungs- und Jugendbewegung formulierten im Gegenzug zur spaltenden Pädagogik in Wilhelminisch-imperialer Zeit *einheitsversprechende* Rahmenbedingungen: Diese Bemühungen um eine theoretische und praktische Neubelebung der Pädagogik versprachen zwar als Befreiungspotential "neue" harmonische Einheit. Der anvisierte Ausgleich zur einseitigen oppressiv-imperialen

---

[259] Vgl. S. 70 dieser Arbeit.
[260] Vgl. ebd., S. 72 ff.

Pädagogik (bei H. Lietz durch Einbezug der leiblichen Komponente, bei der Kunsterziehungsbewegung durch Kunstgenuß und bei der Jugendbewegung durch ein naturmystisches Gruppengefühl) muß seinerseits jedoch als defizitär bewertet werden: Denn die Betonung der leiblichen Komponente und der selektive Rückzug zu Kunstgenuß und Naturerlebnis stellten ohne umfassenden Realitätsrückbezug in ihrem einseitigen, privaten und flankierenden Charakter nur die Zementierung des status quo dar. Die pädagogischen Erneuerungsversuche der drei geschilderten Reformbewegungen wurden aufgrund ihrer Verhaftung in einem *selektiv-idealen Wertekontext* nicht als wirklich innovativ eingeschätzt.

G. Kerschensteiners Konzeption der (Volks-)Schule als "Arbeitsschule"[261] verbunden mit dem Zentralbegriff produktive Arbeit[262] ließ eine Pädagogik erkennen, die die *Lebensrealitä*t des Schülers einbezog. Sie sollte ihn zu seiner Existenz in einer Welt der "Tatsachen" befähigen.[263] Im Gegensatz zu den drei zuvor geschilderten Reformbewegungen bezog G. Kerschensteiner gesellschaftliche und kulturelle Rahmenbedingungen mit ein: Der *reale Bezug* des Schülers zum *Berufsfeld* wurde von ihm ins pädagogische Bewußtsein gerückt. Kerschensteiners kulturanthropologischer Grundgedanke von produktiver Arbeit (für die Staatsgemeinschaft) bemaß sich am naturwissenschaftlichen Weltbild[264]: Arbeit nach naturwissenschaftlichem Vorbild bildet nach G. Kerschensteiner Fähigkeiten aus wie Beobachtung von Sachverhalten, Fragenerstellung, selbständiges Denken und Handeln. Kerschensteiners pragmatische Konzeption der Arbeitsschule reflektierte zwar im Gegensatz zu den zuvor genannten Reformbewegungen auf die reale Lebenswelt des Schülers, sie wies aber keine weitergehende metaphysische Verankerung auf. G. Kerschensteiners pragmatisches Verständnis von Arbeit als Lernprozeß berührte keine metaphysischen Fragen des menschlichen Seins. Auch wurde kein Konzept zu sprachlicher Kommunikation erstellt. Daher wurde die Innovationskapazität Kerschensteinerschen Denkens als eingeschränkt bewertet.

---

[261]   Vgl. S. 75 ff. dieser Arbeit.
[262]   Vgl. ebd.
[263]   Vgl. ebd., S. 78.
[264]   Vgl. ebd., S. 76 ff.

Die "Pädagogik vom Kinde aus" formulierte ein pädagogisches Anliegen, das sich weder am Ideal des gesunden Leibes noch an Ästhetik, Naturmystik oder Pragmatik orientierte: Ihr alternatives Potential zur unterwerfenden Imperialpädagogik war die Reflexion auf *Einwicklungsfreiraum* und *Selbständigkeit* des Kindes.[265]

E. Keys Erziehungslehre, die das Mißlingen der imperialen Pädagogik *eingestand*, suchte ihren Ausweg aus dem circulus vitiosus von Identifikation und Spaltung durch emphatische Negation der damaligen einseitigen Über-Ich-Pädagogik. Ihr Wollen knüpfte an die Erkenntnistheorie der Aufklärung an: Der Imperativ "Zurück zur Natur!" im Sinne Rousseaus[266] und ihr Glaube an den selbständigen Menschen mit eigenem Gewissen[267] bildeten zwei gedankliche Schwerpunkte ihres pädagogischen Neuansatzes. E. Keys Anliegen der Selbstentfaltung des Kindes, ihre Intention seiner selbständigen Identität waren gegen alle Form von Herrschaft gerichtet. Es war ein pädagogischer Anspruch, der dem aufklärerischen Optimismus entsprach. Das Ideal "Pädagogik gemäß der Natur des Kindes" wurde aber als die Idee eines vernünftigen menschlichen Zusammenlebens[268] erkannt. Es stellt die Idee einer wahren Allgemeinheit dar, eine Utopie.[269] Darüber hinaus wurde angefragt, ob nicht auch E. Keys Ideal vom frei(willig) entscheidenden, gewissenhaften Menschen, ein Ideal, dem weder nähere Untersuchungen noch ein konkreter Wertekontext zugrunde lagen, eine Utopie des vernünftigen Menschen war.[270] E. Keys Erziehungskunde stellte den Entwurf eines *Ideals des autonomen Subjekts* im Sinne der Aufklärung dar. Da der Gesamtkontext ihrer Schrift zudem das Prinzip "Verantwortung" offenließ, trug E. Keys Erziehungskunde eher emphatisch-engagierte als innovativ-realistische Züge.

---

265   Vgl. S. 80 ff. dieser Arbeit.
266   Vgl. ebd., S. 80 f.
267   Vgl. ebd., S. 82 f.
268   Vgl. ebd., S. 81.
269   Vgl. ebd.
270   Vgl. ebd., S. 82 f.

Im Zuge der Neuformulierung pädagogischer Werte veranschlagte Maria Montessori im Umkreis der "Pädagogik vom Kinde aus" das pädagogische Verhältnis in speziell personaler Weise[271]: Offenheit und Vertrauen in der Wechselbeziehung von Lehrperson und Schüler sollten nach M. Montessori einen *adaptiv* geprägten Unterrichtsstil erwirken. Nach M. Montessori bemaß sich der Erziehungsauftrag nicht an einer Unterwerfung des kindlichen Willens unter ideale Identifikationsmuster, sondern an *emanzipatorischen Erziehungswerten* wie sprachlicher Artikulation, entdeckendem Lernen und Einsicht.[272] Das Kind konnte sich aufgrund des Vertrauens des Pädagogen in seinen eigenen Willen als angenommen erleben: *Entwicklungsfreiräume* wurden so erschlossen. Der von M. Montessori veranschlagte Wert der *selbständigen Arbeit* sollte in ähnlicher Weise wie G. Kerschensteiners pädagogisches Konzept der produktiven Arbeit das eigenständige Denken und Handeln des Kindes evozieren. Im Gegensatz zu G. Kerschensteiner wollte M. Montessori in ihrem prozessualen Verständnis von Pädagogik jedoch die seelischen und geistigen *Anlagen* des Kindes, nicht aber seine speziell berufsbezogene Ausbildung fördern. Der Stellenwert eines differenziert eingesetzten *Materials*[273] in der Montessori-Pädagogik in Verbindung mit einer meditativ-konzentrierten Arbeit des Kindes ("Polarisation der Aufmerksamkeit")[274] und dem personalen Charakter der pädagogischen Interaktion wurde als *identitätsbildende Pädagogik zu Selbständigkeit* verstanden. Spaltende Faktoren wie Normierungen oder megalomane Identifikation waren fraglos ohne Bedeutung. Als Hauptaufgabe des Pädagogen erkannte Maria Montessori eine unvoreingenommene, wertneutrale, *differenzierte Wahrnehmung*[275] des Kindes. Der Materialeinsatz sollte an die nuancierten Beobachtungen des Pädagogen, vor allem die der "*sensiblen Phasen*"[276] des Kindes, anknüpfen. Die Lehrkraft greift nicht in den selbständigen Lernvorgang ein, sondern unterstützt und lenkt den freien Willen des Kindes. Angstfreies Lernen kann

---

[271] Vgl. S. 85 ff. dieser Arbeit.
[272] Vgl. ebd., S. 85 f.
[273] Vgl. ebd., S. 86 f.
[274] Vgl. ebd., S. 85 f.
[275] Vgl. ebd., S. 88.
[276] Vgl. ebd., S. 91.

stattfinden. Das "Heile" an dem pädagogischen Verhältnis erwächst aus der grundlegenden *Akzeptierung des kindlichen Willens*, die wiederum *Freiwilligkeit* des Lernens bewirken kann. M. Montessoris Pädagogik zielte auf das emanzipatorische Lernen des *autonomen Subjekts* hin. Wie E. Key knüpfte auch M. Montessori mit den Werten "Entwicklungsfreiraum" und "Autonomie" an Ideale der Aufklärung an.

Ihr hoher humanistischer Anspruch an die Selbstentfaltung des Kindes und an *freie Willensbildung* kann als Gegenhaltung zur normierten Pädagogik ihrer Zeit verstanden werden. M. Montessoris Beitrag zu einer Wiederbelebung überschritt die engen Grenzen des damaligen direktiven Erziehungsstils. Gemessen an der verkrusteten Pädagogik ihrer Zeit kann ihre evolutive Erziehungskunde des freien Willens als innovativ bezeichnet werden. Die Erfolge M. Montessoris bei ihrer Arbeit mit devianten und sozial benachteiligten Kindern sprechen in diesem Zusammenhang für sich.[277]

Die Pluralität und die rapiden Wandlungen postmoderner Lebenswelt mit ihren Folgen für die pädagogische Praxis lassen die Montessori-Pädagogik, wird sie heute praktiziert, jedoch in verändertem Licht erscheinen: Der Schüler sieht sich heute angesichts eines immer inkommensurabler werdenden Lebens zunehmend Werteverlusten und Familienspaltungen mit all den neurotisierenden Folgen ausgesetzt. Das große humanistische Potential der Montessori-Pädagogik erweist sich nach Ansicht der Autorin heute vor allem als *optimale Förderung gesunder Kinder. Freiraum* und *Selbständigkeit* des Kindes können in gegenwärtiger Zeit aber nur gesichert sein, wenn auch stark pathogene Verhaltensweisen aufgefangen und spätere reale Anforderungen an Identität, Willen und Leistungskraft mitberücksichtigt werden. Montessori-Pädagogik kann in ihrem *protektiven, mütterlichen* Charakter angesichts der aktuellen, postmodern konturierten Lebensanforderungen hier nur bedingt Bewältigungsstrategien anbieten. Abschließend soll soviel zur Frage zeitgenössischer Rezeption von

---

[277] Vgl. die Adaptation von Schülern, in: KRAMER, Rita, Maria Montessori. Leben und Werk einer großen Frau, Frankfurt a.M., ungekürzte Ausgabe, 1995, S. 111 f.

Montessori-Pädagogik gesagt sein: Montessori-Pädagogik war in imperialer Zeit innovativ. Sie brachte neue humanistische Aspekte in die Pädagogik der damaligen Zeit. Montessoris Ideal des autonomen Subjekts kann heutigen therapeutischen Anforderungen angesichts der zunehmenden Neurotisierung des schulischen Lebens nur bedingt gerecht werden, zumal ihre pädagogische Anthropologie auch nicht systematisch in tiefen- und entwicklungspsychologischem sowie lerntheoretischem Denken verankert ist und deren philosophisch-metaphysische Fundierung nicht differenziert genug ist. Andererseits liefert Montessori-Pädagogik einen grundlegenden Beitrag zur Sozialisierung des jungen Menschen. Sie kann als klassische Leistung humaner Pädagogik gewürdigt werden. Dies allein ist schon Grund für eine weitere Rezeption ihres Werkes.

Die von R. Steiner veranschlagte Bestimmung der Pädagogik zielte primär auf die Förderung des Kindes in seiner *Ganzheitlichkeit*. Mit dieser Bestimmung trat Steiner gegen die spaltende Pädagogik *megalomaner Identifikation* an, die sich in Wilhelminisch-imperialer Zeit heteronomistisch auf das Kind stülpte und dessen Willen brach. Zugleich grenzte er sich mit dieser Bestimmung zur Maxime "Selbstentfaltung" seitens der "Pädagogik vom Kinde aus" ab. Von R. Steiner wurde an der Wende vom 19. zum 20. Jahrhundert ein Bildungskonzept erstellt, das *weder* der Erkenntnistheorie der Aufklärung verbunden war *noch* die damals gängigen oppressiven Erziehungsmaßstäbe vertrat, sondern vielmehr die *metaphysische* und *gemeinschaftliche Einbindung* des Menschen (Kindes) ins Zentrum der Betrachtung rückte. R. Steiners pädagogischer Weg zu einer ganzheitlichen Anschauung des Kindes grenzte sich gerade dadurch deutlich von den pädagogischen Wegen "Spaltung durch Identifikation" (imperiale Pädagogik) und "Selbstentfaltung" ("Pädagogik vom Kinde aus") ab. R. Steiners pädagogischer *Weg* war *schmal*, da er sich zwar in seiner Mehrdimensionalität deutlich von der eindimensionalen Pädagogik der Unterwerfung absetzte, andererseits aber nur bedingt dem Humanismus verpflichtet war. R. Steiner ging im Vergleich zu E. Key und M. Montessori von der Prämisse aus, daß der *Mensch selbst nicht autonom* sei, sondern *Subjekt* im *transzendenten Sinne*. Die anthroposophische Metalehre verfolgt über den Subjektgedanken hinaus ihre eigenen unabänderlichen (esoterischen) Gesetze. Damit ist die anthroposophische Grundvorstellung vom Menschen vorskizziert. Sie wird zum zentralen Bezugshintergrund einer Pädagogik, die *Ganzheitlichkeit* und *Emanzipation* des Kindes ins Leben rufen wollte, deren Humanismus sich allerdings nicht aus der Aufklärung, sondern aus R. Steiners esoterischer Neuoffenbarung herleitete.

Die genaue philosophische und pädagogische Anfrage an die Anthroposophie soll in Kapitel II dieser Studie auf eine breite Basis gestellt werden. Das Thema des freien Willens wird dabei der Leitgedanke sein, unter dem eine Diskussion statthaben soll: Kapitel I, dessen Inhalt sich schwerpunktmäßig um den Angelpunkt des freien Willens in imperial-Wilhelminischer Zeit und pädagogischer Reformbewegung bewegte, diente als Einstieg in den folgenden kontrastierenden Diskurs, in dem neben dem Hauptschwerpunkt "Anthroposophie" sowohl die "Pädagogik vom Kinde aus" als auch die direktive Pädagogik immer wieder zur Sprache kommen sollen. In Kapitel II wird nun zunächst der philosophische Welt- und Subjektentwurf R. Steiners zum freien Willen des Menschen (Kindes) Darstellung erfahren.

II. Die pädagogische Valenz Steinerscher Anthropokosmologie

1. Mensch und Kind als Orte der Verifizierung kosmisch-metaphysischer Prinzipien

1.1 Kosmische Evolution zum Geist: R. Steiners Einheitsideal von Mensch und Kind

Mit dem Ende des I. Kapitels kristallisierte sich in Abgrenzung zu den Idealen (exemplarisch ausgewählter) reformpädagogischer Strömungen Steiners Weg zu einer spezifisch metaphysisch fundierten Pädagogik heraus. War sein Weg zu einer transzendenzbezogenen Pädagogik schmal, seine Anthropologie weist sich hingegen durch eine große Spannbreite aus: Sie reicht von der Empirienähe seiner Metatheorie der Pädagogik bis hin zur gnostischen Erkenntnis, die er als übersinnliche Lehre spekulativ betreibt. Nicht zuletzt deshalb ist sie *kontrapunktorisch* zu den analysierten reformpädagogischen Strömungen.

Im folgenden Abschnitt soll im Rahmen Steiners anthroposophischer Anthropologie seine metaphysische Kosmologie näher untersucht werden, denn diese stellt den übergreifenden Bezugshintergrund seiner Pädagogik dar. Zu Beginn der Untersuchung erfolgt eine kurze philosophiegeschichtliche Einordnung Steiners kosmologisch fundierter Anthropologie. Diese Zuordnung wird zeigen, daß sie den diskutablen Versuch einer metaphysisch verankerten Alternative zur subjektzentrierten Philosophie der Neuzeit abgibt.

Angesichts des Zerfalls einer theologischen Kosmologie, der spätestens in der Renaissance seinen Anfang und in der "reformierten" Neuzeit seinen Fortgang nahm, wies die abendländische Philosophie in der Folge die Tendenz zu einer subjektzentrierten Anthropologie auf.[1] Damit aber verlor der

---

[1]   Vgl. ELIADE, Mircea, Geschichte der religiösen Ideen, 5 Bände, Bd. 3/2: Vom Zeitalter der Entdeckungen bis zur Gegenwart, Freiburg im Breisgau u.a. 1991, S. 410 – 448.

neuzeitliche Mensch den Bezug zu einer transzendenten Dimension, die im Mittelalter noch von der christlichen Offenbarungslehre her bestimmt war. Eine evolutive, atheistische Blickrichtung setzte stattdessen verstärkt ein.

Die "Kantsche Wende" kennzeichnete den Höhepunkt der Aufklärungs-metapher vom autonomen Menschen, der kraft seiner ratio zum reinen Vernunft-Menschen wurde, jedoch aus einem ehemals ganzheitlich-meta-physischen Zusammenhang "herausfiel". Indem sich die theologische Kos-mologie in der Neuzeit verflüchtigte, trat ein Subjektivismus in Erschei-nung, der die Beziehung des Menschen zur Wirklichkeit und zum Sein zunehmend unter subjekttheoretischen und phänomenologischen Vor-zeichen abhandelte. Steiners Anthroposophie war der Versuch einer kosmi-schen *Wiedereinbindung* des Menschen. Seine ontologische Anthropo-sophie war kontrapunktorisch zum philosophischen Subjektivismus. Sein kosmologischer Rückbindungsversuch steht allerdings auf der Basis der *Neuoffenbarung*: Damit gerät er in "häretischen" Gegensatz zur christ-lichen Tradition. Den Neuoffenbarungscharakter der anthroposophischen Kosmologie aufzuzeigen, ist leitendes Interesse des folgenden Abschnitts. Zunächst soll dazu auf Steiners *Evolutionstheorie* der Erde und des Men-schen näher eingegangen werden. Neben der Reinkarnationstheorie und Christologie bildet sie einen wesentlichen Baustein seiner Kosmologie. Eine kritische Reflexion über Steiners Evolutionstheorie legt *drei* Anfra-gen an seinen Erkenntnisweg nahe:

1. nach den Kerninhalten und deren (quellenmäßiger) Herleitung,
2. nach der erkenntnistheoretischen Methode,
3. nach der pädagogischen Applikation seiner kosmologisch-anthropo-logischen Thesen.

Steiners Konzeption des Willens soll in folgender Untersuchung zuerst vorgestellt werden. Die Untersuchungen werden das reformpäda-gogische Umfeld (Montessori-Pädagogik und die Pädagogik Kerschen-steiners) selbstverständlich einblenden und vergleichend mit einbeziehen.

Die Bedeutung, die Steiner der übersinnlichen Erkenntnis makrokosmischer Zusammenhänge für sein anthropologisches Verständnis zumißt, faßt er selbst in dem Satz zusammen:

"Im Sinne der Geisteswissenschaft von Gegenwart und Zukunft der Menschen- und Weltentwickelung etwas zu erkennen, ist nicht möglich, ohne die Vergangenheit dieser Entwickelung zu verstehen."[2]

Mikro- und Makrokosmos sind gemäß Steiner untrennbar miteinander verknüpft. Die Relation von Mensch und Kosmos stellt sich nach Steiner als reziproke Bedingtheit dar: Zum einen sei der Entwicklungsprozeß des Menschen in seinem individuellen Leben eine "Spiegelung"[3] und Wiederholung des Geschehens, das sich als Entwicklungsprozeß des Menschen und der Welt in der "Urzeit" vollzogen habe.[4] Zum anderen präge das individuelle, gegenwärtige Leben des Menschen[5] zukünftige, gesamtmenschheitliche Entwicklungen.[6] In diesem Raster gegenseitiger Bedingtheit situiert Steiner seine *Veredelungstheorie.* Sie ist stark futuristisch besetzt und zentriert sich auf den "Seelenaufstieg", der die zukünftige Welt entscheidend präge: In Steiners evolutivem Entwurf einer kosmologisch fundierten Erkenntnis- und Willenslehre wird das Schichtenmodell zu dem Ort, an dem menschheitlicher und individual-menschlicher Aufstieg ablesbar werden: Dieses Modell sieht vier Leiber vor: den *physischen Leib,* den *Ätherleib,* den *Astralleib* und das *Ich.* Im physischen Leib gleicht der

---

2   STEINER, Rudolf, Die Geheimwissenschaft im Umriß, GA 13, Dornach/ Schweiz [30]1993 (Tb), S. 397.

3   Vgl. RITTERSBACHER, Karl (Hg.), Rudolf Steiner, Elemente der Erziehungskunst. Menschenkundliche Grundlage der Waldorfpädagogik (= Themen aus dem Gesamtwerk, Bd. 12), Stuttgart 1985, S. 149.

4   Vgl. ebd., S. 149 f.

5   Vgl. STEINER, Rudolf, Allgemeine Menschenkunde als Grundlage der Pädagogik. Erziehungskunst I, S. 19.

6   Vgl. ebd., S. 18 f. Steiners Vortrag zur Gründung der ersten Waldorfschule, in dem er von der besonderen Aufgabe der Pädagogik "für die Weiterentwicklung der Menschheit" (ebd., S. 18) spricht.

Mensch angeblich der mineralischen Welt[7], im Ätherleib der pflanzlichen[8] und im Astralleib der tierischen Welt.[9] Dieser sei Träger von Gefühlen jedweder Art. Als entscheidendes, veredelndes Strukturelement der Persönlichkeit komme das Ich hinzu, das "vermöge seines Anteils an der geistigen Welt Herr geworden ist in der Welt der Triebe, Begierden und so weiter."[10] Der Vorgang der Veredelung auf makrokosmischer Ebene stellt sich wie folgt dar:

Gemäß R. Steiner schreitet die menschheitsgeschichtliche Entwicklung insgesamt parallel zu sieben verschiedenen Erdverkörperungen voran, wobei die grundsätzlichen vier Wesensglieder (Leiber) im Laufe der vier ersten Erdverkörperungen – Saturn, Sonne, Mond und Erde – zu "Urzeiten" sukzessiv ausgebildet wurden.[11] Bisher abgeschlossen wurde der menschliche Veredelungsprozeß durch die Eingliederung der drei Wesensglieder physischer Leib, Ätherleib und Astralleib in das Ich auf der vierten Stufe der Erdentwicklung, dem heutigen planetarischen Erdzustand.[12] Während drei weiterer Erdverkörperungen besteht gemäß Steiner die Aufgabe des Menschen wie der Menschheit in einer weiteren Veredelung, und zwar durch Ausbildung der höheren Wesensglieder *Geistselbst, Lebensgeist* und *Geistesmensch*[13] mit Hilfe des (die drei Leiber[14]) umgestaltenden Ichs.[15] Steiners These, der physische Erdenplanet habe sich aus einem geistigen Dasein heraus entwickelt[16], seine Spekulation der gei-

[7]   Vgl. STEINER, Rudolf, Die Geheimwissenschaft im Umriß, S. 52.
[8]   Vgl. ebd., S. 58.
[9]   Vgl. STEINER, Rudolf, Allgemeine Menschenkunde als Grundlage der Pädagogik. Erziehungskunst I, S. 23.
[10]   Vgl. STEINER, Rudolf, Theosophie. Einführung in übersinnliche Welterkenntnis und Menschenbestimmung, GA 9, Dornach/Schweiz, 1978 (Tb), S. 47.
[11]   Vgl. STEINER, Rudolf, Die Geheimwissenschaft im Umriß, S. 146 f.
[12]   Vgl. ebd., S. 146 f. sowie S. 218 ff.
[13]   Vgl. STEINER, Rudolf, Das Johannes-Evangelium, GA 103, Dornach/Schweiz [10]1990 (Tb), S. 127. Also entsprechen 7 Erdverkörperungen 7 Wesensgliedern. Vgl. hierzu die Übersicht in: GEISEN, Richard, Anthroposophie und Gnostizismus. Darstellung, Vergleich und theologische Kritik, München u.a., 1992, S. 294 f.
[14]   Mit den drei Leibern sind gemeint: physischer Leib, Ätherleib, Astralleib.
[15]   Vgl. STEINER, Rudolf, Das Johannes-Evangelium, S. 127.
[16]   Vgl. ebd., S. 123.

stigen Zwischenstadien der einzelnen Erdverkörperungen[17] zeugen von seinem Primat des *Geistigen* über das Physisch-Materielle und Psychische.

Mensch und Kosmos werden von Steiner als Endergebnis parallel geführter, evolutiver Bewegungen verstanden. Es liegt nahe, seine Erden- und Menschenkunde als eine ins Metaphysische verlagerte Wiederholung des Darwinschen und – in seiner Spur – des Haeckelschen Evolutionismus zu deuten, demzufolge der Mensch bekanntlich der biologischen Deszendenz unterworfen sein soll. Im Zuge einer kritisch-konstruktiven Annäherung an diese hier nur kurz referierten Grundthemen der Steinerschen Kosmologie-Anthropologie wird zweierlei deutlich: Steiners durchwegs visionärer, durch keinerlei (!) Quellen belegter Erkenntnisanspruch erlaubt die Zuordnung seiner Lehre zum *Gnostizismus*.[18] Zum Zweck von Forschungsüberblicken über diese Thematik wird auf die vorbildliche Schrift Richard Geisens "Anthroposophie und Gnostizismus"[19] (1992) verwiesen. Andererseits zeigt Steiners metaphysische Hypostasierung des Entwicklungsgedankens seine Verhaftung im common sense damaliger Philosophie.[20] Steiner wollte seine Anthropologie und Pädagogik als große anthroposophische Alternative zum geistigen Milieu des frühen 20. Jahrhunderts verstanden wissen. Dieser epochale Anspruch zerrinnt aber bei eingehender Analyse zu einem eklektisch vorgetragenen Wahrheitsanspruch, der sich nirgends in seinem Werk vom Gnostizismus bewußt absetzt.

Steiners Visionen stellen eine hoch spekulative, kaum nachvollziehbare Metabasis für eine Pädagogik dar, die der entwicklungspsychologischen Realität des Kindes phasengerecht werden soll. Steiners kosmologische

---

[17]   Vgl. STEINER, Rudolf, Das Johannes-Evangelium, S. 123.

[18]   "Wie jede gnostische Anthropologie entrückt auch Steiners Menschenbild zum größten Teil in eine nicht unmittelbar erfahrbare und dem nur-rationalen Diskurs nicht zugängliche geistige Welt. [...] [Die, RZ] Genese ist [...] emanativ gedacht, wobei die letzten Quellgründe in höchsten, gar nicht mehr im Reflexionsbereich der Anthropologie liegenden, geistigen Welten zu suchen ist." (GEISEN, Richard, Anthroposophie und Gnostizismus, Darstellung, Vergleich und theologische Kritik, S. 276).

[19]   Vgl. Anm. 13, Kapitel II dieser Arbeit.

[20]   Vgl. z.B. E. Haeckels Deszendenztheorie, ebd., S. 34.

Visionen wirken apodiktisch, zumal sein metaphysisches System weder philosophisch deduziert noch durch Quellen belegt ist. Obgleich sich Steiner für eine naturwissenschaftliche Basis seiner Erkenntnisse ausspricht[21], betont er im Widerspruch dazu, daß sie "Ergebnisse eigenen Schauens"[22] seien. Weder kann man von einer Einbettung seines metaphysischen Plans in die abendländische Philosophie sprechen noch von einem empirischen Selbstverständnis. Seine Kosmologie birgt daher einen exklusiven, hochspekulativen Anspruch auf Menschenerkenntnis, wie er für alle Neuoffenbarungsreligionen nachweisbar und typisch ist.[23]

Der emanative Charakter der Steinerschen Evolutionstheorie, die von Planetenzeit zu Planetenzeit den Seelenaufstieg zum Geist propagiert, weist in seiner Oben-Unten-Bewegung eine duale Strukturierung auf: Steiners Entwicklungsmodell der Erde und des Menschen deutet gerade auch in seinem Veredelungsprinzip auf Neuoffenbarung.[24] Dieses evolutive Modell ist in seiner Zukunftsorientierung utopisch, da die reale Geschichtlichkeit des Menschen (Kindes) und seines Willens, sein konkretes Gewordensein weither aus dem Licht des Zukünftigen beleuchtet werden. Bisher wurde mit der Darstellung Steiners evolutiver Theorie der Erden- und Menschheitsentwicklung der Rahmen seiner pädagogischen Anthropologie abgesteckt: Von Planetenzeit zu Planetenzeit arbeitet sich parallel zu sieben verschiedenen Erdzeitaltern die Menschheit zur Veredelung ihrer Wesensglieder empor. Steiners spekulative, quellenmäßig *nicht* fundierte Visionen von der geistgelenkten, zukunftsorientierten Mensch-

---

[21]   Steiner plädiert für eine Auseinandersetzung mit der "gegenwärtigen Wissenschaft" (vgl. STEINER, Rudolf, Die Geheimwissenschaft im Umriß, S. 10) und für den Versuch, "in den Formen zu sprechen, in denen ein gegenwärtiger Naturgelehrter vom Standpunkte der Wissenschaft aus [...] spricht." (Vgl. STEINER, Rudolf, Die Geheimwissenschaft im Umriß, S. 10).

[22]   Ebd., S. 30.

[23]   Vergleiche hierzu: HAUTH, Rüdiger, Die nach der Seele greifen. Psychokult und Jugendsekten, Gütersloh [2]1985 sowie GROM, Bernhard, Religionspsychologie, München 1992 als auch HAACK, Friedrich-Wilhelm, Neue 'Jugendreligionen', München 1974.

[24]   Sie steht im Widerspruch zur christlichen Offenbarungslehre, wie besonders Wolfgang Schneider herausarbeitete. (Vgl. SCHNEIDER, Wolfgang, Das Menschenbild der Waldorfpädagogik, Basel u.a. 1991).

heitsentwicklung lassen den emanativen und gnostischen Charakter seiner Lehre erkennbar werden.

Der Blick sei nun näher zur "Erdphase" hingelenkt, in der der Mensch, sein Geist und sein Wille, ihren Anfang nahmen: zum Erdzeitalter des Saturns. Auf dieser ersten Stufe entstand angeblich der "Keim"[25] zum menschlichen Leben. Mit ihm trat der Wille des Menschen auf den Plan. Der *Wille* erscheint in Steiners Evolutionstheorie in enger Gefolgschaft mit dem *Geist*. Geist und Wille sind in Steiners Anthropologie zwei ineinandergreifende Pole im Dienst der Veredelung des Menschen. In seiner Kosmologie sind sie durch *geistige Wesenheiten* mit göttlicher Kraft und spezifischen Fähigkeiten repräsentiert.

Gemäß Steiner ist das ganze Universum von *geistigen Wesenheiten* durchwoben. Die Himmelskörper sind nicht nur Materie, sondern geistig belebte Wesen. Die Bildung eines jeden Wesensgliedes (menschheitsgeschichtlich) beruhte nach Steiner auf dem Wirken geistiger Mächte, die von ihrer Substanz abgaben, damit der Mensch entstünde: Die Basis für die Entstehung des Lebens und des Willens auf dem Saturn bot die besondere Saturnstofflichkeit: Die auf dem Saturn herrschende physische Körperlichkeit wurde von Steiner als "ein feiner, dünner ätherischer Wärmekörper"[26] charakterisiert. "Wärmekörper", aus denen "der ganze Saturn bestand"[27], waren "die erste Anlage des gegenwärtigen, physisch-mineralischen Menschenleibes."[28] Für die fortwährende Entwicklung des Saturnlebens und dessen "Erdenwesen" waren nach Steiner jene Wesenheiten verantwortlich, die in Wechselwirkung zum anfänglichen Leben standen. Durch ihre Hilfe sei die Menschheitsentwicklung eingeleitet und weitergeführt worden. Es habe "eine fortwährende Wechselwirkung zwischen den Wärmekörpern des Saturn und den [...] Wesen"[29] gegeben, schrieb Steiner. Unser Augenmerk sei nun zum Entstehungsprozeß des *Willens* hingelenkt.

---

[25] Vgl. STEINER, Rudolf, Die Geheimwissenschaft im Umriß, S. 171.
[26] Ebd., S. 159.
[27] Vgl. ebd.
[28] Ebd.
[29] Ebd., S. 160.

Noch vor jenem Wärmezustand des Saturns, als er noch "ungeordnete Stofflichkeit"[30] war und "nun noch gar nicht den späteren Wärmecharakter"[31] besaß, entstand mittels *Ausströmen des Willens* durch die "«Geister des Willens»"[32], die sog. "«Throne»"[33], in die Saturnstofflichkeit der *Wille*.[34] "So erscheint die ganze Saturnentwicklung als eine Bearbeitung dessen, was aus den «Geistern des Willens» ausgeströmt ist, durch die «Geister der Weisheit, der Bewegung, der Form» usw."[35]

"Und diese Willenssubstanz war es auch, die als *Wärmeelement* [RZ] im alten Saturndasein wirkte und in der die erste Anlage zum physischen Menschenleib gebildet worden ist."[36]

Steiner veranschlagt für den Prozeß der Wärmeentwicklung den Begriff "Verdichtungsvorgang".[37] Die "Geister des Willens" fertigen "aus dem dünneren Wärmestoff [...] dichteren Luftstoff"[38] durch Abgabe ihres Feuers.[39] Auch am Ende der Saturnentwicklung machen sich die "Geister des Willens" zu schaffen: Die Saturnentwicklung erstirbt, nachdem die "Geister des Willens" den "Menschenphantomen"[40] "Gestalt"[41] verliehen haben.

In Wechselwirkung mit den "Geistern des Willens", die "den ersten Keim zu dem geben, was auch im heutigen Menschen noch erst keimhaft ist: zum «Geistesmenschen» (Atma)"[42], standen gemäß Steiner die

---

30   STEINER, Rudolf, Die Geheimwissenschaft im Umriß, S. 161.

31   Vgl. ebd.

32   Vgl. ebd., S. 162.

33   Ebd.

34   Vgl. ebd., S. 161 f.

35   Ebd., S. 172.

36   STEINER, Rudolf, Die Geheimnisse der biblischen Schöpfungsgeschichte, GA 122, Dornach/Schweiz [5]1976 (Tb), S. 111.

37   Ebd., S. 112.

38   Vgl. ebd.

39   Vgl. ebd.

40   STEINER, Rudolf, Die Geheimwissenschaft im Umriß, S. 172.

41   Ebd.

42   Vgl. ebd., S. 168.

"«Exusiai»"[43], "«Geister der Form»"[44], von der Rangordnung der Elohim.[45] Diese waren auf der vierten Stufe, dem heutigen Erdzustand, an der Erschaffung des Menschen aus dem Staub und seines *Ichs* beteiligt: Der Mensch

"suchte die dichte Körperlichkeit [...] dann, als die Elohim zu Jahve-Elohim emporgestiegen waren, als Jahve-Elohim die irdische Wesenheit des Menschen bilden konnte, indem er dem Menschen die Luft einhauchte."[46]

Als die menschliche

"Bewußtseinsseele so weit fortgeschritten war, daß sie sich während des Erdenlebens einen dazu geeigneten Leib bilden konnte, da begabten die «Geister der Form» ihn mit dem Funken aus ihrem Feuer. Es wurde das «Ich» in ihm entfacht."[47]

So "weben die Exusiai in der Substanz der Throne aus dem Gotteswillen die stofflichen Gestalten der Welt."[48] Deutlich wird, daß Steiner die Vervollkommnung des Menschen an drei Faktoren knüpft: an die Aufnahme und Umsetzung des *Geistigen* durch den *Willen* und an das *Ich.* Das Ich ist gemäß Steiner der "Seelenkern"[49] des Menschen, "empfängt aus dem

---

[43]   Vgl. STEINER, Rudolf, Die Geheimwissenschaft im Umriß, S. 162. Aufmerksam gemacht sei zudem auf folgendes: ousia (griech.) = Wesen; parousia = Anwesenheit: Grundbegriff der christlichen Schöpfungslehre.

[44]   Ebd.

[45]   Vgl. STEINER, Rudolf, Die Geheimnisse der biblischen Schöpfungsgeschichte, S. 87.

[46]   Ebd., S. 151.

[47]   Ebd., S. 244. Aufmerksam gemacht sei darauf, daß andere hohe Wesenheiten an der stufenweisen Vervollkommnung des Menschen im Weltenplan schaffen. (Vgl. STEINER, Rudolf, Die Geheimwissenschaft im Umriß).

[48]   RAVAGLI, Lorenzo, Pädagogik und Erkenntnistheorie, Auseinandersetzungen um die Grundlagen der Waldorfpädagogik, Stuttgart 1993, S. 248.

[49]   STEINER, Rudolf, Theosophie, S. 48.

Geiste den Einschlag"[50] und ist Ausdruck des "göttlichen Urfunkens"[51] in der Seele.

Steiners evolutive Vision, die um die Frage nach dem *Verhältnis* von *Natur* (Wille) und *Geist* kreist, spiegelt nicht nur Haeckels, sondern auch eklektisch Goethes Denken wider: Der erreichte, natürliche Entwicklungsstand soll zu einem geistigen Menschentum (Veredelung) weitergeführt werden. Hier kommen erste Bedenken auf, ob Steiners Einheitsideal als eine *reale* anthropologische Alternative zur Wilhelminischen Pädagogik gewertet werden kann, da keine Konfrontation mit der realen (sozialen) Lebenswelt des Menschen (Kindes) gesucht wird.

Priorität kommt nach Steiner dem Geist zu: "Aus dem Geiste urständet alles."[52] "Vom Geiste – durch die Materie – zum Geiste"[53] schreibt er. Der Versuch der Verhältnisbestimmung von Natur und Geist endet in Steiners Entwicklungstheorie in der *Teilhabe* am höchsten *Geist* durch den *Willen* und durch das überweltliche *Ich*, das seinerseits den Willen erst ermöglicht. Der Anspruch, daß dem Geist Priorität zukommen soll, daß Wille und Ich starke Gestaltungskraft besitzen, ist (einseitig) um die geistige Befreiung des Menschen aus sinnlich-leiblicher Existenz bemüht. Er steht nach Ansicht der Autorin stellvertretend für ein *Gehorsamkeitsmodell* Wilhelminischer Prägung, das die psychische Realität des Menschen (Kindes) und dessen realen Willen ausklammert.

Für diese Wertung spricht auch Steiners abstrakt-naturhafte Charakterisierung des Willens als wärmehaft und feurig.[54] Sein absoluter Anspruch auf Veredelung rechtfertigt zwar nicht die Zuordnung seiner Ver-

---

[50]   STEINER, Rudolf, Theosophie, S. 46.
[51]   Vgl. RITTERSBACHER, Karl (Hg.), Rudolf Steiner, Elemente der Erziehungskunst, S. 19.
[52]   STEINER, Rudolf, Menschengeschichte im Lichte der Geistesforschung, GA 61, Dornach/Schweiz 1962, S. 252.
[53]   Ebd.
[54]   Der Wärmecharakter des Willens wird später ausführlich unter pädagogisch-menschenkundlichem Aspekt wieder aufgegriffen.

edelungstheorie zu Nietzsches "Übermenschentum"[55], läßt aber an uto-
pischer Zugkraft nichts zu wünschen übrig.

Die Entwicklungsphasen der *vier* Wesensglieder (im Verlauf der makrokosmischen Erdentwicklung) appliziert Steiner auf die mikrokosmische
Entwicklung des Kindes, wobei er stark metaphysisch bestimmend vorgeht:
    Mit der Geburt des Kindes vollzieht sich nach Steiners Verständnis
die Geburt des physischen Leibes. Beim Einsetzen des Zahnwechsels
komme es zur Geburt des kindlichen Ätherleibes. Das Alter der Geschlechtsreife kennzeichne das Freiwerden des Astralleibes.[56] Im Erwach-
senenalter komme dem Ich des Menschen die Aufgabe einer seelisch-
geistigen Weiterentwicklung zu[57]: "So schreitet der Mensch vom Leiblichen durch das Seelische in das Geistige hinein."[58] Mit diesen Worten
determiniert Steiner den idealen Lebensweg des utopischen Kindes (Menschen). Die anthroposophische Pädagogik im Dienst dieses anthropologischen Denkmodells sieht ihre vorrangige Aufgabe in einer phasen-
gerechten, erzieherischen Einwirkung auf die Wesensglieder.[59]

Steiners Anthropologie weist eine tiefe *Kluft* auf zwischen einem gnostischen, traditionslos-visionären Sprachraum und realer Pädagogik am Kind.
In Steiners Pädagogik gibt es keine wirkliche, d.h. ausgewiesene Relation
zwischen *empirischem Ich* und *transzendentem Subjekt*. Seherisch-deduktiv bestimmt er auch hier die Abfolge der Entwicklungsstufen des Kindes.
Die Montessori-Pädagogik, die in ihren evolutiven Bezügen einen

---

[55] Vergleiche hierzu Geisens Ausführungen zu Nietzsches Übermenschentum als
      Anknüpfungspunkt zu Steiners geistigem Monismus, in: GEISEN, Richard,
      Anthroposophie und Gnostizismus, S. 209 ff.
[56] Vgl. RITTERSBACHER, Karl (Hg.), Rudolf Steiner, Elemente der Erziehungs-
      kunst, S. 19 f. Hier werden zunächst die ersten drei Entwicklungsstufen beschrie-
      ben.
[57] Vgl. ebd., S. 61 ff.
[58] Vgl. STEINER, Rudolf, Die geistig-seelischen Grundkräfte der Erziehungskunst.
      Spirituelle Werte in Erziehung und sozialem Leben, GA 305, Dornach/Schweiz
      ²1979, S. 50.
[59] Vgl. RITTERSBACHER, Karl (Hg.), Rudolf Steiner, Elemente der Erziehungs-
      kunst, S. 17 - 29.

gewissen Vergleich mit Steiner-Pädagogik zuläßt, orientiert sich hingegen an einer phänomenologischen Methode und weist soziokulturelle Phänomenanalysen auf.[60] Sie ist nicht mit metaphysischen Spekulationen überfrachtet. Dort, wo in der Montessori-Pädagogik religiöse Inhalte zum Tragen kommen, sind diese – im Gegensatz zu Steiners Neuoffenbarungslehre – stark auf das Rahmenmotiv der christlichen Anthropologie, nämlich auf "Gottesebenbildlichkeit" ausgerichtet. Allgemeine ethische Prinzipien wie Vernunft(-verantwortung) und humanes Handeln, auf die heute noch infolge ihrer konkreten Bezüge von Pädagogen problemlos zurückgegriffen werden kann, stellen eine praktikable Basis für die Ausbildung des freien Willens des Kindes dar. Der Montessori-Pädagogik kann ihr Stellenwert im sozialen Humanismus zugeschrieben werden, da sie auf das reale Werden des Kindes, auf die Entwicklung seines Selbst und Willens ausgerichtet ist. Ihr metaphysisches Konzept ist Humanismus statt Vision. Steiners Anthropologie ist vergleichsweise spekulativ-abstrakt und dient in ihrer utopischen Vorstellung[61] von Geist, Ich und Wille schließlich wohl noch einem alten Gehorsamkeitsmodell.

Weisen Montessori- und Steiner-Pädagogik eine religiös-metaphysische Basis auf, so beinhaltet die Gleichsetzung von Bildung mit Religion[62] seitens Kerschensteiner ein Verzicht auf religiöse Metaphysik. Kerschensteiners Pädagogik knüpft an Hegels Philosophie des *absoluten Subjekts* an, genauer: an dessen Absolutum des selbsttätigen Geistes. Seine Differenz zu Hegel drückte Steiner übrigens in seiner Autobiographie so aus:

"Gerade indem ich restlos bewunderte, wie er allem Denken Gestaltung gab, empfand ich doch, daß er kein Gefühl für die

---

60   Vgl. HOLTSTIEGE, Hildegard, Montessori-Pädagogik und soziale Humanität, S. 62 und S. 70.

61   Vergleiche die Kritik Schneiders an Steiners apersonalen Visionen in Ermangelung einer Beschreibung der wahrnehmbaren Wirklichkeit, in: SCHNEIDER, Wolfgang, Das Menschenbild der Waldorfpädagogik, S. 138.

62   Vgl. WEHLE, Gerhard, Georg Kerschensteiner, Texte zum pädagogischen Begriff der Arbeit und zur Arbeitsschule, ausgewählte pädagogische Schriften, Bd. II, S. 69.

Geistwelt hatte, die ich schaute, und die erst hinter dem Denken offenbar wird."[63]

Hegels Philosophie des *absoluten Subjekts* und sein romantischer Idealismus vom *Idealwillen* des Menschen waren aber (mit anderen idealphilosophischen Strömungen) in der Mitte des 19. Jahrhunderts bereits angefochten. Der andere Zeitgeist, jener des Materialismus, d.h. des technisch-naturwissenschaftlichen Denkens, verursachte Steiners Bemühen um neue, kosmisch-metaphysische Zusammenhänge. Dieser Versuch kann grundsätzlich als *Gegenwille* sowohl zu Hegels *Phänomenologie* als auch zum damaligen *Materialismus* und zur *Wilhelminischen Pädagogik* verstanden werden. Steiners idealer Absolutheitsanspruch an Geist, Ich und Willen zum Zweck menschlicher Veredelung weist sich freilich durch einen einseitig-totalitären Charakter aus. Darin folgt er wiederum Hegels Prinzip von "Herr und Knecht": Steiners gnostische Erkenntnislehre korrespondiert mit einer Pädagogik, die vornehmlich im Dienst des Geistes steht. Fraglich wird, ob Ich und freier Wille des Kindes im Sinne Steiners kosmischer *Einheitsideale* Äußerungen dessen realen Werdens und Handelns sind.

1.2 Reinkarnation und Karma: Determinierung von Mensch und Kind

In den vorangehenden Betrachtungen zu Steiners Evolutionstheorie wurden hinsichtlich dessen Verhältnisbestimmung von Mensch und Kosmos *zwei Pole* erkenntlich: der Pol der *Widerspiegelung* des Makrokosmos im Mikrokosmos und der Pol der *Veredelung* des Makrokosmos durch den sich veredelnden, mikrokosmischen Menschen. Anthroposophische Pädagogik möchte sich in diese metaphysische Grundstruktur menschlich-kosmischen Seins eingebettet wissen. Hierbei wird der Wille des Kindes dem zukunftsorientierten Pol der Veredelung zugeordnet.[64] Steiners evolutive,

---

[63] STEINER, Rudolf, Mein Lebensgang, S. 273.
[64] Vgl. STEINER, Rudolf, Allgemeine Menschenkunde als Grundlage der Pädagogik, Erziehungskunst I, S. 30 ff.

auf einer hochspekulativen Metabasis beruhende Pädagogik erkennt, so wurde deutlich, dem Geist Priorität über das Physisch-Materielle und Psychische zu. Anthroposophische Pädagogik wurde daher vorhin auf ihre Spaltungsanfälligkeit hinsichtlich transzendentem und empirischem Subjekt angesprochen.

Versteht Steiner in seiner Entwicklungstheorie das Sein des Menschen (Kindes) im Kosmos vor dem Horizont einer (parallel geführten) evolutiven Gesetzmäßigkeit, wird es in seiner Lehre der Wiedergeburt mit Blick auf das karmische Schicksal und das Gesetz der "Wiederverkörperung" gedeutet. Das von Steiner geschaute Gesetz der Wiederverkörperung besagt, daß der Mensch "die Früchte der vorigen Leben in die folgenden hinübernimmt."[65] Spiegelt das mikrokosmische Leben des Menschen dessen Entwicklungsgeschichte der Urzeit wider und prägt veredelnd die geistige Zukunft der Menschheit mit, stellt es andererseits auch eine Spiegelung wiederholter Erdenleben und deren "geistiger Früchte" dar. Folgender Untersuchung der Steinerschen Anthropologie wiederholter Erdenleben liegen (wie der zuvor skizzierten Evolutionstheorie) *drei* erkenntnisleitende Fragen zugrunde: Die Frage:

1. nach den Kerninhalten,
2. nach der pädagogischen Applikation der kosmologisch-anthropologischen Thesen Steiners,
3. nach seiner erkenntnistheoretischen Methode.

Den ersten beiden Fragen soll angesichts der pädagogischen Zielsetzung der Arbeit zentrales Interesse zukommen. Zunächst sei näher auf Steiners dreiheitliche Grundstruktur von Leib, Seele und Geist des Menschen eingegangen. Diese liegt nämlich seiner Lehre der Wiederverkörperung zugrunde. Ist der Veredelungsprozeß des Menschen im Rahmen Steiners Evolutionstheorie am viergliedrigen Schichtenmodell ablesbar, so bildet die Dreigliederung von Leib-Seele-Geist[66] das hierarchisch strukturierte Fundament seiner *pneumatologischen Anthropologie der Wiederver-*

---

65 STEINER, Rudolf, Theosophie, S. 69.
66 Vergleiche hierzu die den karmischen Betrachtungen zugrundeliegende Dreigliederung, in: STEINER, Rudolf, Theosophie.

körperung. Die Sicht des Leibes aus anthroposophischer Schau sei Ausgangspunkt unserer Betrachtung zur Dreigliedrigkeit von Leib, Seele und Geist.

Das Modell der vier Leiber: *physischer Leib, Ätherleib, Astralleib* und *Ich,* wie es Steiners Evolutionstheorie und "Geheimwissenschaft" zugrundeliegt, wird von ihm in seinen Schriften "Theosophie" und "Allgemeine Menschenkunde" so modifiziert, daß die oben genannte Dreiergruppe von physischer Leib, Ätherleib und Astralleib schließlich als *Leib* des Menschen[67] bezeichnet wird. Die Umwandlung des physischen Leibes zum Geistesmenschen (Atma) im Verlauf der Menschheitsentwicklung ist gemäß Steiner Ausdruck besonderer menschlicher Reifung. Das Prinzip der Umwandlung des physischen Leibes appliziert er auch auf die individuell menschliche Entwicklung.[68] Die *Überwindung* des *physischen Leibes* zugunsten des Geistes stellt nach Steiner den höchsten Grad menschlicher Veredelung dar. Dazu schreibt er:

"Wenn einstmals der volle höhere Mensch entwickelt sein wird, dann wird [...] der physische Leib [...] so weit umgewandelt sein, daß er [...] Geistesmensch oder Atma sein wird. Die größte Kraft wird dazu gehören, den niedersten Leib zu überwinden, und

---

[67] Steiner differenziert den Leib des Menschen folgendermaßen: "Wollen wir von seinem Leibe sprechen, so sprechen wir von dem Empfindungsleib, dem feinsten Leib, den man auch *astralischen Leib* [RZ] nennt, von dem *ätherischen Leib* [RZ] und dem groben *physischen Leib* [RZ]". (STEINER, Rudolf, Allgemeine Menschenkunde als Grundlage der Pädagogik. Erziehungskunst I, S. 67). Im physischen Leib gleiche der Mensch der mineralischen Welt. Er sei der greifbare Anteil am menschlichen Leibe. Der Ätherleib ist der "Architekt" (STEINER, Rudolf, Geheimwissenschaft im Umriß, S. 57) des physischen Leibes. "Alle Organe werden in ihrer Form und Gestalt durch die Strömungen und Bewegungen des Ätherleibes gehalten." (STEINER, Rudolf, Geheimwissenschaft im Umriß, S. 57). Den Ätherleib habe der Mensch mit der Pflanzenwelt gemein. Leidenschaften und Gefühle wie Lust und Schmerz spielen sich im Astralleib ab. In ihm gleiche der Mensch den Tieren. (Vgl. STEINER, Rudolf, Geheimwissenschaft im Umriß, S. 59 – 61).

[68] Vgl. STEINER, Rudolf, Allgemeine Menschenkunde als Grundlage der Pädagogik. Erziehungskunst I, S. 22 f.

daher wird die Überwindung und Umwandlung des physischen Leibes den höchsten Sieg für den Menschen bedeuten."[69]

Unübersehbar spricht aus dem obigen Zitat eine gewisse Abwertung des physischen Leibes, die mit einer besonders hohen Wertung des Geistesmenschen korrespondiert. Wie bei den (Neu-)Platonikern, z.b. Plotin von Alexandrien, kommt es gemäß anthroposophischer Lehre entscheidend darauf an, daß der Mensch den physischen Leib "überwinde". Aus christlicher Sicht hingegen wird Leiblichkeit positiv als Geschöpflichkeit gedeutet. An der leiblichen Auferstehung wird christlicherseits nach wie vor festgehalten. Dies beweist den hohen geschöpflichen Stellenwert des Leibes in der christlichen Anthropologie. Leiberfahrung im christlichen Sinn überschreitet alle Sterblichkeit bis hin zur "Auferstehung des Fleisches".

Wie Steiners Leibverständnis, so ist auch seine Seelenlehre an die Intention des geistigen Menschen geknüpft. Kamen in Steiners viergliedrigem Schichtenmodell dem Ich die Persönlichkeit neugestaltende Kräfte zu, dann wird im dreigliedrigen Modell der Seele (als modifizierter Form des Ichs[70]) Bindeglieds- und Vermittlungsfunktion zwischen Leib und Geist zugeschrieben: "So ist sie [...] an allem beteiligt, was in diesem Leibe vorgeht."[71] "Und auch an den Tätigkeiten des Geistes hat die Seele ihren Anteil: dieser Gedanke erfüllt sie mit Freude, jener mit Abscheu".[72] "Sie senkt gleichsam ihre Fühlfäden ebenso zum Physischen hinunter, wie sie sie zum Geistigen hinaufstreckt."[73] Gezielt *den Blick auf den Geist gerichtet* unterscheidet Steiner in seiner *Seelenlehre* zwischen "höheren" und "niedrigeren" Seelenregungen. Entsprechend gliedert er die Seele in Empfindungs-, Verstandes- und Bewußtseinsseele.[74] Diese drei Seelenteile entstehen durch die Umwandlung des physischen Leibes, des Ätherleibes

---

[69] STEINER, Rudolf, Das Johannes-Evangelium, S. 129.

[70] Vgl. STEINER, Rudolf, Allgemeine Menschenkunde als Grundlage der Pädagogik. Erziehungskunst I, S. 69.

[71] Vgl. STEINER, Rudolf, Theosophie, S. 83.

[72] Ebd.

[73] Ebd., S. 84.

[74] Vgl. STEINER, Rudolf, Allgemeine Menschenkunde als Grundlage der Pädagogik. Erziehungskunst I, S. 23.

und Astralleibes durch das Ich. "Ein Mensch ist umso vollkommener, je mehr seine Seele mit den Äußerungen des Geistes sympathisiert"[75], schreibt Steiner. Im edelsten Seelenteil, der Bewußtseinsseele, manifestiert sich einerseits die menschliche Selbstbesinnung[76] (als Tätigkeit des Ichs[77]), andererseits der Geistbezug des Menschen: Es zeigt sich dort etwas "wie ein Tropfen aus dem Meer der alles durchdringenden Geistigkeit."[78]

Steiners emanative *Seelenlehre* steht in unmittelbarem Zusammenhang mit seiner *Willenslehre*. In jener spricht er *geistbezogenen Erscheinungsformen* des Willens gegenüber leib- und seelenbezogenen Willensäußerungen einen *maximalen ethischen Wert* zu.[79] Willenspädagogik soll hinsichtlich der drei Wesensglieder des Kindes "regelnd und ordnend"[80] "eingreifen"[81], "die Seele vom Leibe befreien"[82] und es zum "Geistesmenschen"[83] veredeln. Der Trieb wird von Steiner als Willensäußerung des physischen Menschen charakterisiert.[84]

Während sich im Rahmen Steiners Evolutionstheorie die Frage nach dem freien Willen noch verhalten stellte, rückt sie nun angesichts der Steinerschen Wiedergeburtslehre und der Dreigliedrigkeit (Leib-Seele-Geist) des Menschen umso deutlicher vor. Dabei figuriert sie sich schließlich als nachdrückliche Anfrage an die pädagogische Anwendbarkeit Steiners anthropokosmologischer Thesen (Visionen).

---

[75] STEINER, Rudolf, Theosophie, S. 83.
[76] Vgl. STEINER, Rudolf, Geheimwissenschaft im Umriß, S. 69.
[77] Einerseits sind bei Steiner Seele und Ich identisch. Andererseits unterscheidet er zwischen der Tatsache, daß sich die Seele in Empfindung und Verstand an anderes hingibt und der Wahrnehmung des Ichs als *Selbstbesinnung* in der Bewußtseinsseele. (Vgl. STEINER, Rudolf, Die Geheimwissenschaft im Umriß, S. 69).
[78] STEINER, Rudolf, Die Geheimwissenschaft im Umriß, S. 70.
[79] Vgl. STEINER, Rudolf, Allgemeine Menschenkunde als Grundlage der Pädagogik. Erziehungskunst I, S. 64 ff.
[80] Ebd., S. 75.
[81] Ebd.
[82] Vgl. ebd., S. 74.
[83] Vgl. ebd., S. 75. Aufmerksam gemacht sei auf die hier abgebildete Systematik der verschiedenen Erscheinungsformen des Willens.
[84] Vgl. ebd., S. 68 f.

Steiners Unterscheidung zwischen "niedrigeren", d.h. leiborientierten und "höheren" Seelenregungen verdeutlicht, daß auch die Seele wie der Leib eine gewisse Abwertung erfährt. Angesichts Steiners Höherbewertung geistbezogener gegenüber leibbezogenen Seelenregungen und angesichts seiner Intention einer Willenspädagogik zur *Befreiung der Seele vom Leib*[85] kann der Seele kaum noch die von Steiner veranschlagte Verbindungs- und Vermittlungsfunktion zwischen Leib und Geist zuerkannt werden. So liegt die Vermutung nahe, daß Steiners Dreigliederung (von Leib, Seele und Geist) letztlich eine abstrakte, narrativ gehaltene Hierarchie *getrennter Wesensglieder*[86] ist, die den Menschen zu einem *makrokosmischen Veredelungs-Fall* werden läßt. Richard Geisen hat in seiner Schrift "Anthroposophie und Gnostizismus" Steiners Trennung der drei Wesensglieder als "Aufhebung der Widersprüche menschlichen Daseins in getrennten Wesensgliedern"[87] bezeichnet. Aus christlicher Sicht stellen – im Gegensatz zur Anthropologie Steiners – Leib-Seele-Geist des Menschen eine untrennbare Einheit dar. Die Wirklichkeit des menschlichen Leibes ist um nichts geringer als die seiner Seele.

Angesichts Steiners Hierarchie getrennter Wesensglieder und dessen pneumatischen Menschenbildes erhebt sich die Reminiszenz an den alten, gnostischen Dualismus von Natur versus Geist, Geist contra Materie. Hier sei an Max Schelers Sicht der "Stellung des Menschen im Kosmos" erinnert, nämlich daß Geist und Leben aufeinander hingeordnet[88] sind.

Steiners gnostische Anthropologie des "Geistesmenschen" vollzieht sich *außerhalb* des jüdisch-christlichen Traditionsstranges, der schließlich in

---

[85] Vgl. STEINER, Rudolf, Allgemeine Menschenkunde als Grundlage der Pädagogik. Erziehungskunst I, S. 74.

[86] Vgl. auch folgende Worte Steiners, die deutlich machen, daß es sich um voneinander getrennte Wesensglieder des Menschen handelt: "Durch seinen *Leib* gehört er der Welt an, die er auch mit seinem Leibe wahrnimmt; durch seine *Seele* baut er sich eine eigene Welt auf; durch seinen *Geist* offenbart sich ihm eine Welt, die *über* [RZ] die beiden anderen erhaben ist." (STEINER, Rudolf, Theosophie, S. 23).

[87] Vgl. GEISEN, Richard, Anthroposophie und Gnostizismus, S. 248.

[88] Vgl. SCHELER, Max, Die Stellung des Menschen im Kosmos, Bonn [12]1991, S. 87.

der Neuzeit weithin in die humanistische Aufklärung einmündete, die ihrerseits die Ganzheitlichkeit, Vernunft- und Leibwürde des Menschen favorisierte. Man denke hierbei nur an die Erziehungskunde von Basedow und Lessing[89], an Herder und Humboldt und nicht zuletzt an Max Scheler. Rudolf Steiners Anthropologie entziffert sich in ihrer Zieldynamik schließlich als diametrale Umkehrung von Georg Kerschensteiners Pädagogik der produktiven Arbeit zur Erdung des Schülers. Steiners Bestimmung des Kindes als formales Einheitssubjekt im Rahmen einer visionären Hierarchie getrennter Wesensglieder steht auch in Kontrast zu Maria Montessoris personaler Pädagogik.

Steiners hierarchische Auslegung des In-der-Welt-Seins des Menschen (Kindes) als Subjekt makrokosmischer Formung entspricht auf ihre eigenwillige Weise der Wilhelminisch-direktiven Sicht des *Untertanen*: Wird in der Wilhelminischen Pädagogik das Kind Vollzugsort megalomaner Ideale, so wird es in der Steinerschen Pädagogik mikrokosmischer Vollzugsort makrokosmischer Metatheorie. Die Bestimmung des Kindes, Ort der Verwirklichung kosmologischer Prinzipien zu sein, bereitet kaum das Fundament für eine Willenspädagogik, die tragfähig wäre zur Ausbildung dessen Identität und dessen personalen, empirischen Daseins und Handelns. R. Steiners abstrakte Anthropokosmologie fordert einen kritischen Vergleich mit Martin Heideggers Bestimmung des personalen Seins heraus: M. Heidegger geht wie Maria Montessori im ontologischen Sinne von der Identität des Menschen und seines Selbst aus. Demnach will und handelt der Mensch dann selbst, wenn er sich nicht nach fremden Gesetzen richtet, sondern entsprechend eigener Konzeptionen sein Dasein gestaltet. "Dasein ist [...] *mein* Dasein. Es ist *je eigenes und als eigenes jeweiliges*"[90] schreibt Heidegger.

---

[89] Vgl. SECKLER, Max, Aufklärung und Offenbarung, in: Christlicher Glaube in moderner Gesellschaft, 30 Teilbände, Hg.: BÖCKLE, Franz u.a., Bd. 21, Freiburg im Breisgau u.a. 1980 sowie SECKLER, Max, Die Aufklärung – eine Herausforderung für das Christentum als Offenbarungsreligion, in: Theologische Quartalschrift, Hg.: PROFESSOREN DER KATHOLISCHEN THEOLOGIE AN DER UNIVERSITÄT TÜBINGEN, K.A. FINK u.a., Bd. 159, Tübingen 1979.

[90] HEIDEGGER, Martin, Der Begriff der Zeit, Tübingen 1989, S. 13.

Seherisch-deduktiv wie die einzelnen Entwicklungsstufen des Kindes bestimmt Steiner auch die Abfolge der drei Wesensglieder. Seine drei-gliedrige Hierarchie von Leib-Seele-Geist entzieht sich wie seine Ent-wicklungstheorie einem induktiv-empirischen Zugriff. Sie ist nicht nur unter inhaltlichem, sondern auch unter methodischem Aspekt durch einen fehlenden Brückenschlag zwischen empirischem und transzendentem Sub-jekt charakterisiert, zwischen anthropokosmologischer Bestimmung und personalem Sein des Kindes als unwiederholbarer Individualität.

Die kritisch-konstruktive Untersuchung zu Steiners hierarchisch gestufter Anthropokosmologie hat zu ihrem ersten *Zwischenergebnis* gefunden. Gerade im fehlenden Brückenschlag der anthroposophischen Pädagogik zu sozialisierenden Willens- und Handlungsentwürfen der Reformpädagogik (G. Kerschensteiner, M. Montessori) wird eine eher apersonale, gnostisch-visionäre Auslegung des Kindeswohls deutlich.

Im folgenden soll nun auf Steiners Gesetz wiederholter Erdenleben eingegangen werden. Zunächst wird Steiners Wiedergeburtslehre hinter-fragt werden, um weiteren Aufschluß über die erkenntnistheoretische Methode zu erhalten.

Steiners Ausführungen zur Wiedergeburtslehre wurden von Richard Geisen in "Anthroposophie und Gnostizismus" dicht und weitläufig besprochen und als "relativ sorgfältig philosophisch"[91] deduziert ein-geschätzt. Da hier nicht der Ort einer ausführlichen Analyse Steinerscher Wiedergeburtslehre ist, sei daraus exemplarisch und themenrelevant ein Beispiel herausgegriffen: Es besagt, daß sich "zwei Menschen [...] unter den gleichen Einflüssen der Umgebung, der Erziehung und so weiter in ganz verschiedener Art entwickeln."[92] Und man müsse "zugeben, daß sie mit ganz verschiedenen Anlagen ihren Lebensweg angetreten haben."[93] Dieses ausgewählte Begründungsbeispiel aus der Steinerschen Wieder-geburtslehre, das sich auf die Annahme vorgeburtlicher, geistiger Anlagen stützt, wirkt apodiktisch. Es ist wie Steiners evolutive Metaphysik in

---

[91] Vgl. GEISEN, Richard, Anthroposophie und Gnostizismus, S. 261.
[92] Vgl. STEINER, Rudolf, Theosophie, S. 55.
[93] Ebd., S. 55.

seinem visionären Charakter kaum nachvollziehbar, ist es doch weder empirisch noch quellenmäßig untermauert. Das gewählte Beispiel läßt eine Anthropologie erkennen, die nicht das *reale Ich* und dessen Eingebundensein in besondere Sozialisationsbedingungen, sondern das *transzendente Subjekt* zur Ausgangsposition ihrer Erkenntnis macht.

Diese unsere Behauptung verlangt zwecks ihrer inhaltlichen Veranschaulichung nach einem systematischen Einstieg in Steiners Lehre von Reinkarnation und Karma. Gemäß Steiners kosmologischer Schau von *Wiederverkörperung und Schicksal* steht der Mensch in einem *gesetzmäßigen Zusammenhang wiederholter Erdenleben.* Der Leib unterstehe darin dem Gesetz der Vererbung. Die Seele unterliege dem Gesetz des Karmas, der Geist dem Gesetz der Wiederverkörperung. In "Theosophie" schreibt Steiner dazu:

> "Dreierlei bedingt den Lebenslauf eines Menschen innerhalb von Geburt und Tod. Und dreifach ist er dadurch abhängig von Faktoren, die jenseits von Geburt und Tod liegen. Der Leib unterliegt dem Gesetz der Vererbung; die Seele unterliegt dem selbstgeschaffenen Schicksal. Man nennt dieses von dem Menschen geschaffene Schicksal mit einem alten Ausdrucke sein Karma. Und der Geist steht unter dem Gesetze der Wiederverkörperung, der wiederholten Erdenleben."[94]

> "Welche Eindrücke die Seele wird haben können, welche Wünsche ihr werden befriedigt werden können, welche Freuden und Leiden ihr erwachsen [...]: das hängt davon ab, wie die Taten in den vorhergehenden Verkörperungen des Geistes waren."[95]

Sieht Steiner den Menschen in der hierarchischen Stufung von Leib-Seele-Geist als makrokosmischen Fall, so wird er in seiner Lehre von Reinkarnation und Karma zu einem *Fall makrokosmischer Gesetzmäßigkeit,* und zwar über die absolute Grenze von Leben und Tod hinweg. Sowohl der

---

[94]   STEINER, Rudolf, Theosophie, S. 69 f.
[95]   Ebd., S. 69.

Leib, der dem Tod "unterliegt", als auch die Seele, die dem vom Geist geschaffenen Schicksal "unterliegt", sind gemäß Steiner letzthin nichtig. Anders der Geist, der, wie oben belegt, das formgebende Prinzip der Verkörperungen ist. Steiners Sicht des sich wiederverkörpernden und sich dadurch veredelnden Menschen vermittelt den Eindruck kosmologischer Determiniertheit und Anonymität. Die (letztliche) Nichtigkeit von Leib und Seele führt vor Augen, daß es um *Rahmenbegriffe* für Steines Lehre des sich läuternden Menschen geht. Die Nichtigkeit von Leib und Seele stellt das anthroposophische Bemühen um eine ganzheitliche Sicht des Menschen schließlich in Frage.

Steiner intendiert in seiner Wiedergeburtslehre weder eine philosophisch-systematische Deduktion noch schlägt er die Brücke zum empirischen Menschen, der sich im Sinne Max Schelers "selbst «seine» raumzeitliche Einheit und Individualität"[96] bildet. An dem obigen Zitat wird auch deutlich, was Steiner unter *menschlichem Schicksal* versteht: Es ist *Wiederverkörperung, Resultat und akkumulatives Produkt menschlicher Tat*: Die sittliche Tat erhält einen besonders großen Stellenwert, der für alle Ewigkeit effektive Gültigkeit besitzt. Von ihr kann das Subjekt nicht mehr erlöst werden. Der Mensch baut sich sein Schicksal selbst durch seine Taten. Das Ziel der Veredelung des Menschen durch die Tat besteht in der *Auflösung* des *Ich-Subjekts*. Allein der apersonale Geist bleibt schließlich bestehen.[97]

Vergleichbar der Steinerschen Vision des kosmisch-karmischen Menschen als sittlich Tätigem spricht Origenes von einer pneumatischen Anthropologie des "Hegemonikons"[98]. Bei Origenes kommt dem um das Seelenheil bedachten Pädagogen (Seelsorger) die Aufgabe zu, Seele, Wille und Tat des Kindes zum Göttlichen zu führen. Die hegemoniale Seelenkraft des Menschen sei "Angelpunkt zwischen Himmel und Erde".[99] Umso erhabener ist die Funktion des Pädagogen: Seine vorbildliche Tat soll

---

[96] SCHELER, Max, Die Stellung des Menschen im Kosmos, S. 43.

[97] Vgl. STEINER, Rudolf, Theosophie, S. 100, wo er von dem "Geisterland nach dem Tode" spricht.

[98] Vgl. KELBER, Wilhelm, Die Logoslehre. Von Heraklit bis Origenes, Stuttgart 1976, S. 224.

[99] Ebd., S. 230.

orientierend und lenkend auf den Tatendrang, auf die sittliche Tat und den freien Willen des Kindes einwirken. Sowohl Steiners als auch Origenes' gnostisch geprägte Anthropologie, die visionär von hegemonialer Führungskraft und sittlicher Tat künden, sind von starkem Schicksalsglauben getragen.

Die in Steiners kosmologisch fundierter Anthropologie bisher angefragte Kluft zwischen transzendentem und empirischem Sein des Menschen wird noch umfassender deutlich angesichts dessen narrativer Schilderung nachtodlicher Läuterungsprozesse. Das Leib-Seele-Geist-Verhältnis nach dem Tod stellt sich anthroposophisch wie folgt dar: Nach dem Tod löst sich der Geist vom Leib.[100] Der Leib wird mit dem Tode "entlassen".[101] Anfangs bleibt der Geist allerdings noch mit der Seele verbunden, durch die der Mensch in die physische Welt verstrickt worden war.[102]

> "Die Seele wird den Geist in die [...] geistige Welt entlassen, wenn ihre Kräfte nicht mehr im Sinne der menschlichen Seelen-organisation wirken können. In dem Augenblicke wird der Geist befreit sein, wenn die Seele dasjenige der Auflösung übergeben hat, was sie nur innerhalb des Leibes erleben kann, und nur das übrig behält, was mit dem Geiste weiterleben kann."[103]

Der "übrigbehaltene"[104] Anteil verbindet die Seele mit dem Geist in der *"rein geistigen* [RZ] Welt."[105]

Die Zitate verdeutlichen, daß bei Steiner der Geist das formgebende Prinzip der Verkörperungen ist. Darüber hinaus zeigen sie, daß es bei den menschlichen Läuterungsprozessen nach dem Tod *nicht,* wie im christlichen Sinne, um die Verbindung von Seele *und* Geist zur Geistseele geht: Die Seele ist für Steiner nur ein Deckbegriff für ein *Konglomerat von*

---

[100] STEINER, Rudolf, Theosophie, S. 85.
[101] Vgl. ebd.
[102] Vgl. ebd.
[103] Ebd., S. 85 f.
[104] Vgl. ebd., S. 86.
[105] Ebd.

Bezügen, das sich, sobald es Entflechtung erfährt, in der rein geistigen Welt auflöst.[106] Dies ist aber eine Sichtweise, die insbesondere im gnostischen Doketismus geübt wurde. *Erlösungsträger* ist *nicht* (wie z.B. im Christlichen) die *Geistseele*, sondern allein der Geist. Damit werden *Entität* und *Identität* der *Seele*, aber auch Sinneswelt und *Leiblichkeit* des Menschen eingeschränkt. Man darf hier mit Max Schelers Worten gegenhalten, daß der *"physiologische und der psychische Lebensprozeß [...] ontologisch streng identisch"*[107] und *"teleoklin [...] auf Ganzheit eingestellt"*[108] sind. Steiners Erlösungsgedanke des Menschen im rein Geistigen nach dem Tod steht außerhalb des christlichen Traditionsstranges und entspricht der Sicht gnostischer Neuoffenbarung.

Anthroposophische Pädagogik ist an einen großen, kosmisch-karmischen (Geist-)Plan gekoppelt, in dem Leib und Seele (des Kindes) ein dem Geist untergeordneter Stellenwert zugemessen wird. Damit geraten auch personales Ich und personales Du in den Hintergrund. Das zeigt sich besonders deutlich an folgendem Beispiel pädagogischer Praxis. Steiner schreibt:

"Und wenn man ein Kind sich von hinten anschaut und sieht, es hat kurze Beine, es lastet der Oberkörper zu schwer, es tritt stark auf - hat man sich für diese Dinge den richtigen Blick angeeignet, dann weiß man: Da spricht ja das vorherige Menschenleben, da spricht Karma!"[109]

Das Zitat zeigt, daß die Pädagogik Steiners ihre Erkenntnisse aus dem Verständnis des *kindlichen Eingebundenseins* in den Gesamtkosmos gewinnt:

---

[106] Auch die Ausführungen Steiners zur Geistseele (vgl. STEINER, Rudolf, Allgemeine Menschenkunde als Grundlage der Pädagogik. Erziehungskunst I, S. 22 f.) können die Vermutung der Autorin nicht aufheben, daß bei Steiner Geist und Seele getrennt sind.

[107] SCHELER, Max, Die Stellung des Menschen im Kosmos, S. 74.

[108] Ebd.

[109] STEINER, Rudolf, Der pädagogische Wert der Menschenerkenntnis und der Kulturwelt der Pädagogik, GA 310, ⁴1989, S. 41. Zitiert nach PRANGE, Klaus, Erziehung zur Anthroposophie. Darstellung und Kritik der Waldorfpädagogik, Bad Heilbrunn/Obb., 2. durchgesehene Auflage 1987, S. 25.

Das *singuläre Leben* des Kindes ist nur ein *Ausschnitt* (eine Widerspiegelung) *gesamtkosmisch-karmischer Vorgänge*: Steiners Pädagogik, die, wie
das Zitat belegt, das Erscheinungsbild eines Kindes nach karmischen
Gesichtspunkten einschätzt, will ganzheitlich sein und zwischen vergangenem und gegenwärtigem Schicksal eine Brücke schlagen. Steiners
Pädagogik zu Ganzheitlichkeit enthüllt sich jedoch angesichts der Ausklammerung differenzierter diagnostischer Gesichtspunkte letztlich als
eine Pädagogik der Scheinganzheitlichkeit. Sein Weg zum freien Willen
des Kindes hat nicht das Kind als individuelle Person in seiner Leib- und
Seelenwürde im Blick, sondern einen mit dem Kosmos identifizierten,
pädagogischen Plan. Steiners Weg ist kein "Weg der Differenzierung,
sondern der Weg der Identifizierung, nicht der Differenzen und Relationen,
sondern der Einheit und positiven Zusammenstimmung."[110]

Im Vergleich zu R. Steiner, der in seinem Verstehen des Kindes an
einen kosmisch-karmischen Plan anknüpft, sieht M. Montessori Abweichungen im Erscheinungsbild des Kindes z.B. als Resultate menschlicher Repressionen[111] an. Die Folge von Repressionen gegenüber Kindern
sei der Verlust ihrer naturgemäß gegebenen Energien. Entwicklung,
Bewegung und freier Wille des Kindes sind gemäß Maria Montessori
Ausdruck seiner individuell gewordenen Psyche.[112] M. Montessoris christlich fundiertes Verständnis des Kindes als *einmalige Identität* nach dem
"Bilde Gottes" mit gewordener Leib-Seele-Geist-Struktur und eigenen
individuellen Kräften erscheint differenzierter, realitätsnaher und ganzheitlicher als Steiners kosmisch-karmischer Plan. Maria Montessoris Weg zum
freien Willen des Kindes ist nicht mit einem anonymen, karmischen Plan
identifiziert. Er bildet, anders als Steinersche Pädagogik, aufgrund seiner
christlich-ganzheitlichen Ausrichtung eine *Brücke* zwischen *Transzendenz*
und *empirisch anwendbarer Pädagogik*.

---

[110]   Vgl. PRANGE, Klaus, Erziehung zur Anthroposophie, Darstellung und Kritik der
        Waldorfpädagogik, S. 57.
[111]   Vgl. MONTESSORI, Maria, Spannungsfeld Kind – Gesellschaft – Welt, Auf
        dem Wege zu einer «kosmischen Erziehung», Hg.: OSWALD, Paul u.a., Freiburg
        im Breisgau 1979, S. 20.
[112]   Vgl. MONTESSORI, Maria, Das kreative Kind. Der absorbierende Geist, Hg.:
        OSWALD, Paul u.a., Freiburg im Breisgau 1972, S. 131.

1.3 Der hegemoniale Christus und der anthroposophische Pädagoge als Vorbild

Unsere Anfrage an Steiners kosmologische Anthropologie richtet sich auf die dazugehörige Pädagogik. Hierzu soll im folgenden zunächst Steiners Christologie in das Zentrum der kritisch-konstruktiven Betrachtung gerückt werden. Steiners Christologie ist nämlich wesentlicher Bestandteil seiner kosmologischen Theologie. Sie versteht sich als spezifisch *mystische* Auslegung des Christentums.[113] Aus der anthroposophischen Christologie sei das Kreuzigungsgeschehen exemplarisch zur Betrachtung ausgewählt. Steiner interpretiert es als "Mysterium von Golgatha".[114] Die Schwerpunkte unserer Untersuchung liegen hierbei

1. auf den Kerninhalten des "Mysteriums von Golgatha",
2. auf deren erkenntnistheoretischer Methode,
3. auf der Frage nach der pädagogischen Anwendbarkeit der anthroposophischen Kreuzesmetaphysik.

Vor dem Hintergrund Steiners mystischer Schau des Kreuzigungsereignisses läßt sich die Frage nach der (Nicht-)Verwirklichung des *freien Willens* in der anthroposophischen Anthropologie weiter verfolgen.

Das *"Mysterium von Golgatha"* ist gemäß Steiner ein *notwendiges kosmologisches Heilsereignis zum Zweck der erd- und menschheitsgeschichtlichen Veredelung*: "Mysterium von Golgatha" meint insbesonders: Der "physische Vorgang, das Ereignis von Golgatha ist der Ausdruck, die Offenbarung für einen *geistigen Vorgang* [RZ], der im Mittelpunkte alles Erdengeschehens steht."[115] Steiner spricht weiterhin von einer "Verbindung des Ereignisses von Golgatha mit der ganzen Evolution der Erde".[116] Durch das in die Erde eingegangene Blut Christi sei "*Christus* [...] *der Geist der Erde*"[117] geworden, und es werde der *Erde* die Kraft

---

[113] Vgl. STEINER, Rudolf, Das Christentum als mystische Tatsache und die Mysterien des Altertums, GA 8, Dornach/Schweiz ⁹1989 (Tb).

[114] STEINER, Rudolf, Das Johannes-Evangelium, S. 121.

[115] Ebd.

[116] Ebd., S. 126.

[117] Ebd., S. 125.

verliehen, "ihre *Evolution weiterzubringen* [RZ]."[118] Gemäß Steiner ist der Mensch nicht nur in seinem physischen Leib mit dem physischen Leib der Erde verbunden[119], "sondern [...] als geistig-seelisches Wesen [...] mit dem geistig-seelischen Wesen der Erde, das der Christus selber ist."[120] Angesichts Steiners kosmologischer Fundierung des "Mysteriums von Golgatha" zum Zweck der Veredelung von Erde und Menschheit soll im folgenden auf dessen evolutive Verflochtenheit, auf "Erdenwerden"[121] und "Menschenwerden"[122] eingegangen werden.

Die *Erdentwicklung* erfährt, so Steiner, durch das Christus-Mysterium Anstoß zu ihrer weiteren geistigen Veredelung: Einst sei die Erde noch mit dem Sonnensystem verbunden[123], die geistigen und physischen Sonnenkräfte noch mit der Erde vereint gewesen[124], bis sich die Sonne von der Erde getrennt hätte.[125] Mit dem "Ereignis von Golgatha" sei der Impuls zur Wiedervereinigung von Erde und Sonne gegeben worden.[126] Durch den in die Erde eingegangenen *Leib Christi* seien dieser zugleich *Sonnenkräfte* vermittelt worden.[127]

Wie der Erdentwicklung werde analog auch der *Evolution* der *Menschheit* durch das "Mysterium von Golgatha" Anstoß zur weiteren Veredelung gegeben. Steiner untergliedert zeitlich in verschiedene *Zeitalter und Kulturepochen* menschlich-geistiger Reife. Das "Mysterium von Golgatha" wird von ihm dem fünften (der sieben) Zeitalter menschlich-geistiger Entwicklung zugeordnet, dem "nachatlantischen"[128] Zeitalter. In der Periode bis zum Ende der "atlantischen" Zeit[129] habe der physische Leib der

---

118 STEINER, Rudolf, Das Johannes-Evangelium, S. 126.
119 Vgl. ebd., S. 126 f.
120 Ebd., S. 127.
121 Ebd., S. 123.
122 Ebd.
123 Vgl. ebd.
124 Vgl. ebd., S. 124.
125 Vgl. ebd.
126 Vgl. ebd., S. 124 f.
127 Vgl. ebd., S. 125.
128 Ebd., S. 168.
129 Ebd.

Menschheit den Reifegrad erworben, Ich-Träger zu sein.[130] Bis zum Ende der "atlantischen Zeit" habe die Menschheit "die physische Gehirnanlage und die andere Gestaltung des Körpers"[131] ausgebildet und die Fähigkeit des "«Ich-bin»"[132]-Sagens erworben. Das nachatlantische Zeitalter wird nach Steiner wiederum in sieben Kulturepochen[133] untergliedert: *Gegenwärtig* befände sich die *Menschheit* in der *fünften Kulturepoche* (Beginn im 10. Jahrhundert n. Chr.).[134]

Der Abfolge der sieben Kulturepochen entspricht der Aufstieg des Menschheits-Ichs zu den sieben Wesensgliedern: Ätherleib, Astralleib, Empfindungs-, Verstandes- und Bewußtseinsseele, Geistselbst und Lebensgeist.[135] Wir selbst sind in der Epoche des Eintretens des Ichs in die Bewußtseinsseele.[136] Zu Geistselbst und Lebensgeist steige das Menschheits-Ich während zwei zukünftiger Kulturepochen auf, der sechsten und siebten.[137] Das Ereignis von Golgatha und die *Entstehung des Christentums* situiert Steiner in die *vierte Epoche* der geistigen Menschheitsentwicklung.[138] Mit dem Erscheinen des Christus sei der Menschheit der Impuls vermittelt worden zu ihrer fortschreitenden Bewußtwerdung, ein Impuls zu "Einheit und Brüderlichkeit, die da kommen soll im sechsten Zeitraum."[139] Das "Mysterium von Golgatha" kennzeichne einen Wendepunkt zwischen geistigem *Abstieg* der Menschheit (im Verlauf der verschiedenen Zeitalter) und einem neuen Weg der *Vergeistigung*.[140] Der Bedeutung des Kreuzigungsgeschehens für die Ausbildung des höheren Menschheits-Ichs in der nachatlantischen Zeit gibt Steiner mit folgenden Worten Ausdruck: "Damit überhaupt das geschehen könne, daß der Mensch sich in der nachatlantischen Zeit vereinige mit dem höheren Ich,

---

[130] Vgl. STEINER, Rudolf, Das Johannes-Evangelium, S. 170.
[131] Ebd.
[132] Ebd.
[133] Vgl. exemplarisch die Übersicht, in: ebd., S. 181 sowie S. 171 ff.
[134] Vgl. ebd., S. 173 und S. 181.
[135] Vgl. ebd., S. 171 ff.
[136] Vgl. ebd., S. 173.
[137] Vgl. ebd., S. 173 ff.
[138] Vgl. ebd., S. 169.
[139] Ebd., S. 177.
[140] Vgl. eine Zusammenfassung des Abstiegs- und Revergeistigungsprozesses, in: GEISEN, Richard, Anthroposophie und Gnostizismus, S. 298 ff.

mußte der Menschheitsentwickelung Hilfe kommen."[141] Dies sei durch
"das Erscheinen des verkündeten Messias in dem Christus"[142] geschehen.
"Es ist also durch den Christus-Impuls in dem Menschen das Bewußtsein
eingezogen, daß er in seinem Ich etwas von göttlicher Substanz und
Wesenheit hat."[143]

In Steiners Christologie sind, wie obige Zitate belegen, Christus und
Mensch ganz in eine *kosmische Prozessualität* eingebunden. Wie Steiners
kosmologische Evolutions- und Reinkarnationstheorie besitzt auch seine
kosmologische Ausdeutung des "Mysteriums von Golgatha" Widerspie-
gelungscharakter: Christus repräsentiert das "höhere Ich" der Menschheit
im Kosmos zum Zweck ihrer Veredelung. Er spiegelt als Mikrokosmos
eine makrokosmische Veredelungsordnung. Durch den *kosmischen Christus*[144], der das *"höhere Ich" repräsentiert*, wird dem Menschheits-Ich die
"Anlage zur Gottähnlichkeit"[145] vermittelt. *Die Bedeutung des historischen
Jesus Christus* und damit auch die des *Menschen* selbst werden jedoch
relativiert angesichts der *Einbindung* von Christus und Mensch in ein *fortschreitendes Vergeistigungsgeschehen*. Auch die Reduzierung des Kreuzigungsgeschehens vom menschlich-tragischen auf ein kosmologisch-
universales "Ereignis"[146] bedeutet eine Relativierung des historischen
Christus, des Christus als Mensch und eine solche des Menschen selbst.
Damit erfährt aber auch der freie Wille des Menschen eine Relativierung.
Menschliche Freiheit und determinierendes, kosmisches Geschehen stehen
letztlich in einem anachronistischen Werteverhältnis zueinander. Steiners
Hermeneutik zentriert sich nicht auf den leidenden Christus (Menschen),
sondern deutet ihn in eine kosmisch-universelle Dimension. Dies entspricht seit spätantiker Zeit gnostischer Sichtweise. Der Passionsweg wird
sekundär. Leiden und Kreuzweg wird von Steiner keine Bedeutung

---

[141] STEINER, Rudolf, Das Johannes-Evangelium, S. 176.
[142] Ebd., S. 177.
[143] STEINER, Rudolf, Der Christus-Impuls und die Entwickelung des Ich-Bewußt-
       seins, GA 116, Dornach/Schweiz [3]1961, S. 61.
[144] Vgl. GEISEN, Richard, Anthroposophie und Gnostizismus, S. 343.
[145] STEINER, Rudolf, Der Christus-Impuls, S. 61.
[146] Steiner spricht an vielen Stellen vom "Ereignis von Golgatha", z.B. in:
       STEINER, Rudolf, Das Johannes-Evangelium, S. 121, S. 124 und S. 125.

zugemessen. "Erkenntnis des Christlichen wird zum inneren Programm anthroposophischer Anthropologie."[147]

So wie nach Steiners Deutung Christus als Träger von Sonnenkräften und als Repräsentant des höheren Menschheits-Ichs ganz in das kosmisch-evolutive Geschehen eingebunden ist, wird das *Subjekt* der *Ort*, an dem Steiners Kosmologie verifiziert *(widergespiegelt)* wird. Der *Mensch* ist ihm wesentlich *Subjekt kosmologischer Prinzipien*. Steiners Erkenntnis des Subjekts, das kosmologische Prinzipien spiegelt, sieht sich als Erbe von Goethes Weltanschauung der Idee und des Typus. In Steiners Werk "Goethes naturwissenschaftliche Schriften" wird Goethe in folgender Weise gedeutet: "Was die Philosophen das Absolute, das ewige Sein, den Weltengrund, was die Religionen Gott nennen, das nennen wir [...] die I d e e"[148], schreibt Steiner. Die Idee ist nach Steiners Goethe-Interpretation das, was als Ganzes in den einzelnen Erscheinungen enthalten ist. Der Mensch sei "mit dem Kern des Weltendaseins unmittelbarst verknüpft".[149] Er enthülle "diesen Kern, der allen übrigen Wesen verborgen bleibt [...]."[150] Der Mensch wisse, "[...] daß in ihm der Weltgeist zur Erscheinung kommt [...]. Er sieht in sich selbst den Vollender des Weltprozesses [...]."[151] Goethes bzw. Steiners Sicht der Welt der Ideen (Prinzipien) entspricht der Erkenntnisart des Spätplatonismus. Die Welt der platonischen Ideen besitzt für Steiner allein Zugkraft: Zum *Zweck* der Entwicklung der Menschheit zu ihrer weiteren *Veredelung bedarf es eines Mittels*, eines Typus des kosmischen Hegemons. Diesen sieht Steiner in der *Figur* des *Christus* gegeben. Steiner setzt sich mit seiner platonisch-gnostischen Sichtweise allerdings vom Christentum ab, das in der Person, im Leben und im Passionsweg Jesu Christi kein bloßes Mittel zum Zweck sieht.

Um Steiners kosmologische Christus-Mystik verständlich zu machen, soll im folgenden auf seine Interpretation des mystischen Leibes Christi

---

[147] SCHNEIDER, Wolfgang, Das Menschenbild der Waldorfpädagogik, S. 148.
[148] STEINER, Rudolf, Goethes naturwissenschaftliche Schriften, Dornach/Schweiz ⁵1926, S. 121.
[149] Ebd., S. 124.
[150] Vgl. ebd.
[151] Ebd.

(corpus mysticum) und auf einen exemplarisch ausgewählten Einweihungsweg eingegangen werden:

Der mystische Leib Christi, der besonders in der Paulinischen Kreuzestheologie eine entscheidende Heilsrolle spielt, wird bei Steiner zur mikrokosmischen Identifikationsgröße mystischer Versenkung (zum Zweck fortschreitender "Durchchristung"). Steiner schreibt dazu:

"Wir brauchen denjenigen Christus, den wir nicht als den leidenden durchschauen, sondern der da schwebt oberhalb des Kreuzes und hinüberschaut auf das, was *wesenlos* am Kreuze endet."[152]

Wie das Zitat belegt, ist R. Steiners Sicht des mystischen Leibes Christi nur bedingt christliche Inkarnationstheologie, da sie den *Leidensweg in das Doketische transponiert* und vom historischen Geschehen zu schnell abstrahiert. Die *Christus-Erfahrung* ist der *mystischen Erfahrung nachgeordnet*, wie auch Christus als der kosmische Christus einem übergeordneten Veredelungszweck untergeordnet wird. Steiner hebt nicht ab auf die Tragik, den schmerzlichen Tod am Kreuz, sondern sieht darin die *höchste Bewährung* Christi. Ausgeklammert bleibt die christliche Inkarnationstheologie mit deren Würdigung des historischen Jesus von Nazareth. Jesus Christus als Mensch, dessen irdisches und soziales Dasein und psychische Existenz, bleiben gemäß Steinerscher Anthropologie zugunsten eines *Veredelungsmysteriums* ausgeklammert. Damit wird aber auch die Möglichkeit des personalen Seins des Subjekts und dessen freier Wille ausgeklammert. Nicht "Subjektivität ist die Wahrheit", wie Kierkegaard die Frage nach dem Menschen beantwortet, sondern ein abstrakt-kosmisches Prinzip. Nicht die persönliche Wahrheit bestimmt Sein und Handeln des Subjekts, sondern ein kosmologisches Veredelungsmuster, das die menschliche Existenz übergeht, um sie zu erhöhen. Obiges Zitat verdeutlicht auch, wie gemäß der Steinerschen Deutung des "corpus

---

[152] Vgl. STEINER, Rudolf, Der Mensch in seinem Zusammenhang mit dem Kosmos, 3 Bände, Bd. 3: Die Verantwortung des Menschen für die Weltentwickelung durch seinen geistigen Zusammenhang mit dem Erdplaneten und der Sternenwelt, GA 203, Dornach/Schweiz, [2]1989, S. 285.

mysticum" das Leiden glorifiziert wird: Dort, wo ein abstraktes Veredelungsmysterium des Leidens an die Stelle von Entscheidungsfreiheit (etwa im Sinne Kierkegaards) tritt, vollziehen sich kaum freier Wille und personales Sein.

Steiner sieht für den einzelnen zeitgenössischen Menschen, der anthroposophische "Einweihung anstrebt"[153], Übungen wie "Meditation, Konzentration oder Kontemplation"[154] vor. Auf dem "christlichen Einweihungsweg"[155] könne sich der heutige Mensch einem Schulungsweg zum Zweck der fortschreitenden "Durchchristung" unterziehen.

Die "christliche Einweihungsmethode" meint das Durchleben von *sieben*[156] Gefühlsstufen. Dadurch werde der astralische Leib in besonderer Weise beeinflußt.[157] Auf der zweiten Stufe dieses Weges solle sich der Schüler mit "allen möglichen Schmerzen und Leiden der Welt"[158] *identifizieren*, was zu einer "astralen Vision der «Geißelung»"[159] führe, um dadurch "hinaufzusteigen in die geistigen Welten."[160] Es fragt sich, ob dieses Erlösungsdenken, das Identifikation mit Leiden zum Zweck menschlicher Veredelung anstrebt, nicht einem masochistisch-perversen Mechanismus gleichkommt, in dem identifikative Gefühlsmystik und Kosmozentrik höher bewertet werden als menschliche Identität und Freiheit. Im Gegensatz zu R. Steiners Gefühlsmystik möchte Max Schelers kosmologische Anthropologie dem Menschen einen weltoffenen Seinswert[161] "zu vollendeter Sachlichkeit"[162] zusprechen.

---

[153] STEINER, Rudolf, Das Johannes-Evangelium, S. 188.

[154] Ebd., S. 189.

[155] Ebd., S. 190.

[156] Vgl. ebd., S. 190. Die erste Stufe wird von Steiner als die Stufe der "Fußwaschung" (ebd.) bezeichnet. Auf ihr soll sich der Schüler dem "kosmischen Gefühle hingeben, wie das Höhere sich dem Niederen neigen muß." (Ebd., S. 191).

[157] Vgl. ebd,, S. 190.

[158] Vgl. ebd., S. 191.

[159] Vgl. ebd., S. 192.

[160] Ebd.

[161] Vgl. SCHELER, Max, Die Stellung des Menschen im Kosmos, S. 38.

[162] Ebd., S. 39.

Steiners Übungsanweisungen zu einer mystisch-identifikatorischen, "christlichen Einweihungsmethode" basieren auf seiner spekulativen erkenntnistheoretischen Methode, die nun auch im Rahmen der kosmologischen Christus-Deutung in den Blick kommen soll.

Im ersten Vortrag der Schrift "Das Johannes-Evangelium" faßt Steiner seine erkenntnistheoretische Methode zusammen:

> "Wenn die Geisteswissenschaft ihre wirkliche Aufgabe gegenüber dem modernen Menschengeist erfüllen will, dann muß sie zeigen, daß der Mensch, wenn er nur seine inneren Kräfte und Fähigkeiten gebrauchen lernt, die Kräfte und Fähigkeiten des geistigen Wahrnehmens, daß er dann, wenn er sie anwendet, eindringen kann in die Geheimnisse des Daseins, in das, was in den geistigen Welten hinter der Sinneswelt verborgen ist."[163]

Wie das Zitat anzeigt, gelangt der anthroposophische Geheimwissenschaftler nicht mittels sinnlicher Anschauung und reflektorischer Begriffsbildung zu (Christus-)Erkenntnissen, sondern auf dem Weg *geistigen Wahrnehmens*. Dies ist ein gewollt *exklusiver*, spekulativer Erkenntnisanspruch, der "von allen Urkunden unabhängig"[164] sein möchte. Die für Steiners erkenntnistheoretische Methode typische Unüberprüfbarkeit kann am Beispiel seiner evolutiven Kosmologie (in die auch das "Mysterium von Golgatha" eingebettet ist) verdeutlicht werden: Steiner schreibt in "Das Johannes-Evangelium": "Vor der atlantischen Zeit hat der Mensch in einem Lande gelebt, das man [...] Lemurien nennt."[165] In dem Zeitraum des "letzten lemurischen und ersten atlantischen"[166] Erdzeitalters seien "gewisse Gebiete unserer Erdoberfläche [...] so wie Inseln"[167] herausgeragt "aus der [...] noch flüssigen [...] oder in Dampf gehüllten Erde."[168]

Steiners Aussagen bezüglich eines bestimmten Entwicklungsabschnittes der Erde sind visionärer Art. Sie entbehren jeglicher (natur-)wissen-

---

[163] STEINER, Rudolf, Das Johannes-Evangelium, S. 9.
[164] Vgl. ebd., S. 10.
[165] Ebd., S. 106.
[166] Vgl. ebd.
[167] Ebd.
[168] Ebd.

schaftlicher Erkenntnisgrundlage. Sein gewollter "Okkultismus"[169] möchte "triviale Physik"[170] ersetzen. Die Erkenntnisgrundlage Steiners kosmologischer Christologie ist also "hellseherisch"[171] und "esoterisch".[172] Sie ist weder Ausdruck exakter Erfahrungswissenschaft noch weist sie auf geschichtliches Denken hin. Seine erkenntnistheoretische Methode des "geistigen Wahrnehmens" (z.B. jene des Kreuzigungsgeschehens) nimmt bewußt auf keinerlei Quellenmaterial Bezug. Sie ist weder theologisch noch wissenschaftlich, sondern doketisch und mythisch.

Die im Rahmen der Untersuchungen zu R. Steiners Kreuzesmystik erfolgte Darstellung der dazugehörigen erkenntnistheoretischen Methode hat hier zu ihrem vorläufigen Ende gefunden. Im folgenden soll angefragt werden, welchen Beitrag Steiners kosmozentrisch-doketische Christologie für eine Pädagogik leisten kann, die zwischen Transzendenz und pädagogischer Praktikabilität vermitteln möchte. Wie in Steiners Erkenntnis des gekreuzigten, doketischen Christus ist auch in seiner *Pädagogik* der Mensch *Ort*, an dem *kosmologische Prinzipien verifiziert werden*. Ein kurzer Abriß Steinerscher Temperamentenlehre soll diese These untermauern:

Steiner unterscheidet zwischen dem melancholischen, phlegmatischen, sanguinischen und cholerischen Kindtypus. Seine Temperamentenlehre fußt auf seinem Konzept der Viergliedrigkeit des Menschen, nämlich dem des physischen Leibes, Ätherleibes, Astralleibes und des Ichs. Ist der Mensch (das Kind) "in die Haut des physischen Leibes eingeschlossen"[173], ist er nach Sichtweise Steiners Melancholiker und kommt deshalb "so schwer von seinem physischen Einzeldasein ab".[174] Der Melancholiker ist "ein innerlich sich in sich zusammenziehender und mehr auf sich hinschauender, [...] die Welt meidender"[175] Mensch.

---

[169] STEINER, Rudolf, Das Johannes-Evangelium, S. 108.
[170] Ebd.
[171] Ebd., S. 110.
[172] Vgl. ebd., S. 121.
[173] Vgl. RITTERSBACHER, Karl (Hg.), Rudolf Steiner, Elemente der Erziehungskunst, S. 45.
[174] Ebd., S. 45 f.
[175] STEINER, Rudolf, Anthroposophische Pädagogik und ihre Voraussetzungen, GA 309, Dornach/Schweiz [4]1972, S. 16.

Ein Mensch, "dem alles gleichgültig ist, der nicht gedrückt ist von äußeren Eindrücken, der alles vorübergehen läßt, [ist, RZ] ein Phlegmatiker".[176] Beim Phlegmatiker sei keine wesentliche Wirkung auf den Ätherleib festzustellen.[177] Herrscht der Astralleib vor, dann spricht Steiner vom sanguinischen Temperament eines Menschen[178], der "von Eindruck zu Eindruck eilt".[179] Ein "energischer, aber auch zornmütiger, jähzorniger Mensch"[180] sei der Choleriker. Bei diesem herrschen nach Anschauung Steiners Ich und Blut vor und wirken auf den Ätherleib.[181]

Steiners Temperamentenlehre führt zurück auf die antike psychiatrische Temperamentenlehre des Hippokrates. Deshalb ist sie zweifelsfrei *vorpsychologisch* und schon zum Zeitpunkt ihrer Abfassung überholt. Psychologische und psychosomatische Erkenntnisse seiner Zeit werden von Steiner nirgends aufgegriffen, sondern ignoriert. Dafür greift er auf "das antike humoral-pathologische Viererschema"[182] der hippokratischen Medizin zurück, wie Heiner Ullrich, der sich in seiner Schrift "Waldorfpädagogik und okkulte Weltanschauung" mit der Anthropologie Steiners auseinandersetzt, feststellt. Obgleich Steiner keinen Originalitätsanspruch erhebt, wenn er im Zusammenhang seiner Beschreibung der vier Temperamente von "Griechenland"[183] spricht, weist er nicht ausdrücklich auf die antike Quelle hin. Der fehlenden methodischen Präzision hinsichtlich der eigentlichen Quelle (Hippokrates) der Temperamentenlehre entspricht

---

[176] STEINER, Rudolf, Anthroposophische Pädagogik und ihre Voraussetzungen, GA 309, S. 16.
[177] Vgl. RITTERSBACHER, Karl (Hg.), Rudolf Steiner, Elemente der Erziehungskunst, S. 46.
[178] Vgl. ebd.
[179] STEINER, Rudolf, Anthroposophische Pädagogik und ihre Voraussetzungen, S. 16.
[180] Ebd.
[181] RITTERSBACHER, Karl (Hg.), Rudolf Steiner, Elemente der Erziehungskunst, S. 47.
[182] Vgl. ULLRICH, Heiner, Waldorfpädagogik und okkulte Weltanschauung. Eine bildungsphilosophische und geistesgeschichtliche Auseinandersetzung mit der Anthropologie Rudolf Steiners, München u.a. ³1991, S. 157.
[183] RITTERSBACHER, Karl (Hg.), Rudolf Steiner, Elemente der Erziehungskunst, S. 45.

auf inhaltlicher Ebene der Verzicht auf die Elaborierung der Individualität. Das mag an folgendem Zitat deutlich werden:

> "So kommt der Mensch durch sein Temperament aus der Lage heraus, ein völlig individuelles Wesen zu sein. Denn durch sein Temperament mildert der Mensch seine volle Eigensinnigkeit eines individuellen Wesens, mattet er dieses ab."[184]

Das Zitat belegt, daß in Steiners Pädagogik der Temperamente dem Kind letzthin kein individueller Seinswert zugemessen wird. Es ist Ort transzendenter Prinzipien:

> "Das Gegebene wird nicht mit Hilfe und unter den Voraussetzungen des Denkens in seinem Zusammenhang erklärt, sondern als Ausdruck und Ergebnis höherer Erlebnis- und Kraftwelten abgeleitet."[185]

Wie Steiner den historischen Jesus hineinabstrahiert ins kosmisch Allgemeine und zu einem Instrument evolutiver Veredelungsprinzipien erklärt, so ordnet er das Kind transzendenten Prinzipien unter. Das pädagogische Prinzip des gegenseitigen Abschleifens von Einseitigkeiten[186] durch eine Sitzordnung von Gruppen gleicher Temperamente im Unterricht stellt frühantiken Schematismus über Ganzheitlichkeit, Individualität und Personalität. Steiners Ganzheitlichkeit anstrebende Pädagogik (der Temperamente) kann die in dieser Studie wiederholt ausgewiesene Kluft zwischen transzendentem und empirischem Subjekt mit solch großmaschigen Schemata nicht wirklich sinnvoll überbrücken. H. Ullrich bringt diese Einschätzung folgendermaßen auf den kritischen Punkt:

> "Mit solch wenigen Dimensionen bzw. Typen läßt sich [...] die Komplexität der einzelnen Persönlichkeit und die Vielfalt der

---

[184] RITTERSBACHER, Karl (Hg.), Rudolf Steiner, Elemente der Erziehungskunst, S. 42.
[185] PRANGE, Klaus, Erziehung zur Anthroposophie, S. 64.
[186] Vgl. GROSSE, Rudolf, Erlebte Pädagogik, S. 199.

individuellen Charaktere empirisch nicht annähernd erfassen."[187]

Somit kann auch der freie Wille des Kindes in Steiners Pädagogik der Temperamente nicht erfaßt werden. Ernst Jüngers Vorhaltung zur Macht der Pädagogik als Pädagogik der Macht kann für Steiners Typenlehre durchaus geltend gemacht werden: "Im gleichen Maße aber, in dem die Handlung psychologisch abzusinken beginnt, wird sie typologisch bedeutender."[188]

Auch in Steiners Konzept eines künstlerisch gestalteten Unterrichts wird das Kind Ort transzendenter Prinzipien. Steiner schreibt z.B.: "Und in alledem, was zwischen dem Lehrer und dem Kinde sich abspielt, muß Musikalisches herrschen, muß Rhythmus, Takt [...] pädagogisches Prinzip werden."[189]

Werden Werte der *sozialen Interaktion* durch rhythmische Werte ersetzt, dann lebt Pädagogik nicht von Personalität und individueller Wahrnehmung des Kindes durch den Pädagogen, sondern von künstlich verordnetem Spiel, in dem "die Methode erzieht"[190], was allerdings ihre Praktikabilität in Frage stellt. Wie bei R. Steiner Jesus bloßer Christus-Katalysator zu evolutiven Bewegungen geistiger Erneuerung ist, läßt Steiners Pädagogik der Temperamente und der Kunst den einzelnen Ich-Menschen zugunsten des Allgemeinen und Abstrakten außer Betracht. Was Steiner als praktikablen Maßstab des Individuellen versteht, bleibt im Allgemeinen und droht in der pädagogischen Praxis leicht zum Klischee zu werden.

Gemäß Maria Montessori, die ähnlich wie Rudolf Steiner im Umkreis der Reformpädagogik neue Quellen religiös-metaphysischer Pädagogik er-

---

187 ULLRICH, Heiner, Waldorfpädagogik und okkulte Weltanschauung, S. 178. Hingewiesen sei auf Ullrichs vergleichende Untersuchung zwischen Steiners Temperamentenlehre und wissenschaftlicher Persönlichkeitsforschung, in: ebd., S. 176 ff.
188 Vgl. JÜNGER, Ernst, Der Waldgänger, Stuttgart 1980, S. 23.
189 STEINER, Rudolf, Gegenwärtiges Geistesleben und Erziehung, Dornach/Schweiz ⁴1973, S. 122.
190 PRANGE, Klaus, Erziehung zur Anthroposophie, S. 121.

schloß, ist das Kind *nicht* Ort kosmologischer Mystik. Angesichts M. Montessoris Pädagogik erscheint Steiners Ansatz als besonders problematisch: Im Sinne ihrer christlichen Orientierung

> "schreitet das Leben nach einem kosmischen Plan voran, und der Sinn des Lebens ist nicht, Vollkommenheit auf einer unbegrenzten Bahn des Fortschritts zu erlangen, sondern einen Einfluß auf die Umgebung auszuüben und ein bestimmtes Ziel in ihr zu erreichen."[191]

Das Zitat belegt, daß Montessori das Kind *nicht* als menschlichen Binnenraum versteht, an dem mystisch-evolutive Veredelungsprinzipien verwirklicht werden sollen. Sie deutet die *kosmische Dimension* des Menschen christlich im Sinne seiner Gottesebenbildlichkeit: als das Sein im jeweiligen *sozialen Umfeld*. Ihr gesamtes Werk durchziehen (im Gegensatz zu Steiners Christologie) *soziokulturelle* und *soziopsychologische* Phänomenanalysen. Kosmische Erziehung im Sinne Montessoris bedeutet – anders als in Steiners transzendenter Temperamentenlehre – ein vertieftes Wissen des Pädagogen um *individuelle Lebensweltfaktoren* des Kindes: In der pädagogischen Schrift "Spannungsfeld-Kind, Gesellschaft, Welt. Auf dem Weg zu einer «kosmischen Erziehung»" zeigt sie (z.B. als Ursache unterschiedlicher kindlicher Verhaltensweisen) verschiedene Religions- und Kulturzugehörigkeiten auf. Sie hebt ab auf psychosoziale Rahmenbedingungen kindlicher Entwicklung und auf verantwortliches Handeln in der Gemeinschaft mit dem Ziel, daß das "[...] klare Bewußtsein sozialer Realität [...] das Wissen um den eigenen Platz in den sozialen Strukturen [vermittelt, RZ]."[192] Diese Anschauung entspricht der christlichen Sicht des Menschensohns der Evangelien in seinen sozialen Bindungen, seinem helfenden, heilenden und verantwortlichen Wirken. Während in der Steinerschen Pädagogik kosmologisch-mystische Veredelungsprinzipien den freien Willen des Kindes überlagern, liefert Montessori-Pädagogik eine Fülle von Detaileinsichten in das soziale Umfeld: Ihre differenzier-

---

[191] Vgl. MONTESSORI, Maria, Spannungsfeld Kind – Gesellschaft – Welt, S. 133.
[192] HOLTSTIEGE, Hildegard, Montessori-Pädagogik und soziale Humanität, S. 57.

ten Betrachtungen und praktischen Ansätze zur Sozialität, die Hildegard Holtstiege als eine Pädagogik zu "sozialer Humanität" kennzeichnet, liefern eine ganzheitlich-christliche Einsicht in Bedingungen und Voraussetzungen des freien Willens des Kindes. Die soziale Ausrichtung der Montessori-Pädagogik läßt daran denken, daß in der Antike "kosmos" als eine "«soziomorphe Metapher»"[193] galt, daß sich der Bezug des Menschen zum Universum "aus der Erfahrung der Geborgenheit in der Polis entwickelte".[194] Das besagt, "daß der Welt als Universum immer schon die Welt als Gesellschaft und als kulturelle Geisteswelt entsprach."[195]

Im Gegensatz zu Steiners besonderem Anliegen eines künstlerisch gestalteten Unterrichts ist es Montessoris kosmische Option, daß die "Schule die Aufgabe hat, den Schülern die Kenntnisse zu geben, die sie einen Lebensunterhalt finden lassen."[196] Ihr Verständnis von Arbeit als anthropologischer Notwendigkeit baut auf Selbständigkeit des Kindes und beugt daher *Spaltung* vor. Montessoris pädagogisches Anliegen von Arbeit als anthropologischer Notwendigkeit ähnelt Kerschensteiners Ansatz produktiver Arbeit. Vergleichbar Montessori legt jener besonderen Wert auf *Realitätsgebundenheit* der Pädagogik.

So wie Steiners Anthropologie des gekreuzigten (doketischen) Christus zur mystisch-identifikatorischen Praxis einlädt, möchte auch die dazugehörige anthroposophische Pädagogik Sein und Handlung des Schülers auf identifikatorischem Wege am Vorbild der Lehrkraft ausgerichtet sehen. Wie Christus in Steiners Christologie nicht in seinem Leiden, in seinem Schicksal, seinen inneren und äußeren Konflikten anerkannt wird, so wird bei Steiner auch das Kind nicht in seinem eigenen, unverwechselbaren, konflikthaften Sein anerkannt: Das folgende Zitat zum Thema "pädagogische Beziehung" verdeutlicht, daß das Kind in der anthroposophischen Pädagogik als Mikrokosmos die makrokosmische Ordnung des Pädagogen widerspiegelt und zum Identifikationsort idealer Werte wird. Steiner

---

[193] BISER, Eugen, Der Mensch – das uneingelöste Versprechen. Entwurf einer Modalanthropologie, Düsseldorf 1995, S. 15.
[194] Vgl. ebd.
[195] Ebd.
[196] MONTESSORI, Maria, Spannungsfeld Kind – Gesellschaft – Welt, S. 105.

schreibt: "Etwas ist wahr, etwas ist schön, etwas ist gut, weil die verehrte Autorität des Lehrenden, des Unterrichtenden zeigt, daß sie dieses für wahr, für schön, für gut hält."[197] Das hier exemplarisch ausgewählte Zitat sagt aus, daß der anthroposophische Pädagoge ideelles Vorbild und ethisches Maß für den Schüler zu sein hat. Der Vorbildcharakter des anthroposophischen Lehrers entspricht der führenden Funktion des kosmisch-hegemonialen Christus in Steiners Christologie. Die Orientierung Steinerscher Pädagogik am hohen Über-Ich-Ideal des Pädagogen läßt einen Vergleich zu mit Karl Kehrs pädagogischem Grundsatz der "Schulzucht" in Wilhelminischer Zeit. Weder in Steiners noch in Kehrs Pädagogik werden persönliche Erfahrungen, selbständige Artikulation und Urteilsfindung des Schülers zugelassen. Die Tatsache, daß das Kind in diesem pädagogischen Milieu eines dominanten Lehrer-Über-Ichs kaum selbst mit seinen eigenen Ansichten zu Worte kommen kann, sondern zur Identifikation erzogen wird, verweist auf Depersonalisierung und Verfehlung des freien Willens.

Montessori-Pädagogik weist *keine* Affinität zu mystisch-identifikatorischer Praxis auf: Gemäß M. Montessori vollzieht sich die Entwicklung des Kindes als fortschreitendes Streben nach Unabhängigkeit.[198] Ihre metaphernreichen Konzeptionen wie z.B. ihr Entwurf des "absorbierenden Geistes"[199], mit dem das Kind das Wissen in seiner Psyche aufbaut (absorbiert), oder ihre Lehre der "sensiblen Phasen" und des embryonalen Werdens[200] bieten dem Pädagogen eine erste Erkenntnisbasis, um individuell auf den Autonomieprozeß des Kindes einzuwirken. Im Gegensatz zu Steiners Pädagogik der zweckdienlichen Identifikation kommt "die Montessori-Pädagogik [...] vom Kind und seiner Psychologie zu neuen

---

[197]   STEINER, Rudolf, Anthroposophische Pädagogik und ihre Voraussetzungen, S. 61.
[198]   Vgl. MONTESSORI, Maria, Das kreative Kind. Der absorbierende Geist, S. 83 f.
[199]   Vgl. ebd., S. 23 ff.
[200]   Vgl. ebd., S. 31 ff.

Phänomenen".[201] Diese von Montessori gewollt kindzentrierte Blickrichtung des Pädagogen entspricht übrigens auch dem Jesus der Evangelien, dessen stets dialogaler Einwirkung auf die Menschen gemäß ihrer individuellen Veranlagungen und Identität.

2. R. Steiners Philosophie und Pädagogik der Freiheit: Wegweisung zur Emanzipation des Kindes?

2.1 Freiheit: intuitiver Nachvollzug von Ideen?

Hinsichtlich Steiners Verhältnisbestimmung von Mensch (Kind) und Kosmos wurde im vorigen Kapitel deren evolutiv-kosmozentrischer Einheitszug deutlich: Anthroposophische Kosmologie kristallisierte sich als *Menschheitspädagogik* heraus, die das Subjekt zur *geistigen Veredelung* und *Vervollkommnung* führen soll. Steiners stark futuristisch besetzte, durch metaphysische Prinzipien gesteuerte Anthropokosmologie läßt jedoch eine bemerkenswerte Kluft zwischen *transzendentem* und *empirischem* Sein des Subjekts aufscheinen: Steiners evolutiv-kosmologische Seinsbestimmung des Menschen zeigt ein ebenso weitgespanntes wie deterministisch gehaltenes Menschenbild, das keinen Anspruch auf die personale Identität des Subjekts erhebt. Vergleichbar Steiners Anthropokosmologie dokumentiert sich der Autorin auch anthroposophische Pädagogik (die sich in ihren Inhalten an Steiners gnostischer Erkenntnis orientiert) als spaltungsanfällig angesichts der *Diskrepanz* zwischen *transzendentem* Anspruch einerseits und *personalem* bzw. *empirischem* Anspruch andererseits. Diese anspruchsvolle Trias wird von Steiner selbst vorgetragen[202] und als Maßstab an sein weitläufiges Werk angelegt.

Nach der vorangehenden Untersuchung zur pädagogischen Valenz Steinerscher Anthropokosmologie soll Steiners Erkenntnislehre des

---

[201] Vgl. HOLTSTIEGE, Hildegard, Montessori-Pädagogik und soziale Humanität, S. 81.

[202] Vgl. STEINER, Rudolf, Allgemeine Menschenkunde als Grundlage der Pädagogik. Erziehungskunst I, S. 9 ff. sowie STEINER, Rudolf, Anthroposophische Pädagogik und ihre Voraussetzungen, S. 7 - 24.

Einzelsubjekts bzw. seine Idee individueller menschlicher Freiheit dargestellt werden, um diese anschließend auf ihren *pädagogischen Realwert* hin zu befragen. Die auffällig gewordene Aporie seiner Lehre zwischen transzendentem Sein und empirischem Subjekt-Sein soll dabei weiterhin als Bewertungskriterium und Leitfaden gelten.

Standen Rudolf Steiners spätere Schaffensjahre im Zeichen seiner anthropokosmologischen Schriften, so war die frühe Werkperiode vom großen Entwurf einer Erkenntnistheorie des individuellen Menschen geprägt. Wurde im Hinblick auf Steiners Anthropokosmologie der späten Jahre eine Determinierung des Menschen unverkennbar, so trat in seinem zentralen Frühwerk "Die Philosophie der Freiheit"[203] (1. Auflage 1894) ein Anspruch auf absolute Freiheit des Menschen zutage: Da das Ziel vorliegender Untersuchung primär pädagogisch ist, soll das von Steiner unbewältigt hinterlassene Spannungsverhältnis zwischen Determinierung und Freiheit des Menschen hier nur streckenweise verfolgt werden.

Steiners erkenntnistheoretisches Anliegen in den frühen Schriften[204] war, einen wissenschaftlich fundierten Zugang, d.h. eine erkenntnistheoretisch-methodische Einsicht in die ethisch-metaphysischen Bedingungen des frei wollenden und handelnden Menschen zu ermöglichen. Der Ausgangspunkt in Steiners Erkenntnistheorie der Freiheit (und des freien Willens) ist der Begriff der menschlichen *Erfahrung* vor jeder Wahrnehmung: In der Erfahrung nimmt nach Steinerschem Verständnis der Mensch "eine vielfach gegliederte, höchst mannigfaltige Außenwelt"[205] zur Kenntnis. Erfahrung sei unmittelbar und vielfältig.[206] Reine Erfahrung, so Steiner, mache der Mensch im Gegensatz zur Wahrnehmung "mit vollständiger Ent-

---

[203]   STEINER, Rudolf, Die Philosophie der Freiheit, GA 4, Dornach/Schweiz [13]1977 (Tb).

[204]   Vgl. ebd. sowie STEINER, Rudolf, Grundlinien einer Erkenntnistheorie der Goetheschen Weltanschauung mit besonderer Rücksicht auf Schiller, GA 2, Dornach/Schweiz [7]1979 (Tb).

[205]   STEINER, Rudolf, Grundlinien einer Erkenntnistheorie der Goetheschen Weltanschauung, S. 27.

[206]   Vgl. ebd.

äußerung [...] [des, RZ] Selbstes."[207] Ähnlich der menschlichen Erfahrung charakterisiert Steiner die Wahrnehmungswelt "als ein bloßes Nebeneinander im Raum und Nacheinander in der Zeit, ein Aggregat zusammenhangloser Einzelheiten."[208] Das bestimmende Element, durch das die Wahrnehmung eine Richtung erhält, ist gemäß Steiner das Denken des bewußten Einzelsubjekts. *Denken* stelle sich zunächst dar als die *Verknüpfung* einer *Beobachtung* mit einem *Begriff*: "Wenn ich ein Geräusch höre, so suche ich zunächst den Begriff für diese Beobachtung"[209], schreibt Steiner.

Abgesehen von dem begrifflichen Denken gibt es nach Steiners Anschauung auch ein *reflektierendes Bewußtsein*, das die Gegenwart von Erscheinungen verlassen hat und rückblickend die gemachten Erfahrungen vergegenwärtigt: Das sei das Beobachten des Denkens. Im Gegensatz zum gewöhnlichen, sinnenverhafteten Denken stelle das Beobachten des Denkens eine sinnlichkeitsfreie Metaebene des Denkens dar: den menschlichen Geist. Sinnlichkeitsfreies Metadenken des Einzelsubjekts vollzöge sich jedoch nicht nur als Beobachtung des Denkens, sondern auch als ein den Kosmos spiegelndes Denken: "Indem wir empfinden und fühlen (auch wahrnehmen), sind wir einzelne, indem wir denken, sind wir das all-eine Wesen, das alles durchdringt"[210], stellt Steiner in "Die Philosophie der Freiheit" dar.

Aufgrund des "all-einen" Denkens, so sagt das Zitat aus, ist die Einheit des Menschen mit dem Kosmos apriorisch gegeben. Mit dem "all-einen" Denken kann sich der Mensch über seine Vereinzelung in die Ideenwelt des Logos erheben und Freiheit erlangen.

Der Übergang in Steiners Erkenntnislehre des Einzelsubjekts vom sinnlichkeitsfreien Denken zum Erkennen ist fließend. Kernpunkt der Steinerschen Lehre vom "all-einen" Denken und Erkennen ist der Begriff der *Intuition*. Intuitives Erkennen charakterisiert Steiner folgendermaßen:

---

207 STEINER, Rudolf, Grundlinien einer Erkenntnistheorie der Goetheschen Weltanschauung, S. 28.
208 Vgl. STEINER, Rudolf, Die Philosophie der Freiheit, S. 75.
209 Ebd., S. 47.
210 Ebd., S. 72 f.

"Der Geist nimmt [...] den Gedankengehalt der Welt wahr wie ein Auffassungsorgan. Es gibt nur einen Gedankeninhalt der Welt. Unser Bewußtsein ist nicht die Fähigkeit, Gedanken zu erzeugen und aufzubewahren [...], sondern die Gedanken (Ideen) wahrzunehmen."[211]

Obiges Zitat sagt aus, daß das *intuitive, sinnlichkeitsfreie Erkennen* vergleichbar dem sinnlichkeitsfreien Denken an die *Ideenwelt geknüpft* ist. Dem Denken schreibt Steiner im Unterschied zum erkennenden, intuitiven Bewußtsein aber eher eine aktive, der Intuition eher eine passive Qualität zu. Intuitiver Nachvollzug der Ideenwelt ist nach Steiners Erkenntnislehre Ausdruck menschlicher *Freiheit*.

Während im ersten Teil der "Philosophie der Freiheit" eine Erkenntnistheorie der Wahrnehmung, des Denkens und Erkennens entfaltet wird, erfolgt im zweiten Teil die Entwicklung einer Willensethik des wahrnehmenden, denkenden und erkennenden Menschen: Was den einzelnen Willensakt des (bewußt denkenden und handelnden) Menschen betrifft, unterscheidet Steiner das im begrifflichen Denken wurzelnde *Motiv*[212] von der unmittelbar wirkenden *Triebfeder*[213] menschlichen Handelns. Triebfedern menschlichen Handelns siedelt Steiner auf den Wirklichkeitsebenen des Wahrnehmens, Fühlens, Denkens und der Intuition an.[214] Triebfedern

---

[211]   STEINER, Rudolf, Grundlinien einer Erkenntnistheorie der Goetheschen Weltanschauung, S. 78.

[212]   Vgl. STEINER, Rudolf, Die Philosophie der Freiheit, S. 118.

[213]   Vgl. ebd.

[214]   Die erste Wirklichkeitsebene des individuellen menschlichen Lebens ist gemäß Steiner, wie schon im erkenntnistheoretischen Teil von "Die Philosophie der Freiheit" deutlich wurde, das spontane Wahrnehmen. Triebfedern auf dieser Stufe seien z.B. Triebe, die aus der Unmittelbarkeit der Wahrnehmung heraus gelebt werden.
Als zweite Wirklichkeitsebene des individuellen menschlichen Lebens nennt Steiner das Fühlen. Beispielsweise können Schamgefühle, Stolz, Ehrgefühle, Demut oder Reue Triebfedern des Handelns sein.
Die dritte Wirklichkeitsebene des individuellen menschlichen Lebens stellen gemäß Steiner das Denken und Vorstellen dar. Triebfedern des Handelns können in Denken und Vorstellung gegründet sein. (Ausführlich in: STEINER, Rudolf, Die Philosophie der Freiheit, S. 120 f.).

des Handelns, die dem "begrifflichen Denken ohne Rücksicht auf einen bestimmten Wahrnehmungsgehalt"[215] entspringen, sind laut Steiner in der "reinen Intuition aus der idealen Sphäre heraus"[216] gegründet.

Entsprechend seiner Stufung der Triebfedern des Handelns erstellt Steiner in seiner Anthropologie des freien Willens auch eine Vierer-Ordnung der Handlungsmotive.[217] Handlungsmotive der vierten Stufe entspringen gemäß Steiner "aus dem Quell der reinen Intuition"[218]. Intuitive Handlungsmotive sind wie intuitive Handlungstriebfedern in Steiners Metatheorie ideell bestimmt.[219] Ein Vergleich Steiners Stufung der Triebfedern mit seiner Ordnung der Handlungsmotive zeigt, daß seine Freiheitsphilosophie eine *Ethik des intuitiven Wollens* und Handelns des Menschen ist: Sowohl *Handlungstriebfedern* des Menschen als auch dessen *Handlungsmotive* sind *frei*, wenn sie *intuitiv ergriffen werden*. Freies, d.h. intuitives Handeln schließt nach Steinerscher Ethik normative und sittliche Prinzipien als Grundlage aus. Nur ein Mensch, der intuitiv will und handelt, ist gemäß Steiner ethisch frei. Allein eine in der Intuition wurzelnde Handlung kann, so Steiner, individuell sein. Eine Willenshaltung, die in der Intuition verankert ist, bezeichnet er als *ethischen Individualismus*.[220]

---

[215] Vgl. STEINER, Rudolf, Die Philosophie der Freiheit, S. 121.

[216] Vgl. ebd.

[217] 1. Motive können auf Vorstellungen des eigenen oder fremden Wohls basieren. Vorstellungen des eigenen oder fremden Wohls können gemäß Steiner z.B. Egoismus oder Klugheitsmoral sein.

2. Menschliche Motive können abstrakte Moralprinzipien sein, repräsentiert durch äußere Autoritäten. Dazu gehören nach Steinerscher Sicht z.B. Elternhaus, Staat, Kirche, Gesellschaft, auch das eigene Gewissen.

3. Gemäß Steiner ist es ein sittlicher Fortschritt, wenn menschliche Handlungsmotive auf sittlicher Einsicht beruhen, d.h. wenn sich der Mensch nicht nach äußeren sittlichen Prinzipien richtet. (Ausführlich in: STEINER, Rudolf, Die Philosophie der Freiheit, S. 123 ff.).

[218] Ebd., S. 125.

[219] Vgl. ebd., S. 126.

[220] Vgl. ebd., S. 157.

Steiners Konzept des ethischen Individualismus umfaßt neben der intuitiven auch die moralisch phantasievolle Handlung.[221] Menschliches Handeln auf der Ebene moralischer Phantasie vollzieht sich nach Steiners Verständnis ebenfalls in Anbindung an die platonische Ideenwelt.[222] Seine Erkenntnistheorie des freien Willens besagt, daß der freie, intuitiv und moralisch phantasievoll handelnde Mensch keiner normativen Moral verpflichtet ist, vielmehr verschafft er sich "seinen Wert sich selbst"[223] aus "rein ideellen Gründen"[224] heraus.

Bevor auf die Steinersche Ethik des individuellen, freien Menschen genauer eingegangen und diese auf ihre pädagogische Besonderheit hin untersucht wird, soll hinführend auf die psychologische Ethik von Jürgen Habermas verwiesen werden. Dessen Verständnis von humaner Ethik bietet sich schon aus folgenden Gründen zu einer vergleichenden Studie Steinerscher Metatheorie an:

1. J. Habermas ist wohl der renommierteste Vertreter der jüngeren "Frankfurter Schule". Sein Ansatz hat seit den 60er Jahren respektablen Normierungswert für die deutschsprachigen Sozialwissenschaften. Seine Philosophie ist religionskritisch, aber nicht atheistisch. Sie läßt daher einen Vergleich mit Steiners metaphysischer Erkenntnis zu.

2. J. Habermas' Thesen zur Sozialethik laufen auf eine Verbindung zu zwischen rationaler Erkenntniskritik und kritischer Gesellschaftstheorie.

3. J. Habermas schlägt als Soziologe und Erwachsenenpädagoge eine Brücke zwischen der philosophischen und pädagogischen Wissenschaftsdisziplin. Die Beziehung zum "anderen", die Klärung von sozialethischen Bezügen (Individualität und Gesellschaft, Individuum und Allgemeines usw.) sind seine Hauptanliegen.

---

[221] Vgl. STEINER, Rudolf, Die Philosophie der Freiheit, S. 151 ff.
[222] Vgl. ebd., S. 152.
[223] Ebd., S. 185.
[224] Vgl. ebd., S. 151.

Steiners Erkenntnistheorie der *übersinnlichen Intuition* und *moralischen Phantasie* knüpft wie seine Kosmologie an die *Ideenlehre Platons* an. Die anthroposophische Erkenntnislehre des Einzelsubjekts, die substantiell eine "Philosophie der Freiheit" sein möchte, propagiert wie Platons Ideenlehre ein *übersinguläres Erkennen*: Steiners Metatheorie des "all-einen" Denkens und Erkennens zum Zweck der Freiheit und Individualität des Menschen möchte dessen verlorenen Zusammenhang mit dem Kosmos wiederherstellen: "Die Philosophie der Freiheit" ist restitutiv in ihrer Absicht. Sie sucht den *denkerischen* und *existentiellen Nachvollzug kosmischer Ideen* zum Zweck der Wiedereingliederung des Menschen in den Kosmos. Sie kann daher aufgrund ihres Spiegelungscharakters als *mythisches Denken* bezeichnet werden, das "alle Erscheinungen zu einem einzigen Netz von Korrespondenzen"[225] zusammenfaßt: Wie in Steiners Kosmologie ist auch in seiner Erkenntnistheorie individueller Freiheit der Mensch Ort der Verifizierung kosmischer Ideen: Er "unterliegt" überindividuellen Gesetzen, die der Einsicht anthroposophisch-visionärer Neuoffenbarung entstammen. Diese Gesetze sind spekulativ und nur schwer kommunikabel. Raum-, Zeit- und Personenverständnis der Steinerschen Lehre folgen einer spezifisch *gnostisch-mythischen* Prägung. Wie seine evolutive Entwicklungstheorie, Reinkarnationslehre und Christologie läßt auch Steiners gnostische Erkenntnis individueller Freiheit des Menschen eine Diskrepanz zwischen transzendentem und empirischem Anspruch des Subjekts unleugbar werden. Angesichts dieser intuitiven Ideenwelt wird eine Kluft zwischen dem von Steiner vorgebrachten *Anspruch* auf *menschliche Freiheit* einerseits und dem *mythischen Charakter* seiner Einlösung andererseits erkennbar: In Steiners gnostischer Erkenntnis des Einzelsubjekts und seiner Anschauung von Intuition und Idee gelten sublime Denk- und Sprachwelten, die jedoch keinen intelligiblen Bezug zum konkreten, soziokulturellen Lebensraum, zur realen Entwicklung und zum einmaligen, personalen Dasein des Subjekts aufweisen.

---

[225] Vgl. HABERMAS, Jürgen, Theorie des kommunikativen Handelns, 2 Bände, Bd. 1: Handlungsrationalität und gesellschaftliche Rationalisierung, Frankfurt a. M. 1995, S. 77.

J. Habermas, der sich in seiner "Theorie des kommunikativen Handelns" mit mythischen Weltbildern kritisch auseinandersetzt, wertet ein übersinguläres, mythisches Denkkonzept als eine Praxis, "mit der die Welt auf imaginäre Weise kontrolliert werden kann."[226] Fraglich wird, ob Steiners abstrakte Erkenntnis des Ideennachvollzugs nicht einer "Nivellierung der verschiedenen Realitätsbereiche"[227] der menschlichen Lebenswelt gleichkommt. Nicht zuletzt deshalb, weil der Wille des Menschen durch eine vielschichtige Lebenswelt geprägt wird, kann Steiners Ideenlehre kaum als Grundlage einer Erkenntnis von Freiheit und Emanzipation des Menschen (Kindes) gelten.

Die unverkennbare Diskrepanz zwischen Steiners Anspruch auf Freiheit des Subjekts und dessen tatsächlicher Begrenzung trägt ihre spezifischen Konsequenzen in die anthroposophische Pädagogik hinein: Steiners sublime Metatheorie individueller Freiheit kann vom Schüler in aller Regel weder existentiell noch philosophisch nachvollzogen werden. Er ist folglich auf einen *verstehbaren Diskurs* der *Vermittlung* angewiesen, der angesichts des abstrakten Charakters Steinerscher Erkenntnis nicht eingelöst werden kann: "Die Philosophie der Freiheit" stellt eine *Metaebene* des Denkens und Erkennens dar, die Ausdruck eines *Zweiklassenwissens* ist und kaum nachvollzogen werden kann.

Wie Steiners ideell fundierte, gnostische Erkenntnis des Einzelsubjekts ist auch seine Pädagogik auf den Nachvollzug sublimer metaphysischer Denk- und Sprachwelten ausgerichtet. So sieht er beispielsweise in seinem Rezitationsansatz einen kosmisch-ideellen Anspruch verwirklicht: Gemäß Steiner soll im schulischen Umgang mit lyrischer Dichtung dem Kind das vermittelt werden, "was über dem Inhaltlichen liegt".[228] Das Zitat sagt aus, daß die Schüler im anthroposophischen Rezitationsunterricht nicht in einen Prozeß gemeinsamer Erarbeitung dichterischer Inhalte einbezogen werden, sondern zum Zweck kosmischer Einbindung lyrische Sprachformen identifikativ rezitieren, d.h. wiederholen sollen. Nach eigener, jahrelanger

---

[226] HABERMAS, Jürgen, Theorie des kommunikativen Handelns, Bd. 1, S. 79.
[227] Ebd., S. 78.
[228] STEINER, Rudolf, Erziehungskunst. Methodisch-Didaktisches, Erziehungskunst II, GA 294, Dornach/Schweiz 1975 (Tb), S. 48.

Erfahrung als Lehrkraft an einer Waldorfschule folgt die Autorin Wolfgang Schneiders Feststellung, daß "Gedichtrezitation [...] zum kosmischen
Beschwörungsritual"[229] werden und "sakrale Züge"[230] aufweisen kann.
Diese äußere Form des intuitiven Nachvollzugs von Dichtung zum Zweck
des "all-einen" Denkens kann wie Steiners Metatheorie des Einzelsubjekts
als *mythisch* bewertet werden. Sie weist Züge der Wilhelminischen Gehorsamkeitspädagogik auf: Im anthroposophischen Rezitationsunterricht finden weder verstehbare, reziproke Kommunikationsprozesse zwischen
Schülern und Pädagogen statt noch gemeinsame Interpretationsbemühungen. Ein pädagogischer Anspruch auf transparente und daher nach-
prüfbare Kommunikation kommt hier nicht zur Geltung. Der rezitatorische
Umgang mit lyrischer Dichtung im Unterricht der Waldorfschule entspricht kaum Steiners Anspruch auf freien Willen des Kindes, sondern
zeugt eher von Spaltung. Denn die Entfaltung des eigenen Willens ist an
eine offene, inhaltsbezogene und personengebundene Sprachbeziehung
geknüpft, und zwar jenseits von mechanischem Nachvollzug. Eine Pädagogik zu Freiheit und Emanzipation läßt gemeinsame, reziproke Interpretationsbemühungen von Inhalten zu. Sie darf nicht Wiederholung
inhaltsloser Form sein. Der freie Wille des Kindes ist an sein Selbst, an
seine Identität und an eigene Sprachbemühungen geknüpft.

Dem anthroposophischen Unterricht spekulativer Sprach- und Denkwelten wohnt nicht nur hinsichtlich des Schülers, sondern auch im Hinblick auf den Pädagogen eine Spaltungstendenz inne: Steiners abstrakte
Erkenntnistheorie besitzt einen hohen hypothetischen Anspruch auf Vermittlung durch den Pädagogen. Dieser Anspruch kann aber empirisch
kaum eingelöst werden. So hat die anthroposophische Lehrkraft im
Epochenunterricht der ersten vier Schuljahre beim Erzählen des Märchen-,
Legenden-, Fabel- und Mythenstoffes vorrangig eine phantasievolle,
seelenansprechende Ausgestaltung des Erzählstoffes[231] zu leisten. Dabei
"muß der Lehrer eben künstlerischen Sinn in seiner Seele haben, artistisch

---

[229] SCHNEIDER, Wolfgang, Das Menschenbild der Waldorfpädagogik, S. 275.
[230] Ebd.
[231] STEINER, Rudolf, Die Kunst des Erziehens aus dem Erfassen der Menschen-
       wesenheit, GA 311, Dornach/Schweiz ⁴1979, S. 39.

veranlagt sein"[232], lauten Steiners Worte. Das Zitat zeugt von einem maximalen Anspruch Steiners an die freie Erzählkunst des Lehrers, an dessen Gedächtnis und pädagogische Bereitschaft. Nach Ansicht des Steiner-Kritikers H. Ullrich unterliegt der Waldorfpädagoge einer "ständigen Tendenz zur Überforderung".[233] So nimmt die Vorbereitung des täglichen Erzählstoffes nach eigener Erfahrung der Autorin einen besonders großen Zeitaufwand in Anspruch, der jedoch kaum in einem ausgewogenen Verhältnis zum realen Wert von Steiners "artistischen" Idealen steht. Einmal mehr bestätigt sich die Annahme der Spaltung anthroposophischer Pädagogik zwischen transzendentem und empirischem Subjekt. Steinersche Pädagogik, die "den systematischen Anspruch des Universalismus erfüllen"[234] will, ist kaum eine Pädagogik zum freien Willen des Kindes: Denn das Selbstverständnis des Schülers (und Pädagogen) ist in seiner *identifikatorischen* Prägung weniger von menschlicher Identität und lebendiger Sprache getragen als von einem autoritativen "Heilsauftrag".[235]

Gemäß Habermas'scher "Theorie des kommunikativen Handelns" versucht eine Korrespondenztheorie "vergeblich, aus dem sprachlogischen Bereich auszubrechen, innerhalb dessen der Geltungsanspruch von Sprechakten allein geklärt werden kann."[236] Habermas' Ansatz, der die diskursive Begründbarkeit von Geltungsansprüchen reflektiert, kann im Vergleich zu Steiners gnostischer Erkenntnis und dessen autoritativer Pädagogik als prozedural und universal gewertet werden: Seine Diskursethik

> "erschließt den Zugang zu drei Themenkomplexen, die miteinander verschränkt sind: es geht zunächst um einen Begriff der kommunikativen Rationalität [...]; sodann um ein [...] Konzept der Gesellschaft [...] und schließlich um eine Theorie der

---

232 STEINER, Rudolf, Die Kunst des Erziehens aus dem Erfassen der Menschenwesenheit, S. 39.
233 Vgl. ULLRICH, Heiner, Waldorfpädagogik und okkulte Weltanschauung, S. 233.
234 Ebd., S. 124.
235 Vgl. ebd., S. 232.
236 HABERMAS, Jürgen, Vorstudien und Ergänzungen zur Theorie des kommunikativen Handelns, Frankfurt a. M. 1995, S. 133.

Moderne, die den Typus der heute immer sichtbarer hervor-
tretenden Sozialpathologien [...] erklärt."[237]

Habermas versteht den Menschen, so zeigt das Zitat, immer kommunikativ
in seinem Verhältnis zur *Gemeinschaft* und *Gesellschaft*.[238] Seine diskursive Ethik umspannt das *psychosoziale Umfeld* des Kindes: Im Gegensatz
zu Steiners Korrespondenztheorie des Nachvollzugs macht J. Habermas
einen Problematisierungsanspruch der menschlichen (kindlichen) Identität[239] geltend. Habermas' psychosozialer Problematisierungsanspruch wird
nicht nur in seiner Diskursethik deutlich, die eine Analyse menschlicher
Verständigungsprozesse darstellt. Er besitzt auch in seinen Thesen zur
Sozialisation Gültigkeit, die die *psychosozialen Bedingungen* des menschlichen *Gewordenseins* im *Rahmen der Sozialgemeinschaft* aufzeigen: Ganz
im Sinne seines Problematisierungsanspruches veranschlagt Habermas hier
Identitätsentwicklung als Balanceakt zwischen der persönlichen und der
sozialen Identität, zwischen der persönlichen Ideenwelt und der Außenwelt.[240] Das Sein des Menschen (Kindes) wird nicht (wie in der Steinerschen Metaphysik) von Ideen her bestimmt, sondern als dialektischer
Prozeß: Im Vergleich zu Steiners eindimensionaler Neuoffenbarungslehre
und Erkenntnis des intuitiven Ideennachvollzugs verhilft Habermas einem
Vorverständnis menschlicher Kommunikation zur Geltung: der familiären
Lebenswelt als vorverstandenem Kontext der Handlungs- und Sprech-

---

237 HABERMAS, Jürgen, Theorie des kommunikativen Handelns, Band 1, S. 8.
     Habermas wertet mythische Weltbilder, die nach seiner Erkenntnis eine geringe
     Differenzierung zwischen der subjektiven, objektiven und sozialen Welt aufwei-
     sen, als geschlossene Denksysteme. (Vgl. ebd., S. 85).
238 Anders als z.B. abstrakte Sprechübungen oder Nachvollzug lyrischer Sprachfor-
     men stellt sich im Sinne J. Habermas eine offene Kommunikation über die
     subjektive Befindlichkeit dar: "Die expressive Einstellung eines Subjekts, das
     einen Gedanken preisgibt, einen Wunsch erkennen läßt, ein Gefühl zum Aus-
     druck bringt, das ein Stück seiner Subjektivität vor den Augen anderer enthüllt,
     unterscheidet sich auf charakteristische Weise von der objektivierenden Einstel-
     lung eines manipulierenden oder beobachtenden Subjekts gegenüber Dingen und
     Ereignissen [...]." (Vgl. ebd., S. 84).
239 Vgl. HABERMAS, Jürgen, Vorstudien und Ergänzungen zur Theorie des kom-
     munikativen Handelns, S. 134.
240 Vgl. HABERMAS, Jürgen, Thesen zur Theorie der Sozialisation, S. 13.

situation.[241] Der Spaltungstendenz anthroposophischer Pädagogik zu Zweiklassenwissen und Identifikation steht Habermas' dialektischer Ansatz entgegen: Denn dieser bringt gerade das ans Licht, was anthroposophisch-gnostische Erkenntnis nicht berücksichtigt: den realen Lebensraum (Familie, Gesellschaft) des Menschen (Kindes) und dessen Identitäts-entwicklung im Austausch mit der Gemeinschaft, die Denken, Sprechen und Handeln prägt.

> "Rudolf Steiner erhöhte das Gehäuse der aristotelischen Logik zum Erkenntnispfad einer die Verstandesgrenzen durchbrechen-den 'Meta-Logik', das heißt einem überlogischen Habhaftwerden seelisch-geistiger Gesetze, Ordnungen und Gegebenheiten [...]."[242]

J. Habermas entschlüsselt die "soziale Matrix"[243] der Ich-Identitäts- und Sprachentwicklung des Menschen (Kindes): An die Stelle der Diskrepanz anthroposophischer Lehre zwischen Transzendenz und Empirie treten psy-chosoziale Zusammenhänge. J. Habermas diskursive Ethik verschafft einem reziproken ethischen Grundverständnis Geltung, das denkerische und sprachliche Ausmittlung einschließt. Habermas' Ethik verweist auf konkrete psychosoziale Wechselwirkungen im Sozialisationsprozeß des Menschen, die seine emanzipatorischen Bestrebungen entscheidend prä-gen.

Auch Jean Piaget (1896 – 1980)[244] bezog in seiner empirisch fundierten Psychologie (wie J. Habermas) menschliche Kommunikationsprozesse ein: Forschungsschwerpunkt seiner wissenschaftlichen Arbeit war die Ent-wicklung der Intelligenz des Kindes, die er als von der *Umwelt* mitgeprägt verstand. Piaget entwickelte verschiedene Stufen der kognitiven Entwick-lung des Kindes. Die stufenweise sich vollziehende Entwicklung des Menschen geschehe zum einen als *innerer Reifeprozeß* und hänge zum

---

[241] Vgl. HABERMAS, Jürgen, Thesen zur Theorie der Sozialisation, S. 25.
[242] Vgl. ULLRICH, Heiner, Waldorfpädagogik und okkulte Weltanschauung, S. 191.
[243] HABERMAS, Jürgen, Thesen zur Theorie der Sozialisation, S. 24.
[244] Jean Piaget: schweizer Psychologe, Universität Genf.

anderen von *Bedingungen der Umwelt* ab. Piagets kognitive Entwicklungspsychologie impliziert Beobachtungen zum Sozialverhalten des Kindes. Sie legt Wert auf die sozialpädagogische Verträglichkeit des Subjekts, das handelnd und sprechend in Bezug zur Um- und Mitwelt tritt. Piagets Ansatz, der die soziale Prägung der menschlichen Entwicklung berücksichtigt, kann im Gegensatz zu Steiners kosmozentrischer Metalehre als *soziozentrisch* gewertet werden: An die Stelle kosmisch-evolutiver Determinierung tritt die Erforschung des komplexen Wechselbezugs zwischen der Innenwelt und der sozialen Außenwelt des Kindes. Piagets entwicklungspsychologische Erkenntnisse sollen im folgenden Kapitel punktuell als Vergleich zu Steiners anthroposophischer Menschenkunde herangezogen werden. Im Rahmen der Anfrage an die anthroposophische Menschenkunde hinsichtlich ihrer Anwendung soll auch die religiös-humanistische Ethik Martin Bubers (1878 – 1965)[245] vergleichsweise gewürdigt werden.

Der Rekurs auf Piagets Psychologie der kognitiven Entwicklung des Kindes eignet sich aus folgenden Gründen besonders zu einer kritischen Erforschung Steiners menschenkundlicher Pädagogik:

1. Piagets psychologisches Werk ist *empirisch* fundiert: Daher bietet sich seine Konzeption für einen Vergleich mit Steiners deduktiver Erkenntnislehre besonders an.

2. Piagets wissenschaftliche Untersuchungen und Erkenntnisse der kognitiven Entwicklung des Kindes im Austausch mit seiner Lebenswelt berücksichtigen (wie die Ethik Habermas') intrapsychische Faktoren und das psychosoziale Umfeld des Kindes.

---

[245] Martin Buber: jüdischer Religionsphilosoph, Theologe und Pädagoge.

2.2 Steiners Neuinterpretation der subjektiven Willensfreiheit: Pädagogik als Animation zur einfühlenden Wiederholung

2.2.1 Die menschenkundliche Grundlage

Im vorigen Kapitel wurde R. Steiners "Philosophie der Freiheit" kritisch beleuchtet: Eine signifikante Spaltung zwischen kosmisch-mythischer Ideenlehre und realem Dasein des Subjekts wurde erkennbar. Steiners gnostische Erkenntnis des "ethischen Individualismus" zu Intuition und Idee ließ Bezüge zur realen Entwicklung des Subjekts und dessen vielschichtiger Lebenswelt vermissen. Unsere Untersuchungen zur Frage der emanzipatorischen Wirkkraft anthroposophischer Pädagogik des intuitiven Nachvollzugs ließen ihrerseits eine Diskrepanz erkennbar werden zwischen Transzendenz und empirischer Schulrealität: Anthroposophische Pädagogik spekulativer Sprach- und Denkwelten läßt psychosoziale Faktoren unberücksichtigt. Einem reziproken Grundverständnis von Ethik wird nicht Rechnung getragen.

War Steiners Werk "Die Philosophie der Freiheit" ein zentrales Werk der frühen Lebensjahre, so ist seine pädagogische Schrift "Allgemeine Menschenkunde" das bedeutsamste Werk seiner späten Schaffensjahre. Die anthroposophische Menschenkunde steht in unmittelbarem Zusammenhang mit Steiners Kosmologie und Philosophie des Einzelsubjekts. Diese Verknüpfung soll an entsprechender Stelle der nun folgenden *menschenkundlichen Betrachtungen* dargelegt werden. In diesem Kapitel (Kapitel II) soll Steiners pädagogisches Basiswerk grundlegend und systematisch rezipiert und beleuchtet werden. Die Untersuchung der anthroposophischen Menschenkunde soll unter folgenden drei Aspekten geschehen:

1. hinsichtlich des Steinerschen Konzepts der *einfühlenden Wiederholung* (Kap. II.2.2),
2. sodann im Hinblick auf Steiners Verständnis des *freien Ichs* (im Vergleich zur Reform- und Sozialpädagogik, Kap. II.3),

3. und schließlich unter dem Aspekt der Eigenart und Grenzen *Steiners menschenkundlicher Physiologie*[246] (Kap. II.4).

Hierbei wird jeweils methodisch folgendermaßen verfahren:

1. Die Menschenkunde Steiners wird in den Kapiteln 2.2.1, 3.1 und 4.1 in chronologischer Reihenfolge unter den oben genannten drei Aspekten rezipiert.
2. Anthroposophische Menschenkunde soll daraufhin in den Kapiteln 2.2.2, 3.2 und 4.2 chronologisch (unter den oben genannten drei Aspekten) mit Erkenntnissen von Vertretern der Reform-, modernen (Sozial-)Pädagogik und Entwicklungspsychologie verglichen und auf ihre pädagogische Bedeutsamkeit, Praktikabilität und Aktualisierung hin beleuchtet werden.[247] Auch kinderpsychologische Erkenntnisse sollen gewürdigt werden. Derzeitige Steiner-Rezeption wird selbstverständlich einbezogen.[248] Die Frage nach der subjektiven Willensfreiheit und jene nach dem Emanzipationswert anthroposophischer Pädagogik werden für die vergleichenden Untersuchungen weiterhin von zentraler Bedeutung sein.

---

[246] Der Rekurs auf diese drei Aspekte entspricht Steiners Dreiteilung der "Allgemeinen Menschenkunde" in einen seelischen, geistigen und leiblichen Seinsbereich des Menschen. Nähere Zusammenhänge siehe später.

[247] Mit Reformpädagogik ist der weitere Umkreis gemeint.

[248] Die Nachforschungen der Autorin in der Staats- und Universitätsbibliothek München ergaben bisher, daß abgesehen von den kritischen Arbeiten der 70er und 80er Jahre in den 90er Jahren keine nennenswerte Aufbesserung der kritischen Würdigung der Waldorfpädagogik stattgefunden hat. In den 90er Jahren traten vor allem wissenschaftliche Arbeiten seitens der anthroposophisch orientierten Pädagogik hervor. Als neuere kritische Literatur der 90er Jahre sind die Arbeiten von Martina Kayser / Paul-Albert Wagemann und von Heiner Barz zu nennen: Vgl. KAYSER, Martina / WAGEMANN, Paul-Albert, Wie frei ist die Waldorfschule. Geschichte und Praxis einer pädagogischen Utopie, Berlin ²1993. Vgl. BARZ, Heiner, Anthroposophie im Spiegel von Wissenschaftstheorie und Lebensweltforschung. Zwischen lebendigem Goetheanismus und latenter Militanz, Weinheim 1994. Nachforschungen in der Staats- und Universitätsbibliothek München vor Drucklegung dieser Arbeit (April 2002) ergaben im wesentlichen unveränderte Resultate.

3. Da Steiners menschenkundliche Perspektive zweifellos auch in den Waldorflehrplan hineinwirkt, soll der menschenkundlich verankerte Lehrplan der Steiner-Schulen in den Kapiteln 2.2.3, 3.3 und 4.3, chronologisch fokussiert auf jeweils eines der drei eingangs genannten Aspekte, zur pädagogischen Diskussion gestellt werden. Die Untersuchungen zum Lehrplan der Waldorfschule sollen ebenfalls unter der leitenden Frage nach der Verwirklichung subjektiver Willensfreiheit und unter jener nach dem Emanzipationswert anthroposophischer Pädagogik durchgeführt werden.

Zu Beginn der Auseinandersetzung mit Steiners pädagogischer Menschenkunde seien zunächst wichtige äußere Eckdaten zur Entstehung dieses Werkes, das einen Vortragszyklus darstellt, eingeblendet: Das der anthroposophischen Schulpraxis auch heute noch zugrundeliegende pädagogische Werk entstand unter folgenden Umständen: Im Frühjahr 1919 wurde R. Steiner vom Betriebsrat der Waldorf-Astoria-Zigarettenfabrik gebeten, die Leitung einer Schule zu übernehmen, die von der Waldorf-Astoria-Fabrik gegründet werden sollte.[249] Die seit 1906 begonnene pädagogische Arbeit Steiners[250] konnte nun realisiert werden: Steiner hielt drei Ausbildungskurse für das von ihm ausgewählte Lehrerkollegium. Die Schrift "Allgemeine Menschenkunde als Grundlage der Pädagogik. Erziehungskunst I"[251] war der erste pädagogische Vortragszyklus. Ihm folgten Vorträge zur "Erziehungskunst. Methodisch-Didaktisches, Erziehungskunst II"[252], sodann der Vortragszyklus "Erziehungskunst, Seminarbesprechungen, Lehrplanvorträge, Menschenkunde und Erziehungskunst Dritter Teil.[253]

Steiner unterscheidet, wie gesagt, in seiner menschenkundlichen Schrift zwischen dem 1. seelischen, 2. geistigen und 3. leiblichen Dasein

---

[249] Vgl. LINDENBERG, Christoph, Rudolf Steiner, S. 119.
[250] Vgl. ebd., S. 120.
[251] Vgl. Anm. 29, Kap. I dieser Arbeit.
[252] Vgl. ebd., Anm. 228, Kap. II.
[253] STEINER, Rudolf, Erziehungskunst, Seminarbesprechungen, Lehrplanvorträge, Menschenkunde und Erziehungskunst Dritter Teil, GA 295, Dornach/Schweiz ⁴1994 (Tb).

des Menschen. Hierbei gewichtet er jeweils nach bestimmten menschenkundlichen Perspektiven: Im "Begreifen des Menschen"[254] unter dem Aspekt von "Antipathie und Sympathie"[255] wird "auf das *Seelische* [RZ] hingezielt".[256] Das *geistige* Leben "verläuft in Wachen, Träumen und Schlafen".[257] "Und der *Leib* [RZ] wird wahrgenommen durch Formzustände."[258]

Die "Allgemeine Menschenkunde" greift Steiners Erkenntnis kosmischer Prinzipien auf: Im zweiten Vortrag weist er auf die seiner Anschauung nach besondere Verbundenheit des Menschen mit dem Kosmos hin:

> "Erst dann, wenn man den Zusammenhang des einzelnen Menschen mit dem ganzen Weltenall ins Auge fassen kann, ergibt sich [...] eine Idee von der Wesenheit Mensch als solcher."[259]

Anthroposophische Menschenkunde steht wie anthroposophische Metaphysik unter dem Vorzeichen menschlicher und menschheitlicher Veredelung: Die Steinersche Menschenkunde will ihre Wirksamkeit so entfalten, daß sie "die Menschheit führen soll zu der höheren Stufe der Entwickelung in Unterricht und Erziehung".[260] Vor dem Hintergrund dieser kosmologischen Dimension stellt Steiner gleich zu Beginn des Vortragszyklus zwei Pole einander gegenüber: den Pol des menschlichen *Denkens (Vorstellung)* und den des *Willens*. Diese bipolare Gegenüberstellung leitet seine Perspektive des Menschen unter *seelischem* Gesichtspunkt ein. Hierbei rekurriert Steiner auf den Reinkarnationszusammenhang:

---

[254]   STEINER, Rudolf, Allgemeine Menschenkunde als Grundlage der Pädagogik. Erziehungskunst I, S. 95.
[255]   Ebd.
[256]   Ebd.
[257]   Ebd., S. 139.
[258]   Ebd., S. 138.
[259]   Ebd., S. 31.
[260]   Vgl. ebd., S. 18.

"Vorstellen ist Bild von all den Erlebnissen, die vorgeburtlich beziehungsweise vor der Empfängnis von uns erlebt sind."[261]

Der Wille "ist nichts anderes, als schon der Keim in uns für das, was nach dem Tode in uns geistig-seelische Realität sein wird."[262]

Dem *Denk-* bzw. *Vorstellungspol* des Menschen wird von Steiner ein *seelisches Erleben* in *Antipathie*, dem *Willenspol* eines in *Sympathie* zugeschrieben. Beide Pole möchte Steiner in den Reinkarnationszusammenhang eingebettet wissen:

"Wir entwickeln, indem wir in diese [Welt, RZ] herunterversetzt werden, gegen alles, was geistig ist, Antipathie, so daß wir die geistige vorgeburtliche Realität zurückstrahlen in einer uns unbewußten Antipathie. Wir tragen die Kraft der Antipathie in uns und verwandeln durch sie das vorgeburtliche Element in ein bloßes Vorstellungsbild. Und mit demjenigen, was als Willensrealität nach dem Tode hinausstrahlt zu unserem Dasein, verbinden wir uns in Sympathie. Dieser zwei, der Sympathie und der Antipathie, werden wir uns nicht unmittelbar bewußt, aber sie leben in uns unbewußt und sie bedeuten unser Fühlen, das fortwährend aus einem Rhythmus, aus einem Wechselspiel zwischen Sympathie und Antipathie sich zusammensetzt."[263]

Obiges Zitat sagt aus, daß der sympathische Willenspol, der auf künftiges, nachgeburtliches Leben hinweist, nach Sichtweise Steiners eine gewisse Dynamisierung repräsentiert, während der antipathische Vorstellungspol, der sich auf das vorgeburtliche Leben des Menschen bezieht, seelisch eher dem Tod verwandt ist. Der Pol der Vorstellung bzw. Antipathie repräsentiert gleichsam Vergangenes im menschlichen Sein und Tod, der Pol von Wille bzw. Sympathie Kräfte des Aufbaus, Wachstums und der

---

261   STEINER, Rudolf, Allgemeine Menschenkunde als Grundlage der Pädagogik. Erziehungskunst I, S. 32.
262   Ebd., S. 34.
263   Ebd., S. 35.

Verlebendigung. Die Gefühlswelt des Menschen besteht nach Auffassung Steiners, wie obiges Zitat belegt, aus dem Wechselspiel von Antipathie und Sympathie.

Da Steiner die Leiblichkeit des Menschen als Offenbarung des Geistigen[264] versteht, knüpft er an die Polarität von Antipathie (Vorstellung) und Sympathie (Wille) im seelischen Seinsbereich des Menschen eine spezielle Physiologie: Nach Auffassung Steiners ist der *antipathische Vorstellungspol* den menschlichen *Nervenprozessen*[265] zuzuordnen, der *sympathische Willenspol* den *Blutprozessen.*[266] Die *Nerven* seien eine Materie, die fortwährend im *Absterben* begriffen sei.[267] Was "längs der Nervenbahnen liegt, das ist eigentlich ausgeschiedene *Materie* [RZ]"[268], so Steiner. Die *Willensprozesse*, die Steiner den menschlichen *Blutprozessen* zuordnet, tendieren hingegen kontinuierlich dazu, "unser Dasein ins *Geistige* [RZ] hinauszuleiten."[269] In den Polen *Vorstellung*[270] und *Wille* stehen also *Materie* und *Geist* einander gegenüber. Dort, wo *Blut- und Nervenbahnen* des Menschen in *Kontakt* zueinander geraten, entstehe das *Gefühl* als pulsierende Mittelstellung zwischen Vorstellung und Wille[271], Materie und Geist: *Kopf, Brust* und *Unterleibssystem* mit den Gliedmaßen[272] seien "Grenzen, an denen Antipathie und Sympathie sich begegnen."[273] Hier ist besonders darauf hinzuweisen, daß Steiner diese Zuordnungen apodiktisch trifft. Er postuliert sie ohne weitere Begründung und ohne Rekurs auf anderweitige (z.B. medizinische) Quellen. Die Vermutung liegt nahe, daß Steiner die Tätigkeiten des Denkens, Fühlens und Wollens an sein

---

[264] Vgl. STEINER, Rudolf, Allgemeine Menschenkunde als Grundlage der Pädagogik. Erziehungskunst I, S. 95.

[265] Vgl. ebd., S. 38 f.

[266] Vgl. ebd.

[267] Vgl. ebd., S. 39.

[268] Ebd.

[269] Ebd.

[270] Nach Steiners menschenkundlicher Sicht kommt in Analogie zu seiner Schrift "Die Philosophie der Freiheit" in der "Allgemeinen Menschenkunde" dem reinen Denken, das sich auf übersinnliche Welten bezieht, ein besonderer Stellenwert zu. Ausführlich in: ebd., S. 52.

[271] Vgl. ebd., S. 86 und S. 84.

[272] Vgl. ebd., S. 41.

[273] Ebd., S. 41.

Verständnis der verschiedenen Leiber des Menschen knüpft: So stellt er in der Tat in seiner Schrift "Die Geheimwissenschaft im Umriß" heraus, daß sich das Wollen des Menschen in Zusammenhang mit der Entstehung seines physischen Leibes herausbildete.[274] Das Fühlen stünde in Zusammenhang mit dem Astralleib[275], und das menschliche Denken sei an den Ätherleib[276] gekoppelt.

In seinen menschenkundlichen Betrachtungen vom *seelischen* Gesichtspunkt des Menschen erstellt Steiner auch eine *hierarchische Stufung der Willenskultur*[277], die an seine Dreigliederung von Leib, Seele, Geist und an seine Erkenntnis des "ethischen Individualismus" anknüpft. Steiners menschenkundliche Willensstufung soll im folgenden skizziert dargestellt werden:

1. Auf der untersten Willensstufe handele der Mensch instinkthaft. Den menschlichen *Instinkt* siedelt Steiner in der *Physis* des Menschen an: "Im physischen Leib ist der Wille Instinkt"[278], schreibt Steiner. Bemächtige sich der *Ätherleib* des Instinktes, werde der Wille zum *Trieb.*[279] Ergreife der *Astralleib* den Trieb, so entstehe die *Begierde.*[280]

2. Der menschliche Wille steht gemäß Steiner auch in Beziehung zu der *Seele* des Menschen: Erfaßt das "Seelische" bzw. "Ichliche"[281] Instinkt, Trieb und Begierde, entstehe das *Motiv* einer Handlung.

---

[274] Vgl. STEINER, Rudolf, Die Geheimwissenschaft im Umriß, S. 159 – 161.

[275] Vgl. ebd., S. 188.

[276] Vgl. ebd., S. 212. Steiner spricht hier von der "Verstandesseele".

[277] Vgl. STEINER, Rudolf, Allgemeine Menschenkunde als Grundlage der Pädagogik. Erziehungskunst I, S. 65 ff. Hingewiesen sei an dieser Stelle darauf, daß Steiners hierarchische Stufung des Willens seiner Willensethik in "Die Philosophie der Freiheit" ähnelt, die in Kap. II.2.1 dieser Arbeit beschrieben wird.

[278] Ebd., S. 68.

[279] Vgl. ebd., S. 68 f.

[280] Vgl. ebd., S. 69.

[281] Vgl. ebd., S. 70.

3. Der Wille des Menschen stehe auch in Zusammenhang mit dem *Geist*: Handelt der Mensch aus einem Motiv heraus, wirke in seinem Willen auch der "Wunsch"[282], mit Sitz im "Geistselbst".[283] Konkretisiere sich der Wunsch, würde er zum "Vorsatz"[284] mit Sitz im "Lebensgeist".[285] *Entschließt* sich der Mensch, ist seine Seele vom Leibe befreit, dann handelt er als "Geistesmensch"[286], so Steiners Anschauung.

Wurde im Rahmen der Darstellung Steiners Reinkarnationslehre dessen pneumatische Ethik der menschlichen Tat transparent, so spricht auch aus seiner hierarchisch gestuften, menschenkundlichen *Willens-* und *Handlungslehre* der exklusive Anspruch auf *Geistbezug*: Steiners Willensstufung zielt auf die Entschlußkraft des Geistesmenschen. Gemäß Steiner sind Handlungen dann frei, wenn der Mensch sie als Geistesmensch will und durchführt.

Für die anthroposophische Pädagogik veranschlagt Steiner die besondere Bedeutung der *Willenserziehung des Kindes*, mit der immer auch *Gefühlserziehung* Hand in Hand gehen solle.

Tätigkeiten, die den *Willen* und *Geistbezug* des Menschen (Kindes) fördern, sind gemäß Steiner solche, die von den Armen, Händen und Beinen (*Gliedmaßen*) ausgeführt werden.[287] *Gefühlserziehung* setzt er in Zusammenhang mit dem *rhythmischen Brustsystem* des Kindes (Atmung). Im Gegensatz zum *Denken* des *Kopfes*, das *Absterbeprozesse*[288] fördere, unterstütze *Willens-* und *Gefühlserziehung Lebensprozesse*.[289] Steiner spricht sich für ein unbewußtes, wiederholendes Tun im Unterricht aus[290], das die "Gefühlsnatur"[291] des Kindes fördere und für ein vollbewußtes

---

[282] STEINER, Rudolf, Allgemeine Menschenkunde als Grundlage der Pädagogik. Erziehungskunst I, S. 71.
[283] Ebd., S. 72.
[284] Ebd.
[285] Ebd., S. 75.
[286] Vgl. ebd., S. 74.
[287] Vgl. ebd., S. 194.
[288] Vgl. ebd., S. 44.
[289] Vgl. ebd., S. 44 f.
[290] Vgl. ebd., S. 78.
[291] Ebd.

Wiederholen: "Vollbewußtes Wiederholen kultiviert den eigentlichen Willensimpuls, denn dadurch wird die Entschlußkraft erhöht"[292], so Steiner. Der Pädagoge solle dabei eine befehlende Autorität ausüben.[293]

Im *künstlerischen Unterricht* zur *einfühlenden Wiederholung* sieht Steiner seine *Pädagogik* zu Geist und freiem Willen *verwirklicht*. Eine phantasievoll gestaltete Pädagogik in Bildern fördere Lebensprozesse.[294] Wirke Unterricht einseitig auf Vorstellung und Gedächtnis des Kindes, führe das zu einer gewissen Verhärtung. "Der Gliedmaßenmensch und der Brustmensch, die haben [...] die Aufgabe, den Kopfmenschen *aufzuwecken* [RZ]".[295] Steiner drückt sein Anliegen einer lebendigen Pädagogik auch mit folgenden Worten aus: "Beleben, Durchbluten der intellektuellen Arbeit".[296] Denk- und Willenstätigkeiten sind nach Steinerscher Sichtweise nie ganz zu trennen, "ein pedantisches Nebeneinanderstellen"[297] sei nicht angebracht. In jedem Willensakt sei auch ein Vorstellen beteiligt: Beim menschlichen Sehen gingen z.B. Denk- und Willenstätigkeit ineinander über:

> "Dadurch, daß sich die Nerven in das menschliche Auge hinein fortsetzen, strömt die Gedanken-, die Erkenntnistätigkeit ins Auge ein; dadurch, daß sich die Blutbahnen ins Auge fortsetzen, strömt die Willensbetätigung in das Auge ein."[298]

So ist das Sehen des menschlichen Auges nach Steiners Auffassung "sympathisch-blutmäßig" einerseits und "antipathisch-nervig" andererseits.[299] Auch in der reinen Willensbetätigung sei stets Vorstellungstätigkeit vor-

---

[292] Vgl. STEINER, Rudolf, Allgemeine Menschenkunde als Grundlage der Pädagogik. Erziehungskunst I, S. 78.
[293] Vgl. ebd., S. 79.
[294] Vgl. ebd., S. 44.
[295] Vgl. ebd., S. 168 f.
[296] Ebd., S. 203.
[297] Ebd., S. 82.
[298] Ebd.
[299] Vgl. ebd., S. 83.

handen.[300] Obgleich Steiner einem *künstlerisch-phantasievollen Unterricht* zum *Fühlen* und *Wollen* eine besondere Bedeutung zuspricht, anerkennt er zugleich auch den Wert des (antipathischen) Denklebens: sympathische Prozesse sollen immer auch "durchdrungen"[301] und "erhellt"[302] werden vom Vorstellen.

Unsere Darstellung Steiners pädagogischer Menschenkunde vom seelischen Gesichtspunkt hat zu ihrem vorläufigen Ende gefunden. Nun zu der Anfrage nach der pädagogischen Anwendbarkeit dieser spekulativ-metaphysischen Menschenkunde. Zu Beginn der Untersuchung sei im Zuge einer noch genaueren Konturierung ihr philosophiegeschichtlicher Traditionszusammenhang eingeblendet.

2.2.2 Pädagogik zu Kunst und Kosmos – die Ausblendung sozialer Bezüglichkeit und denkerischer Qualitäten des Kindes

Steiners Dreigliederungsmodell des Menschen von Denken, Fühlen und Wollen mit der dazugehörigen Physiologie von Kopf, Brust und Gliedmaßen stellt sich in die gnostische Tradition platonischer Seelenlehre: Es folgt Platons psychophysischem Verständnis des Menschen, nach dem Seinskräfte jeweils an eine entsprechende Physiologie mit dazugehörigen Körperzonen gekoppelt sind: Platon lokalisierte in seiner mythologischen Seelenlehre die Seelenbereiche "Vernunft- oder Geistseele"[303], Seelenregungen wie "Mut und Hoffnung"[304] und die "Begierdenseele"[305] in den Körperbereichen Kopf, Brust und Unterleib.[306] Steiners Dreigliederungs-

---

[300]   Vgl. STEINER, Rudolf, Allgemeine Menschenkunde als Grundlage der Pädagogik. Erziehungskunst I, S. 85.

[301]   Vgl. ebd., S. 86.

[302]   Ebd.

[303]   Vgl. HIRSCHBERGER, Johannes, Geschichte der Philosophie, II Bände, Bd. I: Altertum und Mittelalter, Freiburg im Breisgau u.a., Sonderausgabe der 14. Auflage, 1991, S. 119.

[304]   Ebd.

[305]   Ebd.

[306]   Vgl. ebd.

modell steht zudem in der Tradition von Johann Heinrich Pestalozzis idealistischer Philosophie, die im Rückgriff auf die metaphysische Tradition der Antike anknüpfte: So unterschied Pestalozzi drei Bereiche der Menschenbildung: die Ausbildung des "Kopfes", des "Herzens" und der "Hand".[307] Steiners Anknüpfung an die Philosophie des deutschen Idealismus zeigt sich am Beispiel seiner hierarchischen Unterscheidung einzelner Willensqualitäten, die vom instinktgesteuerten bis zum geistbezogenen Handeln reichen: Steiners Willensstufung läßt an Johann Gottlieb Fichtes Sittenlehre denken. Auch Fichte unterschied zwischen dem reinen Willen mit Teilhabe an der geistigen Welt (der die menschliche Sittlichkeit ausmacht) und dem niederen Willen im Sinne eines utilitaristischen Begehrens.[308]

Steiners Gegenüberstellung von Vorstellung und Wille erinnert zudem an Arthur Schopenhauers Deutung der Welt als Wille und Vorstellung: Vergleichbar Steiner vertrat Schopenhauer das Primat des Willens gegenüber der Vorstellung.[309] Allerdings ist Steiners Menschenkunde gnostisch geprägt. Beide Konzepte stellen den philosophischen Anspruch einer metaphysisch fundierten Willensethik dar. Sowohl bei Steiner als auch bei Schopenhauer bestimmt die metaphysische Priorität des Willens vor der Vorstellung das Wesen des Menschen.

Der *Willens-* und *Gefühlserziehung* erkennt Steiner *vor* der *Denkerziehung* *besondere Bedeutung* zu. Das Denken erfährt gegenüber dem Fühlen und Wollen eine gewisse Zurücksetzung bei Steiner. Er charakterisiert es in seiner Menschenkunde als "todbringend", leibesverhärtend[310] und als Absterbeprozeß.[311] Dem Fühlen schreibt Steiner zwischen den Polen Vorstellen und Willen eine zentrale, ausgleichende Qualität zu. Gefühlserziehung wird von Johannes Kiersch, einem Autor aus dem Kreis

---

[307] Vgl. REBLE, Albert, Geschichte der Pädagogik, S. 229.

[308] Vgl. HIRSCHBERGER, Johannes, Geschichte der Philosophie, II Bände, Bd. II: Neuzeit und Gegenwart, Freiburg im Breisgau u.a., Sonderausgabe der 13. Auflage, 1991, S. 369.

[309] Vgl. ebd., S. 458.

[310] Vgl. STEINER, Rudolf, Allgemeine Menschenkunde als Grundlage der Pädagogik. Erziehungskunst I, S. 44.

[311] Vgl. ebd.

derzeitiger Steiner-Rezipienten, als oberstes Anliegen der Waldorf-pädagogik betrachtet.[312] Steiners geistorientierte Willensstufung, die unverkennbar eine Parallelität zu seiner Konzeption des ethischen Individualismus aufweist sowie seine Auffassung "im Willen lebt der ganze Mensch"[313] sprechen andererseits aber für Steiners besondere Gewichtung der Willenserziehung.

Im Rahmen seiner Menschenkunde zum Wollen und Fühlen entwickelt Steiner eine *künstlerisch* fundierte *Pädagogik* der *einfühlenden Wiederholung* mit dem Erziehungsziel einer Schulung des bewußten, geist-bezogenen Willens im Sinne des ethischen Individualismus und mit jenem einer Förderung des unbewußten Fühlens. Der Autorität des Pädagogen kommt hierbei eine unverzichtbare Bedeutung zu. Willenserziehung im anthroposophischen Sinne heißt, Durchblutungsprozesse des Kindes zu fördern. Das Fühlen des Kindes kann durch Anregung dessen rhythmischer Prozesse (Atmung) ausgebildet werden. Der verhärtenden Tendenz des Denkens soll vorgebeugt werden. Vergegenwärtigt man sich Steiners emanative Entwicklungstheorie, gemäß welcher zur Zeit des Saturn-zustandes der Erde Willenssubstanz in Form von Wärme auf dem Saturn vorhanden gewesen sei[314], wird eine Parallele zwischen dem (in der "Geheimwissenschaft" beschriebenen) Wärmecharakter des Willens und der (in der Menschenkunde dargestellten) dynamischen Qualität des Willens erkennbar.

Durch künstlerischen Unterricht zur einfühlenden Wiederholung soll der "höhere" Mensch mit seinen geistbezogenen Willens- und Handlungs-möglichkeiten gefördert werden. Die von Steiner intendierte Pädagogik steht allerdings unter dem Vorzeichen fester Determinanten: Einerseits hat der *Schüler* das vom Pädagogen Vorgemachte (identifikativ) *nachzuvoll-ziehen*, andererseits ist der *Pädagoge* dem gnostischen "Überbau" verpflichtet. Steiners Menschenkunde kann daher wie seine "Philosophie

---

[312] Vgl. KIERSCH, Johannes, Einführung und Kommentar zu Rudolf Steiner: «Allgemeine Menschenkunde», o.O. 1995, S. 60.
[313] STEINER, Rudolf, Allgemeine Menschenkunde als Grundlage der Pädagogik. Erziehungskunst I, S. 77.
[314] Vgl. S. 112 dieser Arbeit.

der Freiheit" als *mythisch* bewertet werden. Der Schüler erlebt Fühlen und Wollen *nicht um seiner selbst willen*; sein Atmen, seine Dynamik werden zu einem "Atemzug des Kosmos."[315] Wird in Steiners Werk "Die Philosophie der Freiheit" das Subjekt Ort des intuitiven Nachvollzugs "all-einen" Denkens, dann wird in Steiners Menschenkunde der Schüler Vollzugsort einer kosmisch-künstlerischen Pädagogik. Anthroposophische Pädagogik zur einfühlenden Wiederholung soll dem Kind ein lebendiges und dynamisches Lernen ermöglichen. Sie weist aber aufgrund ihres mythisch-platonischen Sinnzusammenhangs[316] *keine praktikablen Bezüge* zum *Hier* und *Jetzt* des Kindes auf: zu seinem *gegenwärtigen, individuellen Wollen* und *Fühlen*. Das Kind als präsentisches Ich-Subjekt und personale Ganzheit wird nicht getroffen.

Im Gegensatz zu R. Steiners Menschenkunde der einfühlenden Wiederholung spricht sich M. Montessori für die genaue Beobachtung des individuellen Kindes durch den Pädagogen aus. Gefühle und Handlungen des Kindes sind nach Sichtweise M. Montessoris Ausdruck dessen eigener Identität und persönlicher Lebenserfahrung.[317] M. Montessori geht im Gegensatz zu R. Steiner von einer individuellen, *personalen Leib-* und *Gefühlserfahrung* des Kindes aus, die der Pädagoge beobachtend im Blick haben soll. Steiners Ganzheitlichkeit anstrebendes Konzept von Denken, Fühlen und Wollen weist aufgrund seines platonischen Zusammenhanges eine Spaltung zwischen Geist und Leib des Kindes auf: Denn der Orientierungspunkt Steiners Menschenkunde ist nicht das Kind selbst, sondern das "all-eine" Sein.

Zwar stellt er mit seiner Konzeption des Denkens, Fühlens und Wollens allgemeine anthropologische Zusammenhänge her, die Spannbreite *sozialer Bezüge* bleibt hier aber *unberücksichtigt*: Seine Optionen "künstlerisches Schaffen" und "Nachvollzug auf Befehl" bewirken Handlungen seitens des Schülers und Pädagogen, die außerhalb eines breiten Spektrums sozialer Verhaltensweisen stehen. Befehle des Pädagogen kommen Ein-

---

[315] STEINER, Rudolf, Erziehungskunst. Methodisch-Didaktisches. Erziehungskunst II, S. 32.

[316] Ohne weiteren Rekurs auf anderweitige Quellen (z.B. medizinische).

[317] Vgl. MONTESSORI, Maria, Kinder sind anders.

griffen in das Sosein des Kindes gleich, da sie den Willen und die momentane Einsicht des Kindes nicht geltend machen. Anthroposophische Pädagogik baut nicht auf Kooperation zwischen Lernendem und Lehrendem. Sie muß daher eher als spaltend denn als beziehungsfördernd (emanzipatorisch) gewertet werden. Freie Begegnung und freier Erfahrungsaustausch zwischen Pädagogen und Schüler kommen in der anthroposophischen Menschenkunde nur unter platonischen Vorzeichen zur Geltung. Steiners typisierende, empirisch keinesfalls gegründete menschenkundliche Konzeption, die wie seine "Philosophie der Freiheit" als mythisch bezeichnet wurde, besitzt als solche einen gewissen Totalitätscharakter: Steiners menschenkundlicher Plan kann mit den folgenden Worten von J. Habermas, die sich auf mythische Weltbilder im allgemeinen beziehen, so charakterisiert werden, daß in ihm

"jede einzelne Erscheinung in ihren typischen Aspekten allen übrigen Erscheinungen ähnelt oder kontrastiert. Durch die Ähnlichkeits- und Kontrastbeziehungen fügt sich die Mannigfaltigkeit der Beobachtungen zu einer Totalität zusammen."[318]

Im Gegensatz zu R. Steiners typisierender Menschenkunde hebt Martin Buber, ein hervorragender Theologe und Pädagoge zu Lebzeiten Steiners, in seinen Schriften die Personalität des Ich-Subjekts und dessen Beziehung zum anderen hervor: Zu einer Beziehung zwischen Kind und Pädagogen kommt es gemäß Buber, wenn beide sich in einer personalen Verbundenheit erfahren. Gemäß M. Bubers Erziehungslehre versteht sich der Pädagoge als Repräsentant der realen Welt.[319] Er verfehlt nach Ansicht Bubers den Schüler, wenn er die Welt "in einer Gebärde des Eingriffs erscheinen läßt."[320] An die Stelle der Steinerschen Pädagogik zu Befehl und künstlerischer Übung treten bei M. Buber die Ich-Du-Beziehung[321] und das

[318]   HABERMAS, Jürgen, Theorie des kommunikativen Handelns, Bd. 1, S. 76.
[319]   Vgl. BUBER, Martin, Reden über Erziehung, Gerlingen [8]1995, S. 24.
[320]   Ebd., S. 25.
[321]   Vgl. BUBER, Martin, Dialogisches Leben. Gesammelte philosophische und pädagogische Schriften, Zürich 1947.

dialogische Sprechen.[322] Der Aktualität der Person[323] wird in Bubers Pädagogik im Gegensatz zu Steiners typisierender Erziehungskunde Rechnung getragen. So geschieht nicht Willens-er-*ziehung* zum Nach-voll-*zug*, sondern ein *frei-williges* Gewahrwerden des anderen und seiner Bedürfnisse. Martin Bubers pädagogischer Ansatz ist daher humanistisch und emanzipationsfördernd. Ist in anthroposophischer Pädagogik der Schüler Vollzugsort eines platonisch vorgefaßten Idealkonzepts, so wirkt bei Buber umso mehr die "Sehnsucht nach der persönlichen Einheit, aus der die Einheit einer Menschheit geboren werden soll."[324]

Eine wiederum andere erkenntnistheoretische Gewichtung hinsichtlich Bedingungen und Möglichkeiten kindlichen Seins weist Jean Piagets kognitive Entwicklungspsychologie auf. Im Gegensatz zu Steiners ideell geprägter Tektonik von Denken, Fühlen und Wollen ist Piagets leitendes Interesse eine *Ontogenese kindlicher Bewußtseinsstrukturen*. Diese gründet auf der empirisch exakten und langjährigen *Beobachtung* des *Handelns* und *Denkens* des Kindes. Piaget versteht das werdende Bewußtsein als umweltbedingt[325] und umweltprägend. Vorrangige Aufgabe des Handelns und Denkens des Kindes sei es, "ein ständiges Gleichgewicht zwischen der Assimilation des Universums an das Individuum und der Akkommodation des Individuums an die Gegenstände herzustellen".[326] Piaget deutet dieses wechselseitige Verhältnis von Leben und Denken als "Zirkel"[327] einer "sich ständig vergrößernden Spirale".[328] Da dieses Verhältnis zu immer neuen

---

[322] Vgl. BUBER, Martin, Reden über Erziehung, S. 38 f.
[323] Vgl. ebd., S. 37.
[324] Ebd., S. 88.
[325] Vgl. PIAGET, Jean, Biologie und Erkenntnis. Über die Beziehung zwischen organischen Regulationen und kognitiven Prozessen (= Conditio humana. Ergebnisse aus den Wissenschaften vom Menschen, Hg.: GRUBRICH-SIMITIS, Ilse u.a.), Frankfurt a. M. 1974, S. 27, wenngleich Piaget betont, daß sein eigentlicher Forschungsschwerpunkt weniger auf der psychosozialen, als auf der "spontanen psychologischen Entfaltung" liegt. Vgl. PIAGET, Jean, Probleme der Entwicklungspsychologie (= Kleine Schriften), Hamburg 1993, S. 9.
[326] PIAGET, Jean, Probleme der Entwicklungspsychologie, S. 138.
[327] Ebd., S. 142.
[328] Vgl. ebd.

Ergebnissen führt, subsumiert er seine praktische Erkenntnistheorie unter dem Begriff "dialektischer Konstruktivismus".[329]

Jean Piagets Entwicklungspsychologie unterscheidet sich in *zwei* wesentlichen Merkmalen von der pädagogischen Menschenkunde Steiners: Im Gegensatz zu Steiners Zurücksetzung des Denkens und dessen Ausblendung sozialer Rahmenbedingungen erkannte Piaget den Wechselbezug zwischen der *Entwicklung* des *Denkens* und dem *Sozialverhalten* des Kindes. In seinen Sprachanalysen von zwei sechsjährigen Kindern wies er auf die Beziehung zwischen einem bestimmten Sprachverhalten des Kindes und dem Reifegrad seiner Sozialität hin[330]: Ein besonderer Geltungsanspruch für das frühe kindliche Verhalten kommt nach Sichtweise Piagets der "egozentrischen Sprache"[331] zu. Der soziale Egozentrismus gehe mit dem intellektuellen Egozentrismus parallel, so Piaget.[332] Die Haltung des Egozentrismus entspräche einer frühen Entwicklungsstufe, auf der das Kind gerne (kollektiv) *monologisiert* und *wiederholt*[333]: In dieser frühen Phase sei die Grenze zwischen der subjektiven Welt und der Außenwelt noch nicht ausgebildet. Das Kind sei in seiner interpersonellen Sprache noch ganz auf sich selbst bezogen.[334] Es "fragt sich fast nie, ob es verstanden wird."[335] In den Raum geworfene Worte werden "wie Bälle im Fluge aufgegriffen"[336] und wiederholt. Ein fremder Standpunkt kann noch nicht eingenommen werden, alles wird gänzlich den eigenen Maßstäben untergeordnet. Im Verlauf der natürlichen Weiterentwicklung des Kindes verflüchtige sich die egozentrische Haltung zugunsten einer fortschreiten-

---

[329] Vgl. PIAGET, Jean, Weisheit und Illusion der Philosophie, Frankfurt a. M. 1974, S. 56 ff. und S. 68.

[330] Vgl. PIAGET, Jean, Sprechen und Denken des Kindes (= Internationale Studien zur pädagogischen Anthropologie, Sprache und Lernen, Bd. 1, Hg.: LOCH, Werner u.a.), Düsseldorf 1972, S. 15 ff.

[331] Vgl. ebd., S. 43 ff.

[332] Vgl. ebd., S. 84 ff.

[333] Vgl. ebd., S. 43 ff.

[334] Vgl. ebd., S. 47.

[335] Ebd.

[336] Ebd., S. 25.

den "Dezentrierung"[337] vom eigenen Ego. Der Erwachsene schließlich denke im allgemeinen sozial-kooperativ.[338] Die erwachsene, dezentrierte Haltung bedeute die Fähigkeit, ein Bezugsfeld zu den anderen herzustellen und somit den Horizont des Bewußtseins in Akzeptanz des sozialen Umfeldes auszuweiten.[339]

J. Habermas wendet in seiner "Theorie des kommunikativen Handelns" Piagets Begriffe von "Egozentrismus" und "Dezentrierung" auf die Bewertung von Weltbildern generell an: Habermas vertritt folgende Auffassung: Je dezentrierter ein Weltbild ist, "[...] umso weniger ist der Verständigungsbedarf *im vorhinein* durch eine kritikfest interpretierte Lebenswelt gedeckt [...]."[340] Vor dem Hintergrund J. Piagets (empirisch fundierter) Forschungen zum frühkindlich-egozentrischen Verhalten, gemäß welchen ein kleines Kind naturgemäß noch *egozentriert*, d.h. *nicht sozial-kooperativ* zu denken und handeln vermag, wird Habermas' kritische Einschätzung eines zentrierten Denkens (Weltbildes) verstehbar und auf Steiners Menschenkunde übertragbar: Steiners gnostischer Erkenntnis und Menschenkunde liegt eine kosmisch-mythische Dimension zugrunde. Seine deduktiv erstellten Schriften "Die Philosophie der Freiheit" und "Allgemeine Menschenkunde" sind nicht auf diskursive Verstehensprozesse angelegt, sondern auf kosmische Welten *zentriert*. Der Preis dieser zentrierten Sichtweise ist eine fehlende Abgrenzung zwischen Subjekt, Objekt und der realen Lebenswelt. Piagets empirisch fundierte Entwicklungspsychologie hingegen möchte soziale Wirklichkeiten und reale menschliche Grenzen berücksichtigt wissen.

Kognitive Entwicklung des Menschen gemäß J. Piagets dezentrierter, empirischer Psychologie stellt gemäß Habermas eine Entwicklung dar,

"die nicht allein als Konstruktion eines äußeren Universums verstanden wird, sondern als Konstruktion eines Bezugssystems für

---

337   INHELDER, Bärbel / PIAGET, Jean, Die Psychologie des Kindes, München [5]1993, S. 98.
338   Vgl. PIAGET, Jean, Sprechen und Denken des Kindes, S. 46.
339   Vgl. ebd., S. 46 ff.
340   HABERMAS, Jürgen, Theorie des kommunikativen Handelns, Bd. I, S. 108.

die gleichzeitige Abgrenzung der objektiven und der sozialen von der subjektiven Welt."[341]

Piagets kognitive Entwicklungspsychologie soll nun noch etwas konturierter dargestellt werden, um eine breitere Vergleichsbasis in der pädagogischen Diskussion über Steiners Menschenkunde zu schaffen: Die einzelnen Entwicklungsstufen gemäß Piagets empirischer Forschungen sollen skizziert dargestellt[342] und in Bezug zur anthroposophischen Menschenkunde und Pädagogik gesetzt werden.

Während der "*senso-motorischen*" Phase (0 – 2 Jahre) übe das Kind anfangs noch unbewußte Reflexe[343] aus (wie beim Saugen). Diese Phase umspanne den Zeitraum von der Geburt bis zum Beginn des Sprechens. Im Säuglingsalter lerne das Kind dann beispielsweise, sein Sehen und Greifen zu koordinieren[344] und überhaupt verschiedene Verhaltensweisen zu erproben.[345] Mehr und mehr ginge es in seinem Tun in ein zielgerichtetes Handeln über[346], zu fortschreitender Koordinierung und Differenzierung.[347] Auf dieser frühen Stufe der Entwicklung sei das Kind noch nicht bereit, zwischen der eigenen und fremden Perspektive zu unterscheiden.

Im Alter von 2 bis 11/12 Jahren beginnt gemäß Piagets empirischer Untersuchungen eine neue Phase der kognitiven Entwicklung, die der "*konkreten Operationen*".[348] Piaget untergliedert diese in die "*präoperationelle* [RZ]"[349] Phase und die *konkret operationelle*[350] Phase. Während der *präoperationellen* Phase (2 bis 7 Jahre) setzen laut Piaget die Symbol-

---

[341] HABERMAS, Jürgen, Theorie des kommunikativen Handelns, Bd. I, S. 106.
[342] Genaues zu den Entwicklungsstufen nach Piaget entnehme man z.B. seiner Schrift "Probleme der Entwicklungspsychologie".
[343] Vgl. PIAGET, Jean, Probleme der Entwicklungspsychologie, S. 50.
[344] Vgl. ebd.
[345] Vgl. ebd.
[346] Vgl. ebd.
[347] Vgl. ebd.
[348] Vgl. ebd., S. 51f.
[349] Ebd., S. 52.
[350] Vgl. ebd., S. 53.

funktionen ein, wie Sprache und Denken.[351] Vorstellungen werden reguliert, "Beziehungen zwischen Zuständen"[352] hergestellt. Kraft "vorstellungsmäßiger Regulationsmechanismen"[353] würden egozentrische Verhaltensweisen nun zugunsten von frühen Formen des sozialen Verhaltens abgelöst. Das Kind bemerke, daß die Menschen unterschiedlich handeln, denken und fühlen. Es lerne, zwischen eigenen und fremden Perspektiven zu unterscheiden. Während der *konkret-operationellen* Phase (7/8 bis 11/12 Jahre) lerne das Kind, mit Klassifikationen und Reihungen umzugehen.[354] Auf sozialer Ebene stünden ihm nun differenziertere Kommunikationsmöglichkeiten zur Verfügung.[355] Koordinierung von Standpunkten und Kooperationsvermögen[356] seien Merkmale des Sozialverhaltens in diesem Entwicklungsabschnitt.

Eine weitere Stufe der kindlich-kognitiven Entwicklung bezeichnet Piaget als die Stufe des *"formalen Denkens* [RZ]".[357] Sie umspanne den Zeitraum von 11/12 Jahren und erstrecke sich bis zum reifen, ausgebildeten Denken des Erwachsenen. Das Denken des Jugendlichen ist nun nicht mehr an die wahrnehmbare Umwelt geknüpft. Er lerne beispielsweise, abstrakte Kombinationen und Hypothesen zu bilden.[358] Sein Sozialverhalten werde differenzierter. Fremde Standpunkte können vom Beobachtungsstandpunkt eines Dritten angeschaut werden.[359]

J. Piagets Entwicklungspsychologie geht im Gegensatz zu Steiners menschenkundlichem Konzept der einfühlenden Wiederholung von einem Erkenntnishorizont aus, der die *Beziehung* des *Ich-Subjekts* zur *Umwelt* aufzeigt. *Entwicklungsbedingte, denkerische und soziale Grenzen* kommen hier in den Blick. Es geht Piaget nicht wie Steiner um sittliche Kategorien,

---

[351] Vgl. PIAGET, Jean, Probleme der Entwicklungspsychologie, S. 52.

[352] Ebd., S. 53.

[353] Ebd.

[354] Vgl. ebd.

[355] Vgl. ebd.

[356] Vgl. INHELDER, Bärbel / PIAGET, Jean, Die Psychologie des Kindes, S. 118.

[357] Vgl. ebd., S. 132.

[358] Vgl. ebd., S. 132 ff.

[359] Aufmerksam gemacht sei auf die neue Dimension der "supra-individuellen Werte". (Ebd., S. 148).

sondern um Reifeprozesse, die das Kind im Austausch mit den anderen interaktiv vollzieht. Ausgangspunkt Piagets empirischer Forschung ist die *Beobachtung* von Sprache, Denken und Handlung des Kindes: Seinsprozesse des Kindes werden *empirisch* ausgewiesen. Piagets Methode ist *prozedural* und hebt sich deutlich von Steiners deduktiver Menschenkunde ab. Piagets "dialektischer Konstruktivismus" kann im Gegensatz zu Steiners eindimensionaler Dreigliederungstektonik als mehrdimensionaler pädagogischer Ansatz gewertet werden.

J. Piagets *Empirie* hat in ihrem *objektiven Charakter* einen emanzipatorischen Charakter. Unsere Begegnung mit Piagets Methodik führt plastisch vor Augen, wie konsequent Steiner mit seiner typisierenden Menschenkunde Empirie ausschaltet. Piagets dynamischer Ansatzpunkt perspektiviert schließlich eine transzendente Ebene. Sein Konzept der evolutiven Ontogenese kann als *gelungenes Zusammenwirken* von *Empirie* und *Transzendenz* verstanden werden. Nach dem Dafürhalten der Autorin kann eine humanistische Pädagogik zu freiem Willen des Kindes nicht ohne empirische Wissenschaftsmethode auskommen. Auch M. Montessori, die die Beobachtung des Kindes[360] und das Interesse an der kindlichen Entwicklung mit Piaget verbindet, gelang der Brückenschlag zwischen Transzendenz und Empirie: "Beide versuchen, aus dem Umgang mit Kindern Theorien zu formulieren, um in wechselseitiger Korrektur beobachtetes Verhalten und Theorie korrespondierend zu formulieren."[361] Piagets Forschungsergebnisse und Erkenntnisse über Sprache und Sozialverhalten des sich entwickelnden Kindes geben dem Pädagogen einen Gradmesser an die Hand, nach dem dieser die kognitiven und sozialen Fähigkeiten und Grenzen des kindlichen Sprachhandelns einschätzen lernen kann. Ein Pädagoge, der Piagets Forschungsergebnisse einbezieht, kann auf detaillierte, empirische Beobachtungen und Erfahrungen zurückgreifen. Er ist nicht Vollzieher einer typisierenden, abstrakten Pädagogik. Der breite Verständnishorizont zu Bedingungen und Möglichkeiten kindlichen Seins, den Piagets Forschungen dem Pädagogen anbieten, eröffnen

---

[360] M. Montessori hat keine systematischen, empirischen Forschungen betrieben.
[361] TSCHAMLER, Herbert, Die Entwicklung des Kindes. Ein Vergleich zwischen Maria Montessori und Jean Piaget, in: HELL, Peter-Wilhelm, Materialgeleitetes Lernen, S. 55.

diesem einen weitaus differenzierteren und praktikableren Deutungs- und Handlungsspielraum, als dies anthroposophische Menschenkunde vermag. Steiners Menschenkunde der einfühlenden Wiederholung kann aufgrund ihrer Ausblendung soziopsychischer Faktoren als *präpsychologisch* gewertet werden.

Während bei *Steiner* das *kognitive Denken* eine *gewisse Zurücksetzung* erfährt, kommt bei *Piaget* dem *Denken* und seinen Strukturen eine *besondere Bedeutung* zu. Steiner reduziert den Wert des abstrakten Denkens und einer eigenständigen Erkenntnisgewinnung des Kindes. Abstraktes Denken ist jedoch ein Sammelbegriff für verschiedene Phasen und Aufbaustadien menschlicher Daseins- und Kommunikationsbewältigung. R. Steiner bespricht abstraktes Denken einseitig metaphysisch. J. Piagets empirische Untersuchungen liefern objektive Daten für eine praktische Pädagogik zur Willensbildung des Kindes. Für das Leben des Einzelnen in der heutigen Gesellschaft stellen Selbständigkeit und Leistung im Denken eine unumgängliche Willensanforderung und Lebensvoraussetzung dar. Mittels Denken können eigene kreative Fähigkeiten entfaltet werden. Als pädagogischer Geltungsfaktor bedeutet denkerische Leistung, daß der Schüler die Welt bewußt und willentlich mitgestaltet und mitbestimmt. Die Fähigkeit der Emanzipation erlernt das Kind nur im denkerischen, kommunikativen Austausch mit anderen in personalen Bezügen.

2.2.3 Anthroposophisches Sprachverständnis: eine Hermeneutik des Sprechens?

Im Verlauf unserer Anfrage an Steiners Menschenkunde zu einfühlender Wiederholung mehrten sich die Anzeichen dafür, daß anthroposophische Willenspädagogik Defizite hinsichtlich emanzipatorischer Werte aufweist: Steiners einseitige Bestrebungen nach einer geistbezogenen, künstlerischen Pädagogik ließen eine Zurücksetzung der personalen, sozialen und denkerischen Wirklichkeit des Kindes erkennen. Die aufgewiesene Spaltung zwischen metaphysischem Menschheitsideal und soziopsychisch-

kognitiver Wirklichkeit des Kindes soll auch in der folgenden Auseinandersetzung mit dem anthroposophischen Lehrplan der Grundstufe
(Klassen 1 – 4) zentraler Anfragepunkt bleiben. Bevor auf konkrete
anthroposophische Lehrplan-Sachverhalte eingegangen werden wird,
sollen ausgewählte Pädagogen des frühen 20. Jahrhunderts aus dem (weiteren) Umkreis der Reformpädagogik zu Wort kommen. Steiners Lehrplanaussagen sollen schließlich in Bezug zu ihnen gesetzt werden.

Seit 1930 gab es auf jüdisch-christlicher Seite Bemühungen um eine religiöse Fundierung der Pädagogik. Der Ansatzpunkt dieser religiös
orientierten Pädagogik war die menschliche Beziehungsebene. Hier sei
wiederum vor allem Martin Buber erwähnt mit seiner Ethik des "dialogischen Lebens". Seine Pädagogik kann zugleich als Ethik verstanden
werden und seine Ethik als Pädagogik. Buber gründete seine Lehre von der
"Ich-Du-Beziehung" und dem "dialogischen Leben" auf dem Glauben an
eine mögliche Beziehung des Menschen mit Gott, an ein "Gespräch zwischen Himmel und Erde".[362] Im Vergleich zu R. Steiners kosmisch-
ideellem Rückbindungsversuch des Menschen vertrat M. Buber eine Ethik
der menschlichen Einbindung in personale Ich-Du-Beziehungen. "Werk-
haftes Tun"[363], dem im Hinblick auf die künstlerisch geprägte anthroposophische Pädagogik Geltung zugesprochen werden kann, ist im Sinne
Bubers ein "«einseitiger» Vorgang".[364] Damit lerne das Kind nicht das Du-
Sagen.[365] Die "Freimachung von Kräften kann nur eine Voraussetzung der
Erziehung sein, nicht mehr"[366], so M. Buber. Aufgabe der Erziehung sei
ein In-der-Verantwortung-Stehen[367], ein Antwortgeben an das Gegenüber
(Kind) im Rahmen einer dialogischen Ich-Du-Beziehung. Gemäß Buber ist
das erzieherische Verhältnis "ein rein dialogisches."[368] Bubers Ethik der
personalen Ich-Du-Beziehung kann im Gegensatz zu Steiners gnostischer

---

[362] BUBER, Martin, Das dialogische Prinzip, 3. verbesserte und um ein Namensverzeichnis ergänzte Auflage, Heidelberg 1973, S. 306.
[363] BUBER, Martin, Dialogisches Leben, S. 265.
[364] Ebd.
[365] Vgl. ebd., S. 266.
[366] Ebd., S. 270.
[367] Vgl. ebd., S. 273.
[368] Ebd., S. 281.

Erkenntnis und Pädagogik als metapsychologischer Ansatz verstanden werden.

Seit den 30er Jahren beeinflußte auch die Existenzphilosophie die Pädagogik: So wurde das pädagogische Denken Otto Friedrich Bollnows (1903 – 1991) von der *Existenzphilosophie* inspiriert. Sein Werk war zugleich an der Methode des geisteswissenschaftlichen *Verstehens* orientiert. Seine Methodik war phänomenologisch. O. F. Bollnow wollte den Existentialismus überwinden, der bekanntlich die *Angst* und *Ungeborgenheit* des Menschen als quasi absolutes Element der menschlichen Existenz veranschlagte. Bollnows philosophische Anthropologie wollte den Existentialismus weiterentwickeln und durch sog. gehobene Stimmungen[369] ergänzen. Für Bollnow stellte "sich die Frage nach der aufschließenden Kraft der gehobenen Stimmungslagen als ein entscheidend wichtiges, zugleich pädagogisches Problem."[370]

O. F. Bollnows phänomenologische Anthropologie ist besonders von einer differenzierten Analyse menschlicher Seelentätigkeiten geprägt. Sie kann daher ebenso wie M. Bubers personale Ethik als metapsychologischer Ansatz gelesen werden.

Eine "skeptisch-transzendentalkritische"[371] Haltung schlug um die Jahrhundertwende die "Marburger" Richtung ein, die u.a. von Paul Natorp (1854 – 1924) vertreten wurde. Nach 1945 wurde sie in größerer Breite von Alfred Petzelt und dessen Schülerkreis (Marian Heitger, Wolfgang Fischer u.a.) repräsentiert.[372] Die Einführung M. Heitgers in die pädagogische Auseinandersetzung mit dem anthroposophischen Lehrplan erscheint aus dem Grunde gerechtfertigt, als dieser einerseits in der Tradition der "skeptisch-transzendentalkritischen" Pädagogik zu Lebzeiten Steiners

---

[369] Vgl. BOLLNOW, Otto Friedrich, Das Wesen der Stimmungen, Frankfurt a. M., ⁸1995, S. 43 ff.

[370] Ebd., S. 83.

[371] Vgl. FISCHER, Wolfgang, Unterwegs zu einer skeptisch-transzendentalkritischen Pädagogik, ausgewählte Aufsätze 1979 – 1988, Sankt Augustin 1989.

[372] Vgl. REBLE, Albert, Geschichte der Pädagogik, S. 355.

steht, andererseits aber auch ein Vertreter der aktuell-modernen Pädagogik ist. Bei Heitger (in gewisser Nachfolge zu Natorp) geht es um eine andere Metaphysik als bei R. Steiner, M. Buber und O. F. Bollnow: M. Heitger erstellt eine Pädagogik als systematische "Theorie des Lehrens und Lernens"[373] auf der Grundlage von Kants "Kritik der reinen Vernunft".[374] Heitger plädiert für Organisation und Planung des Unterrichts[375], ohne dabei technische Rationalität bezwecken zu wollen.[376] Sein pädagogisches Konzept geht von Lernzielen, Unterrichtsmethodik[377] und Sicherung des Lernertrages[378] aus. Für Heitgers Pädagogik des Dialogs zur "Mündigkeit"[379] des Schülers gilt: Der Dialog "appelliert nicht an den Mechanismus von Lust oder Unlust, sondern an Einsicht aus Freiheit, an die Vernünftigkeit des lernenden Subjekts."[380] Argumente im Dialog seien wichtige Faktoren einer zwischenmenschlichen Beziehung.[381] In seinem Anliegen nach Methodisierung und argumentativer Auseinandersetzung unterscheidet sich Heitgers Pädagogik von Bollnows Anthropologie, in der es heißt: "Jede Begegnung ist unberechenbar, im tiefsten Sinne zufällig und entzieht sich darum grundsätzlich jeder bewußten pädagogischen Planung."[382]

Einleitend zu den Untersuchungen anthroposophischer Lehrplanaussagen mit der dazugehörigen Pädagogik wurden ausgewählte Strömungen aus dem (weiteren) Umkreis der Reformpädagogik vorgestellt. Im folgenden soll nun der Einstieg in die eigentliche Diskussion um den Lehrplan der

---

[373] HEITGER, Marian, Beiträge zu einer Pädagogik des Dialogs, Eine Einführung. Mit einem Beitrag von Ines M. Breinbauer (= Schriften zur Lehrerbildung und Lehrerfortbildung, Bd. 33), Wien 1983, S. 75.
[374] Vgl. ebd., S. 75.
[375] Vgl. ebd., S. 75 ff.
[376] Vgl. ebd., S. 76.
[377] Vgl. ebd., S. 79.
[378] Vgl. ebd., S. 62.
[379] Ebd., S. 7.
[380] Ebd., S. 47.
[381] Vgl. ebd.
[382] BOLLNOW, Otto Friedrich, Existenzphilosophie und Pädagogik. Versuch über unstetige Formen der Erziehung (= Die wissenschaftliche Taschenbuchreihe, Hg.: ERNST, Fritz, Bd. 40), Stuttgart 1959, S. 124.

Waldorfschule (Grundstufe) erfolgen. Derzeitige Steiner-Rezeption wird hierbei selbstverständlich auch zur Darstellung kommen.

Der Waldorfpädagoge kann bei seiner Stoffplanung auf Steiners Schrift "Erziehungskunst, Methodisch-Didaktisches, Erziehungskunst II" zurückgreifen. In diesem Werk spricht Steiner von der "Gestaltung des Lehrplans"[383]. Auch Unterrichtsvorschläge werden hier angegeben. Darüber hinaus steht dem Pädagogen für seine Unterrichtsvorbereitungen der Vortragszyklus "Erziehungskunst, Seminarbesprechungen und Lehrplanvorträge, Menschenkunde und Erziehungskunst Dritter Teil"[384] zur Verfügung.[385] Abgesehen von Steinerscher Literatur sind den Lehrern zur Stoffplanung des Unterrichts auch Caroline von Heydebrands kleine Schrift "Vom Lehrplan der Freien Waldorfschule"[386] an die Hand gegeben sowie moderne Materialsammlungen. Auch die anthroposophisch orientierte Zeitschriftenreihe "Erziehungskunst" und verschiedene moderne pädagogische Aufsätze und Schriften bieten dem Waldorflehrer Stoffplanhilfen an.[387] Diese sind aber, wie die Nachforschungen der Autorin ergaben, weitgehend an Steiners Vorgaben ausgerichtet. Grundsätzlich gilt

---

[383] Vgl. STEINER, Rudolf, Erziehungskunst, Methodisch-Didaktisches, Erziehungskunst II, S. 172 ff.

[384] Zusammen mit der "Allgemeinen Menschenkunde" ergibt sich ein zusammenhängendes pädagogisches Vortragswerk aus drei Teilen. Dieses Werk ist, wie gesagt, der pädagogische Kursus, den Steiner während drei Wochen des Jahres 1919 vor den Lehrern der ersten Waldorfschule zu deren Eröffnung gehalten hat. Vergleiche hierzu die Einleitung, in: STEINER, Rudolf, Erziehungskunst. Seminarbesprechungen und Lehrplanvorträge, Menschenkunde und Erziehungskunst Dritter Teil, GA 295, Dornach/Schweiz ⁴1994 (Tb), S. 5.

[385] In den folgenden Darstellungen soll nicht ausdrücklich zwischen Steiners Lehrplanaussagen, seinen pädagogischen und methodisch-didaktischen Vorgaben getrennt werden. Denn sowohl seine mehr theoretischen als auch praktischen Anleitungen in den Schriften Erziehungskunst II und III bilden die Basis für die Unterrichtsvorbereitung des Waldorfpädagogen. In den folgenden Ausführungen wird der Begriff "Lehrplan" daher in weiterem Sinne verstanden.

[386] FREIE WALDORFSCHULE STUTTGART (Hg.), Vom Lehrplan der Freien Waldorfschule, bearbeitet von Caroline von Heydebrand, Stuttgart ¹⁰1996.

[387] Der Verlag am Goetheanum brachte als Verdeutlichung des Lehrplans der Waldorfschule die Schrift heraus: "Zur Unterrichtsgestaltung im 1. bis 8. Schuljahr an Waldorf-/Rudolf Steiner-Schulen", Dornach o. J.

für die Stoffauswahl des Waldorfpädagogen, daß *kein detailliertes, aktualisiertes verbindliches Curriculum für die Grundstufe vorliegt.* Der anthroposophische Pädagoge ist folglich, was die Stoffverteilung und Stoffauswahl seines Unterrichts betrifft, weitgehend sich selbst überlassen. Den folgenden Betrachtungen liegen schwerpunktmäßig Steiners Werke "Erziehungskunst. Methodisch-Didaktisches, Erziehungskunst II" und "Erziehungskunst. Seminarbesprechungen und Lehrplanvorträge, Menschenkunde und Erziehungskunst Dritter Teil" zugrunde. Die Untersuchungen schließen (in diesen Bänden aufgeführte) Lehrplanhinweise sowie dazugehörige pädagogische und schulpraktische Erläuterungen ein: Die pädagogischen Betrachtungen lassen nämlich Steiners weniger ausführliche Lehrplanbemerkungen transparenter werden.

Für das 1. Schuljahr veranschlagt Steiner lehrplanmäßig bildnerische Formensprache (Formenzeichen), die Buchstaben (schreiben, lesen), die Märchenwelt, Sprecherziehung, Naturgeschichte[388], die Zahlen von 1 bis 100[389], Singen[390], das Musikalische[391], fremde Sprachen[392]. Die genannten Stoffgebiete gelten, abgesehen vom Fremdsprachenunterricht, für den Hauptunterricht des Klassenlehrers, der die Schüler in der Regel von der 1. bis zur 8. Schulklasse führt. Auch soll das Kind u.a. in Eurhythmie[393], Stricken[394] und in Religion[395] unterrichtet werden. Was die Schuljahre 5 bis 8 betrifft, sollen die oben genannten Fächer in variierter Form weiterentwickelt werden.[396] Die Autorin wählt hinsichtlich der pädagogischen Diskussion über Steiners Lehrplanhinweise von den oben genannten Unterrichtsschwerpunkten dessen unterrichtliches Verständnis von Spra-

---

[388] Vgl. STEINER, Rudolf, Erziehungskunst. Seminarbesprechungen und Lehrplanvorträge, Menschenkunde und Erziehungskunst Dritter Teil, S. 154 ff.

[389] Vgl. ebd., S. 167 ff.

[390] Vgl. ebd., S. 175.

[391] Vgl. ebd., S. 156.

[392] Vgl. STEINER, Rudolf, Erziehungskunst. Methodisch-Didaktisches, Erziehungskunst II, S. 149.

[393] Vgl. STEINER, Rudolf, Gegenwärtiges Geistesleben und Erziehung, S. 234 ff.

[394] Vgl. ebd., S. 227.

[395] Ebd., S. 204 ff.

[396] Vgl. hierzu GROSSE, Rudolf, Erlebte Pädagogik, S. 262 ff. sowie STEINER, Rudolf, Erziehungskunst. Seminarbesprechungen und Lehrplanvorträge, Menschenkunde und Erziehungskunst Dritter Teil, S. 154 ff.

che aus. Steiners spezielles Sprachverständnis war schon in Kapitel II.2.1 in den Blickpunkt der Betrachtung gerückt worden. Es soll im weiteren Verlauf dieser wissenschaftlichen Arbeit nun auf breiterer Basis untersucht werden. Hierfür werden folgende Gründe genannt: Sprache ist individueller Willensausdruck und persönliche Verständigungsmöglichkeit des Kindes in seinen sozialen Gemeinschaften. Eine Hermeneutik des sich mitteilenden Menschen (Kindes) bietet Martin Buber an mit seiner Ethik der Ich-Du-Beziehung und des "dialogischen Lebens": "Wer Du spricht, hat kein Etwas, hat nichts. Aber er steht in der Beziehung."[397] M. Buber veranschlagt einen hohen humanen Wert der zwischenmenschlichen Sprache, wenn er schreibt:

> "Was immer in anderen Bereichen der Sinn des Wortes «Wahrheit» sein mag, im Bereich des Zwischenmenschlichen bedeutet es, daß Menschen sich einander mitteilen als das, was sie sind. [...] Auf die Authentizität des Zwischenmenschlichen kommt es an; wo es sie nicht gibt, kann auch das Menschliche nicht authentisch sein."[398]

Die Steinersche Menschenkunde zu einfühlender Wiederholung stellte sich, so unsere Untersuchungen, als eine kosmisch-künstlerische Pädagogik mit platonischer Prägung dar: Die Wahrheit ist hier schon vorgegeben. Zum wahrhaftigen Ausdruck seiner selbst und seines Willens gelangt das Kind aber nur nach Maßgabe des authentischen Selbst in persönlichem Sprachausdruck. Im weiteren Verlauf der Untersuchungen soll nun angefragt werden, ob die Unterrichtsaussagen Steiners zum Spracherwerb die Authentizität des Kindes fördern und somit einer praktikablen Hermeneutik des Sprechens gleichkommen.

Mit dem Zahnwechsel des Schülers sieht der Waldorflehrplan das Erlernen des Schreibens, Sprechens und Lesens vor. Sprache wird von Steiner

---

[397] BUBER, Martin, Dialogisches Leben, S. 16.
[398] BUBER, Martin, Das dialogische Prinzip, S. 279 f.

"erkannt als eine *Beziehung des Menschen zum Kosmos* [RZ]"[399]: Diese Sprachbeziehung des Menschen zum Kosmos meint nach Steiner einerseits den "Gefühlseindruck"[400], den die Gegebenheiten auf den Menschen hinterlassen. Vorrangige Beteiligung beim *Sprechen* habe das sympathische *Fühlen* des Menschen.[401] Dieses Fühlen in der menschlichen Seele drücke sich z.b. in Empfindung und Ausdruck der Selbstlaute aus. Der Ausdruck der Selbstlaute entspricht gemäß Steiner den sympathischen menschlichen Seelenempfindungen gegenüber dem Kosmos.[402] Das Aussprechen der Mitlaute hingegen komme einer antipathischen Seelenhaltung gleich.[403] "Mitlaute werden immer auf Nachahmungen äußerer Dinge zurückgeführt werden können"[404], so Steiner: Für den Erstspracherwerb schlägt er z.b. vor, das "F" aus der äußeren Form des Fisches heraus zu erklären. Die Lehrplanaussagen Steiners für die Schüler der 1. Klasse sehen vor, "eine feinere Empfindung für gedehnte, geschärfte Laute und so weiter"[405] zu vermitteln: So ist nach seiner Auffassung der Laut "o" Ausdruck des Erstaunens[406], das "u" Ausdruck von Furcht und Angst.[407] In zeichnerischer Weise könne z.b. das "B" aus dem Bild des Bären herausentwickelt werden[408], das "F" aus dem Bild eines Fisches[409] und das "M" bildlich aus der Oberlippe des menschlichen Mundes.[410] "Auf diese Weise haben wir

---

[399] STEINER, Rudolf, Erziehungskunst. Methodisch-Didaktisches, Erziehungskunst II, S. 30.

[400] Ebd., S. 25.

[401] Steiner betont ausdrücklich den seelischen Vorgang des Fühlens, bei dem die "Antipathie von außen" (ebd., S. 27) dazukommen kann.

[402] Vgl. ebd., S. 25 ff.

[403] Vgl. ebd., S. 28.

[404] Ebd.

[405] STEINER, Rudolf, Erziehungskunst. Seminarbesprechungen und Lehrplanvorträge, Menschenkunde und Erziehungskunst Dritter Teil, S. 156.

[406] STEINER, Rudolf, Erziehungskunst. Methodisch-Didaktisches, Erziehungskunst II, S. 25.

[407] Vgl. ebd., S. 26.

[408] Vgl. ebd., S. 69.

[409] Vgl. ebd., S. 71.

[410] Vgl. ebd.

die Sprache erkannt als eine Beziehung des Menschen zum Kosmos"[411], schreibt Steiner.

Bezüglich der Buchstabenvermittlung gilt heute nach wie vor im Unterricht der Freien Waldorfschulen Steiners Prinzip der künstlerisch-einfühlenden Wiederholung: In eigenen, jahrelangen Erfahrungen erprobt, werden die Buchstaben, die zuvor durch das sog. Formenzeichen[412] eingeführt wurden, großformatig und farbig vom Pädagogen an der Tafel vorgezeichnet, von den Schülern bewegungsmäßig nachvollzogen[413] und in die eigenen Hefte übertragen. Die spezifisch anthroposophische Art des Zeichnens unterscheidet sich von der üblichen Strichführung: Die einzelnen Linien werden langsam gezeichnet und sinnlich mitvollzogen.[414] "Eine frei schaffende Phantasie"[415] soll walten, wenn die Kinder "die Formen am eigenen Leibe erleben"[416] und "herumtanzen"[417], so Steiner. Der Gliedmaßenmensch und das rhythmische System des Kindes sollen im Sinne anthroposophischer Menschenkunde zu Wille und Gefühl gefördert werden. Denn für Steiner ist der menschliche *Wille* bis ungefähr zum 20. Lebensjahr von der *organischen Tätigkeit* des Menschen abhängig.[418]

Ganz im Sinne seiner Option einer bewegungs- und atmungsorientierten, künstlerischen *Erziehung* gilt in den Lehrplanaussagen Steiners das Ziel

---

[411]   STEINER, Rudolf, Erziehungskunst. Methodisch-Didaktisches, Erziehungskunst II, S. 30. Darauf hingewiesen sei, daß das Erlernen der Buchstaben in zeichnerischer Weise nach anthroposophischer Sicht Vorgängen der menschlichen Gattungsgeschichte entspricht, d.h. dem, "was die Menschheit als solche hatte durchmachen müssen." (GROSSE, Rudolf, Erlebte Pädagogik, S. 264). In der menschlichen Gattungsgeschichte habe der Mensch die heutigen Buchstaben aus bildhaften Formen heraus entwickelt.

[412]   Vgl. STEINER, Rudolf, Erziehungskunst. Seminarbesprechungen und Lehrplanvorträge, Menschenkunde und Erziehungskunst Dritter Teil, S. 154 f.

[413]   Bewegungsmäßig heißt z.B., die Buchstaben im Raum abzuschreiten.

[414]   Vgl. z.B. die Linienführung beim Buchstaben "M", in: STEINER, Rudolf, Erziehungskunst. Methodisch-Didaktisches, Erziehungskunst II, S. 71.

[415]   STEINER, Rudolf, Die Kunst des Erziehens aus dem Erfassen der Menschenwesenheit, S. 36.

[416]   Ebd.

[417]   Ebd.

[418]   Vgl. STEINER, Rudolf, Gegenwärtiges Geistesleben und Erziehung, S. 84.

eines deutlichen Sprechens.[419] Durch spezielle *Sprechübungen* solle ein Elastischwerden der Sprachorgane[420] bewirkt werden. Die Sprechübungen sind wie das Rezitieren von Lyrik "nicht auf den Sinn"[421] angelegt. Vielmehr steht Steiners Rezitationstheorie mit seiner okkulten Sprachgestaltungslehre und dramatischen Kunst in Zusammenhang. Die Sprechübungen sollen auf ein "Turnen der Sprachorgane hin"[422] angelegt sein. Die Schüler sprechen Wortkombinationen nach wie z.B. "Daß er dir log, uns darf es nicht loben"[423] oder "Nimm nicht Nonnen in nimmermüde Mühlen."[424]

Sprache und Sprechen werden (im Zuge Steiners Menschenkunde zu einfühlender Wiederholung), wie die genannten Belege zeigen, zum "Gefäß" kosmisch-künstlerischer Empfindungserfahrung. Der "antipathisch"-kognitiven Seite des Sprechens sowie den Sprechinhalten kommt dabei geringere Bedeutung zu. Angesichts Steiners besonderer Wertschätzung der künstlerischen Form, angesichts seines Akzents auf Lauten und Sprachrhythmus bilden Sprachinhalt und Sprachform keine semantische Einheit.

Nachdem in diesem Kapitel Steiners Lehrplanaussagen zum Sprach- und Sprechunterricht und die dazugehörige Pädagogik ins Betrachtungsblickfeld gerückt wurden, soll nun mit der Diskussion begonnen werden. Diese erfolgt unter folgenden drei Fragestellungen:

1. Berücksichtigt Steiner spezielles Sprachverständnis Sprach*inhalte*?
2. Welchen Stellenwert schreibt Steiner der Sprach*form* zu?
3. In welchem Maße kommt in seiner Sprachpädagogik der *Intentionalität* der Sprechenden Geltung zu?

---

[419] Vgl. STEINER, Rudolf, Erziehungskunst. Seminarbesprechungen und Lehrplanvorträge, Menschenkunde und Erziehungskunst Dritter Teil, S. 50.
[420] Vgl. ebd.
[421] Ebd.
[422] Ebd.
[423] Ebd.
[424] Ebd.

Die Untersuchung R. Steiners Sprachpädagogik hinsichtlich obiger Aspekte wird uns seinem Verständnis menschlicher Willensfreiheit noch näherbringen. Denn Intention und Inhalte von Sprache sind unmittelbarer Ausdruck des Menschen und seines Willens: Sprache im Sinne M. Bubers personaler Ethik der Ich-Du-Beziehung der Menschen "[...] geschieht als Rede, und nicht als eine über die Köpfe hinbrausende, sondern als die eben an ihn gerichtete [...]."[425] Personales Sein vollzieht sich gemäß M. Bubers Ethik des "Dialogischen Lebens" als *anredendes, antwortendes* und damit verantwortliches Sprachhandeln.

Steiners Verständnis von Sprache bzw. ihrer Anwendung im Unterricht knüpft an dessen kosmisch-platonische Metalehre und Menschenkunde zu intuitiver, einfühlender Wiederholung an. Die Sprechübungen ohne Semantikbezug ähneln einem mythisch-imaginären Ritual: Anthroposophische Sprechübungen finden ohne zusammenhängenden Sinn statt, d.h. sie weisen keinen Raum-, Zeit-, Sinn- und Personenbezug auf. Ein gnostisch-mythisches Denken spiegelt sich wider. Im Prozeß des Buchstabenerlernens kommt dem Gefühl des Kindes vor dem Denken größere Bedeutung zu. Es geht Steiner dabei um den "einen Gedankeninhalt der Welt"[426], der, in künstlerische *Form* gegossen, durch (sprachliche) Einfühlung intuitiv nachempfunden werden soll. Es geht ihm nicht um persönliche Gefühle.

Steinersche Pädagogik zur sprach-künstlerischen (Ausdrucks-)Form hinterläßt den Eindruck eines gewissen Formalismus. Sie läßt den Vergleich mit der analytischen Sprachphilosophie zu, die im Zeichen des Ideals sprachlicher Formalisierung stand. Analytische Sprachphilosophie war vor allem im angelsächsischen Raum zu Lebzeiten Steiners üblich. So sprach z.B. Bertrand Russell (1872 – 1970) von einer Sprache aus Atomen und von einer Wirklichkeit atomarer Tatsachen[427]. Rudolf Carnaps (1891 – 1970) Untersuchungen berücksichtigten Syntax *und* Semantik.[428] Aller-

---

[425] BUBER, Martin, Dialogisches Leben, S. 153.
[426] Vgl. S. 148 dieser Arbeit.
[427] Vgl. KELLER, Albert, Sprachphilosophie, Freiburg u.a. ²1989, S. 23.
[428] Vgl. ebd., S. 24.

dings unterscheidet sich Steiners Sprachformalismus aufgrund dessen metaphysischen Überbaus vom reinen Formalismus der analytischen Sprachphilosophie. In ähnlicher Weise wie R. Steiner betonte auch Ferdinand de Saussure (1857 – 1913), sprachwissenschaftlicher Vorläufer des Strukturalismus, in seinen Forschungen Form *und* Ausdruck der Sprache. Saussure betonte die strukturelle Seite von Sprache.[429] Dieses Verständnis meinte das Ordnungsgefüge, nach dem eine Sprache gegliedert ist. Es war die Anschauung von gegeneinander abgrenzbaren Zeichen mit erkenntnistheoretischem Schwerpunkt auf der Ausdrucksseite. Der inhaltlichen Komponente von Sprache wurde hier weniger Bedeutung zugemessen.[430] Was Saussure mit Steiner verbindet, ist die Vorgabe, die Sprache sei eine (künstlerische) Form und weniger etwas Substantielles.

Allerdings hebt sich Saussures strukturalistische Sprachphilosophie insofern von Steiners Sprachformalismus ab, als sie den für Steiners Metaphysik geltenden Grundsatz der Spiegelung des übersinnlichen Kosmos in der sinnlichen Welt (Sprache) nicht aufweist. Beide Philosophen betonen die syntaktische Seite der Sprache. Sowohl Saussures als auch Steiners Sprachverständnis sind nicht auf das Subjekt bezogen: Aufgrund der Formalisierung, die beide betreiben, wird von der *Intentionalität* des *Sprechenden* als auch von *identitätsgeleiteten Sprachinhalten* abgesehen. Damit wird auch das Subjekt formalisiert, d.h. kontrollierbar gemacht. In seinem Charakter der Verfügbarkeit kommt das Steinersche Sprachverständnis der Wilhelminischen Gehorsamkeitspädagogik nahe. Worte sind immer besonders Ausdruck des Subjekts und seiner individuellen Gefühle und authentisch gewollten Inhalte. Denn der Mensch (das Kind) in seiner bewußt-unbewußten Existenztiefe ist Identitätsträger *seiner* Sprache. Steiners ideelle Rahmenbedingungen von Sprache bedeuten eine Disziplinierung des Seienden, da sie von individuellen Sprechimpulsen und von der Intentionalität des Subjekts absehen. In *anthroposophischer Sprachpädagogik* geht es um *Gefühls- und Willenskräfte* zum Zweck eines Verfügbarmachens des Kindes und seines Willens unter universelle Regularitäten. Diese anthroposophische Absicht deutet eher auf Funktio-

---

[429] Vgl. KELLER, Albert, Sprachphilosophie, S. 26 f.
[430] Vgl. ebd.

nalisierung und Spaltung und kaum auf emanzipatorische Wirkungskraft. Sprache im Unterricht ist bei Steiner kein kommunikativer Austausch, sondern bedeutet intuitiv-kosmische Einfühlung. Sie ist weder historische, an die Entwicklung des Kindes gebundene Zeit noch ein intermedialer Vorgang, sondern ein mythisches Ereignis, das jederzeit reproduzierbar ist. Das anthroposophische Sprachverständnis stellt daher keine praktikable Hermeneutik des Sprechens dar. So kann auch nicht von einer "Stabilisierung des pädagogischen Bezugs"[431] seitens anthroposophischer Pädagogik gesprochen werden, wie Wilfried Gabriel (1996), ein derzeitiger Steiner-Rezipient, als Meinung vertritt.

M. Buber versteht den Menschen als *personale Existenz*. Gemäß M. Buber ist wirkliches Leben Dialog, d.h. (sprachliche) Begegnung eines Ichs mit einem Du. M. Buber spricht von dem Urbedürfnis des Kindes nach dem Verbindung schaffenden Wort.[432] Eine gelungene Ich-Du-Beziehung, die dem Kind bleibendes Vertrauen vermittelt, sei keine Welt der Dinge und des Genusses[433], sondern sei personale Gegenwart. Die Ich-Es-Beziehung ist gemäß Buber im Gegensatz zur Ich-Du-Beziehung eine Beziehungswelt, in der das Haben[434], die Zweckgebundenheit des Handelns Vorrang habe. Eine Ich-Es-Beziehung wird von M. Buber mit folgenden Worten charakterisiert: Das Leben des Menschen

> "besteht nicht aus Tätigkeiten allein, die ein Etwas zum Gegenstand haben. Ich nehme etwas wahr. Ich empfinde etwas. Ich stelle mir etwas vor. Ich will etwas. Ich fühle etwas. Ich denke etwas. Aus alledem und seinesgleichen allein besteht das Leben des Menschenwesens nicht.

---

[431] GABRIEL, Wilfried, Personale Pädagogik in der Informationsgesellschaft. Berufliche Bildung, Selbstbildung und Selbstorganisation in der Pädagogik Rudolf Steiners (= Europäische Hochschulschriften, Reihe XI, Pädagogik, Bd. 240), Frankfurt a. M. 1996, S. 324. Diese Einschätzung der Waldorfpädagogik führt der Autor in Kapitel 11.2 auf deren spezifische pädagogische Organisation zurück. Dialogische Faktoren werden hier nirgends erwähnt.

[432] Vgl. BUBER, Martin, Reden über Erziehung, S. 20 f.

[433] Vgl. ebd., S. 21.

[434] Vgl. BUBER, Martin, Dialogisches Leben, S. 56 ff.

All dies und seines gleichen zusammen gründet das Reich des
Es.
Aber das Reich des Du hat anderen Grund."[435]

Im Gegensatz zu M. Bubers beziehungsorientierter Ethik ist anthroposophische Sprechakrobatik Ausdruck kosmischer Zweckgerichtetheit.
Anthroposophische Sprachpädagogik soll die Gefühls- und Willenskräfte
des Kindes fördern. Sie ist nicht beziehungsorientiert. Sinn der Erziehung
ist aber, so Buber, die Ich-Du-Beziehung.[436] "Ideen-Anbau oder -Über-
bau"[437] hätten mit dem realen, personalen Menschen nichts gemeinsam. Ist
anthroposophische Sprachpädagogik Ausdruck platonischer Ideenwelten,
so verweist die Bubersche Ethik auf die menschliche Erfahrung der
personalen Verbundenheit. Diese sei der Schlüssel zu allem Erzieherischen.[438] Kommt rezitatorisches Sprechen nach anthroposophischer Art
einem Nachvollzug des kosmischen Atems[439] gleich, erkennt M. Buber als
Kennzeichen eines echten Gesprächs die "Treue, welche der Atemraum des
echten Gesprächs ist"[440]: in gegenseitiger, personhaft-existentieller Hinwendung. Ein echtes Gespräch sei rückhaltlose Zuwendung zu einem Du
ohne Schein:

"Wo das Gespräch sich in seinem Wesen erfüllt, zwischen Part-
nern, die sich einander in Wahrheit zugewandt haben, sich rück-
haltlos äußern und vom Scheinenwollen frei sind, vollzieht sich
eine denkwürdige, nirgends sonst sich einstellende gemeinschaftliche Fruchtbarkeit. Das Wort entsteht Mal um Mal substantiell zwischen den Menschen [...]."[441]

---

[435] BUBER, Martin, Dialogisches Leben, S. 16.
[436] Vgl. ebd., S. 266. Gemäß Buber muß sich eine Ich-Du-Beziehung zu einer Ich-
Es-Beziehung wandeln. (Vgl. ebd., S. 29). Beide Seinsbereiche des Menschen
gehen ineinander über.
[437] Ebd., S. 25.
[438] Vgl. ebd., S. 271.
[439] Vgl. dazu folgende Worte Steiners: "Ich selber bin ein Atemzug des Kosmos."
(STEINER, Rudolf, Erziehungskunst. Methodisch-Didaktisches, Erziehungskunst
II, S. 32).
[440] BUBER, Martin, Das dialogische Prinzip, S. 294.
[441] Ebd., S. 295.

Bubers dialogische Ethik ist im Gegensatz zu Steiners formaler Sprachpädagogik inhaltsbezogen und intentional. Sie läßt unmittelbare Willensäußerungen des Kindes und zwischenmenschliche Kommunikationsprozesse zu. Gültigkeit haben in Bubers Ethik des Dialogs weder universelle
Regularitäten noch mythische Sprachereignisse, sondern Beziehungsformen, in denen der Mensch (das Kind) um authentischen Austausch mit
dem anderen bemüht sein soll. Bubers Ethik kontrolliert daher nicht das
Kind, sondern ist identitäts- und willensfördernd. Sie kann als eine
emanzipatorisch wirkende Hermeneutik des Sprechens gewertet werden.

Wie M. Buber erkennt auch O. F. Bollnow die Sprache als wahrheits-
stiftende Qualität, wenn er schreibt, das Wort "betrifft im innersten Kern
die Selbstwerdung des Menschen."[442] Einen besonderen Akzent legt
Bollnow beispielsweise auf die mögliche Entscheidungskraft des Wortes:
"Klarheit"[443] und "Festigkeit"[444] erhalten gemäß Bollnow Situationen,
wenn das "Wort als Entscheidung"[445] zum Ausdruck kommt. Die "Macht
des Wortes"[446] schafft, so Bollnow, "oft die Veränderung der Situation".[447]
Sowohl M. Bubers als auch O. F. Bollnows Ethik weisen auf die Dimension des Aufeinanderbezogenseins der Sprechenden hin. Beiden Pädagogen kommt es auf die dialektische Antwort in den Sprechsituationen an.
Die ethischen Ansätze Bubers und Bollnows ermöglichen intentionales
Sprachhandeln und stellen daher eine Hermeneutik des Sprechens dar.

Auch M. Heitger trägt (wie M. Buber) eine Pädagogik des Dialogs vor.
Heitgers pädagogisches Konzept unterscheidet sich von demjenigen
Bubers durch seine Bezugnahme auf die Kantsche Vernunft-Metaphysik:
Selbstbestimmung und eigene Urteilsfähigkeit des Schülers sind in Heit-
gers Ansatz angesagt: Seine Pädagogik als eine Pädagogik des Dialogs
begründet er folgendermaßen:

---

[442] BOLLNOW, Otto Friedrich, Die Macht des Wortes. Sprachphilosophische Überlegungen aus pädagogischer Perspektive (= Neue pädagogische Bemühungen,
Hg.: LOCH, Werner u.a.), Essen 1964, S. 40.
[443] Ebd., S. 37.
[444] Ebd.
[445] Ebd.
[446] Ebd., S. 36.
[447] Ebd.

"[...] weil Pädagogik sich im radikalen Respekt vor dem Subjekt definiert, weil ihre Absicht auf Selbständigkeit und Mündigkeit gerichtet sein muß. Pädagogisches Handeln hat sich freizuhalten von Zwang und Gewalt, ohne seine engagierte Absicht aufzugeben. Pädagogik ist dem Prinzip der Freiheit verpflichtet, ohne standpunktlos und richtungslos zu werden. Sie hat sich an jene, das Subjekt gründende, seine Selbstbestimmung und Autonomie, Mündigkeit und Urteilsfähigkeit stiftende Instanz zu wenden. Eine Pädagogik des Dialogs vertraut der Macht des Wortes, des Arguments und Motivs."[448]

Nur in einem Gespräch, in dem der Pädagoge den Schüler uneingeschränkt als Subjekt anerkennt, können, so obiges Zitat, emanzipatorische Werte vermittelt werden. Im Vergleich zu M. Bubers Ethik des "Dialogischen Prinzips" akzentuiert M. Heitgers dialogischer Ansatz weniger die personale Beziehung als das *kognitive Sprachhandeln*, das Wissen, Argumente und Motive hervorbringen kann. Bubers Verständnis des Dialogs als einer wechselseitigen, offenen Sprachbeziehung schlösse, so Heitger,

"die Forderung nach strenger Argumentation jedoch nicht nur aus, sondern läßt sie ausdrücklich als Forderung einer bejahenden zwischenmenschlichen Beziehung erscheinen."[449]

Heitgersche Pädagogik spricht im Vergleich zur kosmisch geprägten Sprachpädagogik R. Steiners dem selbständig-kreativen Denken des Kindes einen besonderen Stellenwert zu: Dem Kind kann und soll zugemutet werden, daß es seine denkerischen und sprachlichen Fähigkeiten ausdrückt und entwickelt. Das, was für den Schüler denkerisch und willentlich im Unterrichtsprozeß Bedeutung erhält, darf zum Ausdruck kommen. Eigenständigen Verstehensprozessen wird Rechnung getragen. Daher kann Heitgers Pädagogik des Dialogs als eine Hermeneutik des Sprechens mit emanzipatorischer Wirkung gewertet werden.

---

[448] HEITGER, Marian, Beiträge zu einer Pädagogik des Dialogs, Einleitung, S. 7.
[449] Vgl. ebd., S. 47.

In Rekurrierung auf Steiners Gegenüberstellung von sympathischem Willen und antipathischem Denken des Menschen (zu Beginn von Kapitel II.2.2.1) läßt sich nun zusammenfassend sagen: Sprache und Sprechen vollziehen sich gemäß Steiners Lehrplanaussagen nach Maßgabe seiner Ideenlehre. Anthroposophisches Sprechen stellt sich als eine Art künstlerische Willensorganik dar, nicht aber als eine Hermeneutik des Sprechens: Unübersehbar sind die Zweckgebundenheit und die mythisch-kosmische Dimension des unterrichtlichen Gebrauchs von Sprache. Der Blick auf die Willensfreiheit und Emanzipation des Kindes wird so aber verstellt. Denn authentische Kommunikation ist immer an das Selbst des Kindes und dessen individuell erlebtes und dem anderen sprachlich vermitteltes Verstehen gekoppelt. Die anthroposophische Pädagogik zum Spracherwerb macht im Schulalltag weder soziale Beziehungen geltend noch legt sie Wert auf kognitives Sprechen und Denken. Die *sympathische Willenspädagogik* Steiners enthüllt sich letztlich als *willenseinschränkend*: Anthroposophischer Sprachunterricht erhebt kosmische Ansprüche. Selbstbestimmungsversuche und Identitätserprobung des Kindes (z. B. im Sinne Bubers, Bollnows und Heitgers) werden außer acht gelassen. Empirische Untersuchungen in jüngerer Zeit über den Schulerfolg ehemaliger Waldorfschüler[450] ergaben zwar, daß diese bei ihrem beruflichen Werdegang angeblich "besser abgeschnitten haben"[451] als Schüler staatlicher Schulen. Die Autorin vertritt jedoch mit H. Ullrich die Ansicht, daß vermutlich weniger der Unterricht als die soziale Herkunft der Schüler (akademisch orientierte Mittelschicht) für die Erfolge geltend gemacht werden kann.[452] Angesichts des anthroposophischen (Sprach-)Mythos entsteht "eine doppelte Illusion"[453]:

---

[450] Vgl. ULLRICH, Heiner, Waldorfpädagogik und okkulte Weltanschauung, S. 218 ff.

[451] Ebd., S. 221.

[452] Vgl. ebd., S. 221.

[453] HABERMAS, Jürgen, Theorie des kommunikativen Handelns, Band 1, S. 78.

"[...] eine Illusion über sich selbst und eine Illusion über die Welt: eine Illusion über sich selbst, da das Denken den Idealitäten, die es spontan erzeugt, eine Existenz außerhalb des Menschen und unabhängig von ihm verleiht und sich somit in seinen eigenen Weltbildern (von sich selbst) entfremdet; und eine Illusion über die Welt, die es mit imaginären Wesen schmückt [...]."[454]

3. Steiners Menschenkunde und Pädagogik des freien Ichs im Vergleich zur Reformpädagogik und deren weiterem Umfeld

3.1 Die menschenkundliche Grundlage

Im vorigen Kapitel wurde herausgearbeitet, daß für die Steinersche Menschenkunde die Ausblendung sozialer und kommunikativer Qualitäten sowie eine gewisse Zurücksetzung des kognitiven Denkens charakteristisch sind. Steinersche Menschenkunde des Wollens und Fühlens enthüllte sich als platonische Anthropokosmologie, vor deren Hintergrund das Kind in seinem kommunikativen und denkerischen Sein zurücktritt. Auch anthroposophische Lehrplanaussagen zum Sprachunterricht und die dazugehörige Pädagogik wurden in ihrer kosmisch-platonischen Intention erkennbar: Die Untersuchungen ergaben, daß anthroposophische Sprachpädagogik *keine* Hermeneutik des Sprechens darstellt, da sie weder einen sozialen noch einen kognitiven Auftrag aufweist.

In diesem Kapitel soll Steiners menschenkundliche Erkenntnis des freien Ichs des Kindes ins Zentrum der Untersuchungen gestellt werden. Methodisch wird dabei (analog zu Kapitel II.2.2) folgendermaßen verfahren:

1. Ausgangspunkt der folgenden Betrachtungen zu Steiners Auffassung des freien Ichs des Kindes ist die "Allgemeine Menschenkunde".

---

[454] GODELIER, Maurice, Mythos und Geschichte, S. 308, in: EDER, Klaus, Die Entstehung von Klassengesellschaften, Frankfurt a. M. 1973. Zitiert nach Habermas, Jürgen, Theorie des kommunikativen Handelns, Band 1, S. 78 f.

2. Steiners menschenkundliche Aussagen zum freien Ich des Kindes werden sodann mit Erkenntnissen von Vertretern der Reform-, modernen (Sozial-)Pädagogik und Entwicklungspsychologie verglichen und auf ihre pädagogische Valenz hin untersucht werden. In die Untersuchungen Steinerscher Menschenkunde wird derzeitige Steiner-Rezeption selbstverständlich einbezogen. Die Zwischenergebnisse sollen einer Antwort auf die Frage nach der Aktualisierung anthroposophischer Pädagogik näherbringen.

3. Im Anschluß soll der menschenkundlich verankerte Lehrplan der Waldorfschule mit der dazugehörigen Pädagogik auf Steiners Anschauung vom freien Ich des Kindes hin kritisch beleuchtet werden.

Die Frage nach der subjektiven Willensfreiheit und jene nach dem Emanzipationswert Steinerscher Menschenkunde werden in der Diskussion von zentraler Bedeutung sein.

Galten die Betrachtungen in Kapitel II.2.2.1 Steiners menschenkundlicher Dreigliederung vom *seelischen Gesichtspunkt*, sei im folgenden auf den *geistigen* Blickwinkel Steiners eingegangen: Steiners Analyse des dreigegliederten Menschen vom geistigen Standpunkt fokussiert sich auf die Frage nach dem *Ich* und basiert auf einem besonderen Verständnis von *Bewußtseinszuständen*:

Bei der Tätigkeit des Erkennens ist das menschliche Ich gemäß Steiner vollkommen wach.[455] Das *Erkennen* des Ichs sei eine *vollbewußte Tätigkeit*:

"Denken Sie einmal, wenn Sie das Gefühl haben müßten: während Sie ein Urteil fällen, geht mit Ihrem Ich irgendwo im Unterbewußten etwas vor, und das Ergebnis dieses Vorgangs sei das Urteil!"[456]

---

[455] Vgl. STEINER, Rudolf, Allgemeine Menschenkunde als Grundlage der Pädagogik. Erziehungskunst I, S. 98.

[456] Ebd., S. 96.

Im Gegensatz zum wachen Erkennen des Ichs ist nach Steiners Sicht das *Wollen* des Ichs *schlafend*[457]: Das wollende Ich ist *nicht vollbewußt*: "Indem wir wollen, mischt sich fortwährend in unsere Tätigkeit ein tiefes Unbewußtes hinein"[458], so Steiner. Das *Fühlen* des menschlichen Ichs vollzieht sich gemäß Steiner *zwischen Wollen* und denkendem *Erkennen*[459] und somit zwischen *Schlafen* und *Wachen*. Die Seelenhaltung des fühlenden Ichs vergleicht er mit dem menschlichen *Träumen*.[460] Habe der Pädagoge träumerische Kinder vor sich, solle er ihnen starke Gefühle vermitteln, die ihrerseits dann das denkende Erkennen anregen.[461] Im Umgang mit "brütenden" Kindern (willensbetont) solle er weniger auf deren Denktätigkeit als vielmehr auf deren Willen wirken. Nach und nach erwachen nach Steinerscher Sicht dann die Gedanken.[462]

Im *wachen* Denken lebt der Mensch in *Bildern*, so Steiners menschenkundliches Verständnis. Erwacht das Ich morgens, ergreift es den Leib[463] und dringt in die Bilderwelt. Beim *Fühlen* des Menschen dringe das Ich im *träumenden* Zustand des Menschen in den wirklichen Leib ein.[464] Das *Wollen* erlebe der Mensch nur als *schlafendes* Ich[465], da ein zugrundeliegender Schmerz auf diese Weise verhindert würde. *Vollwach* lebe das Ich des Menschen in *Bildern, inspirativ* in *Gefühlen*[466], die aus dem Unbewußten ins vollwache Bewußtsein steigen.[467] Das *wollende Ich schläft* gemäß Steiner in *Intuitionen*.[468]

Der Verlauf des einzelnen Menschenlebens sei gekennzeichnet durch vorwiegend seelisches Erleben im mittleren Alter und durch geistiges

---

[457] Vgl. STEINER, Rudolf, Allgemeine Menschenkunde als Grundlage der Pädagogik. Erziehungskunst I, S. 98 f.
[458] Ebd., S. 97.
[459] Vgl. ebd., S. 98.
[460] Vgl. ebd., S. 99.
[461] Vgl. ebd., S. 100.
[462] Vgl. ebd., S. 101.
[463] Vgl. ebd., S. 103.
[464] Vgl. ebd.
[465] Vgl. ebd., S. 104.
[466] Vgl. ebd., S. 105.
[467] Vgl. ebd.
[468] Vgl. ebd., S. 105 f.

Erkennen im Greisenalter.[469] Beim zappelnden Säugling sei eine enge Verknüpfung zwischen Wollen und Fühlen feststellbar.[470] Im weiteren Verlauf des Lebens löse sich jedoch das Fühlen vom Wollen.[471] Anthroposophische Pädagogik hat die Aufgabe, das Fühlen vom Wollen zu lösen[472], so Steiner. Dann könne der Mensch als Erwachsener das losgelöste Fühlen mit dem Denken verbinden.[473] Unmittelbare *Beziehung* zum *Geistig-Seelischen* haben laut Steiner *Blut* und *Muskeln* (Wille) und das *rhythmische System*[474] (Atmung), nicht aber die Nerven des Menschen.[475] Nach Steiners Sicht wirken seelische, geistige und leibliche *Lebensgewohnheiten* auf den Willen.[476] Gedächtniskraft bewirke der Pädagoge beim Kind durch Gefühls- und Willenserziehung.[477] Eine menschliche *Sinnesempfindung* ist gemäß Steiner vornehmlich *Willensbetätigung* "mit einem Einschlag von gefühlsmäßiger Natur".[478] Dennoch unterscheidet er in seinem Sinnesvortrag zwischen Sinnen, die eher willensbetont, gefühls- oder eher erkenntnisbetont sind.[479]

Vorwiegend von Willenstätigkeit durchdrungen seien Sinne[480] wie z.B. "Tastsinn, Lebenssinn, Bewegungssinn und Gleichgewichtssinn."[481] Gefühlssinne sind gemäß Steiner "Geruchssinn, Geschmackssinn, Sehsinn oder Wärmesinn".[482] Erkenntnissinne seien z.B. "Ich-Sinn, Gedankensinn, Hörsinn und Sprachsinn".[483] Ein anderes Ich nehme der Mensch mit

---

[469] Vgl. STEINER, Rudolf, Allgemeine Menschenkunde als Grundlage der Pädagogik. Erziehungskunst I, S. 111.

[470] Vgl. ebd., S. 113.

[471] Vgl. ebd.

[472] Vgl. ebd.

[473] Vgl. ebd.

[474] Vgl. ebd., S. 121.

[475] Vgl. ebd.

[476] Vgl. ebd., S. 127.

[477] Vgl. ebd., S. 127 f.

[478] Vgl. ebd., S. 115.

[479] Vgl. Steiners genaues Verständnis der menschlichen Sinne, in: ebd., S. 129 ff.

[480] Steiner nennt in seinem menschenkundlichen Sinnesvortrag 12 Sinne, in: ebd., S. 134.

[481] Ebd.

[482] Ebd.

[483] Ebd., S. 137.

seinem Ich-Sinn wahr.[484] Das Erleben des eigenen Ichs sei aber etwas anderes als die Wahrnehmung eines anderen Ichs[485]: Einem Erkenntnisvorgang kommt nach Steinerscher Sicht die Wahrnehmung eines anderen Ichs gleich, ein Willensvorgang sei das menschliche Erleben des eigenen Ichs.[486] Steiner beschreibt in seiner Schrift "Allgemeine Menschenkunde" die beziehungsmäßige Wahrnehmung eines Ichs durch ein anderes Ich als "Tätigkeit [...], die im Wechselspiel zwischen mir und dem anderen Mensch verfließt."[487] Im Prozeß der gegenseitigen Wahrnehmung der Menschen geschehe "[...] Hingabe an den Menschen – innerliches Wehren; Hingabe an den anderen – innerliches Wehren; Sympathie – Antipathie."[488] Steiner charakterisiert diese Tätigkeit als Vibrieren der Seele zwischen *Sympathie* und *Antipathie*.[489]

Von der Geburt bis zur Geschlechtsreife nimmt nach Steiners Auffassung das Kind alles auf Autorität hin auf. Dann erst habe es Sehnsucht nach dem eigenen Urteil.[490] Denkerische *Schlüsse* vollzögen sich in *vollwachem, vollbewußtem* Zustand, zu *Urteilen komme es träumend-halbbewußt*.[491] Fertige *Schlüsse* seien leblos, *tot*. Der Pädagoge solle lebendige Begriffe an das Kind heranbringen.[492] Bis zum Zahnwechsel erlebe das Kind die Welt als "moralisch."[493] In der Zeitspanne zwischen Zahnwechsel und Geschlechtsreife empfinde das Kind die Welt als "schön"[494] und mit der Geschlechtsreife als "wahr."[495] Zu einem eigenen Urteil reif wird das Kind mit dem vierzehnten, fünfzehnten Lebensjahr, so Steiner.[496]

---

484 Vgl. STEINER, Rudolf, Allgemeine Menschenkunde als Grundlage der Pädagogik. Erziehungskunst I, S. 130.
485 Vgl. ebd.
486 Vgl. ebd.
487 Ebd.
488 Vgl. ebd., S. 131 f.
489 Vgl. ebd.
490 Vgl. ebd., S. 140.
491 Vgl. ebd., S. 145.
492 Vgl. ebd., S. 145 ff.
493 Vgl. ebd., S. 149.
494 Vgl. ebd., S. 150.
495 Vgl. ebd., S. 151.
496 Vgl. STEINER, Rudolf, Gegenwärtiges Geistesleben und Erziehung, S. 133.

Im Anschluß an die Darstellung Steinerscher Menschenkunde des freien, menschlichen Ichs mit den dazugehörigen Bewußtseinszuständen soll ein kurzer Seitenblick auf die philosophische Anschauung des menschlichen Ichbewußtseins im Verlauf der Geistesgeschichte geworfen werden. In ihrem Rahmen fand Steiners Denken seine spezielle Ausprägung. Unser Seitenblick soll die kritischen Untersuchungen zu Steiners spezieller Anschauung des menschlichen Ichs einleiten.

In der vom ewigen Kosmos verlautenden Philosophie Platons tauchte die Frage nach dem Ich des Menschen kaum auf: Platons Weg führte über die ewigen Ideen zu Glück und Harmonie. *Wahres Sein* im platonischen Sinn war die *Ideenwelt*. Erst Augustinus stellte die Frage nach dem Ich des Menschen in den Mittelpunkt philosophischen Denkens: Der Ausgangspunkt aller Wahrheit sei die Selbstgewißheit. "Kehre in dich selbst zurück" hieß es bei Augustinus. Bei Descartes fand sich das "Ich denke, also bin ich" als Ausdruck des nicht mehr in eine Metaphysik eingebundenen, neuzeitlich denkenden Menschen. Kant erkannte das Ich als ein transzendentes: Das "Ich denke" ist das reine Ich oder der *reine Verstand*.[497] In der Philosophie J. G. Fichtes wurde das Ich als eine absolute Instanz erkannt. Fichte verstand wie Kant das Ich nicht als eine psychologische, sondern als eine transzendentallogische Instanz.

3.2 Das kosmische, nicht individuierte Ich

Auch Steiners Menschenkunde vom geistigen Blickwinkel kann als präpsychologisch gewertet werden, wie im folgenden darzustellen ist: Unmittelbare Beziehung zum Geistigen haben nach Steiners Verständnis das rhythmische System (träumend – fühlend) und das Blut-Muskelsystem (schlafend – wollend) des Menschen. Beide Systeme werden daher als besonders förderungswürdig anerkannt. Steiners spezielle Erkenntnis des Wahrnehmungsprozesses eines Ichs durch ein anderes Ich als Vibration zwischen den Polen Sympathie und Antipathie, d.h. zwischen Träumen und Aufwachen, ist in seine kosmische Vision der geistigen Zukunft des

---

[497] Vgl. HIRSCHBERGER, Johannes, Geschichte der Philosophie Bd. II S. 290.

Menschen eingepaßt. Steiners menschenkundliche Reflexionen über das intuitive und inspirierte Ich des Menschen (Kindes) zeugen von einem *kosmischen Ideal-Ich*-Verständnis im Zuge seines ethischen Individualismus und im Sinne Platons Ideenlehre. Steiners Erkenntnis des freien, intuitiven und inspirierten Ichs gleicht auch Fichtes Suche nach der Übersinnlichkeit und nach dem unwandelbaren Verhaftetsein des Menschen im Göttlichen. Steiners pädagogische Anthropologie vom kosmisch-idealen Menschen und dessen Beziehung zum anderen (Ich) ist aufgrund ihrer kosmologischen Dimension zweckgebunden. Wahre Beziehung ist gemäß M. Buber aber ohne Zweckgerichtetheit.[498] Sie ist unmittelbare Gegenwart[499], und damit ist sie erfüllte Gegenwart.[500] Eine zweckbestimmte Beziehung des Menschen (Ich-Es-Beziehung) charakterisiert M. Buber auch mit folgenden Worten:

> "[...] insofern der Mensch sich an den Dingen genügen läßt, die er erfährt und gebraucht, lebt er in der Vergangenheit, und sein Augenblick ist ohne Präsenz. Er hat nichts als Gegenstände; Gegenstände aber bestehen im Gewesensein."[501]

Die präsentische Ich-Du-Beziehung des Menschen unterscheidet sich nach M. Bubers Verständnis von der dinglichen, vergänglichen Ich-Es-Beziehung: In ihr kommt es zu augenblicklichen Antworten, d.h. zu gelebter Verantwortung. Buber schreibt antwortendem Sprachhandeln des Menschen eine geistige Dimension zu: "Geist in seiner menschlichen Kundgebung ist Antwort des Menschen an sein Du."[502] "Geist ist Wort."[503] In Bubers Ethik des auf ein Du antwortenden Ichs ist das menschliche Ich kommunikative Integrationsmitte des gesamten Wesens. M. Bubers Geistverständnis ist ein anderes als dasjenige Steiners: Nach dem Kosmos greifend läßt Steiners Ideal-Ich-Verständnis subjektives, reziprokes Er-

---

[498] Vgl. BUBER, Martin, Dialogisches Leben, S. 23.
[499] Vgl. ebd., S. 24.
[500] Vgl. BUBER, Martin, Reden über Erziehung, S. 28 f. Im Erleben der Zwiesprache und des Angeredetseins vollzieht sich gemäß Buber Erfüllung.
[501] BUBER, Martin, Dialogisches Leben, S. 24 f.
[502] Ebd., S. 49.
[503] Ebd.

leben bzw. Kommunizieren, dem im Rahmen des pädagogischen Bezugs besondere Relevanz zukommt, außer acht. Anthroposophische Menschenkunde, die das intuitive und inspirierte Geist-Ich des Kindes propagiert, muß daher als *spaltend* gewertet werden. Einende Kraft hat gemäß Buber die pädagogische Haltung der "Umfassung"[504] als:

> "[...] Erweiterung der eigenen Konkretheit, Erfüllung der gelebten Situation, vollkommne Präsenz der Wirklichkeit, an der man teilhat. Ihre Elemente sind: erstens ein irgendwie geartetes Verhältnis zweier Personen zueinander, zweitens ein von beiden gemeinsam erfahrener Vorgang, an dem jedenfalls eine der beiden tätig partizipiert, drittens ein Faktum, daß diese eine Person den gemeinsamen Vorgang, ohne irgend etwas von der gefühlten Realität ihres eigenen Tätigseins einzubüßen, zugleich von der anderen aus erlebt."[505]

Umfassung bedeutet nicht bedingungslose Identifikation oder die eigene Realität auszuschalten. Sie ist, so obiges Zitat, vollständige Präsenz der Aktualität der Wesen und ein von beiden gemeinsam erfahrener Vorgang, bei dem der Einzelne zugleich die Realität des anderen erlebt. Den Begriff der Umfassung charakterisiert Buber auch mit folgenden Worten: Der Mensch (Pädagoge) "[...] muß, ohne daß die Handlung seiner Seele irgend geschwächt würde, zugleich drüben sein, an der Fläche jener anderen Seele, die sie empfängt [...]."[506] Das Verhältnis zweier Personen, das auf Umfassung gegründet ist, nennt Buber ein dialogisches. Das erzieherische Verhältnis der Umfassung baue "[...] Vertrauen zur Welt, weil es diesen Menschen gibt [...]."[507] Der andere solle aber wirklich präsent sein. Könne er nicht anwesend sein, solle er gemäß Buber potentiell gegenwärtig sein.[508] Diese "unterirdische Dialogik"[509] schaffe personale "Gegenseitig-

---

[504] Der Begriff der Umfassung wird im weiteren Verlauf dieser Studie aus Gründen
       besserer Lesbarkeit ohne Anführungszeichen verwendet.
[505] BUBER, Martin, Reden über Erziehung, S. 38.
[506] Vgl. ebd., S. 43.
[507] Ebd., S. 40.
[508] Vgl. ebd., S. 40 f.
[509] Ebd., S. 41.

keit".[510] Eine wichtige Aufgabe des Pädagogen ist gemäß Buber, in diesem vertrauensstiftenden, dialogischen Rahmen die Wirklichkeit des Schülers, sein Selbst, seine individuelle Person im Blick zu behalten, ohne Eingriff und Willkür walten zu lassen. Der Pädagoge solle besonders auch auf all das antworten, was das Kind konkret erlebt, was es "zu sehen, zu hören, zu spüren bekommt"[511] und verbalisiert. Die Sichtweise der Umfassung entspricht dem *therapeutischen Prinzip*, den anderen nicht zu bedrängen, sondern *wahrzunehmen* und zu *verstehen*. Widerstände dürfen gelten; das Kind wird dennoch in der Tiefe respektiert. Technik und Praxis der Psychoanalyse ist es beispielsweise, wahrzunehmen, wohin der andere sich gefühlsmäßig und entwicklungsmäßig begibt.

Im Vergleich zu R. Steiner hat M. Buber den Menschen (das Kind) als kommunikativ handelndes Ich im Blick: Sein ethischer Ansatz umfaßt die Identität und das Selbst des Menschen (Kindes) und seine unmittelbaren Willensäußerungen. M. Bubers Ethik des menschlichen Ichs schafft Verbindung: Gegenwartsbezogenen Beziehungsformen wird Gültigkeit zugesprochen, in denen das Ich-Subjekt um verantwortlichen Sprachaustausch mit einem Du bemüht ist und seinen Willen, seine Eindrücke zum Ausdruck bringen kann. Bubers Ethik der Ich-Du-Beziehung, in der sich das Ich des Kindes am anderen Du entwickelt, hat daher *emanzipatorische* Wirkung. Bubers Ethik unterscheidet sich von Steiners künstlerisch-kosmischer Menschenkunde: Der Dialog Buberscher Prägung weist sich im Gegensatz zu Steiners apsychologischer Menschenkunde durch einen metapsychologischen Charakter aus. Wenn Ernst-Michael Kranich in der Folge von R. Steiner den Reifezustand des siebenjährigen Kindes (im Vergleich zu jenem des jüngeren Kindes) mit einem Zuwachs an formenden Kräften erklärt und diesen als Ausdruck einer Umwandlung der Wesensglieder[512] verstanden wissen will, so stellt sich wieder einmal mehr

---

[510] BUBER, Martin, Reden über Erziehung, S. 41.
[511] BUBER, Martin, Dialogisches Leben, S. 153.
[512] KRANICH, Ernst-Michael, Anthroposophische Grundlagen der Waldorfpädagogik, in: Gespräch mit Waldorfpädagogen. Hohenheimer Symposion zur christlichen Pädagogik 1990, Hg.: KLEHR, Franz Josef, (= Hohenheimer Protokolle Bd. 40), Stuttgart 1992, S. 31.

die dringende *Frage* nach der *soziopsychischen Perspektive des Kindes.*

R. Steiner befürwortet eine Pädagogik des schlafenden Wollens und träumenden Fühlens. Unverkennbar ist seine Zurücksetzung des denkenden Ichs zugunsten des angeblich freien, geistigen Ichs des Kindes. Damit widerspricht er seiner eigenen Anschauung des "ethischen Individualismus", gemäß derer auch dem Denken ein besonderer Stellenwert im menschlichen Sein zuerkannt wird. Steiners Menschenkunde des schlafenden und träumenden Ichs läßt außer acht, daß auch das Kind zur überlegten Ich-Bestimmung und zu eigenen Entscheidungen fähig ist. Steinersche Menschenkunde zu künstlerischem Tun und zu Gewohnheiten schließt aus, daß sich auch das Kind (wie der Erwachsene) denkerisch und willentlich selbst Handlungsziele setzen kann. Selbstverfügung des Kindes und das Erleben sowie Aussprechen subjektiver Bedeutungen kommen angesichts Steiners besonderer Wertschätzung von Intuition und Inspiration nicht zum Tragen. Das Kind als Ich-Subjekt wird daher verfehlt. Sein Denken und Handeln sind nach Steinerscher Menschenkunde nicht Ausdruck subjektiven Denkens und Erlebens, sondern Ausdruck Steiners Kosmos- und Sinneslehre. Seine Ethik des freien Ichs des Kindes ist daher kaum als emanzipationsfördernd zu bewerten.

Das Lesen in der 1. Klasse wird von Steiner nicht befürwortet.[513] Angefragt wird daher, ob der Anspruch anthroposophischerseits auf "Erkenntnis des werdenden Menschen"[514] und auf "anthropologische Relevanz der einzelnen Unterrichtsgebiete"[515] dem Lernwillen des Kindes gerecht werden kann. Waldorfpädagogik vertritt eine Haltung, die dem Schüler der Grundstufe den selbständigen, freien Umgang mit kognitivem Lernstoff zugunsten einer Lehre kosmosbezogener Bewußtseinszustände vorenthält. E.-M. Kranichs Worte: "Im Ich wirkt der Mensch ganz aus sich

---

[513] Vgl. STEINER, Rudolf, Erziehungskunst. Methodisch-Didaktisches, Erziehungskunst II, S. 174 f.

[514] Vgl. KRANICH, Ernst-Michael, Anthroposophische Grundlagen der Waldorfpädagogik, in: Gespräch mit Waldorfpädagogen. Hohenheimer Symposion zur christlichen Pädagogik 1990, Hg.: KLEHR, Franz Josef, S. 25.

[515] Ebd.

selbst, aus inneren Zielen und Bestimmungen"[516] stehen in deutlichem Gegensatz zu Steiners menschenkundlichem Primat des träumenden Fühlens und schlafenden Wollens vor dem wachen Denken. Steiners Pädagogik zum freien Ich zielt letztendlich auf "praktische Handhabung der Anthroposophie"[517], nicht aber auf die denkende, über sich selbst verfügende Ich-Identität des Kindes.

O. F. Bollnow weist in seiner Schrift "Existenzphilosophie und Pädagogik" auf die Notwendigkeit der subjektiven Stellungnahme des Menschen (Kindes) hin:

> "Es gibt kein Verstehen, in dem ich nicht zugleich werte, und zwar werte in dem absoluten Sinn, daß ich darin Stellung nehme, für das eine und gegen das andere, daß ich selbst in der geistigen Welt an einer ganz bestimmten Stelle stehe."[518]

Im Vergleich zu der kosmischen Menschenkunde Steiners zeigt Bollnows pädagogischer Ansatz, wie obiges Zitat belegt, die Dimensionen subjektiver Bedeutungen und bewußter Entscheidungen auf. Intendiert anthroposophische Menschenkunde kosmische Harmonie, reflektiert Bollnows Ansatz auch ein Verständnis "Unstetiger Vorgänge in der leiblichen und seelischen Entwicklung des Kindes"[519] wie beispielsweise Entwicklungsschübe oder Krisen. Bollnows an der Existenzphilosophie orientierte Pädagogik kann vor allem deshalb als emanzipatorisch und willensfördernd gewertet werden, da sie die Existenz menschlicher (kindlicher) Konflikte aufzeigt und selbständiges, individuelles Sprachhandeln fördern

---

[516] KRANICH, Ernst-Michael, Anthroposophische Grundlagen der Waldorfpädagogik, in: Gespräch mit Waldorfpädagogen. Hohenheimer Symposion zur christlichen Pädagogik 1990, Hg.: KLEHR, Franz Josef, S. 25.

[517] STEINER, Rudolf, Allgemeine Menschenkunde als Grundlage der Pädagogik. Erziehungskunst I, S. 216, Zitiert nach: LEBER, Stefan, Weltanschauung, Ideologie und Schulwesen. Ist die Waldorfschule eine Weltanschauungsschule?, Stuttgart 1989, S. 66.

[518] BOLLNOW, Otto Friedrich, Existenzphilosophie und Pädagogik. Versuch über unstetige Formen der Erziehung, S. 105.

[519] Vgl. ebd., S. 24.

möchte. Bollnows pädagogischer Ansatz berücksichtigt Beziehungsstrukturen und das Denken des Kindes als wesentliche Qualitäten seines
Seins.

Die Pädagogik M. Heitgers hat wie O. F. Bollnows Erziehungslehre
sowohl den *individuellen* Schüler[520] als auch dessen kognitive Fähigkeiten
im Blick. Besonders wichtig ist gemäß Heitger "das Ringen um die richtigen Argumente, ihre Folgerichtigkeit und Stringenz."[521] Heitger kommt
es im Gegensatz zu Steiner auf Wissensvermittlung und eine Theorie der
Bedingungen von Lehren und Lernen an. M. Montessori spricht in ihrer
Pädagogik von der natürlichen Lernbegierde des sechs- bis zwölfjährigen
Kindes[522], die es zu entfalten gilt. Heitgers Bildungstheorie der Wissensvermittlung ist eng mit seiner Theorie des "vernünftigen Schülers"
verknüpft:

> "Der Mensch soll lernen, von seiner Vernunft freien und selb-
> ständigen Gebrauch zu machen [...]. Dabei kann nicht übersehen
> werden, daß die in dieser Mündigkeit gemeinte Autonomie des
> Subjekts im Urteilen und Entscheiden sich erst in der Geltungs-
> bindung begründet. Wo diese abgeschüttelt wird, verfällt die
> Autonomie des Subjekts dem Irrationalismus und damit der
> Ausweglosigkeit. Im Begriff der Bildung als Recht und Pflicht
> bleibt dieses Spannungsverhältnis erhalten. Sie ist gleichzeitig
> Ziel, Voraussetzung und Weg aller Pädagogik."[523]

M. Heitgers pädagogischer Ansatz schließt dialektische Lernprozesse ein,
was obige Worte aufzeigen. Kognitives Denken und Wissen verhelfen dem
Schüler, so obiges Zitat, zu Eigenständigkeit und Emanzipation. Steinersche Menschenkunde des Träumens und Schlafens intendiert Bezug zum

---

[520] Vgl. HEITGER, Marian, Beiträge zu einer Pädagogik des Dialogs, S. 50.
[521] Ebd.
[522] Vgl. MONTESSORI, Maria, "Kosmische Erziehung". Die Stellung des Menschen im Kosmos. Menschliche Potentialität und Erziehung. Von der Kindheit
zur Jugend (= Kleine Schriften Maria Montessoris, Bd. 1, Hg.: OSWALD, Paul
u.a.), Freiburg im Breisgau 1988, S. 37 f.
[523] HEITGER, Marian, Beiträge zu einer Pädagogik des Dialogs, S. 118.

Geist, versteht aber das Kind nicht als denkende Ich-Identität mit subjektivem Willen. Steiners Ansatz ist im Gegensatz zu demjenigen Heitgers "künstlerisch, nicht kognitiv-analytisch; gestalterisch, nicht betrachtend; lebensvolle Bewegung, nicht Analyse von Zuständen."[524] Anthroposophische Pädagogik zu Kunst und Gewohnheiten wirkt unbewußt: Mitbewegung ist aber keine eigene Bewegung, träumend-schlafender Nachvollzug ist kein Selbständigkeit und Emanzipation fördernder Prozeß. Daher kann die Steinersche Menschenkunde zum freien Ich des Kindes als *unindividuiert* bewertet werden. Im Gegensatz zu Steiners Menschenkunde des unbewußt nachvollziehenden Kindes plädiert Heitgersche Pädagogik für ein Ethos, das das "eigenständige Erkennen"[525] des Schülers zur Entfaltung bringen möchte. Gemäß Heitger soll das Lernen auf "Einsehen"[526] und Wissenserwerb[527] zielen. Heitger versteht das Lernen besonders als "*Auseinandersetzung* über den zu vermittelnden Inhalt".[528] Die Begegnung des Kindes mit dem Pädagogen im Unterricht erkennt er dabei als wechselseitigen (dialektischen) Verstehens- und Erkenntnisvorgang[529], in dem sich die Beziehungspartner unabhängig fühlen sollen.[530] Das pädagogische Konzept Heitgers ermöglicht schulische Lernprozesse, in denen der Schüler seine Beziehung zum Lernstoff selbständig über das feed-back des Pädagogen erproben lernt. Es bietet diesem die Möglichkeit einer differenzierten, denkerischen Weiterentwicklung ohne Einpassung in universelle Regularitäten: Im Vergleich zu Steiners eher unindividuierter Menschenkunde bietet das Heitgersche Konzept dem Schüler die Möglichkeit einer individuellen, differenziert-denkerischen Entfaltung. Universelle Regularitäten kommen nicht zum Tragen. Heitgers pädagogischer Ansatz läßt auch Raum für personale Beziehungsstrukturen, denen in Steiners kosmisch-künstlerischer Menschenkunde keine besondere Bedeutung zukommt.

---

524   PRANGE, Klaus, Erziehung zur Anthroposophie, S. 119.
525   HEITGER, Marian, Beiträge zu einer Pädagogik des Dialogs, S. 48.
526   Ebd.
527   Vgl. ebd.
528   Ebd., S. 47.
529   Vgl. ebd., S. 48.
530   "Der Anspruch der Argumente [...] verträgt keine Herrschaft des einen über den anderen." (Ebd., S. 48).

Auf die eingangs gestellte Frage nach der Aktualisierung anthroposophischer Pädagogik in heutiger, postmoderner Zeit, kann nun nach den
vorangegangenen Untersuchungen folgende Antwort gegeben werden: R.
Steiner wollte wohl mit seinem pädagogischen Vortragszyklus "Allgemeine Menschenkunde" der in Wilhelminischer Zeit oftmals praktizierten Gehorsamkeitspädagogik entgegenwirken. Die Postmoderne der
"Vielheit heterogener Konzeptionen, Sprachspiele und Lebensformen"[531]
bedarf einer Pädagogik, die zu Selbständigkeit im Denken und zu
Bewußtheit in menschlichen Beziehungen anleitet. Schon das Kind im
Grundschulalter kann in ein entscheidendes, und damit denkerisches Sich-
in-Beziehung-Setzen zur Umwelt eingeübt werden. M. Bubers Pädagogik
der dialogischen Ich-Du-Beziehung, O. F. Bollnows Konzept der unste-
tigen Formen in der Erziehung und M. Heitgers autonomiegerechter
Ansatz sprechen dem individuellen, entscheidenden Sprachhandeln des
Kindes Bedeutung zu und damit auch dessen freiem Willen. R. Steiners
Menschenkunde wollte eine Alternative zur Wilhelminisch-oppressiven
Ära darstellen. Kann sie aber den heutigen, umfassenden Anforderungen
an die Identität des Kindes gerecht werden? Untersuchungen zur modernen
Rezeptionsgeschichte anthroposophischer Pädagogik ergaben, daß nach
Steiners Lebzeiten so gut wie keine Aktualisierung und Modernisierung
stattgefunden hat. Man kann mit Lorenzo Ravagli, einem menschlich wie
fachlich sicherlich erstrangigen anthroposophischen Sprachphilosophen,
sagen:

> "Mit dem Tode Steiners ist die Entwicklung der Anthroposophie
> nicht zu ihrem Ende gekommen, sondern muß erst ihren Anfang
> nehmen. Ihren Anfang nehmen deshalb, weil nun das Tiefenver-
> ständnis ihrer ideellen Grundgestalt von den Nachgeborenen
> erarbeitet werden muß."[532]

---

[531] WELSCH, Wolfgang, Unsere postmoderne Moderne, S. 5.
[532] RAVAGLI, Lorenzo, Geistesgeschichte als Archäologie der Worte, in:
KRANICH, Ernst-Michael / RAVAGLI, Lorenzo, Waldorfpädagogik in der
Diskussion. Eine Analyse erziehungswissenschaftlicher Kritik (= Erziehung vor
dem Forum der Zeit, Schriften aus der Freien Waldorfschule, Bd. 17), Stuttgart
1990, S. 91.

Auch den folgenden Worten des derzeitigen Steiner-Rezipienten W. Gabriel kann Geltung zugesprochen werden:

> "Die jahrzehntelangen praktischen Erfahrungen und bewährten Strukturen der Waldorfpädagogik sind aus erziehungswissenschaftlicher Perspektive aufzuarbeiten und für die gegenwärtige Diskussion fruchtbar zu machen."[533]

3.3 Steinersche Erziehungskunst als Harmonisierung des Kindes: Grundlage eines befreienden Umgangs mit Konflikten des kindlichen Ichs?

Hauptgegenstand der vergleichenden Untersuchungen in Kapitel II.3 ist Steiners menschenkundliche Sichtweise des freien Ichs des Kindes und die dazugehörige Pädagogik: Die bisherigen Analysen anthroposophischer Menschenkunde zum freien Ich ergaben, daß weder soziopsychische Perspektiven noch kognitives Denken in der Waldorfpädagogik eine *gezielte* Realisierung erfahren. Besonderes Anliegen der Steinerschen Menschenkunde und Pädagogik ist vielmehr künstlerisches Tun in träumend-schlafenden Bewußtseinszuständen. Die zentrale Frage der folgenden Quellenstudien wird sein, inwieweit anthroposophische Erziehungskunst (zum freien Ich) die Grundlage eines befreienden Umgangs des Kindes mit Konflikten bildet. Diese Fragestellung erscheint schon aus dem Grunde sinnvoll, als sie in unmittelbarem Zusammenhang mit der Frage nach dem freien Willen des Kindes steht: Die Fähigkeit, Konflikte auszutragen und sich daraus zu lösen, geht Hand in Hand mit der wachsenden Identität des Kindes.

Die folgenden Untersuchungen stützen sich auf anthroposophisch orientierte schul- und heilpädagogische Ansätze[534] im Hinblick auf mögliche psychische Stabilisierung des Kindes. In den Lehrplanaussagen Steiners finden sich keine therapeutischen Angaben. Die Autorin wählt

---

[533] GABRIEL, Wilfried, Personale Pädagogik in der Informationsgesellschaft, S. 97.
[534] Der psychische Normbegriff kann hier nicht diskutiert werden.

zwei Aspekte aus, unter denen die Darstellung und Besprechung anthroposophischer (Heil-)Pädagogik stattfinden soll: 1. im Hinblick auf deren
Erkenntnisse möglicher *Ursachen* seelischer Konflikte, 2. hinsichtlich
ihrer Skizzierung möglicher *Wege aus* Konfliktsituationen. Ursachen-
beschreibung und praktische Vorgehensweise im Rahmen der anthroposophischen Heilpädagogik werden in den folgenden Betrachtungen in einen
gemeinsamen Bezugshorizont gestellt, da beide Phänomene zweifellos eng
ineinander greifen. Zur Besprechung kommen Auffälligkeiten im Aussehen und Sprachverhalten sowie ein Fall von kindlicher Kleptomanie.

Das Angebot an den Waldorflehrer hinsichtlich therapeutischer Fragen
besteht in erster Linie aus Ratschlägen des Schularztes und seitens der
anthroposophischen Heilpädagogik, die gesondert vom eigentlichen Unterricht beispielsweise in der Heileurythmie ihre Anwendung findet. Was im
Unterricht selbst therapeutisch geschieht, steht weitgehend in der Verantwortung des Pädagogen. Fallbesprechungen finden in den wöchentlichen
Schulkonferenzen, in Einzelbesprechungen oder nach Hospitationen erfahrener Lehrerkollegen statt.[535]
  Waldorfpädagogik intendiert grundsätzlich, harmonisierend[536] auf das
Kind einzuwirken, den vollendeten Menschen[537] herauszubilden. Es geht in
der Waldorfpädagogik (wie die bisherigen menschenkundlichen Unter-
suchungen erbrachten) vorrangig *nicht* um ein Plus an "antipathischem"
Wissen und Lernstoff, sondern um einen Zuwachs an "sympathischen"
Willens- und Gefühlskräften mit dem Ziel der Vergeistigung des Kindes.
Steinersche Heilpädagogik hat das Ziel, *heilend* auf das *Seelenleben* des

---

[535] Auch die "Camphill-Bewegung" steht in Zusammenhang mit der anthroposophi-
       schen Heilpädagogik: Sie besteht aus Heimen und Dorfsiedlungen, die sich selbst
       verwalten. Die Bewegung fand ihre Ausbreitung von England ausgehend nach
       Südafrika, in die Schweiz und nach Skandinavien. In diesen Einrichtungen leben
       die Betreuten (körperlich und geistig behinderte Kinder und Jugendliche) mit den
       Betreuern zusammen.
[536] Vgl. STEINER, Rudolf, Erziehungskunst. Methodisch-Didaktisches, Erziehungs-
       kunst II, S. 7.
[537] Vgl. STEINER, Rudolf, Allgemeine Menschenkunde als Grundlage der Pädago-
       gik. Erziehungskunst I, S. 10.

Kindes einzuwirken.[538] Die Voraussetzung für die Heilung "unvollständig entwickelter Kinder"[539] ist nach R. Steiners Sicht eine "eindringliche Erkenntnis der Erziehungspraxis für gesunde Kinder".[540] Steiner veranschlagt in heilpädagogischem Zusammenhang folgende grundlegende These:

> "Aber im Grunde genommen werden Geist und auch Seele des Menschen niemals krank, sondern krank ist immer nur dasjenige, was körperliche Grundlage ist und was vom Körper in die Seele hinüberspielt."[541]

Das Ich des Menschen hat gemäß Steiner unmittelbare Beziehung zur Physis.[542] Steiner befürwortet für die Waldorflehrer-Ausbildung die Vermittlung medizinischer Sachkenntnisse. Das, was die Gesundheit des Kindes betrifft, dürfe nicht allein dem Schularzt überlassen bleiben.[543] Auch karmische Zusammenhänge spielen in Steiners therapeutischem Verständnis eine Rolle.[544] Für "abnorme"[545] Kinder sieht Steiner eine Hilfsklasse vor: "Da sind die intellektuell oder gefühlsmäßig oder willensmäßig schwächeren Kinder untergebracht."[546] In seiner Schrift "Die Kunst des Erziehens aus dem Erfassen der Menschenwesenheit" findet sich folgende Angabe hinsichtlich des gesunden bzw. ungesunden *Aussehens* des Kindes: Der Pädagoge habe es demnach selbst in der Hand, ob die Schüler blaß oder rosig aussehen, d.h. ob sie gut durchblutet oder blaß erschei-

---

[538] Vgl. STEINER, Rudolf, Heilpädagogischer Kurs, GA 317, Dornach/Schweiz ⁸1995 (Tb), S. 11 f.
[539] Vgl. ebd., S. 11.
[540] Ebd.
[541] Vgl. STEINER, Rudolf, Gegenwärtiges Geistesleben und Erziehung, S. 218.
[542] Vgl. STEINER, Rudolf, Heilpädagogischer Kurs, S. 42 ff.
[543] Vgl. STEINER, Rudolf, Gegenwärtiges Geistesleben und Erziehung, S. 213. Der Bereich der anthroposophischen Medizin soll hier nicht ausführlich thematisiert werden, um den Rahmen dieser Studie nicht zu sehr auszudehnen.
[544] Vgl. STEINER, Rudolf, Heilpädagogischer Kurs, S. 33.
[545] Vgl. STEINER, Rudolf, Gegenwärtiges Geistesleben und Erziehung, S. 217.
[546] Ebd.

nen.[547] Das Symptom "Blässe" läßt sich in folgenden menschenkundlichen Zusammenhang stellen (Ursachen, praktische Vorgehensweise): Steiner weist in seiner "Allgemeinen Menschenkunde" darauf hin, daß das *antipathische Denken* beim Kind eher eine *verknöchernde Tendenz* bewirke. *Sympathische Blut- und Lebensprozesse* hingegen könne der Pädagoge durch Einwirkung auf den kindlichen *Willen* und das *Gefühl* anregen. *Bildhaftes Veranschaulichen* fördere *Lebensprozesse* beim Kind.[548] Die Tätigkeit des *wachen Denkens verfestige* den Menschen in den Sehnen, im Knorpel und in den Knochen.[549] Das Verstandesmäßige solle erst im 14., 15. Lebensjahr an das Kind herangebracht werden.[550] Willensprozesse seien Verbrennungsprozesse[551], die durch einen *ausreichenden Schlaf* wieder ausgeglichen würden.[552] Nervosität des Kindes, die ja oft Hand in Hand mit blassem Aussehen geht, führt R. Steiner u.a. auf zu *langes Stillsitzen* zurück: Denn wenn der physische Leib stillsitzt, so bewirke das "eine Disharmonie auch zwischen dem astralischen Leib und dem physischen Leib".[553]

Sprache und Bewegungen des Kindes sind nach R. Steiners Sicht untrennbar aneinander gekoppelt:

"Man muß nur eben eine Erkenntnis davon haben, wie, sagen wir, eine Bewegung der Finger der rechten Hand wirkt auf den Sprachorganismus, wie eine Bewegung der Finger der linken Hand wirkt auf dasjenige, was vom Denken aus dem Sprachorganismus zu Hilfe kommen kann. Man muß wissen, wie das Auftreten mit den Zehen, das Auftreten mit der Ferse, auf Sprache, auf Denkfähigkeit, namentlich auch auf Willensfähigkeit zurückwirkt."[554]

---

[547] Vgl. STEINER, Rudolf, Die Kunst des Erziehens aus dem Erfassen der Menschenwesenheit, S. 13 f. (Vgl. Anm. 231, Kap. II dieser Arbeit).

[548] Vgl. STEINER, Rudolf, Gegenwärtiges Geistesleben und Erziehung, S. 122.

[549] Vgl. ebd., S. 124.

[550] Vgl. ebd., S. 133.

[551] Vgl. ebd., S. 127.

[552] Vgl. ebd., S. 128.

[553] Vgl. STEINER, Rudolf, Anthroposophische Pädagogik und ihre Voraussetzungen, S. 100.

[554] STEINER, Rudolf, Gegenwärtiges Geistesleben und Erziehung, S. 220.

R. Steiner verknüpft also spezielle *Sprechfähigkeiten* des Kindes mit *Bewegungen des Leibes.* Nach Ansicht der anthroposophischen Heilpädagogin Ursula Herberg hat es der Therapeut (Pädagoge) bei sprachgestörten Kindern (Stottern, Stammeln) stets auch mit Bewegungsstörungen zu tun.[555] Kinder, die die Sprache nicht wahrnehmen, seien meist unruhig und zeigen "unwillkürliche und ausfahrende Bewegungen."[556] Zum Zweck der Einübung eines flüssigen Sprachverhaltens schlägt der Steinersche Lehrplan u.a. Sprechübungen vor, um "den Atem etwas länger zu machen."[557] Sprachstörungen des Kindes können laut anthroposophischer Heilpädagogik vom Bewegungsorganismus her behoben werden: Nach Ansicht des anthroposophischen Heilpädagogen Karl König soll Sprachtherapie so gestaltet sein, "daß jede Therapie des Sprechens, d.h. also jede Förderung der *gesprochenen* Sprache, auf der Grundlage der *Gymnastik*"[558] erfolgen soll. U. Herberg schlägt bei Sprachstörungen vor:

"Es ist wichtig, diesen Kindern viel Eurythmie vorzumachen, auch in Verbindung mit Sprache oder Rezitation, weil sie dann sehen, was eigentlich beim Zuhören unsichtbar innerlich geschieht."[559]

---

[555]   Vgl. HERBERG, Ursula, Neue Ansätze zur Sprachtherapie, in: ARNIM, Georg / KÖNIG, Karl / HERBERG, Ursula, Sprachverständnis und Sprachbehandlung (= Heilpädagogik aus anthroposophischer Menschenkunde, Bd. 4), o. O. ²1986, S. 97.

[556]   Vgl. ebd.

[557]   STEINER, Rudolf, Erziehungskunst. Seminarbesprechungen und Lehrplanvorträge, Menschenkunde und Erziehungskunst Dritter Teil, S. 72.

[558]   KÖNIG, Karl, Neue Ansätze zur Sprachtherapie, in: ARNIM, Georg / HERBERG, Ursula / KÖNIG, Karl, Sprachverständnis und Sprachbehandlung, S. 26.

[559]   Vgl. HERBERG, Ursula, Neue Ansätze zur Sprachtherapie, in: ARNIM, Georg / HERBERG, Ursula / KÖNIG, Karl, Sprachverständnis und Sprachbehandlung, S. 99. Bei Eurhythmie handelt es sich um eine von R. Steiner geschaffene, u.a. in der anthroposophischen Pädagogik gepflegte Bewegungskunst, die geistige Inhalte durch beseelte Leibesbewegungen darstellen möchte.

"Der ganze Organismus des Kindes muß sozusagen «durch-eurythmisiert» werden. Er muß in Einklang gebracht werden mit den eurythmischen Sprachbewegungen."[560]

Sprache kann, so obige Zitate, durch Eurythmie plastisch sichtbar gemacht werden, wenn ein differenziertes Sprachverständnis eingeübt werden soll. Sprachbewußtsein und Einfühlung in den Sinn der gesprochenen Sprache (z.B. Reime) können so gewährleistet werden. U. Herberg schlägt auch reine Sprechübungen als Therapie von Sprachunregelmäßigkeiten vor.[561] Auf einseitige Temperamentserscheinungen kann nach Steiners Ansicht durch spezielles Formenzeichnen ausgleichend hingewirkt werden: So empfiehlt er z.B. Kindern mit cholerischem Temperament, zeichnerisch eine offene Kreuzform durch einen Kreis zu schließen.[562]

In Steiners heilpädagogischer Schrift zu Seelenerkrankungen des Kindes findet sich folgende Ausführung hinsichtlich möglicher Ursachen für kleptomanes Verhalten: Das Verhalten eines kleptomanen Jungen führt Steiner hier auf Hemmungen im astralischen Leib und auf Nichtver-ständnis des Urteilsmäßigen in der Welt[563] zurück. Steiner nennt auch andeutungsweise soziale Hintergründe als mögliche Ursachen.[564] Er schlägt vor, dem Jungen Geschichten zu erzählen, die erfunden seien, "wo man erzählt, es gibt Menschen, die tun so etwas, aber sie graben sich eine Grube und fallen hinein."[565]

Intrapsychische Konflikte des Kindes werden sowohl in Steinerscher als auch in derzeitiger anthroposophischer Heilpädagogik *leiblich begründet*. Über künstlerisches Tun seien Auffälligkeiten in Aussehen (z.B. Blässe), Temperament und Sprachverhalten therapierbar. Damit widerspricht R.

---

[560] HERBERG, Ursula, Neue Ansätze zur Sprachtherapie, in: ARNIM, Georg / HERBERG, Ursula / KÖNIG, Karl, Sprachverständnis und Sprachbehandlung, S. 99.
[561] Vgl. ebd., S. 103.
[562] Vgl. STEINER, Rudolf, Erziehungskunst. Seminarbesprechungen und Lehrplan-vorträge, Menschenkunde und Erziehungskunst Dritter Teil, S. 35.
[563] Vgl. STEINER, Rudolf, Heilpädagogischer Kurs, S. 129.
[564] Vgl. ebd., S. 132 f.
[565] Ebd., S. 133 f.

Steiner aber seiner Lehre des Geistesmenschen sowie seinem Verständnis des kranken Kindes als einem, das in seinem Seelenleben gestört ist.[566] Anthroposophische Heilkunst möchte das kranke Kind dennoch zum Geist führen: und zwar im Sinne kosmisch-platonischer Harmonie im Träumen und Schlafen: Der Individualität des Kindes wird dabei kaum Rechnung getragen: Guter Schlaf, Kunst, Geschichten, Heileurythmie und Sprechübungen treten an die Stelle authentischer Gefühls- und Willensäußerungen. Anthroposophische (Heil-)Pädagogik vollzieht sich "ohne situative und individuelle Anpassung".[567] Vor dem Hintergrund oben untersuchter (heil-)pädagogischer Ansätze erscheint der Geltungsanspruch auf "Sensibilisierung von Lehrer und Schülern für die Bedürfnisse, Nöte und Lernsituationen des einzelnen Schülers und der Lerngruppe"[568] seitens der Waldorfpädagogik fraglich. Wie Steiners Verständnis des freien Ichs basiert auch sein Konzept des heilenden Umgangs mit dem kranken Ich des Kindes auf kosmisch-platonischer Erkenntnis, auf Nachahmung und intuitiv-künstlerischem Tun. Anzufragen ist, ob dieser künstlerische heilpädagogische Ansatz auch bei verhaltensauffälligen, neurotisch gestörten Kindern und Kindern aus Konfliktfamilien greift.

Krisenhafte Momente des Kindes bleiben von der anthroposophischen (Heil-)Pädagogik in ihrer existentiellen Tragweite *unerkannt* und werden autoritativ-moralisierend oder auch leiborientiert "behandelt". Den anthroposophischen Idealen kommt größere Gewichtung zu als den konkreten Ängsten, Sehnsüchten und Wünschen des Kindes. Spaltung zwischen ideellem Anspruch und der psychophysischen Realität des Kindes wird erkennbar. Der Familie als soziokultureller Rahmenbedingung kindlichen Seins wird, wie die genannten Beispiele zeigen, keine besondere

---

[566] Vgl. STEINER, Rudolf, Heilpädagogischer Kurs, S. 12.

[567] BARZ, Heiner, Anthroposophie im Spiegel von Wissenschaftstheorie und Lebensweltforschung. Zwischen lebendigem Goetheanismus und latenter Militanz, S. 223.

[568] BOHNSACK, Fritz, Aufgaben der Schule heute, in: Erziehungswissenschaft und Waldorfpädagogik. Der Beginn eines notwendigen Dialogs, Hg.: BOHNSACK, Fritz / KRANICH, Ernst-Michael, Basel u.a. 1990, S. 25.

Bedeutung zugeschrieben.[569] Nach Ansicht Otto F. Kernbergs, eines Hauptvertreters der derzeitigen klinischen Psychologie, geben aber die internalisierten Objektbeziehungen der Kindheit eine intrapsychische Struktur ab, die für Ich-Entwicklung und Ich-Integration des Kindes bedeutsam ist.[570] Identitätsbildend und spaltungsvorbeugend seien beispielsweise befriedigende interaktive Erfahrungen im früheren Kindesalter mit der Mutter, wohingegen "unter dem Einfluß von Frustration oder Deprivation"[571] Angst erzeugt würde, "deren desorganisierende Wirkung die frühe Differenzierung von Selbst- und Objektkomponenten beeinträchtigt."[572] Die weiter oben aufgeführten therapeutischen Vorschläge anthroposophischer (Heil-)Pädagogik stellen kein Verstehensmodell intra- und interpsychischer Vorgänge und Konflikte dar. Das anthroposophische Heilmodell zum Träumen und Schlafen intendiert Ganzheitlichkeit. Es läßt aber nicht zu, daß Spaltungen vom Kind und vom Pädagogen (Therapeuten) aktiv ins Bewußtsein und in die Sprache gehoben werden. Das Erzählen von Geschichten und künstlerischer Nachvollzug bergen gewiß eine protektive Qualität. Sie ersetzen aber nicht die Selbstartikulation des Kindes. Ein freier sprachlicher Austausch, in denen Gefühle und Konflikte ausgesprochen werden, wird anthroposophischerseits in den pädagogischen (therapeutischen) Bezügen nicht zugelassen. Für das Erstarken und Gesunden des Kindes ist dieser aber doch unabdingbar. Die *"Nacheiferung ist zudem streng auf die Person des Erziehers bezogen"*[573] und kann sogar noch beim kranken Kind ein potenziertes Gefühl des "übermächtigen Vorbildes"[574] entstehen lassen.

---

[569] Vgl. R. Steiners "Heilpädagogischen Kurs", in dem nur wenig die Rede von sozialen Zusammenhängen ist. Weder die Einrichtungen heilpädagogischer Dorfgemeinschaften noch die regelmäßigen Elternbesuche der Klassenlehrer anthroposophischer Schulen ersetzen nach Ansicht der Autorin ein fundiertes psychologisches Verständnis familiärer Strukturen.

[570] Vgl. KERNBERG, Otto F., Objektbeziehungen und Praxis der Psychoanalyse, Stuttgart ²1985.

[571] Vgl. ebd., S. 63.

[572] Ebd.

[573] SCHNEIDER, Wolfgang, Das Menschenbild der Waldorfpädagogik, S. 290.

[574] Vgl. ebd.

Vor dem Hintergrund eigener Unterrichtserfahrungen ist die Autorin der Ansicht, daß Konfliktlösungen nur auf der Grundlage einer *persönlichen Bindung* zwischen Pädagogen und Kind gelingen: In krisenhaften Momenten des Kindes bewähren sich offenes, freundliches Ansprechen und Zuhören: Die "befreite Wahrnehmung und die befreite Sprache"[575] sind "unerläßliche Grundpfeiler für das Gelingen menschlicher Entwicklung, für die Authentizität, Intelligenz, Freiheit und Gesundheit eines Menschen."[576] Auch Unterrichtsmomente künstlerischen Übens können vom Kind als bedrängend empfunden werden: Künstlerische Arbeit kann dann gegen das eigene Ich gerichtet sein.

Anthroposophische Pädagogik intendierte Ganzheitlichkeit gegenüber megalomaner Pädagogik in Wilhelminischer Zeit. Erfüllt sie aber nicht auch aufgrund ihres Verzichts auf freie Sprache ein Über-Ich-Prinzip Wilhelminischer Prägung? "«Postmoderne» signalisiert einen vielfachen Wandlungsprozeß".[577] "Ihre Option gilt der Pluralität – von Lebensweisen und Handlungsformen, von Denktypen [...]."[578] Personale, befreite Kommunikation bewirkt Bindung und Halt zwischen Kind und Pädagogen sowie zwischen den Kindern einer Klassengemeinschaft untereinander. Sie schafft die Grundlage für Vertrauen und Authentizität im modernen (Schul-)Leben. Krisen des kindlichen Ichs kann auf diese Weise entgegengewirkt werden. Anthroposophische (Heil-)Pädagogik vollzieht sich nach Maßgabe künstlerisch-leiblicher Tätigkeiten. Sie aktualisiert aber keine kommunikativen und interaktiven Rückkoppelungsprozesse. Steinersche Erziehungskunst kann daher kaum als eine Pädagogik zu Emanzipation und freiem Willen gewertet werden. Sie kann nur bedingt die Grundlage für einen befreienden Umgang des Kindes mit Konflikten in moderner Lebenswelt darstellen.

Nach Sichtweise Martin Bubers ist die menschliche (pädagogische) Liebe untrennbar mit dialogischem Leben verknüpft. Dialogik sei ein "Zum-

---

[575] MÖDE, Erwin, Zwischen Pastorale und Psychologie, München 1992, S. 51.
[576] Ebd.
[577] WELSCH, Wolfgang, Unsere postmoderne Moderne, S. 11.
[578] Ebd., S. 5.

Andern-ausgehen, Zum-Andern-gelangen und Beim-Andern-verweilen".[579] Dialogik sei "Sprechen von Wesen zu Wesen".[580] "Die dialogische Grundbewegung ist die Hinwendung"[581], so M. Buber. Das Kind kann auf diese Weise vom Pädagogen "umfaßt" werden. Isolation kann durchbrochen, Vertrauen geschaffen werden: "Dialogisches Dasein empfängt auch in der äußersten Verlassenheit eine herbe und stärkende Ahnung von Reziprozität [...]."[582]

In Steinerscher (Heil-)Pädagogik des Träumens und Schlafens bleibt das Kind mit seinen Konflikten "all-eine"[583]: Es ist vorwiegend künstlerisch-bewegungshaft tätig und in hohem Maße auf Autoritätspersonen angewiesen, deren Anweisungen eindimensional wiederholt und befolgt werden sollen. Im Dialog Buberscher Prägung kann hingegen im Rahmen eines personellen Dialogs das vom Kind Empfundene und Gewollte mit Hilfe des Pädagogen erspürt und wahrgenommen werden. Der Pädagoge kann verbal Konturen setzen, Zusammenhänge herstellen und das Kind in Konfliktsituationen weiterführen. Konfliktbewußtsein und Konfliktdistanzierung können so bewirkt werden.

O. F. Bollnow spricht, wie schon zuvor deutlich wurde, in seiner pädagogischen Schrift "Existenzphilosophie und Pädagogik" von der Krise des Menschen (Kindes) und deren Bewältigung. Er bezieht im Sinne der Existenzphilosophie die *Spaltungen* des Kindes in seine Pädagogik ein. Für Bollnow ist eine Krise so zu verstehen, daß es sich

"um eine Störung des normalen Lebensablaufs handelt, daß diese Störung durch die Plötzlichkeit ihres Auftretens und ungewöhnliche Intensität gekennzeichnet ist, daß der Fortbestand des Lebens in ihr überhaupt gefährdet erscheint und sich im Durch-

---

[579] BUBER, Martin, Dialogisches Leben, S. 160.
[580] Vgl. ebd., S. 159.
[581] Ebd., S. 161.
[582] Ebd., S. 159.
[583] Vgl. Kap. II. 2.1 dieser Arbeit, in dem vom "all-einen" Sein des Menschen die Rede ist.

gang durch die Krise schließlich ein neuer Gleichgewichts-
zustand einstellt."[584]

Nach O. F. Bollnows Sicht birgt eine Krise "das Moment der Unstetig-
keit"[585] mit schmerzhaften und bedrückenden Empfindungen.[586] Der
Pädagoge könne "nur helfend dabei sein".[587] Bollnows Verständnis von
Konflikten und Krisen des Kindes weist sich im Gegensatz zur anthroposophischen (Heil-)Pädagogik durch psychologische Deutungen aus:
Konflikte des kindlichen Ichs werden von ihm als psychische Drucksitua-
tionen verstanden. Dies bedeutet weniger ein moralisierendes als ein
realistisches Verständnis konfliktiver Momente. Anthroposophisch-künstlerische (Heil-)Pädagogik erkennt das Richtige und Gute als etwas, was
gefällt:

> "Wenn aber das Gute letztlich zu dem wird, was gefällt, dann
> orientiert es sich an der subjektiv empfundenen Situation [...].
> Dadurch entsteht [...] – als konsequente Folgen – Orientie-
> rungslosigkeit. Denn was der eine als schön empfindet, kann der
> andere durchaus als nicht schön empfinden."[588]

Eine andere Ebene als die der künstlerischen Empfindung kommt in der
Pädagogik M. Heitgers zur Geltung: Das eigene Für-wahr-Halten und Denken. Im Vergleich zu Steinerscher Heilkunst sieht Heitger den Weg des
Schülers zum Identitätsfortschritt durch kognitives Lernen gewährleistet:
"Lernen ist ein Prozeß, der an die Aktivität des Lernenden [...] gebunden
ist."[589] Das Wissen solle der Schüler mit seiner eigenen Vernunft erfassen.[590] Wirkliches Wissen erwerbe der Lernende erst in einem Prozeß, der

---

[584] BOLLNOW, Otto Friedrich, Existenzphilosophie und Pädagogik. Versuch über
       unstetige Formen der Erziehung, S. 27.
[585] Ebd., S. 39.
[586] Vgl. ebd.
[587] Ebd., S. 37.
[588] SCHNEIDER, Wolfgang, Das Menschenbild der Waldorfpädagogik, S. 292.
[589] Vgl. HEITGER, Marian, Beiträge zu einer Pädagogik des Dialogs, S. 41.
[590] Vgl. ebd.

unter dem Anspruch des eigenen Für-wahr-Haltens steht.[591] Auch M. Montessori betont wie M. Heitger die emanzipatorische Wirkung des kognitiven Lernens. Sie spricht von der "Polarisation der Aufmerksamkeit"[592] als einer freiwilligen konzentrativen Arbeit an einem Thema oder an einem Gegenstand, die dem Vermögen des Kindes entspricht. Der Pädagoge gewährt hierbei teilnehmende Beobachtung, Vorbereitung des Materials und der Umgebung. Dieses Stillewerden schaffe Raum für das Freiwerden kreativer Kräfte. Viktor E. Frankl[593], Begründer der "Logotherapie" als einer Seelenheilkunde, die den Menschen zum Logos[594], zum Sinn führen soll, weist ähnlich wie Maria Montessori auf die kreativen und denkerischen Möglichkeiten des Menschen hin: Hierbei geht es aber im Vergleich zur Steinerschen Pädagogik zu Kunst und Bewegung um den *konkreten Menschen* mit *personaler Struktur* und um *konkrete Lebenssituationen* (z.B. Krisen). Frankl versteht den "Willen zum Sinn"[595] als individuelle Ausdrucks- und Heilungsmöglichkeit des Menschen (Kindes). In Frankls transzendentem Ansatz geht es nicht wie in anthroposophischer (Heil-)Pädagogik um kosmisch-künstlerische Bezogenheit: Frankl meint die Fähigkeit des Menschen zur Selbsttranszendenz, d.h. zur kreativen und denkerischen Gestaltung seines individuellen Lebens zum Erhalt eines stabilen Mitmenschen- und Weltbezugs.

Sowohl M. Heitger als auch M. Montessori und V. E. Frankl beziehen *kognitive Aktivitäten* in ihren Ausblick auf Stabilisierung und Ganzheitlichkeit des Kindes ein. Für eine Pädagogik zum heilen Ich des Kindes haben die genannten Beiträge daher wesentliche Geltung: Auf dem Weg der kognitiven Aktivität und Konzentration werden alle psychophysischen Kräfte auf ein Ziel ausgerichtet. Dabei werden Hingabe und Selbsttranszendenz zugunsten eines sinnvollen Zieles bewirkt. Spaltungen kann so entgegengewirkt werden. Obige pädagogische Ansätze fördern effizient die Übernahme von Verantwortung und damit die Entstehung subjektiver

---

591 Vgl. HEITGER, Marian, Beiträge zu einer Pädagogik des Dialogs, S. 41.
592 Vgl. S. 86 dieser Arbeit.
593 Viktor E. Frankl: 1905 – 1997.
594 Logos: griechisch: Wort, Vernunft.
595 Vgl. FRANKL, Viktor E., Der Wille zum Sinn, Ausgewählte Vorträge über Logotherapie, Bern ³1982.

Willenskräfte. Im Vergleich zum künstlerisch geprägten (heil-)päda-
gogischen Ansatz anthroposophischerseits eröffnen M. Heitgers, M.
Montessoris und V. E. Frankls Konzepte ein breites Spektrum persönlicher
Daseinsgestaltung und damit Mündigkeit: Das eigene Für-wahr-Halten
kann erprobt werden, das doch gerade für das kranke Kind unabdingbar ist.
Die "Pathologie des Zeitgeistes"[596] als ein den Menschen von heute
prägendes Phänomen erfordert eine umfassende Pädagogik, die Konflikten
und Krisen des Kindes verstärkt entgegenwirkt und dessen Identität stärkt.
Künstlerische (Heil-)Pädagogik harmonisiert und fördert in Teilbereichen
die leiblich-seelischen Kräfte des Kindes. Anthroposophische (Heil-)Päda-
gogik formuliert und praktiziert aber keinen dialogischen und selbständig
denkerischen Beitrag zur Überwindung des Negativen und damit zur
Förderung der Willensfreiheit des Kindes.

4. Die Physiologie von Steiners Menschenkunde: Eigenart und Grenzen ihrer pädagogischen Praktikabilität

4.1 Die menschenkundliche Grundlage

Nachdem Steiners Verständnis des Menschen vom seelischen und geistigen Blickwinkel beleuchtet wurde, wird nun seine Sicht des Menschen
vom *leiblichen* Gesichtspunkt ins Zentrum des Interesses gerückt: Im folgenden sei ein Einblick in Steiners *menschenkundliche Physiologie* gegeben. Diese wird sodann auf ihre pädagogische Bedeutsamkeit und Praktikabilität hin untersucht. Die bisherigen Untersuchungen in Kapitel II
zeigten wiederholt, daß anthroposophische Menschenkunde die praktische
Willensfreiheit des Kindes kaum verwirklicht: Denn die Prinzipien
"Kunst" und "Kosmos" formulieren einen pädagogischen Anspruch, der
das Beziehungsfeld des Kindes und seine vielfältigen kognitiven Möglichkeiten nicht realisiert. Wenden wir uns nun der Steinerschen Physiologie
zu.

---

[596] Vgl. FRANKL, Viktor E., Pathologie des Zeitgeistes. Rundfunkvorträge über
Seelenheilkunde, Wien 1955.

R. Steiner charakterisiert in seiner menschenkundlichen Physiologie die *Kopfform* des Menschen als kugelig[597], dessen *Brustbereich* als mondförmig[598] und die *Gliedmaßen* als radienförmig.[599] Der Kopf des Menschen sei ein "Weltkörper im Kleinen"[600], die Gliedmaßen seien "ein Stück vom großen Weltenkörper, wo er sich überall mit den Radien hineindrängt in die menschliche Gestalt."[601]

Steiner ordnet den Körperbereichen Kopf, Brust und Gliedmaßen jeweils die drei Wesensglieder Leib, Seele und Geist zu: Nach seiner Sichtweise ist der *Kopf* des Menschen vornehmlich *Leib*[602], der *Brustmensch leiblich* und *seelisch*[603] und die *Gliedmaßen* sind *Leib, Seele und Geist*.[604] Bis zum Zeitpunkt des Zahnwechsels habe der Mensch das herausgebildet, "[...] was ihn erhärtet, was ihn vorzugsweise zur Form macht [...]."[605] Der Kopfgeist, der bisher geschlafen habe[606], wache nun mit dem Zahnwechsel auf. Durch dieses Aufwachen des Kopfgeistes entstünde beim Kind Kapazität zu geistigen Aktivitäten wie Lesen und Schreiben.[607] Zur *Ausbildung* des *Denkens* veranschlagt Steiner eine Pädagogik, die auf den *Gliedmaßen- und Brustmenschen* einwirkt.[608] D.h. anthroposophische Pädagogik solle von der *Willens- und Gefühlsbildung* ausgehen: "Der richtige Weg ist, soviel als möglich durch den Willen den Intellekt zu wecken"[609], so Steiner. Wirke der Pädagoge einseitig intellektuell auf die Schüler ein, bewirke das ein Aufschießen des Kindes.[610] Eine Pädagogik, die in

---

[597] Vgl. STEINER, Rudolf, Allgemeine Menschenkunde als Grundlage der Pädagogik. Erziehungskunst I, S. 152.
[598] Vgl. ebd.
[599] Vgl. ebd., S. 157.
[600] Ebd., S. 158.
[601] Ebd.
[602] Vgl. ebd., S. 162.
[603] Vgl. ebd.
[604] Vgl. ebd.
[605] Ebd., S. 168.
[606] Vgl. ebd., S. 167.
[607] Vgl. ebd., S. 174.
[608] Vgl. ebd.
[609] Ebd., S. 174.
[610] Vgl. ebd., S. 176.

harmonisierender Weise auf den Willen des Kindes wirkt, solle *phantasie-voll* sein: *Atmung* und *Blutprozesse* könne man so anregen, und in Folge davon werde das *Wachstum* des Kindes gefördert.

Der menschliche Leib ist nach R. Steiners Sichtweise eng mit dem Kosmos verknüpft. Der Leib des Menschen sei eine Synthese der *minerali-schen*, der *pflanzlichen* und der *tierischen* Welt: Den menschlichen *Kopf* setzt Steiner in Bezug zur *tierischen* Welt[611], das *Rumpfsystem* zur *Pflanzenwelt*[612] und das menschliche *Gliedmaßensystem* zur *mineralischen* Umwelt.[613] Im Kopf des Menschen seien die in der Natur vorhandenen ver-schiedenen Tierformen repräsentiert.[614] Rumpfsystem und Gliedmaßen-system wandeln nach Steinerscher Physiologie fortwährend das im menschlichen Kopf entstehende Animalische "zur Menschenform"[615] um:

> "Da ist der Mensch. Oben hat er seinen Kopf. Da bewegt sich eigentlich ein Wolf, aber es wird kein Wolf; er wird gleich durch den Rumpf und die Gliedmaßen aufgelöst. Da bewegt sich eigentlich ein Lamm; es wird durch den Rumpf und die Gliedmaßen aufgelöst."[616]

"Mit Bezug auf das Brust-Rumpfsystem ist der Mensch in der Lage, das Gegenreich des Pflanzlichen zu schaffen"[617], so die Erkenntnis Steiners. Das Brust-Rumpfsystem setzt er in ein Beziehungsverhältnis zu den vege-tativen Prozessen des Pflanzenwachstums[618] und zwar wie folgt:

> "Es ist das eine merkwürdige Wechselbeziehung zwischen dem Brust-Rumpfsystem und der sinnlich-physischen Umgebung, daß

---

[611] Vgl. STEINER, Rudolf, Allgemeine Menschenkunde als Grundlage der Pädago-gik. Erziehungskunst I, S. 181.
[612] Vgl. ebd., S. 182.
[613] Vgl. ebd., S. 190. Hier kommt auch wiederum, allerdings unter anderen Vorzei-chen, Steiners Mikro-Makrokosmos-Analogie zum Ausdruck. Vgl. dazu Kap. II.1.1 dieser Arbeit.
[614] Vgl. ebd., S. 180.
[615] Vgl. ebd.
[616] Ebd., S. 181.
[617] Ebd., S. 184.
[618] Vgl. dazu Genaueres, in: ebd., S. 184 ff.

da draußen das Reich der Vegetabilien ist und daß der Mensch fortwährend genötigt ist, damit er nicht zur Pflanze wird, den Vegetationsprozeß nicht in sich aufkommen zu lassen, sondern wenn er entsteht, ihn gleich nach außen zu schicken."[619]

Krank werde der Mensch z.B., wenn er zu schwach sei, in ihm entstehende pflanzliche Wachstumsprozesse zu verhindern.[620] Das Brust-Rumpfsystem des Menschen könne den Gegenpol des Pflanzlichen schaffen.[621] Die Gliedmaßen verhindern andererseits nach Steiners Verständnis, daß mineralische Stoffe Kristallform annehmen.[622] Sie können im Falle von Krankheit eine gewisse Auflösung der Minerale im Menschen bewirken.[623] *Krank* wird nach Steinerscher Physiologie der Mensch, wenn einerseits in ihm *Pflanzliches* beginnt zu wuchern, andererseits, wenn *mineralische Kristallisationsprozesse* überhand nehmen[624] oder wenn in ihm das Tierische überwiegt (z. B. die Denkfunktion).[625]

Die menschlichen Glieder seien "in hohem Grade geistig".[626] Durch sie würde in geringerem Maße als bei den Vorgängen des Brustsystems Materie erzeugt.[627] Bei der *geistigen Arbeit* (Kopf) sei der *menschliche Leib* in besonderer Weise tätig, bei der *körperlichen Arbeit* der *Geist* des Menschen[628]: "Körperliche Arbeit ist geistig, geistige Arbeit ist leiblich, am und im Menschen"[629], so Steiner. Sinnvolle Bewegungen sind nach seiner Erkenntnis solche, mit denen das Kind "nicht plätschert im Geiste, sondern dem Geiste in seinen Richtungen folgt."[630] Das geschehe z.B. in der

---

[619] STEINER, Rudolf, Allgemeine Menschenkunde als Grundlage der Pädagogik. Erziehungskunst I, S. 184.
[620] Vgl. ebd., S. 184 f.
[621] Vgl. ebd., S. 184.
[622] Vgl. ebd., S. 190.
[623] Vgl. ebd.
[624] Vgl. ebd.
[625] Vgl. ebd., S. 191 und S. 181 f.
[626] Ebd., S. 194.
[627] Vgl. ebd.
[628] Vgl. Genaueres, in: ebd., S. 197 ff.
[629] Ebd., S. 198.
[630] Ebd., S. 199.

Eurythmie. Tätigkeiten des Denkens und Lesens seien tendenziell als leiblich zu bewerten, da sie von einem "inneren Zerfall der organischen Materie"[631] begleitet seien. Solche Tätigkeiten stören nach Steiners Anschauung, sofern sie einseitig geschehen, den Schlaf des Kindes.[632] Werden Kopftätigkeiten von Gefühlen, innerem Interesse und seelischer Wärme begleitet, so vollzöge sich ein gesundes "Beleben, Durchbluten der intellektuellen Arbeit".[633] Steiner veranschlagt eine pädagogische Haltung "innerer seelischer Liebe"[634] und eine phantasievolle, künstlerische Unterrichtsgestaltung.[635] Moralisch handle der Erzieher, wenn er im Unterricht Phantasie, Mut zur Wahrheit und *seelische Verantwortlichkeit* (im Sinne *Steinerscher Physiologie)* zeige.[636] Die anthroposophische Dreigliederungs-Physiologie und die dazugehörige Pädagogik lassen sich mit den folgenden Sätzen des derzeitigen Steiner-Rezipienten Johannes Kiersch zusammenfassen: Es kommt Steiner auf das Wissen an, "daß der Mensch in sich auflösen muß das Mineral, in sich umkehren muß das Pflanzenreich, über sich hinausführen muß, das heißt vergeistigen muß das Tierreich."[637] Vom Zentrum der Gefühle, des rhythmischen Systems aus, ergreift Erziehung

"das Denken, das Nervensinnes-System, und heilt durch das lebendige Licht der Phantasie dessen Tendenz zur Verhärtung im Begriff; gleichfalls von dort aus durchstrahlt sie den Willen und seine Wirkung in der Welt mit der Kraft des individuellen Gewissens, mit Verantwortlichkeit."[638]

---

[631] Vgl. STEINER, Rudolf, Allgemeine Menschenkunde als Grundlage der Pädagogik. Erziehungskunst I, S. 201.
[632] Vgl. ebd.
[633] Ebd., S. 203.
[634] Ebd., S. 209.
[635] Vgl. ebd.
[636] Vgl. ebd., S. 212 f.
[637] Vgl. KIERSCH, Johannes, Einführung und Kommentar zu Rudolf Steiner: «Allgemeine Menschenkunde», S. 57.
[638] Ebd., S. 60.

4.2 Steiners Dreigliederungs-Physiologie zwischen Kunst und Kosmos: eine umfassende Pädagogik zu Verantwortung?

Im folgenden sei nun die Steinersche Physiologie im Hinblick auf ihre pädagogische Bedeutsamkeit, Praktikabilität und Aktualisierung hin beleuchtet: Menschsein im leiblichen Sinne ist nach Steiners Verständnis kugel-, mond- und radienförmig. Der Kopf des Menschen sei ein Weltkörper im kleinen, die Gliedmaßen seien ein Teil des großen Weltenkörpers. Die *Beziehung* des Menschen (Kindes) zur *Umwelt* sei *tierischer, pflanzlicher* und *mineralischer Natur*. Der Mensch sei eine *Synthese* dieser drei Naturreiche. Anthroposophische Physiologie kann als *kosmisch-platonisch* gewertet werden. Mensch und Kind werden hierbei nicht als personale Zentren erkannt, die sich selbst ihre Beziehungen zur Umwelt schaffen. *Nicht* der *Personenkern* des Menschen ist *oberstes Leitmotiv* anthroposophischer Physiologie, sondern *kosmisch-platonische Bezüglichkeit*. Wieder einmal mehr wird der mythische Charakter des Steinerschen Weltbildes deutlich. Gemäß Max Scheler soll vergleichsweise "die «Person» im Menschen [...] als das Zentrum gedacht werden, das über dem Gegensatz von Organismus und Umwelt erhaben ist."[639] Andererseits würdigt R. Steiner zu wenig den Aspekt der "Person in Situation": Dieser ist forschungsmäßiger Schwerpunkt zahlreicher psychologischer Schulen, die sich auf Kurt Levin zurückführen, aber auch zentraler Forschungsgegenstand von behavioristisch-kognitiven Psychologien. Die oben genannten psychologischen Schulen plädieren für einen eindeutigen Ausweis der Interaktion zwischen Subjekt und Situation.

In Steiners Physiologie werden künstlerisches Tun als *geistig* und *kognitives Denken* als *leiblich* bewertet. Künstlerisch-nachahmendes Tun durchblute das Kind, einseitig kognitive Tätigkeit verhärte dieses. Durch Eurythmie z.B. werde dem Geist eine Richtung gegeben. Die Steinersche Physiologie reduziert das Kind auf ein apriorisch *künstlerisch-kosmisches Grundprinzip*. Die harmonische und gesunde Einbettung des Kindes in die Welt erfolgt auf phantasievollem Wege (Pflege des Gemüts und des Wil-

---

[639] Vgl. SCHELER, Max, Die Stellung des Menschen im Kosmos, S. 43.

lens): "Steiner [...] stilisierte die Kunst [...] und zumal in der Pädagogik hoch zu einem heilenden und heiligenden Zaubermittel."[640]

Die anthroposophische Physiologie trägt ihre Spuren nicht nur in die Unterrichtsmethodik und -inhalte der Steiner-Schulen hinein, sondern auch in das Leben des einzelnen Waldorflehrers, allerdings zuweilen unter bedenklichen Vorzeichen: Die zahlreich stattfindenden nebenunterrichtlichen (künstlerisch gestalteten) Aktivitäten wie Elternabende, Bazare oder Arbeitskreise werden oftmals mit dem Preis überhöhter Anstrengung der Pädagogen bezahlt. Persönliche Interessen müssen dann zugunsten der Gemeinschaft zurücktreten. Paul-Albert Wagemann führt in der Schrift "Wie frei ist die Waldorfschule?" zu hohe Anforderungen an die Pädagogen an mit der Folge eines hohen "Verschleißes menschlicher Arbeitskraft".[641] Dieser Kritik stimmt die Autorin aus eigenen, jahrelangen Waldorfschulerfahrungen zu.

Fraglich wird, ob die Steinersche Physiologie nicht *spaltend* wirken kann angesichts des einseitig kosmisch-platonischen Blicks auf das Kind und angesichts der oftmals überhöhten schulischen Anforderungen an die Lehrkräfte. Menschliche Freiheit und Eigenverantwortlichkeit treten dann hinter künstlerischem Nachvollzug und leiblicher Überforderung zurück.

Im Vergleich zu den anthroposophisch-physiologischen Prinzipien des mineralischen, pflanzlichen und tierischen Menschen ist für den Religionsphilosophen und Pädagogen M. Buber, der wiederum als einer der bedeutsamsten wissenschaftlichen Gewährsmänner zu Lebzeiten Steiners in die vergleichenden Untersuchungen einbezogen werden soll, Realität das Kind.[642] Im Gegensatz zu R. Steiners kosmisch-künstlerischer Pädagogik betont M. Buber besonders die Personalität des Kindes und dessen Bezogensein auf den anderen hin, sein Teilsein, seine Teilhaftigkeit in

---

[640] GEISEN, Richard, Anthroposophie und Gnostizismus, S. 222.

[641] WAGEMANN, Paul-Albert, Praktische Erfahrungen mit der Waldorfpädagogik, in: KAYSER, Martina / WAGEMANN, Paul-Albert, Wie frei ist die Waldorfschule. Geschichte und Praxis einer pädagogischen Utopie, S. 156.

[642] BUBER, Martin, Reden über Erziehung, S. 13.

personeller Hinsicht.[643] Liegen Steiners menschenkundlicher Physiologie kosmisch-künstlerische Ordnungskategorien zugrunde, drängt es das Kind nach Ansicht Bubers zu menschlicher Verbundenheit, zu "Aufgeschlossen- und Einbezogensein".[644] Einen Zugang zum Kind fände der Pädagoge durch dessen Vertrauen[645]: Dieses ergebe sich nicht durch pädagogische Absicht, sondern aufgrund der *antwortenden Präsenz* des Pädagogen.[646] Schweigen und Gewöhnung versteht Buber als Haltungen, die einen verantwortungsvollen Umgang mit dem Kind (Mitmenschen) verhin- dern.[647] Bubers besonderes Verständnis des kindlichen Bedürfnisses nach zwischenmenschlichem Kontakt zeigt folgendes Zitat:

"Das Kind, das, halbgeschlossener Augen daliegend, mit aus- gespannter Seele harrt, daß die Mutter es anspreche, - das Geheimnis seines Willens geht auf anderes als darauf, einen Menschen zu genießen (oder zu beherrschen), aber auch als darauf, von sich aus etwas zu tun; es geht darauf, im Angesicht der einsamen Nacht, die hinterm Fenster sich breitet und einzu- dringen droht, die Verbundenheit zu erfahren."[648]

Steiners menschenkundliche Physiologie des künstlerischen Tuns stellt eine Zweckbestimmung dar, die durch den Schüler antwortlos nur erfüllt werden soll: "Der rechte Anfang ist hier schon die Antwort [...]."[649] Wie in M. Bubers, so kommt auch in der Anthropologie F. Bollnows, eines weiteren hervorragenden Anthropologen im Umkreis der frühen Pädagogik des 20. Jahrhunderts, den Interaktionsprozessen zwischen Pädagogen und Kind besondere Gewichtung zu: Diese fördern ihrerseits Selbstwerdungs- prozesse des Kindes, so Bollnow: "Nicht eine schon in ihm [dem Menschen, RZ] vorhandene Substanz wird in der Begegnung bestätigt,

[643] Vgl. BUBER, Martin, Reden über Erziehung, S. 19.
[644] Ebd., S. 27.
[645] Vgl. ebd., S. 70.
[646] Vgl. ebd.
[647] Vgl. BUBER, Martin, Das dialogische Prinzip, S. 161 ff.
[648] BUBER, Martin, Reden über Erziehung, S. 20 f.
[649] PRANGE, Klaus, Erziehung zur Anthroposophie, S. 14.

sondern erst in der Begegnung wird der Mensch überhaupt er selber."[650] "Entscheidung und Bewährung, die hier aus dem Wesen der Begegnung selber hervorgehen"[651], sind nach O. F. Bollnows Anschauung bedeutsame Prozesse für die Selbstwerdung und Reifung des Kindes und damit auch für dessen *Verantwortungsfähigkeit.*

R. Steiner bezeichnet in seiner Dreigliederungs-Physiologie Krankheit des Menschen (Kindes) als Zustand übermäßiger pflanzlicher, mineralischer oder tierischer Prozesse. Pädagogisch moralisches Handeln zielt nach seiner Erkenntnis auf Phantasiebildung und auf eine Ausbalancierung zwischen Fühlen und Wollen einerseits (rhythmisches System, Gliedmaßentätigkeit) und Denken andererseits. *Verantwortliches Einwirken* des Pädagogen auf das Kind ist nach Steiners Sicht, wie eingangs angegeben, *unmittelbar* an die *Anwendung seiner Physiologie* geknüpft. Steiner gebraucht in seinen physiologisch-menschenkundlichen Vorträgen ein *mythisches Vokabular.* Sein esoterischer Erklärungsansatz ist in mythischer, schwer nachvollziehbarer Sprache gehalten. Der in der Menschenkunde vorgestellte Krankheitsbegriff ist nicht differenziert, nur uneigentlich verwandt und vor 70 bis 90 Jahren entstanden. Eine Anbindung an die moderne Medizin liegt nicht vor. Daher stellt sich die Frage nach der pädagogischen Bedeutsamkeit, Praktikabilität und Aktualisierung Steiners Dreigliederungs-Physiologie in heutiger Zeit. Daß von seiner Anschauung der Pädagogik als Kunst und von jener des kosmischen Eingebundenseins des Kindes insgesamt ein Effekt ausgeht und dieser auch eine Verantwortungsethik wecken kann, wird nicht angezweifelt. Was Steiner aber *ausspart,* ist die *zwischenmenschliche Kommunikation,* wie sie z.B. M. Buber und F. Bollnow in ihren metapsychologischen Ansätzen konzipieren. Beide Pädagogen zentrieren sich auf den *inneren Kosmos* des Kindes. Konkretes Beziehungsleben kommt in den Blick. Steiners menschenkundliche Betrachtungen sind präpsychologisch und reflektieren zu wenig auf Interaktion. Seitens der modernen Sozialwissenschaften wird

---

[650] BOLLNOW, Otto Friedrich, Existenzphilosophie und Pädagogik. Versuch über unstetige Formen der Erziehung, S. 100.
[651] Ebd.

nun aber eindringlich ein Anstieg neurotischer Störungen beim Kind mit den entsprechenden negativen Auswirkungen auf die Gesundheit konstatiert:

> "Kinderärzte, Psychologen und Pädagogen weisen bereits seit Jahren auf diese Entwicklung hin. [...] Hier ist deutlich die Schule in der pädagogischen Pflicht."[652]

> "Echte psychische Nöte bis hin zu psychischen Erkrankungen werden [...] oftmals nicht als schwerwiegend angesehen oder in ihren negativen Auswirkungen auf die Gesundheit verkannt."[653]

Entwicklungs-, Tiefen- und Kinderpsychologie sind weder in der Ausbildung der Waldorflehrer noch in den wöchentlich stattfindenden Konferenzen, auch nicht im täglichen Schulleben verankert (an Steiner-Schulen gibt es keine Schulpsychologen). Auch die interessanten und fruchtbaren Entwicklungen im Bereich der behavioristischen Psychologie und hier vor allem der Lernpsychologie mit ihren kognitiven und interaktionistischen Ansätzen werden von der anthroposophischen Heilpädagogik nicht aufgegriffen. Moderne therapeutische Literatur anthroposophischerseits legt deutlich den Schwerpunkt auf Steiners Vorgaben bei nur geringer oder fehlender Einbeziehung moderner interaktionistischer und psychosomatischer Erkenntnisse.[654] Jede *Lehrkraft* vermittelt aber nicht nur fachliches Wissen an die Schüler, sondern ist für diese auch ein wichtiger *Ansprech- und Korrekturpartner*. Ein Pädagoge ohne (lern-)psychologisches Wissen, ohne Kenntnisse der modernen Kognitionspsychologie und der Interaktionen wird wohl kaum Verhaltensauffälligkeiten von Kindern mit umfassendem Verständnis und individuell abgestimmten Kommunikationsformen begegnen können.

---

[652] Vgl. ORTNER, Alexandra und Reinhold, Verhaltens- und Lernschwierigkeiten, Handbuch für die Grundschulpraxis, Basel u.a. 1991, S. 5.

[653] Ebd.

[654] Vgl. z.B. PRIEVER, Werner, Aspekte des Unbewußten, Beiträge zur Ausgestaltung einer anthroposophischen Psychotherapie, Hg.: MEDIZINISCHE SEKTION AM GOETHEANUM, Stuttgart 1999 sowie TREICHLER, Markus, Ratgeber Psychologie. Wege zur Bewältigung von Krisen und Krankheiten, Weyern 1997.

Angesichts der heute immer komplizierter werdenden Lebenswelt und aufgrund eigener Erfahrungen der Autorin können R. Steiners menschenkundliche Physiologie und die auch heute noch daran orientierte moderne, anthroposophisch-therapeutische Literatur keine zeitadäquaten Programme mehr sein. Der *zwischenmenschliche Bereich* wird in der Menschenkunde Steiners *übersprungen*. Er weist unverzüglich auf Kunst und Kosmos hin: Wird das Kind nach seinem kosmischem Plan künstlerisch erzogen und unterrichtet, ist es gesund. Zu einem gelungenen Umgang mit Verhaltensauffälligkeiten tragen besonders aber ein interaktionsorientiertes sowie ein meta- und tiefenpsychologisches Verständnis des Kindes bei. Ein therapeutisch angelegtes Gesprächsverhalten, wie es in gewisser Weise auch M. Buber mit seinem Anspruch auf Umfassung, auf offenes Bezogensein ohne unbedingten Anspruch auf Zustimmung[655] anvisiert, läßt auch Widerstände und Abwehrverhalten zu. In Steiners Physiologie geht es vergleichsweise um künstlerisch einfühlendes Nach-Tun, nicht um einen Rekurs auf Widerstände, Widersprüche oder Konflikte in der zwischenmenschlichen Kommunikation, welche den freien Willen des Menschen (Kindes) oftmals einschränken. Da von der modernen Pädagogik ein wachsendes Potential an Aggressionsverhalten seitens der Schüler konstatiert wird, und dieses eng mit menschlichem Abwehrverhalten verknüpft ist, sei in unseren vergleichenden Untersuchungen in Form einiger weniger Kernpunkte der Forschungsansatz von Anna Freud (1895 – 1982, Kinder-Psychotherapeutin) gewürdigt. Sie war die erste, die sich mit dem Abwehrverhalten des Kindes befaßte. Mit Anna Freud befinden wir uns an den Wurzeln der Kinderpsychotherapie.

Nach Forschungen A. Freuds manifestieren sich in den (therapeutischen) Beziehungen sog. Übertragungen, und zwar dergestalt, daß in frühkindlicher Zeit im Rahmen der Familienstruktur introjizierte Verhaltensmuster und Gefühle auf die aktuelle (therapeutische) Situation

---

[655] Vgl. BUBER, Martin, Reden über Erziehung, S. 71 f.

"übertragen" werden.[656] Der Ursprung der Übertragungsregungen liegt nach Forschungen A. Freuds, die ihre Erkenntnisse von ihrem Vater, Sigmund Freud, übernommen und weiterentwickelt hat, in "früheren und frühesten Objektbeziehungen."[657] Die Übertragung heftiger Gefühle wie z.b. Angst, Wut und Eifersucht auf andere erstrecke sich auf alte "ödipale" Gefühle und Triebregungen des Kindes, die aus der frühesten dreigliedrigen Eltern-Kind-Beziehung herrühren und ehemals der Verdrängung unterlagen.[658] Das Ich reagiere gegenüber dem späteren Auftauchen entsprechender heftiger Gefühlsregungen leicht in Form von Abwehr.[659] Abwehrtechniken seien z.B. "Verdrängung, Verschiebung oder Verkehrung ins Gegenteil."[660] Andere Abwehrmechanismen seien z.B. Projektion und Isolierung.[661]

Kenntnisse der Lehrkraft über die oben beschriebenen intrapsychischen Vorgänge können, sofern sie interaktiv umgesetzt werden, einen therapeutischen Effekt bewirken, z.B. im Falle bestehenden Aggressionsverhaltens des Kindes: Ähnlich wie der Therapeut kann auch die Lehrperson auf das *Zulassen* und *Aussprechen* von Gefühlen hinwirken. Ursprünglich verdrängte Gefühls- und Triebregungen können bewußt gemacht, Widerstände und Abwehr losgelassen werden. Im Sinne Bubers übernimmt so der Pädagoge die wichtige Funktion eines präsentisch Antwortenden im Rahmen einer Kommunikation in Authentizität und in Wahrnehmung "des So-Seins des Gesprächspartners."[662] Der *Wille* und die *Entscheidung* des Kindes zum *Selbstsein* werden gefördert, *Reife- und Emanzipationsprozesse* in Gang gesetzt. Angesichts solchermaßen durchgeführter Sprach-

---

[656] Vgl. FREUD, Anna, Das Ich und die Abwehrmechanismen, in: FREUD, Anna, Einführung in die Psychoanalyse, Vorträge für Kinderanalytiker und Lehrer, Das Ich und die Abwehrmechanismen (= Die Schriften der Anna Freud, Bd. 1, 1922 – 1936), ungekürzte Ausgabe, Frankfurt a. M. 1987, S. 211 ff. A. Freud bezieht sich hier auf Übertragungssituationen im Rahmen der therapeutischen Beziehung.

[657] Vgl. ebd., S. 211.

[658] Vgl. ebd., S. 211 f.

[659] Vgl. ebd., S. 211 ff.

[660] Ebd., S. 224 ff.

[661] Vgl. ebd., S. 235.

[662] BUBER, Martin, Reden über Erziehung, S. 39.

hygiene kann der *Wille* des Kindes zu *seelischer* und *leiblicher Gesundheit aktiviert* werden und damit auch sein *Verantwortungsgefühl* sich selbst, den eigenen Gefühlen und den Gefühlen anderer gegenüber. R. Steiners menschenkundliche Physiologie trägt kosmisch-künstlerische Einheitsideale vor. Der kommunikative Aspekt, intrapsychische Konflikte und Probleme im zwischenmenschlichen Bereich werden nicht thematisiert. Widersprüche und Widerstände in der Kommunikation werden von Steiner nicht benannt und nicht genannt. Auch modernere anthroposophische Sekundärliteratur zum Thema "Sprache" versteht zwischenmenschliche Kommunikation vorwiegend unter dem Blickwinkel Steiners vorpsychologischer Erkenntnislehre.[663]

Steiner bewertet auch in seiner menschenkundlichen Physiologie kognitiv-analytische Fähigkeiten des Kindes mit einer gewissen Zurückhaltung: Denken aus seiner Sicht ist "tierisch". Fraglich wird, ob die anthroposophische Physiologie einer "Desavouierung des menschlichen Verstandes"[664] gleichkommt. Verantwortungsethik im Sinne Steinerscher Physiologie erwächst dem Kind durch künstlerisch-nachahmendes, phantasievolles Tun, welches unmittelbar auf den Willen und mittelbar auf das Denken wirke. Verantwortliches Handeln des Kindes ist freilich kaum denkbar ohne selbständiges Denken. Im Vergleich zu Steiners Physiologie, die besonders auf Kunst, Kosmos und Phantasie abhebt, legt M. Montessori besondere Gewichtung auf selbständig-denkerische Arbeit des Kindes. In ihrer Schrift "Kosmische Erziehung" fordert sie eine optimale Förderung des Kindes in seiner denkerischen Tätigkeit: Eine wichtige Aufgabe sei es, in der Schule "die hungrige Intelligenz zu speisen".[665] "Wird [...] der Geist des Kindes [...] vernachlässigt oder in seinen vitalen Bedürfnissen frustriert, so wird er unnatürlich abgestumpft und widersteht fortan der

---

663 Vgl. exemplarisch KÜHLEWIND, Georg, Der sprechende Mensch. Ein Menschenbild aufgrund des Sprachphänomens, Frankfurt a. M. 1991.

664 SCHNEIDER, Wolfgang, Das Menschenbild der Waldorfpädagogik, S. 278.

665 Vgl. MONTESSORI, Maria, "Kosmische Erziehung". Die Stellung des Menschen im Kosmos. Menschliche Potentialität und Erziehung. Von der Kindheit bis zur Jugend, S. 39.

Wissensvermittlung"[666], so M. Montessori. In den Montessori-Schulen kommt heute entsprechend ihres Plazets für grundlegende Intelligenzförderung des Schulkindes umfangreiches, individuell abgestimmtes Arbeitsmaterial zur Anwendung. Im Vergleich zu R. Steiners kosmischkünstlerischer Sicht auf das Kind bei gewisser Abwertung des Denkens ist M. Montessoris Perspektive die der Förderung des (nach ihrer Ansicht) bereits natürlich im Kind vorhandenen Lern- und Verantwortungswillens.

Die Grundlage der Steinerschen Dreigliederungs-Physiologie stellen kosmisch-künstlerische Prinzipien dar. Zu postmoderner Aufsplitterung bietet die anthroposophische Physiologie zwar ein ideales Alternativverständnis des Menschen (Kindes). Die derzeitige Steiner-Rezipientin Xenia Kucirek schätzt als besondere Leistung der Waldorfpädagogik die "Heranbildung von freien Menschen, die sich ihrer Verantwortung sich selbst und der Welt gegenüber bewußt sind"[667] ein.

Kritikabel bleibt jedoch, daß Steiners *universelle, ideale* und *absolute* Lösungen Fragen und Probleme "unstetiger" zwischenmenschlicher Kommunikation, meta- und tiefenpsychologische Erkenntnisse nicht einbeziehen. Steiners physiologische Prinzipien für eine verantwortungsbewußte Erziehung zu Verantwortung sind kosmisch-künstlerischer Art. Alternativen bieten sich, wie oben dargestellt, durchaus an, wie z.B. M. Schelers Anschauung des Menschen als Personkern, der über den Kosmos erhaben ist, oder z.B. der reformpädagogische Blickwinkel M. Bubers zu personaler Verbundenheit des Kindes und O. F. Bollnows Anthropologie "unstetiger Formen der Erziehung". Auch die kinderpsychologischen Forschungen A. Freuds und die auf Interaktion abzielende Lernpsychologie, hier vor allem die kognitive Psychologie, stellen ein zu Steiners ideeller Menschenkunde alternatives Verständnis des Kindes dar. Wie die vergleichenden Untersuchungen zeigen, bietet sich durchaus eine Modifizierung

---

[666] MONTESSORI, Maria, "Kosmische Erziehung". Die Stellung des Menschen im Kosmos. Menschliche Potentialität und Erziehung. Von der Kindheit bis zur Jugend, S. 38.

[667] Vgl. KUCIREK, Xenia, Die Bildungsphilosophie Rudolf Steiners und ihre Realisierung in der Waldorfschule (= Europäische Hochschulschriften, Reihe 11, Pädagogik, Bd. 606), Frankfurt a. M. 1994, S. 125.

der anthroposophischen Bildung an. Eine solche wurde aber bisher nicht aufgegriffen.

4.3 Turnen in der Waldorfschule: Förderung der subjektiven Erlebnis- und Ausdrucksfähigkeit des Kindes?

Nach den Untersuchungen zu Steiners menschenkundlicher Physiologie wendet sich nun der Blick der Betrachtung dem Turnunterricht im Primarbereich der Waldorfschule zu: Diesen Beitrag hält die Autorin schon deshalb für angemessen, weil der Turnunterricht eine unmittelbare, fachlich-unterrichtliche Umsetzung der Steinerschen Physiologie ist. Fassen wir hier kurz die Physiologie R. Steiners zusammen: Nach seiner Ansicht stehen die Denktätigkeiten des Menschen in Bezug zur tierischen Welt. Die menschliche Atmung stehe in engem Zusammenhang mit der pflanzlichen Umwelt, und die Gliedmaßentätigkeit des Menschen verbinde diesen mit der mineralischen Umwelt. Der Mensch sei eine Synthese jener drei Naturreiche. Die menschlichen Gliedmaßen verhindern, so Steiner, daß mineralische Stoffe Kristallform annehmen. (Künstlerische) *Gliedmaßentätigkeit* und *Atmung* seien *geistig*, denkerische Tätigkeit sei leiblich, so Steiner. Wichtige Prinzipien seiner Physiologie sind daher Belebung und Durchblutung der intellektuellen Arbeit. Künstlerisch ausgerichtete Gliedmaßentätigkeit fördere leibliche, seelische und vor allem geistige Fähigkeiten des Kindes. Anthroposophische Pädagogik solle den Willen und das Gefühl des Kindes anregen, die dann ihrerseits den Intellekt wecken sollen.

Steiner äußert in seinen Lehrplanangaben nur wenige Sätze zum Turnunterricht in der Waldorfschule: Es sei "in den ersten drei Schuljahren überhaupt kein Turnen."[668] "Vom vierten Schuljahr ab teilen wir die eurythmische Kunst mit dem Turnen, und zwar so, daß wir im vierten,

---

[668] STEINER, Rudolf, Erziehungskunst. Seminarbesprechungen und Lehrplanvorträge, Menschenkunde und Erziehungskunst Dritter Teil, S. 176.

fünften und sechsten Schuljahr «Gliederbewegen» im Turnen haben [...]."[669]

Ein ausgearbeitetes pädagogisches Konzept zum Turnunterricht liegt seitens Steiner nicht vor: Im Jahre 1922 wurde Graf Fritz von Bothmer (früherer Stabsoffizier) von Steiner beauftragt, Leibesübungen für die Waldorfschüler zu entwickeln. Im folgenden sei nun skizziert auf den modernen Lehrplan zum Turnunterricht der ersten vier Schuljahre eingegangen: Die Schrift "Zur Unterrichtsgestaltung im 1. bis 8. Schuljahr an Waldorf-/Rudolf Steiner-Schulen" schreibt lehrplanmäßig für die 1. Klasse das "Spielturnen"[670] vor, in dessen Rahmen mit Reigenspielen begonnen werden könne.[671] "Es eignen sich die alten volkstümlichen Kinderspiele, in denen Märchenstimmung lebt, wie «Die goldene Brücke» [...]"[672], so die Schrift. Auch werden hier rhythmisch-turnerische Spiele vorgeschlagen, die den Gleichgewichts- und Bewegungssinn fördern sollen, wie z.B. "Seilspringen, Balancieren, Stelzenlaufen, Hüpfen, Spiele mit rhythmischen Sprüchen."[673] Was das 2. Schuljahr betrifft, so wird angegeben, diese Kreisspiele sich auflösen zu lassen.[674] Für die 3. Klasse sieht die Schrift folgendes vor: Hindernisturnen solle die Kinder befähigen, sich "mit der Umgebung auseinanderzusetzen und sich darin zurechtzufinden."[675] Ab der 3. Klasse solle dann die sog. Bothmer-Gymnastik erfolgen[676], dazu gleich mehr.

Um das Turnen in der Waldorfschule in einen größeren Horizont anthroposophischer Pädagogik einzubetten, soll nun auf einige Aussagen R.

---

[669] STEINER, Rudolf, Erziehungskunst. Seminarbesprechungen und Lehrplanvorträge, Menschenkunde und Erziehungskunst Dritter Teil, S. 177.

[670] PÄDAGOGISCHE SEKTION DER FREIEN HOCHSCHULE FÜR GEISTESWISSENSCHAFT / PÄDAGOGISCHE FORSCHUNGSSTELLE BEIM BUND DER FREIEN WALDORFSCHULEN (Hg.), Zur Unterrichtsgestaltung im 1. bis 8. Schuljahr an Waldorf-/Rudolf Steiner-Schulen, Dornach/Schweiz o. J., S. 85.

[671] Vgl. ebd.

[672] Ebd.

[673] Ebd.

[674] Vgl. ebd., S. 86.

[675] Ebd., S. 87.

[676] Vgl. ebd.

Steiners Bezug genommen werden, die er zum Thema "Der griechische Gymnast" trifft. Steiner bezieht sich hierbei auf die gymnastische Erziehung der alten Griechen:

> "Nun, das Griechenideal der Erziehung war der Gymnast, derjenige also, der bei sich alle körperlichen, und soweit man in der damaligen Zeit notwendig glaubte, die seelischen und geistigen Eigenschaften zur Harmonie aller ihrer Teile gebracht hat. Derjenige, der imstande war, die göttliche Schönheit der Welt in der Schönheit des eigenen Körpers zur Offenbarung zu bringen [...], der war der Gymnast, der war der Träger der Griechenzivilisation."[677]

Für R. Steiner, so wird am obigen Zitat deutlich, ist der griechische Gymnast die Verkörperung des sittlichen, schönen Menschen im platonischen Sinn. Er verkörpert nach Steiners Sicht auf harmonische Weise leibliche, seelische und geistige Kräfte in sich. Steiner spricht sich für die gymnastische Körperkultur aus, die im alten Griechenland praktiziert wurde, da sie Ganzheitlichkeit und "höchste Geistigkeit"[678] vermittle.

Auf die Bothmer-Gymnastik sei im folgenden Passus exemplarisch etwas näher eingegangen, da sie das platonisch-gymnastische Ideal wieder aufgreift. Gleich zu Anfang des Buches "Gymnastische Erziehung" von Graf Fritz von Bothmer ist von folgendem die Rede:

> "Plato verlangte (im «Staat») von der Gymnastik, daß sie die Ansprüche des Körpers nicht als Selbstzweck erweitere, sondern daß sie diese einschränke zugunsten der geistigen und sittlichen Aufgabe des Menschen. Daher müsse der Körper abgehärtet und diszipliniert werden."[679]

---

[677] STEINER, Rudolf, Gegenwärtiges Geistesleben und Erziehung, S. 31.
[678] Ebd., S. 37.
[679] BOTHMER, Fritz, Gymnastische Erziehung (= Menschenkunde und Erziehung, Bd. 42, Schriften der Pädagogischen Forschungsstelle beim Bund der Freien Waldorfschulen), 3. durchgesehene Auflage, Stuttgart 1989, S. 8.

Das Zitat belegt, daß Bothmer-Gymnastik im Rückgriff auf die platonische Staatslehre das Kind zum Zweck einer abgehärteten Leiblichkeit vergeistigen und versittlichen wollte. Vergeistigung bietet, so Steiner, neben dem Turnunterricht auch die Eurythmie.[680] Nun unterscheidet Steiner aber zwischen der eurythmischen Bewegung und der turnerischen Übung:

> "Die Eurythmie läßt das seelische Leben nach außen fließen [...]. Durch das Turnen, die Gymnastik, den Sport fügt sich der Mensch in den äußeren Raum hinein, paßt sich der Welt an, probiert, ob er so und so in die Welt hineinpaßt."[681]

Obiges Zitat verdeutlicht, daß nach Steinerscher Sicht Eurythmie Seelisches von innen nach außen zum Ausdruck bringt. Durch Turnen und Gymnastik hingegen passe sich der Mensch in den Raum, in die Umwelt ein. Bothmer geht es in der Folge von Steiners Ideal des in-die-Welt-eingepaßten Gymnasten darum, "den Raum als den größeren Menschen erstehen"[682] zu lassen. Aufgabe des Schülers sei in den gymnastischen Turnübungen, die "Kraft des Falles"[683] zu überwinden, den Bewegungen "Maß und Ziel zu geben"[684] und die Aufrechte zu üben.[685] Der Schüler solle lernen, sein Gleichgewicht zu halten.[686] In einer gymnastischen Übung schlägt Bothmer folgendes vor: Schüler des 3. Schuljahres sollen zum Vortrag des Lehrers (Reime) vorgeschriebene Turnbewegungen vollziehen:

> "Die Kinder stehen in bunter Reihe, Buben und Mädchen, im Kreis. Sie geben sich paarweise die Hände und wenden sich so, daß die Paare hintereinander stehen. Dann beginnt der Lehrer den Reigen, rhythmisch betont, zu sprechen, wobei die Kinder

---

[680] Eurythmieunterricht wird während der gesamten Schulzeit erteilt.

[681] STEINER, Rudolf, Die Kunst des Erziehens aus dem Erfassen der Menschenwesenheit, S. 112.

[682] BOTHMER, Fritz, Gymnastische Erziehung, S. 16.

[683] Ebd., S. 18.

[684] Ebd.

[685] Vgl. ebd., S. 9.

[686] Vgl. ebd., S. 18.

im Kreis zu laufen und zu springen beginnen, zunächst in Paaren.

Im Weiterlaufen nach dem ersten Vers schließen sie wieder einen großen Kreis, der nach dem 2. Vers zum Stehen kommt. Kräftig nach dem Versmaß stampfend spannen die Kinder nun den Kreis im Gehen ganz weit aus, dann lassen sie die Hände los.

Die «Säulen» erscheinen in sprungartigem Richten zur Höhe mit Erheben der Arme [...]."[687]

Obiges Zitat zeigt an, daß Bothmer-Gymnastik die Überwindung der Schwerkraft, die Aufrechte und Geschicklichkeit des Schülers intendiert. Der Schüler soll lernen, sein "Fallen" in den Griff zu bekommen.

Nach diesen skizzierten Darstellungen zum Turnunterricht (in der Grundstufe der Waldorfschule) mit Schwerpunkt Bothmer-Gymnastik nun zu ihrer Hinterfragung. Wie zuvor schon in dieser Arbeit deutlich wurde, gilt auch hinsichtlich des Turnunterrichts an Waldorfschulen Steiners Prinzip "Autorität und Nachfolge": Auf Vorgaben des Pädagogen folgt der Schüler mit seinen reigenhaften, (spiel-)turnerischen Bewegungen. Die Turnbewegungen sind genau vorgeschrieben: Bothmer-Gymnastik versteht sich sogar als "Geometrie im Raume".[688] Spielturnen, Reigenspiele, Kreis- und Singspiele und Bothmer-Gymnastik laufen im einfühlenden Nachvollzug *automatisch* ab und sind nicht individuell geprägt. Uniformität wird exerziert. Der einzelne Schüler mit seinen *individuellen Bewegungs-* und *Ausdrucksbedürfnissen* tritt zugunsten von Gruppengefühl und aufrechter Ordnung zurück. Die Bewegungsabläufe vollziehen sich nach strengen Ordnungsprinzipien und nach vorgesprochener, rhythmischer Sprache.

Angefragt wird, ob diese "vollkommene" Geordnetheit zur Aufrechten nicht den Wilhelminischen Prinzipien "Gehorsam" und "Zucht" ähnelt und den freien Willen des Kindes verfehlt. Nachvollzug und Ordnung sind zwei Prinzipien, die Bothmersche Turnübungen als genormt erscheinen

---

[687] BOTHMER, Fritz, Gymnastische Erziehung, S. 22 f., siehe auch Bothmers Gesamtausführung zu dieser Übung, welche in: ebd., S. 22 f. beschrieben ist.
[688] Ebd., S. 4.

lassen. Nachvollziehende Bewegungen nach (geometrischen) Ordnungs-
mustern sind nicht Ausdruck des freien, selbständigen Willens des Kindes
und haben überdies keine ganzheitliche Wirkung. Es geht um Regeln und
Regelbefolgung. Die turnerischen Prozesse sind vorprogrammiert und
kommen aufgrund ihrer Reproduzierbarkeit Akten einer mechanisierten
Verselbständigung gleich. Körperintensive Spaltung zwischen mythisch-
ideellem Anspruch und individuellem Kindeswohl wird hierbei wahr-
scheinlich. Die subjektive Erlebnis- und Ausdrucksfähigkeit des Kindes
wird nicht realisiert.

> "Das moralische ist [...] mit dem physischen Versagen, das Böse
> ist mit dem Schädlichen konzeptuell ebenso verwoben wie das
> Gute mit dem Gesunden und dem Vorteilhaften."[689]

Nicht das Kind selbst vollzieht aus seinem Personenkern heraus die reim-
haft-vorgesprochenen Turnbewegungen. Diese sind nach strengem, wert-
haltigem Muster sprachlich wie bewegungsmäßig vorgegeben, um funk-
tionell nachvollzogen zu werden. Wer sie korrekt ausführt, erfüllt die
vorgegebenen Ansprüche. Steiners Zeitgenosse Ernst Bloch spricht in der
Schrift "Das Prinzip Hoffnung" das aus, was auch die Autorin einsieht: daß
Leibesübungen, sofern sie funktionalisiert sind, den Leib mißbrauchen
können.[690]

In den Reigenspielen und Bothmer-Übungen der Waldorfpädagogik vollzieht sich Spaltung am Kind: Der Schüler wird zum funktionalisierten und
funktionierenden Teil einer Gruppe, die ihrerseits den übergeordneten
Prinzipien Ordnung, Gehorsam und Mittun folgt. Dieser absolutistische
Anspruch wird dadurch verstärkt, daß anthroposophischer Turnunterricht
das persönliche Gespräch mit dem Schüler gewollt ausklammert. Weder
Kommunikation noch Interaktion (wie personale Hinwendung und Mitteilung) gestalten die pädagogische Turnpraxis. Der Mensch in seinem Per-

---

[689]   HABERMAS, Jürgen, Theorie des kommunikativen Handelns, Band 1, S. 80.
        Der Autor bezieht sich hier auf mythische Handlungsmodelle.
[690]   Vgl. BLOCH, Ernst, Das Prinzip Hoffnung, 3 Bände, Bd. 2, Frankfurt a. M.
        ³1976, S. 524 f.

sonkern wird daher nicht berücksichtigt. Der *freie Wille* des Kindes vollzieht sich aber nur aus der Tiefe der *eigenen Identität* heraus, die das Kind in wechselseitigen *Mitteilungen* erprobt. Mit Ernst Bloch läßt sich metaphorisch sagen: "Erst wenn der Schwimmer auch sonst das Gegebene teilt, hat er sich freigeschwommen und liebt das tiefe Wasser."[691]

Der Turnunterricht in der Waldorfschule, der eine harmonische, frei-aufrechte Haltung des Schülers bewirken möchte, aber als genormt bewertet wurde, widerspricht R. Steiners Ideal des "ethischen Individualismus", gemäß welchem sich der Mensch keiner allgemeinen Norm unterwerfen soll. Zweifelhaft ist, ob Christoph Lindenbergs Charakterisierung anthroposophischer Pädagogik als "Weg der Erfahrung"[692] zutrifft angesichts der Automation im Turnunterricht. (Spiel-)Turnen und Gymnastik nach Art der Waldorfpädagogik entsprechen der "[...] göttergleichen Erschaffung einer neuen Welt [...]."[693] Das, was das Kind spontan oder assoziativ, vielleicht auch "fehlerhaft" in seiner Sprache, seinen Bewegungen ausdrücken möchte, unterliegt einer gewissen "Verdrängung". Die metapsychologischen Ansätze M. Bubers, O. F. Bollnows und M. Montessoris sind nicht mythische, übersinguläre Erkenntnisse, sondern stellen eine Bejahung der authentischen Tiefendimension des Kindes dar, nämlich jene seiner subjektiven Erlebnis-, Ausdrucks- und Mitteilungsfähigkeit. Wie Ernst Bloch in seiner Metapher vom Schwimmer feststellt, stößt der Mensch nur zu existentieller Freiheit, Tiefe und Emanzipation vor, wenn er sich präsentisch mitteilt.

In Wilhelminischer Zeit wollte anthroposophische Pädagogik einen ganzheitlichen, metaphysischen Ansatz gegenüber oppressiver Pädagogik einbringen. Auch die Problematik heutiger "Gleichzeitigkeit und Konkurrenz nicht bloß von Stilen, sondern von Weltentwürfen"[694] fordert eine pädagogische Praxis heraus, in der das Kind zweckfrei angenommen wird.

---

[691] BLOCH, Ernst, Das Prinzip Hoffnung, Bd. 2, S. 525.

[692] LINDENBERG, Christoph, Zur Problematik der Individualisierung des Lernens in Theorie und Praxis der Rudolf Steiner-Pädagogik, in: Pro und Contra Waldorfpädagogik. Akademische Pädagogik in der Auseinandersetzung mit der Rudolf Steiner-Pädagogik, Hg.: HANSMANN, Otto, Würzburg 1987, S. 191.

[693] BARZ, Heiner, Anthroposophie im Spiegel von Wissenschaftstheorie und Lebensweltforschung, S. 249.

[694] WELSCH, Wolfgang, Unsere postmoderne Moderne, S. 49.

Dialog und Mitteilung im Sinne Bubers und Blochs wirken Automation und Einengung entgegen.

5. Zusammenfassung: Die Diskrepanz Steinerscher Pädagogik zu Ganzheitlichkeit zwischen der transzendenten und empirischen Existenz des Kindes

Die folgende Zusammenfassung des II. Kapitels erfolgt anhand von drei Fragestellungen. Die vierte Frage soll eine Überleitung zu Kapitel III darstellen:

- Sind die kosmologische Anthropologie und Pädagogik R. Steiners am freien Willen des Menschen (Kindes) orientiert?
- Welches Resümee kann hinsichtlich Steiners Individualethik und Pädagogik zur Freiheit des Menschen (Kindes) gezogen werden?
- Berücksichtigt Steinersche Menschenkunde die subjektive Willensfreiheit des Kindes? Ist sie emanzipatorisch, praktikabel? Welche Ergebnisse lassen sich hinsichtlich der Frage nach der Aktualisierung anthroposophischer Menschenkunde herausstellen?
- Welche weiterführenden Fragen ergeben sich für einzelne Unterrichtsfächer der Waldorfschule, deren Didaktik und Methodik?

Zeigte Kapitel I die Gründe und den reformpädagogischen Bezugshorizont für Steiners *Ruf* nach einer Pädagogik zum Wohle der kindlichen *Ganzheitlichkeit* in Wilhelminisch-oppressiver Zeit auf, hatte Kapitel II das Ziel, die metaphysischen und pädagogischen *Antworten* Steiners auf Spaltungsmechanismen der Wilhelminischen Ära darzulegen und zu diskutieren. Ausgewählte Vertreter (aus dem weiteren Umfeld) der Reformpädagogik wurden in die Diskussion einbezogen. Der Einstieg in Steiners Metaphysik erfolgte über seine Kosmologie: Nach seiner Erkenntnis sind *Mikro- und Makrokosmos untrennbar miteinander verknüpft*: Steiners *Veredelungstheorie* des Menschen und der Menschheit besagt zum einen, daß die individuelle Entwicklung des Menschen eine Spiegelung[695] und Wiederholung urzeitiger Geschehnisse sei und zum anderen, daß das individuelle Leben gesamtmenschheitliche Entwicklungen präge und beeinflusse.[696] In Steiners stark futuristisch geprägtem, *evolutivem* Entwurf einer *kosmologisch* fundierten Erkenntnis- und Willenstheorie ist das *Schichtenmodell* der Ort, an dem individual-menschlicher und menschheitlicher Seelenaufstieg ablesbar wird. Dieses Modell besagt, daß der Mensch im Laufe makrokosmischer Entwicklung *vier Leiber* ausgebildet hat: den *physischen Leib*, den *Ätherleib*, den *Astralleib* und das *Ich*.[697] Aufgabe des Menschen und der Menschheit sei während drei künftiger Erdverkörperungen die Ausbildung der höheren Wesensglieder *Geistselbst, Lebensgeist und Geistesmensch*[698] mit Hilfe des Ichs, das die anderen drei Leiber umgestaltet.[699] Steiners *evolutive Entwicklungstheorie* wurde als ein ins Metaphysische verlagerter Evolutionismus Haeckelscher und Darwinscher Prägung charakterisiert. Steiners Visionen sind philosophisch nicht deduziert, auch nicht durch Quellen belegt. Seine Visionen stellen eine hoch spekulative, kaum nachvollziehbare Metabasis für eine Pädagogik dar, die der entwicklungspsychologischen Realität des Kindes phasengerecht sein soll. Steiners exklusives, spekulatives Entwicklungsmodell weist gerade hinsichtlich seines Veredelungsprinzips auf Neuoffenbarung hin.[700] Aufgrund der starken Zukunftsorientierung seines evolutiven Modells wird der realen Geschichtlichkeit des Menschen und seines Willens nicht Rechnung getragen. *Priorität* hat in Steiners gnostisch geprägter Entwicklungstheorie der *Geist*. Dieser Anspruch klammert die *psychische Realität* des Menschen (Kindes) und dessen *realen Willen* aus und kommt darin dem Gehorsamkeitsmodell Wilhelminischer Ära nahe. Die Entwicklungsphasen der vier Wesensglieder des Menschen im Verlauf der makrokosmischen Erd- und Menschheitsentwicklung werden von R. Steiner auf die mikrokosmische Entwicklung des Kindes appliziert: Die *Geburt* des Kindes stellt

---

[695] Vgl. S. 107 dieser Arbeit.
[696] Vgl. ebd.
[697] Vgl. ebd., S. 107 f.
[698] Vgl. ebd., S. 108.
[699] Vgl. ebd.
[700] Vgl. ebd., S. 110.

z.B. die Geburt seines *physischen Leibes* dar.[701] Die menschliche Entwicklung beginne beim Leiblichen und münde in das Geistige[702], so Steiner. Steiners mikro-makrokosmisches Entwicklungsmodell des Menschen läßt eine tiefe *Kluft* aufscheinen zwischen empirischem Ich und transzendentem Subjekt.

Montessori-Pädagogik hingegen vollzieht sich nach Maßgabe einer phänomenologischen Methodik und weist soziokulturelle Phänomenanalysen auf.[703] Die Montessori-Pädagogik, der der Stellenwert eines sozialen Humanismus zugeschrieben werden kann, thematisiert das reale Werden des Kindes. Sie bildet daher im Vergleich zu Steiners visionärer Pädagogik eine praktikable Basis zur Ausbildung des kindlichen freien Willens. Obgleich Steiners kosmologische Entwicklungstheorie mit der dazugehörigen Pädagogik als *Gegenwille* zum technisch-naturwissenschaftlichen Denken der Wilhelminischen Ära zu verstehen ist, läßt sie ihrerseits jedoch ebenfalls einen *idealen Einheits-* und *Absolutheitsanspruch* aufscheinen, nämlich denjenigen an Geist, Ich und Willen zum Zweck menschlicher Veredelung.

In R. Steiners kosmologischer Entwicklungstheorie kam dem Sein und Willen des Menschen (Kindes) Bedeutung vor dem Horizont evolutiver Gesetzmäßigkeit zu. In Steiners *Reinkarnationslehre* wurde das Gesetz von Reinkarnation und Karma anthropologischer Bezugspunkt. Auch Steiners Wiederverkörperungslehre offenbarte wie seine kosmologische Entwicklungstheorie das Phänomen der Spiegelung: Ist das mikrokosmische Leben Wiederholung und Spiegel makrokosmischer Entwicklung (und wirkt auf sie zurück), so ist das gegenwärtige Leben Spiegel wiederholter Erdenleben und prägt seinerseits spätere Leben des Menschen. Zu Beginn von Kapitel II.1.2 wurde einleitend auf Steiners *Dreigliederungsmodell* von *Leib, Seele* und *Geist* eingegangen, das nämlich seiner Anthropologie der Wiederverkörperung zugrundeliegt[704]: Bedeutendes Ziel menschlicher Veredelung sei im Verlauf der Menschheitsentwicklung die Umwandlung

---

[701] Vgl. S. 115 dieser Arbeit.
[702] Vgl. ebd.
[703] Vgl. ebd., S. 115 f.
[704] Vgl. ebd., S. 118 ff.

des physischen Leibes zum Geistesmenschen[705] (Atma). In Analogie zu seiner geistbezogenen Seelenlehre spricht Steiner *geistbezogenen Erscheinungsformen* des *Willens* gegenüber leib- und seelenbezogenen Willensäußerungen einen *maximalen ethischen Wert* zu.[706] Pädagogik im Sinne anthroposophischer Willensbildung solle "die Seele vom Leibe befreien."[707]

Während sich im Kapitel zu Steiners evolutiver Entwicklungstheorie die Frage nach dem Willen des Menschen noch verhalten stellte, weitete sich der Blick vor dem Horizont seiner Dreigliederung nachdrücklich hin zu der Frage nach dem freien Willens des Kindes: Steiners Erkenntnisse sprechen von einer gewissen Zurücksetzung des physischen Leibes zugunsten des Geistesmenschen. Im christlichen Sinn hingegen überdauert Leiblichkeit alle Sterblichkeit. Wie der Leib erfahren auch Seele und Wille eine gewisse Abwertung bei R. Steiner. Angesichts einer Willenspädagogik der Befreiung der Seele vom Leib kann der Seele kaum noch die von Steiner konzipierte Vermittlungsfunktion zwischen Leib und Geist zugesprochen werden. Seitens der Autorin wurde die Vermutung geäußert, daß Steiners Dreigliederungsmodell von Leib, Seele und Geist letztlich eine abstrakte, narrativ gehaltene Hierarchie *getrennter Wesensglieder* darstellt, die den Menschen (das Kind) zu einem kosmischen Veredelungsfall werden läßt. Steiners kosmologisch fundierte Dreigliederung korrespondiert daher durchaus mit der Wilhelminisch-direktiven Pädagogik zum Untertanen[708]: Ist das Kind in der Wilhelminischen Pädagogik Vollzugsort megalomaner Ideale, so wird es in der Steinerschen Anthropologie *mikrokosmischer Vollzugsort makrokosmischer Metatheorie*.[709] Mensch und Kind werden hier nicht als unwiederholbare Individuen verstanden, personales Sein und *freier Wille* werden *nicht perspektuiert*.

Nach den einführenden Betrachtungen zu Steiners hierarchisch gestufter Dreigliederung wurde auf sein Gesetz wiederholter Erdenleben eingegangen: Gegenwärtige Seelenregungen hängen nach Steiners Ansicht

---

[705] Vgl. S. 119 dieser Arbeit.
[706] Vgl. ebd., S. 121.
[707] Vgl. ebd.
[708] Vgl. ebd., S. 123.
[709] Vgl. ebd.

davon ab, wie die Taten des Geistes in den vorangehenden Verkörperungen waren.[710] Wurde der Mensch im Rahmen Steiners Dreigliederungsmodell zum makrokosmischen Fall, so wurde er in dessen *Reinkarnationslehre* zu einem *Fall makrokosmischer Gesetzmäßigkeit über die absolute Grenze* von Leben und Tod hinweg: Steiners Sicht des sich wiederverkörpernden Menschen hinterließ daher den Eindruck *kosmologischer Determiniertheit.* Sowohl der Leib als auch die Seele des Menschen werden von ihm letztlich als nichtig eingeschätzt. Allein der Geist ist nicht nichtig.[711] Steiners Anliegen nach *Ganzheitlichkeit* des Menschen (Kindes) stellt sich somit selbst in Frage. Ein besonderer Stellenwert wird der menschlichen Tat zugesprochen, die für alle Ewigkeit Bestand behält. Der Mensch schafft sein Schicksal durch seine Taten.[712] Das bedeutet aber die *Auflösung* des *Ich-Subjekts.*[713] Angesichts *nachtodlicher Läuterungsprozesse*[714] wurde die bisher angefragte *Kluft* zwischen *transzendentem* und *empirischem Sein* des Menschen (Kindes) noch deutlicher: Gemäß Steiner löst sich der Geist nach dem Tod vom Leib.[715] Der übrig behaltene Anteil der Seele verbinde sich nach dem Tod mit dem Geist in der *rein geistigen Welt.*[716] Das *formgebende Prinzip* der *Wiederverkörperungen* ist nach Steinerscher Erkenntnislehre der *Geist.* Die Seele des Menschen löst sich in der rein geistigen Welt auf. R. Steiners Erlösungsgedanke des Menschen im nachtodlich rein Geistigen entspricht nicht dem christlichen Denken, sondern *gnostischer Neuoffenbarung.* Damit werden *Entität* und *Identität* der Seele, aber auch die Sinneswelt und Leiblichkeit des Menschen nivelliert. Steiners Vision des kosmischkarmischen Menschen als sittlich Handelndem wurde in Bezug zu Origenes' pneumatischer Anthropologie des "Hegemonikons"[717] gesetzt. Dem Pädagogen (Seelsorger) kommt darin die Aufgabe zu, Seele, Wille und Tat des Kindes zum Göttlichen zu führen.

---

[710] Vgl. S. 125 f. dieser Arbeit.
[711] Vgl. ebd.
[712] Vgl. ebd., S. 126.
[713] Vgl. ebd.
[714] Vgl. ebd., S. 127.
[715] Vgl. ebd.
[716] Vgl. ebd.
[717] Vgl. ebd., S. 126.

Nach Steinerscher Pädagogik ist das *singuläre Leben* des Kindes nur ein *Ausschnitt übergeordneter* makrokosmisch-karmischer *Zusammenhänge*. Das Erscheinungsbild eines Kindes wurde von Steiner, wie ein Zitat in Kap. II.1.2 signalisierte[718], allein nach karmischen Gesichtspunkten eingeschätzt. R. Steiners Ganzheitlichkeit anstrebendes Konzept von Reinkarnation und Karma wollte wohl zwischen vergangenem und gegenwärtigem Leben des Kindes eine Brücke bauen. Seine Pädagogik erweist sich jedoch als *Scheinganzheit*: Sein Weg zum *freien Willen des Kindes* ist an einem großen, *kosmischen Plan* orientiert. Ich und personales Du treten in den Hintergrund. M. Montessori hingegen deutet das Kind als einmalige Identität "nach dem Bilde Gottes". Ihr Weg zum Kind ist im Vergleich zu Steiners Weg nicht mit einem reinkarnatorischen Plan identifiziert. M. Montessoris christlich orientierte Pädagogik bildet im Vergleich zu Steiners karmischer Pädagogik eine Brücke zwischen Transzendenz und empirisch anwendbarer Pädagogik.

Nach der Diskussion über Steiners evolutive Entwicklungstheorie und Reinkarnationslehre folgte die Auseinandersetzung mit dessen *Christologie*, die ein wesentlicher Bestandteil seiner kosmologischen Theologie ist: Steiners Christologie ist eine spezifisch mystische Auslegung des Christentums. Durch den Leib des gekreuzigten Christus seien in die Erde Sonnenkräfte eingegangen.[719] Der Evolution der gesamten Menschheit wurde, so Steiner, durch das "Mysterium von Golgatha" Anstoß zur Weiterveredelung gegeben. Gemäß Steinerscher Christologie sind Christus und Mensch ganz in eine *kosmische Prozessualität* eingebunden.[720] Christus spiegelt, so unser Verständnis, als Mikrokosmos eine makrokosmische Veredelungsordnung wider. Angesichts der Einbettung in ein sukzessives Veredelungsgeschehen wird aber die *Bedeutung* des *historischen Christus* und damit auch dessen *Menschsein relativiert*: Menschlich-Tragisches kommt nicht zur Geltung, somit auch nicht der Mensch selbst. Daher erfährt aber auch der *freie Wille* des Menschen eine *Relativierung*. Steiners

---

[718] Vgl. S. 128 dieser Arbeit.
[719] Vgl. ebd., S. 131.
[720] Vgl. ebd., S. 133.

spezifische Sicht des Christus entspricht einer gnostischen Erkenntnisweise. Auch im Hinblick auf sein Verständnis des *mystischen Leibes Christi* abstrahiert Steiner zu schnell vom historischen Geschehen: Der mystische Leib Christi wird bei ihm zu einer *mikrokosmischen Identifikationsgröße mystischer Versenkung* (zum Zweck fortschreitender "Durchchristung").[721] Weder der realen Tragik noch dem schmerzlichen Tod am Kreuz wird Bedeutung zugemessen, sondern dem Geschehen als höchster Bewährung.[722] Die psychische Existenz Christi bleibt zugunsten eines kosmisch-mystischen Verständnisses unbeachtet. Dadurch bleiben aber auch *personales Sein* und *freier Wille unbeachtet*, denn es gibt in R. Steiners Christologie *keine subjektive Wahrheit*. Wesentliche Geltung besitzen abstrakt-kosmische Prinzipien. So wie Steiner Jesus ins Kosmisch-Allgemeine hineinabstrahiert, so ordnet er auch das Kind in seiner Pädagogik transzendenten Prinzipien unter. Anhand Steiners *Temperamentenlehre* wurde dieser Zusammenhang verdeutlicht: Steiner unterscheidet zwischen dem melancholischen, sanguinischen, cholerischen und phlegmatischen Kindertypus.[723] Steiners *Temperamentenlehre* ist *vorpsychologisch* und führt zurück auf die antike psychiatrische Temperamentenlehre des Hippokrates. Wie Steiner den historischen Jesus ins Kosmisch-Allgemeine hineindeutet und ihn zum mikrokosmischen Ort evolutiver Veredelungsprinzipien deklariert, so versteht er auch das Kind unter transzendent-prinzipiellen Vorzeichen (Temperamentenlehre). Mit diesen abstrakten Maßstäben aber kann die *Komplexität* des Kindes nicht erfaßt werden. Aus R. Steiners typisierendem Konzept der Temperamente resultiert de facto *Spaltung zwischen transzendentem* und *empirischem Anspruch*. So wie seine Anthropologie des gekreuzigten Christus zur mystisch-identifikatorischen Praxis einlädt, so möchte sie auch die Haltung und Handlung des Schülers auf identifikatorischem Wege am Vorbild des Pädagogen ausgerichtet sehen.[724] Wie Christus in der Steinerschen Christologie in seinem Leiden nicht anerkannt wird, so wird bei Steiner auch das Kind nicht in seinem eigenen, unverwechselbaren, konflikthaften

---

[721] Vgl. S. 135 ff. dieser Arbeit.
[722] Vgl. ebd., S. 135.
[723] Vgl. ebd., S. 138 f.
[724] Vgl. ebd., S. 143.

Sein anerkannt.[725] Diese identifikatorische Über-Ich-Ausgerichtetheit, im Rahmen derer das einzelne Kind nicht *selbst* zu Wort kommen darf, zeigt Depersonalisierung und Verfehlung des freien Willens an.

Gemäß M. Montessori, die wie Steiner im Umkreis der Reformpädagogik neue Quellen für eine metaphysische Pädagogik erschloß, ist das Kind nicht wie bei Steiner Ort kosmologischer Mystik. Die *kosmische Dimension* des Menschen wird von *M. Montessori christlich* im Sinne seiner *Gottesebenbildlichkeit* im *sozialen Kontext* gedeutet.[726] Ihr Werk basiert auf soziokulturellen und soziopsychologischen Phänomenanalysen.[727] Diese Anschauung entspricht (anders als im Steinerschen Gnostizismus) der christlichen Sicht des Menschensohns der Evangelien in seinen sozialen Bindungen, seinem helfenden, heilenden und verantwortlichen Wirken. Willenserziehung ist bei M. Montessori in eine ganzheitlich-christliche Anschauung von Bedingungen und Voraussetzungen des kindlichen freien Willens eingebunden. Montessori-Pädagogik weist *keine* Affinität zu mystisch-identifikatorischer Praxis auf: Sie zielt auf einen Prozeß fortschreitender Unabhängigkeit des Kindes.[728]

Nachdem in Kapitel II.1 im Rahmen R. Steiners Kosmologie dessen evolutive Entwicklungstheorie, Reinkarnationslehre und Christologie dargestellt, belegt und wesentliche Folgerungen für die dazugehörige Pädagogik gezogen wurden, weitete sich der Blick hin auf Steiners *Metatheorie* des *Einzelsubjekts*: Aufgezeichnet und auf die pädagogische Valenz hin untersucht wurde in Kapitel II.2.1 Steiners *Idee* der *Freiheit* des Menschen (Kindes).

In Steiners Frühwerk "Die Philosophie der Freiheit"[729] trat im Vergleich zu dessen kosmologischer Anthropologie, die den Eindruck von Determinierung vermittelte, ein Anspruch auf *absolute Freiheit* des Menschen zutage. Kernpunkt der Schrift ist Steiners spezielle Erkenntnis des *intuitiv-*

---

725   Vgl. S. 143 f. dieser Arbeit.
726   Vgl. ebd., S. 142.
727   Vgl. ebd.
728   Vgl. ebd., S. 144.
729   Vgl. ebd., S. 145 ff.

nachvollziehenden Erkennens[730] des "e i n e n Gedankeninhalts der Welt".[731] Ethisch *frei* seien der *intuitiv denkende* und *handelnde* und der moralisch phantasievolle Mensch.[732] Steiners Metatheorie des "all-einen" Denkens[733] zum Zweck menschlicher Freiheit ist eng an sein Konzept des übersingulären "all-einen" Denkens gekoppelt. Hierin entspricht Steiners Erkenntnislehre Platons übersingulärer Ideen-Erkenntnis. Steiner möchte mit seiner "Philosophie der Freiheit" den verlorenen Zusammenhang des Menschen mit dem Kosmos wiederherstellen. Der Mensch ist aber im Rahmen Steiners Freiheitskonzepts, wie schon im Zusammenhang Steinerscher Kosmologie deutlich wurde, *über-individuellen Gesetzen unterstellt*, die der *Neuoffenbarung* entspringen. Steiners Individualethik wurde daher als *mythisch* gewertet.[734] Sie ist spekulativ und schwer kommunikabel.[735] Zwischen ihrem Anspruch auf menschliche Freiheit und dem mythischen Charakter der Einlösung wird eine sich durchhaltende Diskrepanz offenbar.

Die *Spaltung* zwischen R. Steiners *Anspruch auf Freiheit* des Subjekts und seiner tatsächlichen Begrenzung setzt sich bis in die anthroposophische Pädagogik hinein fort: Steiners abstrakte Metatheorie kann weder vom Schüler noch vom Pädagogen leicht durch einen *verstehbaren Diskurs eingelöst* werden[736]: So wird z.B. im Rezitationsunterricht der Schüler nicht in einen Prozeß gemeinsamer Erarbeitung dichterischer Inhalte einbezogen. Der Rezitationsunterricht vollzieht sich als ein Prozeß des *intuitiven Nachvollzugs* ohne Bezug zum *Inhalt* der Dichtung.[737] Wie Steiners Schrift "Die Philosophie der Freiheit" wurde auch dessen rezitatorische Auffassung vom Umgang mit Dichtung im Unterricht als *mythisch* gewertet: Sie ist durch ein Defizit an reziprokem Sprachaustausch und durch das Fehlen gemeinsamer Interpretationsbemühungen gekennzeichnet und weist sich

---

[730] Vgl. S. 148 dieser Arbeit.
[731] Vgl. ebd.
[732] Vgl. ebd., S. 150.
[733] Vgl. ebd., S. 147.
[734] Vgl. ebd., S. 151 f.
[735] Vgl. ebd., S. 151.
[736] Vgl. ebd., S. 152.
[737] Vgl. ebd., S. 153.

daher durch Züge Wilhelminischer Gehorsamkeitspädagogik aus. *Spaltung* und nicht freier Wille wird vom Kind erlebbar: Denn die Entfaltung des freien Willens ist an eine personengebundene Sprachbeziehung geknüpft jenseits von mechanischem Sprachnachvollzug. Auch dem hohen Anspruch an die Arbeit des Waldorfpädagogen kann eine nicht zu übersehende *Spaltungstendenz* zugesprochen werden: Die lange Vorbereitungszeit des täglichen Erzählstoffes im Rahmen des Hauptunterrichts und der maximale Anspruch an die freie Erzählkunst des Pädagogen sind Forderungen, die kaum in einem ausgewogenen Verhältnis zum realen Wert Steiners artistischer Ideale stehen.

Jürgen Habermas' Diskursethik reflektiert im Vergleich zu Steiners Individualethik die *diskursive Begründbarkeit* von Geltungsansprüchen.[738] J. Habermas bezieht das *psychosoziale Umfeld* des Menschen (Kindes) ein. Das Sein des Menschen versteht er im Kontext seiner Sozialisationstheorie. Relevanz kommt dabei nicht platonischen Ideen, sondern *dialektischen Prozessen* zwischen der *persönlichen* und der *sozialen Identität* im *Kontext* der *familialen Lebenswelt* zu.[739] Auch Jean Piagets *empirisch* fundierte Entwicklungspsychologie bezieht wie Habermas' Erkenntnistheorie die Erforschung kommunikativer Prozesse des Kindes ein. Sein wissenschaftlicher Anspruch ist im Gegensatz zu Steiners *kosmozentrischer* Metatheorie *soziozentrisch*. An die Stelle kosmologisch-evolutiver Determinierung tritt die Erforschung des komplexen *Wechselbezuges* zwischen *Innen-* und *Außenwelt* des Kindes.[740]

Nach der Diskussion über R. Steiners kosmologische Anthropologie und über dessen Erkenntnistheorie des Einzelsubjekts mit der dazugehörigen Pädagogik wurde sein Vortragszyklus "*Allgemeine Menschenkunde als Grundlage der Pädagogik*"[741] ins *Zentrum de*r Untersuchungen gestellt: Zu Beginn von Kapitel II.2.2 wurde zunächst Steiners menschenkundliche Sicht vom *seelischen Gesichtspunkt* in den Betrachtungshorizont gerückt. Zwei Pole werden in der Schrift von Steiner gegenübergestellt: der Pol des

---

[738]   Vgl. S. 154 f. dieser Arbeit.
[739]   Vgl. ebd., S. 155 f.
[740]   Vgl. ebd., S. 156 f.
[741]   Vgl. ebd., S. 158 ff.

menschlichen *Denkens* (Vorstellung) und der Pol des *Willens*.[742] Dem
Denk- bzw. Vorstellungspol wird von Steiner unter Rekurrierung auf den
Reinkarnationszusammenhang ein seelisches Erleben in *Antipathie*, dem
Willenspol ein Erleben in *Sympathie* zuerkannt.[743] Der *sympathische*
Willenspol repräsentiert gemäß R. Steiner eine gewisse *Dynamisierung*
und ist auf *künftiges*, nachgeburtliches Leben ausgerichtet. Der *antipathische Vorstellungspol* sei dem *Tode* verwandt. Da Steiner die Leiblichkeit des Menschen als Offenbarung des Geistigen erkennt[744], knüpft er
an die Polarität von Antipathie (Vorstellung) und Sympathie (Wille) im
seelischen Bereich des Menschen eine spezielle Physiologie. Den *antipathischen Vorstellungspol* ordnet Steiner den menschlichen *Nervenprozessen* zu, den *sympathischen Willenspol* den *Blutprozessen*.[745] Die
Nerven seien eine Materie, die im Absterben begriffen seien.[746] Willensprozesse tendieren hingegen nach Steinerscher Sichtweise zum Geistigen.[747] Die Nahtstelle zwischen Blut- und Nervenbahnen sei das
menschliche Gefühl als pulsierende Mittelstellung zwischen Vorstellung
und Wille, Materie und Geist.[748] Die Menschenkunde R. Steiners zielt auf
Gliedmaßentätigkeit (Blut- und Muskelprozesse)[749] und Gefühlserziehung
(Atmung, rhythmisches System).[750] Steiners spezielle Willens- und
Gefühlspädagogik möchte nicht das kognitive Denken des Kindes, sondern
dessen Lebensprozesse fördern. Anthroposophische Pädagogik zu *Geist*
und *freiem Willen* sei *künstlerisch* auszurichten und solle wiederholendes
Tun fördern.[751]

Steiners Dreigliederungsmodell von Denken, Fühlen und Wollen des Kindes mit der entsprechenden Physiologie gehört der Tradition Platons See-

---

[742] Vgl. S. 161 ff. dieser Arbeit.
[743] Vgl. ebd., S. 162.
[744] Vgl. ebd., S. 163.
[745] Vgl. ebd., S. 162 f.
[746] Vgl. ebd., S. 163.
[747] Vgl. ebd.
[748] Vgl. ebd.
[749] Vgl. ebd., S. 165 f.
[750] Vgl. ebd.
[751] Vgl. ebd.

lenlehre an[752], so unsere Interpretation. Gegenüber dem Fühlen und Wollen erfährt das *Denken*, das Steiner als leibesverhärtend charakterisiert[753], eine gewisse *Zurücksetzung*. In diesem Raster siedelt Steiner seine *kosmisch-platonisch* geprägte, *künstlerisch fundierte* Menschenkunde und Pädagogik der *einfühlenden Wiederholung* an: Ziel ist einerseits die Schulung des bewußten, geistbezogenen Willens im Sinne des "ethischen Individualismus"[754], andererseits die Praxis des unbewußten Fühlens. Steiner plädiert in seiner Schrift für den pädagogischen Befehl und für den wiederholenden Nachvollzug des Schülers. Seine Pädagogik zu *Kunst* und *Kosmos* wurde wie seine Schrift "Die Philosophie der Freiheit" als *mythisch* gewertet.[755] Das Kind als präsentisches Ich-Subjekt und personale Ganzheit kommt dabei nicht zur praktikablen Geltung, daher auch nicht dessen *freier Wille*. Die Spannbreite *sozialer Bezüge* bleibt in Steiners menschenkundlicher Konzeption von Kunst und Kosmos *unberücksichtigt*. Angesichts der Befehle durch den Pädagogen bleiben kooperative Verhaltensweisen ausgeklammert: Eine emanzipatorische Wirkkraft kommt nicht zur Geltung. Anthroposophische Menschenkunde vom seelischen Gesichtspunkt weist eine *Spaltung* zwischen *Geist* und *Leib* des Kindes auf: Denn der Orientierungspunkt von Steiners Verständnis der kindlichen Leib- und Gefühlserziehung ist nicht das Kind selbst, sondern das "all-eine" Sein.

M. Buber hebt im Vergleich zu R. Steiners mythischem, menschenkundlichem Konzept auf die menschliche *Beziehung* und *Verbundenheit* ab.[756] An die Stelle der Steinerschen Pädagogik zu Befehl und einfühlender Wiederholung treten bei Buber die Ich-Du-Beziehung und das dialogische Sprechen.[757] Ein freiwilliges Gewahrwerden des anderen und dessen Bedürfnisse kann sich vollziehen. Freier Wille und eine emanzipatorische Wirkkraft werden geltend gemacht. J. Piagets kognitive Entwicklungspsychologie weist wiederum eine andere Gewichtung als der metapsychologische Ansatz M. Bubers hinsichtlich Bedingungen und Möglichkeiten

---

752 Vgl. S. 167 dieser Arbeit.
753 Vgl. ebd., S. 168.
754 Vgl. ebd., S. 169.
755 Vgl. ebd., S. 169 f.
756 Vgl. ebd., S. 171 f.
757 Vgl. ebd.

kindlichen Seins auf: Piaget beobachtete das Handeln und Denken des Kindes. Die Umwelt prägt nach Erkenntnissen Piagets dessen Leben mit.[758] Im Vergleich zu R. Steiner erkennt J. Piaget die Wechselbeziehung zwischen der Entwicklung des Denkens und dem Sozialverhalten des Kindes.[759] Es geht Piaget nicht wie Steiner um sittliche Kategorien, sondern um Reifeprozesse, die das Kind im Austausch mit den anderen interaktiv vollzieht. Piagets empirische Forschungen basieren auf Beobachtung von Sprache, Denken und Handlung. Seine Methode ist *prozedural* und hebt sich deutlich von Steiners deduktiver Menschenkunde ab. *Piagets Empirie* weist sich durch einen *objektiven Charakter* aus, wohingegen Steiner Empirie ausklammert. Nach Auffassung der Autorin kann eine humanistische Pädagogik zu freier Willensbildung nicht ohne empirische Wissenschaftsmethode auskommen. Steiner *reduziert* im Vergleich zu Piaget den Wert des *abstrakten Denkens* und jenen der Selbständigkeit im Denken. Abstraktes Denken bedeutet aber verschiedene Phasen und Aufbaustadien denkerischer Daseins- und Kommunikationsbewältigung. Selbständiges und abstraktes Denken sind Grundlage der Entfaltung eigener, schöpferischer Kräfte des Kindes. Sie sind zudem unumgängliche existentielle Voraussetzung für den Einzelnen in der heutigen Gesellschaft.

Nach den kritisch-konstruktiven Betrachtungen zu Steiners Menschenkunde vom seelischen Gesichtspunkt fokussierte sich der Blick der Untersuchungen auf den menschenkundlich verankerten anthroposophischen Lehrplan und die dazugehörige Pädagogik. Ziel der Betrachtungen war die Klärung der Frage, ob das *anthroposophische Sprachverständnis* einer *Hermeneutik* des *Sprechens* gleichkommt.[760] Sprache wird von R. Steiner grundsätzlich "erkannt als eine Beziehung des Menschen zum Kosmos".[761] Sprache ist laut Steiner einerseits Ausdruck von sympathischen Gefühlen des Menschen gegenüber dem Kosmos (Selbstlaute)[762],

---

[758] Vgl. S. 172 ff. dieser Arbeit.
[759] Vgl. ebd., S. 173.
[760] Vgl. ebd., S. 178 ff.
[761] Vgl. ebd., S. 184 ff.
[762] Vgl. ebd., S. 185.

andererseits antipathische Seelentätigkeit (Mitlaute)[763]: Mitlaute stünden immer in Zusammenhang mit der Nachahmung äußerer Dinge.[764] Die Schüler der Grundstufe erlernen die Buchstaben in künstlerischer und bewegungshafter Weise.[765] Im Unterricht gelten die menschenkundlichen Prinzipien der *Gliedmaßenerziehung* und des *rhythmischen Tuns.* Anthroposophische Sprechübungen sollen ein Elastischwerden der Sprachorgane bewirken.[766]

Das spezielle anthroposophische Sprachverständnis ist, so die Untersuchungen, an Steiners kosmisch-platonischer Metatheorie und an dessen Menschenkunde zu intuitiver, einfühlender Wiederholung ausgerichtet.[767] Das anthroposophische Sprachverständnis ist typisierend und visionär-transzendent. Die Beziehungskomponente wird hier gänzlich ausgeblendet. Anthroposophische Sprechübungen finden *ohne zusammenhängenden Sinn* und ohne Semantikbezüge statt. Von der *Intentionalität* der Sprechenden und von *identitätsgeleiteten Sprachinhalten* wird *abgesehen.* Dies bedeutet aber eine Formalisierung und *Kontrollierung* des *Subjekts* im Sinne der Wilhelminischen Gehorsamkeitspädagogik und kaum Authentizität und Emanzipation des Subjekts. *Spaltung* zwischen universellen Regularitäten und dem freien Willen des Kindes wird wirksam. Sprache bedeutet bei R. Steiner intuitiv-kosmische Einfühlung und nicht kommunikativer Austausch. Eine Hermeneutik des Sprechens wird nicht praktiziert.

Für M. Buber ist wirkliches Leben Dialog, in dem ein Ich einem anderen Du ohne Schein begegnet.[768] Unmittelbare und authentische Willensäußerungen können zum Ausdruck kommen: Im Vergleich zu Steiners *formalem* Sprachverständnis ist *Bubers Ethik inhaltsbezogen* und *intentional* und kommt daher einer Hermeneutik des Sprechens mit emanzipatorischer Wirkkraft gleich. Nach O. F. Bollnows Sichtweise betrifft das Wort

---

[763] Vgl. S. 185 dieser Arbeit.
[764] Vgl. ebd.
[765] Vgl. ebd., S. 186 f.
[766] Vgl. ebd., S. 187.
[767] Vgl. ebd., S. 188.
[768] Vgl. ebd., S. 191 f.

die Selbstwerdung des Menschen.[769] Situationen können mit Hilfe des Wortes geklärt und entschieden werden. Sowohl Buber als auch Bollnow öffnen sich im Vergleich zu Steiner für die *Dimension des Aufeinanderbezogenseins* der *Sprechenden*. Auch Heitgers pädagogischer Ansatz ist am Dialog ausgerichtet – allerdings unter Bezugnahme auf die Kantsche Vernunftkritik.[770] Seine Anliegen sind im Vergleich zu Steiners rhythmisch-*rezitatorischer* Spracherziehung eigenständige Verstehens- und *Denkprozesse*.[771] Obgleich empirische Untersuchungen in jüngster Zeit ergaben, daß Waldorfschüler schulisch besser abschneiden als Schüler staatlicher Schulen, ist die Autorin der Ansicht, daß die soziale Herkunft der Waldorfschüler (Mittelschicht) in erheblichem Maße für deren Schulerfolg geltend gemacht werden kann.[772] Heitgers Pädagogik des Dialogs und des kognitiven Sprachhandelns legt Zeugnis einer praktischen, emanzipatorischen Hermeneutik des Sprechens ab.

Nach Darstellung und Diskussion der anthroposophischen Menschenkunde vom seelischen Gesichtspunkt folgte eine Darstellung Steinerscher Menschenkunde vom *geistigen* Blickwinkel: R. Steiners Verständnis des Menschen als geistiges Subjekt zentriert sich auf die Frage nach dem freien Ich und basiert auf einem Verständnis von *Bewußtseinszuständen*[773]: Beim *Erkennen* sei z.B. das menschliche Ich *vollwach*.[774] Das *wollende* Ich sei *schlafend* und *intuitiv*.[775] Das *fühlende* Ich sei mit dem menschlichen *Träumen* vergleichbar und *inspirativ*, so Steiner.[776] Unmittelbare Beziehung zum Seelisch-Geistigen haben laut Steiner Blut und Muskeln (Wille) und das rhythmische System (Atmung) des Menschen. Das menschliche Nervensystem hingegen (waches Denken) weise keinen Bezug zum Seelisch-Geistigen auf.[777] Künstlerische Tätigkeiten seien geistorientiert.

---

[769] Vgl. S. 192 dieser Arbeit.
[770] Vgl. ebd., S. 193.
[771] Vgl. ebd., S. 193 f.
[772] Vgl. ebd., S. 194.
[773] Vgl. ebd., S. 196 ff.
[774] Vgl. ebd., S. 197.
[775] Vgl. ebd.
[776] Vgl. ebd., S. 197.
[777] Vgl. ebd., S. 198.

Bei der Tätigkeit der beziehungsmäßigen Wahrnehmung eines Ichs durch ein anderes Ich komme es in der Seele zu einer Vibration zwischen Sympathie und Antipathie.[778]

Die Darstellung der Steinerschen Menschenkunde zum freien Ich des Menschen führte zu folgender Stellungnahme: Besonders förderungswürdig sind nach Steiners menschenkundlicher Sichtweise das *rhythmische System* (träumender Nachvollzug) und das *Blut-Muskel-System* (schlafender Nachvollzug) des Kindes. Die anthroposophische Menschenkunde des intuitiv-inspiriert handelnden Ichs des Kindes zeugt von einem *kosmischen Ideal-Ich-Verständnis* im Sinne R. Steiners Anschauung des ethischen Individualismus und Platons Ideenlehre und *nicht* von *individuellem Sein*.[779] Steiners spezielle Erkenntnis einer Vibration zwischen Sympathie und Antipathie bei dem Wahrnehmungsprozeß eines Ichs durch ein anderes Ich ist in seine kosmische Vision der geistigen Zukunft des Menschen eingepaßt. Die Steinersche Menschenkunde zum freien Ich des Kindes wurde als *präpsychologisch* erkannt und daher als schwer praktikabel. Sie hinterließ den Eindruck von *Spaltung* und *Zweckgebundenheit*.

Nach *M. Bubers* pädagogischem Verständnis ist wahre Beziehung zwischen Ich und Du präsentisch und ohne Zweckgebundenheit. Zweckbezug versteht Buber als gegenständlich und vergangenheitsbezogen.[780] Eine *echte Beziehung* zeichne sich *durch gegenwartbezogenes Antworten* aus. Im Vergleich zu Steiners zweckgebundener Menschenkunde verschiedener Bewußtseinszustände, die als spaltend charakterisiert wurde, möchte Bubers Pädagogik der Umfassung einende Kraft bewirken[781]: Die Sichtweise der Umfassung entspricht dem therapeutischen Prinzip, den anderen nicht zu beeinflussen, sondern zu verstehen. Widerstände dürfen gelten, und dennoch wird das Kind in der Tiefe respektiert. Bubers emanzipatorischer Ansatz ist im Vergleich zu Steiners typisierender

---

[778]   Vgl. S. 199 dieser Arbeit.
[779]   Vgl. ebd., S. 200 f.
[780]   Vgl. ebd., S. 201.
[781]   Vgl. ebd., S. 202 f.

Menschenkunde des intuitiv-inspirierten Ich des Kindes nicht prä-psychologisch, sondern *metapsychologisch* und individuell.[782]

O. F. Bollnow entwickelte im Vergleich zu R. Steiner eine Pädagogik *subjektiver Bedeutungen*, in deren Rahmen dem Kind individuelle Wertungen und eigene Entscheidungen zugestanden werden.[783] Bollnow bezog in seine Pädagogik auch die Möglichkeit "unstetiger Formen"[784] in der leiblichen und seelischen Entwicklung des Kindes ein, wie z.B. Krisen und Entwicklungsschübe: Die *Realität kindlicher Konflikte* geriet in das *pädagogische Blickfeld*. Individuelles Sprachhandeln wurde perspektuiert. R. Steiners Menschenkunde zu Bewußtseinszuständen hinterließ wieder einmal mehr den Eindruck einer gewissen *Zurücksetzung* des *denkenden Ichs* zugunsten des angeblich freien, geistigen Ichs des Kindes. Unberücksichtigt bleibt, daß auch das Kind zu überlegten Entscheidungen fähig ist und sich wie der Erwachsene denkerisch und willentlich selbst Handlungsziele setzen kann.[785]

Anthroposophisch-kosmische Menschenkunde intendiert den Bezug des Kindes zum Geist, und zwar auf künstlerischem Wege. Träumend-schlafender Nachvollzug wirkt jedoch unbewußt und fördert daher wohl kaum selbständiges Denken. M. Heitgers Bildungstheorie der Wissensvermittlung ist eng mit seiner Theorie des "vernünftigen Schülers"[786] verknüpft. *Kognitives Lernen und Wissen* bahnen hier im Vergleich zu Steiners Menschenkunde des träumenden und schlafenden Ichs einen Weg zu *Eigenständigkeit* und *Emanzipation* des Schülers. Heitgers autonomiegerechte Pädagogik spricht dem individuellen Sprachhandeln besondere Bedeutung zu.[787]

Bezüglich der zu Beginn von Kapitel II.2.2.1 aufgeworfenen Frage nach der *Aktualisierung* anthroposophischer Pädagogik wurde im Rahmen des Kapitels zum kosmischen, nicht individuierten Ich des Kindes (Kapitel

---

[782] Vgl. S. 203 dieser Arbeit.
[783] Vgl. ebd., S. 205.
[784] Vgl. ebd.
[785] Vgl. ebd., S. 208.
[786] Vgl. ebd., S. 206.
[787] Vgl. ebd., S. 206 f.

II.3.2) folgendes vorgebracht: R. Steiner wollte mit seiner Menschenkunde der Wilhelminisch-oppressiven Pädagogik entgegenwirken und Ganzheitlichkeit bewirken. Angesichts unserer Postmoderne der Heterogenität und des Pluralismus wäre eine Pädagogik wünschenswert, die in Beziehungsfähigkeit und in ein (denkerisch-reflexives) Sich-in-Beziehung-Setzen zur Umwelt einübt.[788] M. Bubers dialogische Ethik, O. F. Bollnows Konzept der "unstetigen Formen" in der Erziehung und M. Heitgers Pädagogik zu Autonomie sprechen, wie in Kapitel II.3.2 ausführlich dargestellt wurde, dem individuellen, selbstentscheidenden Sprachhandeln des Kindes besondere Bedeutung zu und damit auch dessen *freiem Willen*. Mit Lorenzo Ravagli und Wilfried Gabriel, zwei derzeitigen Steiner-Rezipienten, ist die Autorin der Ansicht, daß ein aktualisiertes Verständnis der Waldorfpädagogik erforderlich ist.[789]

In Kapitel II.3.3 wurde der Frage nachgegangen, ob die Steinersche Erziehungskunst praktikable *Wege aus Konflikten* des *kindlichen* Ichs anbietet. Schul- und (heil-)pädagogische Erkenntnisse der Waldorfschule wurden hierbei thematisiert. In den Lehrplanaussagen Steiners finden sich keine therapeutischen Angaben.[790] Das diesbezügliche Hilfsangebot besteht in erster Linie aus Ratschlägen des Schularztes und solchen der Heilpädagogik, der z.B. die Heileurythmie zuzurechnen ist. Waldorfpädagogik intendiert grundsätzlich, harmonisierend[791] auf das Kind einzuwirken, die Vollendung des Menschen zu erreichen.[792] Das Symptom "blasses Aussehen" wurde in den Untersuchungen in den menschenkundlichen Zusammenhang "sympathische Lebensprozesse" und "antipathisch-verhärtende Kräfte" gestellt[793]: Bildhaftes Veranschaulichen fördere Lebens- und Durchblutungsprozesse beim Kind, stellt Steiner fest.[794] Sprachstörungen drücken nach anthroposophisch-heilpädagogischer Anschauung Bewe-

---

[788] Vgl. S. 208 dieser Arbeit.
[789] Vgl. ebd., S. 208 f.
[790] Vgl. ebd., S. 209.
[791] Vgl. ebd., S. 210.
[792] Vgl. ebd.
[793] Vgl. ebd., S. 211 f.
[794] Vgl. ebd., S. 212.

gungsstörungen aus[795] und werden hier vom Bewegungsorganismus her korrigiert (z.B. durch Heileurythmie).[796] Kleptomanie könne durch Geschichtenerzählen entgegengewirkt werden[797], ist Steiners Auffassung.

Auffälligkeiten im Aussehen und (Sprach-)Verhalten sind nach anthroposophischem Denken *leiblich* begreifbar, *leiblich* und *künstlerisch veränderbar*. Diese Auffassung steht allerdings im Gegensatz zu Steiners Verständnis der Heilpädagogik als einer Seelenheilkunde.[798] Anthroposophische (Heil-)Pädagogik zur Konfliktbewältigung des Kindes basiert auf kosmisch-platonischer Metalehre des Träumens und Schlafens und auf künstlerischem Nachvollzug. *Krisenhaftes Erleben* bleibt in seiner existentiellen Tragweite *unerkannt*. *Spaltung* zwischen *idealem Anspruch* und der psychophysischen *Realität des Kindes* wird erkennbar. Das kranke Kind erfährt eine leiborientierte Stützung, es wird künstlerisch und autoritativ-moralisierend angesprochen. *Freie Artikulation* eigener Bedürfnisse und Gedanken wird in den (heil-)pädagogischen Beziehungen *nicht zugelassen*.[799] Diese ist aber so unabdingbar für das Erstarken und Gesunden des Kindes und seines freien Willens. Anthroposophische Pädagogik intendierte Ganzheitlichkeit gegenüber Wilhelminischer Gehorsamkeitspädagogik. Es wurde die Frage gestellt, ob sie nicht gerade aufgrund ihres Verzichts auf freie Sprache einem Über-Ich-Prinzip Wilhelminischer Prägung gehorcht. Angesichts postmoderner Dominanz der Pluralität verspricht die Steinersche Heilkunst mit ihrem Defizit an personalem und befreitem Sprachhandeln und Denken kaum willensfördernde und emanzipatorische Kräfte im Dienste gelungener Konfliktbewältigung des Kindes.

Otto F. Kernberg, einer der Hauptvertreter der derzeitigen klinischen Psychologie, verweist in seinem psychologischen Konzept auf die vom Kind internalisierten Objektbeziehungen, die nach seiner Sicht für die spätere Ich-Integration wesentliche Bedeutung haben.[800] Für M. Buber ist

---

[795]   Vgl. S. 213 dieser Arbeit.
[796]   Vgl. ebd., S. 213 f.
[797]   Vgl. ebd., S. 214.
[798]   Vgl. ebd., S. 214 f.
[799]   Vgl. ebd., S. 215 ff.
[800]   Vgl. ebd., S. 215 f.

eine gelungene, stärkende pädagogische Beziehung Hinwendung[801] zum Kind selbst. *Isolation* kann so *durchbrochen*, d.h. *Vertrauen geschaffen* werden. In Steinerscher (Heil-)Pädagogik bleibt das Kind mit seinen Konflikten letztlich "all-eine" angesichts der vorgeschriebenen bewegungshaften und künstlerischen Tätigkeiten. Im Rahmen eines offenen Dialogs, wie ihn M. Buber vorsieht, können hingegen in Konfliktsituationen vom Pädagogen verbal Konturen gesetzt, Zusammenhänge hergestellt und das Kind gedanklich weitergeführt werden. Otto F. Bollnow nimmt Bezug auf die menschliche *Krise* als *psychischer Drucksituation*. Psychische Spaltungen werden berücksichtigt, thematisiert und auf einer psychologischen Ebene diskutiert. Diese Sicht entspricht im Vergleich zu anthroposophischer (Heil-)Pädagogik einer realistischen Sicht kindlichen Leidens und keiner einseitig ästhetischen. M. Heitger und M. Montessori betonen in ihren pädagogischen Ansätzen die emanzipatorische und identitätsfördernde Wirkkraft des kognitiven Lernens.[802] Ähnlich wie M. Montessori verweist auch Viktor E. Frankl, Begründer der Logotherapie, einer Seelenheilkunde, die den Menschen zum Sinn führen soll[803], auf die umfassenden, kreativ-denkerischen Möglichkeiten des Menschen. Es geht Frankl um Selbsttranszendenz, d.h. um die kreative Ausschöpfung eigener Kräfte und um individuelle Lebensgestaltung mit dem Ziel eines stabilen Mitmenschen- und Weltbezugs.[804] Die "Pathologie des Zeitgeistes"[805] erfordert eine umfassende Pädagogik, die kindlichen Konflikten tiefgreifend entgegenwirkt. In Teilbereichen harmonisiert Steinersche Erziehungskunst gewiß. Einen effektiv dialogischen und denkerischen Ansatz zur Befreiung des Kindes aus Konflikten formuliert und praktiziert anthroposophische (Heil-)Pädagogik jedoch nicht.

In Kapitel II.4 wurde schließlich R. Steiners menschenkundliche *Physiologie* ins Zentrum der Betrachtung gerückt: Die Kopfform des Menschen wird von Steiner als kugelig, der Brustbereich als mondförmig,

---

[801] Vgl. S. 217 f. dieser Arbeit.
[802] Vgl. ebd., S. 220 f.
[803] Vgl. ebd.
[804] Vgl. ebd.
[805] Vgl. ebd., S. 221.

und die Gliedmaßen werden als radienförmig beschrieben.[806] Den menschlichen Kopf analogisiert Steiner mit der *Tierwelt*, den Rumpfbereich mit der *Pflanzenwelt* und das Gliedmaßensystem des Menschen mit der *mineralischen* Umwelt.[807] Der Mensch sei eine *Synthese* dieser *drei* Naturreiche.[808] Der menschliche Kopf sei Leib, die Brust leibig und seelisch, und die Gliedmaßen seien Leib, Seele und Geist.[809] *Krank* werde der Mensch, wenn einerseits in ihm *Pflanzliches* beginnt zu *wuchern*, andererseits, wenn *mineralische* Kristallisationsprozesse überhand nehmen oder wenn das *Tierische überwiegt* (z.B. die Denkfunktionen).[810] Zur Ausbildung des Denkens veranschlagt Steiner eine *künstlerische* Pädagogik, die auf den Gliedmaßen- und Brustmenschen einwirkt.[811] Auf dem Weg der Willens- und Gefühlserziehung solle der Intellekt geweckt werden. Bei der *geistigen* Arbeit sei der *Leib* vorwiegend tätig, bei der *körperlichen* Arbeit der *Geist*.[812] Moralisch und verantwortlich handele der Pädagoge, wenn er im Sinne Steinerscher Physiologie im Unterricht Phantasie und eine seelische Belebung der intellektuellen Arbeit walten lasse.[813]

Im Hinblick auf die Frage, ob die kosmisch-künstlerische Physiologie Steiners eine umfassende Pädagogik zu Verantwortung darstelle, wurde im Verlauf der Untersuchungen in Kapitel II.4.2 folgendes deutlich: Der Grundwert, auf den hin R. Steiners Physiologie gerichtet ist, ist kosmisch-platonisch und künstlerisch und *nicht* der *Personkern*, wie M. Scheler z.B. angibt.[814] Andererseits würdigt Steiner zu wenig den Aspekt der "Person in Situation."[815] Angefragt wurde, ob anthroposophische Pädagogik, die zwar die harmonische Welteinbindung des Kindes intendiert, andererseits aber

---

806   Vgl. S. 221 f. dieser Arbeit.
807   Vgl. ebd., S. 223.
808   Vgl. ebd., S. 223.
809   Vgl. ebd., S. 222.
810   Vgl. ebd., S. 224 f.
811   Vgl. ebd.
812   Vgl. ebd., S. 224.
813   Vgl. ebd., S. 225.
814   Vgl. ebd., S. 226.
815   Vgl. ebd.

einseitig künstlerisch praktiziert wird und an die Lehrkräfte besonders hohe Ansprüche stellt[816], nicht eine Spaltung aufweist: Angesichts künstlerischer Einseitigkeit und leiblicher Überforderung treten dann *persönliche Freiheit* und *Eigenverantwortlichkeit zurück*. Im Vergleich zu R. Steiners physiologischem Konzept des mineralischen, pflanzlichen und tierischen Menschen (Kindes) erkennt der hervorragende Religionsphilosoph und Pädagoge M. Buber in der antwortenden Präsenz des Erziehers einen besonderen Wert. Schweigen und Gewöhnung sind nach Buber Haltungen, die einen verantwortungsvollen Umgang mit dem Kind verhindern.[817] Steiners esoterischer Erklärungsansatz ist in mythischer, schwer nachvollziehbarer Sprache gehalten. Sein in dem Vortragszyklus "Allgemeine Menschenkunde" dargestellter Krankheitsbegriff ist nicht differenziert[818], vor 70 bis 90 Jahren entstanden und ohne Anbindung an die moderne Medizin.[819] In Steiners Verantwortungsethik wird, so die Untersuchungen, die zwischenmenschliche Kommunikation ausgespart.[820] In Kapitel II.4.2 wurde besonders darauf hingewiesen, daß von den modernen Sozialwissenschaften eindringlich ein Anstieg neurotischer Störungen beim Schulkind mit den dazugehörigen negativen Auswirkungen auf dessen Gesundheit konstatiert wird.[821] Kinderpsychologie, wie sie z.B. von der Kinderpsychotherapeutin Anna Freud vertreten wird, wurde von der anthroposophischen Bildung bisher nicht aufgegriffen.[822] Auch die interessanten und fruchtbaren Entwicklungen im Bereich der behavioristischen Psychologie und hier vor allem der Lernpsychologie werden heute in Ausbildung und Schulleben der Steiner-Schulen nicht einbezogen.

Die Steinersche Physiologie spricht vom Denken des Menschen (Kindes) als etwas "Tierischem". M. Montessoris pädagogische Perspektive ist vergleichsweise die der selbständig-denkerischen Arbeit. Werde der

---

[816] Vgl. S. 227 dieser Arbeit.
[817] Vgl. ebd., S. 228.
[818] Vgl. ebd., S. 229.
[819] Vgl. ebd.
[820] Vgl. ebd., S. 229 ff.
[821] Vgl. ebd., S. 230.
[822] Vgl. ebd., S. 231 f.

Intellekt der Schüler nicht hinreichend gefördert, bewirke dies eine Abstumpfung und Vernachlässigung geistiger Kapazitäten.[823] Die vergleichenden Untersuchungen zeigten Alternativen zu Steiners universellen, idealen Lösungen auf, so z.b. Max Schelers Anschauung des Menschen als Personkern, der über den Kosmos erhaben ist, oder z.b. den reformpädagogischen Blickwinkel Martin Bubers zu personaler Verbundenheit oder Otto Friedrich Bollnows Anthropologie "unstetiger Formen der Erziehung". Eine Modifizierung der anthroposophisch-kosmischen Bildung erfolgte aber bisher nicht.

Nach der Überprüfung Steiners menschenkundlicher Physiologie auf die Frage, ob diese eine umfassende Verantwortungsethik darstelle, zielten die Untersuchungen auf den *Turnunterricht* der Grundstufe an Waldorfschulen. Die Betrachtungen fokussierten sich exemplarisch auf die Bothmer-Gymnastik, die im allgemeinen ab dem 3. Schuljahr durchgeführt werden soll.[824] Im Anklang an Steiners Ideal des sittlichen, griechischen Gymnasten[825] veranschlagte F. v. Bothmer (Wilhelminischer Stabsoffizier) ein Turnen, das den Bewegungen des Schülers "Maß und Ziel"[826] gibt und dessen aufrechte Haltung fördert.[827]

Die Auseinandersetzung mit der Bothmer-Gymnastik ergab, daß diese *automatisch* abläuft und *nicht individuell* geprägt ist: Die Bewegungen des Kindes werden nach strengen (rhythmischen) Ordnungsprinzipien im einfühlenden Nachvollzug durchgeführt. Das einzelne Kind mit seinen *subjektiven Erlebnis- und Ausdrucksbedürfnissen tritt* zugunsten des gymnastischen Ideals *zurück*. Daher wurde Bothmer-Gymnastik als *genormt* bewertet im Sinne Wilhelminischer Gehorsamkeitspädagogik. Nachvollzug von Gymnastik-Übungen in Form geometrischer Ordnungsmuster weist eher auf Funktionalität als auf freien Willen und wirkt aus diesem Grund auch kaum ganzheitlich. Die Tiefendimension des Kindes, nämlich seine

---

[823] Vgl. S. 233 dieser Arbeit.
[824] Vgl. ebd., S. 235 ff.
[825] Vgl. ebd., S. 236 f.
[826] Vgl. ebd., S. 238.
[827] Vgl. ebd.

identitätsgeleitete Erlebnis- und Ausdrucksfreude unterliegt einer "Verdrängung". *Spaltung* zwischen *transzendentem* und *empirischem Sein des Kindes* wird deutlich. Der Mensch stößt allerdings nur zu existentieller Tiefe, Emanzipation und freiem Willen vor, wenn er sich präsentisch mitteilt, stellt E. Bloch fest.[828]

Im III. Kapitel soll nun der Bogen von Steiners gnostischer Erkenntnis, Menschenkunde und Pädagogik zur Unterrichtspraxis und zu einzelnen Unterrichtsfächern der Freien Waldorfschulen (Grundstufe) gezogen werden. Schulpraktische Hinweise waren schon in Kapitel II im Rahmen der Auseinandersetzung mit dem Steinerschen Lehrplan zur Sprache gekommen. Im gesamten III. Kapitel sollen *schwerpunktmäßig* die Didaktik und Methodik ausgewählter Unterrichtsgebiete herausgestellt und unter der Leitfrage der freien Willensbildung kritisch beleuchtet werden. Zu diesem Zweck sollen vergleichsweise Konzepte der Reformpädagogik und solche ausgewählter moderner Pädagogen, Didaktiker und Psychologen in die Untersuchungen einbezogen werden. Aufgrund der erarbeiteten Vergleichsergebnisse soll eine Modifikation anthroposophischer Willenspädagogik statthaben. Eine empirische Untersuchung wird in die Studien einbezogen.

---

[828] Vgl. S. 241 dieser Arbeit.

III. Fördern Didaktik und Methodik der Waldorfschule (Grundstufe) den freien Willen des Kindes, seine Individuation und soziale Lebensgestaltung?

1. Der freichristliche Religionsunterricht (Klassen 1 – 4)

1.1 Didaktik und Methodik zu Natur und Geist

In Kapitel II wurde die anthroposophische Pädagogik zum freien Willen des Kindes vor dem übergreifenden Bezugsrahmen Steiners gnostischer Erkenntnis (Kosmologie und Individualethik) und Menschenkunde hinsichtlich ihres pädagogischen Realwertes untersucht. Unsere Darstellung und Untersuchung der Steinerschen Menschenkunde, die auch heute noch die Grundlage anthroposophischer Pädagogik darstellt, war hierbei Schwerpunkt. Die detaillierten Analysen der anthroposophischen Pädagogik in Kapitel II zeigten durchgängig eine Aporie zwischen dem metaphysischen Anspruch auf Menschenerkenntnis und realer Pädagogik am Kind auf.

R. Steiner arbeitete um die Jahrhundertwende an einem Konzept, das eine Alternative zur apersonalen Gehorsamskeitspädagogik in Wilhelminischer Zeit darstellen sollte. Er vertrat in seiner gnostischen Erkenntnis, Menschenkunde und Pädagogik einen besonderen Anspruch auf Individualität des Menschen (Kindes) und dessen harmonische Welteinbindung. Angesichts der weltweiten Entwicklungstendenz zu Globalisierung und Technologisierung und der vielerorts damit einhergehenden Enthumanisierung stellt sich auch heute mehr denn je die Frage nach der Individuation und sozialen Lebensgestaltung des Kindes. Das folgende III. Kapitel widmet sich der Schulpraxis in der Grundstufe der Waldorfschule: Es gilt nun, einzelne Unterrichtsgebiete daraufhin zu untersuchen, ob der ideale Anspruch der Waldorfpädagogik auf persönliche Freiheit und harmonische Welteinbindung des Kindes in der konkreten Unterrichtspraxis reale Basis hat, oder ob die Schulpraxis einer Modifizierung und Aktualisierung bedarf. Didaktische Aspekte wurden in Kapitel II schon einbezogen: Im folgenden Kapitel weitet sich der didaktische Blick und schließt Fragen der Unterrichtsmethodik ein.

Im III. Kapitel soll die konkrete Realisierung der Waldorfpädagogik in der Schulpraxis angefragt werden. Die Forschungen führen ausgehend von den Darstellungen zum reformpädagogischen Bezugsfeld der Waldorfpädagogik (I. Kapitel) über die Untersuchungen Steiners gnostischer Erkenntnis und der dazugehörigen Pädagogik und Didaktik (II. Kapitel) hin zur konkreten Unterrichtspraxis (III. Kapitel). Die Autorin wählt für ihre methodisch-didaktischen Untersuchungen exemplarisch drei Bereiche aus dem anthroposophischen Unterricht aus: 1. den "freien, christlichen Religionsunterricht" (Kapitel III.1), 2. den sprachlichen Anfangsunterricht (Kapitel III.2) und 3. den Tierkundeunterricht (Kapitel III.3).

Für die drei Unterrichtsbesprechungen soll jeweils folgende Methodik geltend gemacht werden:

1. Die Didaktik (Inhalte) und Methodik der drei Unterrichtsfächer werden jeweils in einem ersten Schritt vorgestellt (vgl. die Kapitel III.1.1, III.2.1 und III.3.1). Auch allgemeindidaktische und -methodische Vorgaben Steiners sollen vorgestellt werden und zwar insofern, als ihnen unmittelbare Relevanz für die ausgewählten und zu diskutierenden Unterrichtsgebiete zukommt.

2. Der Unterricht soll sodann jeweils auf seinen anthroposophischen Ideenhorizont hin untersucht, kritisch besprochen und mit moderner, derzeitiger Didaktik und Methodik verglichen werden (vgl. die Kapitel III.1.2, III.2.2 und III.3.2). In dem jeweiligen Kapitel zum freichristlichen Religionsunterricht, zum Erstspracherwerb und zum Tierkundeunterricht an Steiner-Schulen soll am Ende eine von der Autorin ausgearbeitete schematische Unterrichtseinheit vorgestellt werden (vgl. die Kapitel III.1.3, III.2.3 und III.3.3): Im Rahmen der vergleichenden Untersuchungen zu den drei Unterrichtsbereichen sollen immer wieder Bezüge zu der entsprechenden Verlaufsplanung hergestellt werden. Der geplante Unterricht sowie die dazugehörigen

methodisch-didaktischen Begründungszusammenhänge exemplifizieren die vergleichenden Untersuchungen.

3. Die zentrale Fragestellung, unter der die Analysen jeweils durchgeführt werden sollen, wird die nach der Förderung des freien Willens des Kindes sein. Darüber hinaus soll die Unterrichtspraxis der drei ausgewählten Fachbereiche jeweils auf ihre womögliche Förderung von Individuationsprozessen des Kindes und dessen sozialer Lebensgestaltung untersucht werden.

4. In die vergleichenden Untersuchungen eingeflochten werden unter Fußnotenhinweisen (Fettdruck) Umfrageergebnisse und Aussagewerte einer im Sommer 1998 durchgeführten Fragebogenaktion: Dieser Umfrage liegen drei Fragenkataloge zugrunde, die jeweils auf die oben genannten Unterrichtsgebiete zugeschnitten sind. Die jeweiligen 10 Fragen der drei Fragebögen gehen auf die in den folgenden Kapiteln III.1.2, III.2.2 und III.3.2 getroffenen Kernaussagen und Kernthesen chronologisch ein. Die statistischen Einflechtungen (durch Fußnotenhinweise angezeigt) erfolgen in der Regel immer an den Stellen, an denen ein Untersuchungsschwerpunkt seine Darstellung erfahren hat. Zuweilen erfolgen sie auch nach Darstellung zweier Untersuchungskernpunkte: In diesem Fall wird dann Bezug auf zwei Fragen des entsprechenden Fragebogens genommen. Auf die vollständige Einarbeitung der Einzelbewertungen in den Text wurde zugunsten besserer Lesbarkeit verzichtet.[1]

Zu Beginn des III. Kapitels wendet sich das Interesse nun zunächst dem "freien christlichen Religionsunterricht"[2] zu: Die Auswahl des freichrist-

---

[1] Das Programm,. mit dem die statistischen Auswertungen durchgeführt wurden, lautet "SPSS": "Statistical Program for Social Sciences". Die statistische Auswertung des Fragebogenrücklaufs und die tabellarische Gestaltung erfolgten durch das Statistische Beratungslabor (STABLAB), Universität München. Die statistischen Tabellen, Rahmenbedingungen der Umfrage, Fragebögen und Auswertungen siehe im Anhang bzw. in der Gliederung des Anhangs. Die jeweiligen Bezüge werden im Anhang durch Fußnotenhinweise gekennzeichnet.

[2] Im weiteren Verlauf der Untersuchungen sollen die Begriffe "freier, christlicher Religionsunterricht" und der "freie Religionsunterricht" aus Gründen besserer Lesbarkeit ohne Anführungszeichen verwendet werden.

lichen Religionsunterrichts als Ausgangspunkt der methodisch-didaktischen Analysen begründet sich in dem methodischen Vorgehen in Kapitel II, in dem nämlich der kosmologische Ansatz Steinerscher Metaphysik am Anfang stand. Im kosmologischen Bezugsrahmen wurde Steiners Christologie einer näheren Betrachtung unterzogen. Das erkenntnisleitende Interesse des vorliegenden Kapitels zum freichristlichen Religionsunterricht soll die Frage nach dessen Verwirklichung eines *persönlichen Glaubensbewußtseins* des Kindes sein.

Die Schüler der Steiner-Schulen nehmen wahlweise am evangelischen, katholischen, anthroposophischen oder sog. freien, christlichen Religionsunterricht teil: Der freie Religionsunterricht ist eigentlich für Kinder von Familien vorgesehen, die keiner Religionsgemeinschaft oder keinem anthroposophischen Kreis angehören. Er basiert aber auf anthroposophischen Grundlagen[3] und wird von der Anthroposophischen Gesellschaft verantwortet.[4] Der freichristliche Religionsunterricht "[...] wird nicht von der Schule verwaltet, sondern ausdrücklich durch ein Kollegium geeigneter anthroposophischer Religionslehrer [...]."[5] Im Unterschied zum freien Religionsunterricht ist der im engeren Sinn anthroposophisch orientierte Religionsunterricht der Christengemeinschaft "Bestandteil des Gemeindelebens".[6] Dem anthroposophisch orientierten Religionsunterricht seitens

---

[3]   Vgl. VON WARTBURG, Helmut, Freier christlicher Religionsunterricht an der Waldorfschule. Der freie christliche Religionsunterricht auf der Unter- und Mittelstufe, in: Erziehungskunst. Monatszeitschrift zur Pädagogik Rudolf Steiners, Hg.: BUND DER FREIEN WALDORFSCHULEN e. V., 57. Jahrgang, Heft 11, München 1993, S. 1203.

[4]   Vgl. WAGNER, Reinhold, Vom Urteilen zum Gespräch über die Waldorfpädagogik, in: Erziehungskunst. Monatszeitschrift zur Pädagogik Rudolf Steiners, Hg.: BUND DER FREIEN WALDORFSCHULEN e. V., 57. Jahrgang, Heft 11, S. 1241.

[5]   BOHLEN, Cornelius, Rudolf Steiner-Pädagogik und religiöse Erziehung, in: Anthroposophie und Christentum. Eine kritisch-konstruktive Auseinandersetzung, Hg.: MÜLLER, Joachim (= Weltanschauungen im Gespräch, Hg.: BISCHOFBERGER, Otto u.a., Bd. 13), Freiburg/Schweiz 1995, S. 132.

[6]   JOHANSON, Irene, Religionsunterricht in der Christengemeinschaft, in: Erziehungskunst. Monatszeitschrift zur Pädagogik Rudolf Steiners, Hg.: BUND DER FREIEN WALDORFSCHULEN e. V., 57. Jahrgang, Heft 11, München 1993, S. 1220.

der Christengemeinschaft liegen die gleichen Lehrplanvorträge Steiners zugrunde wie dem freichristlichen Religionsunterricht.[7] Im folgenden Passus sollen Didaktik und Methodik des freichristlichen Religionsunterrichts vorgestellt, untersucht und mit moderner Didaktik verglichen werden: Denn ein Rekurs auf das Gemeindeleben der Christengemeinschaft würde über den Rahmen dieser Arbeit hinausgehen. Im Anschluß an fachspezifische, methodisch-didaktische Angaben sollen auch allgemeine, übergreifende Aussagen Steiners zum Unterricht eingebracht werden: Denn jedweder Unterricht in der Waldorfschule, auch der freichristliche, basiert auf Steinerscher Methodik und Didaktik.

Ein ausgearbeitetes Curriculum im üblichen didaktischen Sinn liegt für den freichristlichen Unterricht von heute *nicht* vor. Die Basis für die Unterrichtsvorbereitungen des Religionslehrers liefern einige verstreute Vorträge Steiners, Vorgaben Herbert Hahns (erster Religionslehrer an der Stuttgarter Waldorfschule) sowie Aufsätze, die in der Zeitschriftenreihe "Erziehungskunst" erscheinen. Im "Lehrplan der Freien Waldorfschule", bearbeitet von Caroline von Heydebrand[8], finden sich *keine* Angaben zum Religionsunterricht. Zum Zweck der Weiterbildung der Religionspädagogen werden Jahrestagungen organisiert. Ein spezieller Ausbildungsweg für Fachkräfte des freien Religionsunterrichts wird nicht angeboten. Der Rahmen für die Unterrichtsvorbereitungen ist durch die Vorträge Steiners bestimmt. Inhalte und Methodik sind weitgehend freigegeben. Vielfach wird der Unterricht nach Maßgabe Steinerscher Vorträge geplant, wobei aber den Fachkräften ein eigener Spielraum eingeräumt wird.

R. Steiner veranschlagt für den freien Religionsunterricht, daß er "nicht darauf abgestellt sei, theoretische Anthroposophie in die Waldorf-

---

[7] Vgl. JOHANSON, Irene, Religionsunterricht in der Christengemeinschaft, in: Erziehungskunst. Monatszeitschrift zur Pädagogik Rudolf Steiners, Hg.: BUND DER FREIEN WALDORFSCHULEN e. V., 57. Jahrgang, Heft 11, S. 1220.

[8] FREIE WALDORFSCHULE STUTTGART (Hg.), Vom Lehrplan der Freien Waldorfschule, bearbeitet von Caroline von Heydebrand, Stuttgart [10]1996. Darauf hingewiesen wird, daß die 10. Auflage des Lehrplans abgesehen von der aktualisierten Übersicht über die weltweit vorhandenen Rudolf Steiner-Schulen und Lehrerfortbildungsstätten identisch mit der Auflage von 1978 ist.

schule hineinzutragen."[9] "Dem Lebensalter des Kindes"[10] solle man gerecht werden. Bedeutendes (Lehrplan-)Ziel Steiners für den freien Religionsunterricht der Schulstufen 1 bis 4 ist die Vermittlung "des Göttlichen in der Natur durch Weisheit"[11] und jene des göttlichen Vaterprinzips[12]: Zunächst solle dem Kind zwischen dem 7. und 9. Lebensjahr die lebendige Natur wie die Pflanzen, der Himmel und die Quellen märchenhaft-phantasievoll nahegebracht werden.[13] Der Jahreszeitenlauf ist durchgängiges Thema im freien Religionsunterricht: Zu diesem Zweck werden z.B. Tische mit Naturgegenständen belegt und mit bunten Tüchern geschmückt. Das Feiern der Jahresfeste wie Weihnachten oder Ostern soll als Nahrung für die Kinderseelen[14] dienen. Eine Begegnung des Kindes mit dem göttlichen Vaterprinzip werde "durch die selbstverständliche Autorität des Lehrers"[15] verwirklicht, so Steiners Auffassung. "Dankbarkeit"[16], "Liebe gegenüber allem"[17] und "Pflichtbewußtsein"[18] sind nach Steiners Dafürhalten weitere Erziehungsanliegen für den freien Religionsunterricht der Grundstufe. Eine Begegnung des Kindes mit der Gestalt Jesu veranschlagt er für das 9. und 10. Lebensjahr.[19] Bespräche der Religionslehrer vor dem 9./10. Lebensjahr das Neue Testament mit den Schülern, dann "[...] bleibt

---

[9] Vgl. STEINER, Rudolf, Gegenwärtiges Geistesleben und Erziehung, S. 204.
[10] Vgl. ebd., S. 205.
[11] Vgl. VON KÜGELGEN, Helmut, Die Aufgabe des Religionsunterrichts, in: Erziehungskunst. Monatszeitschrift zur Pädagogik Rudolf Steiners, Hg.: BUND DER FREIEN WALDORFSCHULEN e. V., 46. Jahrgang, Heft 5, Stuttgart 1982, S. 287. Das Zitat fiel in der 2. Lehrerkonferenz mit Steiner am 26.09.1919.
[12] Vgl. ebd.
[13] Vgl. STEINER, Rudolf, Gegenwärtiges Geistesleben und Erziehung, S. 206.
[14] Vgl. VON KÖNIGSLÖW, Christiane Maria, Die Jahresfeste als Nahrung und Erweckung der Kinderseele, in: Erziehungskunst. Monatszeitschrift zur Pädagogik Rudolf Steiners, Hg.: BUND DER FREIEN WALDORFSCHULEN e. V., 57. Jahrgang, Heft 11, München 1993, S. 1153.
[15] STEINER, Rudolf, Gegenwärtiges Geistesleben und Erziehung, S. 207.
[16] Ebd., S. 206.
[17] Ebd.
[18] Ebd., S. 207.
[19] Vgl. ebd.

es Wort, dann bleibt es starrer, nüchterner Begriff [...]."[20] Dies bewirke dann eine gewisse Verhärtung beim Kind.[21]

Helmut von Kügelgen, moderner Steiner-Rezipient, veranschlagt in der Folge Steinerscher Menschenkunde für den freien Religionsunterricht, daß dieser "[...] nicht bloß die intellektuellen Anlagen, sondern Können, Fähigkeiten, Ertüchtigung des Willens [...]"[22] fördern solle. Das

> "[...] Staunen, die Anteilnahme, die Begeisterung des Kindes an
> all dem Schönen und Weisheitsvollen in der Natur, in Märchen-
> und Sagenwelt, in den Handlungen der Helden und Heiligen zu
> wecken [...]"[23],

sei Aufgabe des Religionslehrers, um das Kind seelisch und gefühlsmäßig mit der Welt zu verbinden.[24] Ein tiefes Erleben der Geschichten aus dem Alten Testament veranschlagt Kügelgen für den freien Religionsunterricht der ersten Schuljahre.[25] Cornelius Bohlen, ein weiterer aktueller Steiner-Rezipient, möchte alttestamentarische Geschichten ab dem 9. und 10. Lebensjahr besprochen wissen:

> "Jetzt wird man versuchen können, die Anteilnahme und das lie-
> bende Miterleben an Schicksalsverläufen zu erwecken, seien

---

[20]   STEINER, Rudolf, Gegenwärtiges Geistesleben und Erziehung, S. 207.

[21]   Vgl. ebd., S. 208.

[22]   VON KÜGELGEN, Helmut, Die Aufgabe des Religionsunterrichts, in: Erziehungskunst. Monatszeitschrift zur Pädagogik Rudolf Steiners, 46. Jahrgang, Heft
5, Stuttgart 1982, S. 284.

[23]   Ebd., S. 286.

[24]   Der Erzählstoff des Religionslehrers steht in gewissem Zusammenhang mit
jenem des Klassenlehrers: Parallel zu den Erzählungen im Hauptunterricht (1.
Klasse: Märchen, 2. Klasse: Fabeln und Legenden, 3. Klasse: Biblische Geschichten, 4. Klasse: germanische Mythologie) wählt der Religionslehrer gegebenenfalls auch seine Texte aus. Näheres zu dem sog. Hauptunterricht erfolgt
später.

[25]   Vgl. ebd., S. 287.

diese aus dem Alten Testament, der Geschichte oder der eigenen Lebenserfahrung."[26]

Herbert Hahn gibt in der Folge von R. Steiner als wesentliche Richtlinie für den freien Religionsunterricht der ersten Schuljahre an, den Schülern die christlichen Feste nahezubringen.[27] Er schlägt in Anlehnung an Steiner auch vor, in den ersten beiden Schuljahren unter Bezugnahme auf den Erzählstoff des Hauptunterrichts Märchen und Fabeln zu erzählen.[28] Nach Rudolf Grosses Dafürhalten sollen dem Kind aus folgendem Grund in der 1. Klasse Märchen erzählt werden: Das Kind sei zu diesem Zeitpunkt auf der Erde "[...] noch ein Fremdling [...], während seine Seele noch in einer Geistesbilderwelt zu Hause ist."[29] Der Religionslehrer solle, so H. Hahn, auch die "Natur im weitesten Umfang"[30] schildern als etwas, "[...] was aus den Sternenweiten zu uns hereinspricht ins Erdenleben."[31] Als einprägsames Bild für die Geistseele könne er vom "Geisteshaus"[32] sprechen: Das sei ein goldenes Haus, aus dem die Kinder morgens kämen. Es sei gleichsam ihre "geistige Heimat".[33] Zum Schlafen am Abend gingen die Kinder dort wieder hinein, wo sie am Morgen ausgegangen seien. Die Wege zum "Geisteshaus" führen, so H. Hahns religionspädagogische Angaben, über das Traumland und das Schlafland.[34] Sei das Kind brav gewesen, führe sein Weg abends ins goldene Haus, in dem eine Tafel gedeckt sei, an die sich ein Engel zusammen mit dem Kind setze[35] zur himmlischen Speise. Unaufmerksame Kinder gelängen nicht in das goldene Haus.[36] Über jede

---

[26] BOHLEN, Cornelius, Rudolf Steiner-Pädagogik und religiöse Erziehung, in: Anthroposophie und Christentum. Eine kritisch-konstruktive Auseinandersetzung, Hg.: MÜLLER, Joachim, S. 136.

[27] Vgl. HAHN, Herbert, Von den Quellkräften der Seele, Stuttgart [4]1990, S. 23.

[28] Vgl. ebd., S. 30.

[29] GROSSE, Rudolf, Erlebte Pädagogik, Dornach/Schweiz [2]1975, S. 262.

[30] HAHN, Herbert, Von den Quellkräften der Seele, S. 32.

[31] Ebd., S. 33.

[32] Ebd.

[33] Ebd., S. 35.

[34] Vgl. ebd., S. 34.

[35] Vgl. ebd.

[36] Vgl. ebd., S. 35.

"versäumte gute Tat"[37] weine der Engel. Am Morgen spüre das Kind dann "das Nagende des Gewissens".[38] Bedeutung im freien Religionsunterricht der 1. Schulstufe soll nach Sichtweise Hahns auch der "Behandlung des Todesproblems"[39] zukommen: In diesem Zusammenhang könne der Pädagoge in Erzählungen das Bild eines Schmetterlings und seiner Puppe in den Unterricht einbringen.[40] H. Hahn empfiehlt, auch die Naturvorgänge des Blühens, Reifens und Absterbens im Zusammenhang mit dem Thema "Tod" anzusprechen.[41] Das Leben Christi solle erst ab dem 10./11. Lebensjahr mit den Schülern besprochen werden, so H. Hahn.[42]

Auch in dem Buch "Zur Unterrichtsgestaltung im 1. bis 8. Schuljahr an Waldorf-/Rudolf Steiner-Schulen" werden Richtlinien für den freien Religionsunterricht der Grundschulstufe erstellt: Besonderes Anliegen hierbei ist in Anlehnung an die Religionsdidaktik Steiners die Vermittlung, "[...] daß Göttlich-Geistiges alle Naturwesen und auch den Menschen durchzieht."[43]

Unsere Betrachtung wendet sich nun, wie eingangs angegeben, in Form einer skizzierten Darstellung grundsätzlichen Hinweisen Steiners zur Didaktik und Methodik der Waldorfschulen zu.[44] Dies geschieht in dem Maße, als ihnen unmittelbare Relevanz für den freien christlichen Religionsunterricht zukommt. Einen Hauptfehler der Unterrichtsvorbereitung sieht Steiner z.B. darin, "daß viel zu sehr intellektuell unterrichtet wird."[45] Das Fühlen und Wollen des Kindes solle der Pädagoge nach menschen-

---

[37] HAHN, Herbert, Von den Quellkräften der Seele, S. 35.

[38] Ebd.

[39] Ebd., S. 51.

[40] Vgl. ebd., S. 54.

[41] Vgl. ebd., S. 55 f.

[42] Vgl. ebd., S. 23.

[43] PÄDAGOGISCHE SEKTION DER FREIEN HOCHSCHULE FÜR GEISTES-WISSENSCHAFT / PÄDAGOGISCHE FORSCHUNGSSTELLE BEIM BUND DER FREIEN WALDORFSCHULEN (Hg.), Zur Unterrichtsgestaltung im 1. bis 8. Schuljahr an Waldorf-/Rudolf Steiner-Schulen, S. 93.

[44] Um den Rahmen der Arbeit nicht zu sehr auszudehnen, soll sich auf einige wenige Äußerungen Steiners beschränkt werden.

[45] STEINER, Rudolf, Erziehungskunst. Methodisch-Didaktisches, Erziehungskunst II, S. 173.

kundlicher Sichtweise fördern (Atmung und Durchblutungsprozesse): Zu diesem Zweck veranschlagt Steiner eine erlebnisnahe Gestaltung des Erzählstoffes:

> "Versuchen Sie nie so zu erzählen, daß Sie auf Kopf und Verstand reflektieren, sondern so zu erzählen, daß Sie in dem Kinde gewisse stille Schauer – in gewissen Grenzen – hervorrufen [...], daß dies noch nachklingt, wenn das Kind weggegangen ist und daß es dann zu dem Verständnisse davon und zu dem Interesse daran erst übergeht."[46]

Auch malerisch-plastische und musikalische Tätigkeiten fördern gemäß Steiner das Fühlen und Wollen des Kindes (Atmung und Durchblutung): R. Steiner unterscheidet "die plastisch-bildnerische Strömung und die musikalisch-dichterische Strömung"[47] im Bereich der Kunst: "Man fange möglichst früh damit an, das Kind mit Farben zusammenzubringen."[48] Hierbei solle die Empfindung der Farben in den Vordergrund treten. Die "bildhauerische Kraft"[49], die mit dem Zahnwechsel und dem damit verbundenen Selbständigwerden des Ätherleibes "frei"[50] würde, könne sich nun "seelisch betätigen"[51] und bewirke beim Kind das Bedürfnis, "[...] Formen plastisch oder auch malerisch zu bilden."[52] Den freien Religionsunterricht kann der Pädagoge entsprechend Steiners Hinweisen auf die "plastisch-bildnerische" und "musikalisch-dichterische" Strömung nun in anschaulich-künstlerischer Weise gestalten: Er bietet den Erzählstoff an, stellt z.B. themenbezogene, farbige Tafelbilder her, läßt die Schüler in ihre Hefte malen, singt mit ihnen oder läßt Gestalten in Wachs plastizieren.

---

[46] STEINER, Rudolf, Erziehungskunst. Methodisch-Didaktisches, Erziehungskunst II, S. 21.
[47] Ebd., S. 37.
[48] Ebd., S. 40.
[49] STEINER, Rudolf, Die Kunst des Erziehens aus dem Erfassen der Menschenwesenheit, S. 97.
[50] Ebd.
[51] Ebd.
[52] Ebd.

1.2 Die Ausblendung eines persönlichen Glaubensbewußtseins des Kindes im freichristlichen Religionsunterricht

Nach den didaktisch-methodischen Ausführungen zum freien Religionsunterricht erfolgt nun dessen kritische Analyse. Im Rahmen der vergleichenden Untersuchungen soll zunächst der metaphysische und menschenkundliche Rahmen des freien Religionsunterrichts aufgezeigt werden. Sodann folgt eine Bezugnahme auf derzeitige Religionsdidaktik und -methodik. In Kapitel II.1.3 soll schließlich eine von der Autorin ausgearbeitete, schematische Verlaufsplanung in gängiger Spaltenform[53] für eine Unterrichtseinheit im Fach "evangelischer Religionsunterricht" einen konkreten Einblick in standardisierte Didaktik und Methodik ermöglichen. Im Verlauf der vergleichenden Untersuchungen sollen immer wieder Bezüge zu dem in Kapitel III.1.3 schematisch aufgeführten Unterrichtsverlauf hergestellt werden: Der geplante Unterricht sowie die dazugehörigen methodisch-didaktischen Begründungszusammenhänge[54] exemplifizieren die Untersuchungen.

---

[53] Die Verlaufsplanung in standardisierter Tabellenform (siehe z.B. die erstellte Verlaufsplanung zum freien Religionsunterricht, S. 299 ff. dieser Arbeit) weist das Grobziel und die Feinziele auf, die in der linken Spalte aufgeführt werden. In der Spalte rechts daneben wird der inhaltliche Verlauf dargestellt und zwar im Hinblick auf die Feinziele. Hier werden konkret die vorgesehenen Lehrer-Schüler-Aktivitäten aufgezeigt, die allerdings in der realen Unterrichtsstunde kein absolutes Muß darstellen. Feinziele und die dazugehörigen Maßnahmen befinden sich in räumlicher Nähe und stehen in gleicher Höhe. Es folgt (von links nach rechts) die Spalte zu den Aktionsformen (z.B. Impuls, Arbeitsauftrag) und den geplanten Sozialformen (z.B. Kreisgespräch, Lehrer-Schüler-Gespräch). Auf der rechten Seite sind die geplanten Medien verzeichnet. Die Darstellungsarten einer Verlaufsplanung variieren in der heutigen, gängigen Didaktik (vgl. MARAS, Rainer, Unterrichtsgestaltung in der Grundschule, Donauwörth [7]1997, S. 34).

[54] Was die Bezugnahme auf das ausgearbeitete Unterrichtsbeispiel betrifft, handelt es sich *nicht* um eine vollständige (schriftliche) didaktische Analyse, in der Schritt für Schritt aus den verschiedenen Vorbereitungsphasen der Unterrichtsverlauf heraus entwickelt wird. Eine ausführliche didaktische Analyse zum evangelischen Religionsunterricht vgl. ZEITZ, Renate, Propheten reden ins Gewissen – (gesellschaftspolitische Situation in Israel) 6. Klasse, LMU 1998. Die didaktischen Brückenschläge zur Verlaufsplanung in Kapitel III.1.3 dieser Arbeit erheben keinen Anspruch auf etwas Abgeschlossenes. Lediglich Elemente einer schriftlichen didaktischen Analyse fließen in die vergleichenden Untersuchungen ein. Eine ausführliche didaktische Analyse würde den Rahmen dieser wissenschaftlichen Arbeit überschreiten.

Unverkennbar spiegeln die oben aufgeführten Hinweise zum freien Religionsunterricht das anthroposophische Denken wider: Ziele und Lerninhalte sind an Steiners *Kosmologie, Individualethik* menschlicher Freiheit und an dessen *Menschenkunde* orientiert: Kernanliegen des freien Religionsunterrichts der Grundstufe ist, wie obige Darstellungen zeigen, die Begegnung des Kindes mit der *Natur* und dem göttlichen Vaterprinzip. H. Hahn spricht von der Herkunft des Kindes aus *göttlich-geistigen Welten*: Nach Steiners Verständnis drängt es die Kinderseele, die *beseelte (Geist-) Natur* in sich aufzunehmen. R. Steiners *pneumatisierte Naturmystik* weist *pantheistische* und *gnostische* Elemente auf. Sie ist von keiner eindeutigen Systematik, sondern vielschichtig, multiperspektivisch und visionär. Die Steinersche Naturmystik geht von einer allumfassenden Beseelung des Kosmos aus. Steiner verwendet Themen und Inhalte als pädagogische Mittel zur Einführung der Kinder in seine spezielle Naturmystik, der im gesamten Steinerschen Erkenntnissystem ein spezieller Stellenwert zukommt, nämlich der seines *mystischen Schöpfungsgedankens*. Diesem Schöpfungsglauben spricht Steiner Ausschließlichkeitscharakter zu, er kann daher als dogmatisch gewertet werden.

Die Didaktik des freichristlichen Religionsunterrichts intendiert zwar die Unabhängigkeit vom Einfluß der Großkirchen, ist aber um so mehr an den anthroposophischen Auftrag rückgebunden: An den oben aufgeführten Inhalten des freien Religionsunterrichts wird die Nähe zu Steiners *evolutiver Entwicklungstheorie* von Geist, Ich und Willen deutlich. Die eingangs vorgestellte Metapher H. Hahns vom Schmetterling läßt Steiners *Reinkarnationstheorie* aufscheinen. Die Auffassung Steiners, daß Geschichten aus dem Neuen Testament nicht vor dem 9. Lebensjahr in den Religionsunterricht eingebracht werden sollen, läßt an dessen spezifisch *mystisches*, nicht personales *Christusverständnis* denken: Das anthroposophische Verständnis Christi als Mysterium (und nicht als Mensch) könnte vom Kind im Grundschulalter in der Tat auch kaum nachvollzogen werden. Anthroposophische *Individualethik* spiegelt sich in H. v. Kügelgens Anliegen einer ganzheitlich wirkenden, gemüthaft-bildlichen Darbietung der Geschichten wider, und zwar im Sinne Steiners Erkenntnis moralischer Phantasie. H. Hahns Metaphern vom Traumland und Schlafland sind Ausdruck der Steinerschen *Menschenkunde* zum *Träumen* und *Schlafen*, zu *Gefühl* und *Willen*. C. Bohlens Hinweis auf die mitfühlenden Anteile im Umgang mit den Geschichten seitens der Schüler und des Pädagogen deutet ebenfalls auf das Fühlen in der Steinerschen Menschenkunde hin. Steiners Angabe, der freie Religionsunterricht solle zu Liebe, Dankbarkeit und Pflichtbewußtsein des Kindes anleiten, zeugt von dessen *menschenkundlicher Willensstufung* des geistbezogenen, "besseren Menschen."[55] Die von Steiner vorgebrachte Methode des "Musikalisch-Dichterischen" und "Plastisch-Bildnerischen" steht in Zusammenhang mit seiner Menschenkunde des künstlerischen, harmonischen Subjekts.

Die Darlegungen zeigen, daß entgegen Stefan Lebers Verständnis des freichristlichen Unterrichts als einem, der "nicht auf Glaubenssätze begründet"[56] ist, hier anthroposophische Inhalte perspektuiert werden. Die Bezeichnung "freier Religionsunterricht" ist also nicht ganz zutreffend. Der freichristliche Unterricht ist eher ein *Derivat* der Anthroposophie. Noch schonungsloser formuliert es J. Badewien. Gemäß dessen kritischer Darstellung handelt es sich um einen

> "[...] anthroposophischen Religionsunterricht, getragen von der Anthroposophischen Gesellschaft und unterrichtet von Lehrern, denen diese Gesellschaft die Genehmigung dazu erteilt hat. In ihm werden die spezifischen anthroposophischen Sichtweisen von Reinkarnation und Karma, von Gott, Christus und den geistigen Wesenheiten usw. den Schülern nahegebracht. [...] Die Bezeichnung 'Freier christlicher Unterricht' kommt einer Täuschung der Eltern gleich."[57]

Der freie Religionsunterricht hat das Ziel, "[...] dem Kinde eine umfassende Empfindung zu vermitteln, daß in der gesamten Natur Geistiges

---

[55] Vgl. STEINER, Rudolf, Allgemeine Menschenkunde als Grundlage der Pädagogik, Erziehungskunst I, S. 74.

[56] Vgl. LEBER, Stefan, Weltanschauung, Ideologie und Schulwesen. Ist die Waldorfschule eine Weltanschauungsschule?, Stuttgart 1989, S. 68.

[57] BADEWIEN, Jan, Anthroposophie. Eine kritische Darstellung, Konstanz 1985, S. 153 f.

lebt."[58] Der "Vatergottheit"[59] kommt dabei eine besondere, patriarchale Signifikanz zu. Der Lehrer des freien Religionsunterrichts ist der Vermittler dieser Inhalte und der dazugehörigen Methoden. Steiners pneumatisierte, pantheistische Naturmystik steht in einem großen Traditionsstrang und ist einem weitläufigen Bildungsbegriff zuzuordnen, der schon in der Romantik Gültigkeit hatte. Sie entspringt also ursprünglich nicht Steiners Erkennen. Steiners religionspädagogischer Anspruch auf seelisches Erleben des Kindes soll wohl auf eine gewisse Sensibilisierung gegenüber Natur und Geist hinzielen, wirkt aber in seinem Ausschließlichkeitscharakter dogmatisch. Auf der anderen Seite steht dem Religionspädagogen des freichristlichen Religionsunterrichts aber weder ein *ausgearbeitetes Curriculum* noch *detailliertes, modernes didaktisches Material* zur Verfügung.[60] Die Nachforschungen ergaben, daß sich die Fachkräfte bei ihrer Unterrichtsvorbereitung nach wie vor schwerpunktmäßig auf die verstreuten Vorträge Steiners, auf die Vorschläge Hahns und auf einige wenige moderne Aufsätze stützen.[61] Die religionspädagogischen Jahrestagungen, die zu einem innovativen, inauguritativen Versuch gehören, sollen den Lehrkräften als Anregung dienen. Dieses Lehrangebot schließt jedoch *keine detaillierten Planungshilfen* ein wie z.B. Verlaufsplanungen mit Lernzielangaben, Lernschritten und Gesprächsübersichten.

---

[58] BOHLEN, Cornelius, Rudolf Steiner-Pädagogik und religiöse Erziehung, in: Anthroposophie und Christentum. Eine kritisch-konstruktive Auseinandersetzung, Hg.: MÜLLER, Joachim, S. 135.

[59] Ebd., S. 117.

[60] Das ergaben die Forschungen der Autorin sowie die Nachfrage beim Goetheanum/Schweiz im November 1997: Seitens des Goetheanums wurde vornehmlich auf religionspädagogische Vorträge Steiners hingewiesen. Auch die aktuellen Nachforschungen im April 2002 vor Drucklegung dieser Studie ergaben im wesentlichen unveränderte Resultate.

[61] Zum theoretischen Hintergrund des Religionsunterrichts in der Waldorfschule und zu konfessionellen Fragen liegen einige Bücher vor. Hingewiesen sei exemplarisch auf die schon erwähnte Schrift: Anthroposophie und Christentum. Eine kritisch-konstruktive Auseinandersetzung, Hg.: MÜLLER, Joachim. Der Aufsatz "Wie christlich ist die Waldorfschule?" von Reinhold Wagner gibt die eher persönliche Erfahrung eines evangelischen Religionslehrers an einer Steiner-Schule wider. (Vgl. WAGNER, Reinhold, Wie christlich ist die Waldorfschule?, in: Die Zukunft der Waldorfschule. Perspektiven zwischen Tradition und neuen Wegen, Hg.: KLEINAU-METZLER, Doris, Hamburg 2000, S. 141 ff.).

Was in Kapitel II.2.1 hinsichtlich R. Steiners Schrift "Die Philosophie der Freiheit" herausgearbeitet wurde, kann auch für die Didaktik und Methodik des freichristlichen Religionsunterrichts geltend gemacht werden: Der freichristliche Religionsunterricht stellt wie Steiners Erkenntnis menschlich-individueller Freiheit eine Metaebene des Denkens und Erkennens dar und ist zugleich Ausdruck eines Zweiklassenwissens.[62] Die zu Beginn dieses Kapitels dargestellte, bisher nicht aktualisierte Didaktik und Methodik H. Hahns und R. Steiners stellen weder ein Curriculum im modernen Sinn noch eine systematische methodisch-didaktische Literatur dar. Auch berücksichtigen sie im Vergleich zu derzeitiger Religionsdidaktik der Großkirchen und im Vergleich zu moderner, gängiger Grundschuldidaktik nicht die ganze Vielfalt unterrichtlicher Faktoren wie z.B. den Einsatz verschiedener Sozialformen und jenen moderner Medien. Die bisher in diesen vergleichenden Untersuchungen schon oftmals ausgewiesene *Problematik* der Waldorfpädagogik hinsichtlich ihres *transzendenten Anspruchs* einerseits und *empirischer Pädagogik* andererseits wird hier wieder virulent. *Spaltung* zwischen transzendentem *Ideal* und der konkreten *Unterrichtserfahrung* wird unleugbar. Ein breites Spektrum religionspädagogischer und didaktischer Diskussionen entfaltet sich seit langem im Bereich der Großkirchen. Hier kommt es zwischen Dogmatik und Religionspädagogik zu einem regen, differenzierten Gesprächsaustausch. Die Diskussionen und Forschungsprojekte sind komplex[63], die Ergebnisse (in pädagogischer wie interdisziplinärer Hinsicht) respektabel. In diesem Zusammenhang sei auf die Kritik des anthroposophischen Sprachphilosophen L. Ravagli einer "mangelnden Gesprächsbereitschaft in der Anthroposophischen Bewegung"[64] hingewiesen. Zahlreiche Schriften zur Unterrichtsgestaltung seitens des konfessionellen Religionsunter-

---

[62] Vgl. S. 152 dieser Arbeit.

[63] Vgl. FEIFEL, Erich, Religiöse Erziehung im Umbruch, Hg.: LEIMGRUBER, Stephan / LANGER, Michael, München 1995. Vgl. auch ZIEBERTS, Hans-Georg / SIMON, Werner, Bilanz der Religionspädagogik, Düsseldorf 1995. Diese beiden Schriften sind signifikante Beispiele.

[64] RAVAGLI, Lorenzo, Von der mangelnden Gesprächsbereitschaft in der anthroposophischen Bewegung, in: Jahrbuch für anthroposophische Kritik 1993, Hg.: RAVAGLI, Lorenzo, München Copyright 1993, S. 61 ff.

richts[65] und derzeitiger Grundschuldidaktik und -methodik[66] helfen dem Religionspädagogen öffentlicher Schulen bei seiner differenzierten Unterrichtsvorbereitung und -durchführung. Die Hinweise für die Unterrichtsplanungen seitens moderner Didaktik und Methodik sind konkret und *standardisiert* und stellen im Vergleich zu den eher *allgemein wirkenden methodisch-didaktischen Vorschlägen* der Waldorfpädagogik eine strukturelle und differenzierte Vorgabe für den Lehrer dar. Lehrer-Schüler-Aktivitäten und soziale Interaktionen werden dabei nicht übergangen, sondern zentral angegangen.[67]

Die Ziele und Inhalte für den evangelischen Religionsunterricht der Grundschule sind im Vergleich zu den *anthropokosmologisch fundierten* Zielhorizonten und Inhalten des freien Religionsunterrichts auf den *christlichen Glauben* bezogen: Ein ausdrücklich formuliertes Ziel des evangelischen Religionsunterrichts ist z.B., "[...] Antworten von Christen auf die Fragen, Nöte, Herausforderungen unserer Zeit [...]"[68] zu finden. Religionsunterricht evangelischerseits möchte über die "christliche Tradition"[69] informieren und orientieren, "konkrete Lebenshilfe"[70] leisten und den "[...] Anruf Gottes in der christlichen Überlieferung gegenüber dem Menschen unserer Zeit aussprechen."[71] Wie obige Ziele für den evangelischen Religionsunterricht zeigen, soll dieser dem Kind vor allem die Erfahrung einer *Synthese* zwischen der *subjektiven* und der *objektiven* Seite des christlichen Glaubens vermitteln (Kind, biblische Texte): Über das

---

65   Näheres erfolgt später.
66   Vgl. exemplarisch MARAS, Rainer, Unterrichtsgestaltung in der Grundschule, Anm. 53, Kap. III dieser Arbeit.
67   Vgl. die zu den oben dargestellten Kernaussagen und Kernthesen gehörige statistische Auswertung des Fragebogenrücklaufs im Rahmen der Umfrage zum freichristlichen Religionsunterricht, Fragen 3 und 4 des Fragebogens zum freichristlichen Religionsunterricht, Anhang S. 16 ff.
68   KATECHETISCHES AMT – HEILSBRONN (Hg.), Lehrplan für den evangelischen Religionsunterricht an Grundschulen in Bayern. 1. bis 4. Jahrgangsstufe, Neuendettelsau ²1994, S. 5.
69   Ebd.
70   Ebd.
71   Ebd.

Psychische hinaus will der evangelische Religionsunterricht den Gottes-bezug des Kindes vertiefen.

Unserer vergleichenden Analyse soll hier schwerpunktmäßig das Standardwerk "Religionsunterricht vorbereiten"[72] zugrundegelegt werden. Es bietet Hilfen zur detaillierten Unterrichtsplanung und -durchführung in strukturierter Form an und formuliert einen (evangelischerseits) christ-lichen Anspruch. Das grundlegende Anliegen der Autoren des Buches ist ein erfahrungsorientierter Religionsunterricht:

> "Aus den Texten müssen Gestalten heraustreten, an denen gelebter Glaube sichtbar wird. Nicht Texten, sondern solchen Gestalten sollen die Schüler begegnen. Auf ihre erzählten Erfah-rungen sollen sie hören. In der Begegnung können sie sich auf sie einlassen, ihre Erfahrungen nachvollziehen und versuchs-weise das eigene Leben aus der Perspektive der Glaubenserfah-rung betrachten."[73]

Das Zitat zeigt, daß das besondere Anliegen des Buches die *Begegnung* des Kindes mit den biblischen Texten ist und hier besonders die Begegnung mit den *Gestalten* der *Bibel*. Der Erfahrungshorizont der biblischen Perso-nen und deren Glaubenszeugnisse eröffnen den Schülern neue Willens-und Lebensperspektiven und ein persönliches Glaubensbewußtsein, so obiges Zitat. Die Auseinandersetzung des Kindes mit dem christlichen Glauben ist im Vergleich zum evangelischen Religionsunterricht im freien Religionsunterricht nur ein Ziel unter *anderen* Zielen: Wie eingangs darge-stellt, werden in der Grundstufe der Waldorfschule abgesehen von den Geschichten aus dem Alten Testament z.B. auch Märchen und Fabeln angeboten. Nach anthroposophischer Sichtweise wird durch Märchen-erzählen (1. Klasse) das religiöse Leben des Kindes gestärkt.[74] Märchen

---

[72] Vgl. FOITZIK, Karl / HARZ, Frieder, Religionsunterricht vorbereiten, München ³1995.

[73] Ebd., S. 12.

[74] Vgl. VON WARTBURG, Helmut, Freier christlicher Religionsunterricht an der Waldorfschule, in: Erziehungskunst. Monatszeitschrift zur Pädagogik Rudolf Steiners, Hg.: BUND DER FREIEN WALDORFSCHULEN e. V., 57. Jahrgang, Heft 11, München 1993, S. 1205.

erzählen aber von Helden; "[...] Schrecknisse und Schwierigkeiten [sind, RZ] nur eine Durchgangsstufe zum höchsten Glück."[75] Aus den Haltungen und Handlungen der biblischen Personen hingegen sprechen vergleichsweise konkrete menschliche Widerstände und Konflikte: Fraglich wird, ob die Rezeption romantischer Märchen den Boden bereitet für den individuellen Auszug und Aufbruch des Kindes von heute aus gewohnten Lebensperspektiven hin zu einem eigenen, persönlichen Glaubensbewußtsein und zu sozialer Lebensgestaltung: Die Begegnung mit den biblischen Geschichten umfaßt *alle* Bereiche des Menschseins: die *gottbezogene objektive* und die *subjektive* Ebene mit all ihren individuellen und sozialen Konflikten und Nöten.

Zur "Nahrung und Erweckung der Kinderseele"[76] werden im freien Religionsunterricht der Jahreszeitenlauf und die christlichen Feste künstlerisch und feierlich gestaltet. Besonders in den ersten Schuljahren soll im freichristlichen Religionsunterricht der Naturbezug des Kindes vertieft werden. Die besondere Bezugnahme zu Natur und Geist im Sinne des übergreifenden, bald gnostisch, bald pantheistisch tendierenden Ideenhorizonts der Waldorfpädagogik bindet das Kind in die Anthropokosmologie Steiners ein, also in eine schöne Ideenwelt, wie sie im 19. Jahrhundert (groß-)bürgerlicherseits gepflegt wurde. Der freichristliche Unterricht der Grundstufe knüpft an die Natur an. Und zwar als "natura naturans" im spiritistischen Sinn, nicht etwa im Sinne christlicher oder etwa naturwissenschaftlicher Vorgaben. Die Spannbreite *sozialer Bezüglichkeiten* aber, die *personale Struktur* und der Wesenskern des Kindes treten vor diesem überindividuellen Geist-Horizont in den Hintergrund:

> "Eine Freiheit, die sich erst in der überindividuellen Verschmelzung mit einem Geist oder Gott entfaltet, läßt dem einzelnen hienieden [...] wenig Spielraum, seine Persönlichkeit, sein Den-

---

[75]   RUDOLPH, Charlotte, Von der Entwicklung der Anthroposophie. Waldorfpädagogik heute. Oder: Wege zur Versteinerung. Berlin 1985, S. 96.

[76]   VON KÖNIGSLÖW, Christiane Maria, Die Jahresfeste als Nahrung und Erweckung der Kinderseele, in: Erziehungskunst. Monatszeitschrift zur Pädagogik Rudolf Steiners, Hg.: BUND DER FREIEN WALDORFSCHULEN e. V., 57. Jahrgang, Heft 11, München 1993, S. 1138.

ken, Bedürfnisse, soziale Kontakte und seine Lebensplanung frei zu entwickeln."[77]

Der freichristliche Unterricht bindet nicht nur den Schüler, sondern auch die Lehrkraft an eine anthroposophisch orientierte Glaubenshaltung. Wie eingangs dargestellt, wird der freichristliche Religionsunterricht von der Anthroposophischen Gesellschaft verantwortet. Die Auswahl geeignet erscheinender Fachkräfte wird von ihr getroffen. Der Autorin stellt sich die Frage, ob die anthroposophische Fachkraft einen unvoreingenommenen, nicht anthroposophisch verpflichteten Zugang zu den ausgewählten Texten finden kann. Das Buch "Religionsunterricht vorbereiten" veranschlagt als *ersten Schritt* einer (schriftlichen) Unterrichtsvorbereitung die *persönliche Begegnung* des Pädagogen mit dem Text[78] und als *zweiten Schritt* dessen *theologische Orientierung*[79]: Hinsichtlich der persönlichen Orientierung wird angeregt, sich als Pädagoge z.B. der eigenen Erfahrungen, Haltungen und Widerstände bewußt zu werden.[80] In der Phase der theologischen Vorbereitung wird dann die historisch-kritische Konnotation erarbeitet (Exegese).[81] In der *dritten Phase* seiner (schriftlichen) Unterrichtsvorbereitungen, der Phase der *didaktischen Orientierung*[82], solle sich der Pädagoge vor der Auswahl bestimmter Unterrichtsziele die konkreten Erfahrungen, Kenntnisse und Grunderfahrungen seiner Schüler vergegenwärtigen.[83] In seinen Vorüberlegungen könne er sich z.B. fragen: "Welche Alltagserfahrungen oder Glaubenserfahrungen werden berührt?"[84] "Welche Aspekte des Themas sind für meine Schüler wichtig?"[85] Wie beeinflußt der Text die konkreten Lebens- und Glaubenserfahrungen der Schüler? Im

---

[77] TAUBE, Kathrin, Ertötung aller Selbstheit. Das anthroposophische Dorf als Lebensgemeinschaft mit geistig Behinderten, München 1994, S. 172.

[78] Vgl. FOITZIK, Karl / HARZ, Frieder, Religionsunterricht vorbereiten, S. 29 f., S. 38 ff. und passim.

[79] Vgl. ebd., S. 23 f., S. 30 ff. und passim.

[80] Vgl. ebd., S. 29 ff.

[81] Vgl. ebd., S. 30 f.

[82] Vgl. ebd., S. 32 ff., S. 53 ff. und passim.

[83] Vgl. ebd., S. 97.

[84] Ebd., S. 33.

[85] Ebd., S. 96.

folgenden sollen nun, wie gesagt, zur Exemplifizierung dieser vergleichenden Untersuchungen methodisch-didaktische Bezüge zu einer Unterrichtsverlaufsplanung nach gängiger Methode hergestellt werden. Zunächst sei das Stundenthema genannt und dessen Begründung skizziert dargestellt: Als Themenschwerpunkt für eine 4. Klasse wurde der Durchzug der Israeliten durch das Schilfmeer (2. Mose 14,1-31) ausgewählt: Zum einen können mit Hilfe dieser Bibelstelle Gefühle (der Israeliten) wie Angst und Mutlosigkeit ins Zentrum des Dialogs und der Erfahrung gerückt werden[86], die im familiären und schulischen Leben des Kindes oft nicht wahrgenommen oder sogar versteckt werden. In postmoderner Zeit der Aufsplitterung und planetaren Gefährdung, in der der Angst im Leben des Menschen ein zentraler Stellenwert zukommt[87], ist es nach Ansicht der Autorin von besonderer Wichtigkeit für die Ich-Entwicklung des Kindes, im Unterricht das Thema "Angst" anzusprechen und dessen eigene Lebenserfahrungen gezielt einzubeziehen. Andererseits vermittelt die Bibelstelle aber auch den Eindruck von Hoffnung und Vertrauen angesichts Gottes Treue und Beistand und Moses Hilfe bei der Verfolgung der Israeliten durch die Ägypter.[88] Die Erfahrung von Vertrauen und Hoffnung trägt wesentlich zu Beziehungsfähigkeit, Ich-Stärkung und Entängstigung des Kindes bei.

---

[86] In dem folgend genannten Kommentar wird von einigen Varianten der Erzählung gesprochen. Übereinstimmend werde als Kern des Geschehens überliefert, daß es sich um eine Verfolgung der Israeliten durch die Ägypter handelte. Die Israeliten seien vom Delta aus auf die Sinaihalbinsel abgewandert und durch die Verfolgung der Ägypter in eine tödliche Gefahr geraten: Vgl. WEISER, Alfred (Hg.) u.a., Das Alte Testament Deutsch. Neues Göttinger Bibelwerk, Teilband 5: Das zweite Buch Mose, Exodus, übersetzt und erklärt von NOTH, Martin, Göttingen, 3. Auflage 1965, S. 94 f.

[87] Vgl. BISER, Eugen, Gesichter und Wurzeln der Lebensangst. Zur Diagnose und Ätiologie einer Zeitkrankheit, in: Das Phänomen Angst. Pathologie, Genese und Therapie, Hg.: LANG, Hermann u.a., Frankfurt a.M. 1996.

[88] Übereinstimmend wird gemäß des oben genannten Kommentars als Kern des Geschehens auch überliefert, daß es sich "um die Errettung aus dieser Gefahr durch die Vernichtung der Ägypter in einem Meer" handelte: Vgl. WEISER, Alfred (Hg.), Altes Testament Deutsch, Teilband 5, S. 94 f.

Das 9- bis 10-jährige Kind in der 4. Klasse befindet sich vor dem Übergang zu weiterführenden Schulen. Am Ende der 4. Klasse geht die Grundschulzeit zu Ende. Neue schulische Aufgaben und die Hinwendung zu anderen Bezugspersonen bedeuten einen Abschnitt und ein Abschiednehmen vom Alten, zugleich auch Neubeginn und Neuorientierung. Diese Wende mag Neugier, freudige Erwartung, aber auch negative Gefühle wie Angst und Zweifel wecken. Der Übergang zu weiterführenden Schulen ist gefühlsmäßig für das Kind stark ambivalent besetzt. Die Besprechung der Bibelstelle kann zur positiven Bewältigung einer ambivalenten Einstellung des Kindes gegenüber schulischem Neubeginn beitragen. Sie erscheint auch aus dem Grund zur Besprechung geeignet, als sie eine innere Wandlung (der Israeliten) von Mißtrauen und Angst hin zu erfüllter Hoffnung und Freiheit aufzeigt.

Ein *phantasievoller, beseelter Erzählstil, Gestaltung der Jahresfeste und romantische Märchen* sind schön und sprechen das Gemüt an. Weder in der Religionspädagogik R. Steiners noch in jener H. Hahns aber werden, wie die Forschungen ergaben, auf die *Eigen- und Lebenswelt* des Kindes bezogene Themen angesprochen wie z.B. "Angst" oder "Sexualität". Die anthroposophische Religionsdidaktik der Grundstufe ist esoterisch geprägt. Die eingangs in Kapitel III.1.1 dargestellten inhaltlichen und methodischen Vorgaben und Vorschläge R. Steiners und H. Hahns, die auch heute noch nach circa 70 bis 90 Jahren geänderter Paradigmen Richtlinien für den freichristlichen Religionsunterricht darstellen, bieten keine verbindliche didaktische Orientierung in modernem Sinn: Obgleich den Fachkräften ein eigener Gestaltungsspielraum eingeräumt wird, läßt die esoterische Didaktik des freichristlichen Religionsunterrichts der Grundstufe "brennende" Fragen des Kindes unberücksichtigt.

Im Hinblick auf den die vergleichenden Untersuchungen exemplifizierenden Unterrichtsverlauf soll nun unser Augenmerk näher auf den konkreten Unterricht hingelenkt werden: Dies stellt einen notwendigen Vorgriff auf *Vorbereitungsphase vier* dar (gemäß der diesem Kapitel zugrundegelegten Schrift): In dieser Phase sind gemäß der Autoren "*Entscheidungen* möglich und fällig"[89] z.B. für bestimmte Lernziele,

---

[89] Vgl. FOITZIK, Karl / HARZ, Frieder, Religionsunterricht vorbereiten, S. 35.

Inhalte, Sozialformen und Medien.[90] Das Stundengrobziel kann nun folgendermaßen formuliert werden: "Die Schüler sollen am Beispiel der Schilfmeerwanderung offen werden, daß Gott auch in der Angst bei den Menschen ist."[91] Im Sinne eines erfahrungsorientierten Religionsunterrichts, wie er auch seitens der Verfasserin angestrebt wird, ist zu Beginn der Unterrichtseinheit nach Wiederholung geschichtlicher Zusammenhänge ein Hörspiel geplant, das das Geschehen und das Erleben einzelner Personen lebendig werden lassen soll. Nach Rezeption des Hörspiels durch die Schüler soll eine Phase der *freien Aussprache* folgen, in der vom Pädagogen gefragt wird: "Was habt Ihr beim Hören gefühlt und gedacht?" Eine solch direkte, persönliche Frage ist im freichristlichen Religionsunterricht der Waldorfschulen (Grundstufe) praktisch undenkbar, obgleich, wie gesagt, den einzelnen Lehrkräften ein eigener Gestaltungsspielraum eingeräumt wird. Die religionsdidaktischen Vorgaben Steiners und Hahns geben keinen Hinweis auf persönliche, schülerbezogene Fragen. Im Vergleich zur esoterisch geprägten Didaktik des freichristlichen Religionsunterrichts, die die Rezeption und künstlerische Gestaltung schöner und romantischer Inhalte anstrebt, kann in der freien Aussprache (nach gängiger Methode) das *Eigenleben* des Kindes und seine so leicht verdrängte "Schattenseite" zu Worte kommen. Eine Wiederholung der biblisch-geschichtlichen Zusammenhänge, Rezeption des Hörspiels und freie Aussprache sollen gemäß der in Kapitel III.1.3 dargestellten schematischen Verlaufsplanung jeweils in Form eines *Kreisgesprächs* stattfinden: Im Grundschulunterricht der Waldorfschulen ist der Stil zumeist frontal und direktiv geprägt. Im Vergleich zum Frontalunterricht fördert das Kreisgespräch gegenseitiges Vertrauen und reziproke Kommunikation der Schüler.

Betonen die Autoren des diesem Kapitel zugrundegelegten, gängigen religionsdidaktischen Standardwerkes besonders die erfahrungsorientierte Komponente des Religionsunterrichts, möchte die Verfasserin andererseits besonders auch die *objektive* Seite (Text) im Unterricht zur Geltung kom-

---

[90] Vgl. FOITZIK, Karl / HARZ, Frieder, Religionsunterricht vorbereiten, S. 35.
[91] Vgl. die schematische Verlaufsplanung, S. 300 dieser Arbeit.

men lassen. In diesem Zusammenhang sei auf die im II. Kapitel durchgängig aufgeworfene Frage nach *kognitiven Lernelementen* in der Pädagogik der Freien Waldorfschulen (hier Grundstufe) hingewiesen: Das analysierende, abstrakte und strukturierende Denken ist für die Entwicklung des Kindes von besonderer Bedeutung. Was den geplanten Unterricht betrifft, soll daher besonders auch der biblische Text in seinen Zusammenhängen transparent und verstehbar gemacht werden. Dieses Ziel kann z.B. durch die eingangs vorgesehene Wiederholung der biblisch-geschichtlichen Gesamtsituation erreicht werden.[92] Auch die geplante Arbeit nach Darbietung und Rezeption des Hörspiels soll einer *kognitiven Komponente* gerecht werden: Feinziel 3 ist denkerisch ausgerichtet: "Die Schüler sollen sich der Unterlegenheit der Israeliten gegenüber den Ägyptern und der damit verbundenen Angst bewußt werden und einen Transfer zum eigenen Leben herstellen"[93]: Im Rahmen dieses Feinziels erarbeiten die Schüler zunächst in schriftlicher *Partnerarbeit* folgende Aufträge: "Vergleicht einmal Land und Waffen der Ägypter mit dem, was die Israeliten haben und schreibt es auf" und "Wie haben sich wohl die Israeliten gefühlt, als sie von den Streitwagen der Ägypter verfolgt wurden?"[94] Das Erarbeitete wird besprochen und in einer zweispaltigen Tabelle an der Tafel notiert.[95] Textnahe Arbeit und tabellarische *Unterscheidung* stellen *objektivierende und abstrahierende Momente* im Unterrichtsgeschehen dar. Die vermeintliche Übermacht der Ägypter und die damit einhergehenden Unterlegenheits- und Angstgefühle der Israeliten werden mit Hilfe der Tabelle signifikant vor Augen geführt. Denn was in Worte gefaßt wird, kann kaum aus der Fassung bringen. Die tabellarische Abstraktion kann die Schüler zu einer distanzierten Betrachtung der an sich emotional geprägten Angst (der Israeliten) anregen, was einen Schritt zu Entängstigung und Ich-Stärke bedeutet. Nun wird der *Transfer zum eigenen Leben* hergestellt: Die Lehrkraft fragt: "Denkt jetzt einmal an Euch selbst. Kennt Ihr auch solch angstvolle, hoffnungslos erscheinende

---

[92] Vgl. den genauen Wortlaut des entsprechenden ersten Feinziels in der schemati-
      schen Verlaufsplanung, S. 300 dieser Arbeit.
[93] Vgl. die schematische Verlaufsplanung, ebd., S. 301.
[94] Vgl. die schematische Verlaufsplanung, ebd.
[95] Vgl. die schematische Verlaufsplanung, ebd., S. 301 und S. 302.

Augenblicke? Erzähl!"[96] Es wird erwartet, daß die Schüler eigene Erfahrungen mit dem Gefühl der Angst zum Ausdruck bringen. Der Pädagoge nimmt das Berichtete auf. Falls sich ein zusammenhängendes Gespräch entwickelt, wird dies begrüßt. Gegebenenfalls fügt er entsprechende Stichworte in die rechte Spalte ein. In diesem *Gespräch* lernen die Schüler, Distanz zu ihren Gefühlen herzustellen. Sie lernen, daß alle Dinge besprechbar sind. Die Vorarbeit zur tabellarischen Betrachtung der Machtverhältnisse an der Tafel (schriftlicher Vergleich zur Lage und Verfaßtheit der Israeliten und Ägypter) vollzieht sich zunächst, wie gesagt, in Partnerarbeit. Die Ergebnisse werden dann im Lehrer-Schüler-Gespräch an der Tafel zusammengefaßt. Auf diese Weise wird ein lebendiges, abwechslungsreiches Unterrichts- und Sozialgeschehen gewährleistet. Die Anwendung unterschiedlicher Sozialformen ist, wie oben angedeutet, in der Didaktik des freichristlichen Religionsunterrichts nicht üblich. An Steiner-Schulen wird in der Grundstufe meist frontal unterrichtet.

Der oben dargestellte Unterrichtsverlauf im Rahmen der Erarbeitung von Feinziel 3 zielt zunächst auf ein exegetisch-analytisches Instrumentarium, sodann geschieht eine Synthesebildung in Form der Bezugnahme auf eigene Erfahrungen der Schüler mit der Angst: Ein metaphysischer Lösungsweg bahnt sich an. Der esoterisch geprägte, freichristliche Religionsunterricht in der Grundstufe hebt ab auf künstlerische Gestaltung der Jahresfeste, Naturbezug und Tagtraum. Im evangelischen Religionsunterricht erfolgt vergleichsweise im Blick auf sich anbahnende metaphysische Lösungswege eine persönliche Anbindung im sprachlich-sozialen Miteinander. Er kann daher aufgrund seiner sozial-kommunikativen Komponente als humaner gewertet werden als der esoterisch geprägte freichristliche Religionsunterricht. Gängiger evangelischer Religionsunterricht gestaltet sich erfahrungsorientiert, kindgerecht und phasenadäquat. Denn der Wirklichkeitsbegegnung des Kindes wird hier eine besondere Bedeutung für die Ich-Entwicklung und Entängstigung zugesprochen. Ein *persönliches Glaubensbewußtsein* kann angelegt werden.

---

[96] Vgl. die schematische Verlaufsplanung, S. 302 dieser Arbeit.

Feinziel 4 richtet sich an dem erlösenden Schritt im Geschehen der Schilfmeerwanderung aus. Es lautet: "Die Schüler sollen offen und bewußt werden, daß durch Moses Vermittlung und Gottes Treue und Wunder den Israeliten geholfen wird."[97] Das Unterrichtsgespräch setzt sich fort, die Schüler erzählen und geben wieder, welch unerwartete Wende mit Gottes Hilfe eintraf. Auch diese Unterrichtsphase ist wie die Phase der Erarbeitung von Feinziel 3 eher exegetisch-analytisch geprägt: Erarbeitete die Klasse zuvor in Textnähe die unterschiedlichen Voraussetzungen der Ägypter und Israeliten hinsichtlich der Macht- und Waffenverhältnisse, geschieht nun eine Besinnung auf das Zusammenwirken von Mose mit Gott und den Israeliten. Moses Sprachhandeln zeichnet sich durch Zuhören, Mutzuspruch und allseitige Vermittlung aus, Qualitäten, die in ihrem Vorbildcharakter in besonderer Weise auf die Vertrauens- und Willensbildung des Kindes wirken.[98] In der Begegnung mit Moses helfendem Wirken und Gottes Beistand erfahren die Schüler einen gangbaren Lösungsweg, der aus Gefühlen wie Angst und Mutlosigkeit herausführt.

In der vorhergehenden Unterrichtsphase war ein ausführlicher Transfer zu eigenen Angstgefühlen der Schüler intendiert. Im Blick auf den zuendegehenden Unterricht ist im Hinblick auf die Aspekte "Vertrauen" und "Hoffnung" kein solch breit angelegter, persönlicher Transfer geplant: Diesbezügliche eigene Erfahrungen der Schüler können in der darauffolgenden Unterrichtsstunde ausführlich zur Sprache kommen. Vielmehr soll im Rahmen von Feinziel 5: "Die Schüler sollen empfinden, daß Gott selbst bei hoffnungslos erscheinenden Situationen bei den Menschen ist"[99] im Kreis ein Lied gesungen werden: In diesem kommt das Besprochene zum Ausdruck. Das Lied soll den Schülern Gefühle der Hoffnung und des Vertrauens vermitteln, die mit dem Gelingen der Schilfmeerwanderung verknüpft werden können. Es wirkt zugleich gemeinschaftsbildend.

Der *esoterische, künstlerisch und rezeptiv geprägte freichristliche Religionsunterricht* ist eine Anleitung zur *besonderen* Erfahrung, *nicht* aber eine zur *eigenen Erfahrung.* Diese bleibt hier weitgehend ausgespart.

---

[97] Vgl. die schematische Verlaufsplanung, S. 303 dieser Arbeit.

[98] In der darauffolgenden Stunde können die Gestalt des Moses, sein besonderes Sprachhandeln und Gottes Wunder ausführlich zur Geltung kommen.

[99] Vgl. die schematische Verlaufsplanung, S. 303 dieser Arbeit.

Evangelischer Religionsunterricht ist Anleitung zu einer anderen Erfahrung: Im sozial-kommunikativen Miteinander werden in der *Begegnung* mit der *biblischen Geschichte* gangbare Lösungswege aus menschlichen Konflikten beschritten. In ihnen können sich auch das kranke Kind und das Kind in der Krise (Bollnow) wiederfinden. Der *Wille* des Kindes kann so *gestärkt*, seine *Individualität* und sein persönliches *Glaubensbewußtsein* können *gefördert* werden. *Soziale Kontakte werden erweitert.* Weder die Steinersche Religionspädagogik noch die anthroposophische Heilpädagogik (Kapitel II.3.3) lassen zu, daß Konflikte und Spaltungen aktiv ins Bewußtsein und in die Sprache gehoben werden.[100]

Geschichten aus dem Alten Testament sind zwar Stoff im Rahmen des freien Religionsunterrichts für das 3. oder 4. Schuljahr und Inhalt des Biblischen Lesebuchs der 3. Waldorfklasse, ihr Tenor aber sind etikettierende und Über-Ich-geprägte Charakterisierungen. Dort heißt es z.B.: "Abel war gerecht, Kains Werke dagegen waren böse."[101] Oder man liest: "Ohne eine Widerrede stand Abraham in der Nacht auf, spaltete das Holz zum Brandopfer, lud es seinem Esel auf und nahm zwei Knechte und seinen Sohn Isaak mit sich."[102] Diese Zitate sind keine hier eigens ausgewählten Raritäten, sondern ließen sich beliebig erweitern. Sie lassen Haltungen erkennen, die von Zwang, Gehorsam, Selbstdisziplinierung und Schuldgefühlen sprechen. Sie sind wohl eher Kennzeichen Wilhelminischer Gehorsamkeitspädagogik[103] als Hinweise auf persönliches Sein.

---

[100] Vgl. die zu der oben dargestellten Kernaussage und Kernthese gehörige statistische Auswertung des Fragebogenrücklaufs im Rahmen der Umfrage zum freichristlichen Religionsunterricht, Frage 5 des Fragebogens zum freichristlichen Religionsunterricht, Anhang S. 18 f.

[101] VON HEYDEBRAND, Caroline / UEHLI, Ernst, Und Gott sprach. Biblisches Lesebuch für das 3. Schuljahr der Freien Waldorfschule, Stuttgart 1930, S. 14.

[102] Ebd., S. 42. "Und Abraham stand morgens früh auf, sattelte seinen Esel [...]" heißt es in: "Die vierundzwanzig Bücher der HEILIGEN SCHRIFT, übersetzt von Leopold Zunz, Basel 1980 (Genesis 22,3). "Da stand Abraham früh am Morgen auf und gürtete seinen Esel und nahm mit sich zwei Knechte und seinen Sohn Isaak [...]" heißt es in: Die Bibel oder die ganze HEILIGE SCHRIFT des Alten und Neuen Testaments. Nach der deutschen Übersetzung Martin Luthers, Stuttgart 1969 (1. Mose 22,3).

[103] Hierzu sei angemerkt, daß die Auflage des Lesebuchs von 1995 identisch mit der Auflage von 1930 ist!

Die Begegnung der Schüler mit solch *gebotsorientierten Lesebuchtexten* steht eher im Zeichen einer Ausklammerung statt Aktivierung des persönlichen Willens.[104]

Gemäß genannter Schrift für den evangelischen Religionsunterricht soll in den jeweiligen Phasen der didaktischen Orientierung bzw. Entscheidung auch "entwicklungs-, lern- und sozialpsychologischen"[105] Kenntnissen Rechnung getragen werden. Im Vergleich zur Religionsdidaktik der Groß-kirchen und zu moderner Grundschuldidaktik kommt es in den schul-praktischen Vorschlägen zum freichristlichen Unterricht zu keiner Rück-sichtnahme auf das Kind unter Einbeziehung moderner, wissenschaftlicher Entwicklungspsychologie. Ergebnisse der modernen Psychologie werden seitens der Waldorfpädagogik wenig anerkannt. Handeln für das Kindes-wohl aber bedeutet Beobachtung und Kenntnisse der unterschiedlichen Entwicklungsstadien des Kindes und seines Ichs: Was das 9- bis 10-jährige Kind in der Phase der Vorpubertät betrifft, an das sich die ausgearbeitete Unterrichtsstunde richtet, so ordnet J. Piaget das Alter zwischen 7/8 und 11/12 Jahren der konkret-operationellen Phase zu: In dieser Phase könne das Kind kognitive und soziale Strukturbildungen leisten wie Klassi-fizierungen oder "Zuordnungen von einem zum anderen und von einem zu vielen"[106], die sog. Gruppierungen.[107] Auf dieser Stufe kognitiver und sozialer Entwicklung könne das Kind "neue interindividuelle Beziehungen kooperativer Natur"[108] knüpfen, und eine "Koordinierung der Aktionen"[109] sei beobachtbar. Der Entwicklungspsychologe Erik H. Erikson äußert in seinem Standardwerk "Identität und Lebenszyklus"[110], daß das Kind in der Latenzzeit einen "Werksinn" entwickle: Es möchte das Gefühl haben, "[...]

---

[104]   Vgl. die zu der oben dargestellten Kernaussage und Kernthese gehörige statisti-sche Auswertung des Fragebogenrücklaufs im Rahmen der Umfrage zum frei-christlichen Religionsunterricht, Frage 2 des Fragebogens zum freichristlichen Religionsunterricht, Anhang S. 19 ff.

[105]   FOITZIK, Karl / HARZ, Frieder, Religionsunterricht vorbereiten, S. 32.

[106]   PIAGET, Jean / INHELDER, Bärbel, Die Psychologie des Kindes, S. 103.

[107]   Ebd., S. 118.

[108]   Ebd.

[109]   Ebd.

[110]   Vgl. ERIKSON, Erik H., Identität und Lebenszyklus, Frankfurt a.M. 1973.

etwas machen zu können und es sogar gut und vollkommen zu machen [...]"[111] und "für etwas Sorge zu tragen."[112] Auch zeige es in diesem Alter bei seinen Aktivitäten viel Fleiß.[113] Die Vollendung einer schöpferischen Tat sei sein besonderes Anliegen. Typisches Merkmal dieses Stadiums sind nach E.H. Erikson beim schulpflichtigen Kind in der Latenzzeit Gefühle der "Unzulänglichkeit und Minderwertigkeit".[114] Das Kind "[...] möchte vielleicht lieber noch das Baby zu Hause als ein großes Schulkind sein [...]."[115]

Piagets Erkenntnisse zur sozialen Kooperationsfähigkeit des 7- bis 12-jährigen Kindes erlauben im Hinblick auf die Unterrichtsplanung den Einsatz wechselnder Sozialformen, nämlich Kreisgespräch, Partnerarbeit, Lehrer-Schüler-Gespräch, Einzelarbeit und Kreis. Die tabellarische Unterscheidung im Rahmen der Erarbeitung von Feinziel 3 ("Die Schüler sollen sich der Unterlegenheit der Israeliten gegenüber den Ägyptern und der damit verbundenen Angst bewußt werden und einen Transfer zum eigenen Leben herstellen.") zwischen den "besseren" und "schlechteren" Voraussetzungen der Ägypter bzw. Israeliten kommt dem (kognitiven) Gruppierungsvermögen nach Piaget entgegen. Die Bezugnahme der Schüler auf eigene Erfahrungen mit der Angst und jene zum biblischen Text, der zunächst von der Furcht der Menschen spricht, dann aber das Gelingen der Schilfmeerdurchquerung aufzeigt, kann mit Eriksons Erkenntnis von Minderwertigkeit und Werksinn parallelisiert werden.

"Den Menschen als geistiges Wesen zu betrachten, lenkt den Blick über die Grenzen von Geburt und Tod hinaus und gibt dem einen konkreten Erdenleben seine große Perspektive."[116] Nach Auffassung der Autorin aber trägt ein Religionsunterricht, in dem Überlegungen zur psychosozialen Entwicklung der Schüler zur Geltung kommen, in dem ein kognitiv-

---

[111] ERIKSON, Erik H., Identität und Lebenszyklus, S. 102.
[112] Ebd., S. 103.
[113] Vgl. ebd.
[114] Ebd.
[115] Ebd.
[116] DIETZ, Karl-Martin, Waldorfpädagogik am Ende des 20. Jahrhunderts (Nach einem Vortrag anläßlich des zehnjährigen Bestehens der Heidelberger Waldorfschule, 1992), Heidelberg 1996, S. 20 f.

analytisches Instrumentarium einmündet in eine persönliche Synthese-findung und das Göttlich-Absolute des christlichen Glaubens aufscheinen kann, wesentlich zur Stärkung einer "kleinen", *persönlichen Glaubens-perspektive* bei.[117]

Vermittels der didaktischen Orientierung kann die Lehrkraft in einem *vierten* Schritt ihre konkreten *didaktischen Entscheidungen*[118] für bestimmte Lernziele, Inhalte, Sozialformen und Medien entwickeln. Lebt die ausgearbeitete Verlaufsplanung dieses Kapitels vom *Unterrichtsgespräch*, sei es als freie Aussprache, Kreisgespräch oder geplantes, strukturiertes, zielgerichtetes Lehrer-Schüler-Gespräch, kommt diesem in der Didaktik des freichristlichen Religionsunterrichts keine ausdrückliche Relevanz zu. Das Schülergespräch gehört, was die Didaktik des freichristlichen Reli-gionsunterrichts der Grundstufe betrifft, *nicht* zu deren wissenschaftlichem Standardrepertoire, wenngleich es nach dem Dafürhalten eines Waldorf-lehrers für ihn persönlich das "Herzstück" des Religionsunterrichts ist.[119] In der derzeitigen, gängigen Grundschuldidaktik und Religionsdidaktik ist das Unterrichtsgespräch hingegen längst schon als ein wesentlicher Baustein verankert.[120] Gehörtes, Empfundenes und Gedachtes möchte vom Kind im Beziehungsfeld der Klasse ausführlich besprochen und durch-dacht werden:

> Es "[...] drängt Wahrnehmung zur gedanklichen Ausformulie-rung in Sprache. Ein Grundvektor menschlicher Vernünftigkeit ist, daß spontane, vorreflexive Wahrnehmung zu ihrer gedank-lich-sprachlichen Weiterformatierung drängt."[121]

---

[117] Vgl. die zu den oben dargestellten Kernaussagen und Kernthesen gehörige sta-tistische Auswertung des Fragebogenrücklaufs im Rahmen der Umfrage zum freichristlichen Religionsunterricht, Fragen 1 und 6 des Fragebogens zum frei-christlichen Religionsunterricht, Anhang, S. 20 ff.

[118] Vgl. FOITZIK, Karl / HARZ, Frieder, Religionsunterricht vorbereiten, S. 26, S. 60 ff. und passim.

[119] Dies ging aus einem längeren Telefonat mit der Autorin im Zuge der Fragebogen-aktion hervor.

[120] Vgl. exemplarisch Kap. 3.12, Das Gespräch, in: MARAS, Rainer, Unterrichts-gestaltung in der Grundschule.

[121] MÖDE, Erwin, Zwischen Pastorale und Psychologie, München 1992, S. 51.

Fehlende Dialogik führt das Kind und den Lehrer leicht "[...] in die Dimension des Antwortlosen hinein".[122] "Der Erzieher muß responsiv sein [...]. Responsivität bedeutet, daß man auf die Signale des Kindes eingeht, daß man das Kind ernst nimmt."[123] Der Religionspädagoge ist "[...] kein neutraler Vermittler. Er steht auf der Seite der Schüler und nimmt ihre Erfahrungen ernst."[124] Erfahrungsorientierung soll in der vorgestellten Verlaufsplanung besonders auch durch den Dialog bewirkt werden, der während aller Unterrichtsphasen durchgängig gewährleistet ist. Im Vergleich zu dem in der Grundstufe der Waldorfschulen gängigen Frontalunterricht, der ein Relikt aus Wilhelminischer Zeit darstellt und kaum als Einstimmung auf das spätere kommunikative Leben der Schüler gelten kann, bieten verschiedene Dialogformen im Unterricht beispielsweise eine Vorbereitung auf Teamarbeit im beruflichen Leben des späteren Jugendlichen und Erwachsenen. Nur in dem Raum von freier Rede und Antwort kann das Kind seine Individualität, sein soziales Handeln und den eigenen Glauben erproben. Rezeptiver Unterrichtsstil, Tagtraum und künstlerische Wiederholung können kein Ersatz für den Ausdruck eigener Gefühle und Gedanken sein. Im Vergleich zu dem in Wilhelminischer Zeit vorherrschenden pädagogischen Prinzip "Lehrer und Belehrter" kommt in heutiger Zeit einem veränderten kommunikativen Grundverständnis Bedeutung zu. Kommunikative Formen des 19. Jahrhunderts hatten ihre Wurzel in einer anderen Gesellschaft als der heutigen.[125]

Die Didaktik des freichristlichen Religionsunterrichts weist nicht nur ein Defizit im Hinblick auf die wissenschaftliche Verankerung des Schülergesprächs auf, sondern auch hinsichtlich des *interreligiösen Gesprächs*. Weder in den Lehrplanvorträgen R. Steiners noch in den religionspäda-

---

[122] MÖDE, Erwin, Zwischen Pastorale und Psychologie, S. 69.
[123] Vgl. MÖNKS, Frank J., Montessori-Pädagogik und Begabtenförderung, in: Montessori und die Defizite der Regelschule, Hg.: HABERL, Herbert, Wien 1993, S. 136.
[124] Vgl. FOITZIK, Karl / HARZ, Frieder, Religionsunterricht vorbereiten, S. 17.
[125] Vgl. die zu der oben dargestellten Kernaussage und Kernthese gehörige statistische Auswertung des Fragebogenrücklaufs im Rahmen der Umfrage zum freichristlichen Religionsunterricht, Frage 7 des Fragebogens zum freichristlichen Religionsunterricht, Anhang, S. 22 f.

gogischen Vorgaben H. Hahns werden interreligiöse Themen und Fragestellungen zum Ausdruck gebracht. Im Lehrplan für den evangelischen
Religionsunterricht an öffentlichen Grundschulen in Bayern werden vergleichsweise folgende Unterrichtsziele für die 3. Klasse angegeben: "Juden
verstehen lernen"[126] oder "Muslimen begegnen".[127] Werden anthroposophische Lerninhalte, die gemäß dieser Untersuchungen im freien Religionsunterricht vermittelt werden, nicht in die freie Diskussion bzw. in das
interreligiöse Gespräch gehoben, werden sie auch nicht kritisierbar!
Subjektive Einstellungen und Haltungen bleiben zugunsten apriorisch
festgesetzter, (nicht besprechbarer) dogmatischer Geltungsansprüche ausgeklammert. Ein Verstehen des anderen im Rahmen *seines persönlichen*
Gefühls-, Denk- und Glaubenshorizonts wird eingeschränkt. Wege zur
persönlichen Artikulation, zu Individuation und zu sozialer Lebensgestaltung bleiben unbeschritten. Offene Kommunikation findet nicht statt. In
diesem Zusammenhang sei auf J. Habermas' Unterscheidung zwischen
kommunikativen und nicht kommunikativen (z.B. perlokutionären)
Sprech- und Handlungsakten hingewiesen:

> "Für kommunikatives Handeln sind nur solche Sprechhandlun-
> gen konstitutiv, mit denen der Sprecher kritisierbare Geltungs-
> ansprüche verbindet. In den anderen Fällen, wenn ein Sprecher
> mit perlokutionären Akten nicht-deklarierte Ziele verfolgt, zu
> denen der Hörer überhaupt nicht Stellung nehmen kann [...],
> bleibt das in sprachlicher Kommunikation stets enthaltene Poten-
> tial für eine durch Einsicht in Gründe motivierte Bindung
> brachliegen."[128]

---

[126] KATECHETISCHES AMT – HEILSBRONN (Hg.), Lehrplan für den evangelischen Religionsunterricht an Grundschulen in Bayern, 1. bis 4. Jahrgangsstufe,
S. 99.

[127] Ebd., S. 101.

[128] HABERMAS, Jürgen, Theorie des kommunikativen Handelns, Bd. 1, S. 410.
Vgl. die zu der oben dargestellten Kernaussage und Kernthese gehörige statistische Auswertung des Fragebogenrücklaufs im Rahmen der Umfrage zum freichristlichen Religionsunterricht, Frage 8 des Fragebogens zum freichristlichen
Religionsunterricht, Anhang, S. 23 f.

Wie dem Schülergespräch ist man in der Waldorfpädagogik (Grundstufe) auch modernen *Unterrichtsmedien* gegenüber sehr zurückhaltend. Folien und Arbeitsblätter finden so gut wie keinen Einsatz. Eine künstlerische Gestaltung des Unterrichts im Sinne Steinerscher Gefühls- und Willenserziehung wird bevorzugt. Nach Ansicht der Autorin soll im Unterricht die moderne Medienflut zwar nicht übermäßig vertieft werden. Jedoch sollten sich (Religions-)Pädagogen an der Schwelle zum dritten Jahrtausend modernem Unterrichtsmaterial nicht ganz verschließen. Steiners Naturmystik steht im Gegensatz zur heutigen modernen Technologie. Technik gehört aber zum integralen Bestandteil der postmodernen Welt. Der Verzicht im freichristlichen Religionsunterricht auf moderne Medien läßt einen wesentlichen, lebensweltlichen Bezug des Kindes irrelevant werden. Die in dem ausgearbeiteten Unterrichtsentwurf geplanten Medien sind Tafellandkarte, Hörspiel, Arbeitsblatt, Tafel, Heft, Folie und Lied: Die Arbeit an der Tafellandkarte, auf der die Schüler eingangs noch einmal den Weg der Israeliten aufzeigen, bietet z.B. eine gute Übungsmöglichkeit im Kartenlesen. Tonband und Folien gehören heute zum gängigen und unverzichtbaren Medienrepertoire von Allgemeinheit und Schule. Durch frühe Gewöhnung an moderne Arbeitsmittel können die Schüler an späteren Medienumgang, z.B. an Universitäten, adaptiert werden. Im Vergleich zum künstlerischen Anspruch der Waldorfpädagogik werden Tafeltabelle und Tabellenübernahme in das Heft einem analytisch-denkerischen Anspruch gerecht: Kognitive Leistung wird so gefördert, und auf bewußtes Unterscheidungsvermögen wird hingewirkt. Das am Ende des Unterrichts im Kreis gesungene Lied fördert Gemeinschaftsgefühl und Vertrauen. "Christliche Existenz wurzelt nicht im Linearen des technisch Erzwingbaren [...]."[129] Das Kind von heute ist aber tagtäglich in hohem Maß von Reizen überflutet, so daß bunte (Tafel-)Bilder mit der heutigen Lebensrealität des Kindes kaum mehr etwas zu tun haben, also nicht an seine

---

[129]   REST, Franco, Waldorfpädagogik. Anthroposophische Erziehung als Herausforderung für öffentliche und christliche Pädagogik, Mainz/Stuttgart 1992, S. 127.

Lebenswelt anknüpfen.[130]

Eine strukturierte Zusammenschau aller geplanten Unterrichtsschritte bietet schließlich gemäß der vergleichsweise herangezogenen religionsdidaktischen Schrift in einem *fünften* Schritt der Unterrichtsvorbereitung die *Verlaufsplanung* in standardisierter Form.[131] Eine dergestalt durchstrukturierte, methodische Übersicht des Unterrichtsverlaufs kennt die Religionsdidaktik des freichristlichen Unterrichts *nicht*. Der anthroposophische Religionspädagoge richtet sich heute nach wie vor im wesentlichen an den (verstreuten) Aufsätzen Steiners und einigen wenigen modernen Aufsätzen aus, die sich im allgemeinen an Steiners Vorgaben halten. Die Unterrichtsdurchführung bleibt weitgehend in das Ermessen der Fachkraft gestellt.

Als Zwischenergebnis läßt sich festhalten: Didaktik und Methodik des freien Religionsunterrichts spiegeln den anthroposophischen Ideenhorizont wider: Gnostische, pantheistische, individual-ethische und allgemeinerzieherische Prämissen der Anthroposophie des frühen 20. Jahrhunderts prägen den freichristlichen Religionsunterricht von heute. Dies verleiht ihm einen geradezu anarchronistisch-nostalgischen Zuschnitt (z.B. in der Wahl der Metaphern und Märchen, der Sprachebene usw.). Zugunsten anthroposophischer Werte treten entwicklungspsychologisches Wissen, Unterrichtsinstrumentarien (z.B. Verlaufsplan) und Schülergespräche in den Hintergrund. Eine bemerkenswerte *Kluft* zwischen *transzendentem Anspruch* und *empirischer Schulpraxis* tut sich auf. Die Untersuchungen zeigten, daß im freichristlichen Unterricht kaum die Basis zur Entwicklung eines eigenen, persönlichen Glaubensbewußtseins des Kindes gelegt wird. Freier Wille, Individuationsprozesse und die soziale Entfaltung des Kindes werden wohl wenig gefördert. Angesichts des heute immer weiter fort-

---

[130] Vgl. die zu der oben dargestellten Kernaussage und Kernthese gehörige statistische Auswertung des Fragebogenrücklaufs im Rahmen der Umfrage zum freichristlichen Religionsunterricht, Frage 9 des Fragebogens zum freichristlichen Religionsunterricht, Anhang, S. 24 f.

[131] Vgl. FOITZIK, Karl / HARZ, Frieder, Religionsunterricht vorbereiten, S. 26, S. 37 und passim.

schreitenden "Verfalls der menschlichen Persönlichkeit"[132] bedarf es allerdings einer (religiösen) Erziehungspraxis, in der einerseits dem individuellen Kind Halt im Göttlich-Transzendenten vermittelt wird, in der es andererseits in seiner individuellen Struktur und komplexen sozialen Realität wahrgenommen wird. So jedenfalls argumentieren die namhaften Fachvertreter der Religionsdidaktik seitens der Großkirchen. Ihnen ist zuzustimmen. Grundanliegen ist hier nicht der anthroposophische Blick auf das Kind, sondern der Blick des Kindes selbst.[133]

1.3 Schematische Darstellung einer Unterrichtsverlaufsplanung[134] nach gängiger Methodik, am Beispiel: "Der Durchzug der Israeliten durch das Schilfmeer"

Im weiteren Verlauf dieses III. Kapitels soll nun der oben aufgeführte Unterrichtsverlauf schematisch dargestellt werden, wie es in standardisierter Form in gängiger Religions- und Grundschuldidaktik üblich ist. Als Thema der Unterrichtsstunde wurde ausgewählt: "Der Durchzug der Israeliten durch das Schilfmeer."[135] Zielgruppe ist die 4. Grundschulklasse. Eine Verlaufsplanung in standardisierter Tabellenform stellt für die Fachkraft einen unerlässlichen roten Faden dar, um die Unterrichtsstunden in strukturierter Zusammenschau zu planen. In der Methodik des freien Religionsunterrichts ist ein solcher Stundenverlauf wissenschaftlich nicht verankert, wohingegen er Baustein derzeitiger, gängiger Unterrichtsplanung ist.

---

[132] Vgl. DIETZ, Karl-Martin, Waldorfpädagogik am Ende des 20. Jahrhunderts, S. 9.
[133] Vgl. die zu der oben dargestellten Kernaussage und Kernthese gehörige statistische Auswertung des Fragebogenrücklaufs im Rahmen der Umfrage zum freichristlichen Religionsunterricht, Frage 10 des Fragebogens zum freichristlichen Religionsunterricht, Anhang, S. 25 f.
[134] Es besteht eine Vielzahl von Möglichkeiten, den Verlauf des Unterrichts schematisch darzustellen. Allgemein üblich ist die Spaltenform. (Vgl. MARAS, Rainer, Unterrichtsgestaltung in der Grundschule, S. 34 oder FOITZIK, Karl / HARZ, Frieder, Religionsunterricht vorbereiten, S. 76).
[135] Vgl. die schematische Verlaufsplanung, S. 300 dieser Arbeit.

Thema: Der Durchzug der Israeliten durch das Schilfmeer.

Grobziel: Die Schüler sollen am Beispiel der Schilfmeerwanderung offen werden, daß Gott auch in der Angst bei den Menschen ist.

Lernschritte Feinziele	Inhaltlicher Verlauf	Aktions- und Sozialformen	Medien
Feinziel 1 Die Schüler sollen sich noch einmal die Situation des Auszugs und den geplanten Weg der Israeliten durch die Wüste ins Gedächtnis rufen.	L: wiederholt das Wichtigste zum Auszug der Israeliten aus Ägypten (Plagen, Pharao).	Kreisgespräch	
	L: Vor einigen Tagen haben wir etwas über den geplanten Weg der Israeliten nach Kanaan erfahren. Wer zeigt uns ihren Weg auf der Landkarte?	Impuls Kreisgespräch	Landkarte
Feinziel 2 Die Schüler sollen das Hörspiel zur biblischen Situation "Der Durchzug der Israeliten durch das Schilfmeer" auf sich wirken lassen und sich frei dazu äußern.	L: Wir hören jetzt gemeinsam ein Hörspiel, das uns etwas über den schwierigen Weg der Israeliten durch die Wüste wissen läßt.	Kreis	Hörspiel Tonband Kassette
	L: Was habt Ihr beim Hören gefühlt und gedacht?	Impuls freie Aussprache Kreisgespräch	

Lernschritte Feinziele	Inhaltlicher Verlauf	Aktions- und Sozialformen	Medien
Feinziel 3 Die Schüler sollen sich der Unterlegenheit der Israeliten gegenüber den Ägyptern und der damit verbundenen Angst bewußt werden und einen Transfer zum eigenen Leben herstellen.	L: (das Gebiet auf der Landkarte zeigend): Hier also leben die Ägypter. Folgende schriftliche Arbeitsaufträge gelten jetzt, die bitte in Partnerarbeit durchgeführt werden sollen: 1. Vergleicht einmal Land und Waffen der Ägypter mit dem, was die Israeliten haben und schreibt es auf. 2. Wie haben sich wohl die Israeliten gefühlt, als sie von den Streitwagen der Ägypter verfolgt wurden?	Arbeitsauftrag	Landkarte Arbeitsblatt
	S: Die Ägypter haben ein großes Land. Die Israeliten ziehen durch die Wüste, sie haben gar kein Land, sind arm ...	schriftliche Partnerarbeit	
	S: Die Israeliten fühlen sich bedroht, haben Angst, wollen umkehren... Die Ägypter haben keine Angst, sie besitzen Waffen, Streitwagen ... (L hält sich an S und trägt in Spalten ein).	schriftliche Partnerarbeit LSG	TB Tabelle (zweispaltig)

Lernschritte Feinziele	Inhaltlicher Verlauf	Aktions- und Sozialformen	Medien
	L: fertigt Spalten an der Tafel an und trägt ein: Ägypter / Israeliten großes Land / kein Land (Nomaden) reich / arm Streitwagen / keine Streitwagen keine Angst / Angst	Systematisierung LSG	TB Tabelle
	L: Denkt jetzt einmal an Euch selbst. Kennt Ihr auch solch angstvolle, hoffnungslos erscheinende Augenblicke? Erzählt.	Impuls LSG	
	L: fügt eventuell Stichworte in die rechte Spalte ein.		TB
	L: Was wir zusammen erarbeitet haben, und was Ihr erzählt habt, macht uns etwas ganz deutlich.	Impuls	
Ergebnissicherung	S: Die Ägypter sind den Israeliten überlegen. Die Israeliten fühlen sich hilflos und verlassen. Auch wir kennen in unserem Leben ähnliche Situationen und Angstgefühle.		

Lernschritte Feinziele	Inhaltlicher Verlauf	Aktions- und Sozialformen	Medien
	L: Übertragt jetzt die Tabelle bitte in Eure Hefte.	Arbeitsauftrag Einzelarbeit	Hefte TB Tabelle
Feinziel 4 Die Schüler sollen offen und bewußt werden, daß durch Moses Vermittlung und Gottes Treue und Wunder den Israeliten geholfen wird.	L: In dieser großen Not geschah aber etwas Unerwartetes und Wunderbares. Erzählt! S: Mose hat mit den Israeliten und mit Gott gesprochen ... Gott hilft durch Wunder ... Mose streckt seinen Stab aus ...	Impuls LSG LSG	Folie (Moses mit seinem Stab, geteilte Fluten)
Feinziel 5 Die Schüler sollen empfinden, daß Gott selbst bei hoffnungslos erscheinenden Situationen bei den Menschen ist.	L: Wir wollen zusammen zum Abschluß nun ein Lied singen, in dem alles zum Ausdruck kommt, was wir heute besprochen haben.	Impuls Kreis	Lied

2. Erstspracherwerb an Waldorfschulen (Klasse 1)

2.1 Didaktik und Methodik zu Kunst und Kosmos

Das vorausgehende Kapitel konturierte zunächst die Didaktik und Methodik des freien Religionsunterrichts (Grundstufe) an Steiner-Schulen. Unsere anschließenden Untersuchungen zeigten, daß die Didaktik des freien Religionsunterrichts gnostische, pantheistische, individual-ethische und allgemeinerzieherische Prämissen der Anthroposophie des frühen 20. Jahrhunderts widerspiegelt, dabei aber moderne Unterrichtsinstrumentarien wie das offene Schülergespräch oder entwicklungspsychologisches und schulpsychologisches Wissen nicht perspektuiert. Die in Kapitel II durchgängig aufgezeigte Aporie zwischen transzendentem Anspruch der esoterisch geprägten anthroposophischen Pädagogik und der empirischen Schulpraxis wurde auch im Hinblick auf den freichristlichen Religionsunterricht aufgezeigt.

Im folgenden Kapitel soll nun der sprachliche Anfangsunterricht an Steiner-Schulen diskutiert werden: Daß in der Waldorfschule die Kenntnisse des Sprechens, Schreibens und Lesens vermittelt werden, steht außer Frage. Folgende Überlegungen aber rechtfertigen eine genauere Untersuchung des nach spezieller anthroposophischer Methode gehandhabten Erstspracherwerbs: Vertrauen des Kindes in die eigene Sprache und sprachliche Kompetenz bilden die Basis für eine bewußte Begegnung und Auseinandersetzung mit sich, mit den anderen und mit der realen Lebenswelt und damit auch die Basis für Individuation und eine soziale Lebensgestaltung. Der Deutschunterricht der Erstkläßler an Steiner-Schulen wird im Vergleich zum Erstspracherwerb an öffentlichen Schulen nach einer spezifisch künstlerischen Methode im Sinne anthroposophischer Willens- und Gefühlsbildung durchgeführt und vollzieht sich dabei vergleichsweise zeitlich verzögert.[136] Diese Sachverhalte fordern die Frage heraus, inwieweit der heute an den Waldorfschulen praktizierte sprachliche Anfangsunterricht in der Tat auch dem Anspruch einer Erziehung des

---

[136] Hierauf soll später noch näher eingegangen werden.

Kindes zu Freiheit gerecht wird. Die Auswahl des Themas "Erst-spracherwerb" für unsere vergleichenden Untersuchungen bietet sich zudem auch im Hinblick auf eine Vertiefung der Analysen zum anthro-posophischen Sprachverständnis (Kapitel II.2.2.3) an. Im folgenden sei, wie im vorangehenden Kapitel hinsichtlich der methodischen Vorgehens-weise dargelegt wurde, in einem ersten Schritt die Didaktik und Methodik des Erstsprachunterrichts an Steiner-Schulen vorgestellt. Die fachspezi-fischen Darstellungen stützen sich schwerpunktmäßig auf Vorträge R. Steiners sowie auf die an Waldorfschulen gängige Schrift zum Schreib- und Leseunterricht in der Grundstufe von Erika Dühnfort[137], die sich in wesentlichen Zügen an Steiners Vorgaben orientiert. Alternatives, moder-nes methodisch-didaktisches Arbeitsmaterial ist, wie die Nachforschungen der Autorin ergaben, so gut wie nicht vorhanden.[138] Im Vergleich zu den breit aufgefächerten Lehrplänen der öffentlichen Grundschulen liegt für den Deutschunterricht der Grundstufe an Steiner-Schulen *kein detailliert ausgearbeitetes,* aktualisiertes Curriculum vor. Das curriculare Angebot für die Klassen 1 bis 12 der Freien Waldorfschulen besteht aus dem 61-seitigen Bändchen von C. v. Heydebrand "Vom Lehrplan der Freien Wal-dorfschulen".[139] Hinsichtlich des Schreib-, Lese- und Sprachunterrichts der 1. Klasse wird darin lediglich *eine* Seite in Anspruch genommen. Das in neuerer Zeit erschienene Buch "Zur Unterrichtsgestaltung im 1. bis 8. Schuljahr an Waldorf-/Rudolf Steiner-Schulen[140] weist zum Deutsch-unterricht der Grundstufe einige wenige Lernziele und Unterrichtshinweise

---

137 Vgl. DÜHNFORT, Erika, Rechtschreibung. Welchen pädagogischen Wert kann sie haben? Waldorfpädagogik in der methodischen Handhabung des Schreib- und Leseunterrichts, Stuttgart 1992.

138 Vgl. BOSCH, Bernhardt, Grundlagen des Erstleseunterrichts, Ratingen [5]1961; vgl. SCHWARTZ, Erwin, Der Leseunterricht, Braunschweig [2]1967. Beide Schriften sind anthroposophisch orientiert.

139 FREIE WALDORFSCHULE STUTTGART (Hg.), Vom Lehrplan der Freien Waldorfschule, bearbeitet von Caroline von Heydebrand, Stuttgart [10]1996. Diese neue Ausgabe von 1996 ist fast identisch mit der Ausgabe von 1978.

140 Vgl. PÄDAGOGISCHE SEKTION DER FREIEN HOCHSCHULE FÜR GEISTESWISSENSCHAFT / PÄDAGOGISCHE FORSCHUNGSSTELLE BEIM BUND DER FREIEN WALDORFSCHULEN (Hg.), Zur Unterrichts-gestaltung im 1. bis 8. Schuljahr an Waldorf-/Rudolf Steiner-Schulen, Dornach/ Schweiz o. J.

für den Klassenlehrer auf.[141] Wie die kleine Schrift von C. v. Heydebrand orientiert sich auch dieses Buch im wesentlichen an R. Steiners Vorträgen. Zunächst sei, wie im vorigen Kapitel, im Rahmen der Einblendung allgemein-didaktischer und methodischer Angaben Steiners etwas näher auf den sog. Hauptunterricht eingegangen: Dieser bildet den Rahmen für den Deutschunterricht und andere Epochenschwerpunkte:

Der Hauptunterricht[142] wird jeden Morgen von 8 bis 10 Uhr unter Leitung des Klassenlehrers durchgeführt. Ein besonderes, pädagogisches Ziel an Steiner-Schulen ist die durchgängige Begleitung der Schüler durch einen Klassenlehrer während der ersten acht Schuljahre. Ein "richtiger Lehrer"[143] könne auch "in überfüllten Klassen lehren"[144], so Steiner. Auch heute noch befinden sich in den meisten Grundschulklassen der Waldorfschulen an die 40 Schüler.[145] Im Hauptunterricht werden, schwerpunktmäßig nach Epochen gegliedert, ausgewählte Stoffgebiete mehrere Wochen hindurch bearbeitet[146], so z.B. zum Schulbeginn das Formenzeichnen, die Druckbuchstaben, später das Rechnen. Die einzelnen täglichen Hauptunterrichtseinheiten sind in besonderer Weise strukturiert: Den Auftakt bildet der sog. rhythmisch(-künstlerische) Teil des Hauptunterrichts: In den ersten vier Jahrgangsstufen beginnt die Klasse morgens mit einem gemeinsam gesprochenen Morgenspruch den Unterricht. Das Vortragen der Zeugnissprüche[147] durch die einzelnen Schüler einer Klasse,

---

[141] Vgl. zur 1. Jahrgangsstufe das Kapitel "Pflege der Sprache". (Ebd., S. 52 ff.).

[142] Vgl. STEINER, Rudolf, Erziehungskunst. Seminarbesprechungen und Lehrplanvorträge, Menschenkunde und Erziehungskunst Dritter Teil, S. 16 ff.

[143] Ebd., S. 9.

[144] Vgl. ebd.

[145] Dies ergab eine Nachfrage beim "Bund der Freien Waldorfschulen" in Stuttgart im Oktober 1998. Klassenstärken von annähernd 40 Schülern sind in der Grundstufe Freier Waldorfschulen nach wie vor üblich, auch wenn seitens der Freien Hochschule für anthroposophische Pädagogik in Mannheim desiderativ Schülerzahlen zwischen 28 und 35 gehandelt werden. (Nachfrage im April 2002 vor Drucklegung dieser Arbeit).

[146] Vgl. STEINER, Rudolf, Erziehungskunst. Seminarbesprechungen und Lehrplanvorträge, Menschenkunde und Erziehungskunst Dritter Teil, S. 17.

[147] Jeder Schüler erhält mit dem Wechsel in eine andere Klassenstufe vom Klassenlehrer einen neuen Zeugnisspruch. Dieser soll jeweils auf den Charakter des einzelnen Kindes zugeschnitten sein.

ein musikalischer Teil und das gemeinsame Aufsagen von Reimen und Gedichten sind weitere Bestandteile des rhythmisch-künstlerischen Teils des Hauptunterrichts. In seiner Schrift "Die Kunst des Erziehens" drückt R. Steiner sein Anliegen eines lebendigen Unterrichts folgendermaßen aus:

> "Also zwischen dem Zahnwechsel und der Geschlechtsreife müssen Sie sich mit Bildern an den Rhythmus wenden. Sie müssen alles, was Sie beschreiben, was Sie betreiben, so gestalten, daß der Kopf möglichst wenig dabei beteiligt ist, daß das Herz, der ganze Rhythmus, alles, was künstlerisch, rhythmisch ist, daran beteiligt ist."[148]

Durch künstlerisch-rhythmische Tätigkeiten sollen im Sinne Steiners Menschenkunde zu einfühlender Wiederholung Willens-, Gefühls- und Sinnesqualitäten des Kindes gefördert werden. Kopfarbeit solle generell "nicht mehr als täglich eineinhalb Stunden"[149] dauern, so Steiners Hinweis. Dem abstrakten Denken kommt, wie schon in Kapitel II dieser Arbeit herausgestellt wurde, in der Grundstufe der Waldorfschulen generell eine sekundäre Bedeutung zu: Nach Steiners Sichtweise legt ein künstlerisch-rhythmisch geprägter Unterricht wie "Musikalisches, Zeichnerisches, Plastisches"[150] den Grundstein für die spätere Denkfähigkeit der Schüler.[151] Auf den rhythmischen Teil des Hauptunterrichts folgt dann der Lernteil, in dessen Rahmen die unterschiedlichen Epochenschwerpunkte zum Tragen kommen. Den Abschluß des Hauptunterrichts bildet der Erzählteil, der nach Steiners Aussage eine halbe Stunde dauern soll.[152]

---

[148]   STEINER, Rudolf, Die Kunst des Erziehens aus dem Erfassen der Menschenwesenheit, S. 17.

[149]   STEINER, Rudolf, Erziehungskunst. Seminarbesprechungen und Lehrplanvorträge, Menschenkunde und Erziehungskunst Dritter Teil, S. 17.

[150]   STEINER, Rudolf, Erziehungskunst. Methodisch-Didaktisches, Erziehungskunst II, S. 85.

[151]   Vgl. ebd.

[152]   STEINER, Rudolf, Erziehungskunst. Seminarbesprechungen und Lehrplanvorträge, Menschenkunde und Erziehungskunst Dritter Teil, S. 17.

Im folgenden sei nun im Hinblick auf die vergleichenden Untersuchungen näher auf den Verlauf der ersten Schulstunde[153] eingegangen (der von Steiner im vierten Vortrag "Zur Erziehungskunst II" präzise dargestellt wird), und zwar aus folgenden Gründen: 1. Zum einen wirft der Tenor der von Steiner angegebenen Unterrichtsgestaltung ein generelles Licht auf das Schüler-Lehrer-Verhältnis, wie es von ihm begrüßt und verstanden und heute noch von vielen Klassenlehrern nachvollzogen wird. 2. In der ersten Schulstunde geht es schwerpunktmäßig um *Grundformen* des Formenzeichnens, nämlich um die Krumme und die Gerade, Formen, auf die die erste *mehrwöchige Formenzeichnenepoche* zu *Beginn des 1. Schuljahres* aufbaut.[154] An staatlichen Grundschulen wird vergleichsweise (nach einer kurzen Formübungs-Vorlaufzeit) *gleich* mit dem *Erlernen der (Druck-)Buchstaben* begonnen. 3. Zum anderen liegt der Steinerschen Didaktik und Methodik zur Einführung der großen Druckbuchstaben die gleiche Idee zugrunde wie dem von Steiner dargestellten Unterrichtsgeschehen zur Krummen und Geraden, nämlich die Idee der intuitiven Einfühlung in den "einen Gedankeninhalt der Welt".[155]

Die in R. Steiners Vortrag zur ersten Schulstunde präzise dargestellte Methodik zur Krummen und Geraden wird auch heute noch von den Klassenlehrern übernommen. Steiner schlägt zunächst vor, die Kinder darauf aufmerksam zu machen, weshalb sie da seien: Der Klassenlehrer solle ihnen vor Augen führen, daß sie zum Lernen in die Schule gekommen seien. Er solle an die Schüler den Gedanken herantragen, daß sie etwas von den Erwachsenen lernen werden, was sie selbst noch nicht können. Steiners Worte lauten:

---

[153] Vgl. STEINER, Rudolf, Erziehungskunst, Methodisch-Didaktisches, Erziehungskunst II, S. 52 ff.
[154] Vgl. PÄDAGOGISCHE SEKTION DER FREIEN HOCHSCHULE FÜR GEISTESWISSENSCHAFT / PÄDAGOGISCHE FORSCHUNGSSTELLE BEIM BUND DER FREIEN WALDORFSCHULEN (Hg.), Zur Unterrichtsgestaltung im 1. bis 8. Schuljahr an Waldorf-/Rudolf Steiner-Schulen, S. 49.
[155] Vgl. Kap. II. 2.1 dieser Arbeit.

"Nun, ihr habt doch auch schon Bekanntschaft gemacht mit den Erwachsenen, mit den großen Leuten, und da werdet ihr gesehen haben, daß sie etwas machen können, was ihr nicht könnt."[156]

Ein besonderes erzieherisches Ziel sei, das Kind die Erwachsenen als "etwas höhere Wesen"[157] empfinden zu lassen: Das, was das Kind zwischen dem 7. und 15. Jahre aufnähme, geschehe nämlich aus Liebe und Autorität gegenüber dem Erzieher[158], so Steiner. Im weiteren Verlauf der ersten Schulstunde solle der Pädagoge die Klasse auf folgendes hinweisen: Lesen lernen werde das Kind bald wie die Erwachsenen, auch Bücher lesen und Briefe schreiben.[159] "[...] Rechnen muß man im Leben können, wenn man zum Beispiel etwas zum Essen einkaufen will, oder wenn man Kleider einkaufen oder anfertigen will."[160] Steiner spricht sich in seinem Vortrag für die praktischen Bezüge des Unterrichtsstoffes zum Leben aus.[161] Nach den Hinweisen auf die praktische Seite des Lesens, Schreibens und Rechnens könne der Klassenlehrer dann zu folgendem übergehen: "Sieh dich einmal selber an. Du hast zwei Hände, eine linke Hand und eine rechte Hand. Diese Hände hast du zum Arbeiten [...]."[162] Der Hinweis des Pädagogen auf den Sinn der Hände, nämlich jenen der Handarbeit, lenkt über zu folgendem Unterrichtsgeschehen: Der Klassenlehrer solle großformatig auf die eine Tafelhälfte eine Gerade zeichnen.[163] Er rufe nacheinander Kinder heraus, die ebenfalls eine solche Gerade an die Tafel zeichnen sollen. Mit der Krummen verfahre der Pädagoge gleichermaßen. Für die erste Schulstunde schlägt Steiner auch das Wasserfarbenmalen vor: Man könne z.B. die Farbe blau neben die Farben gelb und grün setzen.[164] Dann solle die Lehrkraft darauf hinweisen, daß blau neben gelb schöner sei

---

[156]   STEINER, Rudolf, Erziehungskunst. Methodisch-Didaktisches, Erziehungskunst
        II, S. 53.
[157]   Ebd.
[158]   Vgl. ebd., S. 54.
[159]   Vgl. ebd.
[160]   Ebd.
[161]   Vgl. ebd., S. 55.
[162]   Ebd., S. 56.
[163]   Vgl. ebd.
[164]   Vgl. ebd., S. 57.

als grün neben gelb.[165] Es solle bei den Schülern bewirkt werden, gefühlsmäßig "[...] ein Schönes von einem weniger Schönen [...]"[166] zu unterscheiden.

Im Sinne R. Steiners künstlerisch orientierter Pädagogik wird während der ersten vier bis sechs Wochen nach der ersten Schulstunde, wie gesagt, an Waldorfschulen das *(farbige) Formenzeichnen* geübt. Die erste Formenzeichnenepoche dient der Vertiefung und Fortführung der Krummen und Geraden "rein um der Form willen."[167] Sie soll die Schüler auch auf das Schreiben vorbereiten.[168]

> "Dabei geht es auch darum, die verschiedenen Raumesrichtungen bewußt zu machen. Im Anschluß an die Senkrechte, Waagrechte, Schräge leitet man über zu Winkelformen, Dreiecken, Vierecken, Sternformen."[169]

Bei seiner Vermittlung achte der Pädagoge besonders auch auf die verschiedenen Temperamente der Schüler.[170] Die Formen werden im allgemeinen vom Klassenlehrer an der Tafel vorgezeichnet und von den Schülern auf Papier nachvollzogen (Prinzip der einfühlenden Wiederholung). Gemäß Steiners Plazet für unterrichtliche Sinnespflege werden die Formen auch bewegungsmäßig wiederholt (Bewegungssinn): So können die Schüler diese z.B. mit den Händen in die Luft oder auf die Bank zeichnen. Üblich ist, die gelernten Formen zum Stundenabschluß mit (bunten) Wachsfarben von der Tafel in das je eigens angelegte

---

165   Vgl. STEINER, Rudolf, Erziehungskunst. Methodisch-Didaktisches, Erziehungskunst II, S. 58.

166   Ebd.

167   STEINER, Rudolf, Erziehungskunst. Seminarbesprechungen und Lehrplanvorträge, Menschenkunde und Erziehungskunst Dritter Teil, S. 155.

168   Vgl. ebd., S. 115.

169   PÄDAGOGISCHE SEKTION DER FREIEN HOCHSCHULE FÜR GEISTESWISSENSCHAFT / PÄDAGOGISCHE FORSCHUNGSSTELLE BEIM BUND DER FREIEN WALDORFSCHULEN (Hg.), Zur Unterrichtsgestaltung im 1. bis 8. Schuljahr an Waldorf-/Rudolf Steiner-Schulen, S. 49.

170   Vgl. STEINER, Rudolf, Erziehungskunst. Seminarbesprechungen und Lehrplanvorträge, Menschenkunde und Erziehungskunst Dritter Teil, S. 34 ff.

Epochenheft abzuzeichnen. Sie können auch mehrfach bunt umrandet werden.

Was den eigentlichen Anfangsunterricht im Schreiben und Lesen betrifft, werden zunächst nach der ersten Formenzeichnenepoche auf synthetischem Weg die *großen Druckbuchstaben* eingeführt. Hierbei werden die Mitlaute als Zeichen äußerer Dinge, die Selbstlaute als Repräsentanten gefühls-mäßiger Werte interpretiert und erklärt.[171] Der große Druckbuchstabe "F" wird z.b. anhand des Bildes eines Fisches verstehbar gemacht. Der Groß-buchstabe "A" kann, so Steiners methodischer Hinweis, anhand einer Winkelform erklärt werden, "[...] wie wenn von deinem Inneren hinaus-gegangen wäre wie in einem Winkel aus deinem Mund der Sonnen-strahl."[172] Später könne der Pädagoge von einzelnen Buchstaben zu ganzen Worten übergehen.[173] Auf dem analytischen Weg könne er auch das einzelne Wort aus dem Satz, die großen Druckbuchstaben aus dem Wort-ganzen heraus entwickeln.[174] Steiner schlägt z.b. die akustische Analyse gleicher Druckbuchstaben an den Anfängen verschiedener Worte vor, z.B. "B" bei Bad, Band und Bär.[175] Im Vergleich zum Erstspracherwerb an öffentlichen Grundschulen ist im Rahmen der Waldorfpädagogik *kein* ausdrückliches Ziel, daß die Schüler am Ende der 1. Klasse selbständig Wortverbindungen zu Sätzen schreiben können:

> "Bei dem ersten Schreiben (ohne Lesen) handelt es sich um Abschreiben [...]. Anfangs kann es sich nur um sehr kleine Texte handeln, Sätzchen aus drei bis sechs Wörtern. [...] Bis zum Ende

---

[171] Vgl. S. 185 f. dieser Arbeit.
[172] STEINER, Rudolf, Erziehungskunst. Methodisch-Didaktisches, Erziehungskunst II, S. 73.
[173] Vgl. PÄDAGOGISCHE SEKTION DER FREIEN HOCHSCHULE FÜR GEISTESWISSENSCHAFT / PÄDAGOGISCHE FORSCHUNGSSTELLE BEIM BUND DER FREIEN WALDORFSCHULEN (Hg.), Zur Unterrichts-gestaltung im 1. bis 8. Schuljahr an Waldorf-/Rudolf Steiner-Schulen, S. 56 f.
[174] Vgl. STEINER, Rudolf, Erziehungskunst. Methodisch-Didaktisches. Erziehungs-kunst II, S. 12 f. Steiner kommt hier auf das Verhältnis von Satz und Wort zu sprechen: Vom Ganzen solle man zum Einzelnen gehen. (Vgl. ebd., S. 13).
[175] Vgl. ebd., S. 68 ff.

des ersten Schuljahres verkleinert sich das Format, jedoch immer noch nicht bis zur normalen Schriftgröße."[176]

Für das Zeichnen der großen Druckbuchstaben ist an den Freien Waldorf- schulen zunächst ausschließlich der Gebrauch von Wachsfarbstiften üblich. Langsam soll dann in der 2. Klasse zu den Buntstiften und in der 3. Klasse zu Feder und Tinte übergegangen werden[177], so der Hinweis der methodisch-didaktischen Schrift "Zur Unterrichtsgestaltung im 1. bis 8. Schuljahr an Waldorf-/Rudolf Steiner-Schulen". Am Ende der 2. Klasse könne eventuell schon die lateinische Schreibschrift erlernt werden.[178] Mit dem Lesen zusammenhängender Texte wird an Freien Waldorfschulen im allgemeinen nicht in der 1. Klasse begonnen. Gezielte Leseübungen finden hier nicht statt: Das Lesenlernen wird "[...] erst um die Mitte des zweiten Schuljahres [...] angestrebt."[179] Es "geht das Schreiben wegen der an ihm stärker beteiligten Willenstätigkeit (Motorik) über längere Zeit dem Lesen- Lehren voraus."[180] Für das Erlernen der großen Druckbuchstaben gilt das gleiche methodische Prinzip wie für das (erste) Formenzeichnen: Die Schüler vollziehen die Buchstaben mit ihren Sinnen nach, d.h. sie werden z.B. am Boden abgeschritten oder mit den Händen auf Tafel und Bank gezeichnet. Am Ende einer Unterrichtsstunde ist es üblich, den jeweils neu gelernten großen Druckbuchstaben wie zuvor die Formen, mit bunten Wachsstiften in die Epochenhefte zu zeichnen.

---

[176] Vgl. DÜHNFORT, Erika, Rechtschreibung. Welchen pädagogischen Wert kann sie haben? Waldorfpädagogik in der methodischen Handhabung des Schreib- und Leseunterrichts, S. 16.

[177] Vgl. PÄDAGOGISCHE SEKTION DER FREIEN HOCHSCHULE FÜR GEISTESWISSENSCHAFT / PÄDAGOGISCHE FORSCHUNGSSTELLE BEIM BUND DER FREIEN WALDORFSCHULEN, Zur Unterrichtsgestaltung im 1. bis 8. Schuljahr an Waldorf-/Rudolf Steiner-Schulen, S. 58.

[178] Vgl. ebd., S. 57.

[179] DÜHNFORT, Erika, Rechtschreibung. Welchen pädagogischen Wert kann sie haben? Waldorfpädagogik in der methodischen Handhabung des Schreib- und Leseunterrichts, S. 20.

[180] Ebd., S. 16.

Grammatikunterricht ist im 1. Jahr so gestaltet, daß auf deutliches Sprechen geachtet[181] und das Nacherzählen geübt wird.[182] Während des rhythmischen Teils im Hauptunterricht werden im Verlauf der ersten vier Schulstufen Sprechübungen durchgeführt: "Daß er dir log uns darf es nicht loben"[183] ist z.B. eine solche Sprechübung. "In der Rezitationsstunde sollte [...] Wert gelegt werden auf die künstlerische Mitteilung des Künstlerischen"[184] lautet Steiners Hinweis. Folgende Worte R. Steiners fassen sein Ziel für den Deutschunterricht der 1. Klasse zusammen:

> "Wenn wir rationell in diesen Dingen vorgehen, dann werden wir es im ersten Schuljahr dahin bringen, daß das Kind immerhin in einfacher Weise das oder jenes aufs Papier zu bringen vermag, was man ihm vorspricht, oder was es sich selbst vornimmt, aufs Papier zu bringen. Man bleibt beim Einfachen, und man wird es dahin bringen, daß das Kind auch Einfaches lesen kann. Man braucht ja durchaus nicht darauf bedacht sein, daß das Kind in diesem ersten Jahr irgend etwas Abgeschlossenes erreicht."[185]

2.2 Der Anfangsunterricht im Lesen und Schreiben: Künstlerische Sinnesempfindung als Wille zum Sinn?[186]

Auf die Darstellung der Didaktik und Methodik zum Erstspracherwerb an Steiner-Schulen folgen nun unter Bezugnahme auf gängige Didaktik die

---

[181] Vgl. PÄDAGOGISCHE SEKTION DER FREIEN HOCHSCHULE FÜR GEISTESWISSENSCHAFT / PÄDAGOGISCHE FORSCHUNGSSTELLE BEIM BUND DER FREIEN WALDORFSCHULEN (Hg.), Zur Unterrichtsgestaltung im 1. bis 8. Schuljahr an Waldorf-/Rudolf Steiner-Schulen, S. 62.

[182] Vgl. ebd.

[183] STEINER, Rudolf, Erziehungskunst. Seminarbesprechungen und Lehrplanvorträge, Menschenkunde und Erziehungskunst Dritter Teil, S. 50.

[184] STEINER, Rudolf, Erziehungskunst. Methodisch-Didaktisches, Erziehungskunst II, S. 48.

[185] STEINER, Rudolf, Erziehungskunst. Seminarbesprechungen und Lehrplanvorträge, Menschenkunde und Erziehungskunst Dritter Teil, S. 155.

[186] Der "Wille zum Sinn" ist eine Option Viktor E. Frankls. Näheres dazu erfolgt später.

vergleichenden Untersuchungen. Zu ihrer Exemplifizierung werden auch in diesem Passus Bezüge zu einer von der Autorin geplanten Verlaufsplanung nach gängiger Methodik hergestellt, die dann schematisch in Kapitel III.2.3 dargestellt wird. Das Thema der Verlaufsplanung lautet: "Die Einführung der Druckbuchstaben B und b." Zu Beginn dieses Kapitels soll nun zunächst der anthroposophisch-metaphysische und menschenkundliche Rahmen der Steinerschen Didaktik und Methodik zum Erstspracherwerb aufgezeigt werden.

Hintergrund der Spracherziehungslehre R. Steiners ist dessen spezifische Erkenntnis der Sprache als eine *Beziehung* des *Menschen* zum *Kosmos*.[187] Steiners besondere Akzentuierung der rhythmisch-künstlerischen Unterrichtsgestaltung ist zum einen Ausdruck seiner *Allgemeinen Menschenkunde*: Blutprozesse, Gliedmaßentätigkeit, Stoffwechsel und Atmung sollen angeregt werden. Dem Wollen und Fühlen des Kindes kommt Priorität vor dem Denken zu. Schlafend und träumend soll sich das Kind in die Formen und Buchstaben einfühlen und diese künstlerisch mit seinen Sinnen und Gliedmaßen nachvollziehen. Mittels *Sinnestätigkeit* und künstlerisch-rhythmischer Wiederholung sollen *Wille* und *Gefühl* und damit der *Geist* des Kindes gepflegt werden. Steiners spezieller Didaktik und Methodik zur Einführung der großen Druckbuchstaben liegt, wie gesagt, die gleiche Idee zugrunde wie dem von ihm vorgestellten Unterrichtsgeschehen zur Krummen und Geraden, nämlich die Idee der *intuitiven Einfühlung* in den "einen Gedankeninhalt der Welt" als Ausdruck *menschlicher Freiheit*. Seine Anschauung des Schönen, das er vom weniger Schönen abgrenzt, kann als Ausdruck seiner Ethik des ewig Guten und Wahren verstanden werden. Die Didaktik und Methodik des Erstspracherwerbs sind praktischer Ausdruck Steiners Menschenkunde zum Fühlen und Wollen und seines ethischen Individualismus.

Das Kind kann sich jedoch in seinen (rhythmisch-)künstlerischen Übungen zum Schönen durchaus allein fühlen, ist es damit doch noch nicht in kom-

---

[187] Hierauf wurde schon im Kapitel zum anthroposophischen Sprachverständnis hingewiesen. (Vgl. Kapitel II.2.2.3 dieser Arbeit).

munikative und soziale Prozesse eingebunden. Steiners kosmische Vision einer schönen, wahren und guten Welt klammert zudem methodisch wie unausgesprochen "unwillkommene" Personenanteile des Kindes aus. Eine gewisse Spaltung zwischen einseitig künstlerisch-kosmischem Anspruch und dem Kommunikationsbedürfnis des Kindes und dessen authentischen Bedürfnissen wird methodisch provoziert, ohne daß in einer späteren Unterrichtsphase (Sprach-)Bedürfnisse des Kindes aufgegriffen würden. Diese unsere kritischen Anmerkungen lassen sich mit folgendem Bloch-Zitat pointieren:

> "Es führt zu gar nichts, nur auf schöne Art zu fühlen. Das bleibt innen, hat keinen Weg aus sich heraus, wird nicht mitgeteilt [...]. Ein Ich muß hinter der aufgetragenen Farbe sein, eine Hand, die aufträgt."[188]

Die Schüler der 1. Klasse sollen, so R. Steiners Vorgaben für die erste Schulstunde, zu den Erwachsenen aufschauen, diese als "etwas höhere Wesen" betrachten, die mehr können als sie selbst: Nach Maßgabe Steiners kommt dem Klassenlehrer (Waldorflehrer), wie gesagt, eine besondere Autoritäts- und Vorbildfunktion zu. Die autoritäre Position des Klassenlehrers fördert aber das *Identifikationsverhalten* der Schüler, ist *unkommunikativ* und *gebotsorientiert* und *entspricht nicht* der *Pädagogik* einer eher *partnerschaftlichen Schüler-Lehrer-Beziehung*. Auch heute noch kommt der Vorbildfunktion des Lehrers im Unterricht der Grundstufe an Steiner-Schulen eine zentrale Funktion zu. Auch viele Jahrzehnte nach R. Steiners Tod orientiert sich die Waldorfpädagogik alternativlos am "höheren Wesen" Steiners und seiner exklusiv anzuwendenden Vorbildpädagogik. Der anthroposophische Sprachphilosoph L. Ravagli gibt seiner Beobachtung eines latenten Widerstandes seitens vieler anthroposophisch orientierter Menschen gegenüber dem Dialog folgendermaßen Ausdruck:

---

[188] BLOCH, Ernst, Das Prinzip Hoffnung, Bd. 2, S. 930. Vgl. die zu den oben dargestellten Kernaussagen und Kernthesen gehörige statistische Auswertung des Fragebogenrücklaufs im Rahmen der Umfrage zum sprachlichen Anfangsunterricht an Waldorfschulen, Fragen 1 und 2 des Fragebogens zum sprachlichen Anfangsunterricht, Anhang, S. 33 ff.

"[...] mag man äußerlich auch Toleranz zur Schau tragen, [...] innerlich orientiert man sich an Rudolf Steiner, dem scheinbar allwissenden Lehrer. Man prüfe, wie subtil sich dieses Vorbild in der Psyche dahingehend auswirkt, daß man gegenüber Kritik eine gewisse Seelenstimmung entwickelt, die einem wirklichen Gespräch keineswegs förderlich ist."[189]

Jean Piaget, dessen empirisch fundierte, entwicklungspsychologische Forschungen schon in Kap. II vergleichsweise zu R. Steiners Vorbildpädagogik herangezogen wurde, befaßte sich u.a. auch mit der Frage nach den Auswirkungen von Geboten der Erwachsenen gegenüber Kindern. Piaget ging der Frage nach den Auswirkungen elterlicher Gebote auf die Werteentwicklung und Sinnfindung des Kindes nach. Nach genauen und ausführlichen empirischen Studien kam er zu der Folgerung, daß partnerschaftliche Beziehungen zwischen Erziehern und Kindern förderlicher für die Kinder seien als sakrosankt empfundene Gebote und Regeln. Das folgende Zitat zeigt Piagets besonderes pädagogisches Anliegen einer offenen Kommunikation und Beziehung. Als Erwachsener solle man

"[...] sich dem Niveau des Kindes anpassen und ihm ein Gefühl der Gleichheit geben, indem man seine eigenen Verpflichtungen und seine eigenen Mängel betont [...] und so eine Atmosphäre gegenseitiger Hilfe und gegenseitigen Verständnisses herstellt: alsdann wird das Kind nicht einem System von Weisungen, die einen rituellen und äußerlichen Gehorsam von ihm verlangen, gegenüberstehen, sondern einem System gesellschaftlicher Beziehungen [...]."[190]

---

[189] RAVAGLI, Lorenzo, Von der mangelhaften Gesprächsbereitschaft in der anthroposophischen Bewegung, in: Jahrbuch für anthroposophische Kritik 1993, Hg.: RAVAGLI, Lorenzo, S. 65. L. Ravagli stellt hier eine mangelnde Gesprächsbereitschaft der Mitglieder der Anthroposophischen Gesellschaft fest. Dieser Einschätzung kann aber auch im pädagogischen Zusammenhang Bedeutung zugesprochen werden.

[190] PIAGET, Jean, Das moralische Urteil beim Kinde, Stuttgart, 2. veränderte Auflage 1983, S. 169.

Piaget will hier nicht eine antiautoritäre Erziehung inaugurieren! Er intendiert zweierlei: Einerseits solle in der Erziehung ein identifikatorisches und reziprokes Erwachsenen-Kind-Verhältnis angelegt werden, andererseits könne der Lehrer aber auch etwas von sich, seinem Leben und seiner Person preisgeben, um damit für die Kinder greifbarer zu werden. Unterricht nach Steiner basiert eindimensional auf Identifikation und Nachahmung. Piaget plädiert vergleichsweise für eine Anerkennung der Lehrer-Autorität durch das Kind und für kognitive und sprachliche Momente in der Begegnung.

Unterrichtsgespräche (wie Piaget sie vorschlägt) sind zwar in der derzeitigen Waldorfpädagogik üblich, sie sind allerdings in *keiner didaktischen Theorie verankert*[191]*:* Vieles bleibt dem Improvisationstalent und dem "good will" der Lehrkraft überlassen. Leider wird auch heute noch der Hauptunterricht nach wie vor weitgehend als *Frontalunterricht* durchgeführt. Er ist selbstverständlich eindeutig lehrerzentriert und *direktiv*. Weder der Wille des Kindes zur eigenen Individualität noch jener zu umfangreichen sozialen Gestaltungsmöglichkeiten können so zum Ausdruck kommen.[192]

Auch die Tatsache, daß sich heute nach wie vor an Steiner-Schulen annähernd 40 Schüler in einer Klasse befinden, läßt Zweifel an einer differenzierten Kommunikation und damit an der *Effizienz* des *Unterrichts* aufkommen. Schüler und Lehrer sind angesichts einer solch immensen Klassenstärke oft überfordert:

"Das häufig zu beobachtende Resultat ist, daß der ursprünglich für acht Jahre vorgesehene, meist junge Klassenlehrer schon nach wenigen Jahren in vielen Fällen aus gesundheitlichen

---

[191] Dies zeigte schon Kap. III.1.2 dieser Arbeit auf.

[192] Vgl. die zu der oben dargestellten Kernaussage und Kernthese gehörige statistische Auswertung des Fragebogenrücklaufs im Rahmen der Umfrage zum sprachlichen Anfangsunterricht an Waldorfschulen, Frage 3 des Fragebogens zum sprachlichen Anfangsunterricht, Anhang, S. 35 f.

Gründen ausgewechselt werden muß und der Unterrichtsstil besonders autoritär ausfällt."[193]

In Wilhelminischer Zeit, in der die Schüler in hohem Maße Anpassung und Gehorsam unterstanden, mag eine solch große Schülerzahl "adäquat" gewesen sein. Heute jedoch ist Steiners Befürwortung großer Klassen, die im übrigen in offiziellen Dokumenten nicht diskutiert wird, angesichts gestiegener Aggressivität in den Schulen als anachronistisch und nicht mehr haltbar zu bewerten. An öffentlichen Grundschulen in Bayern weisen beispielsweise 48,8 % aller Grundschulklassen eine Schülerzahl zwischen 21 und 25 Schülern auf![194]

Der Grundschuldidaktiker R. Maras weist wie viele Didaktiker auf die besondere Bedeutung einer *offenen, nicht direktiven Gesprächsform* hin. R. Maras steht repräsentativ für eine derzeitig geltende, aktuelle Lehrmeinung. Gemäß R. Maras ist das Schülergespräch "wichtige Kommunikationsform zur Darstellung eigener Einstellungen, Meinungen, Bedürfnisse und Ansichten."[195] "Mündliche Kommunikation trägt zur Lösung von Konflikten und Problemen bei [...]"[196], so Maras. Das heute bei den Schü-

---

[193] WAGEMANN, Paul-Albert, Praktische Erfahrungen mit der Waldorfpädagogik, in: Kayser, Martina / Wagemann, Paul-Albert, Wie frei ist die Waldorfschule? Geschichte und Praxis einer pädagogischen Utopie, S. 79.

[194] Die Nachfrage bei dem Kultusministerium in München am 11.11.1998 ergab vergleichsweise folgende Schülerzahlquoten für die Klassen *öffentlicher* Grundschulen in Bayern:
einer Zahl bis zu 15 Schülern entspricht der Prozentsatz von 0,5 %,
einer Zahl zwischen 16 und 20 Schülern entspricht der Prozentsatz von 11,2 %,
einer Zahl zwischen 21 und 25 Schülern entspricht der Prozentsatz 48,8 %,
einer Zahl zwischen 26 und 30 Schülern entspricht der Prozentsatz von 38,4 %,
einer Zahl zwischen 31 und 33 Schülern entspricht der Prozentsatz von 1,1 %.
Diese statistische Übersicht zeigt den krassen Gegensatz auf zwischen der Schülerzahl in Steiner-Schulen und derjenigen in öffentlichen Schulen (Bayerns). Vgl. die zu der oben dargestellten Kernaussage und Kernthese gehörige statistische Auswertung des Fragebogenrücklaufs im Rahmen der Umfrage zum sprachlichen Anfangsunterricht an Waldorfschulen, Frage 9 des Fragebogens zum sprachlichen Anfangsunterricht, Anhang, S. 36 f.

[195] Vgl. MARAS, Rainer, Unterrichtsgestaltung in der Grundschule, S. 66.
[196] Ebd.

lern häufig vorhandene Aggressionspotential kann durch offene Dialogformen abgebaut werden. Im Vergleich zum lehrerdominant geprägten Hauptunterricht ist im vorgestellten Unterrichtsverlauf bis auf die Schreibübungsphasen vergleichsweise durchgängig der Dialog zwischen Schülern und Pädagogen gewährleistet.[197] Wie das Schülergespräch, so ist auch die *Methodik unterschiedlicher Sozialformen* in der *anthroposophischen Didaktik nicht verankert*. Obgleich den Waldorflehrern hinsichtlich Kommunikationsformen, Arbeitsweisen und Sitzordnung im Unterricht ein eigener Gestaltungsspielraum eingeräumt wird, sind im Hauptunterricht, wie jahrelange Schulerfahrungen der Autorin belegen, die *frontale Sitzordnung* und der direktive Unterrichtsstil üblich. Die Erfahrung verschiedener Sozialformen wie Gruppen- oder Partnerarbeit bietet den Schülern vergleichsweise ein differenziertes, kommunikatives Übungsfeld, in dem der Wille zur eigenen Individualität und Verantwortung erprobt werden kann.

Im folgenden sei nun näher zum Zweck einer Exemplifizierung der vergleichenden Untersuchungen auf den (in Kapitel III.2.3 schematisch dargestellten) Unterrichtsverlauf zur Einführung der Druckbuchstaben B und b eingegangen. Das Stundengrobziel lautet: "Die Schüler sollen den neuen Druckbuchstaben B/b in Form und Bewegung als Einzelbuchstaben richtig schreiben können."[198] Zielgruppe ist die 1. Klasse. Im Sinne Piagets besonderer Bewertung umfangreicher gesellschaftlicher Beziehungen des Kindes kommen in der geplanten Unterrichtseinheit *unterschiedliche Sozialformen* zur Geltung.

Die Frage eines variabel gestalteten Sozialgeschehens im Unterricht war im Kapitel zum freichristlichen Religionsunterricht nur gestreift worden. Sie soll nun im Rahmen der folgend dargestellten Verlaufsplanung näher beleuchtet werden: Zu Beginn der Stunde stimmt der Pädagoge im *Kreisgespräch* zunächst auf das Thema "Reise" ein, indem er ausdrückt, daß er zeitweise gerne auf Reisen geht und zu diesem Zweck einen Koffer

---

[197] Vgl. die schematische Verlaufsplanung, S. 333 ff. dieser Arbeit.
[198] Vgl. die schematische Verlaufsplanung, ebd., S. 333.

mitnimmt.[199] Die Schüler werden nun gebeten, nach und nach aus einem mitgebrachten Koffer Gegenstände auszupacken. Im weiteren Verlauf des Kreisgesprächs kann sich die Klasse *frei* zu dem Geschehen *äußern*: Es geht hier *nicht* um das stumme Aufschauen zu einer Autoritätsperson "Lehrer" wie im meist einseitig frontalen, direktiv geprägten Hauptunterricht an Waldorfschulen, sondern um ein *gemeinsames*, offenes Fragen ohne Lehrerzentrismus. Es geht um Äußerungen eigener Assoziationen und um ein gemeinsames Erforschen dessen, worum es in der Stunde wohl gehen mag. Die Sozialform des *Kreisgesprächs* ist vergleichsweise *kein Bestandteil* der *Steinerschen Didaktik* und Methodik zum Grundschulunterricht. Hier geht es um rhythmisch-sinnliches Mit- und Nacherleben und um das Einspinnen der Schüler in eine mythische Erzählwelt. In der eben dargestellten, noch offenen Unterrichtsanfangsphase soll vergleichsweise genügend Raum für eigene spontane Äußerungen gegeben werden. Auch die anschließende Phase der akustischen und visuellen Unterscheidung zwischen B und b und jene des Kennenlernens der entsprechend unterschiedlichen Schreibweisen[200] vollziehen sich im Kreisgespräch. Freie Aussprache und Kreisgespräch fördern nach Ansicht der Autorin Assoziationen, reziproke Kommunikation der Schüler und damit gegenseitige Verantwortung und Vertrauen in den anderen. Die Worte (Koffergegenstände) mit der entsprechenden Schreibweise B oder b werden an der Tafel vom Pädagogen in einer Tabelle aufgelistet und durch entsprechend unterschiedliche Farbmarkierungen kenntlich gemacht.[201]

Das *frontale* Lehrer-Schüler-Gespräch[202] erscheint in folgender Phase sinnvoll: Die Schüler spüren im weiteren Verlauf des Unterrichts in kleinen Gruppen sprechend und pantomimisch die unterschiedlichen Schreibrichtungen und Bewegungsabläufe von B und b an der Tafel nach.[203] Zuvor hat der Pädagoge mit Pfeilen die verschiedenen Schreibrichtungen der Buchstaben markiert. In dieser Unterrichtsphase, in der die Schreibrichtungen der Buchstaben gezielt nachvollzogen werden sollen,

---

[199] Vgl. die schematische Verlaufsplanung, S. 333 dieser Arbeit.
[200] Vgl. die schematische Verlaufsplanung, ebd., S. 333 ff.
[201] Vgl. die schematische Verlaufsplanung, ebd., S. 334.
[202] Eine Gruppensitzordnung wird empfohlen.
[203] Vgl. die schematische Verlaufsplanung, S. 335 dieser Arbeit.

erscheint der frontale Unterrichtsstil sinnvoll: "[...] Informationen sind für alle Schüler gleich, Informationen können rasch gegeben werden."[204] In ihrer Gruppensitzordnung sollen sich die Schüler im weiteren Verlauf des Unterrichts einzeln um vertiefte Übung der Buchstaben auf Papier mit Wachsstiften in Großformat bemühen, wobei wechselseitige Korrekturen angestrebt werden. Mit geschlossenen Augen zeichnen die Schüler sodann die Druckbuchstaben jeweils auf den Rücken eines anderen Mitschülers und lassen sich von diesem korrigieren. In der *Partnerarbeit* lernen die Schüler eigene Reaktionen und deren Wirkung kennen. Partnerbezogene Sozialformen fördern im Vergleich zum reinen Frontalunterricht die Anbahnung von "Kooperationsbereitschaft"[205] und "Toleranz"[206] und stellen einen Beitrag zum schülerbezogenen Arbeiten dar. Sie bieten die Basis zur Einübung in gegenseitige Verantwortung und spätere Teamarbeit. Die Stunde beschließt eine Phase der konzentrierten *Einzelarbeit*, in der jeder Schüler "seine" Buchstaben mit einem Zeichenstift in Kleinformat auf Arbeitsblättern üben kann: Die Einzelarbeit bietet dem Lehrer eine Kontrolle über den Leistungsstand[207] und ein "Erfolgserlebnis für viele Schüler."[208] Schnelle Schüler können die neu gelernten Druckbuchstaben auf Arbeitsblättern an Leerstellen in ganzen Wörtern üben.

Wie obige Darstellungen zeigen, ist im geplanten Unterricht nach gängiger Methode eine Vielfalt von Sozialformen gewährleistet. Der durchgängige Dialog zwischen dem Pädagogen und der Klasse sowie das breite Spektrum verschiedener Möglichkeiten des Miteinanderumgehens bieten die Möglichkeit zu einem differenzierten, stoffkonzentrierten, kommunikativen Austausch. Die Schüler können aktiv den Unterricht mitgestalten. Im Vergleich zum einseitigen Lehrerzentrismus im Hauptunterricht der Steiner-Schulen wird so wesentlich zur Willensbildung des Kindes, zu dessen Individualität und sozialer Kompetenz beigetragen.

---

[204] MARAS, Rainer, Unterrichtsgestaltung in der Grundschule, S. 81.
[205] Ebd., S. 80.
[206] Ebd.
[207] Vgl. ebd., S. 81.
[208] Ebd.

Diese drei Faktoren sind unlösbar miteinander verknüpft, bedingen einander und bringen einander wechselseitig hervor.[209]

Erziehung soll entsprechend Viktor E. Frankls (therapeutischer) Option eines "Willens zum Sinn" besonders auf Verantwortungsfreude und persönliche Grenzerweiterung hinwirken: Eine "[...] um eine Minimierung von Spannung besorgte Erziehung [...] erzieht einen nachgerade zu einer Frustrations-Intoleranz [...]."[210] Im Vergleich zum lehrerzentrierten, auf Nachahmung abzielenden Unterrichtsstil des Hauptunterrichts (Grundstufe) fordern unterschiedliche Sozialformen wie Kreisgespräch oder Partnerarbeit die Schüler zu gegenseitiger Verantwortungsübernahme und Toleranz heraus. Inwieweit der Erstsprachunterricht an Waldorfschulen zu Verantwortungsbereitschaft der Schüler im Hinblick auf eine Aufgabe und Leistung beiträgt, soll im weiteren Verlauf der Untersuchungen hinterfragt werden.

Der Auftrag der Waldorfpädagogik ist eine spezielle Gefühls- und Willenserziehung. Ein besonderer Akzent liegt auf dem sinnlichen Mit- und Nacherleben einer mythischen Erzählwelt. Moderne, gängige Grundschuldidaktik spricht sich ausdrücklich für aktive, *kognitive Lernprozesse* und Leistung aus. In gängiger Didaktik wird auf die Aufgabe der Lehrkraft hingewiesen, den Stoff durchschaubar zu gestalten, Denkprozesse bewußt zu machen, Schüleraussagen und Lernergebnisse zu ordnen.[211] Eine besondere Aufgabe des Pädagogen sei es, nachzufragen und phasenadäquat auf Lernziele hinzulenken. Auf logischen Aufbau der Feinziele und schrittweises methodisches Vorgehen wird Wert gelegt.[212] Im Vergleich zu den breit aufgefächerten Lehrplänen der öffentlichen Grundschulen mit deutlich kognitiven Akzenten liegt, wie gesagt, für den Deutschunterricht der Grundstufe an Freien Waldorfschulen *kein detailliert ausgearbeitetes,*

---

[209] Vgl. die zu der oben dargestellten Kernaussage und Kernthese gehörige statistische Auswertung des Fragebogenrücklaufs im Rahmen der Umfrage zum sprachlichen Anfangsunterricht an Waldorfschulen, Frage 4 des Fragebogens zum sprachlichen Anfangsunterricht, Anhang, S. 37 f.

[210] FRANKL, Viktor E., Bergerlebnis und Sinnerfahrung, Innsbruck u.a., ²1993, S. 19–22.

[211] Vgl. MARAS, Rainer, Unterrichtsgestaltung in der Grundschule, S. 59.

[212] Vgl. ebd.

modernes Curriculum vor. Auch heute noch richten sich die Klassenlehrer im wesentlichen an R. Steiners Vorträgen aus: Diese berufen sich auf die spekulative Ebene einer *mythischen Erlebnis- und Erzählwelt*. In den ersten acht Schuljahren werden an Waldorfschulen keine Noten vergeben! Der von der Autorin am Ende dieses Passus vorgestellte Stundenverlauf zur Einführung der Druckbuchstaben B und b zielt *nicht* wie der sprachliche Anfangsunterricht an Waldorfschulen auf künstlerisch-mythische Gestaltung, rhythmische Wiederholung und Sinnesempfindung. Die Schüler an Steiner-Schulen sollen "Schreiben und Lesen nicht so schnell wie möglich lernen"[213] und auch im 1. Schuljahr nichts Abgeschlossenes erreichen. Ziel der geplanten Unterrichtseinheit ist ein selbständiges und richtiges Schreiben der Buchstaben: Der Unterricht intendiert das Schreiben von B und b "[...] als manuelles Können in korrekter Form und Bewegung [...]"[214] und bezieht deutlich abstrakte, kognitive Momente ein: Es kommt hier nicht, wie vergleichsweise im Erstsprachunterricht an Steiner-Schulen üblich, nur auf das unbewußte Nachzeichnen der Buchstaben an, sondern z.B. auf ausdrückliche Nennung des Themas, auf Benennen der Formteile und Bewegungsabläufe[215] und das Korrigieren von Fehlern[216]: Im vorgestellten Unterrichtsverlauf führt der Pädagoge beispielsweise das Thema mit den Worten ein: "Wir lernen heute das gedruckte große und kleine B/b."[217] Die Schüler werden sodann gebeten, den Druckbuchstaben B/b selbst formal zu beschreiben.[218] Die Schreibweise wird zusammen mit dem Pädagogen an der Tafel nachvollzogen und ausführlich geübt, und zwar mit den Worten "Stab herunter, Bogen, Bogen

---

[213] DÜHNFORT, Erika, Rechtschreibung. Welchen pädagogischen Wert kann sie haben? Waldorfpädagogik in der methodischen Handhabung des Schreib- und Leseunterrichts, S. 15.

[214] SCHENK, Christa, Lesen und Schreiben lernen und lehren. Eine Didaktik des Erstlese- und Erstschreibunterrichts, Hohengehren 1997, S. 139.

[215] Vgl. BAYERISCHES STAATSMINISTERIUM FÜR UNTERRICHT UND KULTUS (Hg.), Lehrplan für die Grundschule. 1. bis 4. Jahrgangsstufe, S. 46. Vgl. z.B. "Beschreiben und Vormachen schwieriger Bewegungsabläufe", ebd.

[216] Vgl. ebd., S. 47 (Es handelt sich hier um Angaben für die 2. bis 4. Klassenstufe).

[217] Vgl. die schematische Verlaufsplanung, S. 334 dieser Arbeit.

[218] Vgl. die schematische Verlaufsplanung, ebd., S. 335.

– Stab herunter, Bogen."[219] Am Ende der Stunde wird seitens des Pädagogen die Korrektur der Arbeitsblätter angekündigt. Deutliche Themenbenennung, Beschreiben der Buchstabenformen, sprachbegleitete Schreibübungen sowie Korrekturen entsprechen J. Piagets Erkenntnis des sechs- bis siebenjährigen Kindes, das sich im "Übergang von der Aktion zur Operation"[220] befindet: Im Vergleich zum vier- bis fünfjährigen Kind in der sensomotorischen Phase sei jenes fähig, sich vom eigenen Körper und den eigenen Aktionen zu *distanzieren*: *Dezentriertes* Denken und Sprechen seien Kennzeichen dieses reiferen Entwicklungsstadiums. Nach Piagets Erkenntnis

> "[...] besteht [...] das Universum der Vorstellungen nicht mehr nur wie auf der sensomotorischen Stufe ausschließlich aus Objekten (oder Personen-Objekten), sondern auch aus Subjekten, die zugleich dem Ich fremd und analog sind [...]."[221]

Nennung des Themas, formale Beschreibung der Buchstaben, sprachbegleitete Schreibübungen und Korrekturen sind im Vergleich zur rezeptiven Steinerschen Didaktik durch bewußte Unterscheidung zwischen Ich und Nicht-Ich gekennzeichnet und basieren somit nicht auf Identifikation und Nachahmung. Ein schrittweiser Aufbau "abstrakter Valenz"[222] wird von namhaften Vertretern moderner Entwicklungspsychologie für den Schulunterricht und die Studienzeit geltend gemacht: Korrekturen und Alternativaufgaben für besonders schnell arbeitende Schüler[223] fördern Leistung, Fleiß und Intelligenz, Fähigkeiten, die entscheidend zur Ausbildung der "abstrakten Valenz" und eines positiven Selbstverständnisses beitragen. Die im Waldorfunterricht zur Geltung kommende sinnliche und mythische Erlebnis- und Erzählwelt und rhythmische Tätigkeit sind hingegen sensomotorisch! Unter entwicklungspsychologischem Aspekt (Piaget)

---

[219] Vgl. die schematische Verlaufsplanung, S. 335 dieser Arbeit.
[220] Vgl. PIAGET, Jean / INHELDER, Bärbel, Die Psychologie des Kindes, S. 97.
[221] Ebd., S. 99.
[222] Vgl. OERTER, Rolf, Schule als Umwelt, in: Entwicklungspsychologie. Ein Lehrbuch, Hg.: OERTER, Rolf / MONTADA, Leo, 4. korrigierte Auflage, Weinheim 1998, S. 294.
[223] Vgl. die schematische Verlaufsplanung, S. 336 dieser Arbeit.

kommt der Steinersche Ansatz im Haupt- und Erstsprachunterricht einer Zurückstufung des Kindes auf die sensomotorische Stufe gleich. Der *Zugriff* auf die *Buchstaben und Sprache* vollzieht sich in *gängiger Didaktik* und *Methodik bewußter* und *zielgerichteter*.[224]

Die Einführung der großen Druckbuchstaben geschieht an Freien Waldorfschulen entsprechend *R. Steiners* spezifischer Auffassung der Beziehung des Menschen zum Kosmos in einer speziellen *künstlerischen Weise:* Auch die schon in der 1. Klasse im Rahmen Steiners okkulter Sprachgestaltungslehre durchgeführten Sprechübungen ohne Semantikbezug sind nach spezifisch anthroposophischer Weise künstlerisch gestaltet: Sie ähneln, wie gesagt, einem mythisch-imaginären Ritual. Die Betonung liegt dabei weniger auf dem Sprachsinn und der Intentionalität der Sprechenden. Das Erlernen der Sprache und Buchstaben wird in der 1. Klasse der Waldorfschule zu einem *sinnlichen* und *mythischen Erlebnis. Nicht* die *schriftlichen* und *mündlichen Sprech- und Schreibakte* sind *vorrangig.* Vielmehr kommt einer *sinnlich-mythischen Erlebniswelt* besondere Bedeutung zu. Es geht um Rhythmik, Gedichte, Reime und spezielle Sprechübungen, um Miterleben, Nacherleben und Einspinnen im Zuge Steinerscher Willens- und Gefühlserziehung. Mythischem Beiwerk kommt ein größerer Stellenwert zu als den Sprechakten selbst. Eine Art von Schonraum wird gebildet, in dem jeder immer alles kann. Angesichts der zutage tretenden Unterforderung der Waldorfschüler im Deutschunterricht der 1. Klasse bleiben aber persönliche, leistungsbezogene Erfolgserlebnisse aus. *Grenzen der individuellen Frustrationstoleranz* werden *nicht erprobt*, somit aber auch *nicht* der "*Wille*" des *Kindes* "zum Sinn", d.h. sein Wille zur persönlichen, kognitiven Leistung, Aufgabe und Anstrengung. Die Erfahrung "testing the limits" im Sinne V. E. Frankls bleibt aus. Den *Sprechakten selbst* wird z.B. seitens des Bayerischen Lehrplans eine besondere Relevanz zu-

---

[224] Vgl. die zu der oben dargestellten Kernaussage und Kernthese gehörige statistische Auswertung des Fragebogenrücklaufs im Rahmen der Umfrage zum sprachlichen Anfangsunterricht an Waldorfschulen, Frage 5 des Fragebogens zum sprachlichen Anfangsunterricht, Anhang, S. 38 ff.

gemessen. Aus der Einleitung des Bayerischen Lehrplans zum Deutschunterricht (Grundstufe) sei zitiert:

> "Dem Unterricht in der Muttersprache kommt fundamentale Bedeutung zu, denn Sprache ist Träger von Sinn und Überlieferung, Schlüssel zum Welt- und Selbstverständnis und Mittel zwischenmenschlicher Verständigung."[225]

Das Schreiben und Lesen der Druckbuchstaben geraten, wie eingangs dargestellt, in der 1. Klassenstufe der Freien Waldorfschulen erst nach vier bis sechs Wochen in den Aktionshorizont des Erstkläßlers: Der erste schulische Zugriff auf die geschriebene Sprache vollzieht sich also erst nach circa vier bis sechs Wochen nach Schulbeginn. In der Vorlaufzeit wird mittels Formenzeichnen auf das Schreiben vorbereitet. Die Unterrichtsbereiche Rechtschreibung, Grundwortschatzerwerb oder mündliches Erzählen eigener Erlebnisse kommen hier während des 1. Schuljahres im Vergleich zu öffentlichen Schulen so gut wie gar nicht zur Anwendung. Das Lesen zusammenhängender Texte ist praktisch tabu in der 1. Klasse der Waldorfschule, wohingegen es vergleichsweise im Rahmen der Montessori-Pädagogik schon in der Kindergartenzeit angebahnt wird. An der Schwelle zum dritten Jahrtausend sind aber der *Sprachwille, sprachliche Sicherheit* und *Selbstvertrauen* in die eigene mündliche und schriftliche *Kommunikation* von besonderer Bedeutung für die *individuelle* und *soziale Lebensgestaltung* des Kindes und späteren Jugendlichen:

> "Schriftsprache ermöglicht eine fortschreitende Akkumulation des Wissens [...]. Je weiter die Entwicklung in der akademischen Bildungslaufbahn voranschreiten kann, desto kompetenter kön-

---

[225] BAYERISCHES STAATSMINISTERIUM FÜR UNTERRICHT UND KULTUS (Hg.), Lehrplan für die Grundschule. 1. bis 4. Jahrgangsstufe, S. 39. Vgl. die zu den oben dargestellten Kernaussagen und Kernthesen gehörige statistische Auswertung des Fragebogenrücklaufs im Rahmen der Umfrage zum sprachlichen Anfangsunterricht an Waldorfschulen, Fragen 6 und 7 des Fragebogens zum sprachlichen Anfangsunterricht, Anhang, S. 40 ff.

nen Kinder und später Jugendliche im Umgang mit geschriebener Sprache werden."[226]

Für den Anfangsunterricht in Deutsch (1. Klasse) sieht der Bayerische Lehrplan im Vergleich zum Unterricht an Steiner-Schulen beispielsweise folgende Stoffbereiche vor: Schriftvorbereitungszeit, Erstschreiben, Rechtschreibung, Grundwortschatz und Lesenlernen.[227] "Am Ende der ersten Jahrgangsstufe sollen die Schüler einen inhaltlich und sprachlich altersangemessenen Text in Druckschrift sinnerfassend lesen können"[228], formuliert der Bayerische Lehrplan als Richtziel. Die Grundschuldidaktikerin Christa Schenk spricht sich für gezielte Leseübungen zum Zweck einer adäquaten Textsinnerfassung und guten Lesefertigkeit aus:

> "Lesen muß [...] die beiden Aspekte Lesefertigkeit und Sinnverständnis zugleich anstreben. Lesen bedeutet Sinnerfassung, Verstehen eines sprachlichen Inhalts, der durch Schriftzeichen festgelegt ist, aufgrund der erworbenen Technik des Entschlüsselns einer Buchstabenschrift."[229]

Während an Waldorfschulen die Schüler zu Beginn des 1. Jahres mehrere Wochen lang durch das Formenzeichnen auf das Erlernen der Buchstaben vorbereitet werden, wird in den öffentlichen Grundschulen ohne eine ausgedehnte Vorlaufzeit[230] gleich mit dem Schreiben und Lesen der Druckschrift begonnen. Dabei haben gezielte und differenzierte Übungen einen besonderen Stellenwert. Im Herbst des 1. Schuljahres, also nach circa vier bis sechs Wochen, werden in den staatlichen Grundschulen

---

[226] OERTER, Rolf, Schule als Umwelt, in: Entwicklungspsychologie. Ein Lehrbuch, Hg.: OERTER, Rolf / MONTADA, Leo, S. 289.

[227] Vgl. BAYERISCHES STAATSMINISTERIUM FÜR UNTERRICHT UND KULTUS (Hg.), Lehrplan für die Grundschule. 1. bis 4. Jahrgangsstufe, S. 39 ff.

[228] Ebd., S. 39.

[229] SCHENK, Christa, Lesen und Schreiben lernen und lehren. Eine Didaktik des Erstlese- und Erstschreibunterrichts, S. 135.

[230] Auch in den Staatsschulen beginnt man mit dem Zeichnen von Formen, z.B. Girlanden. Dies geschieht aber in deutlich geringerem Ausmaß, oft schon in der Vorschule.

schon kleine Diktate in Druckschrift geschrieben.[231] Der Beginn der Vermittlung der lateinischen Schrift ist in den öffentlichen Grundschulen auf die Monate Februar und März datiert. Für den Unterricht an Freien Waldorfschulen ist die Einführung der lateinischen Schrift allenfalls für das Ende des 2. Schuljahres[232] geplant. Auch erste Diktatübungen sind hier für das Ende des 2. Schuljahres vorgesehen.[233] Nicht nur hinsichtlich der Druckschrift, sondern auch im Hinblick auf die Schreibschrift lernen die Schüler öffentlicher Grundschulen in der 1. Klasse einen raschen, selbständigen Umgang mit Buchstaben- und Wortverbindungen: Ziel ist, "Wörter und kurze Sätze gut lesbar und zügig in Schreibschrift ab- und aufzuschreiben".[234] In den Waldorfschulen bleibt es vergleichsweise bis zum Ende des 1. Schuljahres bei der Erfahrung bildhaft eingeführter Buchstaben und bei deren sinnlichem Nachvollzug, beim Abschreiben von einzelnen großen Druckbuchstaben, Wörtern und kleinen Sätzen in künstlerischer Weise. Grundschüler der öffentlichen Grundschulen werden, wie die Vergleiche zeigen, also rascher und gezielter in den Schreib-Leselernprozeß eingeführt. Die positive Einstellung der Schüler zu einer sachlichen, unverblümten Einführung der Buchstaben sei mit folgendem Ausspruch einer erfahrenen Grundschullehrerin belegt: "Die Schüler wollen gleich den Buchstaben lernen!"[235]

Die vergleichenden Studien zur Willensbildung des Kindes in der Grundstufe der Steiner-Schulen zeigen nunmehr, daß nicht nur Teile der Waldorfpädagogik *Defizite* im *kognitiven Lernansatz* aufweisen, sondern daß die *gesamte Fächerformation* davon geprägt ist. Die Assoziationen der Schüler im Bereich Erstspracherwerb sind eng gefaßt: Bei der Buchstabenvermittlung geht es um *Sinnespflege* nach speziellem Verständnis Steiners,

---

[231] Es soll nicht der Eindruck erweckt werden, daß im Deutschunterricht der öffentlicher Grundschulen alles besser sei als in jenem an Steiner-Schulen.

[232] Vgl. FREIE WALDORFSCHULE STUTTGART (Hg.), Vom Lehrplan der Freien Waldorfschule, bearbeitet von Caroline von Heydebrand, S. 19.

[233] Vgl. ebd., S. 37.

[234] Vgl. BAYERISCHES STAATSMINISTERIUM FÜR UNTERRICHT UND KULTUS (Hg.), Lehrplan für die Grundschule. 1. bis 4. Jahrgangsstufe, S. 46.

[235] Diese Worte äußerte eine Grundschullehrerin (Staatsschule) in einem Telefonat mit der Verfasserin.

um Gliedmaßentätigkeit und um *künstlerisch-mythisches Miterleben* und *Nacherleben.* Nach R. Steiners Verständnis sind die Kinder archaisch gelenkte, mythische Wesen. Der Lehrplan öffentlicher Grundschulen sowie *gängige Grundschuldidaktik* und *-methodik entlassen* das *Kind,* wie oben dargestellt wurde, *schneller* in das *Subjekt-Objekt-Verhältnis.* Das Kind wird hier zu einem gestaltenden vis-à-vis. Sein Wille zur eigenen Leistung und Aufgabe im Sinne Frankls Option eines "Willens zum Sinn" wird stärker gefördert. Fraglich wird, in welchem Alter, wie schnell das Kind die Ebene der mythischen Erlebnis- und Erzählwelt verläßt.

Am Ende der 1. Klasse können die Waldorfschüler nicht aktiv und selbständig Wortverbindungen herstellen. Im Vergleich zu ihren Mitschülern an öffentlichen Grundschulen bewegen sie sich in einer Art von Schonraum und nehmen vergleichsweise nur ausschnitthaft an den "Realien des Lebens" im Sinne Kerschensteiners teil ohne tiefgreifende *Förderung* ihrer *individuellen* und *sozialen Kapazitäten.* Für einen Schüler der Freien Waldorfschule mag es eine narzißtische Verwundung bedeuten, wenn er seine sprachlichen Möglichkeiten mit denen eines Schülers der öffentlichen Grundschule vergleicht. Zur realen Lebensbewältigung des Menschen gehört, daß er zuerst einmal im gegebenen System bestehen sollte, ehe er es möglicherweise überschreitet.[236]

Hinsichtlich seiner Unterrichtsvorbereitungen im Bereich "Erstspracherwerb" steht dem Klassenlehrer der Steiner-Schulen so gut wie kein detailliertes, gezieltes, methodisch-didaktisches Arbeitsmaterial zur Verfügung. In Detailfragen ist er weitgehend seinem Improvisationstalent überlassen. *Modernes, aktualisiertes Arbeitsmaterial* liegt so gut wie *nicht* vor: Erika Dühnfort bietet in ihrer einschlägigen Schrift zum Sprachunterricht einige konkrete Anregungen zum Schreib- und Leseerwerb an wie z.B. selbstgefertigte Diktattexte mit Häufung eines bestimmten Rechtschreib-

---

[236] Vgl. die zu der oben dargestellten Kernaussage und Kernthese gehörige statistische Auswertung des Fragebogenrücklaufs im Rahmen der Umfrage zum sprachlichen Anfangsunterricht an Waldorfschulen, Frage 8 des Fragebogens zum sprachlichen Anfangsunterricht, Anhang, S. 42 ff.

problems.[237] Eine Methodenvielfalt und Arbeitsmaterial wie Übungsreihen oder Vorschläge zur Gestaltung von Arbeitsblättern bietet Waldorfpädagogik im Vergleich zu gängiger Didaktik und Methodik jedoch *nicht* an. Im Grundschulunterricht an Montessori-Schulen kommen vergleichsweise umfangreiches Material und differenzierte Übungsreihen beim Lese- und Schreiblernprozeß zur Anwendung wie z.B. das "Bewegliche Alphabet – die akustische Analyse"[238] oder der Lesekorb[239] (Zuordnen von Worten zu Gegenständen mit ansteigendem Schwierigkeitsgrad). Die Grundschuldidaktikerin Christa Schenk stellt in ihrem Buch zum Erstlese- und Erstschreibunterricht zahlreiche Verlaufstabellen und ganzheitliche als auch analytische Leselernverfahren vor. Auf Lehrbücher wird im gesamten Grundschulunterricht der Waldorfschulen verzichtet, wohingegen an den öffentlichen Grundschulen Fibeln verwendet werden, die einen vielseitigen und lebendigen Lesestoff anbieten. Mit großer Zurückhaltung begegnen die Klassenlehrer Freier Waldorfschulen in der Grundstufe *modernen Medien*. Der Einsatz von Arbeitsblättern oder eines Overhead-Projektors ist an öffentlichen Schulen selbstverständlich, an Waldorfschulen nahezu ein Tabu. Gängige methodisch-didaktische Literatur zum Erstspracherwerb ist im Vergleich zur entsprechenden Methodik an Steiner-Schulen lernzielorientiert, vielseitig und sehr differenziert. Sie erneuert sich vergleichsweise zügig in einem fortwährenden Prozeß und bietet sowohl für das Kind als auch für den Pädagogen eine griffige Basis für einen effektiven Deutschunterricht.[240]

---

[237] Vgl. DÜHNFORT, Erika, Rechtschreibung. Welchen pädagogischen Wert kann sie haben? Waldorfpädagogik in der methodischen Handhabung des Schreib- und Leseunterrichts, S. 39 f.

[238] HAMMER, Erich, Beiträge der Montessori-Pädagogik zum Deutschunterricht der Grundschule, in: Maria Montessori. Die Grundlagen ihrer Pädagogik und Möglichkeiten der Übertragung in Schulen, Hg.: KATEIN, Werner, Langenau-Ulm 1992, S. 99.

[239] Vgl. ebd., S. 100.

[240] Vgl. die zu der oben dargestellten Kernaussage und Kernthese gehörige statistische Auswertung des Fragebogenrücklaufs im Rahmen der Umfrage zum sprachlichen Anfangsunterricht an Waldorfschulen, Frage 10 des Fragebogens zum sprachlichen Anfangsunterricht, Anhang, S. 44 f.

Die exklusive Didaktik und Methodik zum Anfangsunterricht in Deutsch an Waldorfschulen sind auf sinnlich-mythisches Erleben der Schüler, auf Wiederholung und Rhythmik angelegt und *nicht* auf Beziehungen, Begegnungen und einen raschen Einstieg des Kindes in das Subjekt-Objekt-Verhältnis. "Vom ersten Schultag an wird an der Pflege des menschlichen Sinnes-Erlebens gearbeitet."[241] Der Unterricht intendiert "[...] zunächst gefühlsgesättigtes, künstlerisches Erlebnis."[242] In heutiger Zeit, in der nach Ermessen des postmodernen Philosophen Jean Baudrillard der Blick "das Medium aller Medien"[243] ist und nicht die Kommunikation, in der es zu einem "beschleunigten Anwachsen der Netze und der Kreisläufe"[244] kommt, bedarf das Kind jedoch besonders sprachlicher Sicherheit. Heute müssen die Kinder zudem eine andere Sprache erwerben als zu Steiners Lebzeiten vor circa 70 bis 90 Jahren. Das moderne Deutsch ist durchtränkt von Wortneubildungen, Neologismen, Wortneuschöpfungen wie z.B. "cutten" oder "outen". Sprache bewegt sich heute. Neue Metaphern und neue Wortspiele treten auf den Plan wie z.B. "Glasnost" oder "Perestroika". Es geht um eine andersgewordene Sprache, die oftmals eine Verlagerung erfahren hat. Das in den Waldorfschulen erlernte Deutsch ist romantisierendes Deutsch. Zu Steiners Lebzeiten war es homogen. Jetziges Deutsch ist nur bedingt mit früherem Deutsch vergleichbar. Der lebendige Konnex der deutschen Sprache mit den (außer-)europäischen, mit den modernen Sprachen, wird in der Grundstufe der Waldorfschulen eher nicht berücksichtigt.[245] Die Sekte der Mennoniten in den USA, Illinois z.B., mit weltweit circa 550.000 getauften Vollmitgliedern, ist, was Kleidung, Kultur und Spracherwerb anbelangt, in der Zeit um 850 verhaftet geblieben.

Das Kind bedarf eines bewußten Umgangs mit Sprache und mit neuen Sprach- und Zeitströmungen, so auch einer Einführung in das Neu-

---

241 DIETZ, Karl-Martin, Waldorfpädagogik am Ende des 20. Jahrhunderts, S. 19.
242 DÜHNFORT, Erika, Rechtschreibung. Welchen pädagogischen Wert kann sie haben? Waldorfpädagogik in der methodischen Handhabung des Schreib- und Leseunterrichts, S. 19.
243 BAUDRILLARD, Jean, Die fatalen Strategien, München 1985, S. 8.
244 Ebd.
245 Der bereits in der Grundstufe einsetzende Fremdsprachenunterricht in Englisch und Französisch orientiert sich an Gedichten und Reimen im klassisch-romantischen Sinne.

deutsche. Sprachliche Kompetenz, Individualität und eigener kommunikativer Gestaltungswille können so erprobt werden. Die Verabsolutierung
des Mythischen und Romantischen dient allenfalls dem "[...] Sinnenreiz
als Einfallstor in die harmonische und schließlich koloristische Dimension
[...]."[246]

2.3 Schematische Darstellung einer Unterrichtsverlaufsplanung nach gängiger Methodik, am Beispiel: "Die Einführung der Druckbuchstaben B und b"

Im folgenden soll nun vergleichsweise ein konventioneller, standardisierter
Stundenverlauf zur Einführung der Druckbuchstaben B und b vorgestellt
werden. Zielgruppe ist die 1. Grundschulklasse. Was das Schema der
methodischen Darstellung betrifft, ist dieses, wie gesagt, nur ein Beispiel
für eine Vielfalt der Möglichkeiten. Die Planung der nun folgenden Unterrichtseinheit richtet sich im wesentlichen nach der gängigen Schrift von
Christa Schenk zum Lese- und Schreiberwerb.

---

[246] ADORNO, Theodor W., Dissonanzen. Musik in der verwalteten Welt, Göttingen
1963, S. 12. Adorno nimmt hier Bezug auf gefällige (moderne) Musik. Seiner
Interpretation kann aber durchaus auch Gültigkeit im Hinblick auf die
künstlerisch-sinnliche Pädagogik Steiners zuerkannt werden.

Thema: Einführung der Druckbuchstaben B und b

Grobziel: Die Schüler sollen den neuen Druckbuchstaben B/b in Form und Bewegung als Einzelbuchstaben richtig schreiben können.

Lernschritte Feinziele	Inhaltlicher Verlauf	Aktions- und Sozialformen	Medien
Einstieg	L: Ich gehe zeitweise gerne auf Reisen. Dazu nehme ich einen Koffer mit. Auch heute habe ich einen Koffer dabei. Nach und nach könnt Ihr die Dinge, die darin sind, auspacken.	Impuls Kreisgespräch	Koffer mit Gegenständen
Feinziel 1 Die Schüler sollen den Buchstaben B/b akustisch nachspüren und sich der unterschiedlichen Schreibweise bewußt werden.	S: packen Gegenstände (Blume, Band, Gabel, Fibel....) nach und nach aus und äußern sich frei dazu.	Betrachtung freie Aussprache Kreisgespräch	
	L: Das sind ganz verschiedene Dinge. Aber alle haben einen Buchstaben gemeinsam. Hört einmal gut hin!	Arbeitsauftrag Kreisgespräch	
	S: Das B/b.		
	L: Ich ordne die Gegenstände aus dem Koffer jetzt einmal in bestimmter Weise. (L tut dies entsprechend B und b und benennt die entsprechenden Dinge.)	Impuls Kreisgespräch	Gegenstände

Lernschritte Feinziele	Inhaltlicher Verlauf	Aktions- und Sozialformen	Medien
	L: Was fällt euch dazu ein? S: Bei manchen Gegenständen (Worten) ist das B/b am Anfang, bei anderen in der Mitte.	Arbeitsauftrag Kreisgespräch	Gegenstände
	L: Ja, das B, das am Wortanfang steht und den Ton angibt, ist das große B, das was im Wortinnern steht, ist das <u>kleine b</u>.	Kreisgespräch	TB 1 (B/b) in Großformat
	L: Fahrt jetzt bitte selbst mit dem Ordnen der Gegenstände fort und benennt diese dabei.	Arbeitsauftrag Kreisgespräch	Gegenstände
	L: schreibt Worte (Koffergegenstände) mit jeweils farbig markiertem B und b an die Tafel und liest die Worte langsam.	Systematisierung Kreisgespräch	TB 2 – Tabelle B | b --- Blume | Fibel Band | Gabel … | …
	L: Wir lernen heute das gedruckte B/b! Lesen wir nun gemeinsam und einzeln die Worte an der Tafel. S: lesen gemeinsam und einzeln.	Arbeitsauftrag Kreisgespräch	farbige Kreide

Lernschritte Feinziele	Inhaltlicher Verlauf	Aktions- und Sozialformen	Medien
Feinziel 2 Die Schüler sollen die Einzelelemente des B/b nachvollziehen.	L: Jetzt schauen wir uns das gedruckte B/b genau an! Beschreibt das B/b einmal genau. Was seht Ihr?	Impuls frontales LSG (Gruppensitz- ordnung)	TB 1
	S: Da ist ein Bogen, ein Strich …		
	L: Stab herunter, Bogen, Bogen – Stab herunter, Bogen. (L markiert die entsprechenden Schreib- richtungen mit Pfeilen).	LVT frontales LSG	TB 1 Pfeilmar- kierungen
	L: Sprecht nun mit und begleitet die Bewegungs- abläufe mit Euren Armen und Händen.	Arbeitsauftrag	Körperarbeit
	S: vollziehen die Einzelelemente von B und b pantomimisch mit.		
Feinziel 3 Die Schüler sollen die neuen Buchstaben im gesamten Bewegungs- ablauf nachspüren.	L: Jetzt wollen wir zunächst den neuen großen Druckbuchstaben B an der Tafel üben. Immer vier von Euch können nach vorne kommen: Jeder kann dann ein großes B mit Kreide nach- zeichnen. Die anderen Mitschüler sprechen mit und zeichnen mit in die Luft und so fort.	Arbeitsauftrag Einzelarbeit an der Tafel	TB 3 (zunächst vier B)

Lernschritte Feinziele	Inhaltlicher Verlauf	Methode Sozialformen	Medien
	S: vollziehen den gleichen Prozeß dann mit b.	Einzelarbeit an der Tafel	TB 4 (vier b)
Feinziel 4 Die Schüler sollen den Einzelbuchstaben B/b in Großformat üben.	L: In Euren Gruppen könnt Ihr nun, zunächst jeder für sich, das gedruckte B/b mit Wachs- stiften üben. Korrigiert Euch danach bitte gegenseitig. Anschließend könnt Ihr immer zu zweit die Buchstaben B/b jeweils auf den Rücken Eures Nachbarn zeichnen. Bitte korrigiert Euch aufmerksam.	Arbeitsauftrag (Gruppensitz- ordnung)	großes Papier Wachsstifte Körperarbeit
	S: üben die Buchstaben in Einzel- und Partnerarbeit mit wechselseitigen Korrekturen.	Einzelarbeit Partnerarbeit	
Ergebnissicherung Feinziel 5 Die Schüler sollen die neuen Buchstaben richtig in Linien schreiben können (Kleinformat).	L: Jetzt könnt Ihr das B/b auch in feine Linien schreiben. Die Arbeitsblätter werden später eingesammelt und von mir korrigiert. (L hat ein Arbeitsblatt vorbereitet, auf dem u.a. das B/b vorgeschrieben ist.)	Arbeitsauftrag	Arbeitsblatt Farbstifte
	S: füllen auf. (Schnelle Schüler können die neuen Druckbuchstaben an Leerstellen in ganzen Wörtern üben.)	Einzelarbeit	Arbeitsblatt Farbstifte

3. Tierkundeunterricht an Waldorfschulen (Klasse 4)

3.1 Didaktik und Methodik zu kosmischer Harmonielehre

Die vergleichenden Untersuchungen zum Erstspracherwerb an Steiner-Schulen zeigten im wesentlichen folgende Ergebnisse auf: Der Hauptunterricht, in dessen Rahmen der Erstspracherwerb als Epochenunterricht durchgeführt wird, ist auch heute noch im wesentlichen nicht partnerschaftlich, sondern direktiv geprägt. Eine Methodik unterschiedlicher Sozialformen ist in der anthroposophischen Pädagogik und Didaktik nicht verankert. Der beginnende Deutschunterricht an Freien Waldorfschulen zielt auf künstlerische Gestaltung und Sinnesempfindung. Zugunsten einer mythischen Erlebnis- und Erzählwelt treten hier gezielter Buchstabenerwerb und Lesefertigkeit in den Hintergrund. Die weiteren Untersuchungen zum Erstspracherwerb an Waldorfschulen zeigten einen im Vergleich zum sprachlichen Anfangsunterricht an öffentlichen Grundschulen zeitlich verzögerten Zugriff auf die gesprochene und geschriebene Sprache. Die Einübung in Buchstaben und Sprache vollzieht sich in gängiger Didaktik bewußter und zielgerichteter. Angesichts der Betonung einer mythischen Erlebnis- und Erzählwelt an Waldorfschulen bleibt die Erprobung individueller Leistungsgrenzen der Schüler aus.

Der Blick wendet sich nun dem Tierkundeunterricht (Klasse 4) an Waldorfschulen zu. Zunächst sei unser Augenmerk einleitend auf allgemeinpädagogische Aussagen Steiners gelenkt, denen unmittelbare Relevanz für die Durchführung des Tierkundeunterrichts zukommt. Da sich die Klassenlehrer heute nach wie vor schwerpunktmäßig an der Pädagogik R. Steiners ausrichten, stützen sich in diesem Kapitel die Untersuchungen im wesentlichen auf Steiners tierkundliche Erkenntnisse. Ein *aktualisiertes, ausgearbeitetes Curriculum* liegt auch für den ersten Tierkundeunterricht *nicht* vor.

Für die Klassenstufe 4 der Freien Waldorfschulen empfiehlt Steiner, "[...]

auch Naturgeschichtliches in den Unterricht aufzunehmen."[247] Hierbei solle der Mensch mit den anderen Naturreichen verglichen werden.[248] Mit dem 9. Lebensjahr verstärke sich das Selbstbewußtsein des Kindes. Sei es zuvor "[...] noch mehr mit der Umwelt verschmolzen [...]"[249] gewesen, könne es nun ein distanzierteres Verständnis gegenüber der Welt entwickeln.[250]

In seiner methodisch-didaktischen Schrift "Erziehungskunst II" gibt R. Steiner an, daß der Klassenlehrer den Schülern vor der ersten Tierkundeepoche den Menschen nahebringen solle. Der Pädagoge solle während der ersten Menschenkundeepoche der Klasse schildern, daß der Kopf des Menschen kugelartigen Charakter habe. Er solle auch darüber informieren, daß der menschliche Rumpf kugelfragmentarische bzw. halbmondartige Form aufweist. Die Gliedmaßen des Menschen sind nach Steiners Erkenntnis gleichsam in den Halbmond eingesetzt.[251] Man solle dem Kind sagen, daß es das meiste, was es von der Außenwelt wisse, durch seinen Kopf wisse, durch seine Augen, Ohren, die Nase und den Mund.[252]

"Sodann versuchen Sie in ihm eine Vorstellung von dem Rumpfe hervorzurufen, indem Sie sagen: Was du mit der Zunge schmeckst, geht dann als Nahrung in deinen Rumpf hinein [...]."[253]

"Es ist dann weiterhin gut, wenn man das Kind sich darauf besinnen läßt, wie die Gliedmaßen des Menschen auf der einen Seite als Füße zum Gehen dienen, auf der anderen Seite als Hände zum freien Bewegen und Arbeiten."[254]

---

[247] STEINER, Rudolf, Erziehungskunst. Methodisch-Didaktisches, Erziehungskunst II, S. 96.

[248] Vgl. STEINER, Rudolf, Erziehungskunst. Methodisch-Didaktisches, Erziehungskunst II, S. 106.

[249] Ebd.

[250] Vgl. ebd.

[251] Vgl. ebd., S. 97 f.

[252] Vgl. ebd., S. 99.

[253] Ebd.

[254] Ebd.

In die erste Tierkundeepoche sollen nach Steiners Auffassung menschen-kundliche Aspekte mit einfließen.[255] Im Rahmen des ersten Tierkunde-unterrichts solle der Klassenlehrer zunächst "den Tintenfisch den Schülern nahebringen."[256] Dies geschehe in der Weise, daß das Kind die Sensitivität des Tintenfisches *nachempfinden* könne.[257] Der Pädagoge solle künst-lerisch beschreibend so verfahren, daß ein gewisses Gefühl für das Tier erlebbar werde: Er solle z.B. schildern, wie der Tintenfisch alles, was ihn umgibt, fühlt. So gebe er im Falle einer Gefahr eine dunkle Flüssigkeit ab, um sich vor seinen Feinden zu schützen[258]:

> "Beim Tintenfisch müssen Sie diese Art so andeuten, daß der Tintenfisch etwas fühlt von dem, was in seiner Umgebung ist: Wittert er irgend etwas Gefährliches in seiner Umgebung, so läßt er ja sogleich seinen dunklen Saft los, um sich in eine Aura ein-zuhüllen, damit das von ihm selbst abgelenkt wird, was in seine Nähe kommt."[259]

> "Beschreiben Sie also den Tintenfisch in der Weise, daß das Kind aus Ihrem Beschreiben die Sensitivität des Tintenfisches fühlt, seine feine Wahrnehmung für die Dinge in seiner Umge-bung. Sie werden sich eine künstlerische Beschreibung des Tintenfisches ausarbeiten müssen, damit die Kinder ihn wirklich in dieser künstlerischen Beschreibung erfassen."[260]

Dann solle der Klassenlehrer vergleichsweise die Maus beschreiben, daß sie eine spitze Schnauze habe, an der die Schnurrhaare gleich auffallen[261], und daß sie Nagezähne habe. Als charakteristische Merkmale der Maus solle der Lehrer deren verhältnismäßig große Ohren schildern, den "wal-

---

[255]   Näheres dazu folgt später.
[256]   Vgl. STEINER, Rudolf, Erziehungskunst. Methodisch-Didaktisches, Erziehungs-kunst II, S. 100.
[257]   Vgl. ebd.
[258]   Vgl. ebd., S. 100 f.
[259]   Ebd., S. 100.
[260]   Ebd., S. 101 f.
[261]   Vgl. ebd., S. 101.

zenförmigen Rumpf"[262] und "den feinen, sammetartigen Haarwuchs."[263] Gut springen könne die Maus dank der Vorderfüßchen und der großen Hinterfüßchen, die ihr Halt zum Springen verleihen[264], so Steiners methodisch-didaktische Vorgaben. Der Schwanz diene der Maus zur Stütze beim Klettern und Greifen. Als wesentlichen Unterschied zwischen Tintenfisch und Maus solle der Klassenlehrer folgendes herausarbeiten: Der *Tintenfisch* lebe, fühle und agiere *weniger mit seinen Gliedmaßen* als durch sich selbst und durch seinen *Leib*.[265] Die *Maus diene*, so Steiner, hingegen mit *ihren Gliedmaßen dem Rumpfleben*.[266]

Im Anschluß an die (oben skizzierten) Darstellungen zu Tintenfisch und Maus solle der Pädagoge in der ersten Tierkundeepoche wieder zum "Bau des Menschen"[267] übergehen: Der menschliche Kopf ähnelt dem Tintenfisch, so Steiners Angabe: "Am meisten ist vom Menschen der Kopf dem Tintenfische ähnlich."[268] Der Kopf des Menschen sei "ein umgewandelter Tintenfisch"[269], "ein umgewandeltes niederes Tier".[270] Höhere Tiere wie z.B. Maus, Lamm und Pferd seien "hauptsächlich Rumpf".[271] Mit seinem Rumpf sei der Mensch am meisten den höheren Tieren ähnlich.[272] Die niederen Tiere seien "frei sich bewegende Köpfe"[273], die höheren Tiere seien "hauptsächlich Rumpf."[274] Ihre Organe seien "[...] hauptsächlich zur Befriedigung der Bedürfnisse des Rumpfes raffiniert von der Natur ausgestaltet [...]."[275] Gemäß Steiners Angaben ist der Mensch "[...] in bezug auf

---

262   STEINER, Rudolf, Erziehungskunst. Methodisch-Didaktisches, Erziehungskunst II, S. 101.
263   Ebd.
264   Ebd.
265   Vgl. ebd., S. 102.
266   Vgl. ebd.
267   Ebd.
268   Ebd., S. 103.
269   Ebd.
270   Ebd.
271   Ebd.
272   Vgl. ebd.
273   Ebd.
274   Ebd.
275   Ebd.

seinen Rumpf unvollkommener ausgestaltet als die höheren Tiere."[276] *Voll-kommen* sei der *Mensch* hinsichtlich seiner *Gliedmaßen.*[277] Dem Kind solle deutlich gemacht werden, daß der *Mensch mit seinen Händen* alles mögliche *Sinnvolle* tun könne. Mit ihnen komme der Mensch nicht in Berührung mit der Erde: Die Hände dienen zum Verrichten der "Arbeit für die Welt".[278] Der *Mensch* könne im Vergleich zum Tier, dessen Füße zum Klettern und Springen dienen, *frei der Umwelt dienen.* Folgendes Zitat läßt Steiners Grundauffassung hinsichtlich des Tierkundeunterrichts der 4. Klasse deutlich werden:

> "So erweckt man in dem Kinde durch die Beschreibung des Tintenfisches, der Maus oder des Lammes oder des Pferdes und des Menschen selbst nach und nach eine starke empfindungs- mäßige und gefühlsmäßige Vorstellung davon, daß die niederen Tiere Kopfcharakter, die höheren Tiere Rumpfcharakter haben und der Mensch Gliedmaßencharakter hat."[279]

Der Pädagoge solle darüber hinaus im Unterricht bekunden, daß der Kopf ein "Faulpelz"[280] sei, da er auf den Schultern ruhe, und daß der *Mensch durch seine Gliedmaßen vollkommen sei. Handarbeit* macht den Menschen aus R. Steiners Sicht *moralisch.*[281] Mit dem Hinweis des Pädagogen auf die Nützlichkeit der Hände Arbeit solle der Schlußpunkt der Tierkundeepoche gesetzt werden. *Feste Moralbegriffe* bewirke der Hinweis auf den besonderen Sinn der menschlichen Hände und deren "Arbeit für die Welt".[282] Der naturgeschichtliche Unterricht in der 4. Klasse soll gemäß Steiner dem Kind ein "[...] Bewußtsein von der Synthesis der ganzen Natur im Menschen"[283] vermitteln.

---

276   STEINER, Rudolf, Erziehungskunst. Methodisch-Didaktisches, Erziehungskunst II, S. 103.
277   Vgl. ebd.
278   Ebd., S. 107.
279   Ebd., S. 104.
280   Ebd.
281   Vgl. ebd., S. 105.
282   Ebd., S. 107.
283   Ebd., S. 108.

In der Schrift "Zur Unterrichtsgestaltung im 1. bis 8. Schuljahr an Waldorf-/Rudolf Steiner-Schulen" wird folgender Unterrichtsvorschlag erstellt:

> "Um den Schülern zu vermitteln, wo der Tintenfisch lebt, könnte man eine Reise nach dem Sonnenmittagsstand beschreiben, die Landschaften, Wegstrecken, Menschen und Zeitabläufe auf dem Weg nach Süden schildern. Alfred Brehm wählte als Anknüpfung für die Einführung der Kopffüßler (Cephalopoden) das Lokalkolorit eines italienischen Fischmarktes. Seine Erzählung ist lebendig, didaktisch geschickt und beispielhaft."[284]

Vorzugsweise aber soll gemäß oben genannter Schrift der Pädagoge die Schüler auch eigene Erlebnisse mit dem Tintenfisch schildern lassen, wo er lebt, wie er aussieht usw.[285] "Erlebnisschilderungen, Erzählaufgaben, Bilder, Plastizierübungen und Aufsätze lassen sich leicht in den Unterricht einbeziehen."[286] Vorwiegend einheimische Tiere sollen besprochen werden.[287] Steiner wendet sich ausdrücklich gegen die Vermittlung "äußerer technischer Regeln"[288] im ersten Tierkundeunterricht. Er schlägt vor, den Schülern ein Gefühl vom Wesen des zur Besprechung ausgewählten Tieres zu vermitteln, nämlich dessen spezifische "Seelengeste" zu veranschaulichen. Darunter versteht Steiner z.B. folgendes:

> "So finden wir grausame Raubtiere, wir finden sanfte Lämmer und auch tapfere Tiere. Zum Beispiel unter den Vögeln sind manche ganz tapfere Streiter, auch unter den Säugetieren haben

---

[284] PÄDAGOGISCHE SEKTION DER FREIEN HOCHSCHULE FÜR GEISTESWISSENSCHAFT / PÄDAGOGISCHE FORSCHUNGSSTELLE BEIM BUND DER FREIEN WALDORFSCHULEN (Hg.), Zur Unterrichtsgestaltung im 1. bis 8. Schuljahr an Waldorf-/Rudolf Steiner-Schulen, S. 107.

[285] Vgl. ebd.

[286] Ebd., S. 108.

[287] Ebd.,

[288] STEINER, Rudolf, Anthroposophische Pädagogik und ihre Voraussetzungen, S. 73.

wir tapfere Tiere. Dann finden wir majestätische Tiere, wie die Löwen."[289]

Die im ersten Tierkundeunterricht behandelten Inhalte werden gewöhnlich vom Klassenlehrer in kurzen Prosatexten zusammengefaßt. Passende Gedichte werden ausgesucht. An der Tafel vom Klassenlehrer groß und farbig vorgezeichnete Bilder des jeweils besprochenen Tieres (in seinem speziellen Lebensumfeld) entsprechen dem künstlerischen Tenor des Unterrichts an Waldorfschulen. Die Schüler schreiben und zeichnen im allgemeinen Texte, Gedichte und Bilder von der Tafel in ihre Epochenhefte ab. Der Unterrichtsstil ist schwerpunktmäßig imitativ. Eine lernzielorientierte, systematisierte und (natur-)wissenschaftlich geprägte Unterrichtsmethodik findet gemäß eigener langjähriger Waldorfschulerfahrung der Autorin nicht statt. Unterschiedliche Sozialformen wie Gruppenarbeit oder Partnerarbeit kommen in der Regel nicht zur Geltung.

3.2 Tierkundeunterricht: Besinnung auf Selbsterfahrung und wissenschaftliche "Erfahrung" des Kindes?

Mensch und Tier werden von R. Steiner unter dem Aspekt eines *kosmisch-synthetischen Weltzusammenhangs* verstanden. Seine tier- und menschenkundlichen Vorträge spiegeln seine spekulative (durch keinerlei Quellen belegte) Erkenntnis der kosmischen Einheit alles Lebenden wider. Steiners künstlerisch-phantasievolle Unterrichtsmethodik ist unverkennbar menschenkundlich fundiert: Mittels einer künstlerisch-einfühlenden Beschreibung der Tiere seitens des Pädagogen soll auf die Willens- und Gemütsbildung des Kindes hingewirkt werden. Steiners Angaben besagen, daß *niedere Tiere* wie z.B. der Tintenfisch *Kopfcharakter* haben, *höhere Tiere* wie z.B. die Maus *Rumpfcharakter*. Der *Mensch* sei am *weitesten* entwickelt, er habe *Gliedmaßencharakter*. Mittels seiner *Hände Arbeit*, durch die sich der Mensch vom Tier unterscheide, sei dieser willentlich *frei*, so Steiner: Steiners hohe Bewertung der menschlichen Gliedmaßentätigkeit

---

[289] STEINER, Rudolf, Die Kunst des Erziehens, S. 49.

läßt seinen kosmologisch fundierten Entwicklungsgedanken aufscheinen, demgemäß dem *geistbezogenen* Willen besondere Priorität zukommt.[290]

R. Steiners kosmologisches Schauen von Mensch und Tier hat seine *Wurzeln* in der *Wilhelminischen Ära*. Gegenüber Zucht wollten anthroposophische Pädagogik und Didaktik eine *ganzheitliche Alternative* darstellen: Steiner setzte bedingungslos auf *kosmische Harmonie* und *menschliche Ganzheitlichkeit*. Diese *Prädispositionen* sind jedoch *fragwürdig* geworden. 70 bis 90 Jahre sind vergangen, in denen sich der Mensch und seine Lebenswelt dramatisch gewandelt haben: Steiners Schauen einer kosmischen Einheit steht in unversöhntem Gegensatz zur heutigen Zeit planetarer Gefährdung, in der nicht zuletzt hochentwickelte Technologien die Menschheit fördern als auch bedrohen.

Das erkenntnisleitende Interesse der Waldorfpädagogik (kosmische Harmonie, menschliche Ganzheitlichkeit) zum ersten Tierkundeunterricht ist das gleiche geblieben wie vor 70 bis 90 Jahren. Obgleich Steiners Anthropologie einen interdisziplinären Anspruch aufrechterhält, und obwohl an den gymnasial ausgerichteten Steiner-Schulen auch (Natur-) Wissenschaftler beschäftigt sind, wird ein *interdisziplinärer Dialog*, der dem aktuellen Stand der Wissenschaften gerecht wird, in der Grundstufe *nicht gesucht:* Der Klassenlehrer bewegt sich bei seinen Vorbereitungen für den Tierkundeunterricht weder im objektiv verantwortbaren Terrain *aktueller (Natur-)Wissenschaft* noch klingen Aspekte wie "Umweltschutz" oder "soziale Kompetenz" an. Er versteht sich im Steinerschen Sinne als ein intuitiv handelnder und künstlerisch vermittelnder Pädagoge.[291]

---

[290] Vgl. die zu der oben dargestellten Kernaussage gehörige statistische Auswertung des Fragebogenrücklaufs im Rahmen der Umfrage zum ersten Tierkundeunterricht an Waldorfschulen, Frage 1 des Fragebogens zum ersten Tierkundeunterricht, Anhang S. 52 f.

[291] Vgl. die zu den oben dargestellten Kernaussagen und Kernthesen gehörige statistische Auswertung des Fragebogenrücklaufs im Rahmen der Umfrage zum ersten Tierkundeunterricht an Waldorfschulen, Fragen 2 und 4 des Fragebogens zum ersten Tierkundeunterricht, Anhang S. 53 ff.

Ein *modernes*, aktualisiertes *Curriculum* liegt auch für den (ersten) Tier-kundeunterricht *nicht* vor. Im Lehrplan der Waldorfschulen von Caroline von Heydebrand, auf den auch heute noch zurückgegriffen wird, sind für Vorschläge im Hinblick auf den einsetzenden Tierkundeunterricht lediglich *einige wenige Zeilen* in Anspruch genommen. Die aktuellere Schrift "Zur Unterrichtsgestaltung im 1. bis 8. Schuljahr an Waldorf-/Rudolf Steiner-Schulen" befaßt sich auf sechs Seiten mit dem Thema Menschen-und Tierkunde. Die Angaben in beiden Schriften basieren weitgehend auf Steiners Vorträgen. So entsteht der Eindruck einer Didaktik und Methodik mit *lebensfernem Charakter*. Die von R. Steiner spekulativ geschaute, bis heute nicht aktualisierte, sondern meist fraglos übernommene Didaktik zum ersten Tierkundeunterricht, ist zudem für Schüler und Lehrer *undurchschaubar* und *unhinterfragbar*. Sie bleibt theologisch dogmatisch. Steiners tierkundliches Modell, nach dem auch gegenwärtig unter Nicht-berücksichtigung moderner (Natur-)Wissenschaften und geänderter sozio-kultureller Paradigmen unterrichtet wird, kann daher als mythisches Hand-lungsmodell im Sinne Habermas'[292] gewertet werden. Zwischen Steiners exklusiver Esoterik und den Bedürfnissen der Kinder tut sich ein Vakuum auf.[293]

Eine ganzheitliche Förderung des Kindes ist freilich nicht denkbar ohne Rekurs auf das Kind selbst, dessen Personalität und Interaktion: Ein "kindorientiert ganzheitlicher Zugang zu den Sachverhalten [...]"[294], die Verbindung "der sachlichen Kompetenz mit der personalen Kompetenz [...]"[295] sind vergleichsweise grundlegende Ziele der renommierten Münchner Grundschuldidaktikerin Maria-Anna Bäuml-Roßnagl. Ein besonderer Themenbereich im Rahmen des Bayerischen Lehrplans für den

---

[292] Vgl. S. 151 f. dieser Arbeit.

[293] Vgl. die zu der oben dargestellten Kernaussage und Kernthese gehörige statisti-sche Auswertung des Fragebogenrücklaufs im Rahmen der Umfrage zum ersten Tierkundeunterricht an Waldorfschulen, Frage 9 des Fragebogens zum ersten Tierkundeunterricht, Anhang, S. 55 f.

[294] BÄUML-ROßNAGL, Maria-Anna, Der Bildungsauftrag des Sachunterrichts in der heutigen Grundschule, in: Der neue Sachunterricht im 4. Schuljahr, Hg.: BÄUML-ROßNAGL, Maria-Anna, München ⁶1998, S. 17.

[295] Vgl. ebd.

Sachunterricht der 3. und 4. Klasse ist: "Kind und Gemeinschaft (soziale Erziehung/politische Grundbildung)".[296] Einzelthemen für die 4. Klasse sind hier z.B.: "Erleben und Mitgestalten von Gemeinschaft"[297], "Grundformen des Miteinanderlebens".[298] Die oben genannten Lehrplanthemen und gängige Sachkundedidaktik lenken im Vergleich zur anthroposophisch-künstlerischen Didaktik den Blick auf konkrete Formen des Miteinanderumgehens: Der Wille des Kindes zur Erfahrung seiner selbst und sein Wille zur Erfahrung des anderen in der Gruppe werden hier als besonders förderungswert anerkannt. Angesichts des in heutiger Zeit an den Schulen in wachsendem Maß zutagetretenden Aggressionspotentials[299] wird angefragt, ob Steiners kosmisch-künstlerische Paradigmen noch greifen und beispielsweise ein *therapeutisches Einfühlungsvermögen* seitens des Erwachsenen ersetzen: Die Begleitung der Schüler, Eltern und Lehrer durch *Schulpsychologen* ist an Waldorfschulen nicht üblich. An öffentlichen (Grund-)Schulen ist vergleichsweise eine individuelle Beratung der Eltern, Schüler und Lehrer durch Schulpsychologen in Beratungszentren selbstverständlich. Damit ist eine *psychologische Vernetzung* gewährleistet; Verhaltensauffälligkeiten und Aggressionsverhalten kann tiefgreifend entgegengewirkt werden.

Gemäß Steiners esoterischer Anschauung soll Tierkundeunterricht den harmonischen Zusammenhang von Mensch und Tier zum Ausdruck bringen. Der Schüler werde durch den Hinweis des Lehrers auf dessen Fähigkeit zur Handarbeit moralisch. Mit den Händen arbeitet man aber nicht nur. Mit

---

[296] Vgl. BAYERISCHES STAATSMINISTERIUM FÜR UNTERRICHT UND KULTUS (Hg.), Lehrplan für die Grundschule. 1. bis 4. Jahrgangsstufe, S. 97. Soziale Themen sind für den Unterricht an Steiner-Schulen (Grundstufe) nicht vorgesehen.

[297] Ebd.

[298] Ebd.

[299] Vgl. VALTIN, Renate, Der Beitrag der Grundschule zur Entstehung und Verminderung von Gewalt – Einleitende Überlegungen, in: Gewalt und Aggression: Herausforderungen für die Grundschule, Hg.: VALTIN, Renate / PORTMANN, Rosemarie, Frankfurt a. M. 1995, S. 7 f. Vgl. ORTNER, Alexandra / ORTNER, Reinhold, Verhaltens- und Lernschwierigkeiten. Handbuch für die Grundschulpraxis, Weinheim/Basel 1991, S. 111.

ihnen kann auch gedroht, geschlagen und vergewaltigt werden. Moderne Grundschuldidaktik setzt sich im Vergleich zu Steiners Harmonielehre mit dem Phänomen der Gewalt an Grundschulen auseinander. In der Schrift "Gewalt und Aggression: Herausforderungen für die Grundschule" wird beispielsweise die Förderung der sozialen Kompetenz als ein entscheidender Weg zum Abbau von Gewaltbereitschaft aufgezeigt.[300] Moderne, kinderpsychologisch orientierte Grundschuldidaktik geht *nicht wie anthroposophische Didaktik von statischen Moralbegriffen* aus, sondern lenkt den Blick auf intrapsychische Prozesse des Kindes: Aggressionsverhalten wird hier z.B. als Folgeerscheinung innerer Verletzungen verstanden: In einem gängigen, modernen, grundschuldidaktischen Handbuch zu Verhaltens- und Lernschwierigkeiten von Schülern werden die besonderen Probleme von Kindern beschrieben, die in zerrütteten Ehen und Familien leben:

"Besondere Schwierigkeiten tun sich bei Kindern auf, die in zerrütteten Ehen aufwachsen, deren Alltag von Streit und Konflikten geprägt ist. Meist wird das Kind zwischen Vater und Mutter hin- und hergerissen, da es jeweils nur eine Position ergreifen kann. Anstatt Liebe und Verständnis zu erfahren, sieht es sich mit Aggression, Streit bzw. Beleidigungen und Tätlichkeiten konfrontiert. So kann sich keine psychisch stabile Bindung zwischen Eltern und Kind entfalten und festigen."[301]

Disharmonisches und aggressives Verhalten von Schülern wird vor diesem kinderpsychologischen Hintergrund als ein Signal für "innere Not"[302] verstehbar und nicht entsprechend Steinerscher Didaktik als Folge fehlender

---

[300] Vgl. HURRELMANN, Klaus, Gewalt: ein Symptom für fehlende soziale Kompetenz, in: Gewalt und Aggression: Herausforderungen für die Grundschule, Hg.: VALTIN, Renate / PORTMANN, Rosemarie, S. 83 ff.

[301] ORTNER, Alexandra / ORTNER, Reinhold, Verhaltens- und Lernschwierigkeiten. Handbuch für die Grundschulpraxis, S. 9.

[302] GIMMLER, Klaus-Rüdiger / KÜHL, Reinhard, Friedliche Schule – Schaffen wir das?, in: Gewalt und Aggression: Herausforderungen für die Grundschule, Hg.: VALTIN, Renate / PORTMANN, Rosemarie, S. 117.

Handarbeit.[303] Steiners naturkundliches "Rezept" ist der harmonische Zusammenhang alles Lebenden. (Künstlerische) Gliedmaßentätigkeit befreie den Menschen und fördere dessen Willen. Angesichts des wachsenden Aggressionspotentials an den Schulen ist jedoch die konkrete interaktive Ebene im Unterricht besonders im Hinblick auf die Willensbildung des Kindes von besonderer Relevanz: Die konkrete interaktive Ebene im Unterricht

> "[...] ist vor allem im Blick auf die Stärkung der sozialen Ressourcen der Kinder und Jugendlichen für die Auseinandersetzung mit Problemlagen von Bedeutung. In der Schule findet täglich über viele Stunden hinweg eine soziale Kommunikation zwischen Schülerinnen und Schülern untereinander und mit dem Lehrer statt, deren Potential für soziale Unterstützung sorgfältig analysiert werden muß."[304]

Der von R. Steiner geschilderte Tierkundeunterricht, der auch heute noch von den Lehrern übernommen wird, ist monologisch, lehrerzentriert und rezeptiv, nicht aber interaktiv geprägt. Das Schülergespräch ist, wie bereits erwähnt, in der anthroposophischen Didaktik nicht verankert. Angefragt wird, ob Harmonie, Moral und freier Wille des Kindes (nach Steiner) ohne Rekurs auf schulische Kommunikation und Interaktion lebbar sind. Die Unhinterfragbarkeit der Steinerschen Harmonielehre spiegelt sich im Unterricht wider: *Nicht* auf die *eigenen Beobachtungen* und Erfahrungen der Schüler zu charakteristischen Merkmalen von Tieren wird Wert gelegt, sondern auf *Steiners esoterisches* Schauen. Angesichts des lehrerorientierten, rezeptiven Tierkundeunterrichts nach anthroposophischer Methode kommt die *Selbsterfahrung* des *individuellen Schülers* nicht zum Zuge,

---

[303] Nach Erkenntnissen Steiners entstehen Disharmonien im menschlichen Erleben und Handeln auch durch ein Überhandnehmen von entweder "ahrimanischen" oder "luziferischen" Kräften, von verstandesmäßigen oder phantasiemäßigen Kräften. Vgl. KALISCH, Michael (Hg.), Rudolf Steiner, Das Mysterium des Bösen (= Themen aus dem Gesamtwerk, Bd. 19), Stuttgart ²1999, S. 79 ff.

[304] HURRELMANN, Klaus, Gewalt: ein Symptom für fehlende soziale Kompetenz, in: Gewalt und Aggression: Herausforderungen für die Grundschule, Hg.: VALTIN, Renate / PORTMANN, Rosemarie, S. 81.

damit aber auch nicht seine *Wahrnehmung des anderen,* des Mitschülers z.B. Und diese ist doch so bedeutsam für *Toleranz- und Verstehensbildung.* Als wesentliche Zielsetzung eines gesprächsorientierten Unterrichts gibt der renommierte Grundschuldidaktiker R. Maras z.B. an: "sich auf den Gesprächspartner einzustellen, ihn ernstzunehmen und auf ihn einzugehen".[305] In dem einschlägigen Werk "Die klientenzentrierte Gesprächspsychotherapie" wird die "Schaffung einer Atmosphäre des Akzeptierens"[306] im Unterricht angeraten. Der Pädagoge solle "[...] eine gestattende und verstehende Atmosphäre [schaffen, RZ], die das Selbst und die zweckbewußte Individualität eines jeden Lernenden respektiert".[307]

In der im weiteren Verlauf dieses Kapitels vorgestellten Unterrichtseinheit soll der *Dialog* durchgängig *gewährleistet* sein. Der Unterrichtsstil ist nicht, wie im Hauptunterricht an Steiner-Schulen üblich, einseitig lehrerorientiert und imitativ geplant, sondern impliziert eine Einstellung des Pädagogen auf das Kind. Unterricht stellt freilich nicht immer eine ideale Lernsituation dar. Zusehends prägen Konfliktsituationen und Aggressionsverhalten den Verlauf mit. Nach Steiners Erkenntnis soll im Leben des Menschen (Kindes) "[...] das wilde Gewoge des Affekt- und Leidenschaftswesens [...] niedergehalten [...]"[308] werden. Im "Wollen und Begehren"[309] stünde die Menschenseele "[...] vor der Möglichkeit des Bösen."[310] R. Steiner intendiert mit seinen menschen- und tierkundlichen Angaben auch eine Moralisierung und nicht zuletzt eine Läuterung, d.h. Vergeistigung des Schülers. Affekte, Aggressionen und Triebimpulse werden dabei aber übergangen. Im Vergleich zu Steiners eindimensionaler, nicht interaktiv angelegter Menschen- und Tierkunde orientieren sich gängige Grundschuldidaktik, moderner Sachunterricht und heutige Gesprächs-

---

[305] Vgl. MARAS, Rainer, Unterrichtsgestaltung in der Grundschule, S. 66.
[306] ROGERS, Carl R., Schüler-bezogenes Unterrichten, in: Die klientenzentrierte Gesprächspsychotherapie, Hg.: ROGERS, Carl R., Frankfurt a. M. 1993, S. 341.
[307] Ebd., S. 342.
[308] KALISCH, Michael (Hg.), Rudolf Steiner, Das Mysterium des Bösen, S. 25.
[309] Ebd., S. 29.
[310] Ebd.

psychotherapie an der Frage nach offener Kommunikation, die nichts beschönigt.[311]

Bevor sich die Untersuchung weiter auf Inhalte und Methodik des ersten Tierkundeunterrichts fokussiert, sei im folgenden ein der Autorin berichteter Fall und dessen (fiktive) gesprächsorientierte Lösung eingeblendet. Im Vergleich zu Steiners esoterischer Menschen- und Tierkunde soll diese Einblendung einer realen, interaktiven Selbsterfahrung der Schüler gerecht werden. Laut Bericht handelte es sich um einen Grundschüler der Waldorfschule, der sich während des Unterrichts auf den Boden warf, die Lehrerin anschrie und von ihr nicht mehr zum Aufstehen zu bewegen war.[312]

Im folgenden sei die fiktive, gesprächsorientierte Lösung des Konflikts vorgestellt: Während sich die Fachkraft dem Schüler zuwendet, kann im Rahmen einer mittleren Klassenstärke der Rest der Klasse möglicherweise mit den anstehenden Aufgaben betraut werden. Je nach Einschätzung der Lage und nach Rücksprache mit dem problematischen Schüler ist auch ein *An- und Aussprechen des Konflikts* im Rahmen der gesamten Klassengemeinschaft denkbar. Direkte und konkrete Fragen, wie z.B. "Was ist los?" oder "Was ist geschehen?" können *Beziehung zum Schüler herstellen* und Distanz zu dessen Affektverhalten schaffen. Im Sinne moderner, gängiger Grundschuldidaktik zu sozialem Verhalten und vor dem Hintergrund heutiger Gesprächspsychotherapie ist seitens des Pädagogen eine Haltung innerer Gelassenheit gegenüber der Situation anzuraten. Die Signalisierung von *Akzeptanz des Schülers* trotz seines problematischen Verhaltens und gezielte Fragen nach möglichen Ursachen des Konflikts entsprechen dem therapeutischen Prinzip, den anderen trotz seiner Widerstände als Person dennoch zu akzeptieren. Mittels einer offenen und gelassenen Haltung und durch *individuelles Eingehen* auf das Kind kann

---

[311] Eine Ergänzung anthroposophischer (Heil-)Pädagogik durch ein modernes therapeutisches Verständnis siehe folgende Schrift: GLÖCKLER, Michaela, Macht in der zwischenmenschlichen Beziehung. Grundlagen einer Erziehung zur Konfliktbewältigung, Stuttgart u.a. 1997.

[312] Hierzu sei angemerkt, daß die Eltern in Scheidung lebten, wie die Lehrerin später erfuhr.

der Pädagoge eine gewisse Rehabilitierung des Schülers in seiner inneren Verletzung bewirken. Sofern die Situation es zuläßt, ist auch das Aufzeigen konkreter Lösungsstrategien denkbar. Zur Gewährleistung einer Wiederintegrierung des Kindes in die Gruppe und im Zuge eines geordneten Unterrichtsverlaufs sollte die Lehrkraft nach angemessener Zeit auf die bestehenden schulischen Aufgaben hinweisen und den Schüler auf einen späteren Gesprächstermin aufmerksam machen. Ein gesprächsorientiertes Konfliktlösungsverhalten, wie es oben vorgestellt wurde, kann die Schüler anleiten, selbst "[...] Kontakte untereinander aufzunehmen, Gefühle wahrzunehmen und auszudrücken [...]."[313] Ein entscheidender Weg zur Versprachlichung aggressiver Konfliktpotentiale wird gebahnt. Der Wille des Kindes zu *Kommunikation,* zu *Beziehung* und zur *Selbsterfahrung* in der *Gruppe* wird gefördert.[314]

Am Ideal der menschlichen Handarbeit sind, abgesehen vom ersten Menschen- und Tierkundeunterricht, auch andere Sachkundegebiete der Waldorfschulen (Grundstufe) orientiert, so z.B. die Feldbau-, Handwerker- und Hausbauepochen der 3. Klasse: In der Feldbauepoche werden z.B. die Schüler mit den wichtigsten Getreidearten bekannt gemacht.[315] Die Schüler lernen, praktisch zu eggen, zu säen, zu dreschen und Brot zu backen. In der Epoche der Handwerksberufe sollen "«Urberufe» wie Schäfer, Jäger, Fischer, Holzfäller, Köhler usw."[316] besprochen werden. Im Rahmen der Hausbauepoche werden Behausungen "der Naturvölker, den Höhlen, Lehmhütten, Iglus, Zelten"[317] zum Thema gemacht. Zwar beziehen sich die

---

[313] Vgl. HURRELMANN, Klaus, Gewalt: ein Symptom für fehlende soziale Kompetenz, in: Gewalt und Aggression: Herausforderungen für die Grundschule, Hg.: VALTIN, Renate / PORTMANN, Rosemarie, S. 83.

[314] Vgl. die zu der oben dargestellten Kernaussage und Kernthese gehörige statistische Auswertung des Fragebogenrücklaufs im Rahmen der Umfrage zum ersten Tierkundeunterricht an Waldorfschulen, Frage 3 des Fragebogens zum ersten Tierkundeunterricht, Anhang, S. 56 f.

[315] Vgl. PÄDAGOGISCHE SEKTION DER FREIEN HOCHSCHULE FÜR GEISTESWISSENSCHAFT / PÄDAGOGISCHE FORSCHUNGSSTELLE BEIM BUND DER FREIEN WALDORFSCHULEN (Hg.), Zur Unterrichtsgestaltung im 1. bis 8. Schuljahr an Waldorf-/Rudolf Steiner-Schulen, S. 78.

[316] Ebd., S. 79.

[317] Ebd.

genannten Sachkundethemen auf "Sachen"; sie sind aber weder an wissenschaftlichen Fragestellungen noch an modernen Arbeitsprozessen ausgerichtet: In heutiger Zeit haben Maschinen das Handwerk größtenteils abgelöst. Obige Sachkundethemen spiegeln ein ständisches Denken wider, das konform zur Wilhelminischen Zeit ging. Ein solches ist heute jedoch vollkommen überholt. Die Berufe des Schäfers, Jägers und Fischers existieren heute praktisch nicht mehr in der Form von "Urberufen". Wohnungen sind in heutiger Zeit meist nicht mehr aus Lehm und Eis gebaut, sondern aus Beton und Stahl. Der romantische Sachunterricht der 3. und 4. Klasse an Steiner-Schulen ist hinsichtlich seiner Inhalte, Methodik und Erfahrungswerte *nicht zeitadäquat* und aufgrund der *Lebensferne wenig bedeutsam* für das Leben und die Willensbildung des Kindes in der heutigen Zeit. Freilich kann dieser Art von Themenkreisen ein gewisser Wert zugesprochen werden, stellt sie doch eine archetypische Begegnung mit den Berufen Jäger, Fischer oder Schäfer dar. Sachkunde wird jedoch dann lebensfern, wenn eine solche Begegnung lediglich für sich verstanden wird. Wissenschaftliche Neugier des Kindes kommt angesichts des an Waldorfschulen üblichen imitativen Unterrichtsstils (Abschreiben von Tafeltexten, Abzeichen von Bildern, Zuhören, Mitbewegung) kaum zur Geltung, wenngleich hier viele Sachkundeepochen praktisch orientiert sind.

Moderner, gängiger Sachkundeunterricht möchte vergleichsweise "die Inhalte der Welt"[318] von heute und modernes "Weltwissen"[319] vermitteln. (Natur-)wissenschaftliche Arbeitsweisen sind dabei schon möglichst frühzeitig, bereits in der Phase der Grundschulzeit, den Schülern nahezubringen. Gängige Sachkunde will "[...] Regeln, Erkenntnisse, Zusammenhänge, Modelle, Strukturen und Systeme"[320] der "Sachen" vermitteln.

---

[318] KAISER, Astrid, Einführung in die Didaktik des Sachkundeunterrichts, Hohengehren ³1996, S. 145.
[319] Ebd.
[320] MARAS, Rainer, Unterrichtsgestaltung in der Grundschule, S. 254.

Die Münchner Grundschuldidaktikerin Maria-Anna Bäuml-Roßnagl plädiert für die Bezugnahme des Sachunterrichts auf die heutige Umwelt[321] und gleichzeitig für kindgeleitetes Sachlernen[322], für Lernzieloffenheit und entdeckendes Lernen.[323] Sachkunde solle *erfahrungsoffen* und *kindbedeutsam* sein.[324] Ähnliche sachkundliche Ziele formuliert die Grundschuldidaktikerin Astrid Kaiser. Aufgabe sei es,

> "[...] die Schule in der Welt zu verorten, damit die Kinder in dieser Welt Fuß fassen lernen, stehen und gehen lernen. Romantische Inhalte aus vergangenen Epochen [...] sind allenfalls als Mittel zur Veranschaulichung und Elementarisierung komplizierter Zusammenhänge, aber nicht als Eigenwert [...] von Bedeutung."[325]

Die anthroposophische Didaktik des ersten Tierkundeunterrichts spricht der künstlerischen Tätigkeit des Kindes Priorität vor dem Denken zu. Der menschliche Kopf wird hier mit "niederen" Tieren parallelisiert. Im Unterricht kommt nicht der systematischen Erarbeitung charakteristischer Merkmale einzelner Tiere Relevanz zu, sondern R. Steiners esoterischer Anschauung des harmonischen Zusammenhangs alles Lebenden. Die Lehrkraft schildert im Zuge Steinerscher Willens- und Gefühlserziehung in menschlich-moralisierender Weise beispielsweise auch die spezifische "Seelengeste" eines Tieres. Erlebnisschilderungen, Erzählaufgaben, bunte Tafelbilder und Übungen in Plastizieren sind wesentliche Unterrichtsbestandteile. Der Stil ist im allgemeinen imitativ. Steiners bildhaft-

---

[321] Vgl. BÄUML-ROßNAGL, Maria-Anna, Kind und Sache als «Sache» des Grundschulunterrichts, in: Sachunterricht. Bildungsprinzipien in Geschichte und Gegenwart, Hg.: BÄUML-ROßNAGL, Maria-Anna, Bad Heilbrunn/Obb., 3. neu bearbeitete und mit didaktischen Cartoons angereicherte Auflage, 1995, S. 28 f.

[322] Vgl. ebd.

[323] Vgl. ebd., S. 30.

[324] Ebd., S. 28.

[325] KAISER, Astrid, Einführung in die Didaktik des Sachkundeunterrichts, S. 120 f. Vgl. die zu der oben dargestellten Kernaussage und Kernthese gehörige statistische Auswertung des Fragebogenrücklaufs im Rahmen der Umfrage zum ersten Tierkundeunterricht an Waldorfschulen, Frage 8 des Fragebogens zum ersten Tierkundeunterricht, Anhang, S. 57 ff.

künstlerischer, moralisierender Ansatz und seine Parallelisierung von Mensch und Tier im Hinblick auf die weniger bedeutsame denkerische Tätigkeit des Menschen lassen wiederum die Vermutung aufkommen, Waldorfpädagogik in der Grundstufe unterschätze den Verstand des Kindes. Eine "wirklichkeitsferne pädagogische Kunstwelt"[326] bereitet den Schüler kaum auf weiterführende Schulen und auf das spätere Leben vor.

Die in diesem Kapitel dargestellte, unsere vergleichenden Untersuchungen exemplifizierende Unterrichtseinheit, zielt im Vergleich zum Waldorfunterricht nicht auf Esoterik. Als Thema wurde ausgewählt: "Das Aussehen und Leben des Eichhörnchens im Wald."[327] Zielgruppe ist die 4. Grundschulklasse. Die Einheit zielt auf "forschend-entdeckendes Vorgehen"[328], auf die kognitive Erschließung von Zusammenhängen und auf zeit- und fachgemäße Arbeitsweisen. Sie räumt dem Denken des Kindes Priorität ein und nicht wie der anthroposophische Tierkundeunterricht einem künstlerisch-esoterisch geprägten Erleben, das das 9- bis 10-jährige Kind der 4. Klasse zweifellos unterfordert. Ob diese künstlerisch-esoterische Prägung des Unterrichts zu einer im Vergleich zum Kleinkind größeren Offenheit des Grundschulkindes gegenüber der Umwelt beiträgt, wie es Steiner spekulativ sieht, muß oder kann bezweifelt werden.

Die hier vorgestellte Unterrichtseinheit fordert im Blick auf entwicklungspsychologisch begründete, sachanalytische Überlegungen den *Willen* des Kindes zu wissenschaftsorientierter Erfahrung und selbständig geistiger Leistung[329] heraus. Aus entwicklungspsychologischer Sicht kann das 9- bis 10-jährige Kind der 4. Klasse vor dem empirischen Forschungshintergrund J. Piagets in der Phase der "konkreten Operationen"[330] (7 bis 11 Jahre)[331] die "entstehenden Operationen zu Gesamtstrukturen koordinie-

---

[326] Vgl. KAISER, Astrid, Einführung in die Didaktik des Sachkundeunterrichts, S. 120.
[327] Vgl. die schematische Verlaufsplanung, S. 363 dieser Arbeit.
[328] Vgl. MARAS, Rainer, Unterrichtsgestaltung in der Grundschule, S. 287.
[329] Vgl. ebd.
[330] PIAGET, Jean / INHELDER, Bärbel, Die Psychologie des Kindes, S. 103 ff.
[331] Vgl. ebd., S. 100.

ren".[332] Das Kind kann "Klassifizierungen, Aneinanderreihungen, Zuordnungen von einem zum anderen und von einem zu vielen"[333] durchführen. Im Vergleich zur darauffolgenden Phase der "formalen Operationen", in der das Kind zu formalen und abstrakten Überlegungen fähig ist[334], benötigt es im Alter von 7 bis 11 Jahren noch konkretes Anschauungsmaterial. In der Phase der "konkreten Operationen", in der dem 9- bis 10-jährigen Kind eine Differenzierung von Klassen entsprechend ihrer Ausdehnung gelingt, kann es über die reine Klassifizierung hinaus z.B. auch eine Gesamtmenge und Teilmenge hinsichtlich der Werte "größer" und "kleiner" unterscheiden. Folglich ist es in der Lage, im Unterricht mit Teilfragen und Teilaspekten hinsichtlich übergeordneter Feinziele und Fragestellungen selbständig zu operieren.[335]

Anliegen der geplanten Unterrichtseinheit ist freilich nicht allein ein schematisches, einseitig abstraktes Erarbeiten von Lernzielen, sondern gleichermaßen die "Liebe zur Sache"[336] und ein spielerisch orientiertes, entdeckendes Lernen: Das Kind im Grundschulalter spielt noch gerne und liebt es, wenn Erwachsene mit ihm spielen. Seine Neugier und Phantasie sind noch an Anschauungsmaterial geknüpft. Wesentliche Ziele für eine lebendige, am Kind orientierte Sachkunde sind nach Ansicht A. Kaisers: "spielerisches Lernen entwickeln"[337], die "Sinneswahrnehmung differenzieren"[338], "kommunikativ handeln"[339], "ästhetisch kreativ sein"[340], "entdeckend lernen"[341] und "individuelle Sinndeutungen finden".[342]

---

[332] Vgl. PIAGET, Jean / INHELDER, Bärbel, Die Psychologie des Kindes, S. 103.
[333] Ebd.
[334] Vgl. ebd., S. 132 ff.
[335] Vgl. die zu der oben dargestellten Kernaussage und Kernthese gehörige statistische Auswertung des Fragebogenrücklaufs im Rahmen der Umfrage zum ersten Tierkundeunterricht an Waldorfschulen, Frage 5 des Fragebogens zum ersten Tierkundeunterricht, Anhang, S. 59 f.
[336] KAISER, Astrid, Einführung in die Didaktik des Sachkundeunterrichts, S. 144.
[337] Ebd., S. 151.
[338] Ebd.
[339] Ebd., S. 152.
[340] Ebd.
[341] Ebd.
[342] Ebd.

Der Einstieg in das Thema "Das Aussehen und Leben des Eichhörnchens im Wald" ist abwechslungsreich gestaltet und soll der Freude des Kindes am Spielen und Entdecken gerecht werden: Zunächst bildet die Klasse zusammen mit der Fachkraft einen Kreis. Mit drei Schülern hat der Lehrer zuvor eine pantomimische Präsentation der charakteristischen Tätigkeiten des Eichhörnchens sowie die zweier Bäume abgesprochen.[343]

Hat die Klasse das pantomimisch dargestellte Tier erraten, werden alle Schüler gebeten, jeweils ein Wort oder einen kurzen Satz auf vorbereitete Karten zu schreiben zur Kenntlichmachung dessen, was sie am Thema interessiert.[344] Zuvor wurde die Möglichkeit eingeräumt, eigene Erlebnisse mit dem Tier und eigene Interessen am Thema (zuvor benannt) in einer freien Aussprache zu äußern. Die beschrifteten Karten werden in der Mitte des Kreises ausgelegt. Die Lehrkraft regt nun ihre Schüler an, selbständig Überschriften für die einzelnen Interessensgebiete zu finden[345] und eine geeignete Ordnung zu suchen. Das selbständige *Verbalisieren eigener Interessen* zum Thema und das (gemeinsame) Suchen nach *Überschriften* entsprechen einer fachgemäßen (naturwissenschaftlichen) Arbeitsweise: Problemfragen werden gestellt, Vermutungen geäußert, Zusammenhänge hergestellt. Begriffe werden aufgebaut und verbalisiert.[346] Diese geistigen Aktivitäten fördern den Willen der Schüler zur *kognitiven Eigenaktivität* und zu *wissenschaftlicher Selbsterfahrung*. Anthroposophischer Tierkundeunterricht ist vergleichsweise rezeptiv und imitativ geprägt. "[...] Merkmale einer grundschulmäßigen Wissenschaftsorientierung [sind, RZ] eine *klare Begriffsbildung*, *problemorientiertes Vorgehen* und *Klarheit* der *Darstellung*."[347] Waldorfpädagogik (zum ersten Tierkundeunterricht) folgt deutlich anders gelagerten pädagogischen Maximen: Hier wird besonderes Gewicht auf künstlerische Unterrichtsgestaltung gelegt.

Im weiteren Verlauf des geplanten Sachkundeunterrichts bittet die Fachkraft im Sinne des von A. Kaiser genannten Ziels "ästhetische

---

[343] Vgl. die schematische Verlaufsplanung, S. 363 dieser Arbeit.
[344] Vgl. die schematische Verlaufsplanung, ebd., S. 364.
[345] Vgl. die schematische Verlaufsplanung, ebd.
[346] Vgl. MARAS, Rainer, Unterrichtsgestaltung in der Grundschule, S. 288.
[347] Ebd., S. 255.

Kreativität" zwei Schüler, die gefundenen Überschriften auf großformatige Karten zu schreiben. Falls ein von der Lehrkraft geplanter Themenschwerpunkt nicht tangiert wird[348], ergänzt sie. Die gefundenen Überschriften werden an der Tafel notiert.

Im folgenden wendet sich der unterrichtliche Blick der Frage nach dem genauen Aussehen des Eichhörnchens zu: Als Anschauungsmaterial hat der Lehrer Zeichnungen, Fotos und ein großes Bild des Tieres in Tafelkartenformat mitgebracht. Eigene Eindrücke und Beobachtungen der Schüler zum Aussehen des Tieres sollen in einer kurzen freien Aussprache zu Wort kommen.

Die Frage nach dem genauen Aussehen des Eichhörnchens steht in Zusammenhang mit dem dritten Feinziel: "Die Schüler sollen sich des Zusammenhangs zwischen dem geschmeidigen Aussehen des Eichhörnchens und seiner schnellen Fortbewegung bewußt werden."[349] Die Erarbeitung von Feinziel 3 soll in Form eines frontalen Lehrer-Schüler-Gesprächs stattfinden, wobei als Tischordnung ein nach vorne offenes, etwa hufeisenförmiges Rechteck mit Zwischenreihen empfohlen wird: Im Zuge eines stoffkonzentrierten Unterrichtsgeschehens zielt diese Sitzordnung auf ein individuelles, selbständiges Mitdenken und Mitarbeiten. Der Klassenverband bleibt dabei aber gewahrt.

Was nun die genaue Untersuchung des Zusammenhangs zwischen dem geschmeidigen Aussehen des Eichhörnchens und dessen schneller Fortbewegung betrifft, fordert die Lehrkraft, wie bereits oben angedeutet, die Klasse zunächst auf, sich das Tier genau anzuschauen.[350] Sodann wird der Arbeitsauftrag einer genauen Beschreibung der Vorder- und Hinterbeine, der Zehen und des Schwanzes gegeben. Der Pädagoge wartet zunächst einmal, ob die Schüler selbständig den gedanklichen Bogen von

---

[348]   Für diese Unterrichtseinheit sind folgende inhaltliche Schwerpunkte geplant: 1. Der Zusammenhang zwischen dem geschmeidigen Aussehen und der schnellen Fortbewegung des Eichhörnchens, 2. seine Nahrung und Nahrungsaufnahme, 3. Nestbau und Überwinterung.

[349]   Vgl. die schematische Verlaufsplanung, S. 365 dieser Arbeit.

[350]   Vgl. die schematische Verlaufsplanung, ebd.

den beobachteten Merkmalen "unterschiedliche Beinlänge", "spitze Krallen" und "langer, buschiger Schwanz" zur schnellen Fortbewegung des Eichhörnchens ziehen. Zu erwarten ist, daß schließlich eine gezielte Frage nach der besonderen Funktion dieser Körperteile erforderlich wird. Gegebenenfalls zieht die Fachkraft als anschauliches Vergleichsbeispiel eine weidende Kuh im Gespräch heran. Beobachtungen und Ergebnisse der Schüler zum Aussehen und Bau des Tieres werden stichpunktartig von einem Schüler an der Tafel notiert.[351] Sodann spricht die Fachkraft noch einmal kurz die eingangs genannten Interessen der Klasse an und hebt hervor, daß in der laufenden Schulstunde Aussehen und Fortbewegung des Eichhörnchens, dessen Nahrung und Nahrungsaufnahme, der Nestbau und die Überwinterung thematische Schwerpunkte seien.[352] Eine Tafeltabelle mit drei, jeweils auf eines der geplanten Themengebiete zugeschnittenen Spalten soll einen strukturellen Überblick bieten.[353]

Die erste Tierkunde an Steiner-Schulen legt zugunsten einer speziellen (künstlerisch orientierten) Willens- und Gefühlsbildung keinen Wert auf selbständiges Beobachten und Schlüsseziehen der Schüler. Steiner bezieht in seinem tierkundlichen Vortrag keine Beobachtungen, Erfahrungen und Erkenntnisse der Schüler ein. Hypothesen und Begründungen der Klasse werden dort nicht zugelassen. Auf fachgemäße Arbeitsweisen und kognitives Handwerkszeug wird auch heute noch im anthroposophischen Sachunterricht weitgehend zugunsten von Lehrerschilderung und künstlerischer Unterrichtsgestaltung verzichtet. Auf diese Weise aber werden weder der *Wille* des Kindes zu *selbständiger geistiger Arbeit* noch dessen *Individualität* und *Kommunikationsfähigkeit bestmöglich gefördert.*

Im weiteren Unterrichtsverlauf soll die Präsentation eines Films einen weiteren stofflichen Zugang zum Thema sowie Abwechslung bieten und zugleich an den Umgang mit modernen Medien gewöhnen. (Feinziel 4:

---

[351] Vgl. die schematische Verlaufsplanung, S. 366 dieser Arbeit.

[352] Es ist zu erwarten, daß diese drei Themenschwerpunkte während der Einstiegsphase (Karten beschriften, Überschriften suchen) angesprochen wurden. Ein entsprechender Brückenschlag sollte an dieser Stelle gewährleistet sein.

[353] Zunächst werden nur die Überschriften kenntlich gemacht.

"Die Schüler sollen einen Film über das Leben und Aussehen des Eichhörnchens anschauen."[354]) Die Lehrkraft kündigt den Film an und fordert die Schüler jeweils zur Wahl *eines* der drei genauer zu untersuchenden Sachgebiete auf.[355] Die drei Themenkreise sollen dann, so der Hinweis des Pädagogen, im Anschluß an die Filmpräsentation jeweils in Partnerarbeit schriftlich erarbeitet werden. Die Schüler werden angeregt, sich Notizen während der Rezeption des Films anzulegen. Der Einsatz des Mediums "Film" regt zu einer stoffkonzentrierten, differenzierten Wahrnehmung und Beobachtung im Sinne A. Kaiser an.[356]

Im weiteren Verlauf unserer Unterrichtsdarstellung zum Thema "Eichhörnchen" werden im Anschluß an die Filmpräsentation von den Schülern konkrete Fragen zum gewählten Themengebiet bearbeitet. Bereitgestelltes Anschauungsmaterial soll die Klasse hierbei unterstützen. (Feinziel 5: "Die Schüler sollen in Partnerarbeit je eines der drei Themengebiete anhand von Film, Materialien und Fragen bearbeiten und die Ergebnisse der Klasse vortragen."[357]). In dieser konzentrierten Gemeinschaftsarbeit lernen die

---

[354] Vgl. die schematische Verlaufsplanung, S. 367 dieser Arbeit.

[355] Von der Fachkraft sollte darauf hingewiesen werden, daß eine wiederholte Auseinandersetzung mit dem bereits durchgesprochenen Themenkreis "Aussehen – schnelle Fortbewegung" auch sehr begrüßt werde. Erwartet wird, daß sich für dieses Themengebiet weniger mutige Schüler interessieren.

[356] Vgl. die zu den oben dargestellten Kernaussagen und Kernthesen gehörige statistische Auswertung des Fragebogenrücklaufs im Rahmen der Umfrage zum ersten Tierkundeunterricht an Waldorfschulen, Fragen 6 und 7 des Fragebogens zum ersten Tierkundeunterricht, Anhang, S. 60 ff.

[357] Vgl. die schematische Verlaufsplanung, S. 367 dieser Arbeit. Die Fragen zum Thema **Aussehen** und **Fortbewegung** lauten: – Wie heißen die Körperteile zum Klettern und Springen? – Welche Tätigkeiten verrichtet damit das Eichhörnchen? – Wozu braucht es den buschigen Schwanz?
Die Fragen zum Thema **Nahrung** und **Nahrungsaufnahme** lauten: – Was ist die Lieblingsnahrung des Eichhörnchens? – Welche Körperteile braucht es zum Fressen der harten Nüsse? – Welche Tätigkeiten verrichtet das Eichhörnchen mit den Nagezähnen? – Welche Aufgaben haben die Nagezähne? – Wie nimmt es Wasser auf?
Die Fragen zum Thema **Nestbau** und **Überwinterung** lauten: – Wo baut das Eichhörnchen sein Nest? – Wie heißt das Nest des Eichhörnchens? – Aus welchen Materialien baut es sein Nest? – Wozu dient das Nest? – Wie verbringt es den Winter?

Schüler zum einen, (notierte) Beobachtungen und Erfahrungen mit dem Eichhörnchen zu verbalisieren, selbständig gedankliche Zusammenhänge herzustellen und "individuelle Sinndeutungen" (A. Kaiser) zu finden. Darüber hinaus fungiert das jeweilige Gegenüber als Korrekturpartner. Waldgegenstände wie Haselnüsse, Tannenzapfen, Reisig, Moos und Gras, die die Klasse zuvor gesammelt hat, dienen als naturkundliches Anschauungsmaterial. Im darauffolgenden Lehrer-Schüler-Gespräch soll auf Offenheit, Konzentration und Akzeptanz aller Äußerungen Wert gelegt werden. Dem Pädagogen wird hierbei die Aufgabe zugesprochen, Ordnung und Struktur in das Gesagte zu bringen: Er füllt entsprechend der erarbeiteten und dargestellten Ergebnisse die drei Tafelspalten auf. Am Ende der Unterrichtseinheit übertragen die Schüler einen auf einer Overhead-Folie vorbereiteten, zusammenfassenden Text in die Hefte. Moderne Medien wie Overhead-Projektor, Lexika, Arbeitsblätter, Film oder Karten finden im Grundschulunterricht der Waldorfschulen keine Anwendung. Die dort eingesetzten Medien beschränken sich auf Tafelbilder und deren Übertragung in die Epochenhefte.

In seiner kritisch-polemischen Schrift "Erziehung zur Anthroposophie" weist Klaus Prange eine Anlehnung Steinerscher Pädagogik an jener J. F. Herbarts bzw. der Herbartianer nach. Der Angelpunkt Pranges kritischer Untersuchungen ist die Anfrage, ob Waldorfpädagogik ihrem Anspruch auf Innovation gerecht wird. Prange setzt in seiner Schrift u.a. auch unterrichtliche Angaben Steiners zum Thema "Weiterleben nach dem Tod" zu dem Schema der Formalstufen[358] in Bezug: Dieser kritische Passus aus Pranges Schrift belegt den im vorliegenden Kapitel dargestellten Kernkritikpunkt am anthroposophischen Tierkundeunterricht einer fehlenden (natur-)wissenschaftlichen Erfahrungsgrundlage der Schüler. Dazu nun

---

[358] Zur Zeit der Wilhelminischen Ära galt, wie schon erwähnt, im Schulunterricht das Formalstufenmodell der Herbartianer. Diese haben aus Herbarts (vierstufigem) Unterrichtsmodell das (fünfstufige) Schema der Formalstufen entwickelt. (Vgl. PRANGE, Klaus, Erziehung zur Anthroposophie, S. 122). Im folgenden wird von Pranges Bezugnahme auf Herbarts vierstufiges Modell die Rede sein. Der Ausdruck "Formalstufen", der streng genommen den Herbartianern zuzuordnen ist, sei hier aus Gründen der Einschlägigkeit angewendet.

folgendes Beispiel: R. Steiners im Rahmen des Reinkarnationsthemas angegebene Unterrichtsmethodik sieht zunächst die genaue Betrachtung einer leeren Schmetterlingspuppe durch die Schüler vor.[359] Dieses Vorgehen entspricht nach Pranges Meinung durchaus noch der Formalstufe der Darbietung (Klarheit nach Herbart). Steiners zweite methodische Vorgabe einer Präsentation der leeren Schmetterlingspuppe als Symbol für das Entschwinden der eigenen Seele nach dem Tod sei jedoch durch einen entscheidenden Lernrückschritt gekennzeichnet: Die sachdienliche Hinführung der Schüler zu den Stufen der Assoziations- und Systembildung durch den Pädagogen werde hier nämlich durch eine Selbstbelehrung ersetzt: Die

> "Schmetterlingspuppe belehrt das Kind über sich selbst (seine Unsterblichkeit), nicht aber wird der gesehene Befund klassifiziert, biologisch interpretiert und mit anderen Entstehungsformen und Werdegängen von Tieren verglichen, um dann zu einer systematischen Erkenntnis der Verpuppung und Enthüllung zu gelangen [...]."[360]

Steiner fordert im weiteren Verlauf seiner Ausführungen zum Thema "Reinkarnation" schließlich als Basis eines gelungenen Unterrichts die anthroposophische Überzeugung der Lehrkraft. Diese Option zieht allerdings nach Pranges Dafürhalten die Schüler (zugunsten einer Identifikation mit der anthroposophischen Lehrkraft) von einer erfahrungs- und wissenschaftsorientierten Sicherung des Gelernten ab: Das

> "Ergebnis ist nicht ein formulierbares Resultat als Gesetz, Regel oder Merksatz, sondern das Ergebnis liegt schon in der Haltung und Optik, in der Kind und Lehrer übereinstimmen."[361]

Zusammenfassend läßt sich sagen: Der anthroposophische Tierkundeunterricht, der auch heute noch im wesentlichen nach den Vorgaben R. Steiners

---

[359] Vgl. PRANGE, Klaus, Erziehung zur Anthroposophie, S. 127.
[360] Ebd., S. 128.
[361] Ebd., S. 129.

durchgeführt wird, ist *esoterisch* geprägt. Interaktion und Gespräch sind in der Steinerschen Didaktik und Methodik nicht verankert; eine Annäherung an wissenschaftliche Fragestellungen ist nicht gewährleistet. Gegenüber der anthroposophischen Esoterik zu kosmischer Harmonie kommen *Selbsterfahrung* der Schüler im Gespräch und *wissenschaftliche Erfahrung* kaum zum Tragen. Der Wille des Kindes zu Individuation, zum Verstehen des anderen und zu selbständiger kognitiver Arbeit wird nicht gefördert.[362]

3.3 Schematische Darstellung einer Unterrichtsverlaufsplanung nach gängiger Methodik, am Beispiel: "Das Aussehen und die Lebensweise des Eichhörnchens im Wald"

Im folgenden sei die der Exemplifizierung unserer vergleichenden Untersuchung dienende Unterrichtsverlaufsplanung im Fach Sachkunde nach gängiger Methodik schematisch dargestellt. Thema ist "Das Aussehen und Leben des Eichhörnchens im Wald." Zielgruppe ist die 4. Grundschulklasse.

---

[362] Vgl. die zu der oben dargestellten Kernaussage und Kernthese gehörige statistische Auswertung des Fragebogenrücklaufs im Rahmen der Umfrage zum ersten Tierkundeunterricht an Waldorfschulen, Frage 10 des Fragebogens zum ersten Tierkundeunterricht, Anhang, S. 63.

Thema: Das Aussehen und Leben des Eichhörnchens im Wald

Grobziel: Die Schüler sollen einen Einblick in das Aussehen und die Lebensweise des Eichhörnchens im Wald gewinnen.

Lernschritte Feinziele	Inhaltlicher Verlauf	Aktions- und Sozialformen	Medien
Feinziel 1 Die Schüler sollen das Eichhörnchen in seinem Lebensumfeld "Wald" anhand einer pantomimischen Darstellung dreier Schüler erraten.	L: Einige Mitschüler spielen Euch jetzt ein Tier in der Umgebung vor, in der es lebt. Ob Ihr es erratet? S: nehmen die Darbietung wahr und äußern sich frei.	Impuls Kreisgespräch	Drei Schüler, pantomimische Darstellung (Eichhörnchen und zwei Bäume)
Feinziel 2 Die Schüler sollen ihr eigenes Interesse am Thema schriftlich formulieren und dann Überschriften für die geäußerten Interessensgebiete finden.	L: Unser Sachkundethema ist heute "das Eichhörnchen im Wald." L: Welche Erlebnisse hattet Ihr mit dem Eichhörnchen? Was interessiert Euch an ihm? S: äußern sich frei.	Kreisgespräch freie Aussprache	

Lernschritte Feinziele	Inhaltlicher Verlauf	Aktions- und Sozialformen	Medien
	L: Jeder schreibt nun bitte auf einer Karte auf, was ihn am meisten am Thema interessiert – bitte nur ein Wort oder einen kurzen Satz.	Arbeitsauftrag Kreis	kleine Karten, Filzstifte
	S: notieren	Einzelarbeit	
	L: Legt nun alle Karten vor Euch in die Mitte und schaut sie einmal in Ruhe an.	Betrachtung der beschrifteten Karten	
	L: Sucht nun Überschriften für die einzelnen genannten Interessen und ordnet die Karten entsprechend.	Arbeitsauftrag Kreisgespräch	
	S: überlegen Überschriften und ordnen.		
	L: Zwei von Euch schreiben bitte die Überschriften auf diese größeren Karten.	Kreisgespräch	größere Karten, Filzstifte
	L: notiert die genannten Überschriften an der Tafel.		TB 1

Lernschritte Feinziele	Inhaltlicher Verlauf	Aktions- und Sozialformen	Medien
Feinziel 3 Die Schüler sollen sich des Zusammenhangs zwischen dem geschmeidigen Aussehen des Eichhörnchens und seiner schnellen Fortbewegung bewußt werden.	L: Wir schauen uns jetzt einmal das Eichhörnchen genau an.	Arbeitsauftrag LSG (hufeisenförmige Sitzordnung)	großes Bild des Tieres, Zeichnungen, Photos
	S: betrachten das Material und äußern sich frei.	freie Aussprache	
	L: Beschreibt einmal genau die Vorder- und Hinterbeine, die Zehen und den Schwanz des Eichhörnchens.	Arbeitsauftrag LSG	
	S: Es hat Krallen. Seine Hinterbeine sind länger. Es hat einen langen, buschigen Schwanz ...		
	L: Wozu dienen dem Eichhörnchen wohl diese Körperteile in besonderem Maße?	Arbeitsauftrag LSG	
	VH: Eine Kuh z.B. auf der Weide sieht ganz anders aus ...		
	S: Die langen Hinterbeine dienen dem Eichhörnchen als Sprungbeine. Mit den Vorderbeinen kann es greifen. Dank seiner spitzen Krallen hakt es sich beim Klettern in der Baumrinde fest. Mit dem langen buschigen Schwanz balanciert es ...		

Lernschritte Feinziele	Inhaltlicher Verlauf	Aktions- und Sozialformen	Medien
	L: Ihr habt vieles zum Aussehen des Eichhörn- chens gesagt. Euch ist der Zusammenhang zwischen dem geschmeidigen Aussehen des Tieres und dessen schneller Fortbewegung deutlich geworden.	Zusammen- fassung LSG (hufeisenförmige Sitzordnung)	
	S: notiert zusammenfassend an der Tafel.		TB 2 Stichpunkte
	L: Ich habe bemerkt, daß Euch vieles am Eichhörnchen interessiert. Heute beschäftigen wir uns mit drei Themengebieten:		
	L: Unsere heutigen Themen sind: 1. Das Aussehen und die Fortbewegung des Eichhörnchens, 2. seine Nahrung und Nahrungsaufnahme, 3. sein Nestbau und die Überwinterung. Auf weiteres gehen wir an einem anderen Tag ein.		TB 3 Tabelle* (siehe S. 368) (zunächst nur Überschriften)

Lernschritte Feinziele	Inhaltlicher Verlauf	Aktions- und Sozialformen	Medien
Feinziel 4 Die Schüler sollen einen Film über das Leben und Aussehen des Eichhörnchens im Wald anschauen.	L: Wir sehen uns in Kürze einen Film zum Thema an. Entscheidet Euch nun zusammen mit Eurem Nachbarn für eines dieser drei Themen. Mit Hilfe des Films und selbständiger Notizen ist es nach dem Film dann Aufgabe, mit dem Partner "Euer" gewähltes Thema schriftlich zu bearbeiten.	Arbeitsauftrag Einzelarbeit	Film/ Filmraum, Notizen, Arbeitsblätter
Feinziel 5 Die Schüler sollen in Partnerarbeit je eines der drei Themengebiete anhand von Film, Materialien und Fragen bearbeiten und die Ergebnisse der Klasse vortragen.	L: Untersucht nun anhand des Films und Eurer Notizen, anhand der Materialien und Fragen das gewählte Themengebiet.	Arbeitsauftrag Partnerarbeit	Arbeitsblätter mit Fragen, Lexika und anderes Arbeitsmaterial
	L: Berichtet bitte Eure Beobachtungen und Ergebnisse den anderen.	Impuls LSG (hufeisenförmige Sitzordnung)	
Lernzielsicherung Die Schüler sollen einen vom Lehrer vorbereiteten, zusammenfassenden Text in ihr Sachkundeheft eintragen.	L: füllt Tabelle auf und hält sich dabei an Schüler.		TB 3 Tabelle
	L: Folgende Zusammenfassung unserer heutigen Arbeit übertragt bitte in Euer Sachkundeheft.	Arbeitsauftrag Einzelarbeit	Overhead-Projektor, Folie, Hefte

* Tafeltabelle 3
Das Aussehen und die Lebensweise des Eichhörnchens im Wald

Aussehen und Fortbewegung	Nahrung und Nahrungsaufnahme	Nestbau und Überwinterung
Schnelle Fortbewegung beim Klettern und Springen: **schlanke äußere Form**, geschmeidiges, rotes Fell. Im Vergleich zu den Armen **längere Hinterbeine** zum Abstützen, **Greifhände**, spitze Krallen zum Einhaken in die Baumrinde. Langer, **buschiger Schwanz** als **Steuer** und Fallschirm ...	Eier, junge Vögel, Haselnüsse, Pilze, Insekten. Zum **Fressen** Sitz auf den **Hinterbeinen, Nahrungsaufnahme** mit den **Händen. Aufknacken** der Nüsse mit den **Nagezähnen.** Auflecken des Wassers ...	Nestbau in Höhlen oder Baumwipfeln als rundes Nest, dem **Kobel**: aus Reisig, Moos und Gras. Der Kobel ist **Versteck** und **Schlafstätte.** Schlaf des Nachts im Nest. **Vergraben** des Futters im Sommer, Herausholen im Winter, kein dauernder Winterschlaf ...

<u>Folientext:</u>　Das Aussehen und die Lebensweise des Eichhörnchens im Wald

Das Eichhörnchen wird etwa 40 cm lang. Es hat meist ein rotbraunes Fell und einen *schlanken, leichten* Körper. Die Vorderfüße kann es als *Greifhände* gebrauchen. Die *Hinterbeine* des Eichhörnchens sind *länger* als die Vorderbeine. Sie dienen als *Sprungbeine:* Mit ihnen stößt es sich ab und schnellt von Baum zu Baum und von Ast zu Ast, manchmal bis zu 4 Meter weit. Mit den spitzen Krallen der Zehen kann es sich in die Baumrinde *einhaken*, um Halt zu gewinnen. Der *buschige Schwanz* dient beim Springen als *Steuer* und *Fallschirm*.

Das Eichhörnchen ist ein *Allesfresser*. Es raubt Eier und junge Vögel aus fremden Nestern und frißt Pilze, Insekten, Haselnüsse und Früchte. Zum Fressen setzt es sich auf seine Hinterbeine. Die *Nahrung* führt es mit den *Händen* (Vorderfüßen) zum Mund. Das Wasser leckt es auf. Wenn es satt ist, gräbt es oft Nüsse ein. Es vergißt aber häufig, wo es seine Schätze eingegraben hat.

In Höhlen oder in Baumwipfeln baut das Eichhörnchen sein rundes Nest, den *Kobel*, aus Reisig, Moos und Gras. Der Kobel dient als *Versteck* und *Schlafstätte*. Die Nacht verbringt das Eichhörnchen *schlafend* im Nest. Während des Sommers vergräbt es Futter und holt es im Winter wieder hervor. Im *Winter* bleibt es oft *tagelang* im *Kobel*, es hält aber keinen Winterschlaf. Daher nennt man das Eichhörnchen einen *Winterruher*.

4. Zusammenfassung:
Der esoterisch geprägte Unterricht der Grundstufe an Waldorfschulen im Zeichen fehlender kommunikativer und kognitiver Perspektiven des Kindes

Die folgende Zusammenfassung des III. Kapitels erfolgt anhand dreier Fragestellungen:

- Welches Resümee kann im Hinblick auf die Förderung kommunikativer und kognitiver Qualitäten seitens des Grundschulunterrichts an Waldorfschulen gezogen werden?
- Stellen Didaktik und Methodik einen Beitrag zur Individuation und sozialen Lebensgestaltung des Kindes dar?
- Ist der Unterricht am freien Willen des Kindes orientiert?

Im III. Kapitel[363] wurde der Bogen von Steiners gnostischer Erkenntnis, Menschenkunde und Pädagogik zur Unterrichtspraxis der Grundstufe an Waldorfschulen gezogen. Drei Unterrichtsfächer wurden kritisch beleuchtet und mit derzeitiger, gängiger Didaktik verglichen. Zur Exemplifizierung der vergleichenden Untersuchungen wurden jeweils methodisch-didaktische Bezüge zu einer von der Autorin ausgearbeiteten Unterrichtsverlaufsplanung hergestellt. Zunächst richtete sich unser Augenmerk auf den freichristlichen Religionsunterricht an Steiner-Schulen.[364]

---

[363] Kapitel I dieser Studie zeigte die Gründe und den reformpädagogischen Bezugshorizont für Steiners Ruf nach einer Pädagogik zum Wohle der Ganzheitlichkeit des Kindes auf. In Kapitel II wurden die metaphysischen und pädagogischen Antworten Steiners auf die Gehorsamkeitspädagogik der Wilhelminischen Ära zur kritischen Disposition gestellt Sein Subjektentwurf beruft sich auf den Geist des Menschen und auf dessen Teilnahme am *Geist* durch den *Willen* und das Ich. Vor diesem metaphysischen Horizont schuf Steiner eine spezifische Menschenkunde und Pädagogik zur Willens- und Gefühlsbildung und künstlerischen Unterrichtsgestaltung. Doch weisen anthroposophische Menschenkunde und Pädagogik, wie in Kapitel II herausgearbeitet wurde, Spaltungstendenzen auf zwischen transzendentem Anspruch und empirischer Pädagogik am Kind.

[364] In dieser Zusammenfassung sei auf die nochmalige Darstellung der Didaktik und Methodik der drei ausgewählten Unterrichtsgebiete verzichtet. (Einzelheiten vgl. die Kapitel III.1.1, III.2.1 und III.3.1 dieser Arbeit.).

Deutlich spiegeln Didaktik und Methodik des freichristlichen Religionsunterrichts anthroposophisches Gedankengut wider, nämlich R. Steiners Metatheorie zum Geist und seine Menschenkunde, die zu einer speziellen Willens- und Gefühlserziehung aufruft. *Gnostische*, pantheistische, individualethische und allgemeinerzieherische Prämissen der Anthroposophie des frühen 20. Jahrhunderts prägen den freichristlichen Religionsunterricht. Derzeitige gängige, evangelische Religionsdidaktik ist vergleichsweise vorwiegend an den *biblischen Geschichten* orientiert, die alle Dimensionen des Menschseins ansprechen, die *objektive* (gottbezogene) und die *subjektive* Seite des Menschen mit ihren Konflikten und Nöten. Gängige, evangelische Religionsdidaktik perspektuiert das Kind selbst, dessen Alltags- und Glaubenserfahrungen.[365] In diesem Sinne wird in der vorgestellten Unterrichtsverlaufsplanung nach gängiger Methodik am Beispiel des Geschehens "Der Durchzug der Israeliten durch das Schilfmeer" das Thema "Angst" thematisiert. Dies stellt eine didaktische Auswahl dar, die im Rahmen des künstlerisch orientierten, freien Religionsunterrichts so gut wie nicht getroffen wird.

Dem abstrakten Denken kommt in der Waldorfschule (hier Grundstufe) zugunsten einer speziellen Willens- und Gefühlserziehung kaum Gewichtung zu. Der geplante Unterricht schließt vergleichsweise ein exegetisch-analytisches Instrumentarium (z.B. genaue Textarbeit, tabellarische Einteilung)[366] ein. Abstraktes Denken ist für die Ich-Entwicklung, Entängstigung und Sozialisierung des Kindes von besonderer Bedeutung. Andererseits zielt der geplante Unterricht auch auf eine *Synthesebildung* in Form einer *Kommunikation* der Schüler über eigene Erfahrungen mit dem Thema. Ist in der Didaktik des freichristlichen Religionsunterrichts das Schülergespräch nicht verankert, ist in der vorgestellten Unterrichtseinheit der Dialog durchgängig gewährleistet. Der esoterisch geprägte, freie Religionsunterricht hebt ab auf *Tagtraum*, Naturbezug und künstlerische Gestaltung der Jahresfeste und Hefte. Evangelischer Religionsunterricht erfolgt im Blick auf sich anbahnende *metaphysische Lösungswege* und eine persönliche Anbindung der Schüler im *sprachlich-sozialen Miteinander*.

---

[365] Vgl. S. 281 ff. dieser Arbeit.
[366] Vgl. die schematische Verlaufsplanung, ebd., S. 300 ff.

Der *esoterische,* freie Religionsunterricht wird als eine Anleitung zur *besonderen Erfahrung* erkannt, wohingegen evangelischer Religionsunterricht die *eigenen Erfahrungen* der Schüler einbezieht.[367] Angesichts der Aussparung persönlicher Erfahrungs- und Kommunikationswerte im freichristlichen Religionsunterrichts werden der Wille des Kindes, seine Individuationsbestrebungen und sozialen Kontakte wohl wenig gefördert. Diese drei Faktoren sind unlösbar miteinander verknüpft, bedingen einander und bringen einander wechselseitig hervor. Der Weg zu einem persönlichen Glaubensbewußtsein wird kaum gebahnt.

Im folgenden richtete sich unser Augenmerk auf den Erstsprachunterricht an Waldorfschulen. Da die Klassenlehrer auch heute noch im wesentlichen ihren Unterrichtsvorbereitungen R. Steiners Vorträge zugrundelegen, basierten die vergleichenden Untersuchungen vorwiegend auf Steiners Vorgaben. Ein modernes, aktualisiertes Curriculum seitens der Freien Waldorfschulen liegt weder für den freichristlichen Religionsunterricht noch für den Erstspracherwerb vor. Hintergrund von Steiners speziellem Sprachverständnis ist seine Erkenntnis der Sprache als eine Beziehung des Menschen zum Kosmos. Seiner speziellen Methode der Einführung der Laute (Selbstlaute, Mitlaute)[368] liegt die Idee der intuitiven Einfühlung in den allübergreifenden, einen Gedankeninhalt der Welt zugrunde. Steiners Didaktik zu Kunst und Kosmos[369] spiegelt seine Erkenntnis des ethischen Individualismus wider sowie seine Menschenkunde zum Fühlen und Wollen des Kindes (Atmung und Gliedmaßentätigkeit). Im Verlauf der unterrichtlichen Untersuchungen in Kapitel III fokussiert sich eine *zweifache Problematik* der Waldorfpädagogik (Grundstufe) heraus, die sich im Kapitel zum freichristlichen Religionsunterricht schon anbahnt, die sich auch schon im Verlauf der Untersuchungen Steiners gnostischer Erkenntnis und der dazugehörigen Anthropologie und Pädagogik in Kapitel II herauskristallisiert: Die Problematik der *Schüler-Lehrer-Beziehung* und

---

[367] Vgl. S. 287 ff. dieser Arbeit.
[368] Vgl. ebd., S. 185 und S. 311. Die Mitlaute werden im Unterricht als Zeichen äußerer Dinge eingeführt, die Selbstlaute als Ausdruck einer gefühlsmäßigen Beziehung des Menschen gegenüber dem Kosmos.
[369] Vgl. ebd., S. 304 ff.

jene fehlender *kognitiver Lernelemente* trägt sich, wie sich nun in Kapitel III.2.2 zeigt, durch alle Fächer hindurch. Nicht nur ein Fach, sondern die ganze Fächerformation wird davon tangiert. Der Zugewinn des Kapitels zum Erstspracherwerb ist eine nähere Erörterung der *Sozialformen*[370], die hier im Rahmen der Diskussion zur Schüler-Lehrer-Beziehung stattfindet.

Nach Maßgabe R. Steiners kommt dem Klassen(Waldorf-)lehrer eine besondere Autoritäts- und Vorbildfunktion zu.[371] Der Hauptunterricht wird auch heute noch weitgehend frontal durchgeführt. Die autoritäre Position des Lehrers fördert aber Identifikationsverhalten der Schüler und wurde als *unkommunikativ* und gebotsorientiert bewertet. J. Piaget veranschlagt vergleichsweise eine eher partnerschaftliche Lehrer-Schüler-Beziehung.[372] Er plädiert für eine Anerkennung der Lehrer-Autorität durch das Kind und für kognitiv-sprachliche Elemente in der Begegnung: Der Pädagoge soll für das Kind greifbarer werden. Unterrichtsgespräche (wie Piaget sie vorschlägt) sind zwar in der derzeitigen Waldorfpädagogik üblich, sie sind allerdings in keiner didaktischen Theorie verankert. Die Untersuchungen zum Spracherwerb an Waldorfschulen zeigen, daß angesichts des direktiven Unterrichtsstils der *freie Wille* des Kindes, dessen *Individuationsbestrebungen* und *Sozialität wohl kaum gefördert* werden.

Nach Ansicht von V. E. Frankl, dem Begründer der Logotherapie, soll Erziehung besonders auf Verantwortungsfreude und persönliche Grenzerweiterung hinwirken.[373] Kognitive Leistung ist *kein* unterrichtliches Ziel in der Grundstufe der Steiner-Schulen. Beim Erlernen der Buchstaben geht es nicht um abstraktes Lernen, sondern um Sinnespflege, um Miterleben, Nacherleben und Einspinnen in eine mythische Erzählwelt.[374] Der vorgestellte Unterricht nach gängiger Didaktik hebt beispielsweise ab auf deutliche Themennennung, genaue Formbeschreibung der Buchstaben und

---

[370] Vgl. S. 319 ff. dieser Arbeit.
[371] Vgl. ebd., S. 315 ff.
[372] Vgl. ebd., S. 316 f.
[373] Vgl. ebd., S. 322.
[374] Vgl. ebd., S. 322 ff. Vor der ersten Schreibepoche wird eine mehrwöchige Formenzeichnen-Epoche durchgeführt. Formen und Druckbuchstaben werden zeichnerisch nachvollzogen. Am Ende des 1. Schuljahres können die Schüler im allgemeinen nicht selbständig Buchstaben- und Wortverbindungen herstellen. (Vgl. ebd., S. 329).

sprachbegleitete Übungen. Noten werden an Waldorfschulen in den ersten *acht* Schuljahren nicht vergeben! Der Erstsprachunterricht an Waldorf-schulen stellt eine Art von *Schonraum* dar, in dem jeder immer alles kann. Er ist *nicht* wie gängige Didaktik und Methodik *phasenadäquat* und lernzielorientiert. Eine *Grenzerprobung* individueller Leistung wird um-gangen. Der "*Wille zum Sinn*"[375], d.h. der Wille zu Verantwortung und per-sönlicher (kognitiver) Leistung und Anstrengung wird nicht erprobt. Ein Waldorfschüler mag am Ende der 1. Klasse angesichts eklatanter Sprach-defizite (Lesen ist in der 1. Klasse geradezu tabu) gegenüber seinen Mit-schülern Minderwertigkeitsgefühle entwickeln.

Unser Blick wandte sich dann in Kapitel III. 3 dem ersten Tierkundeunter-richt (4. Klasse) zu: Da sich auch im Hinblick auf den Tierkundeunterricht heute die Klassenlehrer nach R. Steiners Vorträgen ausrichten, werden den vergleichenden Untersuchungen schwerpunktmäßig Steiners Vorgaben zugrundegelegt. Mensch und Tier werden von diesem als in einem kosmisch-synthetischen Weltzusammenhang miteinander verbunden er-kannt.[376] Dieses Verständnis spiegelt Steiners Erkenntnis der kosmischen Harmonie alles Lebenden wider. Eine solche Prädisposition ist jedoch fragwürdig: Circa 70 bis 90 Jahre sind vergangen. Steiners Schauen einer kosmischen Einheit steht in unversöhntem Gegensatz zur heutigen planetaren Gefährdung. Seine Lehre ist darüber hinaus *spekulativ* und sowohl für Lehrer als auch für Schüler *unhinterfragbar*! Daher werden seine methodisch-didaktischen Vorgaben zum ersten Tierkundeunterricht als mythisch im Habermas'schen Sinne bewertet. Naturwissenschaftliches Wissen wird auch heute nicht in den Tierkundeunterricht der Grundstufe einbezogen. Ein aktualisiertes, modernes Curriculum liegt nicht vor. Die Steinersche Menschenkunde offenbart sich auch hier im vorwiegend künstlerischen Anspruch: Plastisch und phantasievoll soll der Pädagoge

---

[375] Es handelt sich hier um eine Option V. E. Frankls.
[376] Mensch und Tier werden von Steiner in seiner Schrift Erziehungskunst II so parallelisiert, daß z.B. der (niedere) Tintenfisch dem menschlichen Kopf ähnelt. "Höhere" Tiere seien z.B. Maus oder Lamm. Sie dienen in ihrer Charakteristik dem Rumpf. Vollkommen sei der Mensch durch seine Gliedmaßen. (Vgl. S. 343 f. dieser Arbeit.).

die Tiere den Schülern nahebringen. Malerisch gestalten diese ihre Epochenhefte. Der Unterrichtsstil ist frontal und *imitativ*. Wille und Gefühl sollen gepflegt werden. Auch im Verlauf der vergleichenden Untersuchungen in Kapitel III.3.2 bestätigt sich die in der Studie angefragte zweifache Grundproblematik der Waldorfpädagogik, nämlich die der *Schüler-Lehrer-Beziehung* und jene *kognitiver Lernelemente*. Die Unhinterfragbarkeit Steiners Metasystems spiegelt sich im Naturkundeunterricht wider: Nicht die *eigenen Beobachtungen* der Schüler zu charakteristischen Merkmalen der Tiere sind angefragt, sondern *Steiners esoterische Erkenntnisse*. Der dazugehörige Unterrichtsstil ist frontal und identifikativ und nicht gesprächsorientiert. Gängige Grundschul- und Sachkundedidaktik sowie aktuelle Gesprächspsychologie intendieren vergleichsweise eine Einstellung des Pädagogen auf den Schüler[377]: Der Pädagoge solle im therapeutischen Sinne Beraterfunktion übernehmen, das Selbst und die Individualität des Einzelnen wahrnehmen und respektieren. Angesichts eines direktiv und imitativ geprägten Unterrichtsstils kommt die Selbsterfahrung des Schülers nicht zum Zuge, damit aber auch nicht seine Wahrnehmung des anderen! Und diese ist doch so bedeutsam für Verstehensprozesse und Toleranzbildung. In der auch in diesem Kapitel vorgestellten Unterrichtsverlaufsplanung (Thema: "Das Aussehen und Leben des Eichhörnchens im Wald") sind zu Beginn eine Phase des Austauschs der Schüler über *eigene Interessen* am Thema und das selbständige Formulieren einzelner Themengebiete vorgesehen: Diese geistige Leistung fordert im Vergleich zum künstlerisch-imitativen Unterrichtsstil der Freien Waldorfschule (Grundstufe) die *kognitive* Eigenaktivität und wissenschaftliche Selbsterfahrung des Kindes und damit seinen Willen heraus.[378]

Andererseits findet im ersten Tierkundeunterricht auch heute modernes naturwissenschaftliches Wissen keinen Einzug, wohingegen gängige Grundschuldidaktik Zusammenhänge, Modelle, Strukturen und Systeme vermitteln möchte. So ist die unsere vergleichenden Untersuchungen exemplifizierende Verlaufsplanung nach gängiger Methodik zum Thema "Eichhörnchen" besonders auch auf gemeinsames kognitives Erarbeiten

---

[377] Vgl. S. 349 ff. dieser Arbeit.
[378] Vgl. ebd., S. 356 ff.

von Sachfragen angelegt: Beispielsweise lenkt der Pädagoge auf Lernziele hin. Besonderer Schwerpunkt im Unterricht ist Partnerarbeit, im Rahmen derer die Schüler selbständig Fragen zum Leben des Eichhörnchens bearbeiten. Darüber hinaus sollen sie in dieser Unterrichtsphase den Umgang mit modernen Medien wie z.B. Film und Lexika erlernen.[379] Im Anschluß an diese Phase konzentrierter, stoffbezogener Arbeit werden die Ergebnisse der Klasse präsentiert. Die dargestellten Defizite des ersten Tierkundeunterrichts lassen folgende Schlußfolgerung zu: Zugunsten von Steiners Esoterik werden *Selbsterfahrung* und *wissenschaftliche Erfahrung* der Schüler zurückgestellt. Freier Wille, Individuation und soziale Lebensgestaltung des Kindes werden nicht bestmöglich gefördert.

Die in Kapitel III gewonnenen Erkenntnisse werden in der dazugehörigen statistischen Studie bestätigt, deren Ergebnisse sich in folgenden wenigen Sätzen zusammenfassen lassen: Eine deutliche Tendenz zur einhelligen Übereinstimmung der an der Fragebogenaktion beteiligten Lehrer mit R. Steiners universeller Erkenntnis und Pädagogik bei gleichzeitigem Widerstand gegenüber anderen Systemen moderner Pädagogik wurde signifikant und auffällig. Vorschläge zur stärkeren Einbeziehung kognitiver Lernelemente wurden kaum aufgegriffen d.h. signifikant selten. Diese Haltungen gehen überdies einher mit einer auffällig schwachen Bereitschaft zu wissenschaftlichem Dialog über die hauseigenen anthroposophischen Modelle heraus.

---

[379] Vgl. S. 358 ff. dieser Arbeit.

Schluß: Synthetisch-kritische Überschau der geleisteten Untersuchung

Welche wesentlichen Forschungsergebnisse, welches Schlußresümee lassen sich nun im Hinblick auf die Axiomatik R. Steiners und jene aktueller Waldorfpädagogik (zur Förderung des freien Willens des Kindes) analysieren? **Kapitel I** zeichnet als erste Annäherung an das Thema das Zeitkolorit der Wilhelminischen Ära nach. Der damalige Zeitgeist ließ in seiner (pädagogischen) Sprache und in der damals praktizierten schulischen Pädagogik seine ruhelosen Schattenmuster spielen, die oftmals je glänzender desto zwangvoller waren. Damalige Gehorsamkeitspädagogik mit ihren megalomanen Idealen zu Zucht und Ordnung stülpte sich in weiten Bereichen heteronomistisch auf das Kind und brach nicht selten dessen Willen. Die pädagogische Reformbewegung war Gegenströmung zur imperialen Pädagogik: Maria Montessori und Georg Kerschensteiner waren zwei andere renommierte Autoritäten zu Lebzeiten Steiners, die eine humane Pädagogik vertraten: G. Kerschensteiners Konzeption der (Haupt-)Schule als Arbeitsschule verbunden mit dem Zentralbegriff "produktive Arbeit" ließ eine Pädagogik erkennen, die das selbständige Denken und Handeln des Kindes evozieren wollte. M. Montessori verfocht einen hohen humanistischen Anspruch auf Selbstentfaltung des Kindes und dessen freien Willen. Ihr Beitrag zu einer pädagogischen Wiederbelebung überschritt die engen Grenzen des damaligen direktiven Erziehungsstils. Die Ansätze der Reformpädagogik und hier besonders der Ansatz M. Montessoris werden im Verlauf der Untersuchungen immer wieder vergleichend eingeflochten.

Kapitel II versucht schwerpunktmäßig, die anthropologischen und pädagogischen Antworten R. Steiners auf jene so ideell verstiegenen Einheitsmuster der Wilhelminischen Ära kritisch aufzuarbeiten: Gemäß Steiners evolutiver Entwicklungstheorie vollzieht die Menschheit im Verlauf von sieben Erdverkörperungen sukzessiv ihre geistige Veredelung. Steiners durchwegs visionärer, durch keinerlei Quellen belegter Erkenntnisanspruch, erlaubt die vage Zuordnung seiner Lehre zum Gnostizismus. Sein Entwicklungsmodell beinhaltet gerade in dem Veredelungsprinzip einen Anspruch auf Neuoffenbarung. In seiner engagierten Bewertung des Geistes und in dem Vortrag **kosmischer Einheitsideale** berücksichtigt R. Steiner allerdings nicht angemessen die psychische Existenz des Menschen und dessen realen Willen. Die Pädagogik M. Montessoris orientiert sich vergleichsweise an einer phänomenologischen Methode und an soziokulturellen Phänomenanalysen. Allgemeine ethische Prinzipien wie Vernunft (-verantwortung) und humanes Handeln stellen in der Reformpädagogik Montessoris eine praktikable Basis für die schulische Willensbildung des Kindes dar. Erhebt sich im Hinblick auf Steiners Entwicklungstheorie die Frage nach dem freien Willen des Menschen (Kindes) noch verhalten, wird sie uns bezüglich seiner Reinkarnationslehre und Christologie zu einer drängenden Nachfrage: So schätzt er z.B. das phänotypische Erscheinungsbild eines Kindes nach karmischen Gesichtspunkten ein. Steiners Weg zum freien Willen des Kindes hat dieses nicht als Person in seiner individuellen Leib- und Seelenwürde im Blick. Das Kind wird sofort mit einem **kosmisch-determinierten** Plan identifiziert. M. Montessoris christlich fundiertes Verständnis des Kindes als einmaliger Identität "nach dem Bilde Gottes" mit gewordener Leib-Seele-Struktur und eigenen, individuellen Kräften erscheint vergleichsweise realitätsnäher und differenzierter als Steiners reinkarnatorisches Konzept. Die Christologie Steiners sieht vor, daß mit dem Erscheinen des Christus der Menschheit ein weiterer Impuls auf dem Weg ihrer Vergeistigung verliehen worden sei. Steiners Sublimation des Kreuzigungsdramas vom Menschlich-Tragischen auf ein kosmologisch-universales und mystisches Geschehen birgt eine Total-Relativierung der menschlichen Identität Jesu Christi.

Nach demselben Abstraktionsprinzip, nach dem R. Steiner Jesus Christus dehumanisiert und zum Typus eines Hegemons erhebt, verfährt er mit dem Menschlichen und Individuellen: Es wird zum bloßen Exponenten für ein spekulatives Veredelungsgeschehen. Steiners besondere Idealisierung des Lehrer-**Vorbildes**, das der führenden Stellung des **kosmisch-hegemonialen Christus** entspricht und sein typisierendes Schema der Temperamentenlehre werden der Komplexität und Persönlichkeit des individuellen Kindes nicht gerecht. Angesichts solch großmaschiger Schemata wird eine **Kluft** zwischen **transzendentem** und **empirischem Subjekt** unleugbar. Da diese Studie in weiten Zügen vergleichend angelegt ist und die Reformpädagogik zum Vergleich fortlaufend herangezogen wird, soll zu diesem wesentlichen Kritikpunkt nun die Pädagogik Maria Montessoris eingeblendet werden: Kosmische Erziehung im Sinne. M. Montessoris bedeutet ein vertieftes Wissen des Pädagogen um die Lebensweltfaktoren in der Erziehung, die das Kind mitbestimmen. Sie weist immer wieder darauf hin, daß die Entwicklung des Kindes durch konkrete, ungünstige soziale Bedingungen beeinflußt werden kann und die Entfaltung einer freien Persönlichkeit blockiert wird. Ihre metaphernreichen Konzeptionen bieten dem Pädagogen eine erste Erkenntnisbasis für eine individuelle Einwirkung auf das Kind.

R. Steiners Erkenntnis individual-menschlicher Freiheit als **intuitivem Nachvollzug** der all-einen **Ideenwelt** platonischer Prägung ist schwer kommunikabel. Wie Steiners Kosmologie läßt auch diese eine **Diskrepanz** deutlich werden zwischen transzendentem So-Sein und empirischem Da-Sein des Menschen. Im folgenden sei zu diesem Kritikpunkt auf die Ethik von J. Habermas hingewiesen: Dieser schlägt als Soziologe und anerkannter Erwachsenenpädagoge eine bemerkenswerte Brücke zwischen der philosophischen und pädagogischen Wissenschaftsdisziplin. J. Habermas wertet in seiner Diskursethik ein Denken, das alle Erscheinungen zu einem einheitlichen "Netz von Korrespondenzen" zusammenfaßt, als mythisch. In diesem Sinne und hinsichtlich seiner durchgängig platonischen Prägung ist Steiners Pädagogik **ideentlich mythisch**. Wie jede gnostische Apologie bezieht sie ihre Autorität aus ihrer Kosmozentrik. Habermas versteht den Menschen vergleichsweise immer in dessen Verhältnis zur Gemeinschaft und Gesellschaft. Sein Anspruch auf diskursive Begründbarkeit von Geltungsansprüchen ist mehrdimensional und **emanzipatorisch**: An die Stelle Steiners kosmozentrischer Erkenntnis des intuitiven Ideennachvollzugs rückt die soziozentrische Bestimmung menschlicher Sprach- und Identitätsentwicklung als dialektischem Prozeß.

Im Rahmen seiner menschenkundlichen Ausführungen unter seelischem Gesichtspunkt entwickelt Steiner eine am Lehrer-Vorbild orientierte Pädagogik zu **einfühlender Wiederholung**. Steinersche Menschenkunde zu

Kunst und **Kosmos,** die sich in die gnostische Tradition der (nach-)platonischen Seelenlehre stellt, berücksichtigt nicht die Spannbreite sozialer Bezüglichkeiten und kognitiver Qualitäten. In diesen beiden Merkmalen unterscheidet sich J. Piagets entwicklungspsychologischer Ansatz grundlegend von der Menschenkunde R. Steiners: Piaget erforschte den elementaren Wechselbezug zwischen der Entwicklung des Denkens und dem Sozialverhalten des Kindes. Eine Einblendung Piagets Psychologie zur kognitiven Entwicklung des Kindes bietet sich aus folgenden Gründen zu einem kritischen Vergleich mit Steiners menschenkundlicher Pädagogik an: Piagets psychologisches Werk ist im Gegensatz zu Steiners deduktiver, gnostischer Erkenntnislehre empirisch fundiert. Andererseits berücksichtigen Piagets wissenschaftliche Untersuchungen und Erkenntnisse zur kognitiven Entwicklung des Kindes im Austausch mit seiner Lebenswelt (ebenso wie die Ethik Habermas') intrapsychische Faktoren und das psychosoziale Umfeld des Kindes: Ein besonderes Merkmal für das frühe kindliche Verhalten sei z.B. der Egozentrismus. Der Erwachsene schließlich denke im allgemeinen sozial-kooperativ. Piagets empirisch gestützte Entwicklungspsychologie zeigt die Möglichkeiten, Stufen und Grenzen menschlicher Denk- und Sozialentwicklung auf und bietet daher eine reale Basis für schulische Willensbildung.

Ausdruck "sympathischer" Gefühle gegenüber dem Kosmos sind laut Steiners methodisch-didaktischen Hinweisen Vokale. Ausdruck "antipathischer", kosmosbezogener Denktätigkeit seien Konsonanten. Durch spezielle Sprechübungen **ohne** Semantikbezug könne ein Elastischwerden der Sprachorgane bewirkt werden. Zu diesem Untersuchungsgegenstand anthroposophischer Pädagogik wird vergleichend der dialogische Ansatz M. Bubers, eines namhaften Zeitgenossen Steiners, herangezogen. Bubers (Religions-)Philosophie ist bekanntlich gerade deshalb tief human, weil sie (reform-)pädagogisch orientiert ist. Wie Steiner setzt Buber von einem religiösen Hintergrund her anthropologische Schwerpunkte. Personales Sein vollzieht sich im Sinne M. Bubers Ethik des "Dialogischen Lebens" als anredendes, antwortendes und damit verantwortliches Sprachhandeln. Interpersonelle Kommunikation solle nicht über die Köpfe der Dialogpartner hinwegbrausen. Nicht kosmische Zweckbestimmung, sondern eine authentische, offene Ich-Du-Beziehung ohne Schein regt Buber an. Steiners Sprachakrobatik läßt Intentionalität und Sprachinhalte nicht zu Worte kommen. Sie intendiert keinen Dialog. Damit erfahren aber weder der Wille des Kindes noch dessen Selbstbestimmungsversuche und Identitätserprobung einen Ausdruck. Eine **Hermeneutik** des **Sprechens** wird in Steiners Pädagogik weder gewollt noch verwirklicht.

Gemäß Steinerscher Menschenkunde vom geistigen Blickwinkel äußern sich das Ich des Menschen (Kindes) und die gegenseitige Wahrnehmung von Bezugspersonen in den drei kosmosbezogenen Bewußtseinszuständen "Träumen", "Wachen" und "Schlafen". Menschliche Beziehung ist nach M. Bubers Auffassung unmittelbare Gegenwart und nicht kosmisch ideell. Die von ihm vertretene pädagogische Haltung der Umfassung bedeutet vollständige Präsenz des Pädagogen gegenüber der unverwechselbaren Aktualität des Kindes. Der Pädagoge solle nicht schweigen, sondern auf all das antworten, was das Kind konkret erlebt, selbst sieht, hört, spürt und verbal ausdrückt. In Bubers dialogischer Ethik ist das menschliche Ich kommunikative Integrationsmitte des gesamten Wesens und nicht wie bei Steiner Repräsentant dreier kosmosbezogener Bewußtseinzustände. Steiners künstlerisch-einfühlende Pädagogik zum **kosmischen Ideal-Ich** des Kindes bewirkt wiederum eine gewisse Zurücksetzung des Denkens. M. Heitger, ein Vertreter der "skeptisch-transzendentalkritischen" Pädagogik zu Lebzeiten Steiners als auch der aktuell-modernen Pädagogik, hebt in seiner Theorie des "vernünftigen Schülers" im Gegensatz zur Steinerschen Menschenkunde auf Wissensvermittlung und eine Theorie des Lehrens und Lernens ab. M. Heitger vertritt zudem wie Buber einen dialogischen Anspruch. Er versteht Lernen als wechselseitigen Prozeß, in dem sich die Beziehungspartner unabhängig fühlen sollen. Das Kind erlerne so über das Feedback des Lehrers einen selbständigen Umgang mit dem Unterrichtsstoff. R. Steiner wollte eine ganzheitliche Alternative zur gespaltenen Wilhelminischen Pädagogik anbieten. Aufgrund der formalen Einheitsprinzipien und Steiners Zurückhaltung gegenüber selbständig denkerischer Leistung des Kindes ist die anthroposophische Menschenkunde freilich selbst Ausdruck einer alten Zeit: Sie setzt eher auf gehorsame Identifikation als auf dialogale Willensentfaltung. Diese wertende Formulierung stützt sich einerseits auf unsere Quellenstudien, andererseits auf die durchgeführte empirische Studie (III. Kapitel, Anhang).

Im Rahmen der Untersuchungen zur anthroposophischen Menschenkunde (in Kapitel II) wird schließlich die Frage nach deren praktischem Beitrag zu einer gelingenden Konfliktbewältigung des Kindes drängend: Der Familie als soziokulturellem Einflußfaktor von Erziehung wird in der heutigen, noch immer streng an Steiners künstlerischem Anspruch orientierten, anthroposophischen Heilpädagogik **kein** zentraler Bedeutungszusammenhang zugemessen. Konflikte des Kindes werden nach Steinerschen Vorgaben leiblich, autoritativ-moralisierend oder künstlerisch angegangen. Nach Verständnis O. F. Bollnows, eines anderen namhaften Vertreters (aus dem weiteren Umkreis) der Reformpädagogik, bringen Krisen und Konflikte nach Aussprache drängende, schmerzhafte Empfindungen mit sich. Künstlerischer Nachvollzug ersetzt nicht die Selbstartikulation des Kindes und den freien sprachlichen Austausch im pädagogischen Bezug. Gerade aufgrund der Ausblendung interaktiver und kommunikativer Rückkoppelungsprozesse kann anthroposophische Heilkunst nur bedingt eine gelingende **Konfliktbewältigung** des Kindes fördern.

R. Steiners physiologisch-menschenkundliche Abhandlungen schließlich lassen dessen seherischen Erkenntnisanspruch eines kosmisch-synthetischen Weltzusammenhangs von Mensch, Tier und Pflanze deutlich werden. Steiners Physiologie (nach der in einem kranken Menschen z.B. Pflanzliches wuchert) ist in mythischer, schwer nachvollziehbarer Sprache gehalten. Steiners Krankheitsbegriff ist nicht differenziert und vor 70 bis 90 Jahren entstanden. Eine Anknüpfung an die moderne Medizin und Psychosomatik ist nicht gegeben. Was Steiner ausspart, ist die zwischenmenschliche Interaktion, wie sie z.B. M. Buber und O. F. Bollnow in ihren metapsychologischen Ansätzen bereits vor 70 bis 90 Jahren erarbeiteten. Entwicklungs-, Tiefen- und Kinderpsychologie sind weder in der Ausbildung der Waldorflehrer noch in den wöchentlich stattfindenden Schulkonferenzen verankert. Vor dem Hintergrund therapeutischer Kenntnisse der Lehrkraft können im Sinne einer ganzheitlichen Pädagogik Widerstände, Angst und Abwehrverhalten der Schüler in die Sprache gehoben werden. Authentischer Wille und die Entscheidung zum Selbstsein können gestärkt werden. Das **Verantwortungsgefühl** sich selbst und den anderen gegenüber wird auf diese Weise sensibilisiert. Modifikation und Aktualisierung der Waldorfpädagogik bieten sich durchaus an, wurden aber bisher nicht aufgegriffen. Die Untersuchungen zur Bothmer-Gymnastik, die z.b. ein gruppenweises Laufen und Springen zu vorgegebenen Reimen vorsieht, zeigen, daß diese **automatisch** abläuft. Es gelten dabei strenge Ordnungsprinzipien. Mit Ernst Blochs Metapher des Schwimmers, der nur zur Freiheit vordringt, wenn er das gegebene (Wasser) teilt, läßt sich vorhalten, daß Bothmer-Gymnastik das, was das Kind spontan oder assoziativ mit seiner Sprache, seinen Bewegungen ausdrücken möchte, nicht zuläßt.

In **Kapitel III** wird die konkrete Realisierung der Waldorfpädagogik in der Praxis angefragt: Auch heute noch richten sich die Fachkräfte des freien Religionsunterrichts mangels modernen Arbeitsmaterials an Steiners verstreuten Aufsätzen aus. Inhaltlich ist der freie Religionsunterricht an anthroposophischen Themen (wie z.B. der Reinkarnationslehre Steiners) orientiert. Zugunsten künstlerischer Werte und der Rezeption anthroposophischer und naturbezogener Inhalte wird im freichristlichen Religionsunterricht auf Unterrichtsinstrumentarien (wie z.B. Verlaufsplan) und Schülergespräche verzichtet. In moderner Religionsdidaktik sind vergleichsweise das Unterrichtsgespräch und Verlaufstabellen längst als wesentliche Bausteine verankert. Gängiger, erfahrungsorientierter, evangelischer und katholischer Religionsunterricht möchte das Kind der Klassenstufe 1 bis 4 mit den biblischen Gestalten, deren Leben und Handlungen in einen Austausch bringen. Der esoterische freichristliche Religionsunterricht wird als eine Anleitung zur besonderen Erfahrung gedeutet. Erfahrungsorientierter evangelischer bzw. katholischer Religionsunterricht erfolgt phasengerecht im Blick auf analytisch-exegetisches Instrumentarium, auf sich anbahnende christliche Lösungswege und eine persönliche Anbindung im sozialen Miteinander. Ein **persönliches Glaubensbewußtsein** kann so angelegt, der Wille, Konflikte zu lösen, kindgerecht gestärkt werden. **Individuationsprozesse** und **soziale Entfaltung** erfahren vergleichsweise eine umfassende Förderung.

Im Rahmen des Erstspracherwerbs erlernen die Schüler in der 1. Klasse an Waldorfschulen die Buchstaben nach Art des künstlerischen Nachvollzugs. Gerade diese Thematik des Erstspracherwerbs greifen wir in unserer Würdigung Steinerscher Pädagogik besonders auf, weil sie höchste Signifikanz nicht nur für Steiners Umgang mit Sprache, sondern überhaupt für dessen Pädagogik am Kinde hat. Im Vergleich zu ihren Mitschülern an öffentlichen Schulen können Waldorfschüler am Ende des 1. Schuljahres im allgemeinen weder flüssig lesen noch selbständig Wort- und Satzverbindungen schreiben. Gezielte Diktatübungen, der Aufbau von Grundwortschatz und Grammatik treten zugunsten einer **mythischen Erlebnis- und Erzählwelt** in den Hintergrund. Ein sicherer Zugriff auf die Sprache wird so kaum gewährleistet. Moderne Medien finden in der gesamten Grundstufe der Waldorfschulen auch heute keinen Einsatz. Im Verlauf der ersten acht Jahre wachsen die Schüler als (vom Pädagogen) archaisch gelenkte, mythische Wesen in einer Art von Schonraum heran, in dem jeder immer alles – ohne Noten – kann. Grenzen individueller Frustrationstoleranz, Verantwortungsfreude für eine **eigene (denkerische) Leistung** werden wohl nicht erfahren. Der **"Wille zum Sinn"** (V. E. Frankl) erfährt kaum eine Erprobung.

Schwerpunktmäßig wird im abschließenden III. Kapitel auf die Tierkundeepoche der 4. Klasse an Waldorfschulen (aus methodisch-didaktischer Absicht) eingegangen: Es gilt, in einer nochmaligen Revision, die Steinersche Grundschuldidaktik auf ihre Leistungen und Defizite hin zu untersuchen. Die erste Tierkundeepoche der 4. Klasse ist auch heute noch weitgehend von R. Steiners spekulativen Erkenntnissen von Mensch und Tier geprägt. Zur Illustration ein Beispiel: Steiner parallelisiert z.B. den menschlichen Kopf mit dem Tintenfisch. Gemäß moderner, gängiger Sachkundedidaktik wird der Schüler vergleichsweise schon möglichst frühzeitig an (natur-)wissenschaftliche Arbeitsweisen herangeführt. Einer fachgerechten und willensfördernden Arbeitsweise entspricht es z.B., eigene Sachfragen aufzuwerfen, Probleme wahrzunehmen, Zusammenhänge herzustellen, selbständig Lösungen zu finden. In gängiger Didaktik ist im Vergleich zur Waldorfpädagogik der Wechsel der Sozialformen verankert. Die Untersuchungen zur ersten Tierkundeepoche zeigen alles in allem, daß

(soziale) **Selbsterfahrungen** und **wissenschaftliche Erfahrungen** der 9-
bis 10-jährigen Schüler hier nicht zum Zuge kommen. Die Stoff-
vermittlung ist weder auf die **Individualität** des einzelnen Kindes noch auf
die heutige Lebensrealität abgestimmt.

Rudolf Steiner hat seine Visionen ins Werk gesetzt und eine besondere Anhängerschaft um sich geschart. Seine Ideen haben sich bis heute
konsequent erhalten. Er konnte freilich noch nicht auf moderne Kommuni-
kationsmodelle, Lerntheorien oder Medien zurückgreifen. Steiners
Brückenschlag zwischen transzendentem und empirischem Sein des Kindes wird allerdings dort kritisierbar, wo der Mensch und seine Lebenswelt
idealisiert werden, wo Waldorfpädagogik einseitig in alter Zeit verhaftet
bleibt und den lebendigen Austausch mit alternativen pädagogischen
Modellen vergißt.

Tables

Unterrichtsart = sprachlich

		1.Frage			
		nein	ja	beides	missing
1.Frage	-4	1			
	-2	1			
	1		1		
	2		1		1
	3				1
	4		2		
	5		1		
	missing	1	1	2	

Unterrichtsart = Tierkunde

		1.Frage	
		ja	missing
1.Frage	2	1	
	3	1	
	4	1	
	5	1	
	missing	2	1

Unterrichtsart = Religion

		1.Frage		
		nein	ja	missing
1.Frage	-5	1		
	-3	1		
	-2	2		
	0	2		
	5		2	
	missing	2		1

Tables

Unterrichtsart = sprachlich

		2.Frage
		ja
2.Frage	1	2
	2	2
	4	2
	5	6
	missing	1

Unterrichtsart = Tierkunde

	2.Frage			
	nein	ja	beides	missing
2.Frage -3	1			
-2	1			
0			1	
4		1		
missing	1			2

Unterrichtsart = Religion

	2.Frage		
	nein	ja	missing
2.Frage 0		1	
3		1	
4		2	
5		3	
missing	1	2	1

Tables

Unterrichtsart = sprachlich

	3.Frage		
	nein	ja	missing
3.Frage -5	1		
-4	1		
0	1		
2		1	
3			1
4		1	
5		1	
missing		2	4

Unterrichtsart = Tierkunde

	3.Frage		
	nein	ja	missing
3.Frage 3		1	
4			1
5		1	
missing	1		3

Unterrichtsart = Religion

	3.Frage		
	nein	ja	missing
3.Frage -5	2		
0		1	
1		1	
3		1	
4		1	
5		1	
missing	1	2	1

Tables

Unterrichtsart = sprachlich

		4.Frage			
		nein	ja	beides	missing
4.Frage	-5	1			
	-4	1			
	-3	1			
	-2	1			
	2		1		
	3	1			
	5		1		
	missing		1	2	3

Unterrichtsart = Tierkunde

		4.Frage		
		nein	ja	missing
4.Frage	-5	1		
	0		1	
	3		1	1
	5		1	
	missing	1		1

Unterrichtsart = Religion

		4.Frage	
		ja	missing
4.Frage	0	1	
	2	1	
	3	1	
	4	1	
	5	3	
	missing	3	1

Tables

Unterrichtsart = sprachlich

		5.Frage		
		nein	ja	missing
5.Frage	-3	1		
	-2	1		
	2		1	
	3		1	
	4		1	
	5		3	
	missing	1	2	2

Unterrichtsart = Tierkunde

	5.Frage		
	nein	ja	missing
5.Frage -3	1		
0			1
2		1	
3		1	
5		1	
missing	1		1

Unterrichtsart = Religion

	5.Frage	
	ja	missing
5.Frage 0	1	
3	1	
4	1	
5	3	
missing	3	2

Tables

Unterrichtsart = sprachlich

	6.Frage	
	ja	missing
6.Frage 0		2
2	1	
3	2	
4	1	
missing	3	4

Unterrichtsart = Tierkunde

	6.Frage		
	nein	ja	missing
6.Frage -3			1
-2	1		
3		1	
5		2	
missing	1		1

Unterrichtsart = Religion

	6.Frage		
	nein	ja	missing
6.Frage -3	1		
2		1	
5		2	
missing		5	2

Tables

Unterrichtsart = sprachlich

	7.Frage	
	ja	missing
7.Frage 2	1	
3	2	
4	3	
missing	3	4

Unterrichtsart = Tierkunde

	7.Frage		
	nein	ja	missing
7.Frage -5	1		
-3	1		
3		1	
missing		2	2

Unterrichtsart = Religion

	7.Frage		
	nein	ja	missing
7.Frage -5	1		
-3	1		
3		2	
5		1	
missing	.		6

Tables

Unterrichtsart = sprachlich

	8.Frage	
	ja	missing
8.Frage 1	1	
3	3	1
4	2	
5	2	
missing	2	2

Unterrichtsart = Tierkunde

	8.Frage		
	nein	ja	missing
8.Frage -2	1		
2		2	
5		2	
missing		1	1

Unterrichtsart = Religion

	8.Frage	
	nein	missing
8.Frage -5	1	
-4	1	
missing	5	4

Tables

Unterrichtsart = sprachlich

	9.Frage		
	nein	ja	missing
9.Frage -5	1		
-3	2		
-2	1		
-1	1		
0			1
5		1	
missing	1		5

Unterrichtsart = Tierkunde

	9.Frage		
	nein	ja	missing
9.Frage -5	1		
3		1	
4		1	
5		1	
missing	1		2

Unterrichtsart = Religion

	9.Frage	
	ja	missing
9.Frage 0	1	
2	1	
4	1	
5	2	
missing	4	2

Tables

Unterrichtsart = sprachlich

		10.Frage		
		nein	ja	missing
10.Frage	-3	1		
	-2	1		
	2		1	1
	3		3	
	4		1	
	5		2	
	missing		1	2

Unterrichtsart = Tierkunde

		10.Frage	
		ja	missing
10.Frage	3	1	
	4	1	
	5	1	
	missing	3	1

Unterrichtsart = Religion

		10.Frage	
		ja	missing
10.Frage	0	1	
	5	4	
	missing	5	1

Einleitung

Eine im Juni 1998 flächendeckend in der BRD an 133 Rudolf Steiner-Schulen (Grundstufe) durchgeführte Fragebogenaktion zu den in Kapitel III dieser Studie diskutierten drei Unterrichtsgebieten lieferte statistische Ergebnisse, die unsere kritischen Untersuchungen stützen sollen: Zunächst sei auf die wichtigsten Eckdaten der Fragebogenaktion hingewiesen: Was den Umfang der Erhebung anbelangt, wurden pro Schule je ein Klassenleiter der 1. Klasse, je ein Klassenlehrer der 4. Klasse und die Fachkräfte für den freichristlichen Religionsunterricht angeschrieben.[1] Die Klassenlehrer der 1. Klasse erhielten je einen Fragebogen zum Erstspracherwerb und zusätzlich je einen für den freichristlichen Religionsunterricht.[2] An die Klassenlehrer der 4. Klasse wurde je ein Fragebogen zum Tierkundeunterricht und je ein Bogen zum Erstspracherwerb verschickt.[3] Der Versand der Fragenkataloge erfolgte, nach Schulen geordnet, an die jeweiligen Schulleitungen mit der Bitte um Weitergabe an die zuständigen Lehrkräfte. Aus Gründen statistischer Validität wurde der Rücklauf der Fragebögen durch das Notariat Dr. Gastroph / Dr. Korschan in München beaufsichtigt.[4] Zahlreiche aussagekräftige Telefonate tätiger Waldorflehrer mit der Autorin und viele längere Briefe zeugten von einem großen Interesse an der Umfrage. Der Rücklauf der insgesamt circa 570 versandten Fragebögen belief sich auf 31, was eine durchschnittliche Beteiligung von 5,4 % ergibt. Der Rücklauf der circa 171 versandten Fragenkataloge zum freichristlichen Religionsunterricht bestand aus 11, was einer prozentualen Beteiligung von 6,4 % entspricht. Von den 266 versandten Fragebögen zum Erstspracherwerb wurden 13 zurückgesandt, was einen prozentualen

---

[1] Die Versendung der Fragebögen erfolgte nach telefonischer Anfrage an den einzelnen Schulen.

[2] Der Grund hierfür war, daß manche Klassenlehrer selbst den freichristlichen Religionsunterricht in ihren Klassen durchführen. Die Versendung der Fragebögen zum freien Religionsunterricht erfolgte teilweise auch (entsprechend telefonischer Auskunft) an spezielle Fachkräfte des freien Religionsunterrichts.

[3] Der Grund hierfür war, daß die Klassenlehrer der 4. Klasse an Steiner-Schulen oft schon einen Zug (Klasse 1 – 8) begleitet oder zumindest ihre Klasse während der 1. Klasse unterrichtet haben.

[4] Der Stichtag der Rücksendung war der 10.07.1998.

Beteiligungsschnitt von 4,9 % darstellt. Im Rahmen der 133 versandten Fragebögen zum Tierkundeunterricht wurden sieben zurückgeschickt. Dies macht eine prozentuale Beteiligung von 5,2 % aus.

Ihre Einstellungen und Bewertungen hinsichtlich der einzelnen Fragen konnten die Lehrkräfte mit Hilfe eines Rasters (Ja/Nein-Antwortmöglichkeit), durch Klassifizierungen auf entsprechenden Skalen (Werte: – 5 bis + 5) und durch Stellungnahmen zum Ausdruck bringen. Die Klassifizierungen auf der Skala signalisierten den Grad der Zustimmung bzw. Verneinung.[5] Da die Meinungen und Bewertungen der an der Fragebogenaktion teilnehmenden (auch die der telefonisch und brieflich antwortenden) Lehrkräfte im Hinblick auf die drei untersuchten Unterrichtsgebiete tendenziell gleichlautend waren, wird den statistischen Ergebnissen der Fragebogenaktion eine gewisse Aussagekraft zubemessen. Mit den Fragebögen wurden die angeschriebenen Lehrkräfte "provoziert" und zu einer Stellungnahme herausgefordert. Dabei ist das Ergebnis eine Zusatzinformation für den Leser dieser Studie, nicht aber die eigentliche Grundlage der Erkenntnis. Dazu würde die Relevanz der Erhebung nicht ausreichen. Die Statistik wurde daher (unter Fußnotenhinweisen) als diskursives Element in die vergleichenden Untersuchungen des III. Kapitels einbezogen. Sie bereichert die schon gemachten Aussagen und fügt, besonders auch durch die persönlich abgegebenen Stellungnahmen, das Element der Praxis mit ein.[6]

---

[5] Die drei den Unterrichtsgebieten zugeordneten Fragebögen siehe Anhang, ebenso die tabellarische Gestaltung mit den dazugehörigen statistischen Werteergebnissen.

[6] Jeder der drei Fragebögen besteht aus 10 Fragen. Diese gehen auf die jeweils in den Untersuchungen zum freichristlichen Religionsunterricht (Klassen 1 bis 4), zum Erstspracherwerb an Waldorfschulen und zum ersten Tierkundeunterricht (4. Klasse) dargelegten Kernaussagen und Kernthesen chronologisch ein. Bei der Bezugnahme auf die einzelnen Tabellenwerte im Rahmen der statistischen Auswertung (Anhang) wurde kein durchgängiger Anspruch auf Nennung a l l e r abgegebenen Werte im einzelnen gelegt (z. B. "Missings"). Die Einzelbewertungen können insgesamt in den jeweiligen Tabellen eingesehen werden. Priorität kam aussagekräftigen Tendenzen zu.

Fragebogen zum freichristlichen Religionsunterricht der Waldorfschule in der Grundstufe

1. Inwieweit reicht Ihrer Erfahrung nach die Steinersche Temperamentenlehre (die ja ohne Ergebnisse der modernen Psychologie auskommt) als didaktisches Rüstzeug aus?
   Kommen Sie mit der Temperamentenlehre alleine aus?

   ☐ Ja, ich komme damit aus.

   ☐ Nein, ich komme nicht damit aus.

   * *Klassifizierungen auf der Skala signalisieren den Grad Ihrer Zustimmung bzw. Verneinung.*

-5	-4	-3	-2	-1	0	1	2	3	4	5
☐	☐	☐	☐	☐	☐	☐	☐	☐	☐	☐

   neutral

   mögliche Stellungnahme:

   ....
   ....

2. Der Vorbildcharakter des Waldorfpädagogen ist ein entscheidendes pädagogisches Element im Unterricht der Grundstufe.
   Stimmen Sie mit dieser Gewichtung überein?

   ☐ Ja, ich stimme mit dieser Gewichtung überein.

   ☐ Nein, ich stimme mit dieser Gewichtung nicht überein.

-5	-4	-3	-2	-1	0	1	2	3	4	5
☐	☐	☐	☐	☐	☐	☐	☐	☐	☐	☐

   neutral

   mögliche Stellungnahme:

   ....
   ....

3. R. Steiner weist darauf hin, daß der freichristliche Religionsunterricht der Grundstufe keine theoretische Anthroposophie in den Unterricht hineintragen soll. Unsere Untersuchungen ergaben, daß im "freien Religionsunterricht" anthroposophische Inhalte vermittelt werden.
Sind Sie der Ansicht, daß der freichristliche Religionsunterricht ein Derivat der Anthroposophie ist oder nicht?

☐ Ja, der "freie Religionsunterricht" steht in engem Zusammenhang mit der Anthroposophie.

☐ Nein, der "freie Religionsunterricht" steht in keinem engen Zusammenhang mit der Anthroposophie.

-5	-4	-3	-2	-1	0	1	2	3	4	5
☐	☐	☐	☐	☐	☐	☐	☐	☐	☐	☐

neutral

mögliche Stellungnahme:

....

....

4. Der Fachkraft des "freien Religionsunterrichts" steht weder ein Curriculum im didaktischen Sinne noch detaillierte moderne religionsdidaktische Literatur zur Verfügung. Der Religionslehrer stützt sich in seinen Unterrichtsvorbereitungen auf Aufsätze Steiners, auf das Arbeitsmaterial H. Hahns und auf einige moderne Aufsätze.
Wie kommen Sie damit zurecht?

☐ Ja, ich komme gut damit zurecht, daß kein Curriculum im didaktischen Sinne vorliegt.

☐ Nein, ich komme nicht damit zurecht, daß kein Curriculum im didaktischen Sinne vorliegt.

-5	-4	-3	-2	-1	0	1	2	3	4	5
☐	☐	☐	☐	☐	☐	☐	☐	☐	☐	☐

neutral

mögliche Stellungnahme:

....

....

5. Im freichristlichen Religionsunterricht der Grundstufe hält sich die Fachkraft, was die Literaturauswahl betrifft, auch an den Erzählstoff des Hauptunterrichts. So werden u.a. analog zu den Klassenstufen 1 bis 4 auch Märchen, Fabeln, Legenden und alttestamentarische Geschichten erzählt. Der Bezug zur Natur ist ein besonderes Anliegen, was den "freien Religionsunterricht" der Grundstufe betrifft. Sind Sie mit diesem Mischverhältnis einverstanden?

☐   Ja, ich bin mit diesem Mischverhältnis einverstanden.

☐   Nein, ich bin nicht mit diesem Mischverhältnis einverstanden.

-5	-4	-3	-2	-1	0	1	2	3	4	5
☐	☐	☐	☐	☐	☐	☐	☐	☐	☐	☐

neutral

mögliche Stellungnahme:

....
....

6. Gemäß unserer Untersuchungen kommt es in der Religionsdidaktik der Grundstufe/Waldorfschule zu keiner Rücksichtnahme auf das Kind unter Einbeziehung moderner wissenschaftlicher Entwicklungspsychologie des Kindes. Vielmehr geht es in der Waldorfpädagogik um eine besondere Willenserziehung.
Inwieweit beziehen Sie bei Ihren didaktischen Vorbereitungen Erkenntnisse der modernen Entwicklungspsychologie ein?

☐   Ja, ich beziehe Erkenntnisse aus der modernen Entwicklungspsychologie ein.

☐   Nein, ich beziehe keine Erkenntnisse aus der modernen Entwicklungspsychologie ein.

-5	-4	-3	-2	-1	0	1	2	3	4	5
☐	☐	☐	☐	☐	☐	☐	☐	☐	☐	☐

neutral

mögliche Stellungnahme:

....
....

7. Die Didaktik des "freien Religionsunterrichts" weist dem Schülergespräch keine ausdrückliche didaktische Relevanz zu.
Kommen Sie damit zurecht?

☐ Ja, ich komme damit zurecht.

☐ Nein, ich komme nicht damit zurecht.

-5	-4	-3	-2	-1	0	1	2	3	4	5
☐	☐	☐	☐	☐	☐	☐	☐	☐	☐	☐

neutral

mögliche Stellungnahme:

....
....

8. Werden im freichristlichen Religionsunterricht der Grundstufe Ihrer
Ansicht nach die anthroposophischen Grundsätze (metaphysische
Prämissen) zur freien Diskussion und zum interreligiösen Vergleich
gestellt?

☐ Ja, die anthroposophischen Grundsätze werden im "freien Religionsunterricht" zur freien Diskussion und zum interreligiösen Vergleich
gestellt.

☐ Nein, die anthroposophischen Grundsätze werden im "freien Religionsunterricht" nicht zur freien Diskussion und nicht zum
interreligiösen Vergleich gestellt.

-5	-4	-3	-2	-1	0	1	2	3	4	5
☐	☐	☐	☐	☐	☐	☐	☐	☐	☐	☐

neutral

mögliche Stellungnahme:

....
....

9. Im freichristlichen Religionsunterricht werden wie generell im Waldorfunterricht der Grundstufe moderne Medien höchstens in geringem Umfang (z.B. Overhead-Projektor, Filme) eingesetzt. Was halten Sie davon?

☐ Ja, im freichristlichen Religionsunterricht sollte weitgehend auf moderne Medien verzichtet werden.

☐ Nein, im freichristlichen Religionsunterricht sollten moderne Medien eingesetzt werden.

-5	-4	-3	-2	-1	0	1	2	3	4	5
☐	☐	☐	☐	☐	☐	☐	☐	☐	☐	☐

neutral

mögliche Stellungnahme:

....
....

10. Halten Sie den freichristlichen Religionsunterricht gerne?

☐ Ja, ich halte den freichristlichen Religionsunterricht gerne.

☐ Nein, ich halte den freichristlichen Religionsunterricht nicht so gerne.

-5	-4	-3	-2	-1	0	1	2	3	4	5
☐	☐	☐	☐	☐	☐	☐	☐	☐	☐	☐

neutral

mögliche Stellungnahme:

....
....

Auswertung des Rücklaufs

Die **Fragen 3** und **4** des **Fragebogens zum freien Religionsunterricht** (Klassen 1 bis 4) gehen auf die beiden zu Beginn von Kapitel III.1.2 dargelegten Kernaussagen bzw. Kernthesen ein, nämlich "Anthroposophie im freichristlichen Religionsunterricht" und "fehlendes Curriculum". **Frage 3** des Fragebogens zum freichristlichen Religionsunterricht sowie die dazugehörigen Antwortmöglichkeiten lauten: "R. Steiner weist darauf hin, daß der freichristliche Religionsunterricht der Grundstufe keine theoretische Anthroposophie in den Unterricht hineintragen soll. Unsere Untersuchungen ergaben, daß im freien Religionsunterricht anthroposophische Inhalte vermittelt werden. Sind Sie der Ansicht, daß der freichristliche Religionsunterricht ein Derivat der Anthroposophie ist oder nicht? Ja, der freie Religionsunterricht steht in engem Zusammenhang mit der Anthroposophie. Nein, der freie Religionsunterricht steht in keinem engen Zusammenhang mit der Anthroposophie."[7]

Der Schwerpunkt der Antworten seitens der an der Umfrage beteiligten elf Religionslehrer auf obige Frage lag deutlich im positiven Bereich: Sieben von elf Lehrkräften antworteten mit "Ja".[8] Andererseits wurde zweimal kein Zusammenhang des freien Religionsunterrichts mit der Anthroposophie gesehen (negativer Höchstwert: – 5).[9] Auf insgesamt sieben von elf zurückgesandten Fragebögen wurden Stellungnahmen abgegeben, die im Schnitt nähere Erläuterungen zu den positiven Bewertungen darstellten: Auf fünf der sieben Äußerungen wurde der Meinung Ausdruck verliehen, daß zwar *gewisse Bezüge* zur Anthroposophie im freichristlichen Religionsunterricht vorlägen, jedoch hier *keine anthroposophischen Inhalte* weitergegeben würden. Eine dieser Stellungnahmen lautet z.B.: "Anthroposophische Inhalte werden aber *nicht* vermittelt." Das in den fünf Äußerungen dokumentierte Fehlen anthroposophischer Inhalte im freien Religionsunterricht spiegelt eine Übereinstimmung mit Steiners grundsätzlicher Vorgabe eines nicht anthroposophisch orientierten Reli-

---

[7] Vgl. Fragebogen, Anhang, S. 12.
[8] Vgl. Tabelle, Anhang, S. 3.
[9] Vgl. ebd.

gionsunterrichts wider. Sowohl die zwei Lehrkräfte, die keinen Zusammenhang zwischen dem freichristlichen Religionsunterreicht und theoretischer Anthroposophie feststellten als auch die fünf Pädagogen, die einen gewissen, jedoch nicht inhaltsbezogenen Zusammenhang anerkannten, folgten in ihren Bewertungen letztlich R. Steiners Grundanspruch eines Verzichts auf anthroposophische Inhalte[10] im freichristlichen Religionsunterricht. Auf die Diskrepanz zwischen Steiners Anspruch und der im freien Religionsunterricht tatsächlich praktizierten Anthroposophie wurde seitens der Fachkräfte grundsätzlich nicht abgehoben.

Ein Curriculum im modernen Sinn sowie detaillierte, moderne religionsdidaktische Literatur wurden, wie die Fragebogenaktion ergab, von den an der Umfrage beteiligten Religionslehrern nicht ausdrücklich gewünscht: **Frage 4** des Fragebogens zum freien Religionsunterricht lautet mit den dazugehörigen Antwortmöglichkeiten: "Der Fachkraft des freien Religionsunterrichts steht weder ein Curriculum im didaktischen Sinne noch detaillierte, moderne religionsdidaktische Literatur zur Verfügung. Der Religionslehrer stützt sich in seinen Unterrichtsvorbereitungen auf Aufsätze Steiners, auf das Arbeitsmaterial H. Hahns und auf einige moderne Aufsätze. Wie kommen Sie damit zurecht? Ja, ich komme gut damit zurecht, daß kein Curriculum im didaktischen Sinne vorliegt. Nein, ich komme nicht damit zurecht, daß kein Curriculum im didaktischen Sinne vorliegt."[11]

Zehn der elf antwortenden Religionslehrer akzeptierten das Defizit moderner religionsdidaktischer Literatur und jenes eines modernen Curriculums im Rahmen des freien Religionsunterrichts: Dreimal wurde hierbei der Höchstwert + 5 auf der Skala vergeben, die übrigen Fachkräfte bewerteten die Frage jeweils mit + 4, + 3, + 2 und 0.[12] Eine der Stellungnahmen lautet folgendermaßen: "[...] Wir erarbeiten vieles selber, stützen uns aber auch auf moderne Didaktik. Es wird an einer solchen Didaktik allerdings gearbeitet, z.B. auf Tagungen." Obgleich obige Meinung (als einzige) den Einbezug moderner Didaktik in die Waldorfpädagogik

---

[10] Vgl. S. 270 f. dieser Arbeit.
[11] Vgl. Fragebogen, Anhang, S. 12.
[12] Vgl. Tabelle, Anhang, S. 4.

befürwortet, lassen die – insgesamt gesehen – positiven Einstellungen der Lehrer gegenüber dem Nichtvorhandensein eines modernen Lehrplans erkennen, daß die schriftliche Dokumentation eines Curriculums nicht ausdrücklich gewünscht wird. Ein wissenschaftlicher Dialog zwischen anthroposophisch-gnostischer Erkenntnis und der dazugehörigen Religionsdidaktik wird somit seitens der an der Umfrage beteiligten Religionslehrer tendenziell nicht gesucht. Die von R. Steiner zur letzten Jahrhundertwende erstellte Didaktik für den freichristlichen Religionsunterricht wird, wie sich oben zeigt, auch heute noch tendenziell recht fraglos übernommen. Die statistische Auswertung hinsichtlich Frage 4 verdeutlicht, daß sich die in den Untersuchungen zum freien Religionsunterricht dargelegte und in der gesamten Studie wiederholt ausgewiesene Diskrepanz der Waldorfpädagogik zwischen transzendentem und empirischem Anspruch in den obigen Einstellungen der Religionslehrer gleichwohl widerspiegelt.

Frage 5 des Fragebogens zum freien Religionsunterricht und die dazugehörigen Antwortmöglichkeiten lauten: "Im freichristlichen Religionsunterricht der Grundstufe hält sich die Fachkraft, was die Literaturauswahl betrifft, auch an den Erzählstoff des Hauptunterrichts. So werden u.a. analog zu den Klassenstufen 1 bis 4 auch Märchen, Fabeln, Legenden und alttestamentarische Geschichten erzählt. Der Bezug zur Natur ist ein besonders Anliegen, was den freien Religionsunterricht der Grundstufe betrifft. Sind Sie mit diesem Mischverhältnis einverstanden? Ja, ich bin mit diesem Mischverhältnis einverstanden. Nein, ich bin nicht mit diesem Mischverhältnis einverstanden."[13]

Neun von elf Lehrkräften entschieden sich hinsichtlich obiger Frage für die Antwort "Ja". Hierbei wurde der Höchstwert + 5 auf der Skala dreimal vergeben. Die Werte + 4, + 3 und 0 traten je einmal in Erscheinung.[14] Drei Stellungnahmen (die einzigen) seien im folgenden genannt. Die eine lautet: "Es gibt kein Mischverhältnis. Jeder Lehrer ist für den Inhalt selber verantwortlich." Hier eine andere Meinung: "Was Sie

---

[13] Vgl. Fragebogen, Anhang, S. 13.
[14] Vgl. Tabelle, Anhang, S. 5.

mischen, weiß ich nicht – die Erzählweise richtet sich nach dem Alter, nicht nach dem Hauptunterricht!, so formuliert ist Ihre Frage unbrauchbar". Die dritte Äußerung lautet folgendermaßen: "Es handelt sich nicht um eine Mischung, sondern um eine Betrachtung aus unterschiedlichem Gesichtspunkt." In den oben zitierten Stellungnahmen im Rahmen von Frage 5, welche die spezifischen Inhalte des freichristlichen Religionsunterrichts zur Disposition stellt, wird ein gewisser Widerstand gegenüber der Frage deutlich. Dieser schlägt sich vor allem in der Kritik am Wort "Mischverhältnis" nieder. Stellungnahmen als auch die (skalenmäßigen) Bewertungen zeigen tendenziell eine Befürwortung der Inhalte des freichristlichen Religionsunterrichts (Natur, Kunst, Vatergott etc.) seitens der Lehrkräfte. Kritikabel bleibt, daß die esoterische Ausrichtung des freien Religionsunterrichts so gut wie keinen Raum für brennende Fragen, für persönliche Konflikte, individuelle Glaubensfragen und Willensimpulse des einzelnen Kindes läßt. (Vgl. Kap. III.1.2). Deutlich wird tendenziell, daß die Mehrheit der befragten Fachkräfte des freichristlichen Religionsunterrichts keine Modifikation, Änderung oder Aktualisierung der Inhalte wünscht.

Wie die im Zuge der Untersuchungen zum freichristlichen Religionsunterricht vorgestellten Lesebuchausschnitte stehen auch Steiners (heute noch befolgten) Hinweise auf die besondere Vorbildfunktion des Pädagogen im Zeichen von Gebotsorientierung und Ausklammerung des freien Willens des Kindes. **Frage 2** des Fragebogens zum freichristlichen Religionsunterricht wurde im Hinblick auf die Vorbildfunktion des Waldorflehrers in der Grundstufe gestellt[15]: "Der Vorbildcharakter des Waldorfpädagogen ist ein entscheidendes pädagogisches Element im Unterricht der Grundstufe. Stimmen Sie mit dieser Gewichtung überein? Ja, ich stimme mit dieser Gewichtung überein. Nein, ich stimme mit dieser Gewichtung nicht überein."[16]

---

[15] Frage 2 zum Vorbildcharakter des Waldorflehrers wurde aus dem Grund in den Fragebogen aufgenommen, als dieses Phänomen ausführlich in Kapitel II.1.3 zur Steinerschen Christologie beleuchtet wurde. (Vgl. S. 130 ff. dieser Arbeit, vor allem ebd., S. 143 f.).

[16] Vgl. Fragebogen, Anhang, S. 11.

Neun der elf an der Umfrage beteiligten Religionslehrer antworteten auf obige Frage mit "Ja", wobei der Höchstwert + 5 dreimal, der Wert + 4 zweimal, der Wert + 3 einmal vergeben wurde.[17] Ein Pädagoge wertete mit "Nein". Weder die Lehrkräfte, die auf der Skala die Bewertung + 5 abgaben noch diejenigen, die sich für den Wert + 4 entschieden, äußerten sich in einer Stellungnahme. Drei Meinungen (Befürwortungen des Vorbildcharakters) seien im folgenden genannt: "Vorbild spielt in den ersten sieben Jahren eine entscheidende Rolle, danach ist es die Autorität" und "das ist keine Frage bezüglich Waldorfunterricht, sondern eine Frage des gesunden Menschenverstandes" und schließlich: "Da z.B. bis in die Gesten und Atmung nachgeahmt wird, geht der Vorbildcharakter sehr weit."

Die oben angeführten Bewertungen auf der Skala und Stellungnahmen lassen folgendes erkennbar werden: Sowohl die Tendenz vieler Lehrkräfte zur Vergabe der Höchstwerte + 5 und + 4 (bei gleichzeitigem Verzicht auf eine persönliche Äußerung) als auch die zitierten Ansichten weisen auf eine besondere Identifikation mit R. Steiner hin. So wie Steiner das Lehrervorbild ohne weiteren Rekurs auf persönliche pädagogische Erfahrungen der Lehrkräfte unter Ausblendung einer selbständigen Urteilsfindung und Artikulation der Schüler[18] zum Selbstzweck deklariert, signalisieren auch die Bewertungen und Stellungnahmen hinsichtlich Frage 2 des Fragebogens zum freichristlichen Religionsunterricht einen gewissen Ausschließlichkeitscharakter und die Zurücksetzung individueller Willensimpulse und beziehungsmäßiger Bedürfnisse des Kindes.

Ein wesentlicher Baustein des anthroposophisch orientierten Verständnisses des Kindes ist die Steinersche Temperamentenlehre (nach Hippokrates). Wie in den vergleichenden Untersuchungen dargelegt wurde, kommt es in den schulpraktischen Vorschlägen zum freien Religionsunterricht zu keiner Rücksichtnahme auf das Kind unter Einbeziehung moderner wissenschaftlicher Entwicklungspsychologie. Steiners Temperamentenlehre wurde in Zusammenhang mit dessen Christologie näher beleuchtet

---

[17]   Vgl. Tabelle, Anhang, S. 3.
[18]   Vgl. S. 144 dieser Arbeit.

(Kapitel II.1.3)[19] und dort als präpsychologisch bewertet. Sie steht aufgrund der ihr zugrundeliegenden abstrakt-kosmologischen Prinzipien in gewissem Gegensatz zu Erkenntnissen der modernen (Entwicklungs-) Psychologie: **Frage 1** des Fragebogens zum freien Religionsunterricht sowie die dazugehörigen Antwortmöglichkeiten lauten: "Inwieweit reicht Ihrer Erfahrung nach die Steinersche Temperamentenlehre (die ja ohne Ergebnisse der modernen Psychologie auskommt) als didaktisches Rüstzeug aus? Kommen Sie mit der Temperamentenlehre alleine aus? Ja, ich komme damit aus. Nein, ich komme nicht damit aus."[20]

Sechs der elf an der Umfrage beteiligten Religionslehrer kamen mit der Steinerschen Temperamentenlehre nicht aus und antworteten auf obige Frage mit "Nein". Zwei Lehrer entschieden sich für den Wert 0, zwei für den Höchstwert + 5.[21] Deutlich wird zunächst die Tendenz zu einer Distanzierung gegenüber der anthroposophischen Temperamentenlehre. Andererseits weisen die beiden Höchstwerte auch auf deren uneingeschränkte Befürwortung hin. Die Stellungnahmen der Religionslehrer, die nicht mit R. Steiners Temperamentenlehre auskamen, wiesen fast ohne Ausnahme auf das Gesamtwerk Steiners hin: auf dessen Weitläufigkeit und auf dessen alternative Verstehenszugänge zum Kind. Wie in Kapitel II.1.3 aufgezeigt wurde, ist die Steinersche Temperamentenlehre jedoch grob gegliedert und wird den verschiedenen Entwicklungsphasen des Kindes im Sozialhandeln und Denken nicht gerecht. In keiner der geäußerten Meinungen kamen eigene Erfahrungen mit der Temperamentenlehre oder solche mit moderner Psychologie zum Ausdruck. Nur eine Lehrkraft deutete auf Frage 6 hin, die auf die mögliche Einbeziehung moderner wissenschaftlicher Entwicklungspsychologie in die anthroposophische Pädagogik aufmerksam machte. Die entsprechende Stellungnahme lautet: "Unbedingt zu empfehlen, sonst droht Versteinerung." Die auf die Frage nach einem Auskommen mit der Temperamentenlehre mit "Nein" antwortenden sechs Lehrkräfte signalisieren zwar eine gewisse Distanzierung

---

[19] Vgl. S. 130 ff. dieser Arbeit. Aus diesem Grund wurde Frage 1 zur Steinerschen Temperamentenlehre in den Fragenkatalog zum freien Religionsunterricht aufgenommen.

[20] Vgl. Fragebogen, Anhang, S. 11.

[21] Vgl. Tabelle, Anhang, S. 2.

gegenüber Steiners Erkenntnis der Temperamente. Auf den zweiten Blick aber demonstrieren die dazugehörigen Meinungsäußerungen ein "Ja" zu Steiners Größe.

Die meisten der an der Umfrage beteiligten Religionslehrer wünschten eine Einbeziehung moderner Entwicklungspsychologie in die anthroposophische Religionsdidaktik: **Frage 6** des Fragebogens zum freien Religionsunterricht sowie die dazugehörigen Antwortmöglichkeiten lauten: "Gemäß unserer Untersuchungen kommt es in der Religionsdidaktik der Grundstufe/Waldorfschule zu keiner Rücksichtnahme auf das Kind unter Einbeziehung moderner wissenschaftlicher Entwicklungspsychologie des Kindes. Vielmehr geht es in der Waldorfpädagogik um eine besondere Willenserziehung. Inwieweit beziehen Sie bei Ihren didaktischen Vorbereitungen Erkenntnisse der modernen Entwicklungspsychologie ein?"[22]

Von den elf an der Fragebogenaktion teilnehmenden Religionslehrern antworteten acht mit "Ja" auf die oben dargestellte Frage, nur eine Fachkraft entschied sich für die Antwort "Nein".[23] In drei Stellungnahmen wurde der Wunsch nach einer Einbeziehung moderner Entwicklungspsychologie zum Ausdruck gebracht. Eine dieser Meinungen lautet z.B.: "Auch wenn die Gemüts- und Willenserziehung im Vordergrund steht, sollte der Waldorfpädagoge stets neue Erkenntnisse jeglicher Art berücksichtigen." Die statistischen Werteergebnisse im Rahmen von Frage 6 (freier Religionsunterricht) zeigen tendenziell eine Offenheit der Fachkräfte gegenüber der unterrichtlichen Einbeziehung moderner wissenschaftlicher Entwicklungspsychologie auf.

Was die Bewertungen hinsichtlich **Frage 7** zur fehlenden Verankerung des Unterrichtsgesprächs in der Didaktik und Methodik der Waldorfschulen (Grundstufe) betrifft, fällt auf, daß von den elf beteiligten Lehrkräften sieben eine Stellungnahme abgaben. Frage 7 des Fragebogens zum freien Religionsunterricht und die dazugehörigen Antwortmöglichkeiten lauten: "Die Didaktik des freien Religionsunterrichts weist dem Schülergespräch

---

[22]   Vgl. Fragebogen, Anhang, S. 13.
[23]   Vgl. Tabelle, Anhang, S. 5.

keine ausdrückliche didaktische Relevanz zu. Kommen Sie damit zurecht? Ja, ich komme damit zurecht. Nein, ich komme nicht damit zurecht."[24]

Zwei Lehrkräfte antworteten auf obige Frage mit "Nein" und entschieden sich jeweils für die Skalenwerte – 5 und – 3.[25] Drei Lehrer kamen mit der fehlenden didaktischen Verankerung des Unterrichtsgesprächs in der Waldorfpädagogik zurecht und antworteten auf obige Frage mit "Ja": Hierbei werteten zwei Religionslehrer jeweils mit + 3 und ein Pädagoge mit + 5 auf der Skala.[26] Ins Auge fällt, daß bei sechs Stimmenthaltungen sieben Stellungnahmen vorliegen, die ein lebhaftes Interesse an der Frage nach Unterrichtsgesprächen zum Ausdruck bringen. Zwei Äußerungen seien vorgestellt: "Bei mir gilt das Gegenteil!" Die andere lautet: "Das Gespräch langsam anzulegen, ist mein Hauptanliegen." Die oben dargestellten Bewertungen zeigen insgesamt tendenziell zwar eine gewisse Offenheit der Religionslehrer gegenüber der Frage, der Bogen zu einer didaktischen Verankerung des Schülergesprächs wurde jedoch nicht gezogen.

Ihre Meinung, daß im freichristlichen Religionsunterricht der Grundstufe weder anthroposophische Inhalte ins freie Gespräch gehoben noch der interreligiöse Dialog gesucht werden (sollten), brachten die an der Umfrage teilnehmenden Religionslehrer in ihren Bewertungen und Äußerungen im Rahmen von **Frage 8** tendenziell zum Ausdruck. Frage 8 des Fragebogens zum freien Religionsunterricht und die dazugehörigen Antwortmöglichkeiten lauten: "Werden im freichristlichen Religionsunterricht der Grundstufe Ihrer Ansicht nach die anthroposophischen Grundsätze (metaphysische Prämissen) zur freien Diskussion und zum interreligiösen Vergleich gestellt? Ja, die anthroposophischen Grundsätze werden im freien Religionsunterricht zur freien Diskussion und zum interreligiösen Vergleich gestellt. Nein, anthroposophische Grundsätze werden im freien Religionsunterricht nicht zur freien Diskussion und zum interreligiösen Vergleich gestellt."[27]

---

[24] Vgl. Fragebogen, Anhang, S. 14.
[25] Vgl. Tabelle, Anhang, S. 6.
[26] Vgl. ebd.
[27] Vgl. Fragebogen, Anhang, S. 14.

Sieben der antwortenden elf Lehrkräfte antworteten mit "Nein" auf die oben vorgestellte Frage, vier enthielten sich grundsätzlich einer Zustimmung bzw. Verneinung.[28] Die vorliegenden sechs Stellungnahmen der Religionslehrer signalisieren tendenziell eine kritische Haltung gegenüber dem interreligiösen Gespräch und eine Distanzierung gegenüber einer freien Diskussion über anthroposophische Grundsätze im freichristlichen Religionsunterricht der Grundstufe. In drei der sechs abgegebenen Äußerungen kommt zum Ausdruck, daß solche Ziele für die Kinder eine Überforderung darstellen bzw. ihnen erst in der Oberstufe Relevanz zukomme. Zwei weitere Fachkräfte äußern, daß es im Unterricht nicht um anthroposophische Inhalte gehen dürfe. Eine dieser beiden Äußerungen lautet: "Anthroposophische Erkenntnisse (meine, nicht Dr. Steiners) haben im Unterricht keinen Platz: Wir sind eine Methodenschule, keine Weltanschauungsschule!" Skalenwerte als auch die sechs Meinungsäußerungen lassen tendenziell erkennen, daß der freien Diskussion über anthroposophische Inhalte und interreligiösen Bezügen im Unterricht seitens der befragten Religionslehrer keine besondere Relevanz zugesprochen wird. Steiners exklusiver, dogmatischer Erkenntniszirkel wird hier nicht durchbrochen. Es sei jedoch angemerkt, daß die Einsichtnahme in Prämissen und Gründe des Fühlens, Denkens, Wollens und Glaubens eines "fremden" Menschen, wie es beispielsweise der Bayerische Lehrplan für den evangelischen Religionsunterricht der Grundstufe thematisch für die 3. Klasse vorsieht, wesentlich zu einem offenen und daher vertrauensvollen Umgang mit dem anderen beiträgt.

Frage 9 des Fragebogens zum freien Religionsunterricht wurde im Hinblick auf den zurückhaltenden Einsatz von Medien seitens der Waldorfschulen (Grundstufe) gestellt. Frage 9 und die dazugehörigen Antwortmöglichkeiten lauten: "Im freichristlichen Religionsunterricht werden wie generell im Waldorfunterricht der Grundstufe moderne Medien höchstens in geringem Umfang (z.B. Overhead-Projektor, Filme) eingesetzt. Was halten Sie davon? Ja, im freichristlichen Religionsunterricht sollte weit-

---

[28]   Vgl. Tabelle, Anhang, S. 7.

gehend auf moderne Medien verzichtet werden. Nein, im freichristlichen Religionsunterricht sollten moderne Medien eingesetzt werden."[29]

Neun der elf antwortenden Religionslehrer sprachen sich für ein "Ja" zum Verzicht auf moderne Medien aus. Zwei jener neun Lehrer vergaben hierbei den Höchstwert + 5.[30] In den vier erfolgten Stellungnahmen wurde auf die Möglichkeit eines Medieneinsatzes in der Oberstufe, auf die individuelle Medienwahl des Waldorflehrers und auf die mögliche mediale Abstimmung im Rahmen unterschiedlicher Unterrichtsfächer hingewiesen. Eine deutliche Distanzierung gegenüber modernen Medien seitens der befragten Religionslehrer wurde dennoch tendenziell erkennbar.

Zehn der elf an der Fragebogenaktion beteiligten Religionslehrer ließen in ihren Bewertungen im Rahmen von **Frage 10** Zufriedenheit mit ihrem Unterricht erkennen. Frage 10 lautet: "Halten Sie den freichristlichen Religionsunterricht gerne? Ja, ich halte den freichristlichen Religionsunterricht gerne. Nein, ich halte den freichristlichen Religionsunterricht nicht so gerne."[31]

Zehn der elf an der Umfrage beteiligten Lehrkräfte halten den freien Religionsunterricht gerne. Von ihnen vergaben vier den Höchstwert + 5.[32] Eine Stellungnahme lautet: "Das sind die schönsten Stunden". In einer anderen, sehr persönlichen und offenen Meinungsäußerung wurde ein "bedrückendes Gefühl" angesichts des hohen Anspruchs des freien Religionsunterrichts genannt. Alles in allem aber weist die oben zutage tretende positive Bewertungstendenz auf Optimismus und Akzeptanz des eigenen Unterrichtsstils seitens der befragten Religionslehrer hin.

Gemeinschaftliches Feiern der Jahresfeste, Naturbezug, die Vermittlung anthroposophischer Inhalte und eine künstlerische Unterrichtsgestaltung sind zweifellos schön, wirken harmonisierend auf das Kind und sprechen dessen Gemüt an. Kritikabel bleiben jedoch kernpunktmäßig, wie in Kap. III.1.2 herausgearbeitet wurde, die fehlende (inhaltliche) Modifizierung der "alten" Steinerschen Religionsdidaktik, ihr hohes Defizit an

---

[29] Vgl. Fragebogen, Anhang, S. 15.
[30] Vgl. Tabelle, Anhang, S. 7.
[31] Vgl. Fragebogen, Anhang, S. 15.
[32] Vgl. Tabelle, Anhang, S. 8.

dialogaler Willensbildung und jenes einer wissenschaftlichen Verankerung. Die statistischen Werte im Rahmen der Umfrage zum freichristlichen
Religionsunterricht spiegeln tendenziell ein Festhalten der befragten Fachkräfte an der Steinerschen Religionspädagogik wider. Andererseits lassen
einige wenige Bewertungen und Meinungen auch offenere Einstellungen
gegenüber alternativen pädagogischen Systemen und Möglichkeiten erkennbar werden.

Fragebogen zum sprachlichen Anfangsunterricht (1. Klasse der Waldorfschule)

1. Heilend und harmonisierend auf einseitige Temperamentserscheinungen und Verhaltensweisen des Kindes kann nach Sichtweise der Waldorfpädagogik spezifisch anthroposophisch geprägtes künstlerisches Tun (wie z.B. Formenzeichnen) wirken.
Hilft Ihrer Erfahrung nach diese pädagogische Maßnahme auch bei verhaltensauffälligen, neurotisch gestörten Kindern und Kindern aus Konfliktfamilien?

☐ Ja, spezifisch anthroposophisch fundiertes künstlerisches Arbeiten (wie z.B. Formenzeichnen) hilft auch bei neurotisch gestörten Kindern und Kindern aus Konfliktfamilien.

☐ Nein, künstlerisches Arbeiten nach Art der Waldorfpädagogik reicht hier nicht aus.

* *Klassifizierungen auf der Skala signalisieren den Grad Ihrer Zustimmung bzw. Verneinung.*

-5	-4	-3	-2	-1	0	1	2	3	4	5
☐	☐	☐	☐	☐	☐	☐	☐	☐	☐	☐

neutral

mögliche Stellungnahme:

....

....

2. Vor dem Horizont von Steiners kosmologisch fundiertem Veredelungsgedanken zum Geist und seiner "Erziehungskunst" unterscheidet er in seinem Aufsatz zur ersten Schulstunde zwischen Schönem und weniger Schönem. Das Prinzip des Schönen kommt in der Waldorfpädagogik (hier Grundstufe) besonders im Künstlerischen zum Tragen. Stimmen Sie mit dieser Gewichtung überein?

☐ Ja, mit dem künstlerischen Schwerpunkt in der Waldorfpädagogik stimme ich überein.

☐ Nein, mit dem künstlerischen Schwerpunkt in der Waldorfpädagogik stimme ich nicht so überein.

-5	-4	-3	-2	-1	0	1	2	3	4	5
☐	☐	☐	☐	☐	☐	☐	☐	☐	☐	☐

neutral

mögliche Stellungnahme:

....

....

3. Ein allgemeines Kennzeichen der Waldorfpädagogik der Grundstufe ist die direktive Autorität des Klassenlehrers. Diese didaktische Maxime widerspricht einer Pädagogik der eher partnerschaftlichen Schüler-Lehrer-Beziehung (wie sie z.B. von Jean Piaget auch vertreten wird).
Stimmen Sie der direktiven Autoritätshaltung des Klassenlehrers zu?

☐ Ja, ich stimme der direktiven Autoritätshaltung des Klassenlehrers zu.

☐ Nein, ich stimme der direktiven Autoritätshaltung des Klassenlehrers nicht zu.

-5	-4	-3	-2	-1	0	1	2	3	4	5
☐	☐	☐	☐	☐	☐	☐	☐	☐	☐	☐

neutral

mögliche Stellungnahme:

....

....

4. Unterrichtsgespräche sind zwar in der derzeitigen Waldorfpädagogik üblich, sie sind allerdings in keiner didaktischen Theorie verankert. Vieles bleibt dem Improvisationstalent der Lehrkraft überlassen. Erachten Sie diesen Sachverhalt für ausreichend?

☐ Ja, ich erachte die Tatsache, daß das Unterrichtsgespräch in keiner didaktischen Theorie der Waldorfpädagogik verankert ist und vieles dem Improvisationstalent der Lehrkraft überlassen ist, als ausreichend.

☐ Nein, spezifische Vorgaben aus der wissenschaftlichen Pädagogik sollten zur Anwendung zugelassen werden.

-5	-4	-3	-2	-1	0	1	2	3	4	5
☐	☐	☐	☐	☐	☐	☐	☐	☐	☐	☐

neutral

mögliche Stellungnahme:

....
....

5. Moderne Grundschuldidaktik befaßt sich ausdrücklich mit der Frage nach gezielten, kognitiven Lernprozessen. In der Waldorfpädagogik der Grundstufe kommt nach Steinerscher Auffassung der Gefühls- und Willenserziehung eine besondere Bedeutung zu und zwar vor der kognitiven Erziehung.
Halten Sie die Gefühls- und Willenserziehung des Kindes (gerade angesichts moderner pädagogischer Möglichkeiten) für ausreichend?

☐ Ja, ich halte die spezifisch anthroposophisch fundierte Willens- und Gefühlserziehung in der Grundstufe für ausreichend.

☐ Nein, ich halte die spezifisch anthroposophisch fundierte Willens- und Gefühlsbildung in der Grundstufe für nicht ausreichend.

-5	-4	-3	-2	-1	0	1	2	3	4	5
☐	☐	☐	☐	☐	☐	☐	☐	☐	☐	☐

neutral

mögliche Stellungnahme:

....
....

6. Im sprachlichen Anfangsunterricht der ersten Klasse der Waldorfschule wird die Betonung weniger auf den Sprachsinn und die Intentionalität des sprechenden Kindes gelegt: Das persönliche Erleben im
   künstlerischen Tun und das Sinnes- und Gefühlserleben im Zuge der
   anthroposophischen Willenserziehung sind bedeutende pädagogische
   Ziele.
   Inwieweit wird dabei Ihrer Ansicht nach der zwischenmenschlichen
   Sinnvermittlung Rechnung getragen?

☐ Ja, ich bin der Ansicht, künstlerisches Sinneserleben im Sprachunterricht der Schulanfangszeit sollte Priorität vor dem Sprachsinn und der
   Sprachintentionalität haben.

☐ Nein, ich bin nicht der Ansicht, daß das künstlerische Sinneserleben
   im Sprachunterricht der Schulanfangszeit Priorität vor dem Sprachsinn und der Sprachintentionalität haben sollte.

-5	-4	-3	-2	-1	0	1	2	3	4	5
☐	☐	☐	☐	☐	☐	☐	☐	☐	☐	☐

neutral

mögliche Stellungnahme:

....
....

7. In der Schulanfangszeit und im gesamten Verlauf der Grundstufe werden im Hauptunterricht (z.B. im rhythmischen Teil) Verse gesprochen,
   die Steiners mystischem Sprachverständnis nahekommen.
   Welche Haltung nehmen Sie diesbezüglich ein?

☐ Ja, ich finde diese Art des Sprechens gut.

☐ Nein, ich finde diese Art des Sprechens problematisch.

-5	-4	-3	-2	-1	0	1	2	3	4	5
☐	☐	☐	☐	☐	☐	☐	☐	☐	☐	☐

neutral

mögliche Stellungnahme:

....
....

8. Was halten Sie von einer Sprach- und Schreibvermittlung, die im Vergleich zu gängigen Grundschulen deutlich später einsetzt?

☐ Ich bejahe eine im Vergleich zu gängigen Grundschulen deutlich später einsetzende Sprach- und Schreibvermittlung.

☐ Ich stehe der im Vergleich zu gängigen Grundschulen deutlich später einsetzenden Sprach- und Schreibvermittlung kritisch gegenüber.

-5	-4	-3	-2	-1	0	1	2	3	4	5
☐	☐	☐	☐	☐	☐	☐	☐	☐	☐	☐

neutral

mögliche Stellungnahme:

....
....

9. In den meisten Grundschulklassen der Waldorfschule befinden sich 40 bis 42 Schüler.
Wie kommen Sie mit dieser vergleichsweise sehr hohen Schülerzahl zurecht?

☐ Ja, ich komme mit der vergleichsweise sehr hohen Schülerzahl zurecht.

☐ Nein, ich komme mit dieser vergleichsweise sehr hohen Schülerzahl nicht so gut zurecht.

-5	-4	-3	-2	-1	0	1	2	3	4	5
☐	☐	☐	☐	☐	☐	☐	☐	☐	☐	☐

neutral

mögliche Stellungnahme:

....
....

10. Hinsichtlich des Erstsprachunterrichts steht dem Klassenlehrer der Waldorfschule im Vergleich zu den Lehrern gängiger Grundschulen keine Methodenvielfalt wie z.B. vorgefertigte Arbeitsblätter, umfangreiches Material und Übungsreihen zur Verfügung. Die Methode ist vorwiegend künstlerisch im anthroposophischen Sinne geprägt. Empfinden Sie diese exklusive Methode als ausreichend?

☐ Ja, ich empfinde diese künstlerische Methode als ausreichend.

☐ Nein, ich empfinde diese künstlerische Methode als nicht ausreichend.

-5	-4	-3	-2	-1	0	1	2	3	4	5
☐	☐	☐	☐	☐	☐	☐	☐	☐	☐	☐

neutral

mögliche Stellungnahme:

....
....

Auswertung des Rücklaufs

Wie R. Steiners kosmologisch geprägtes Sprachverständnis ist auch sein heilpädagogischer Ansatz eng mit anthroposophischer Menschenkunde und platonisch-ideeller Erkenntnis verknüpft[33]: Die Untersuchungen in Kapitel II.3.3. zeigen, daß eine Harmonisierung des kranken Kindes nach Auffassung der anthroposophischen Heilpädagogik auf dem Weg künstlerisch-intuitiven Tuns bewirkt werden soll. Der therapeutische Weg ist hier nicht dialogal angelegt. Obgleich anthroposophische bzw. alternative Verstehenszugänge zum neurotisch gestörten Kind in Kapitel III.2.2 zum Erstspracherwerb nur gestreift werden, bezieht sich **Frage 1** des **Fragenkatalogs zum sprachlichen Anfangsunterricht** auf den spezifisch anthroposophisch orientierten, heilpädagogischen Ansatz: Denn nach Ansicht der Autorin sind therapeutische Maßnahmen in der Schule unlösbar mit zwischenmenschlicher Sprache verknüpft. Frage 1 und die dazugehörigen Antwortmöglichkeiten lauten: "Heilend und harmonisierend auf Temperamentserscheinungen und Verhaltensweisen des Kindes kann nach Sichtweise der Waldorfpädagogik spezifisch anthroposophisch geprägtes künstlerisches Tun (z.B. Formenzeichnen) wirken. Hilft Ihrer Erfahrung nach diese pädagogische Maßnahme auch bei verhaltensauffälligen, neurotisch gestörten Kindern und Kindern aus Konfliktfamilien? Ja, spezifisch anthroposophisch fundiertes künstlerisches Arbeiten (wie z.B. Formenzeichnen) hilft auch bei neurotisch gestörten Kindern und Kindern aus Konfliktfamilien. Nein, künstlerisches Arbeiten nach Art der Waldorfpädagogik reicht hier nicht aus."[34]

Sechs der 13 an der Fragebogenaktion zum Thema "sprachlicher Anfangsunterricht" beteiligten Klassenlehrer antworteten auf obige Frage mit "Ja", drei mit "Nein", zwei entschieden sich für beide Möglichkeiten. Die positiven Klassifizierungen verteilen sich recht gleichmäßig zwischen den Werten + 1 und + 5.[35] Obgleich einerseits die Tendenz der Lehrkräfte zur Übereinstimmung mit der anthroposophisch-künstlerischen Heil-

---

[33] Die anthroposophische Heilpädagogik wurde in Kap. II.3.3 ausführlich behandelt.

[34] Vgl. Fragebogen, Anhang, S. 27.

[35] Vgl. Tabelle, Anhang, S. 2.

methode offensichtlich wird, melden auch einige Pädagogen in ihren Stellungnahmen einen Bedarf an alternativen therapeutischen Maßnahmen an. Eine dieser Meinungsäußerungen lautet: "Ja, es hilft, genügt aber sicher nie als alleiniger therapeutischer Ansatz." Hier eine weitere Stellungnahme: "Neurotische Störungen bedürfen der kompetenten psychologisch-heilpädagogischen Hilfe." Eine gewisse Spannung wird erkennbar zwischen den überzeugten Fürsprechern der künstlerisch geprägten anthroposophischen Heilpädagogik und solchen Meinungen, in denen auf alternative Heilmethoden hingewiesen wird.

Daß die künstlerische Methode für die an der Fragebogenaktion beteiligten Lehrer (hier: schulischer Erstspracherwerb) von richtungsweisender Bedeutung ist, zeigen die statistischen Werte hinsichtlich **Frage 2**. Diese lautet mit der dazugehörigen Antwortmöglichkeit: "Vor dem Horizont von Steiners kosmologisch fundiertem Veredelungsgedanken zum Geist und seiner "Erziehungskunst" unterscheidet er in seinem Aufsatz zur ersten Schulstunde zwischen Schönem und weniger Schönem. Das Prinzip des Schönen kommt in der Waldorfpädagogik (hier Grundstufe) besonders im Künstlerischen zum Tragen. Stimmen Sie mit dieser Gewichtung überein? Ja, mit dem künstlerischen Schwerpunkt in der Waldorfpädagogik stimme ich überein. Nein, mit dem künstlerischen Schwerpunkt in der Waldorfpädagogik stimme ich nicht so überein."[36]

Auf Frage 2 antworteten alle 13 beteiligten Lehrkräfte mit "Ja", wobei sechs Pädagogen den Höchstwert + 5, zwei den Wert + 4, zwei den Wert + 2 und zwei Lehrer den Wert + 1 vergaben. Eine Fachkraft enthielt sich einer Klassifizierung auf der Skala.[37] Diese Einhelligkeit wirft Fragen auf: Steiner intendierte zur Zeit der vergangenen Jahrhundertwende eine Pädagogik, die im Vergleich zur spaltenden Gehorsamkeitspädagogik das Kind metaphysisch und ethisch ganzheitlich einbinden sollte: "Sprechend-Webend-Geistiges"[38] wollte der damalige anthroposophische Pädagoge dem Kind nahebringen. Die spezifisch anthroposophische Art des Zeichnens und Malens (ohne feste Konturen) sollte Farben seelisch als

---

36 Vgl. Fragebogen, Anhang, S. 28.
37 Vgl. Tabelle, Anhang, S. 2.
38 Vgl. STEINER, Rudolf, Gegenwärtiges Geistesleben und Erziehung, S. 158.

Farbqualitäten erlebbar werden lassen, Geistbezug schaffen und den "höheren" Willen fördern. Auch in der heutigen, postmodernen Zeit der Globalisierung und des Internets stellt der ästhetisch-ethische Ansatz der Waldorfpädagogik ein Alternativangebot dar. Fraglich wird aber, ob der hohe Anspruch der an der Umfrage beteiligten Klassenlehrer an den anthroposophischen Willen zum Schönen nicht auch einen gewissen Widerstand in sich birgt, der einerseits den interpersonellen Zugang des Pädagogen zum Kind einschränkt, andererseits moderne Kulturentwicklungen ausklammert. Eine Stellungnahme lautet: "Gefahr: Verharren im Künstlerisch-Schönen und Vernachlässigung des eigentlichen Lehrauftrags: Vermittlung der Kulturtechniken!"

Der lehrerzentrierte Unterrichtsstil in der Grundstufe der Waldorfschulen (vgl. Kap. III.2.2) wurde mit **Frage 3** zur Disposition gestellt: "Ein allgemeines Kennzeichen der Waldorfpädagogik der Grundstufe ist die direktive Autorität des Klassenlehrers. Diese didaktische Maxime widerspricht einer Pädagogik der eher partnerschaftlichen Lehrer-Schüler-Beziehung (wie sie z.B. auch von Jean Piaget vertreten wird). Stimmen Sie der direktiven Autoritätshaltung des Klassenlehrers zu? Ja, ich stimme der direktiven Autoritätshaltung des Klassenlehrers zu. Nein, ich stimme der direktiven Autoritätshaltung des Klassenlehrers nicht zu."[39]

Fünf Lehrkräfte stimmten einer direktiven Autoritätshaltung des Waldorflehrers zu, zwei sprachen sich dagegen aus. Vier enthielten sich einer bejahenden bzw. verneinenden Antwort.[40] Die Bewertungen zeigten kein eindeutiges Für oder Wider eine direktive Klassenführung auf. Jedoch signalisieren die Stellungnahmen ein besonderes Interesse an der Thematik. Drei Meinungsäußerungen seien im folgenden vorgestellt: Ein Pädagoge, der die Frage auf der Skala mit – 4 bewertete, schrieb: "Der Lehrer als alleinige Autorität ist ein Relikt aus der Gründerzeit der Waldorfschule. Heutzutage ist eine solche Position nicht mehr haltbar." Eine Fachkraft, die sich für den Wert – 5 entschied, teilte mit: "Die direktive Autoritätshaltung arbeitet m. E. zu sehr mit Angst, erzeugt also zusätzliche Probleme,

---

[39] Vgl. Fragebogen, Anhang, S. 28.
[40] Vgl. Tabelle, Anhang, S. 3.

blockiert damit LERNEN, Kinder müssen in Freude und Achtung leben."
Ein Klassenlehrer, der sich für die Bewertung + 4 aussprach, schrieb:
"Voraussetzung: moralisch-ethische Integrität des Lehrers, Selbstreflexion,
Rollendistanz, Supervision, Fortbildung auf persönlicher Ebene, z.B.
Therapie."

Die oben zuerst vorgestellte Stellungnahme unterstreicht die in
Kapitel III.2.2 aufgeführte grundsätzliche Kritik an der autoritären Position
des Waldorflehrers. Die zweite Position kommt unserer Auffassung entgegen, daß sakrosankt empfundene Gebote und Regeln den (Lern-) Willen
des Kindes einschränken und weniger fördern. Auf besonderes Interesse
der Autorin stieß die zuletzt genannte Meinungsäußerung im Hinblick auf
die große Verantwortung des Lehrers: Sie weist auf die besondere Relevanz von Selbstreflexion, Beziehungsfähigkeit und von pädagogischer
Fortbildung der Lehrkräfte für einen gelingenden Unterricht hin. Alles in
allem offenbaren die abgegebenen Stellungnahmen und hier vor allem die
oben aufgeführten ein "Mitschwingen" mit der Frage nach möglicher
Partnerschaftlichkeit zwischen Lehrer und Schülern.

Frage 9 des Fragebogens zum sprachlichen Anfangsunterricht bezieht sich
auf die heute noch weit verbreitete hohe Schülerzahl an Waldorfschulen.
Die Frage lautet mit den dazugehörigen Antwortmöglichkeiten: "In den
meisten Grundschulklassen der Waldorfschule befinden sich 40 bis 42
Schüler. Wie kommen Sie mit dieser vergleichsweise sehr hohen Schülerzahl zurecht? Ja, ich komme mit der vergleichsweise sehr hohen Schülerzahl zurecht. Nein, ich komme mit dieser vergleichsweise sehr hohen
Schülerzahl nicht zurecht."[41]

Die Bilanz hinsichtlich der im Rahmen von Frage 9 erstellten
Bewertungen kann folgendermaßen gezogen werden: Sechs der 13 an der
Umfrage beteiligten Lehrer kamen mit der hohen Schülerzahl an Steiner-
Schulen nicht zurecht: Einmal wurde hier der negative Höchstwert – 5,
zweimal der negative Mittelwert – 3 und jeweils einmal der Wert – 1 und
– 2 vergeben. Eine Lehrkraft enthielt sich einer konkreten negativen
Klassifizierung auf der Skala. Eine Fachkraft wertete mit + 5, eine mit dem

---

[41]   Vgl. Fragebogen, Anhang, S. 31.

Wert 0. Fünf Lehrer sahen von jeglicher Bewertung ab[42] und wiesen darauf hin, daß in heutiger Zeit auch kleinere Klassen üblich seien.

Im folgenden seien kritische Meinungsäußerungen aufgegriffen. Eine Stellungnahme lautet: "Unterrichtspraxis im Hauptunterricht ist o.k., problematisch sind Korrekturarbeiten, Zeugnisse, Fachunterricht." Eine weitere wurde folgendermaßen formuliert: "Schüler sind heutzutage individueller und problematischer denn je. Dem kann in so großen Klassen nicht Rechnung getragen werden. Leider gibt es oftmals aus finanziellen Gründen keine Alternative." In einer weiteren Stellungnahme wurden die hohen Anforderungen an Lehrer in Klassen von annähernd 40 Schülern zur Sprache gebracht. Die Lehrkraft wies hier auch auf die entsprechenden gesundheitlichen Belastungen der Pädagogen hin. Alles in allem wurde das von R. Steiner angestrebte, auch heute noch an vielen Waldorfschulen traditionell oder aus finanziellen Gründen beibehaltene Konzept einer hohen Schülerzahl nicht von allen Lehrkräften fraglos übernommen.

Die statistischen Werteergebnisse im Rahmen der Frage nach einer womöglich methodisch-didaktischen Verankerung des Unterrichtsgesprächs in der Waldorfpädagogik zeigten keine eindeutig signifikante Tendenz auf: **Frage 4** und die dazugehörigen Antwortmöglichkeiten lauten: "Unterrichtsgespräche sind zwar in der derzeitigen Waldorfpädagogik üblich, sie sind allerdings in keiner didaktischen Theorie verankert. Vieles bleibt dem Improvisationstalent der Lehrkraft überlassen. Erachten Sie diesen Sachverhalt für ausreichend? Ja, ich erachte die Tatsache, daß das Unterrichtsgespräch in keiner didaktischen Theorie der Waldorfpädagogik verankert ist und vieles dem Improvisationstalent der Lehrkraft überlassen ist, als ausreichend. Nein, spezifische Vorgaben aus der wissenschaftlichen Pädagogik sollten zur Anwendung zugelassen werden."[43]

Vier Bewertungen hinsichtlich obiger Frage waren jeweils im positiven bzw. im negativen Skalenbereich angesiedelt: Als ausreichend erachteten vier Lehrer die fehlende Verankerung des Unterrichtsgesprächs in der Waldorfpädagogik (Bewertungen auf der Skala: + 2, + 3, + 5 und

---

[42]   Vgl. Tabelle, Anhang, S. 7.
[43]   Vgl. Fragebogen, Anhang, S. 29.

eine fehlende Klassifizierung auf der Skala).[44] Vorgaben aus der wissenschaftlichen Pädagogik wünschten sich vier Klassenlehrer (Bewertungen
auf der Skala: -5, -4, -3 und -2). Zwei Pädagogen entschieden sich für
beide Möglichkeiten, drei enthielten sich einer Antwort und einer Bewertung auf der Skala.[45] Drei Stellungnahmen jener Gruppe Lehrer, die sich
für gesprächsorientierte Vorgaben aus der wissenschaftlichen Pädagogik
ausssprach, seien im folgenden aufgeführt. Die eine stellt sich folgendermaßen dar: "Wenn das Unterrichtsgespräch kein 'Unterrichtsgelaber'
werden soll, ist es eine Kunst, die der Schulung bedarf. Das diesbezügliche
Schulungsangebot ist momentan unzureichend." Eine weitere Meinung
lautet: "Wesentlicher Schwachpunkt! Interne Fortbildungen in Gesprächs-
führung, Transparenz der Arbeitsweisen, Lernzielkontrolle und Definition
in den einzelnen Jahrgangsstufen." Und hier die dritte Stellungnahme, die
eine Methodisierung des Unterrichtsgesprächs seitens der Waldorfpädagogik befürwortet: "Die Schüler sollen befähigt werden, sich auf das
Leben und d.h. auf ein ständiges neues Lernen vorzubereiten, dazu müssen
Gesprächsformen eingeübt werden." Die oben angeführten Meinungsäußerungen melden den Bedarf nach einer methodisch-didaktischen
Verankerung des Unterrichtsgesprächs in der Waldorfpädagogik und jenen
nach Wissenschaftsorientierung an. Transparenzsetzung unterrichtlich-
methodischer Vorgehensweisen, Strukturierung und Lernzielorientierung
von Gesprächen werden hier als wichtige Stützpfeiler eines effizienten
Unterrichts genannt.

Frage 5 des Fragebogens zum schulischen Erstspracherwerb an Steiner-
Schulen stellt die dort im Vergleich zu öffentlichen Grundschulen
statthabende besondere Willens- und Gefühlserziehung zur Disposition.
Die Frage mit den dazugehörigen Antwortmöglichkeiten lautet: "Moderne
Grundschuldidaktik befaßt sich ausdrücklich mit der Frage nach gezielten,
kognitiven Lernprozessen. In der Waldorfpädagogik der Grundstufe
kommt nach Steinerscher Auffassung der Willens- und Gefühlserziehung

---

[44] Eine Lehrkraft entschied sich für die Antwort "Nein", wertete auf der Skala mit +
     3; die dazugehörige Stellungnahme lautet: "Das Unterrichtsgespräch hat einen
     höheren – auch im Lehrplan verankerten – Stellenwert, als Sie glauben."
[45] Vgl. Tabelle, Anhang, S. 4.

eine besondere Bedeutung zu und zwar vor der kognitiven Erziehung. Halten Sie die Gefühls- und Willenserziehung des Kindes (gerade angesichts moderner pädagogischer Möglichkeiten) für ausreichend? Ja, ich halte die spezifisch anthroposophisch fundierte Willens- und Gefühlserziehung in der Grundstufe für ausreichend. Nein, ich halte die spezifisch anthroposophisch fundierte Willens- und Gefühlsbildung in der Grundstufe für nicht ausreichend."[46]

Acht der dreizehn an der Umfrage beteiligten Klassenlehrer hielten die anthroposophische Willens- und Gefühlserziehung für ausreichend. Drei Lehrer befanden sie für nicht ausreichend, zwei Fachkräfte entschieden sich weder für "Ja" noch für "Nein".[47] Im folgenden seien die Stellungnahmen jener drei Klassenlehrer vorgestellt, die den Wert + 5 (der höchste Zustimmung ausdrückt) auf der Skala angaben. Eine dieser Äußerungen lautet: "Die kognitive wird ja nicht ausgelassen, außerdem stellt sie sich von alleine ein [...]." Eine weitere wurde folgendermaßen formuliert: "Positiv ausgedrückt. Ich wünschte allen Kindern eine fundierte Willens- und Gefühlserziehung." Hier die dritte Stellungnahme, die mit dem Wert + 5 verknüpft wurde: "An der Staatsschule muß das Kind ein Gedicht auswendig vorsagen und bekommt die Note 1 oder 6. An der Waldorfschule lernt der Schüler eine Rolle [...] auswendig – und bekommt [...] Applaus [...]."

Zunächst fällt die Diskrepanz zwischen der dreimaligen Vergabe des Höchstwertes + 5 und den dabei eher angedeuteten Begründungen für ein Ausreichen anthroposophischer Gefühls- und Willensbildung ins Auge. Die oben aufgeführten Meinungen zeigen deutlich eine besondere Identifikation der Fachkräfte mit Steiners Menschenkunde und Pädagogik auf. Wiederum kommt die Vermutung auf, daß es manchen Lehrern weniger um das Kind als um die Erkenntnislehre R. Steiners geht. Die drei genannten Stellungnahmen spiegeln einen gewissen Widerstand gegenüber dem gezielten Aufbau abstrakter Valenz im Deutschunterricht der 1. Klasse. Der zuweilen willkürlich abgegebene, stimmungsabhängige und dabei mengenbetonte Applaus nach einer Bühnenaufführung ersetzt

---

[46] Vgl. Fragebogen, Anhang, S. 29.
[47] Vgl. Tabelle, Anhang, S. 4.

wohl kaum lernzielorientierte Korrekturen, klar definierte Benotungen durch den Lehrer oder offen begründete Korrekturen der Schüler untereinander.

Die Einstellung der an der Fragebogenaktion beteiligten Klassenlehrer zum künstlerischen Sprechen nach anthroposophischer Methode ist recht eindeutig: **Frage 6** des Fragebogens zum schulischen Erstspracherwerb an Steiner-Schulen und die dazugehörigen Antwortmöglichkeiten lauten: "Im sprachlichen Anfangsunterricht der 1. Klasse der Waldorfschule wird die Betonung weniger auf den Sprachsinn und die Intentionalität des sprechenden Kindes gelegt: Das persönliche Erleben im künstlerischen Tun und das Sinnes- und Gefühlserleben im Zuge der anthroposophischen Willenserziehung ist bedeutendes pädagogisches Ziel. Inwieweit wird dabei Ihrer Ansicht nach der zwischenmenschlichen Sinnvermittlung Rechnung getragen? Ja, ich bin der Ansicht, künstlerisches Sinneserleben im Sprachunterricht der Schulanfangszeit sollte Priorität vor dem Sprachsinn und der Sprachintentionalität haben. Nein, ich bin nicht der Ansicht, daß das künstlerische Sinneserleben im Sprachunterricht der Schulanfangszeit Priorität vor dem Sprachsinn und der Sprachintentionalität haben sollte."[48]

Sieben der dreizehn beteiligten Lehrer entschieden sich für ein "Ja" zum künstlerischen Sprechen an Waldorfschulen. Von ihnen sahen drei Lehrer von einer Bewertung auf der Skala ab. Die positiven Bewertungen bewegen sich in der Bandbreite zwischen den Werten + 2 (einmal), + 3 (zweimal) und + 4 (einmal).[49] Vier Pädagogen kreuzten darüber hinaus weder die Antwort "Ja" noch die Antwort "Nein" auf der Skala an. Tendenziell ist eine positive Haltung der Lehrkräfte gegenüber der anthroposophischen Sprechmethode zu verzeichnen. Von dreizehn Lehrern gaben vier eine Meinungsäußerung ab. Zwei seien hier angeführt: Die Fachkraft, die auf der Skala den Wert + 2 notierte, schrieb: "Es kommt auch hier sehr auf das persönliche Talent des Lehrers an." In der anderen Stellungnahme (keine Bewertung auf der Skala) wurde auf den "Sprachunsinn" in

---

[48]   Vgl. Fragebogen, Anhang, S. 30.
[49]   Vgl. Tabelle, Anhang, S. 5.

gängigen Fibeln hingewiesen; darüber hinaus stellte die Lehrkraft hier auch die Sprechabsicht von Schülern einer 1. Klasse in Frage: "[...] Über die Sprechabsicht in der 1. Klasse zu reden, bringt das Sprachgeschehen von der Gefühls- in die Kopfebene. Es wird kalt-kognitiv und unkindgemäß."

In Stellungnahme 1 wird auf das mögliche Talent eines Lehrers hingewiesen, einen Ausgleich zwischen anthroposophisch-künstlerischem Sprechen einerseits und sinn- und beziehungsstiftendem Sprachlernen andererseits zu schaffen. Eine nähere Bestimmung des Lehrertalents kommt in dieser genannten Stellungnahme aber nicht zum Ausdruck. Kritikabel bleibt, daß das einseitige Bemühen um Rollen, Reime und Talente das Kind in einem schönen, dabei aber isolierten und wenig strukturierten, ambigen Schonraum beläßt. Die oben dargestellte zweite Stellungnahme stellt etwas apodiktisch die Sprechabsicht des 6- bis 7jährigen Kindes in Abrede und setzt diese sowie gängige Fibeltexte mit Kälte, Kopflastigkeit und Unsinn in Bezug. Diese Stellungnahme weist zwar dem Fühlen des Kindes eine besondere Bedeutung zu, zugleich läßt sie aufgrund ihres Sprachduktus ihrerseits eine Tendenz zu Disziplinierung des Kindes (unter universell-künstlerische Regularitäten) erkennbar werden.

Frage 6 war an die Klassenlehrer im Hinblick auf deren grundsätzliche Einschätzung des anthroposophischen Sprachverständnisses gerichtet. Mit Frage 7 wurden die Steinerschen Sprechübungen zur Disposition gestellt. **Frage 7** und die dazugehörigen Antwortmöglichkeiten lauten: "In der Schulanfangszeit und im gesamten Verlauf der Grundstufe werden im Hauptunterricht (z.B. im rhythmischen Teil) Verse gesprochen, die Steiners mystischem Sprachverständnis nahekommen. Welche Haltung nehmen Sie diesbezüglich ein? Ja, ich finde dieses Art des Sprechens gut. Nein, ich finde diese Art des Sprechens problematisch."[50]

Neun der 13 an der Umfrage beteiligten Klassenlehrer begrüßten die anthroposophischen Sprechübungen und antworteten auf obige Frage mit "Ja". Vier Pädagogen sahen von einer Antwort ab. In drei Stellungnahmen wurde auf den möglichen Einsatz alternativer Dichtung hingewiesen. Eine

---

[50]   Vgl. Fragebogen, Anhang, S. 30.

dieser Meinungen lautet: "[...] Zum einen wird das Sprechen durch Übungen geschult, zum anderen wird durch hochwertige [...] Sprache der deutschen Sprachkultur [...] also keineswegs eine 'Steinersprache' verwendet." Eine Lehrerin äußerte: "Als Lehrerin habe ich die freie Wahl, welche Verse ich mit den Kindern sprechen möchte." Bewertungen auf der Skala und Stellungnahmen im Rahmen der Anfrage an die anthroposophische Sprechmethode signalisieren tendenziell deren Befürwortung. Obgleich in der Tat den Waldorflehrern ein unterrichtlicher Freiraum im Umgang mit dichterischer Sprache und mit Sprechübungen zugestanden wird, sind in den anthroposophisch orientierten Ausbildungslehrgängen für Lehrer, in Tagungen und in Schulstunden die nach R. Steiners okkultem Sprachverständnis ausgerichteten Sprechübungen jedoch stets präsent! Diese sind unlösbar mit dem heutigen Ausbildungs-, Fortbildungs- und Schulleben der Waldorfschulen verknüpft. Der unterrichtliche Einsatz von anthroposophischen Sprechübungen spiegelt Steiners Auffassung wider, dem Kind "das, was über dem Inhaltlichen liegt"[51], zu vermitteln. In keiner Stellungnahme im Rahmen von Frage 7 wurde auf das Bedürfnis des Kindes nach freiem Sprachausdruck hingewiesen.

Frage 8 des Fragebogens zum Erstspracherwerb stellte die in der 1. Klasse der Freien Waldorfschulen im Vergleich zu öffentlichen Grundschulen später einsetzende Sprach- und Schreibvermittlung zur Disposition. Die Frage im Zusammenhang mit den dazugehörigen Antwortmöglichkeiten lautet: "Was halten Sie von einer Sprach- und Schreibvermittlung, die im Vergleich zu gängigen Grundschulen deutlich später einsetzt? Ich bejahe eine im Vergleich zu gängigen Grundschulen deutlich später einsetzende Sprach- und Schreibvermittlung. Ich stehe der im Vergleich zu öffentlichen Grundschulen deutlich später einsetzenden Sprach- und Schreibvermittlung kritisch gegenüber."[52]

---

[51]   STEINER, Rudolf, Erziehungskunst. Methodisch-Didaktisches, Erziehungskunst II, S. 48.
[52]   Vgl. Fragebogen, Anhang, S. 31.

Zehn der dreizehn an der Umfrage zum Erstspracherwerb beteiligten Klassenlehrer standen der an Waldorfschulen im Vergleich zu öffentlichen Grundschulen deutlich später einsetzenden Sprach- und Schreibvermittlung positiv gegenüber, zwei antworteten weder mit "Ja" noch mit "Nein". Eine Fachkraft entschied sich (ohne "Ja" zu kennzeichnen) für den Wert + 3. Die Bewertungen im positiven Skalenbereich (Befürwortung einer später einsetzenden Sprach- und Schreibvermittlung) verteilen sich recht gleichmäßig im Skalenbereich zwischen + 1 und + 5, wobei der positive Höchstwert + 5 zweimal, die Mittelwerte + 3 und + 4 je drei- bzw. zweimal und der Wert + 1 einmal vergeben wurden.[53] Ein Klassenlehrer, der sich für den positiven Höchstwert + 5 entschieden hatte, begründete diesen mit der Vermittlung alternativer, "anderer Fähigkeiten anstelle der alten Kulturtechniken". In einer anderen Äußerung (Bewertung auf der Skala: + 3) wurde auf eine im Vergleich zu Grundschülern öffentlicher Schulen bessere Sprechqualität der Waldorfschüler hingewiesen. Beide Stellungnahmen verbleiben im Rahmen des anthroposophisch-künstlerischen Sprachverständnisses. Auch die zwei Meinungsäußerungen, die mit den beiden Stimmenthaltungen korrespondierten, signalisierten die Befürwortung einer im Vergleich zu Staatsschulen später einsetzenden Sprach- und Schreibvermittlung: Einerseits wurde hier z.B. darauf hingewiesen, daß die Schüler erst, "wenn alle Buchstaben gelernt sind", Lesen lernen sollen; eine weitere Fachkraft hob auf den grundlegenden Unterschied zwischen den Lehrmethoden ab: "[...] Allein die Betonung auf dem Erlernen der bei uns herrschenden Schreibkonvention als vorrangig unterscheidet uns vom Grundschullehrplan." Auch in diesen Stellungnahmen (Stimmenthaltungen) wird Steiners künstlerisch geprägter Rahmen des Schönen und Exklusiven beibehalten. Die in den vergleichenden Untersuchungen (Kapitel III.2.2) geschilderte Beobachtung seitens einer erfahrenen Staatsschullehrerin eines Wunsches der Schüler nach unverblümtem Lernen der Buchstaben steht in gewissem Gegensatz zu den oben aufgeführten Äußerungen und statistischen Werteergebnissen. Nur ein Klassenlehrer sprach sich für eine individuell abgestimmte, kognitive Förderung im schulischen Erstsprachunterricht aus: "Für die Kinder, die

---

[53]   Vgl. Tabelle, Anhang, S. 6.

bereits mit großem Wissen in diesem Bereich zur Schule kommen, muß es adäquate Angebote geben (Binnendifferenzierung!)."

Von den dreizehn auf die Fragen zum Erstspracherwerb antwortenden Klassenlehrern empfanden acht die vorwiegend künstlerische Methode an Steiner-Schulen im Vergleich zu modernen Material- und Medienmöglichkeiten als ausreichend: **Frage 10** und die dazugehörigen Antwortmöglichkeiten lauten: "Hinsichtlich des Erstsprachunterrichts steht dem Klassenlehrer der Waldorfschule im Vergleich zu den Lehrern gängiger Grundschulen keine Methodenvielfalt wie z.B. vorgefertigte Arbeitsblätter, umfangreiches Material und Übungsreihen zur Verfügung. Die Methode ist vorwiegend künstlerisch im anthroposophischen Sinne geprägt. Empfinden Sie diese exklusive Methode als ausreichend? Ja, ich empfinde diese künstlerische Methode als ausreichend. Nein, ich empfinde diese künstlerische Methode als nicht ausreichend."[54]

Zwei Klassenlehrer empfanden die künstlerische Methode anthroposophischerseits als nicht ausreichend. Zwei Pädagogen antworteten weder mit "Ja" noch mit "Nein"; eine Fachkraft bewertete die Frage auf der Skala mit + 2, sah dabei aber von einer entsprechenden "Ja"-Stimme ab. Von den acht, die anthroposophisch-künstlerische Methode bejahenden Lehrkräften, entschieden sich drei für den Mittelwert + 3, zwei für den positiven Höchstwert + 5. Im übrigen waren die skalenmäßigen Bewertungen im Positivbereich recht gleichmäßig verteilt.[55] Zwei Stellungnahmen wurden im Rahmen einer Befürwortung der künstlerischen Methode geäußert. In der einen wurde darauf hingewiesen, daß Methodenvielfalt nicht unbedingt einen Qualitätszuwachs darstelle: Dem Waldorflehrer "stünde eine unerschöpfliche Methodenvielfalt – im Gegensatz zu den gängigen Grundschulen – zur Verfügung: 'die Künste'! Deshalb auch 'Erziehungskunst'!" Hier die andere Äußerung: "Für den Erstklaßunterricht voll ausreichend, da über Nachahmungskräfte gelernt wird!" Wird in der zuerst genannten Meinung die Vielfalt künstlerischer Aktivitäten hervorgehoben, beruft sich Stellungnahme 2 auf die Steinersche Menschenkunde zu einfühlender

---

[54]   Vgl. Fragebogen, Anhang, S. 32.
[55]   Vgl. Tabelle, Anhang, S. 8.

Wiederholung: Beide Äußerungen verbleiben im anthroposophisch-künstlerischen Horizont. Die Umfrageergebnisse im Hinblick auf Frage 10 zu der fehlenden Methodenvielfalt in der Grundstufe der Freien Waldorfschulen zeigen tendenziell, daß der künstlerischen Methode und der unbewußten Nachahmung der Schüler deutlich Vorrang vor einem lernzielorientierten und medienzugewandten Sprachlernen eingeräumt wird.

Bewertungen und Stellungnahmen im Rahmen der Umfrage zum Erstspracherwerb an Rudolf Steiner-Schulen zeigen tendenziell eine Befürwortung Steiners esoterischer Menschenkunde und seines kosmisch-künstlerischen Sprachverständnisses seitens der an der Fragebogenaktion teilnehmenden Klassenlehrer auf bei gleichzeitigem Vorbehalt gegenüber gezieltem, methodisch differenziertem Spracherwerb. Andererseits wird aber auch der Bedarf nach dialogaler Willensbildung, nach Lehrerfortbildung, (gesteuerten) Schülergesprächen und nach kleineren Klassen geäußert.

Fragebogen zum Tierkundeunterricht der 4. Klasse der Waldorfschule

1. Gemäß Steinerscher Menschenkunde ist Denken leiblich, Gliedmaßentätigkeit geistig. Steiners methodisch-didaktische Angaben zum Tierkundeunterricht der 4. Klasse besagen, daß niedere Tiere wie z.B. der Tintenfisch Kopfcharakter, höhere Tiere wie z.B. Maus und Lamm Rumpfcharakter haben. Der Mensch sei am weitesten entwickelt: Er habe Gliedmaßencharakter.
   Wie verbindlich ist für Ihren Unterricht die Steinersche Menschenkunde und Tierkunde?

*   *Klassifizierungen auf der Skala signalisieren den Grad Ihrer Zustimmung bzw. Verneinung.*

☐   Ja, die Steinersche Menschen- und Tierkunde ist verbindlich für meinen Unterricht.

☐   Nein, die Steinersche Menschen- und Tierkunde ist für meinen Unterricht nicht verbindlich.

-5	-4	-3	-2	-1	0	1	2	3	4	5
☐	☐	☐	☐	☐	☐	☐	☐	☐	☐	☐

neutral

mögliche Stellungnahme:
....
....

2. Hintergrund von Steiners methodisch-didaktischen Vorgaben zum Tierkundeunterricht der 4. Klasse der Waldorfschule ist seine metaphysische Anschauung eines kosmisch-synthetischen Weltzusammenhangs von Mensch und Tier und der kosmischen Harmonie alles Lebenden.
Reichen Ihnen diese spekulativen Erkenntnisse Steiners, oder wünschen Sie sich die Einbeziehung wissenschaftlicher Naturkunde?

☐ Ja, die spekulativen Erkenntnisse Steiners eines kosmisch-synthetischen Weltzusammenhangs reichen mir.

☐ Nein, ich wünsche mir die Einbeziehung wissenschaftlicher Naturkunde.

-5	-4	-3	-2	-1	0	1	2	3	4	5
☐	☐	☐	☐	☐	☐	☐	☐	☐	☐	☐

neutral

mögliche Stellungnahme:
....
....

3. Steiners Schauen ist Harmonielehre. Wie kommen Sie damit zurecht in einer Zeit planetarer Gefährdung?

☐ Ja, ich komme gut mit Steiners Harmonielehre zurecht, auch angesichts heutiger planetarer Gefährdung.

☐ Nein, ich komme nicht gut mit Steiners Harmonielehre zurecht.

-5	-4	-3	-2	-1	0	1	2	3	4	5
☐	☐	☐	☐	☐	☐	☐	☐	☐	☐	☐

neutral

mögliche Stellungnahme:

....
....

4. Steiners Anthropologie hält einen interdisziplinären Anspruch auf-recht. Inwieweit sucht (Ihrer Erfahrung nach) Ihre Schule einen inter-disziplinären Dialog, der dem aktuellen Stand der Wissenschaften gerecht wird?

☐ Ja, unsere Schule sucht einen interdisziplinären Dialog, der dem aktuellen Stand der Wissenschaften gerecht wird.

☐ Nein, unsere Schule sucht keinen interdisziplinären Dialog.

-5	-4	-3	-2	-1	0	1	2	3	4	5
☐	☐	☐	☐	☐	☐	☐	☐	☐	☐	☐

neutral

mögliche Stellungnahme:

....
....

5. Im Tierkundeunterricht der 4. Klasse schildert der Pädagoge im Sinne Steinerscher Willens- und Gefühlserziehung bildhaft die Seelengeste der zur Besprechung ausgewählten Tiere. Der Stil des Tierkundeunter-richts der 4. Klasse ist künstlerisch und imitativ und fördert das rezeptive Verhalten der Schüler.
Inwieweit halten Sie diese Unterrichtsmethode für hinreichend bzw. ergänzungsbedürftig?

☐ Ja, ich halte diese künstlerische und imitative Unterrichtsmethode für hinreichend.

☐ Nein, ich halte diese künstlerische und imitative Unterrichtsmethode für ergänzungsbedürftig.

-5	-4	-3	-2	-1	0	1	2	3	4	5
☐	☐	☐	☐	☐	☐	☐	☐	☐	☐	☐

neutral

mögliche Stellungnahme:

....
....

6. Wie schätzen Sie die kognitive Lernkomponente im Steinerschen Tierkundeunterricht (4. Klasse) ein?

☐ Ja, die kognitive Lernkomponente im Steinerschen Tierkundeunterricht der 4. Klasse halte ich für hinreichend gegeben.

☐ Nein, die kognitive Lernkomponente im Steinerschen Tierkundeunterricht der 4. Klasse halte ich für nicht ausreichend.

-5	-4	-3	-2	-1	0	1	2	3	4	5
☐	☐	☐	☐	☐	☐	☐	☐	☐	☐	☐

neutral

mögliche Stellungnahme:

....
....

7. Moderne Didaktik des Sachunterrichts (Grundstufe) intendiert die Verortung des Kindes in der Lebenswelt von heute (Lebensnähe, Problemorientierung, kognitives Handwerkszeug, die Annäherung an wissenschaftliche Fragestellungen). Waldorfpädagogik folgt deutlich anders gelagerten pädagogischen Maximen (z.B. künstlerisches Prinzip, eine spezielle Gefühls- und Willensbildung).
Halten Sie einen Ausgleich zwischen diesen beiden Erziehungsmaximen für erstrebenswert?

☐ Ja, ich halte einen solchen Ausgleich für erstrebenswert.

☐ Nein, ich halte einen solchen Ausgleich für nicht erstrebenswert.

-5	-4	-3	-2	-1	0	1	2	3	4	5
☐	☐	☐	☐	☐	☐	☐	☐	☐	☐	☐

neutral

mögliche Stellungnahme:

....
....

8. Moderne Didaktik des Sachunterrichts (Grundstufe) will erfahrungs-
   offen und kindbedeutsam sein.
   Folgt nach Ihrem Dafürhalten die Waldorfpädagogik auch diesen
   Prinzipien?

☐ Ja, die Waldorfpädagogik folgt diesen Prinzipien.

☐ Nein, die Waldorfpädagogik folgt diesen Prinzipien nicht.

-5	-4	-3	-2	-1	0	1	2	3	4	5
☐	☐	☐	☐	☐	☐	☐	☐	☐	☐	☐

neutral

mögliche Stellungnahme:

....

....

9. Für den Tierkundeunterricht der 4. Klasse/Waldorfschule liegt kein
   Curriculum im didaktischen Sinne vor. Vielmehr stützen sich die
   Lehrkräfte vorwiegend auf Steiners methodisch-didaktische Aufsätze
   und Lehrplanvorträge.
   Reichen Ihnen für Ihre Unterrichtsvorbereitungen diese Vorgaben aus,
   oder wünschen Sie sich zeitadäquate Curricula (eventuell auch in
   deutlicher Abhebung von den frühen Vorgaben Steiners)?

☐ Ja, mir reichen diese Vorgaben aus.

☐ Nein, mir reichen diese Vorgaben nicht aus.

-5	-4	-3	-2	-1	0	1	2	3	4	5
☐	☐	☐	☐	☐	☐	☐	☐	☐	☐	☐

neutral

mögliche Stellungnahme:

....

....

10. Halten Sie den Tierkundeunterricht (hier 4. Klasse) gerne?

☐ Ja, ich halte den Tierkundeunterricht gerne.

☐ Nein, ich halte den Tierkundeunterricht nicht so gerne.

-5	-4	-3	-2	-1	0	1	2	3	4	5
☐	☐	☐	☐	☐	☐	☐	☐	☐	☐	☐

neutral

mögliche Stellungnahme:

....

....

Auswertung des Rücklaufs

Frage 1 des **Fragebogens zum ersten Tierkundeunterricht** an Waldorf-schulen (4. Klasse) stellte die unterrichtliche Verbindlichkeit der anthroposophischen Menschen- und Tierkunde für den einzelnen Klassen-lehrer zur Diskussion. Frage 1 mit den dazugehörigen Antwortmöglich-keiten lautet: "Gemäß Steinerscher Menschenkunde ist Denken leiblich, Gliedmaßentätigkeit geistig. Steiners methodisch-didaktische Angaben zum Tierkundeunterricht der 4. Klasse besagen, daß niedere Tiere wie z.B. der Tintenfisch Kopfcharakter, höhere Tiere wie z.B. Maus und Lamm Rumpfcharakter haben. Der Mensch sei am weitesten entwickelt: Er habe Gliedmaßencharakter. Wie verbindlich ist für Ihren Unterricht die Steinersche Menschen- und Tierkunde? Ja, die Steinersche Menschen- und Tierkunde ist verbindlich für meinen Unterricht. Nein, die Steinersche Menschen- und Tierkunde ist für meinen Unterricht nicht verbindlich."[56]

Die unterrichtliche Verbindlichkeit der Steinerschen Menschen- und Tierkunde dokumentierten sechs der sieben an der Fragebogenaktion (Tierkunde) beteiligten Klassenlehrer. Hierbei entschied sich je eine Lehr-kraft für den Wert + 2, + 3, + 4 und + 5. Zwei der sechs Lehrkräfte, für die die Steinersche Menschen- und Tierkunde verbindlich waren, sahen von einer skalenmäßigen Bewertung ab.[57] Eine Fachkraft wertete auf der Skala weder mit "Ja" noch mit "Nein". Tendenziell signalisieren die abgegebenen Stellungnahmen eine Befürwortung Steiners menschen- und tierkundlicher Anschauung. In einer Meinungsäußerung heißt es z.B.: "Ihre obigen An-gaben zu Denken, Gliedmaßentätigkeit und zum Tierkundeunterricht sind stark verkürzt und dadurch einseitig." Eine andere Äußerung lautet: "Man kann sie mit dem Intellekt zerreißen und mit dem Herzen mißverstehen, so kommt man nie dazu, wirklich zu begreifen, was er gemeint hat". (Bewer-tung auf der Skala: + 4). Die beiden vorgestellten Stellungnahmen weisen mit recht exklusivem Anspruch auf den spekulativen Verstehenshorizont anthroposophischer Naturkunde hin. Der Hinweis in der zuletzt genannten Meinungsäußerung auf ein möglicherweise "Nie-Verstehen" der Steiner-

---

[56] Vgl. Fragebogen, Anhang, S. 46.
[57] Vgl. Tabelle, Anhang, S. 2.

schen Tierkunde seitens der Verfasserin zeigt eine starke Einengung des Gesprächsfeldes auf einen einzigen Blickwinkel – nämlich denjenigen Rudolf Steiners. Tendenziell lassen die oben angeführten statistischen Werte wie auch die vorliegenden Meinungsäußerungen eine besondere Übereinstimmung und Identifikation der befragten Lehrkräfte mit der anthroposophischen Menschen- und Tierkunde deutlich werden.

Frage 2 des Fragebogens zum ersten Tierkundeunterricht und die dazugehörigen Antwortmöglichkeiten lauten: "Hintergrund von Steiners methodisch-didaktischen Vorgaben zum Tierkundeunterricht der 4. Klasse ist seine metaphysische Anschauung eines kosmisch-synthetischen Weltzusammenhangs von Mensch und Tier und der kosmischen Harmonie alles Lebenden. Reichen Ihnen diese spekulativen Erkenntnisse Steiners, oder wünschen Sie sich die Einbeziehung wissenschaftlicher Naturkunde? Ja, die spekulativen Erkenntnisse Steiners eines kosmisch-synthetischen Weltzusammenhangs reichen mir. Nein, ich wünsche mir die Einbeziehung wissenschaftlicher Naturkunde."[58]

Eine Lehrkraft befand R. Steiners Erkenntnislehre eines kosmisch-synthetischen Weltzusammenhangs als ausreichende Basis für den ersten Tierkundeunterricht (Bewertung auf der Skala: + 4). Drei Fachkräfte hielten diese für nicht ausreichend. Sie werteten auf der Skala jeweils mit – 3 und – 2: Einer dieser drei Pädagogen enthielt sich einer Klassifizierung auf der Skala. Eine Lehrkraft entschied sich für eine Sowohl-als-auch-Lösung. Zwei Fachkräfte kreuzten weder "Ja" noch "Nein" noch einen Wert auf der Skala an[59]: Die dazugehörigen beiden Stellungnahmen gaben zum einen als Grund für eine Stimmenthaltung "einseitige Ergebnisse" und zum anderen ein fehlendes Eingehen auf den "Gesamtzusammenhang" seitens der Fragen an. Im Endeffekt können diese beiden Antworten als eine Bejahung Steiners Harmonielehre gedeutet werden. Die oben aufgeführten statistischen Werteergebnisse und Stellungnahmen zeigen tendenziell, daß drei kritischen Haltungen gegenüber Steiners spekulativen Erkenntnissen drei Befürwortungen gegenüberstehen. Eine gewisse Ambi-

---

[58] Vgl. Fragebogen, Anhang, S. 47.
[59] Vgl. Tabelle, Anhang, S. 3.

valenz tut sich auf. Lediglich eine Fachkraft meldete dezidiert einen Bedarf alternativer, (natur-)wissenschaftlicher Erkenntnisse an: "Noch nicht genauer habe ich deren Umsetzung bedacht, merkte aber, daß 4. Kläßler schon nach mehr verlangen."

Die Skepsis mancher Lehrkräfte gegenüber moderner Naturwissenschaft ist einerseits verständlich: Seit Lebzeiten R. Steiners haben sich die Naturwissenschaften rapide entwickelt und gewandelt. Die Technologien des 21. Jahrhunderts fördern und bedrohen die Menschheit.[60] Andererseits ist es aber immer der Mensch, der über einen verantwortungsbewußten Umgang mit (naturwissenschaftlichen) Forschungen entscheidet. Sachkundethemen im Grundschulbereich wie "Umweltschutz" oder "soziale Kompetenz", die selbständige Arbeit mit Lexika und modernen Medien und Forschen bedeuten per se nichts Negatives, sondern stellen eine erste Begegnung der Schüler mit Problemen unserer Zeit und mit naturwissenschaftlichen Arbeitsmethoden dar. Auch die menschen- und tierkundlichen Schilderungen, wie sie im Tierkundeunterricht der 4. Klasse an Waldorfschulen von den Lehrern durchgeführt werden, unterliegen einer persönlichen Gestaltung und damit der subjektiven Verantwortung eines jeden Lehrers. Allerdings ist die Steinersche Menschen- und Tierkunde esoterisch und im Vergleich zur modernen (Natur-)Wissenschaft unhinterfragbar.

Wie die statistischen Werteergebnisse im Rahmen von Frage 2 (mögliche Einbeziehung wissenschaftlicher Naturlehre) hinterlassen auch diejenigen hinsichtlich **Frage 4** einen gemischten Eindruck: Frage 4 lautet im Zusammenhang mit den dazugehörigen Antwortmöglichkeiten: "Steiners Anthropologie hält einen interdisziplinären Anspruch aufrecht. Inwieweit sucht (Ihrer Erfahrung nach) Ihre Schule einen interdisziplinären Dialog, der dem aktuellen Stand der Wissenschaften gerecht wird? Ja, unsere Schule sucht einen interdisziplinären Dialog, der dem aktuellen Stand der Wissenschaften gerecht wird. Nein, unsere Schule sucht keinen interdisziplinären Dialog."[61]

---

[60] Man denke z.B. an die sich ständig weiterentwickelnde Gentechnologie.
[61] Vgl. Fragebogen, Anhang, S. 48.

Drei Waldorfpädagogen antworteten auf die Frage nach einem interdisziplinären Dialog ihrer Schule mit "Ja" (Bewertungen: 0, + 3, + 5), zwei mit "Nein". Eine Fachkraft enthielt sich einer Ja-/Nein-Antwort, eine andere bewertete die Frage mit + 3, ohne das entsprechende "Ja" anzukreuzen. [62] Eine Stellungnahme machte auf die wachsende Zahl ehemaliger Staatsschullehrer an Steiner-Schulen aufmerksam (Bewertung der Frage: + 3): "Eine direkte Begegnung findet nicht statt, jedoch ist Öffnung und Akzeptanz entstanden durch die Mitarbeit der vielen Staatsschullehrer." Zwei Pädagogen, von denen einer einen interdisziplinären Dialog an seiner Schule vermißte (Klassifizierung auf der Skala: – 5), der andere einen interdisziplinären Dialog geltend machte (Bewertung: + 5), wiesen auf "Fortbildungen" bzw. auf "C. F. Weizsäckers Stellungswandel zur Naturwissenschaft" hin. Alles in allem signalisieren einige der an der Umfrage beteiligten sieben Klassenlehrer mit ihren Bewertungen und Stellungnahmen, daß ihre Schulen offen gegenüber einem interdisziplinären Dialog sind. Auf die besondere ethische Verantwortung naturwissenschaftlicher Forschung wies eine Lehrkraft hin: "Wer beurteilt, was aktuell ist? Ist Klonen aktuell? Ist genmanipulierte Nahrung aktuell? Ist die Atombombe aktuell?"

Die Auswertung der Fragebögen zum ersten Tierkundeunterricht an Freien Waldorfschulen zeigte im Hinblick auf **Frage 9**, die auf ein fehlendes Curriculum hinwies, folgendes auf: Mit den dazugehörigen Antwortmöglichkeiten lautet Frage 9: "Für den Tierkundeunterricht der 4. Klasse/ Waldorfschule liegt kein Curriculum im didaktischen Sinne vor. Vielmehr stützen sich die Lehrkräfte vorwiegend auf Steiners methodisch-didaktische Aufsätze und Lehrplanvorträge. Reichen Ihnen für Ihre Unterrichtsvorbereitungen diese Vorgaben aus, oder wünschen Sie sich zeitadäquate Curricula (eventuell auch in deutlicher Abhebung von den frühen Vorgaben Steiners)? Ja, mir reichen diese Vorgaben aus. Nein, mir reichen diese Vorgaben nicht aus."[63]

---

[62] Vgl. Tabelle, Anhang, S. 4.
[63] Vgl. Fragebogen, Anhang, S. 50.

Nach Ansicht zweier Klassenlehrer sind die zur Vorbereitung des Tierkundeunterrichts bereitstehenden Steinerschen Vorgaben nicht ausreichend: Eine dieser beiden Fachkräfte vergab hierbei den negativen Höchstwert – 5, eine andere enthielt sich einer Klassifizierung auf der Skala. Drei Klassenlehrer befanden die Vorgaben für den ersten Tierkundeunterricht für ausreichend: Sie werteten auf der Skala jeweils mit + 3, + 4 und + 5. Zwei Lehrkräfte enthielten sich einer Bejahung bzw. Verneinung.[64] In drei Meinungsäußerungen wurde auf die Verantwortung des Pädagogen hingewiesen, in einer weiteren Stellungnahme auf die Aufgabe des Lehrers, "[...] vom Schüler abzulesen, was er braucht." "Um selbst prüfen zu können, wo, wie, wann" eine Ergänzung notwendig sei, befürwortete ein Klassenlehrer moderne Curricula: gleichzeitig befand er aber die bereitstehenden, methodisch-didaktischen Vorgaben der Waldorf-pädagogik für ausreichend (Bewertung auf der Skala: + 3).

Eine Stellungnahme (Bewertung: – 5) brachte folgende kritische Einstellung gegenüber dem curricularen Defizit an Freien Waldorfschulen zum Ausdruck: "Wie in vielen Fragen ist jeder hier auf sich gestellt, und hier wäre Erfahrungsaustausch wünschenswert und sich Nachahmen!" Abgesehen von dieser einen Stimme, die auf einen Erfahrungsaustausch mit zeitadäquater Didaktik hinwies, lassen die statistischen Werteergebnisse und Äußerungen zum Tierkundeunterricht im Rahmen von Frage 9 keinen ausdrücklichen Wunsch nach einem verschriftlichten Lehrplan im modernen Sinn signifikant werden. Vorzug wurde tendenziell der Tradition Steiners esoterischer Menschen- und Tierkunde gegeben.

Frage 3 stellte Steiners Erkenntnis eines harmonischen, kosmisch-synthetischen Weltzusammenhangs zur Diskussion. Sie wurde folgendermaßen formuliert: "Steiners Schauen ist Harmonielehre. Wie kommen Sie damit zurecht in einer Zeit planetarer Gefährdung? Ja, ich komme gut mit Steiners Harmonielehre zurecht, auch angesichts heutiger planetarer Gefährdung. Nein, ich komme nicht gut mit Steiners Harmonielehre zurecht."[65]

---

[64] Vgl. Tabelle, Anhang, S. 7.
[65] Vgl. Fragebogen, Anhang, S. 47.

Die statistischen Werteergebnisse im Rahmen von Frage 3 zur ersten Tierkunde wiesen eine recht breite Streuung auf: Vier der beteiligten Lehrer antworteten weder mit "Ja" noch mit "Nein". Von dieser Gruppe entschied sich eine Lehrkraft für die Klassifizierung + 4, ohne jedoch die entsprechende Ja-Antwort anzukreuzen. Eine andere Fachkraft antwortete mit "Nein", sah aber von einer Bewertung auf der Skala ab. Zwei Lehrer gaben ihrer Zufriedenheit mit Steiners Harmonielehre mit den skalenmäßigen Klassifizierungen + 3 und + 5 Ausdruck.[66] Die Stellungnahmen der beiden positiv zur Steinerschen Menschen- und Tierkunde eingestellten Fachkräfte lauten: "Es gibt keine Harmonielehre bei Steiner, eher eine Lehre der Auseinandersetzung!! Gefährdung!! des Appells!! Wenn es eine Harmonielehre gäbe, hätte sein Werk seinen Sinn verfehlt." Die andere Meinungsäußerung stellt sich wie folgt dar: "Ja, ich sehe und verstehe die planetare Gefährdung besser. Außerdem sehe ich Lösungswege."

Gewiß setzte sich R. Steiner in seiner Menschen- und Tierkunde appellativ mit Fragen des Menschseins auseinander. Dies geschah aber in metaphysischer, spekulativ geschauter Erkenntnis, die oft nicht nachvollziehbar ist. Sein didaktisches Konzept zu kosmischer Harmonie greift weder Störungen in der zwischenmenschlichen Interaktion und deren mögliche familiale Wurzeln auf noch weist sie auf konkrete, kommunikative Strategien zur Lösung von Aggressionsverhalten hin. Allein eine Lehrkraft äußerte in ihrer Stellungnahme den Wunsch nach Einbeziehung alternativer Didaktik in die anthroposophische Pädagogik: "[...] Mir fehlt ein Interesse und Engagement für die Welt außerhalb der Waldorfpädagogik bei vielen Kollegen." (Klassifizierung auf der Skala: + 4.)

Mittels **Frage 8** wurden die Klassenlehrer nach ihrer Ansicht gefragt, inwiefern sie für die anthroposophische Sachkundedidaktik Erfahrungsoffenheit und Schülerbezug geltend machen. Die entsprechende Frage und die dazugehörigen Antwortmöglichkeiten lauten: "Moderne Didaktik des Sachunterrichts (Grundstufe) will erfahrungsoffen und kindbedeutsam sein. Folgt nach Ihrem Dafürhalten die Waldorfpädagogik auch diesen

---

[66]   Vgl. Tabelle, Anhang, S. 3.

Prinzipien? Ja, die Waldorfpädagogik folgt diesen Prinzipien. Nein, die Waldorfpädagogik folgt diesen Prinzipien nicht."[67]

Fünf Fachkräfte hielten den Sachkundeunterricht an Waldorfschulen für erfahrungsoffen und kindbedeutsam. Zwei Lehrer dieser Gruppe entschieden sich hierbei für den positiven Wert + 2 und zwei Lehrer für den positiven Höchstwert + 5; ein mit "Ja" antwortender Lehrer sah von einer Klassifizierung auf der Skala ab. Eine Lehrkraft bewertete die Frage auf der Skala mit dem Negativwert – 2. Ein Pädagoge enthielt sich einer Bejahung bzw. Verneinung der Frage.[68]

Tendenziell zeigt sich eine positive Einstellung der befragten Lehrer gegenüber der anthroposophischen Sachkundedidaktik. In diesem Zusammenhang lautet eine interessante Stellungnahme: "[...] Im Gegensatz dazu meine ich, daß die Grundschuldidaktik ihre Ziele reflektieren sollte!! Immerhin sind die Probleme der Hauptschulen heute als Ergebnis dieser jahrelang geübten [...] Didaktik entstanden." Das Anliegen der Fachkraft wird deutlicher, wenn ein Blick auf deren vorausgehende Meinungsäußerung geworfen wird (im Rahmen von Frage 7): Hier wird auf eine einseitig kognitive Orientierung an Staatsschulen und die dortige womöglich "rein naturwissenschaftliche" Methode hingewiesen, die "kalt und gefühllos" wirke.

Themen des Bayerischen Lehrplans für die 4. Klasse wie "Einblick in einen landwirtschaftlichen Betrieb oder einen Industriebetrieb der Heimat"[69] und "Gefährdung der Pflanzenwelt durch menschliche Eingriffe in die Natur"[70] fordern den 9- bis 10jährigen Schüler im Vergleich zu sachkundlichen Inhalten Freier Waldorfschulen (Grundstufe) wie z.B. "Feldbau" oder "Handwerk" zur aktiven Auseinandersetzung mit modernen, (technischen) Sachzusammenhängen auf. Zweifellos bringt eine künstlerische und praktische Unterrichtswirklichkeit im Vergleich zu modernem Weltwissen und zu (natur-)wissenschaftlichen Arbeitsmethoden einen Zugewinn an Schönem und einen Erwerb handwerklicher Kenntnisse

---

[67]   Vgl. Fragebogen, Anhang, S. 50.
[68]   Vgl. Tabelle, Anhang, S. 6.
[69]   BAYERISCHES STAATSMINISTERIUM FÜR UNTERRICHT UND KULTUS (Hg.), Lehrplan für die Grundschule. 1. bis 4. Jahrgangsstufe, S. 112.
[70]   Ebd.

im herkömmlichen Sinn mit sich. Steiners esoterische Tier- und Menschenkunde aber bringt dem Schüler der 4. Klasse vergleichsweise wenig Welt- und Realitätsbezug.

Der erste Tierkundeunterricht, der auch heute noch im wesentlichen nach Steiners Vorgaben durchgeführt wird, ist, wie in Kapitel III.3.2 dargelegt wird, nicht kognitiv geprägt und lernzielorientiert, sondern esoterisch und rezeptiv angelegt: Die Schüler empfinden im allgemeinen die vom Klassenlehrer erstellten, beseelten Tierschilderungen nach (z.B. "tapfere Streiter unter den Vögeln"). Diese Problematik anthroposophischer Didaktik wurde mittels Frage 5 zur Diskussion gestellt. **Frage 5** und die dazugehörigen Antwortmöglichkeiten lauten: "Im Tierkundeunterricht der 4. Klasse schildert der Pädagoge im Sinne der Steinerschen Willens- und Gefühlserziehung bildhaft die Seelengeste der zur Besprechung ausgewählten Tiere. Der Stil des Tierkundeunterrichts der 4. Klasse ist künstlerisch und imitativ und fördert das rezeptive Verhalten der Schüler. Inwieweit halten Sie diese Unterrichtsmethode für hinreichend bzw. ergänzungsbedürftig? Ja, ich halte diese künstlerische und imitative Unterrichtsmethode für hinreichend. Nein, ich halte diese künstlerische Unterrichtsmethode für ergänzungsbedürftig."[71]

Drei Klassenlehrer bejahten die auch heute noch nach Steiners Vorgaben gestalteten Tierschilderungen und den künstlerischen, imitativen Unterrichtsstil in der ersten Tierkundeepoche. (Klassifizierungen auf der Skala: + 2, + 3, + 5).[72] Im Rahmen der positiven Bewertungen der anthroposophisch geprägten Tierschilderungen lagen keine Stellungnahmen vor. Ein Pädagoge entschied sich für den neutralen Wert 0, bei einem weiteren lag keine Antwort vor.[73] Die zur neutralen Bewertung gehörige Stellungnahme wies auf "Ergänzungen" hin, die die Lehrer "eigenverantwortlich" in den Unterricht einbringen könnten; der erste Tierkundeunterricht in der Waldorfschule sei nicht rezeptiv geprägt, so diese Ansicht.

---

[71] Vgl. Fragebogen, Anhang, S. 48.
[72] Vgl. Tabelle, Anhang, S. 5.
[73] Die betreffende Fachkraft sah ab Frage 3 von einer weiteren Beantwortung des Fragenkatalogs ab.

Zwei Lehrkräfte nahmen gegenüber der künstlerisch-einfühlenden und rezeptiven Methode im ersten Tierkundeunterricht eine kritische Haltung ein (Klassifizierung auf der Skala: – 3, fehlende Klassifizierung).[74] Trotz dieser zwei distanzierten Einstellungen, und obgleich einer dieser beiden Lehrer (abgegebene Klassifizierung: – 3) "Referate nach eigenen Interessenslagen, Aufsätze etc., evtl. Projekte (Tierschutz)" in den Unterricht einbezogen sehen wollte, zeigte sich insgesamt tendenziell eine Übereinstimmung der befragten Lehrer mit R. Steiners künstlerischer Methode.

Mittels Frage 6 wurden die Lehrkräfte nach ihrer Einschätzung der kognitiven Lernkomponente im ersten Tierkundeunterricht gefragt. **Frage 6** lautet mit den dazugehörigen Antwortmöglichkeiten: "Wie schätzen Sie die kognitive Lernkomponente im Steinerschen Tierkundeunterricht (4. Klasse) ein? Ja, die kognitive Lernkomponente im Steinerschen Tierkundeunterricht der 4. Klasse halte ich für hinreichend gegeben. Nein, die kognitive Lernkomponente im Steinerschen Tierkundeunterricht halte ich für nicht ausreichend."[75]

Drei Klassenlehrer nahmen in ihrer Einschätzung der kognitiven Lernkomponente im anthroposophischen Naturkundeunterricht eine kritische Haltung ein (Klassifizierung: einmal – 2, eine fehlende Klassifizierung);[76] eine Fachkraft drückte ihre entsprechende Skepsis mit dem Wert – 3 aus.[77] Zunächst seien zwei Stellungnahmen vorgestellt, die mit einer kritischen Einschätzung der kognitiven Lernkomponente im anthroposophischen Tierkundeunterricht korrespondieren. Die eine stellt sich folgendermaßen dar: "Vertiefung und Transfer nur sehr schwer möglich, da sehr exklusiv." (Bewertung auf der Skala: – 3.) Die andere Ansicht lautet: "Die meisten Schüler wissen aus anderen Quellen schon viel mehr und würden es gerne einbringen." Beide Äußerungen lassen ansatzweise den Wunsch nach kognitiver Orientierung und nach wissenschaftlicher Verankerung des Tierkundeunterrichts deutlich werden.

---

[74]   Vgl. Tabelle, Anhang, S. 5.
[75]   Vgl. Fragebogen, Anhang, S. 49.
[76]   Vgl. Tabelle, Anhang, S. 5.
[77]   Vgl. ebd. Dabei wurde allerdings nicht das dazugehörige „Nein" gekennzeichnet.

Drei Lehrer hielten die denkerische Lernkomponente im Tierkunde-unterricht für ausreichend gegeben: In diesem Zusammenhang lagen zwei-mal die Höchstwerte + 5 und einmal der Mittelwert + 3[78] vor. Die Fachkraft, die die Frage mit + 5 bewertete, äußerte folgendes: "Es gibt keinen Steinerschen Tierkundeunterricht. Es gibt Impulse zu neuen Ansätzen, diese Impulse müssen zu dem bestehenden naturwissen-schaftlichen Ansatz hinzugefügt werden!" Diese Stellungnahme führte ins Diskussionsfeld, daß dem Waldorfpädagogen von heute die Freiheit einer (natur-)wissenschaftlichen Ergänzung der anthroposophisch-künstlerischen Methode zugestanden wird. Eine mögliche Kombination beider Methoden in der Schulpraxis ist der Autorin allerdings nicht bekannt und wird auch von der weiter oben dargestellten, skeptischen Stellungnahme "Vertiefung und Transfer nur sehr schwer möglich, da sehr exklusiv" relativiert. Tendenziell zeigen die oben vorgestellten statistischen Werte und Stellung-nahmen eine Öffnung hin zu verstärkt kognitiven Angeboten an die Schüler.

Ob die Klassenlehrer Freier Waldorfschulen einen Ausgleich zwi-schen gängiger Sachkundedidaktik und dem Sachunterricht an Steiner-Schulen für erstrebenswert halten, wurde mittels **Frage 7** angefragt. Die Frage mit ihren dazugehörigen Antwortmöglichkeiten lautet: "Moderne Didaktik des Sachunterrichts (Grundstufe) intendiert die Verortung des Kindes in der Lebenswelt von heute (Lebensnähe, Problemorientierung, kognitives Handwerkszeug, die Annäherung an wissenschaftliche Frage-stellungen). Waldorfpädagogik folgt deutlich anders gelagerten pädagogi-schen Maximen (z.B. künstlerisches Prinzip, eine spezielle Gefühls- und Willensbildung). Halten Sie einen Ausgleich zwischen diesen beiden Erziehungsmaximen für erstrebenswert? Ja, ich halte einen solchen Aus-gleich für erstrebenswert. Nein, ich halte einen solchen Ausgleich für nicht erstrebenswert."[79]

Drei Waldorfpädagogen erachteten einen Ausgleich zwischen gängiger und anthroposophischer Sachkunde für erstrebenswert: Zwei dieser drei Lehrer bejahten einen Ausgleich, sahen aber von einer Klassi-

---

[78] Vgl. Tabelle, Anhang, S. 5.
[79] Vgl. Fragebogen, Anhang, S. 49.

fizierung auf der Skala ab. Zwei Lehrkräfte hielten einen Ausgleich zwischen anthroposophisch orientierten Erziehungsmaximen und solchen moderner Sachkundedidaktik für nicht erstrebenswert (Klassifizierungen auf der Skala: – 5, – 3).[80] Zwei Pädagogen verzichteten auf jegliche Klassifizierung. Die beiden Fachkräfte, die einem Ausgleich kritisch gegenüberstanden, wiesen in ihren Äußerungen auf mögliche Gefühlsdefizite der Schüler im gängigen Sachkundeunterricht hin: Eine dieser beiden Meinungen lautet: "Wenn das kleine Kind (Grundstufe und früher) nicht [...] liebend die Welt kennengelert hat, wird es als Erwachsener keine [...] wirkliche Sorge um die Welt haben." Und hier die andere Stellungnahme: "Denn ich kenne diese Prinzipien und habe in dreizehn Jahren an der Staatsschule gemerkt, wie lebensfremd [...] und gefühllos die Inhalte ausgewählt (sprich: Lehrplan) und behandelt werden mußten."

Nun ist das Fühlen der Schüler in der anthroposophisch orientierten Tierkunde besonders an künstlerische Unterrichtselemente und an die gemütansprechenden Tierschilderungen der Lehrkraft geknüpft. Der in Kapitel III.3.2 dargestellte Sachkundeunterricht zum Thema "Eichhörnchen" nach gängiger Methode läßt vergleichsweise in allen Phasen Raum für den aktiven Ausdruck *eigener* Gefühle und Gedanken der Schüler. Das selbständige Aufwerfen von Fragen zu einem Thema, Hypothesen bilden und das Sammeln von Fakten schließen den Ausdruck eigener Empfindungen und Assoziationen nicht aus.

Im Kontrast zu den beiden oben vorgestellten, wissenschaftsskeptischen Äußerungen sei im folgenden eine Stellungnahme eingebracht, die einen Ausgleich zwischen anthroposophischer und gängiger Sachkunde anstrebt: Es sei genau zu untersuchen, "welche Art Problemorientierung dem Kind zugemutet werden kann. Das Prinzip: 'die Welt ist schön' (Grundstufe) hat Vorrang allein zur Stärkung des Lebens- und Selbstwertgefühls." (Klassifizierung auf der Skala: + 3). Deutlich wird, daß der Pädagoge eine Orientierung der anthroposophischen Tierkunde an moderner, gängiger Sachkundedidaktik durchaus befürwortet. Ein besonderer Stellenwert kommt dabei nach seiner Ansicht dem Schönheitsprinzip zu: Ein gangbarer Weg zur Einführung der Schüler in eine Welt der

---

[80] Vgl. Tabelle, Anhang, S. 6.

(modernen) Tatsachen unter besonderer Berücksichtigung anthroposo-
phisch-menschenkundlicher und künstlerischer Prinzipien wird damit
aufgezeigt.

Frage 10 richtete sich auf die Einstellung der Klassenlehrer gegenüber
dem eigenen Tierkundeunterricht. Die Frage mit den dazugehörigen
Antwortmöglichkeiten lautet: "Halten Sie den Tierkundeunterricht (hier 4.
Klasse) gerne? Ja, ich halte den Tierkundeunterricht gerne. Nein, ich halte
den Tierkundeunterricht nicht so gerne."[81] Sechs der sieben an der
Umfrage beteiligten Lehrkräfte antworteten auf die oben vorgestellte Frage
mit "Ja".[82] Augenscheinlich spiegeln diese Werte eine tendenzielle Übereinstimmung der Lehrkräfte mit den anthroposophisch geprägten Unter-
richtsprinzipien "Schönheit", "Esoterik" und "Kunst" wider. Darüber
hinaus signalisieren die insgesamt positiven Bewertungen Zufriedenheit
der befragten Klassenlehrer mit dem eigenen Naturkundeunterricht. Die
Auswertung der Fragenkataloge zum ersten Tierkundeunterricht ergab im
Schnitt (abgesehen von einigen wenigen Ausnahmen), daß dessen Modifikation bzw. Aktualisierung von den an der Umfrage beteiligten
Klassenlehrern nicht angestrebt wird.

---

[81] Vgl. Fragebogen, Anhang, S. 51.
[82] Vgl. Tabelle, Anhang, S. 8.

LITERATURVERZEICHNIS

ADORNO, Theodor W., Dissonanzen. Musik in der verwalteten Welt, Göttingen 1963.

ADORNO, Theodor W., Versuch über Wagner, München u.a. 1964.

ANDREESEN, Alfred, Gott, Volk, Vaterland. Worte von Hermann Lietz, Weimar o. J.

ARNIM, Georg / KÖNIG, Karl / HERBERG, Ursula, Sprachverständnis und Sprachbehandlung (= Heilpädagogik aus anthroposophischer Menschenkunde, Bd. 4), o. O. ^{2}1986.

BADEWIEN, Jan, Anthroposophie. Eine kritische Darstellung, Konstanz 1985.

BÄUML-ROßNAGL, Der Bildungsauftrag des Sachunterrichts in der heutigen Grundschule, in: Der neue Sachunterricht im 4. Schuljahr, Hg.: BÄUML-ROßNAGL, Maria-Anna, München ^{6}1998, S. 17 – 21.

BÄUML-ROßNAGL, Maria-Anna, Kind und Sache als «Sache» des Grundschulunterrichts, in: Sachunterricht. Bildungsprinzipien in Geschichte und Gegenwart, Hg.: BÄUML-ROßNAGL, Maria-Anna, Bad Heilbrunn/Oberbayern, 3. neu bearbeitete und mit didaktischen Cartoons angereicherte Auflage 1995, S. 27 – 31.

BÄUML-ROßNAGL, Maria-Anna (Hg.), Sachunterricht. Bildungsprinzipien in Geschichte und Gegenwart, Bad Heilbrunn/Oberbayern, 3. neu bearbeitete und mit didaktischen Cartoons angereicherte Auflage 1995.

BARZ, Heiner, Anthroposophie im Spiegel von Wissenschaftstheorie und Lebensweltforschung. Zwischen lebendigem Goetheanismus und latenter Militanz, Weinheim 1994.

BAUDRILLARD, Jean, Die fatalen Strategien, München 1985.

BAYERISCHES STAATSMINISTERIUM FÜR UNTERRICHT UND KULTUS (Hg.) in Zusammenarbeit mit der Landeshauptstadt München, Georg Kerschensteiner, Beiträge zur Bedeutung seines Wirkens und seiner Ideen für unser heutiges Schulwesen, Stuttgart 1984.

BAYERISCHES STAATSMINISTERIUM FÜR UNTERRICHT UND KULTUS (Hg.), Lehrplan für die Grundschule. 1. bis 4. Jahrgangsstufe, München [15]1996.

BERGER, Friedemann, "Die Emanzipation der Dissonanz", in: Musiksymbolik. Die Sprache der Musik, Hg.: BERGER, Friedemann, München 1993, S. 95 – 109.

BISCHOFF, Ulrich, Edvard Munch 1863 – 1944. Bilder vom Leben und vom Tod, Köln 1988.

BISER, Eugen, Der Mensch – das uneingelöste Versprechen. Entwurf einer Modalanthropologie, Düsseldorf 1995.

BISER, Eugen, Gesichter und Wurzeln der Lebensangst. Zur Diagnose und Ätiologie einer Zeitkrankheit, in: Das Phänomen Angst. Pathologie, Genese und Therapie, Hg.: LANG, Hermann u.a., Frankfurt a. M. 1996, S. 18 – 31.

BLANKERTZ, Herwig, Bildung im Zeitalter der großen Industrie. Pädagogik, Schule und Berufsbildung im 19. Jahrhundert, Hannover u.a. 1969.

BLOCH, Ernst, Das Prinzip Hoffnung, 3 Bände, Bd. 2, Frankfurt a. M. ³1976.

BÖCKLE, Franz (Hg.) u.a., Christlicher Glaube in moderner Gesellschaft, 30 Teilbände, Band 21, Freiburg im Breisgau u.a.1980.

BOHLEN, Cornelius, Rudolf Steiner-Pädagogik und religiöse Erziehung, in: Anthroposophie und Christentum. Eine kritisch-konstruktive Auseinandersetzung, Hg.: MÜLLER, Joachim, Freiburg/Schweiz 1995, S. 125 – 137.

BOHNSACK, Fritz, Aufgabe der Schule heute, in: Erziehungswissenschaft und Waldorfpädagogik. Der Beginn eines notwendigen Dialogs, Hg.: BOHNSACK, Fritz / KRANICH, Ernst-Michael, Basel u.a. 1990, S. 13 – 49.

BOHNSACK, Fritz / KRANICH, Ernst-Michael (Hg.), Erziehungswissenschaft und Waldorfpädagogik. Der Beginn eines notwendigen Dialogs, Basel u.a. 1990.

BOLLNOW, Otto Friedrich, Das Wesen der Stimmungen, Frankfurt a. M. ⁸1995.

BOLLNOW, Otto Friedrich, Die Macht des Wortes. Sprachphilosophische Überlegungen aus pädagogischer Perspektive (= Neue pädagogische Bemühungen, Hg.: LOCH, Werner u.a.), Essen 1964.

BOLLNOW, Otto Friedrich, Existenzphilosophie und Pädagogik. Versuch über unstetige Formen der Erziehung (= Die wissenschaftliche Taschenbuchreihe, Hg.: ERNST, Fritz, Bd. 40), Stuttgart 1959.

BOSCH, Bernhardt, Grundlagen des Erstleseunterrichts, Ratingen ^{5}1961.

BOTHMER, Fritz, Gymnastische Erziehung (= Menschenkunde und Erziehung, Bd. 42, Schriften der Pädagogischen Forschungsstelle beim Bund der Freien Waldorfschulen), 3. durchgesehene Auflage, Stuttgart 1989.

BUBER, Martin, Das dialogische Prinzip, 3. verbesserte und um ein Namensverzeichnis ergänzte Auflage, Heidelberg 1973.

BUBER, Martin, Dialogisches Leben. Gesammelte philosophische und pädagogische Schriften, Zürich 1947.

BUBER, Martin, Reden über Erziehung, Gerlingen ^{8}1995.

BUND DER FREIEN WALDORFSCHULEN e.V. (Hg.), Erziehungskunst. Monatszeitschrift zur Pädagogik Rudolf Steiners, 57. Jahrgang, Heft 11, München 1993.

BUND DER FREIEN WALDORFSCHULEN e.V. (Hg.), Erziehungskunst. Monatszeitschrift zur Pädagogik Rudolf Steiners, 46. Jahrgang, Heft 5, München 1982.

CLAUßEN, Bernhard, Politik und Internationalismus als Bezugskategorien für eine kritisch-emanzipatorische Reformulierung des Bildungsbegriffs unter Bedingungen gegenwärtiger Gesellschaft, in: Diskurs Bildungstheorie I: Systematische Markierungen, Rekonstruktion der Bildungstheorie unter Bedingungen der gegenwärtigen Gesellschaft, Hg.: HANSMANN, Otto u.a., Weinheim 1988, S. 183 – 203.

CRAIG, Gordon A., Geschichte Europas 1815 – 1980. Vom Wiener Kongreß bis zur Gegenwart, 3., völlig überarbeitete und revidierte Auflage, München 1989.

DANIS, Juana, Schicksal und Mythos, München 1982.

DIETZ, Karl-Martin, Waldorfpädagogik am Ende des 20. Jahrhunderts (nach einem Vortrag anläßlich des zehnjährigen Bestehens der Heidelberger Waldorfschule, 1992), Heidelberg 1996.

DÖBERT, Rainer u.a., Zur Einführung, in: Die Entwicklung des Ichs, Hg.: DÖBERT, Rainer u.a., Köln 1977, S. 9 – 30.

DÜHNFORT, Erika, Rechtschreibung. Welchen pädagogischen Wert kann sie haben? Waldorfpädagogik in der methodischen Handhabung des Schreib- und Leseunterrichts, Stuttgart 1992.

DÜHNFORT, Erika, Von der Ausdruckskraft grammatischer Formen. Zu einer "Philosophie der Sprachteile" (= Logoi. Philosophien, Geschichten, Bd.11, Hg.: KRÜGER, Manfred), Stuttgart [2]1998.

EDER, Klaus, die Entstehung von Klassengesellschaften, Frankfurt a. M. 1973.

ELIADE, Mircea, Geschichte der religiösen Ideen, 5 Bände, Bd. 3/2: Vom Zeitalter der Entdeckungen bis zur Gegenwart, Freiburg im Breisgau u.a. 1991.

ERIKSON, Erik H., Identität und Lebenszyklus, Frankfurt a. M. 1973.

FEIFEL, Erich, Religiöse Erziehung im Umbruch, Hg.: LEIMGRUBER, Stephan / LANGER, Michael, München 1995.

FISCHER, Wolfgang, Unterwegs zu einer skeptisch-transzendentalkritischen Pädagogik, ausgewählte Aufsätze 1979-1988, Sankt Augustin 1989.

FOITZIK, Karl / HARZ, Frieder, Religionsunterricht vorbereiten, München [3]1995.

FRANKL, Viktor E., Bergerlebnis und Sinnerfahrung, Innsbruck u.a. [2]1993.

FRANKL, Viktor E., Der Wille zum Sinn, Ausgewählte Vorträge über Logotherapie, Bern [3]1982.

FRANKL, Viktor E., Pathologie des Zeitgeistes. Rundfunkvorträge über Seelenheilkunde, Wien 1955.

FRANKL, Viktor E., Psychotherapie für den Alltag, Freiburg [4]1992.

FREIE WALDORFSCHULE STUTTGART (Hg.), Vom Lehrplan der Freien Waldorfschule, bearbeitet von Caroline von Heydebrand, Stuttgart [10]1996.

FREUD, Anna, Das Ich und die Abwehrmechanismen, in: FREUD, Anna, Einführung in die Psychoanalyse, Vorträge für Kinderanalytiker und Lehrer, Das Ich und die Abwehrmechanismen (= Die Schriften der Anna Freud, Bd. 1, 1922 –1936), ungekürzte Ausgabe, Frankfurt a. M. 1987, S. 193 – 355.

FREUD, Sigmund, Zwei Falldarstellungen.<Der Rattenmann>, <Der Fall Schreber>, Frankfurt a. M. 1982.

FROMM, Erich, Haben oder Sein, München 1979.

GABRIEL, Wilfried, Personale Pädagogik in der Informationsgesellschaft. Berufliche Bildung, Selbstbildung und Selbstorganisation in der Pädagogik Rudolf Steiners (= Europäische Hochschulschriften, Reihe XI, Pädagogik, Bd. 240), Frankfurt a. M. 1996.

GEISEN, Richard, Anthroposophie und Gnostizismus. Darstellung, Vergleich und theologische Kritik, München u.a. 1992.

GEORGE, Stefan, Gesamtausgabe (Nachdruck) in 18 Bänden, Bd. 9: Das Neue Reich, Düsseldorf u.a. 1964.

GIMMLER, Klaus-Rüdiger / KÜHL, Reinhard, Friedliche Schule – Schaffen wir das? in: Gewalt und Aggression: Herausforderungen für die Grundschule, Hg.: VALTIN, Renate / PORTMANN, Rosemarie, Frankfurt a. M. 1995, S. 103 – 118.

GLÖCKLER, Michaela, Macht in der zwischenmenschlichen Beziehung. Grundlagen einer Erziehung zur Konfliktbewältigung, Stuttgart u.a. 1997.

GODELIER, Maurice, Mythos und Geschichte, in: EDER, Klaus, die Entstehung von Klassengesellschaften, Frankfurt a. M. 1973.

GROM, Bernhard, Religionspsychologie, München 1992.

GROSSE, Rudolf, Erlebte Pädagogik, Schicksal und Geistesweg, Dornach/ Schweiz ^{2}1975.

GRUBER, Hans u.a., Learning to Apply: From "School Garden Instruction" to Technology-Based Learning Environments, in: International Perspectives on the Design of Technology-Supported Learning Environments, Hg.: VOSNIADOU, Stella u.a., New Jersey 1996, S. 307 – 321.

GUTMAN, Robert, Richard Wagner. Der Mensch, sein Werk, seine Zeit, München 1968.

HAACK, Friedrich-Wilhelm, Neue 'Jugendreligionen', München 1974.

HABERL, Herbert (Hg.), Montessori und die Defizite der Regelschule, Wien 1993.

HABERMAS, Jürgen, Theorie des kommunikativen Handelns, 2 Bände, Bd. 1: Handlungsrationalität und gesellschaftliche Rationalisierung, Frankfurt a. M. 1995.

HABERMAS, Jürgen, Thesen zur Theorie der Sozialisation. Stichworte und Literatur zur Vorlesung im Sommer-Semester, Frankfurt a. M. 1968.

HABERMAS, Jürgen, Vorstudien und Ergänzungen zur Theorie des kommunikativen Handelns, Frankfurt a. M. 1995.

HAHN, Herbert, Von den Quellkräften der Seele, Stuttgart [4]1990.

HAMANN, Brigitte, Rudolf. Kronprinz und Rebell, München [4]1993.

HAMMER, Erich, Beiträge der Montessori-Pädagogik zum Deutschunterricht der Grundschule, in: Maria Montessori. Die Grundlagen ihrer Pädagogik und Möglichkeiten der Übertragung in Schulen, Hg.: KATEIN, Werner, Langenau-Ulm 1992, S. 94 – 111.

HANSLICK, Eduard, Die moderne Oper, Berlin 1885.

HANSMANN, Otto (Hg.) u.a., Diskurs Bildungstheorie I: Systematische Markierungen, Rekonstruktion der Bildungstheorie unter Bedingungen der gegenwärtigen Gesellschaft, Weinheim 1988.

HANSMANN, Otto (Hg.), Pro und Contra Waldorfpädagogik. Akademische Pädagogik in der Auseinandersetzung mit der Rudolf Steiner-Pädagogik, Würzburg 1987.

HAUPTMANN, Gerhart, Die Weber, Hg.: SCHWAB-FELISCH, Hans, Berlin [33]1993.

HAUTH, Rüdiger, Die nach der Seele greifen. Psychokult und Jugendsekten, Gütersloh [2]1985.

HEGEL, Georg Wilhelm Friedrich, Werke in 20 Bänden, Hg.: MICHEL, Karl Markus u.a., Bd. 3: Phänomenologie des Geistes, Frankfurt a. M. 1970.

HEIDEGGER, Martin, Der Begriff der Zeit, Tübingen 1989.

HEILAND, Helmut, Maria Montessori, mit Selbstzeugnissen und Bilddokumenten, Hg.: MÜLLER, Wolfgang, Reinbek bei Hamburg [3]1993.

Die Bibel oder die ganze HEILIGE SCHRIFT des Alten und Neuen Testaments. Nach der deutschen Übersetzung Martin Luthers, Stuttgart 1969.

Die vierundzwanzig Bücher der HEILIGEN SCHRIFT, übersetzt von ZUNZ, Leopold, Basel, Copyright 1980.

HEINZ, Gerhard, Divinam christianae religionis originem probáre. Untersuchung zur Entstehung des Fundamental-Theologischen Offenbarungstraktats der katholischen Schultheologie (= Tübinger Theologische Studien, Bd. 25), Mainz 1984.

HEITGER, Marian, Beiträge zu einer Pädagogik des Dialogs. Eine Einführung. Mit einem Beitrag von Ines M. Breinbauer (= Schriften zur Lehrerbildung und Lehrerfortbildung, Bd. 33), Wien 1983.

HELL, Peter-Wilhelm (Projektleitung und Redaktion), Materialgeleitetes Lernen. Elemente der Montessori-Pädagogik in der Regelschule – Grundschulstufe. Ein Fortbildungsmodell der Akademie für Lehrerfortbildung Dillingen, München, unveränderter Nachdruck 1993.

HERBERG, Ursula, Neue Ansätze zur Sprachtherapie, in: ARNIM, Georg / KÖNIG, Karl / HERBERG, Ursula, Sprachverständnis und Sprachbehandlung (= Heilpädagogik aus anthroposophischer Menschenkunde, Bd. 4), o. O. ²1986, S. 95 – 119.

HERRLITZ, Hans-Georg u.a., Deutsche Schulgeschichte von 1800 bis zur Gegenwart. Eine Einführung, Weinheim u.a. 1993.

HIRSCHBERGER, Johannes, Geschichte der Philosophie, II Bände, Bd. I: Altertum und Mittelalter, Freiburg im Breisgau u.a., Sonderausgabe der 14. Auflage 1991.

HIRSCHBERGER, Johannes, Geschichte der Philosophie, II Bände, Bd. II: Neuzeit und Gegenwart, Freiburg im Breisgau u.a., Sonderausgabe der 13. Auflage 1991.

HOLTSTIEGE, Hildegard, Montessori-Pädagogik und soziale Humanität. Perspektiven für das 21. Jahrhundert, Freiburg im Breisgau 1994.

HORKHEIMER, Max, Allgemeiner Teil, in: Studien über Autorität und Familie, Hg.: HORKHEIMER, Max (= Schriften des Instituts für Sozialforschung, Bd. 5, Nachdruck Bd. 1), Paris 1936, S. 3 – 76.

HORKHEIMER, Max / ADORNO, Theodor W., Dialektik der Aufklärung. Philosophische Fragmente, Frankfurt a. M. 1994.

HURRELMANN, Klaus, Gewalt – ein Symptom für fehlende soziale Kompetenz, in: Gewalt und Aggression: Herausforderungen für die Grundschule, Hg.: VALTIN, Renate / PORTMANN, Rosemarie, Frankfurt a. M. 1995, S. 75 – 85.

JOHANSON, Irene, Religionsunterricht in der Christengemeinschaft, in: Erziehungskunst. Monatszeitschrift zur Pädagogik Rudolf Steiners, Hg.: BUND DER FREIEN WALDORFSCHULEN e.V., 57. Jahrgang, Heft 11, München 1993, S. 1220 – 1226.

JÜNGER, Ernst, Der Waldgänger, Stuttgart 1980.

KAISER, Astrid, Einführung in die Didaktik des Sachkundeunterrichts, Hohengehren [3]1996.

KALISCH, Michael (Hg.), Rudolf Steiner, Das Mysterium des Bösen (= Themen aus dem Gesamtwerk, Bd. 19), Stuttgart [2]1999.

KATECHETISCHES AMT – HEILSBRONN (Hg.), Lehrplan für den evangelischen Religionsunterricht an Grundschulen in Bayern. 1. bis 4. Jahrgangsstufe, Neuendettelsau [2]1994.

KATEIN, Werner (Hg.), Maria Montessori. Die Grundlagen ihrer Pädagogik und Möglichkeiten der Übertragung in Schulen, Langenau-Ulm 1992.

KAYSER, Martina, Die geistigen Ursprünge der Waldorfpädagogik, in: KAYSER, Martina / WAGEMANN, Paul-Albert, Wie frei ist die Waldorfschule? Geschichte und Praxis einer pädagogischen Utopie, Berlin [2]1993, S. 7 – 27.

KEHR, Karl, Die Praxis der Volksschule. Ein Wegweiser zur Führung einer geregelten Schuldisziplin und zur Erteilung eines methodischen Schulunterrichts für Volksschullehrer und für solche, die es werden wollen, Gotha 1898.

KELBER, Wilhelm, Die Logoslehre. Von Heraklit bis Origenes, Stuttgart 1976.

KELLER, Albert, Sprachphilosophie, Freiburg u.a. [2]1989.

KERNBERG, Otto F., Objektbeziehungen und Praxis der Psychoanalyse, Stuttgart [2]1985.

KEY, Ellen, Das Jahrhundert des Kindes. Studien, Basel u.a. 1992.

KIERKEGAARD, Sören, Die Krankheit zum Tode, Hg.: RICHTER, Liselotte, Frankfurt a. M. 1984.

KIERSCH, Johannes, Einführung und Kommentar zu Rudolf Steiner: «Allgemeine Menschenkunde», o. O. 1995.

KLAUßMANN, Anton Oskar (Hg.), Kaiserreden. Reden und Erlasse, Briefe und Telegramme Kaiser Wilhelms des Zweiten. Ein Charakterbild des Deutschen Kaisers, Leipzig 1902.

KLEHR, Franz Josef (Hg.), Gespräch mit Waldorfpädagogen. Hohenheimer Symposion zur christlichen Pädagogik 1990 (= Hohenheimer Protokolle Bd. 40), Stuttgart 1992.

KLEINAU-METZLER, Doris (Hg.), Die Zukunft der Waldorfschule. Perspektiven zwischen Tradition und neuen Wegen, Hamburg 2000.

KÖNIG, Karl, Neue Ansätze zur Sprachtherapie, in: ARNIM, Georg / KÖNIG, Karl / HERBERG, Ursula, Sprachverständnis und Sprachbehandlung (= Heilpädagogik aus anthroposophischer Menschenkunde, Bd. 4), o. O. ^{2}1986, S. 9 – 40.

KORTH, Georg, Wandervogel 1896 – 1906. Quellenmäßige Darstellung nach Karl Fischers Tagebuchaufzeichnungen von 1900 und vielen anderen dokumentarischen Belegen (= Quellen und Beiträge zur Geschichte der Jugendbewegung, Bd. 3), Frankfurt a. M. ^{2}1978.

KOWAL-SUMMEK, Ludger, Die Pädagogik Rudolf Steiners im Spiegel der Kritik (= Reihe Pädagogik, Bd. 8), Pfaffenweiler 1993.

KRAMER, Rita, Maria Montessori. Leben und Werk einer großen Frau, Frankfurt a. M. 1995.

KRANICH, Ernst-Michael, Anthroposophische Grundlagen der Waldorfpädagogik, in: Gespräch mit Waldorfpädagogen. Hohenheimer Symposion zur christlichen Pädagogik 1990, Hg.: KLEHR, Franz Josef, (= Hohenheimer Protokolle Bd. 40), Stuttgart 1992, S. 25 – 38.

KRANICH, Ernst-Michael / RAVAGLI, Lorenzo, Waldorfpädagogik in der Diskussion. Eine Analyse erziehungswissenschaftlicher Kritik, Erziehung vor dem Forum der Zeit (= Schriften aus der Freien Waldorfschule, Bd. 17), Stuttgart 1990.

KUCIREK, Xenia, Die Bildungsphilosophie Rudolf Steiners und ihre Realisierung in der Waldorfschule (= Europäische Hochschulschriften, Reihe 11, Pädagogik, Bd. 606), Frankfurt a. M. 1994.

KÜGELGEN, Helmut, Die Aufgabe des Religionsunterrichts, in: Erziehungskunst. Monatszeitschrift zur Pädagogik Rudolf Steiners, Hg.: BUND DER FREIEN WALDORFSCHULEN e.V., 46. Jahrgang, Heft 5, Stuttgart 1982, S. 284 – 289.

KÜHLEWIND, Georg, Der sprechende Mensch. Ein Menschenbild aufgrund des Sprachphänomens, Frankfurt a. M. 1991.

LANG, Hermann, Das Phänomen der Angst. Pathologie, Genese und Therapie, Frankfurt a. M. 1996.

LANGBEHN, Julius, Rembrandt als Erzieher, Weimar 1922.

LEBER, Stefan (Hg.), Anthroposophie und Waldorfpädagogik in den Kulturen der Welt. Porträts aus elf Ländern und zwei grundlegende Beiträge von Walter Liebendörfer und Stefan Leber, Stuttgart 1997.

LEBER, Stefan, Weltanschauung, Ideologie und Schulwesen. Ist die Waldorfschule eine Weltanschauungsschule?, Stuttgart 1989.

LICHTWARK, Alfred, Das Bild des Deutschen (= Kleine Pädagogische Texte, Hg.: BLOCHMANN, Elisabeth u.a., Heft 15), Berlin u.a. o. J.

LIETZ, Hermann, D·L·E·H, Grundsätze und Einrichtung der Deutschen Land-Erziehungs-Heime von Dr. Hermann Lietz, Leipzig 1917.

LINDENBERG, Christoph, Rudolf Steiner, Hamburg [2]1993.

LINDENBERG, Christoph, Zur Problematik der Individualisierung des Lernens in Theorie und Praxis der Rudolf Steiner-Pädagogik, in: Pro und Contra Waldorfpädagogik. Akademische Pädagogik in der Auseinandersetzung mit der Rudolf Steiner-Pädagogik, Hg.: HANSMANN, Otto, Würzburg 1987, S. 188 – 204.

LOICHINGER, Albert, Georg Kerschensteiner – Werdegang und kommunales Wirken, in: Georg Kerschensteiner, Beiträge zur Bedeutung seines Wirkens und seiner Ideen für unser heutiges Schulwesen, Hg.: BAYERISCHES STAATSMINISTERIUM FÜR UNTERRICHT UND KULTUS in Zusammenarbeit mit der Landeshauptstadt München, Stuttgart 1984, S. 21 – 52.

MAIER, Hans, Kerschensteiner – neu entdeckt. Ansprache zum 50. Todestag von Prof. Dr. Georg Kerschensteiner am 15. Januar 1982, in: Georg Kerschensteiner, Beiträge zur Bedeutung seines Wirkens und seiner Ideen für unser heutiges Schulwesen, Hg.: BAYERISCHES STAATSMINISTERIUM FÜR UNTERRICHT UND KULTUS in Zusammenarbeit mit der Landeshauptstadt München, Stuttgart 1984, S. 9 – 20.

MARAS, Rainer, Unterrichtsgestaltung in der Grundschule, Donauwörth ^{7}1997.

MEIER-GRAEFE, Julius, Entwicklungsgeschichte der modernen Kunst, 2 Bände, Bd. 2, nach der 3. Auflage neu herausgegeben von REIFENBERG, Benno / MEIER-GRAEFE-BROCH, Annemarie, München 1966.

MEYER, Folkert, Schule der Untertanen. Lehrer und Politik in Preußen 1848 – 1900 (= Historische Perspektiven, Bd. 4), Hamburg 1976.

MICHAEL, Berthold (Hg.) u.a., Politik und Schule von der Französischen Revolution bis zur Gegenwart. Eine Quellensammlung zum Verhältnis von Gesellschaft, Schule und Staat im 19. und 20. Jahrhundert, Bd. 1, Frankfurt a. M. 1973.

MÖDE, Erwin, Fundamentaltheologie in postmoderner Zeit. Ein anthropotheologischer Entwurf, München 1994.

MÖDE, Erwin, Zwischen Pastorale und Psychologie, München 1992.

MÖNKS, Frank J., Montessori-Pädagogik und Begabtenförderung, in: Montessori und die Defizite der Regelschule, Hg.: HABERL, Herbert, Wien 1993, S. 126 – 138.

MOLLENHAUER, Klaus, Theorien zum Erziehungsprozeß. Zur Einführung in erziehungswissenschaftliche Fragestellungen (= Grundfragen der Erziehungswissenschaft, Hg.: MOLLENHAUER, Klaus, Bd. 1), München 1972.

MONTESSORI, Maria, Das kreative Kind. Der absorbierende Geist, Hg.: OSWALD, Paul, u.a., Freiburg im Breisgau 1972.

MONTESSORI, Maria, Die Entdeckung des Kindes, Hg.: OSWALD, Paul u.a., Freiburg im Breisgau 1969.

MONTESSORI, Maria, Frieden und Erziehung, Hg.: OSWALD, Paul u.a., Freiburg im Breisgau 1973.

MONTESSORI, Maria, Kinder, die in der Kirche leben, Hg.: HELMING, Helene, Freiburg im Breisgau 1964.

MONTESSORI, Maria, Kinder sind anders, München [2]1988.

MONTESSORI, Maria, "Kosmische Erziehung". Die Stellung des Menschen im Kosmos. Menschliche Potentialität und Erziehung. Von der Kindheit bis zur Jugend (= Kleine Schriften Maria Montessoris Bd. 1, Hg.: OSWALD, Paul u.a.), Freiburg im Breisgau 1988.

MONTESSORI, Maria, Schule des Kindes. Montessori-Erziehung in der Grundschule, Hg.: OSWALD, Paul u.a., Freiburg im Breisgau 1976.

MONTESSORI, Maria, Spannungsfeld Kind – Gesellschaft – Welt, Auf dem Wege zu einer «kosmischen Erziehung», Hg.: OSWALD, Paul u.a., Freiburg im Breisgau 1979.

MORITZ, Hans, Waldorfpädagogik und Existenzanalyse – Verträglichkeit und Ergänzung von Menschenbild und Erziehungsvorstellung, Nürnberg 1996.

MÜLLER, Joachim (Hg.), Anthroposophie und Christentum. Eine kritisch-konstruktive Auseinandersetzung (= Weltanschauungen im Gespräch, Hg.: BISCHOFBERGER, Otto u.a., Bd. 13), Freiburg/ Schweiz 1995.

MUSIL, Robert, Die Verwirrungen des Zöglings Törless, Hamburg 1992.

NEUFFER, Helmut, Zum Unterricht des Klassenlehrers an der Waldorf-schule. Ein Kompendium, Stuttgart 1997.

NIETZSCHE, Friedrich, Werke in 6 Bänden, Hg.: SCHLECHTA, Karl, Bd. III, München u.a. ^{5}1980.

NIETZSCHE, Friedrich, Werke in 6 Bänden, Hg.: SCHLECHTA, Karl, Bd. IV, München u.a. ^{5}1980.

NIPPERDEY, Thomas, Deutsche Geschichte 1866-1918, Bd. 1: Arbeitswelt und Bürgergeist, München ^{2}1991.

OERTER, Rolf, Schule als Umwelt, in: Entwicklungspsychologie. Ein Lehrbuch, Hg.: OERTER, Rolf / MONTADA, Leo, 4. korrigierte Auflage, Weinheim 1998, S. 277 – 295.

ORTNER, Alexandra / ORTNER, Reinhold, Verhaltens- und Lernschwierigkeiten. Handbuch für die Grundschulpraxis, Weinheim/Basel 1991.

PÄDAGOGISCHE SEKTION DER FREIEN HOCHSCHULE FÜR GEISTESWISSENSCHAFT / PÄDAGOGISCHE FORSCHUNGS-STELLE BEIM BUND DER FREIEN WALDORFSCHULEN (Hg.), Zur Unterrichtsgestaltung im 1. bis 8. Schuljahr an Waldorf-/Rudolf Steiner-Schulen, Dornach/Schweiz o. J.

PENZLER, Johannes (Hg.), Die Reden des Kaiser Wilhelms in den Jahren 1888 – 1895, Leipzig o. J.

PIAGET, Jean, Biologie und Erkenntnis. Über die Beziehung zwischen organischen Regulationen und kognitiven Prozessen (= Conditio humana. Ergebnisse aus den Wissenschaften vom Menschen, Hg.: GRUBRICH-SIMITIS, Ilse, u.a.), Frankfurt a. M. 1974.

PIAGET, Jean, Das moralische Urteil beim Kinde, Stuttgart, 2. veränderte Auflage 1983.

PIAGET, Jean, Probleme der Entwicklungspsychologie (= Kleine Schriften), Hamburg 1993.

PIAGET, Jean, Sprechen und Denken des Kindes (= Internationale Studien zur pädagogischen Anthropologie, Sprache und Lernen, Bd. 1, Hg.: LOCH, Werner, u.a.), Düsseldorf 1972.

PIAGET, Jean, Weisheit und Illusion der Philosophie, Frankfurt a. M. 1974.

PIAGET, Jean / INHELDER, Bärbel, Die Psychologie des Kindes, München [5]1993.

PRANGE, Klaus, Erziehung zur Anthroposophie. Darstellung und Kritik der Waldorfpädagogik, 2. durchgesehene Auflage, Bad Heilbrunn/ Oberbayern 1987.

PREYER, Wilhelm, Unser Kaiser und die Schulreform, Dresden 1900.

PRIEVER, Werner, Aspekte des Unbewußten, Beiträge zur Ausgestaltung einer anthroposophischen Psychotherapie, Hg.: MEDIZINISCHE SEKTION AM GOETHEANUM, Stuttgart 1999.

RANDOLL, Dirk, Waldorfpädagogik auf dem Prüfstand. Auch eine Herausforderung an das öffentliche Schulwesen? Mit einer vergleichenden Untersuchung zur Wahrnehmung von Schule durch Abiturienten aus Freien Waldorfschulen und aus staatlichen Gymnasien, Berlin 1999.

RAVAGLI, Lorenzo, Geistesgeschichte als Archäologie der Worte, in: Waldorfpädagogik in der Diskussion. Eine Analyse erziehungswissenschaftlicher Kritik (= Erziehung vor dem Forum der Zeit, Schriften aus der Freien Waldorfschule, Hg.: KRANICH, Ernst-Michael / RAVAGLI, Lorenzo, Bd. 17), Stuttgart 1990, S. 33 – 257.

RAVAGLI, Lorenzo, Pädagogik und Erkenntnistheorie, Auseinandersetzungen um die Grundlagen der Waldorfpädagogik, Stuttgart 1993.

RAVAGLI, Lorenzo, Von der mangelnden Gesprächsbereitschaft in der anthroposophischen Bewegung, in: Jahrbuch für anthroposophische Kritik 1993, Hg.: RAVAGLI, Lorenzo, München, Copyright 1993, S. 60 – 68.

REBLE, Albert, Geschichte der Pädagogik, 17. durchgesehene und überarbeitete Auflage, Stuttgart 1993.

REST, Franco, Waldorfpädagogik. Anthroposophische Erziehung als Herausforderung für öffentlich christliche Pädagogik, Mainz u.a. 1992.

RITTERSBACHER, Karl (Hg.), Rudolf Steiner. Elemente der Erziehungskunst. Menschenkundliche Grundlage der Waldorfpädagogik (= Themen aus dem Gesamtwerk, Bd. 12), Stuttgart 1985.

RÖHL, John C. G., Wilhelm II. Die Jugend des Kaisers 1859 – 1888, München 1993.

ROGERS, Carl R., Schüler-bezogenes Unterrichten, in: Die klientenzentrierte Gesprächspsychotherapie, Hg.: ROGERS, Carl R., Frankfurt a. M. 1993, S. 335 – 373.

ROSENBAUM, Heidi, Formen der Familie. Untersuchungen zum Zusammenhang von Familienverhältnissen, Sozialstruktur und sozialem Wandel in der deutschen Gesellschaft des 19. Jahrhunderts, Frankfurt a. M. [5]1990.

ROUSSEAU, Jean-Jacques, Emile oder über die Erziehung, Paderborn [4]1978.

RUDOLPH, Charlotte, Von der Entwicklung der Anthroposophie. Waldorfpädagogik heute. Oder: Wege zur Versteinerung. Berlin 1985.

SCHELER, Max, Die Stellung des Menschen im Kosmos, Bonn [12]1991.

SCHENK, Christa, Lesen und Schreiben lernen und lehren. Eine Didaktik des Erstlese- und Erstschreibunterrichts, Hohengehren 1997.

SCHNEIDER, Wolfgang, Das Menschenbild der Waldorfpädagogik, Basel u.a. 1991.

SCHWAB, Gustav, Griechische Sagen, bearbeitet und ergänzt von Carstensen, Richard, München [18]1994.

SCHWARTZ, Erwin, Der Leseunterricht, Braunschweig [2]1967.

SECKLER, Max, Aufklärung und Offenbarung, in: Christlicher Glaube in moderner Gesellschaft, 30 Teilbände, Hg.: BÖCKLE, Franz u.a., Bd. 21, Freiburg im Breisgau u.a. 1980, S. 28 – 59.

SECKLER, Max, Die Aufklärung – eine Herausforderung für das Christentum als Offenbarungsreligion, in: Theologische Quartalschrift, Hg.: PROFESSOREN DER KATHOLISCHEN THEOLOGIE AN DER UNIVERSITÄT TÜBINGEN, FINK, K. A., Bd. 159, Tübingen 1979, S. 82 – 92.

STARK, Heidrun / KLEIN, Meike, Montessori-Pädagogik am Beispiel der Freiarbeit, in: Maria Montessori. Die Grundlagen ihrer Pädagogik und Möglichkeiten der Übertragung in Schulen, Hg.: KATEIN, Werner, Langenau-Ulm 1992, S. 82 – 93.

STEINER, Rudolf, Allgemeine Menschenkunde als Grundlage der Pädagogik. Erziehungskunst I, GA 293, Hg.: Rudolf Steiner-Nachlaßverwaltung, Dornach/Schweiz 1979 (Tb).

STEINER, Rudolf, Anthroposophische Pädagogik und ihre Voraussetzungen, GA 309, Hg.: Rudolf Steiner-Nachlaßverwaltung, WAEGER, Johann u.a., Dornach/Schweiz, [4]1972.

STEINER, Rudolf, Das Christentum als mystische Tatsache und die Mysterien des Altertums, GA 8, Hg.: Rudolf Steiner-Nachlaßverwaltung, Dornach/Schweiz [8]1989 (Tb).

STEINER, Rudolf, Das Johannes-Evangelium, GA 103, Hg.: Rudolf Steiner-Nachlaßverwaltung, JENNY, Paul u.a., Dornach/Schweiz [10]1990 (Tb).

STEINER, Rudolf, Der Christus-Impuls und die Entwicklung des Ich-Bewußtseins, GA 116, Hg.: Rudolf Steiner-Nachlaßverwaltung, MOERING, Ruth u.a., Dornach/Schweiz [3]1961.

STEINER, Rudolf, Der Mensch in seinem Zusammenhang mit dem Kosmos, 3 Bände, Bd. 3: STEINER, Rudolf, Die Verantwortung des Menschen für die Weltentwickelung durch seinen geistigen Zusammenhang mit dem Erdplaneten und der Sternenwelt, GA 203, Hg.: Rudolf Steiner-Nachlaßverwaltung, PICHT, C.S. u.a., Dornach/Schweiz ^{2}1989.

STEINER, Rudolf, Der pädagogische Wert der Menschenerkenntnis und der Kulturwert der Pädagogik, GA 310, Hg.: Rudolf Steiner-Nachlaßverwaltung, NIEDERHÄUSER, Hans Rudolf, Dornach/Schweiz ^{4}1989.

STEINER, Rudolf, <Die Erziehung des Kindes vom Gesichtspunkte der Geisteswissenschaft>, <Die Methodik des Lernens und die Lebensbedingungen des Erziehens>, Hg.: Rudolf Steiner-Nachlaßverwaltung, KUGLER, Walter, Dornach/Schweiz 1990 (Tb).

STEINER, Rudolf, Die Geheimnisse der biblischen Schöpfungsgeschichte, GA 122, Hg.: Rudolf Steiner-Nachlaßverwaltung, WAEGER, Johann u.a., Dornach/Schweiz ^{5}1976 (Tb).

STEINER, Rudolf, Die Geheimwissenschaft im Umriß, GA 13, Hg.: Rudolf Steiner-Nachlaßverwaltung, Dornach/Schweiz ^{30}1993 (Tb).

STEINER, Rudolf, Die geistig-seelischen Grundkräfte der Erziehungskunst. Spirituelle Werte in Erziehung und sozialem Leben, GA 305, Hg.: Rudolf Steiner-Nachlaßverwaltung, NIEDERHÄUSER, Hans Rudolf, Dornach/Schweiz ^{2}1979.

STEINER, Rudolf, Die Kernpunkte der sozialen Frage in den Lebensnotwendigkeiten der Gegenwart und Zukunft, GA 23, Hg.: Rudolf Steiner-Nachlaßverwaltung, Dornach/Schweiz ^{6}1991 (Tb).

STEINER, Rudolf, Die Kunst des Erziehens aus dem Erfassen der Menschenwesenheit, GA 311, Hg.: Rudolf Steiner-Nachlaßverwaltung, NIEDERHÄUSER, Hans Rudolf, Dornach/Schweiz [4]1979.

STEINER, Rudolf, Die Philosophie der Freiheit, GA 4, Hg.: Rudolf Steiner-Nachlaßverwaltung, Dornach/Schweiz [13]1977 (Tb).

STEINER, Rudolf, Erziehungskunst. Methodisch-Didaktisches, Erziehungskunst II, GA 294, Hg.: Rudolf Steiner-Nachlaßverwaltung, Dornach/Schweiz 1975 (Tb).

STEINER, Rudolf, Erziehungskunst. Seminarbesprechungen und Lehrplanvorträge, Menschenkunde und Erziehungskunst Dritter Teil, GA 295 Hg.: Rudolf Steiner-Nachlaßverwaltung, Dornach/Schweiz [4]1994 (Tb).

STEINER, Rudolf, Gegenwärtiges Geistesleben und Erziehung, GA 307, Hg.: Rudolf Steiner-Nachlaßverwaltung, NIEDERHÄUSER, Hans Rudolf, Dornach/Schweiz [4]1973.

STEINER, Rudolf, Goethes naturwissenschaftliche Schriften, Dornach/Schweiz [5]1926.

STEINER, Rudolf, Grundlinien einer Erkenntnistheorie der Goetheschen Weltanschauung mit besonderer Rücksicht auf Schiller, GA 2, Hg.: Rudolf Steiner-Nachlaßverwaltung, Dornach/Schweiz [7]1979 (Tb).

STEINER, Rudolf, Heilpädagogischer Kurs, GA 317, Hg.: Rudolf Steiner-Nachlaßverwaltung, ZBINDEN, Hans W., Dornach/Schweiz [8]1995 (Tb).

STEINER, Rudolf, Mein Lebensgang, GA 28, Hg.: Rudolf Steiner-Nachlaßverwaltung, Dornach/Schweiz [8]1990 (Tb).

STEINER, Rudolf, Menschenerkenntnis und Unterrichtsgestaltung, GA 302, Hg.: Rudolf Steiner-Nachlaßverwaltung, NIEDERHÄUSER, Hans Rudolf, Dornach/Schweiz [4]1978 (Tb).

STEINER, Rudolf, Menschengeschichte im Lichte der Geistesforschung, GA 61, Hg.: Rudolf Steiner-Nachlaßverwaltung, FROBÖSE, Edwin u.a., Dornach/Schweiz 1962.

STEINER, Rudolf, Theosophie. Einführung in übersinnliche Welterkenntnis und Menschenbestimmung, GA 9, Hg.: Rudolf Steiner-Nachlaßverwaltung, Dornach/Schweiz 1978 (Tb).

TAUBE, Kathrin, Ertötung aller Selbstheit. Das anthroposophische Dorf als Lebensgemeinschaft mit geistig Behinderten, München 1994.

TREICHLER, Markus, Ratgeber Psychologie. Wege zur Bewältigung von Krisen und Krankheiten, Weyern 1997.

TSCHAMLER, Herbert, Die Entwicklung des Kindes – Ein Vergleich zwischen Maria Montessori und Jean Piaget, in: HELL, Peter-Wilhelm (Projektleitung und Redaktion), Materialgeleitetes Lernen. Elemente der Montessori-Pädagogik in der Regelschule – Grundschulstufe. Ein Fortbildungsmodell der Akademie für Lehrerfortbildung Dillingen, München, unveränderter Nachdruck 1993, S. 55 – 78.

ULLRICH, Heiner, Waldorfpädagogik und okkulte Weltanschauung. Eine bildungsphilosophische und geistesgeschichtliche Auseinandersetzung mit der Anthropologie Rudolf Steiners, München u.a. [3]1991.

VALTIN, Renate / PORTMANN, Rosemarie (Hg.), Gewalt und Aggression: Herausforderungen für die Grundschule, Frankfurt a. M. 1995.

VON HEYDEBRAND, Caroline / UEHLI, Ernst, Und Gott sprach. Biblisches Lesebuch für das 3. Schuljahr der Freien Waldorfschule, Stuttgart 1930.

VON KÖNIGSLÖW, Christiane Maria, Die Jahresfeste als Nahrung und Erweckung der Kinderseele, in: Erziehungskunst. Monatszeitschrift zur Pädagogik Rudolf Steiners, Hg.: BUND DER FREIEN WALDORFSCHULEN e.V., 57. Jahrgang, Heft 11, München 1993, S. 1138 – 1153.

VON KÜGELGEN, Helmut, Die Aufgabe des Religionsunterrichts, in: Erziehungskunst. Monatszeitschrift zur Pädagogik Rudolf Steiners, Hg.: BUND DER FREIEN WALDORFSCHULEN e.V., 46. Jahrgang, Heft 5, Stuttgart 1982, S. 284 – 289.

VON PETERSDORFF, Hermann u.a. (Hg.), Bismarck: Die gesammelten Werke, 15 Bände, Berlin 1923 – 1933.

VON WARTBURG, Helmut, Freier christlicher Religionsunterricht der Waldorfschule. Der freie christliche Religionsunterricht auf der Unter- und Mittelstufe, in: Erziehungskunst. Monatszeitschrift zur Pädagogik Rudolf Steiners, Hg.: BUND DER FREIEN WALDORF-SCHULEN e.V., 57. Jahrgang, Heft 11, München 1993, S. 1202 – 1211.

VOSNIADOU, Stella (Hg.) u.a., International Perspectives on the Design of Technology-Supported Learning Environments, New Jersey 1996.

WAGEMANN, Paul-Albert, Praktische Erfahrungen mit der Waldorfpädagogik, in: KAYSER, Martina / WAGEMANN, Paul-Albert, Wie frei ist die Waldorfschule? Geschichte und Praxis einer pädagogischen Utopie, Berlin [2]1993, S. 28 – 190.

WAGNER, Harald, Einführung in die Fundamentaltheologie, Darmstadt 1981.

WAGNER, Reinhold, Vom Urteilen zum Gespräch über die Waldorfpädagogik, in: Erziehungskunst. Monatszeitschrift zur Pädagogik Rudolf Steiners, Hg.: BUND DER FREIEN WALDORFSCHULEN e.V., 57. Jahrgang, Heft 11, S. 1237 – 1249.

WAGNER, Reinhold, Wie christlich ist die Waldorfschule?, in: Die Zukunft der Waldorfschule. Perspektiven zwischen Tradition und neuen Wegen, Hg.: KLEINAU-METZLER, Doris, Hamburg 2000, S. 141 – 145.

WAGNER, Richard, Der Ring des Nibelungen. Ein Bühnenfestspiel für drei Tage und einen Vorabend. Vorabend: Das Rheingold. Textbuch mit Varianten der Partitur, Hg.: VOSS, Egon, Stuttgart 1999.

WAGNER, Richard, Der Ring des Nibelungen. Ein Bühnenfestspiel für drei Tage und einen Vorabend. Erster Tag: Die Walküre. Textbuch mit Varianten der Partitur, Hg.: VOSS, Egon, Stuttgart 1997.

WAGNER, Richard, Sämtliche Schriften und Dichtungen in 16 Bänden, Volksausgabe, Bd. 10, 6. Auflage, Leipzig o. J.

WEHLE, Gerhard, Georg Kerschensteiner, Texte zum pädagogischen Begriff der Arbeit und zur Arbeitsschule, ausgewählte pädagogische Schriften, Bd. II (= Schöninghs Sammlung Pädagogischer Schriften, Hg.: RUTT, Theodor), Paderborn [2]1982.

WEISER, Alfred (Hg.), Das Alte Testament Deutsch. Neues Göttinger Bibelwerk, Teilband 5: Das zweite Buch Mose, Exodus, übersetzt und erklärt von NOTH, Martin, Göttingen 1965.

WELSCH, Wolfgang, Unsere postmoderne Moderne, Berlin [4]1993.

WITTGENSTEIN, Ludwig, Werksausgabe in 8 Bänden, Bd. 1: Tractatus logico-philosophicus, Tagebücher 1914 – 1916, Philosophische Untersuchungen, Frankfurt a. M. ⁹1993.

ZIEBERTS, Hans-Georg / SIMON, Werner, Bilanz der Religionspädagogik, Düsseldorf 1995.

Das Schriftenverzeichnis umfasst Literatur bis einschließlich April 2002.

Zur Autorin

geb. 23.12.1953 in Heidelberg, Studium der Erziehungswissenschaft in Heidelberg, Ausbildung zur Waldorfpädagogin in Mannheim, 1981-86 Tätigkeit als Klassenlehrerin in München, Beendigung der Klassenlehrertätigkeit auf eigenen Wunsch aufgrund weltanschaulichen Dissenses. Postgraduierten-Ausbildung in Logotherapie mit zertifiziertem Abschluß, seit 1987 berufliche Tätigkeit an der LMU München, Promotion in Pädagogik an der LMU im Sommersemester 2001.

Aus unserem Verlagsprogramm:

Geist und Wort -
Schriftenreihe der Professur für
Christliche Spiritualität und Homiletik
Kath. Univ. Eichstätt

Bernd Pieroth
Eheliche Treue: Ein (un)nötiges und (un)erreichbares Ideal?
Humanwissenschaftliche und ethisch-theologische Überlegungen
zur Bedeutung des Leitbildes lebenslanger ehelicher Liebe in Treue
und zu dessen Verwirklichbarkeit
Hamburg 2002 / 154 Seiten / ISBN 3-8300-0734-5

Georg Hirsch
Die "Kinder Gottes"
Psycho-spirituelle Analyse der Entstehung,
Lehre und religiösen Praxis einer Sekte
Hamburg 2002 / 122 Seiten / ISBN 3-8300-0593-8

Godehardt Wallner
Wallfahrten heute - Den Heilsweg zu Fuß erleben
Zur spirituellen Wiederentdeckung des Glaubenswegs
Hamburg 2001 / 174 Seiten / ISBN 3-8300-0356-0

Marion Bayerl
Die Zeugen Jehovas
Geschichte, Glaubenslehre, religiöse Praxis und Schriftverständnis
in spiritualitätstheologischer Analyse
Hamburg 2000 / 165 Seiten / ISBN 3-8300-0227-0

VERLAG DR. KOVAČ
FACHVERLAG FÜR WISSENSCHAFTLICHE LITERATUR

Postfach 50 08 47 · 22708 Hamburg · www.verlagdrkovac.de · vdk@debitel.net

Einfach
Wohlfahrtsmarken
helfen!